C. FAYDIT

LA CONSPIRATION DES PÔLES
Un voyage vers le centre de la Terre

Du même auteur
Aux Editions BOD

- *La conspiration des élites n'est plus une théorie*
Avril 2018

LA CONSPIRATION DES PÔLES

Document
Editions BoD

© 2020, C. Faydit

Edition : BoD - Books on Demand,
12/14 rond-point des Champs-Elysées, 75008 Paris
impression : BoD - Books on Demand, Norderstedt, Allemagne

ISBN : 978-2-3222-0773-2

Dépôt légal : mars 2020

« Croire en des choses que vous pouvez voir et toucher n'a rien à voir avec la foi. Mais croire en l'invisible est un exploit et une grâce. »

Abraham Lincoln

« L'univers n'est pas seulement plus bizarre que nous l'imaginons, il est plus bizarre que tout ce que nous pouvons imaginer. »

J.B.S Haldane. Biologiste britannique

SOMMAIRE

PREAMBULE..............................*p 13*

CHAPITRE 1..............................*p 21*
  L'ANTARCTIQUE
   Le continent antarctique
   Géologie : l'Antarctique, zone volcanique
   Une vie sous la banquise

CHAPITRE 2..............................*p 33*
  CARTES ANCIENNES : REVELATIONS
   Cartes de Piri Reis et Oronce Fine

CHAPITRE 3..............................*p 47*
  LE TEMPS des EXPEDITIONS
   Les expéditions de l'Amiral Byrd
   Expédition Nazi 1938/39 en Antarctique
   U-Boot sous les glaces

CHAPITRE 4..............................*p 113*
  L'OPERATION «HIGHJUMP»
   Une flotte guerrière
   Rencontre mouvementée
   L'étrange mission de l'Amiral Byrd
   Conséquences de l'opération

CHAPITRE 5..............................*p 175*
  L'AGARTHA ou LA TERRE CREUSE
   Qu'est ce que l'Agartha ?

Les théoriciens de la Terre creuse
Les témoins de l'Agartha
Les explorateurs de l'Agartha
Singularité du concept de «Terre creuse»
Trous noirs et Rayonnements cosmiques

CHAPITRE 6..*p 425*
　DECOUVERTES ARCHEOLOGIQUES
　　Les «dessous» du Sphinx
　　La race des géants
　　Archéologie Polaire
　　La station Admundsen-Scott

CHAPITRE 7..*p 531*
　SURVOL des Pôles
　　Survol par avions
　　Survol par satellites
　　Survol par la Mission Space X

EPILOGUE ....*p 543*
et situation mondiale actuelle

PREAMBULE

Pourquoi encore et toujours parler de conspiration ? Je le sais, paradoxalement, ce mot fait immanquablement surgir chez vous un fort sentiment de manipulation de la part de gens forcément immatures et en mal de sensationnel. La tentation est toujours si facile de fondre systématiquement la suspicion, l'inconnu et le mystérieux dans tout un tas de dénis, de mythes et de superstitions savamment distillées et entretenues par «certains» hommes depuis des générations afin de tromper et maintenir ce dernier dans le confort d'une autre «vérité» dictée et apprise. Et si l'histoire de ce monde était justement aux antipodes de presque tout ce que l'on nous a enseigné jusqu'à aujourd'hui ?

L'importance de «l'inexplorable» et du mystérieux, qui sera notre fil conducteur, est sans commune mesure avec la minuscule parcelle de vérité dont nous avons connaissance. L'homme ignorant croit à son infaillibilité alors qu'en réalité ses connaissances sont extrêmement partielles. En parallèle, les sciences modernes et rationalistes appliquées aux sciences naturelles ne permettent pas, à elles seules, de percer les mystères de la vie, la genèse de l'espèce humaine et surtout l'histoire des commencements. En vérité, un immense mensonge a totalement faussé la compréhension de notre genèse et ainsi, l'histoire et la préhistoire furent ce que l'on a voulu qu'elles fussent au détriment des cycles de civilisations avancées disparues. Car des civilisations sont nées et ont été oubliées mais plus sûrement occultées et non révélées par une administration centrale de l'archéologie «aux ordres».

Ce qui est, a été et tout ce que nous apprenons ou découvrons a déjà existé ; nos inventions et autres découvertes ne sont que des réinventions, des redécouvertes. Et c'est ainsi, qu'à l'heure actuelle, nous nous situons très exactement à un carrefour existentiel extrême, celui-là même qu'avait déjà expérimenté l'antique civilisation de l' **Atlantide** et celle de la **Lémurie**….ou quand le mythe va bientôt rejoindre notre réalité d'un autre grand cataclysme annoncé ! Car une nation, ou une pluralité de nations, perd la place qu'elle avait occupée dans l'histoire du monde quand l'argent devient plus précieux à ses élites et à une majorité des peuples, que l'honnêteté et l'humanité. Une avidité universelle, une fièvre du gain et du pouvoir absolu sont toujours les signes avant-coureur de quelque grand désastre et soulèvement. La sauvagerie deviendrait bien alors, et systématiquement, le produit d'une civilisation corrompue et matérialiste...

Si donc l'histoire de notre Terre, professée telle une doctrine ancestrale stupidement «gobée» par l'immense majorité de la population mondiale, n'intéressait finalement que les plans subversifs d'une maigre frange d'initiés conspirationnistes à travers leurs sociétés secrètes ? Il serait temps et peut-être fort utile de se pencher sérieusement sur la question avant qu'il ne soit trop tard pour nous et notre avenir commun…..

Dans mon ouvrage précédent, *«La conspiration des élites n'est plus une théorie»*, j'ai rassemblé des faisceaux de preuves accablants qui, corrélés entre-eux, démontrent véritablement la mise en œuvre d'un plan secret très ancien d'asservissement de l'humanité. Certains ignorants patentés se complairont avantageusement, et comme d'habitude, à ranger toutes ces «folles histoires» dans la rubrique de la fumeuse «théorie du complot». Si ces personnes prenaient simplement le temps de lire des témoignages réels et précis ainsi que des documents irréfutables à la portée de n'importe quel individu sachant lire et écrire, cette théorie constamment ridiculisée (dont le terme fut par ailleurs inventé par la CIA en 1967 afin de faire passer pour un imbécile quiconque voudrait voir en l'assassinat de Kennedy un complot d'Etat) se transformerait instantanément en une simple «Théorie de la constatation». Et c'est bien la constatation de la prolongation de cette conspiration, dite «moderne», que dénonçât

clairement et courageusement le Président J.F Kennedy lors de son discours aux éditeurs de presse américains, à New-York, le 27 Avril 1961. En voici un bref échantillon :
«Nous sommes en tant que peuple, intrinsèquement et historiquement opposés aux sociétés secrètes, aux serments du secret, aux réunions secrètes....Notre mode de vie est attaqué...Car nous sommes confrontés, dans le monde entier, à une conspiration monolithique et impitoyable qui compte principalement sur des moyens secrets pour étendre sa sphère d'influence par l'infiltration plutôt que l'invasion, la subversion plutôt que les élections, par l'intimidation au lieu du libre choix, par guérilla la nuit au lieu d'armées en plein jour....Une machine extrêmement efficace qui combine armée, diplomatie, renseignements, opérations économiques, scientifiques et politiques..
Ses préparatifs sont cachés et non publiés. Ses erreurs sont enterrées, non évoquées, ses dissidents sont réduits au silence....Aucune dépense n'est mise en question, aucune rumeur n'est imprimée, aucun secret n'est révélé....»
Source : www.jfklibrary.org

Le lendemain même de son intervention, le New-York Times travestissait totalement son propos en y incriminant fort opportunément les communistes. Un mot qu'il n'utilise à aucun moment lors de son discours étant donné que sa cible ne concernait aucunement une quelconque ingérence Soviétique dans les affaires des USA mais bien plutôt l'infiltration insidieuse du gouvernement et du complexe militaro-industriel américain par les élites financières des sociétés secrètes, ainsi que par la très célèbre CIA et les scientifiques Nazis «libres» rapatriés aux Etats-Unis à la fin de la seconde guerre mondiale lors de l'opération *«Paperclip»*.

Pour résumer, une petite bande de grands banquiers privés et d'élites «illuminés» qui n'ont de loyauté envers aucune nations de la Terre, comptent supplanter Dieu, nos lois naturelles et morales par des mots tels que liberté, progrès, démocratie, humanisme. Ils manipulent ainsi l'histoire et le cours des événements planétaires depuis toujours afin de détruire toutes les institutions et les racines des civilisations traditionnelles et spirituelles du monde entier. Ils aspirent, par ce biais, fondre subtilement l'humanité entière dans leur culte sombre d'un nouvel ordre mondial totalitaire. Mais ce complot bien réel est encore pire que ce que vous pourriez imaginer car ils privent aussi l'homme de sa légitime évolution technologique par **un détournement de programmes secrets industriels, principalement Nazis, développés avant guerre mais surtout depuis la fin de la seconde guerre mondiale avec le concours «assidu» d'entités extraterrestres invasives.**

Ainsi, le livre que vous tenez entre vos mains m'est apparu indispensable dans le cadre d'une suite logique de mon précédent ouvrage. Il pourrait être qualifié de «fantastique» au regard de développements insoupçonnés qui vous propulseront littéralement aux confins de certains des plus grands mystères et dissimulations de notre temps.

Alors pourquoi devrait-on s'intéresser au Pôle Nord et plus particulièrement à ce continent perdu, glacé et vierge du bout du monde appelé Antarctique ? Et bien justement parce que sa position isolée et inhospitalière en fît très tôt un vaste repaire idéal pour le développement, le stockage et l'exploitation de technologies aérospatiales de pointe. Tout cela fut rendu possible grâce à la collusion d'intérêts de financiers, d'industriels et d'élites américaines ayant collaboré activement avec le pouvoir Nazi avant, pendant et après la fin de la seconde guerre mondiale, cela grâce à des dérogations octroyées à certaines entreprises américaines privées, dès le début de la guerre, par le Président Roosevelt lui-même !

Parmi ces entités collaborationnistes très influentes ayant favorisé le financement et le développement de technologies hautement confidentielles allemandes, nous pouvons citer les frères **Dulles** (dont **Allen Dulles qui sera Directeur de la CIA**), **Prescott Bush** ainsi que **Nelson Rockfeller** qui sera un membre très influent de l'administration Eisenhower et dont la famille fut le financier privé d'un très grand explorateur des régions polaires dont nous reparlerons. Ces élites, entre-autres, du monde des affaires et du monde politique ont ainsi directement contribué, par leur soutien financier international, à la réussite de certaines compagnies allemandes pour le développement d'un programme spatial transnational secret en Antarctique en coopération étroite avec des entités extraterrestres négatives.

En réalité, la chute du troisième Reich ne fut en rien définitive car, bien avant la fin des hostilités, les plus grands industriels Nazis anticipèrent l'impossibilité pour l'Allemagne de remporter une victoire entière, rapide et définitive. Par conséquence, il fut décidé que les développements les plus aboutis de vaisseaux aérospatiaux antigravitationnels ainsi que les ingénieurs les ayant mis au point, seraient déplacés par sous-marins de transport lourd vers des bases préalablement reconnues et construites après l'expédition de 1938/39 du Capitaine **Alfred Rischter** et menée à partir du porte-avion le *«Schwabenland»*. Ces bases seront ainsi implantées profondément sous glace dans la portion de territoire Antarctique qu'il revendiqua sous le nom de **Neu-Schwabenland** dans la région de **la terre de la Reine Maud.**

D'autre part, il est utile de préciser que les milliers d'autres scientifiques allemands rapatriés aux Etats-Unis, à partir de 1945, lors de l'opération *«Paperclip»* et utilisés dans le cadre de développements technologiques de pointe, se virent offrir de multiples postes à responsabilités dans le cadre de leurs missions à l'intérieur du complexe militaro-industiel américain. Il va sans dire que la présence de ces «ex-Nazis» au sein de tels secteurs industriels sensibles, leur permit une infiltration et un contrôle aisé des développements à venir sous la protection attentive des élites américaines. Par conséquence, avancer que la victoire alliée de 1945 fut pleine et entière relève davantage du mythe que de la pure réalité….

Le but de cet ouvrage n'a pas pour vocation de vous convaincre ou de vous décortiquer l'historique de la mise au point technique des premiers vaisseaux spatiaux Nazis et autres développements militaires américains ultérieurs. J'aborde par ailleurs assez largement la question de la démonstration de la réalité extraterrestre dans mon ouvrage précédent ainsi que la collaboration avérée de races néfastes avec les principaux gouvernants mondiaux. Nombre de livres dûment documentés offrent également un panel très riche de preuves étayées de collusion d'intérêts à très hauts niveaux. Ce que je souhaiterais plutôt initier et mettre en avant au travers de certains chapitres qui vont suivre, est l'extrême probabilité et faisabilité quant à la concrétisation des projets d'installations de bases secrètes sous-glaciaires en Antarctique, tel un scénario «extraordinaire» se poursuivant encore de nos jours et, d'autre part, mettre en lumière la connaissance Nazi et universelle du concept de **«Terre creuse» ou Agartha**. Cette validation ne pourra véritablement s'appuyer qu'à partir de documents, de larges articles inédits de journaux d'époque, de témoignages, de constatations majoritairement scientifiques et de découvertes de grands explorateurs arctique et antarctique. L'Antarctique, ce vaste continent blanc, dont les potentialités insoupçonnées restent absentes des médias qui ne pointent jamais ses caractéristiques phénoménales et parfois insolites pouvant faire de lui bien autre chose qu'une terre que l'on voudrait, fort opportunément, nous faire passer pour totalement stérile et inhospitalière.

En réalité, et comme nous le verrons plus loin, ce 7ème continent n'est pas une banquise flottante similaire à l'Arctique mais bien une ancienne terre recouverte de kilomètres de glace à certains endroits. Et sous cette glace accumulée depuis des millions d'années, au rythme des bouleversements climatiques et des inversions de pôles, se trouve littéralement «piégé» un ancien continent aux reliefs variés, aux chaînes volcaniques en activité, aux lacs d'eaux libres nombreux et profonds et leurs communications par des rivières souterraines se frayant des passages à travers des tunnels immenses pour venir se jeter dans l'océan. Cette géologie offrant, par ce biais, des accès directs vers une partie ce «continent intérieur» bénéficiant lui-même, et de surcroît, de températures positives grâce à une géothermie engendrée par une activité volcanique régulière permettant même de générer à certains endroits de la surface, de véritables «oasis» tempérées relevées par plusieurs expéditions très officielles. Ce constat n'est en aucune façon le fruit d'une imagination débridée mais bien une réalité démontrée scientifiquement depuis des années, ce que nous développerons dès le prochain chapitre.

Mais à ce panorama réel, jamais abordé dans nos médias publics pour cause de culture assumée de l'ignorance envers l'espèce humaine, il est indispensable de considérer avec justesse que la vie intelligente a dû forcément se développer ou s'établir sur, ou à l'intérieur des territoires polaires à un moment donné de leur histoire Terrienne, ce que nous dévoilerons dans la partie archéologie.

C'est donc un autre segment non négligeable de secrets bien gardés qui viendront s'additionner aux «paramètres» de ces vastes étendues qui pourraient, par bien des aspects, se révéler aussi mystérieuses que l'existence même du faux mythe de l'Atlantide. C'est ainsi que nous identifieront, entre-autres, le Pôle Sud et le Pôle Nord, comme des points d'entrée favorables vers des mondes souterrains plus ou moins subtils que l'imagination la plus fertile ne saurait seulement concevoir (mis à part **Jules Verne** dans son livre «*voyage au centre de la terre*»). Ce sera le thème «ésotérique» majeur de cet ouvrage qui, pour autant qu'il soit à priori parfaitement improbable, sera vécu et commenté, entre-autres, par l'**Amiral Byrd** lui-même, lors d'expériences particulièrement insolites que certains, par confort personnel, préféreront assimiler opportunément à de la science-fiction.

Je me bornerai, pour ma part, à vous apporter les informations les plus crédibles et pertinentes possibles dans le cadre d'un document qui n'aura d'autre but que de tenter d'éveiller en vous un désir de recherches supplémentaires dans des domaines sensibles et «hors normes» que notre science actuelle se complaît à ridiculiser depuis toujours, comptant par cette vieille formule poursuivre le formatage et l'instrumentalisation de l'homme jusqu'à lui faire oublier définitivement les racines mêmes de son histoire, de ses origines «cosmiques» et des potentialités fantastiques y étant sont associées.

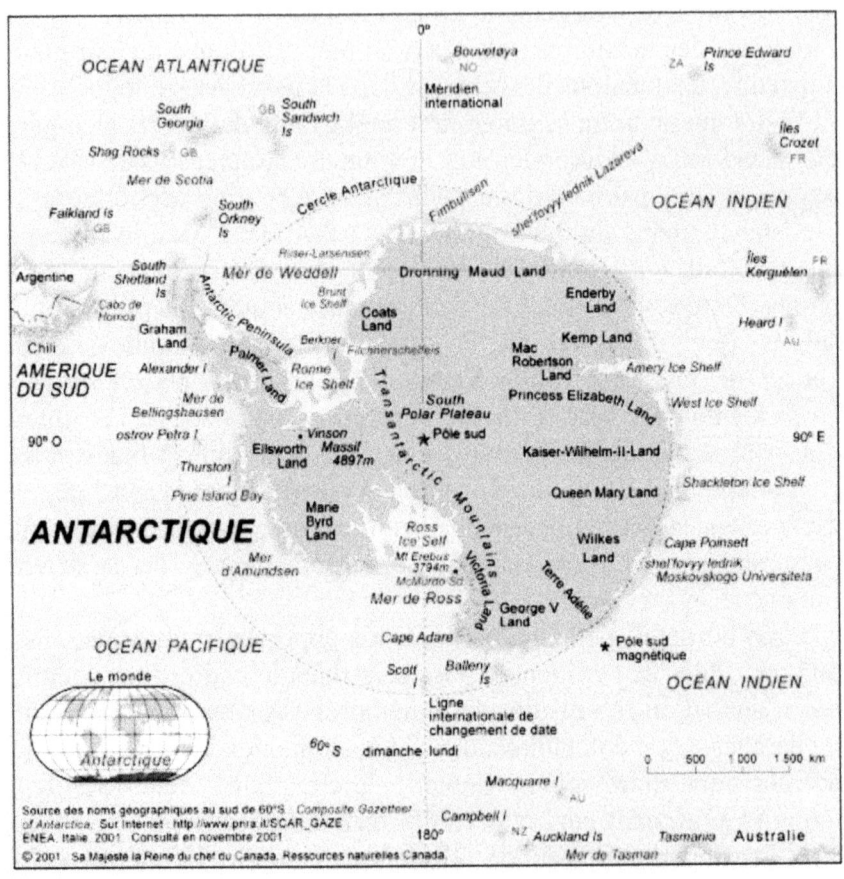

CHAPITRE 1

L'ANTARCTIQUE

Le continent Antarctique

Comme je le précisais auparavant, à la différence du pôle Nord, l'Antarctique n'est pas un océan de glaces flottantes, mais bien un continent de 14 millions de kilomètres carrés, presque aussi étendu que l'Europe et les Etats-Unis réunis et entouré des océans Atlantique, Indien et Pacifique. Une nappe de glace recouvre la plus grande partie de sa surface, sauf dans les endroits où elle est déchirée par des montagnes dont certaines atteignent 4500 mètres de haut. C'est le continent le plus froid, le plus sec et le plus venteux.
Mais, il y a des millions d'années, l'Antarctique avait un climat tropical et était aussi chaud que la Californie ou la Floride de nos jours, ce qui prouve qu'un environnement bien différent a réellement existé. Et fort probablement bien plus tôt que certains voudraient absolument nous le faire croire....
 Le nom Antarctique vient du Grec antarktikos utilisé par **Aristote** qui signifie «opposé à l'Arctique», ce qui sous-entend la connaissance, dès l'antiquité, d'une *Terra Australis,* par ailleurs

validée par l'existence d'anciennes cartes qui attestent de la découverte de ce continent bien avant nos premiers explorateurs du XIXème siècle. Mais bien entendu, pour l'histoire moderne, cela ne reste, comme d'habitude, que mythes et spéculations. Le continent n'étant aperçu pour la première fois – de façon attestée- qu'en 1819 par le navigateur britannique **William Smith**.

Dans les zones côtières, la température moyenne est de - 20°C et au coeur du continent elle est parfois de -70°C. - 50°C reste la température moyenne pendant plusieurs mois mais c'est aux soviétiques qu'est revenu l'étrange privilège d'enregistrer les plus extraordinaires minimas. A Sovietskaya, le thermomètre y indiqua -79°C puis -83°C et enfin -86,7°C ! A cette température, une goutte d'eau qui tombe se solidifie instantanément en une boulette de glace, le pétrole gèle à -55°C et le caoutchouc devient cassant comme du verre.

Ce continent a aussi été appelé la terre des quatre pôles. En effet, les géographes de l'Antarctique parlent couramment non point d'un seul pôle mais bien de quatre :
- **Le pôle Sud géographique** proprement dit, 90° de latitude sud où convergent tous les méridiens. Il est situé à 2800m d'altitude et la température moyenne y est de - 51°C.
- **Le pôle Sud magnétique** vers lequel pointe l'aiguille magnétique. Il se trouve près de la côte Adélie par 67° de latitude sud et 143° de longitude Est.
- **Le pôle Sud géo-magnétique** où devrait se situer le pôle magnétique si le magnétisme terrestre était uniforme. Il se trouve à 1410 kilomètres de la côte et 3420 mètres d'altitude. Par 78°27 de latitude Sud et 106°52 de longitude Est. Le pôle du froid se situe dans la même région.
- **Le pôle dit «d'inaccessibilité relative»**, c'est à dire le point le plus éloigné des côtes. Par 82°06 de latitude Sud et 54°58 de longitude Est. Son altitude est de 3960 m, dont environ 3000 m de glace.

Lors de la conférence scientifique internationale qui se tint à Paris en 1955, **il fut décidé de confier l'étude du pôle géographique aux**

Etats-Unis, qui y ont édifié la station Amundsen-Scott (nous verrons que cela sera lourd de conséquence en matière de dissimulation); celle du pôle magnétique à la France qui la mène à partir de la base Dumont d'Urville ; celle du pôle géomagnétique à l'URSS qui y installa sa station Vostok ; celle du pôle d'inaccessibilité à l'URSS également, dont les savants l'atteignirent le 14 Décembre 1957.

Dernière *terra nullius* de la planète, ce continent Antarctique fait ainsi l'objet d'un régime juridique défini par le traité de l'Antarctique de 1959 signé par 12 états et qui sera suivi en 1991 par le protocole de Madrid. Il n'a donc pas de gouvernement, ce qui en fait un territoire neutre. Mais, en raison de la contiguïté territoriale, de la paternité de leur découverte, de leur occupation ou par intérêt géostratégique, des états ont revendiqué des portions du continent matérialisés pour la plupart par des sortes de tranches partant du pôle Sud, allant jusqu'à l'océan Austral et dont les bords sont les méridiens. Les activités militaires y sont interdites (en théorie) ainsi que l'exploitation des ressources minérales.

Les expériences sur ce territoire sont effectuées par plus de 4000 scientifiques de différentes nationalités (les seuls habitants de ce continent), ayant des centres d'intérêts différents. De plus, considérée comme une réserve naturelle, la majorité du tourisme se concentre, pendant l'été, à proximité seulement de la péninsule Antarctique en étant géré, dans un cadre international strict et très contraignant, par l'Association internationale des voyagistes Antarctiques (IAATO).

Le traité offre également un cadre juridique international à toutes expéditions scientifiques.

A ce stade, vous aurez probablement compris que ce vaste territoire offre véritablement toutes les meilleures opportunités possibles à des pays, tel les USA, sous-traitants des entreprises privées dans le domaine de la Défense en leur permettant de travailler, en toute discrétion, à des objectifs pouvant largement dépasser la simple prise de température extérieure ! Et nous verrons plus loin que d'autres contraintes rigides intéressant plus particulièrement le survol de ce continent sont tout aussi suspicieuses car n'impactant en rien son équilibre naturel.

Géologie : l'Antarctique, zone volcanique

Avant de démarrer un exposé révélateur des dernières constatations scientifiques dans le domaine géologique, prenons tout d'abord connaissance de ce qu'en dit la «bible» de la connaissance par internet, j'ai nommé Wikipédia :
*L'**étude géologique** de l'Antarctique a été entravée par la couverture quasi totale du continent par une épaisse couche de glace. De nouvelles techniques comme la télédétection, le radar à pénétration de sol ou l'imagerie satellite commencent à fournir des informations sur le sol situé sous la glace.*
Après avoir également et succinctement mentionné l'existence de quelques volcans, la fin de l'analyse s'arrêtera ici ! Cet état de fait dénote invariablement la même conclusion en toutes choses. C'est à dire que les informations intéressantes, dans quelques domaines que ce soient, existent réellement et sont toujours publiées quelque part mais jamais dans les médias grands publics. Et comme 95 % des personnes se contentent, par habitude, par paresse et par confort de la «désinformation» permanente, alors c'est comme s'il n'existait rien d'autre !
Mais revenons à notre réalité car les résultats scientifiques qui vont suivre seront fondamentaux quant à la compréhension et à la validation d'événements historiques que nous détaillerons plus loin et pouvant être qualifiés «d'extraordinaires» au mieux, voire de farfelus au pire, par ceux-là mêmes qui nous fournissent notre désinformation quotidienne !

Dès la fin des années 60 et début des années 70, des avions équipés de radar à pénétration de sol révélèrent des corps d'eau piégés entre la glace et la plancher continental antarctique. Des centaines de lacs, parfois à des milliers de mètres sous la glace et restant liquides, compressés entre l'immense pression de la glace au-dessus et la chaleur géothermique du dessous. Mais, plus récemment, une équipe de géophysiciens étudiant des lacs sous-glace ont découvert un système dynamique de vapeurs ainsi que des rivières dont certaines interconnectées entre-elles et larges comme la Tamise. Ils furent les premiers à cibler de massifs mouvements d'eau sous la glace.

Ainsi, en 2006, en analysant les données radar altimétriques collectées par le satellite ERS-2 de l'ESA, **Duncan Wingham** et ses collègues de l'**University College de Londres**, ont constaté qu'une zone de 600 km^2 située à l'Est du continent glacé s'était affaissée de 3 mètres au cours de l'année 1997. Les chercheurs ont ensuite noté que la glace, au même moment, s'était élevée d'environ 1 mètre dans deux régions localisées à environ 290 km de la zone d'affaissement. En fait, c'est comme si la glace respirait. Lorsqu'elle s'enfonce à un endroit, une saillie similaire importante est détectée quelques centaines de kilomètres plus loin. Comme il existe de nombreux lacs sous-glaciaires dans cette zone, ils en concluent que ces mouvements de surface sont le résultat d'un énorme transfert d'eau entre deux lacs enfouis sous une épaisseur de près de 4 km de glace.

«*Ce fut comme une révélation*» déclarera **Hugh Corr** de la Surveillance Antarctique Britannique (BAS).

L'équipe de Wingham, dont les travaux ont été publiés dans la revue scientifique *Nature,* précise également que l'eau des lacs antarctique, qui ont été découverts dans les années 60, ont pu se déverser dans l'Océan par le passé, et que cela est susceptible de se produire de nouveau.

Source: bibliotecapleyades.net/antarctica/antarctica59.htm

C'est, par ailleurs, ce que valide une autre équipe de scientifiques qui a étudié le lac Whillans découvert en 2007, à partir de données satellitaires, par la chercheuse **Helen Amanda Fricker**. Ils ont percé la glace pour examiner les sédiments et d'autres matériaux dans ce lac qui furent piégés sous 800 mètres de glace pendant des milliers d'années. Cette eau provient principalement de glace fondue, mais ce lac possède également de l'eau de mer provenant de sédiments marins anciens trouvés sur le lit du lac. Le lac d'eau douce s'écoule périodiquement dans l'Océan, mais n'est pas assez puissant pour transporter tous les sédiments. La température du lit de ce lac fut prise en 2011 par le **Professeur Tulaczyk** de l'Université de

Californie par un forage dans lequel ils plongèrent leurs instruments de mesure et le résultat leur apporta l'indication que le lit était chaud.

Ce qu'il est important de relever à ce moment de l'analyse, c'est tout simplement la confirmation de simili «corridors» de sortie d'eaux souterraines vers l'Océan offrant ainsi, à l'inverse, de possibles entrées, au niveau des côtes, vers des zones intérieures sous-glacières profondes....

Au bout du compte, ces recherches polaires ont identifié environ 400 lacs sous-glaciaires en Antarctique et un système hydrologique complet entre la glace et la roche. Ils déclarèrent également que la température sous cette glace était extrêmement élevée, similaire à la chaleur du Yellowstone. Le plus vaste de ces lacs étant le **lac Vostok** sur lequel est établi la station Russe du même nom. Il sera découvert en 1996 par une équipe Russo-britannique et contient 5400 km cubes d'eau liquide.

Et c'est en Février 2012 que sera tenté et réussi un forage de 3700 mètres de profondeur afin de prélever une carotte d'extraction du lac Vostok. Ainsi, l'eau la plus pure du monde, endormie dans l'obscurité la plus totale depuis plus de 30 millions d'années pouvait s'offrir à l'analyse scientifique. Et ce matin là, les techniciens n'en crurent pas leurs yeux.

Au milieu de la perfection translucide du cylindre de glace remonté des profondeurs, ils découvrirent des fragments de roche de quelques millimètres. Analysée, la glace révèle d'autres surprises : absence de gaz piégés, composition isotopique différente. Cette glace là n'est pas celle rencontrée jusqu'alors. Elle ne provient pas de la lente accumulation de neige qui forme la calotte polaire, mais d'un regel. La conclusion s'impose : il y a de l'eau liquide sous la glace. Un lac.

Ce lac est colossal, long de 200 kilomètres et large de 50 et compte parmi les plus grands et surtout les plus profonds (500 mètres) de la planète.

Pour finir, la suite des résultats fut à la hauteur d'un certain roman de Jules Verne que nous avons déjà mentionné. Etant donné les fortes pressions, le trop d'oxygène et l'absence totale de lumière, ses eaux devraient être stériles. Il y eu pourtant une surprise. Remontées à l'air libre, le 06 Février 2012, elles dégagèrent une odeur....de marais. Le lac possède donc ses propres «habitants», des sédiments, des fragments de roche, des micro-organismes qui, venus du fond du sol rocheux, témoignent d'une époque où l'Antarctique était recouvert d'une vaste forêt. Les chercheurs tentent maintenant de comprendre la façon dont il communique avec une multitude d'autres poches d'eau en créant un véritable labyrinthe lacustre emprisonné sous la glace.

Source : Livre *«Vostok»* de Jean-Robert Petit. Glaciologue et géophysicien.

A cette partie géologie, il est indispensable d'y associer un volet volcanologie qui mettra en lumière la validation d'un système dynamique de circulation d'eau sous la calotte glaciaire, celle-ci n'étant bien entendu rendue possible que grâce à la chaleur dégagée par le biais d'une activité volcanique issue de certaines régions antarctiques.

Durant le printemps antarctique de 2004/2005, une équipe mixte anglo-américaine établit une surveillance aérienne afin d'enregistrer des mesures radar de magnétométrie et de gravité à proximité du glacier de **Pine Island** en Antarctique Ouest. Ils trouvèrent quelque chose, des centaines de mètres sous la surface de la glace, qui renvoyait un fort signal radar. **Hugh Corr** et **David Vaughan** du BAS, analysèrent les résultats et conclurent que les signaux provenaient d'une couche de cendres et de rochers ; les restes d'une éruption volcanique massive. Ce volcan connu sous le nom de **Mont Casertz**, eut une éruption il y a 2000 ans, éjectant à travers la glace la dispersion de débris sur 26000 Km². Cette explosion fut à l'échelle de celle du Mont St Helen aux USA, en 1980. A l'heure d'aujourd'hui, la glace au-dessus du Mont Casertz, forme une dépression suggérant une lourde activité géothermale en-dessous.

Pour faire suite à cette étude, nous pouvons également nous appuyer sur les recherches d'un sismologue, **Douglas Wiens**, de l'Université St- Louis à Washington. Entre 2001 et 2003, il installa 43 détecteurs en Antarctique.

Il mit alors en évidence des tremblements de glace, semblables à ceux que d'autres équipes avaient repéré au Groënland. Dans la calotte occidentale, ce sont de formidables ébranlements que les instruments ont détectés, étonnamment réguliers et violents. Deux fois par jour les sismographes enregistrent une secousse dont l'énergie correspond à un tremblement de terre de magnétude 7, c'est à dire une puissance suffisante pour détruire une ville entière. Ces tremblements de glace s'étalent sur une dizaine à une vingtaine de minutes alors qu'un séisme habituel libère son énergie en quelques secondes seulement.

Accessoirement, comment se fait-il que nos sismographes éparpillés partout dans le monde ne détectent pas ces tremblements majeurs aux pôles et pourquoi n'en parlent-on jamais aux «informations» ? Ah oui, c'est vrai, j'avais oublié que lorsque l'on ne parle pas de tels phénomènes, c'est un peu comme s'ils n'existaient pas !

Dans le prolongement de cette investigation scientifique, nous pouvons additionner les résultats récents de trois géologues de l'Université d'Edimbourg en Ecosse que sont **Maximillian Van Wyk de Vries, Robert G. Bingham** et **Andrew S. Hein.**

Ils rapportent la découverte de 91 volcans de 100 à 3850 m de hauteur dans l'Ouest de l'Antarctique à 2 kilomètres sous la calotte glaciaire. Ce travail repose sur l'utilisation de données existantes (concernant l'élévation de la calotte glaciaire ou les volcans déjà identifiés) et sur des relevés de la région effectués à l'aide de différents types d'imagerie (satellite, aéromagnétique...). Ces 91 nouveaux volcans viennent s'ajouter aux 47 déjà connus dans la région et font ainsi de l'Ouest de l'Antarctique, l'une des zones les plus volcaniques du globe en s'étalant le long d'un rift de près de 3000 km induisant, comme ils le précisent, un effet de circulation de chaleur géothermale.

Ce document scientifique est en lecture directe sur le lien :
http://sp.lyellcollection.org

Afin de conclure cette étude géologique fondamentale pour la compréhension des informations «fantastiques» à venir, il est important de prendre en compte également les résultats révélateurs,

en 2016, de l'**Université libre de Bruxelles** en Belgique ainsi que l'**Academie Bavaroise des sciences** en Allemagne.
En effet, par détection radar à pénétration de sol, ils ont enregistré des signaux très précis dans la région de la **terre de la Reine Maud**. Les images ont mis en évidence des conduits sous-glaciaires qui forment, en-dessous de larges plaques de glace, la base d'un système hydrologique. Ces tunnels ont un diamètre spécifique de quelques mètres jusqu'à des dizaines de mètres et font entonnoir pour emmener l'eau fondue sous-glaciaire jusqu'à l'Océan. Ci-dessous, un aperçu de l'imagerie radar, juste afin de vous pointer précisément les deux immenses tunnels répertoriés s'ouvrant sur l'Océan.
Résultats publiés dans *Nature* et sur bibliotecapleyades.net.

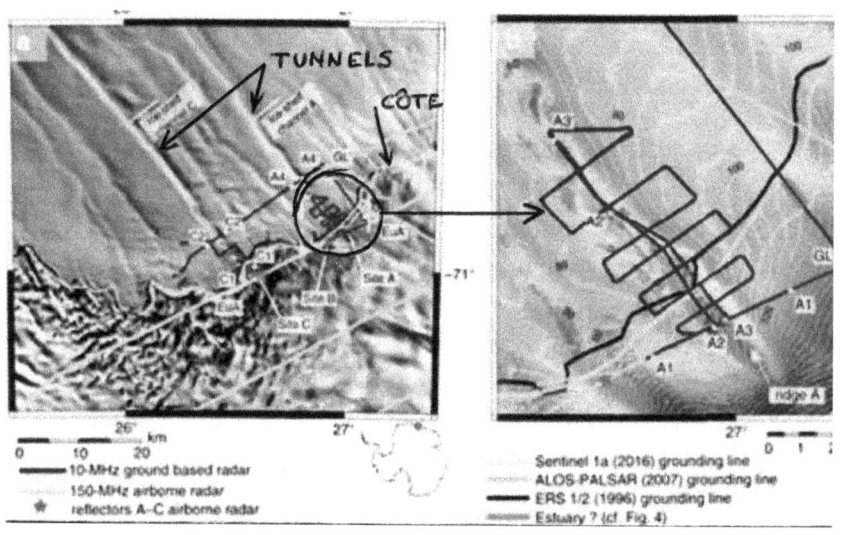

Mais, il y a encore plus intriguant…...

Une vie sous la banquise

Tout un univers mystérieux d'animaux et de plantes, dont certaines potentiellement inconnues, a été découvert dans des grottes creusées par l'activité volcanique sous les glaciers de l'Antarctique. C'est ce que révèlent, dossier à l'appui, des chercheurs australiens en 2017 !
 Ces scientifiques avancent donc l'hypothèse de l'existence d'un écosystème propre, loin de la surface. Cette étude a été publiée par le journal *Polar Biology* suite à l'exploration conduite par l'**Université Nationale australienne** dans le secteur du **Mont Erébus**, volcan actif le plus austral du monde. **Situé sur l'île de Ross, il a ainsi permis de montrer l'existence d'un important réseau de grottes.**
 La chercheuse **Ceridwen Fraser**, de l'ANU Fenner School of environment and Society, a déclaré que l'analyse d'échantillons de sol prélevés dans les grottes avait révélé des traces intrigantes d'ADN provenant d'algues, de mousses et de petits animaux. Elle rapporte :
 «Il peut faire réellement chaud dans les grottes, plus de 25° dans certaines d'entre-elles et vous pourriez porter un tee-shirt ici à l'intérieur dans un bon confort.»
 Si la plupart de l'ADN trouvé dans les grottes est similaire à l'ADN des plantes et des animaux n'importe où en Antarctique, **certains n'ont pu être identifiés.** Elle poursuit :
 «Les résultats de cette étude nous donnent des perspectives alléchantes quant à ce qui pourrait vivre sous la glace de l'Antarctique. Il se pourrait même qu'il y ait de nouvelles espèces d'animaux et de plantes....La prochaine étape sera de regarder de près ces grottes et chercher des organismes vivants.»
 Elle a également expliqué qu'en dépit des températures glaciales de l'Antarctique, la chaleur dégagée par la vapeur émanant des volcans pouvait rendre les grottes propices à la vie, du fait de la lumière filtrant au travers de la glace où celle-ci est peu épaisse.
 Un confrère, **le Professeur Craig Cary** de l'Université de Waikato en Nouvelle-Zélande, dit que des recherches précédentes révélèrent

que diverses communautés de bactéries et champignons vivaient dans les grottes de l'Antarctique. Il rajoute :
«Les trouvailles de cette nouvelle étude suggèrent qu'il doit en être de même pour davantage de plantes et d'animaux.»
Un autre chercheur, **le Professeur Charles Lee** de l'Université de Waikato, a relevé que l'Antarctique comptait un nombre important de volcans. Les réseaux de grottes sous la glace peuvent par conséquent être relativement courants. Il précise :
*«**Nous ignorons combien de systèmes de grottes existent autour des volcans d'Antarctique et comment ces environnements peuvent éventuellement être connectés...Ils sont vraiment difficiles à identifier et à explorer.**»*
Enfin, dans un entretien au *Brisbane Times*, **Mme Fraser** avance plusieurs hypothèses pour expliquer la présence de traces ADN :
*«Il y a des vents forts en Antarctique, il est donc possible que de la matière morte ait été emportée dans des grottes et que nous la retrouvions dans nos analyses, ou il pourrait s'agir de matière vraiment vieille datant d'avant que ces zones soient recouvertes de glace. Ce qui sera important, sera de trouver des plantes et des animaux à l'intérieur...Pour être honnête, je ne pense pas que personne n'ait vraiment regardé. **Il est donc possible qu'il y ait une vie sous la glace que nous n'avons pas vue.**»*
Les recherches publiées dans le Journal International *Polar Biology* ont été menées par *The Australian Research Council* et supportées par *Antarctica New-Zeland* et le fond *Mardsen*.
A noter que *Polar Biology* publie des papiers originaux, des compte-rendus et des notes et est le point de rencontre pour les biologistes travaillant dans les régions polaires. Il est aussi un intérêt pour les scientifiques travaillant dans la biologie en général, l'écologie et la physiologie, aussi bien que l'océanographie et la climatologie relatives à la vie polaire. *Polar Biology* présente les résultats d'études sur les plantes, les animaux et les micro-organismes marins ainsi que sur les habitants des régions polaires et sous-polaires des deux hémisphères.
Le rapport scientifique complet est consultable sous le titre :

Evidence of plant and animal communities at exposed and subglacial (cave) geothermal sites in Antarctica. A l'adresse suivante :
doi.org/10.10017/s00300-017-2198-9 ou
link.springer.com/epdf/10.1007/s00300-017-2198-9

A ce stade, il nous est permis de conclure avantageusement que ces recherches sérieuses, sur le terrain même des régions volcaniques antarctiques, révèlent plus que des indices. D'une part, elles corroborent les études précédentes liées à la détection de tunnels sous-glaciaires par les radars à pénétration de sol et d'autre part, nous offrent bien la confirmation de l'existence de vastes grottes ou cavités pouvant être inter-connectées les unes aux autres par des réseaux de galeries dotées de températures relativement chaudes propices à la vie **et à l'installation possible de structures souterraines d'origine humaine.**
C'est le point sensible que nous examinerons un peu plus loin….

CHAPITRE 2

CARTES ANCIENNES : REVELATIONS

Il existe de par le monde, un nombre incalculable de faits et de constatations incroyables qui, dans l'état actuel de nos «connaissances», ne nous sont pas expliquées pour de bonnes raisons connues des seules élites et que le commun des mortels n'a pas à savoir ni à comprendre. Comme, par exemple, les murs cyclopéens de Bimini découverts en 1969 dans les Bahamas, les immenses boules parfaites de 12 tonnes découvertes dans les forêts du Costa-Rica, les magnifiques tracés de Nazca dans les Andes péruviennes, les crop-circles d'une précision «chirurgicale» qui fleurissent dans nos champs la nuit comme par magie, des blocs de 1000 tonnes situés sur la plateau de Baalbeck au Liban, parfaitement disposés et ajustés les uns aux autres semblant en faire une aire d'atterrissage et dont la carrière d'origine des roches se situe à plusieurs kilomètres ! Et puis, bien entendu, «cerise sur la gâteau» avec les secrets non révélés de la grande pyramide de Khéops dont le scan par des satellites équipés de radars à pénétration de sol, qui, comme vous avez pu le constater, sont à même de lire sous plus de 3000 mètres de glace, ne sont jamais mentionnés comme pouvant permettre de sonder derrière quelques mètres de roche afin d'y mettre en évidence des anomalies ou des chambres secrètes...(ce qui, bien entendu, a déjà été réalisé et étudié en «coulisse»....)

Et pourtant une chambre a été récemment découverte par les travaux de ScanPyramid d'une équipe franco-égyptienne qui a publié ses résultats irréfutables le 2 novembre 2017 dans la prestigieuse revue *Nature*. Après avoir installé des plaques de films sensibles aux muons (particules élémentaires de charge électrique négative générées dans l'atmosphère par les rayons cosmiques) dans la chambre basse de l'édifice, ils ont détecté à 105 mètres du sol un grand vide d'au moins 30 mètres de long de la taille d'un avion de 200 places ! Résultat, l'investigation souhaitée pour poursuivre les recherches avec des robots miniatures n'a toujours pas reçu l'aval des autorités égyptiennes !! Vous avez dit bizarre ?

Comme d'habitude, dès qu'une investigation se rapproche un peu trop près d'une réalité pouvant se révéler dérangeante pour les «affaires» des élites de ce monde, alors le couvercle de la censure et de la désinformation se referme immanquablement....

Que faut-il en conclure à vos yeux ? Et bien tout simplement que l'on prend l'être humain pour un animal stupide, à ranger dans la catégorie «mouton» par sa volonté à attendre béatement la vérité de la bouche même de ses dirigeants politiques ou scientifiques absolument corrompus par un système qui les a formatés dans ce sens. Vous pensez que j'exagère ? Alors vous allez pouvoir constater par vous-même, grâce à l'existence de cartes anciennes appelées «impossibles», que l'histoire de notre monde est un vaste tissu de mensonges. Même les scientifiques «officiels» sont forcément incapables de fournir des explications crédibles sur le sujet car elles possèdent, pour certaines, un si haut degré d'étrangeté, qu'elles posent actuellement la plus troublante des questions sur les civilisations disparues dont nous reparlerons dans un autre chapitre.

Les cartes de Piri Reis et Oronce Fine

Afin d'illustrer mon propos, je m'attacherai à mettre en lumière plus particulièrement deux cartes, parmi d'autres que je citerai à titre d'information. La première, la plus emblématique, est celle d'un Amiral de la flotte Turque nommé de nos jours **Piri Reis**.

Le 9 novembre 1929, le Directeur des musées nationaux turcs, en faisant un inventaire de tout ce que contenait alors le fameux musée de Topkapi à Istanbul, découvrit deux cartes du monde dans un ouvrage intitulé le «Bahyre» et dont l'auteur était un certain amiral de la flotte turque, **Piri Ibn Haji Memmed**, célèbre héros du XVIème siècle pour les turcs. Il y relate avec force détails (ce qui est un gage d'authenticité), les conditions dans lesquelles il réalisa les différentes cartes, soit 215 au total, dans son livre de mémoires, le «Bahyre». C'était un homme cultivé et remarquable navigateur qui contribua à asseoir la suprématie maritime incontestée alors de l'Empire Ottoman. Il élabora ainsi et plus particulièrement une précieuse carte du monde en 1513 dessinée dans sa ville natale de *Gelibolu* en précisant avoir compulsé toutes les cartes existantes connues de lui dont certaines très secrètes et très anciennes et que sa connaissance du grec, de l'italien, de l'espagnol et du portugais lui permis d'en tirer tous les avantages. (*carte représentée page 39*)

Il précise avoir eu en sa possession une carte établie par Christophe Colomb lui-même qu'il avait obtenue d'un marin Génois capturé par Kemal Reis, son oncle. Il affirme (et c'est de nos jours une certitude pour tous ceux qui n'ont pas d'oeillères...) que Christophe Colomb n'a fait que redécouvrir l'Amérique. Voici ce que Piri Reis a écrit sur sa carte en notes et dans son livre «Bahyre» :

«Personne n'a au temps actuel une carte comme celle-là....Ces cartes ont été dressées selon les données de chartes, des portulans (cartes de navigation) *de quatre portugais qui montrent le Sind, le Hind et la Chine et d'une carte dessinée par Christophe Collomb. Elles sont aussi justes pour la navigation sur les sept mers que les cartes de nos pays.»*

Enfin, et peut-être le plus important, il révèle avoir compilé sa carte à partir de vingt autres provenant de la Grande Bibliothèque d'Alexandrie et datant au moins du IVème siècle avant J.C ! Il n'y a pas de raisons particulières pour mettre en doute les écrits de cet homme car selon toute vraisemblance, des cartes originales entreposées à la Grande Bibliothèque d'Alexandrie ont certainement, au fil du temps, été copiées et probablement transférées dans les cités les plus rayonnantes de l'époque, telles que Constantinople puis diffusées d'une manière plus confidentielles.

Au premier abord, cette carte peut sembler approximative voire inexacte si l'on est habitué aux cartes Mercator, mais pour des spécialistes familiers des projections stéréographiques polaires ou cordiformes, elle faisait sans doute partie d'un ensemble devant constituer une mappemonde. Cette carte a ainsi fait l'objet d'études sérieuses de la part d'un certain nombre de scientifiques :
- **A. mallery**. Ingénieur américain
- **M. Walters**. Bureau Hydrographique de l'US. Navy
- **Professeur D. Lineham**. Directeur de l'observatoire de Weston
- **Professeur C.H. Hapgood**. Keene College. New Hampshire.USA
- **Professeur R. Strachan** du Massachusetts Institute of Technology

Les conclusions de ces spécialistes sont unanimes dans le sens où l'élaboration de cette carte est impossible et hors de son temps au regard des connaissances de cette époque. Comme par exemple la représentation de l'île de Marajo à l'embouchure de l'Amazone qui ne sera découverte qu'en 1543, les îles Malouines qui ne le seront qu'en 1592, les Andes qui ne sont pas encore connues ainsi que le Lama qui y est dessiné dessus et puis est également représenté un bout de côte de l'Antarctique relié par un isthme à l'Amérique du sud ayant disparu il y a environ 10000 ans. Sur ce dernier point très particulier, certains en concluent qu'il pourrait s'agir des rivages de la terre de la Reine Maud représentés sans glaces. Ce qui induirait que le dessin de cette carte (comme d'autres que nous aborderons plus loin) se serait obligatoirement appuyé sur des documents vieux de bien plus de 10000 ans au regard du schéma évolutif de la fin de la dernière période glaciaire rapportée par la science officielle.

Il faut en effet prendre le temps de s'arrêter un instant sur cette importante phase de glaciation et de déglaciation afin de pouvoir entériner avec justesse les indications de cette carte ainsi que «l'archéologie» de l'Antarctique à venir qui, n'en déplaise à certains, **n'est pas un continent resté perpétuellement recouvert de glaces depuis des millions d'années.**

La dernière période glaciaire est une période de refroidissement global qui caractérise la fin du Pléistocène, il y a 110 000 ans à 10 000 ans. Le maximum de la glaciation étant atteint il y a environ 22 000 ans. La déglaciation se serait déroulée en cinq étapes sur 10 000 ans, c'est à dire de – 21 000 à – 11 500 ans. Elle s'est soldée par une hausse des températures d'environ 4 °C et une élévation du niveau marin d'environ 130 mètres. Pour faire plus simple, nous ne nous attacherons à détailler que les trois dernières étapes :

- **18 000 : le réchauffement gagne les hautes latitudes de l'hémisphère Sud, notamment l'Antarctique**, ce qui provoque un dégazage massif de dioxyde de carbone accumulé dans les profondeurs de l'océan Austral. L'excès de CO^2 dans l'atmosphère produit un effet de serre qui constitue dès lors le moteur principal du réchauffement global. La moyenne de la température planétaire augmente malgré le refroidissement intense de l'Atlantique Nord.

- **14 700** : la circulation de l'Atlantique se rétablit quand la débâcle des icebergs provenant de la baie d'Hudson se calme. **Le réchauffement de la zone Australe s'arrête pendant 2000 ans tandis que l'hémisphère Nord (entre 30 et 60 degrés de latitude) se réchauffe**, ce qui accélère à nouveau la fonte des calottes de glace et conduit à une augmentation du niveau marin de 4 à 5 mètres par siècle.

Une étude basée sur la désintégration radioactive de l'uranium en thorium menée sur les coraux fossiles de Tahiti indique que, vers -14 600, le niveau moyen des mers s'est élevé de 14 mètres en seulement 350 ans. L'épisode, désigné sous le terme anglais de Meltwater pulse 1A (impulsion de fonte 1A), a débuté vers – 14 650 et **s'est terminé vers – 14 310. Durant ce laps de temps, le niveau marin est remonté de 12 à 22 mètres à Tahiti.**

Enfin, **entre -13 000 et – 11 500**, l'afflux d'eau douce et froide dans l'Atlantique Nord entraîne un second arrêt de la circulation thermohaline. **L'hémisphère Nord se refroidit une seconde fois tandis que l'Antarctique se réchauffe. Puis, la circulation atlantique se rétablit et les températures des différentes bandes de latitude se stabilisent doucement à des niveaux proches de la climatologie actuelle.**

Ce scénario en cinq étapes, a pu être établi après une décennie de recherche en laboratoire, et a été validé grâce au modèle de circulation générale du **Centre américain de recherche atmosphérique et de l'Université du Wisconsin** qui peut simuler le comportement couplé de l'Océan et de l'atmosphère sur une période d'une dizaine de millénaires.

Je pense sincèrement que ce détour scientifique était incontournable et fabuleusement révélateur à plus d'un titre car cet ensemble ouvre clairement bien des pistes. Il ressort notamment qu'**entre − 18 000 et − 11 500 ans,** tous les scénarios possibles- et comme vous avez pu le constater entièrement vérifiables- entérinent la réalité d'un contient antarctique ayant bénéficié de larges phases de réchauffements climatiques entraînant la disparition de tout ou partie de ses glaces sur des périodes suffisamment longues permettant le développement de la faune, de la flore et de l'installation de n'importe quel peuple ou civilisation. En soulignant également que le pôle Nord ne fait pas exception à la règle ayant subit, lui aussi, alternativement des phases de glaciation et de réchauffement.

Au final, tous ces éléments combinés et potentiellement validés par la science elle-même, semblent donc bien mettre en évidence l'existence, il y a plus de 10 000 ans, d'une civilisation inconnue sur Terre ayant été à l'origine d'une base documentaire extrêmement précise pour l'élaboration de cartes dont certaines ont indéniablement servies de support pour les cartes de navigateurs du XVIème siècle. Cette civilisation devait assurément posséder une connaissance mathématique extrêmement sophistiquée en trigonométrie sphérique, en translation trigonométrique, en projection cordiforme, en conversion de coordonnées. Elle devait également posséder une parfaite connaissance de la rotondité de la Terre, des instruments de mesure très précis et que cette précision ne pouvait certainement être obtenue qu'à partir de relevés aériens.

Le professeur **Charles Hapgood**, géographe et géologue du Keen State College de l'Université du New Hampshire, a étudié avec ses étudiants, et en détail, toute cette affaire et a publié à ce sujet un imposant ouvrage, réédité en 1981 aux éditions du Rocher, préfacé par **Rémy Chauvin** et **Paul Emile Victor** : *«Les cartes des anciens rois des mers»* ; sous-titré : *«Preuves de l'existence d'une civilisation avancée à l'époque glaciaire»*.

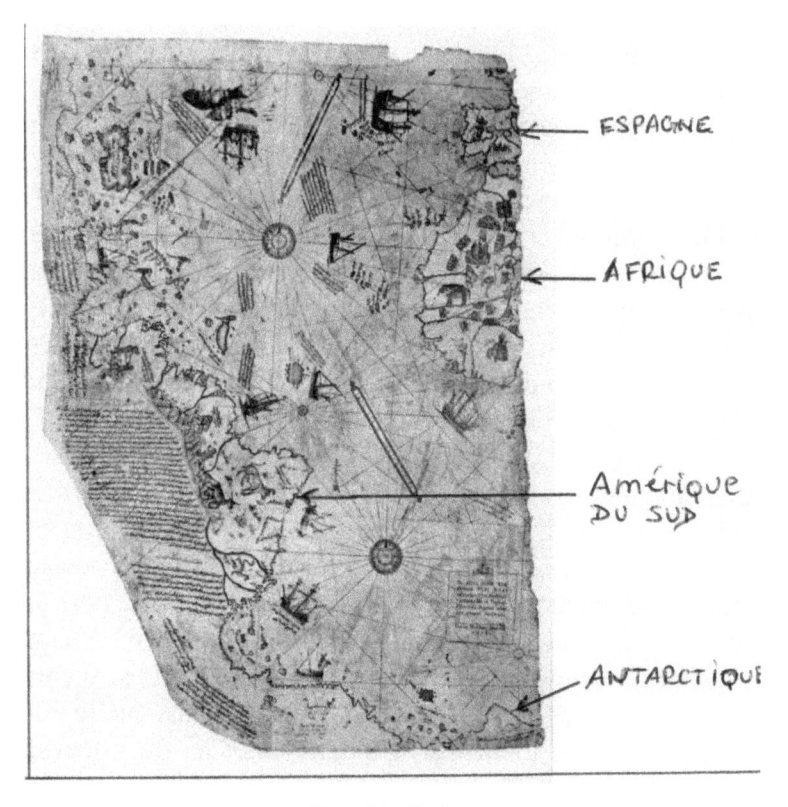

Carte Piri Reis

Vous trouvez peut-être cet ensemble particulièrement intrigant à défaut d'être particulièrement net au niveau de l'image....moi aussi. Alors si vous le voulez bien, entrons dès maintenant dans l'univers de la précision face à des cartes qui ne souffrent plus la moindre ambiguïté quant à l'aspect «moderne» qu'elles inspirent. Et en tout premier lieu, il est impossible de passer plus longtemps sous silence la fabuleuse carte du monde de **Oronce Fine** dessinée en 1531.

Oronce Fine était un mathématicien, astronome, géographe, cartographe français et le premier titulaire de la chaire de Mathématiques au Collège de France (1530-1555). C'était l'époque des grandes découvertes du monde et les géographes avaient donc l'importante mission d'établissement des cartes. Pour cela, il leur fallut utiliser le système des longitudes et des latitudes, ainsi que de nouveaux systèmes de projection cartographique, ce qui relevait bien du domaine des mathématiques.

Ce cartographe français fut le premier à représenter les continents nouvellement découverts sur des mappemondes, **en coordonnant les informations données par les navigateurs** pour les mettre au service du public. Cette réalisation semble avoir participé à sa notoriété et ainsi contribué au fait d'avoir été appelé par François 1er, en 1531, à faire partie du groupe de savants du Collège de France.

Comme vous pourrez le constater sur la carte représentée ci-contre, Oronce Fine a dessiné l'Antarctique (**Terra Australis Re**) avec une très grande précision ce qui ne relève en rien d'une quelconque approximation afin de combler un vide. En effet, comment s'en remettre au hasard avec une apparence générale très approchante de sa cartographie actuelle, la pointe antarctique venant presque toucher la pointe sud de l'Amérique du sud (auparavant reliés par un isthme), la représentation de chaînes de montagnes intérieures découvertes récemment, des baies, des estuaires, des fleuves ainsi que le Pôle Sud dégagé de sa calotte glaciaire! Il s'agit plutôt ici de l'oeuvre d'un homme de science avisé dont le seul soucis semble bien avoir été l'exactitude avec certainement, comme pour Piri Reis, le support de cartes anciennes révélant ce continent «impossible» car normalement inconnu à cette époque. C'est juste stupéfiant !

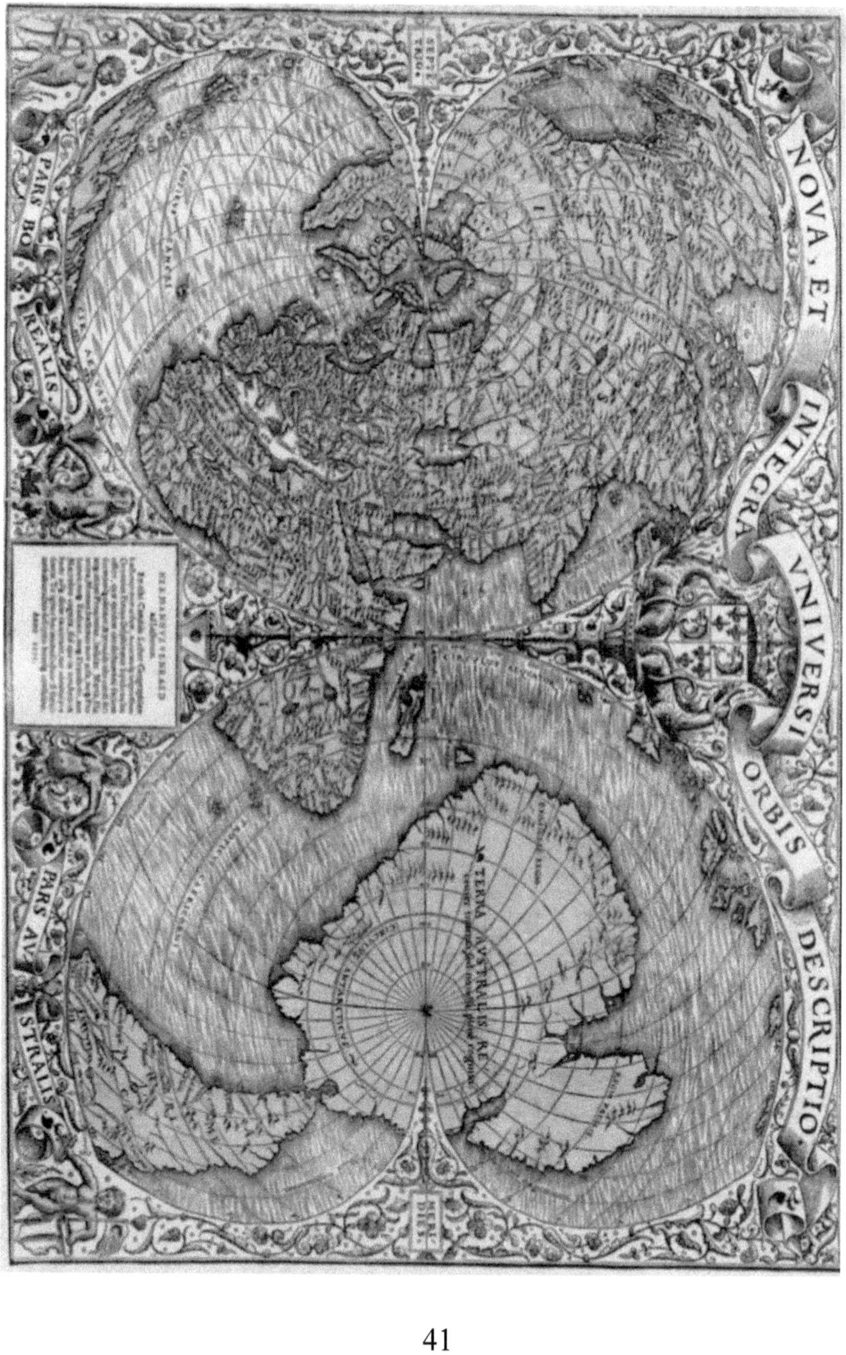
NOVA, ET INTEGRA VNIVERSI ORBIS DESCRIPTIO
PARS BOREALIS
PARS AVSTRALIS

Cette carte parfaitement détaillée offre, par ailleurs, un aperçu troublant de la géographie du pôle Nord qui est représenté, lui aussi, sans glaces. Et, en lieu et place de la calotte glaciaire sont révélées un groupe de quatre îles formant comme un archipel. Juste pour information, il existe une autre carte ancienne attribuée aux frères Zeno sur laquelle sont rapportées trois à quatre îles inconnues situées sous le Groenland.
(Voir ci-dessous la carte des frères Zeno)

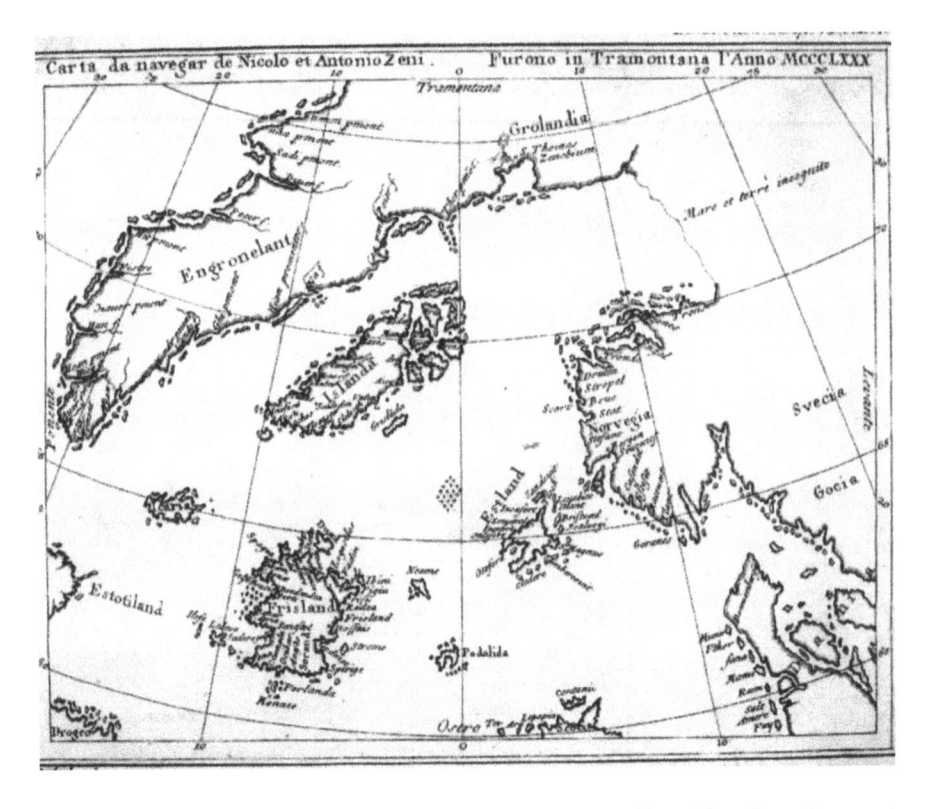

On notera bien trois îles principales auxquelles ils donnèrent à chacune un nom et situées à l'ouest de la Norvège (Norvégia) et sous le Groenland (nommé Engronelant).

42

Cette carte dessinée en 1380, à partir d'une gravure sur bois, est l'oeuvre de deux frères, **Nicolo et Antonio Zeno**, frères de **Carlo Zeno** illustre navigateur et Grand Amiral de Venise. Ils équipèrent un navire à leurs frais afin de visiter les terres lointaines en se dirigeant au Nord-Ouest de l'Europe et auraient même atteint les côtes américaines de l'Atlantique Nord !
Ils moururent respectivement en 1395 et 1405.

Leurs lettres, cartes et relations manuscrites seraient restées inconnues si **Caterino Zeno** (petit-fils d'Antonio Zeno), n'en avait tiré le recueil intitulé : *Découverte des îles de Frisandia, Islanda...* en 1558. La révélation de ces îles inconnues par ces deux navigateurs restera tout de même un mystère mais cette petite histoire n'enlèvera rien en l'existence et au tracé précis de cette carte dont la primo-origine pourrait bien être attribuée à des relevés très anciens dont ils se seront certainement inspirés pour leurs futurs voyages vers de lointaines contrées.

Il n'en reste pas moins l'existence d'un fabuleux recueil de leurs cartes du monde dans un atlas nautique intitulé : *Universa Terre Orbis* et attribué à Nicolo Zeno dont la consultation est possible sur le site : gallica.bnf.fr.

Ce recueil est divisé en plusieurs feuillets dont la fameuse illustration des trois îles du Groenland ainsi que la **représentation, encore une fois surprenante, sur une mappemonde d'une partie du continent antarctique apparaissant à la pointe de l'Amérique du Sud et appelée «*Terra de Fuego*»**. (voir page suivante).

Et pour faire bonne mesure, nous pouvons également nous appuyer sur une représentation similaire à travers une mappemonde dénommée *«Dauphin»* vers 1547 et dressée par l'école de cartographie de Dieppe. Nous y retrouvons, en bas et à gauche, l'Amérique du Sud quasiment reliée au continent antarctique dont apparaissent les premières terres et nommée par le cartographe *«La Terre Australle»*. (voir page suivante)

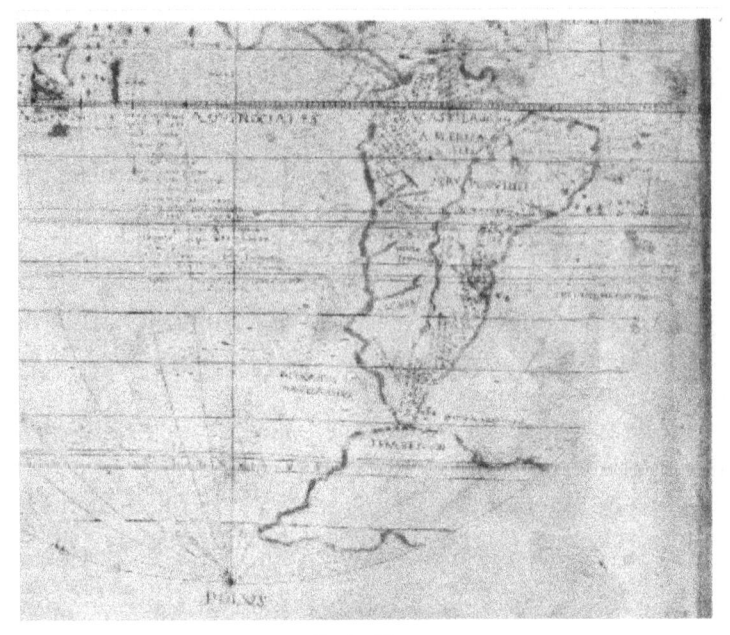

Carte Zeno

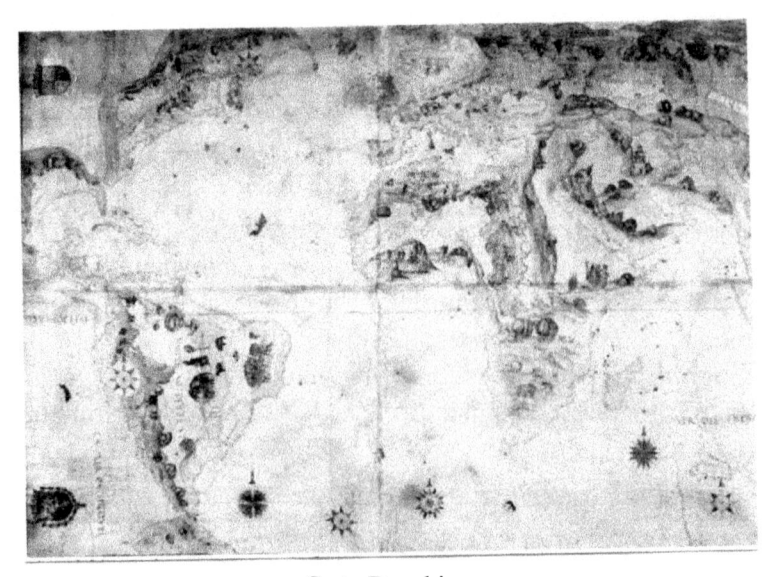

Carte Dauphin

Enfin, **Mercator** lui-même, dans son Atlas de 1569, montre l'Antarctique avec des éléments encore plus précis que la carte d'Oronce Fine !

Après ce panorama fabuleusement révélateur et authentique car issu de document existants et consultables, il paraît toujours aussi surprenant de trouver une communauté scientifique mondiale aussi sourde et aveugle devant autant d'évidences....La réponse à ce paradoxe est simple et en même temps lourde de conséquences, car admettre l'existence de ces cartes reviendrait, pour ce collège de scientifiques bornés, à remettre totalement en cause la Théorie de Darwin avec son évolution «rectiligne» de l'espèce humaine !

En effet, comment expliquer à la population que de vrais «hommes évolués» aient pu visiter, explorer et vivre sur le globe il y a environ 15000 ans, à une époque où le monde, d'après ce qu'il nous a toujours été avancé, n'en était encore qu'au stade préhistorique ?

Et pourtant, il est impossible de balayer d'un revers de main ces diverses cartes marines qui rapportent la position d'un continent, non pas d'une manière aléatoire et vaguement dessiné a l'opposé du Pôle Nord, mais plutôt parfaitement reporté avec des détails qui ne s'inventent pas (carte Oronce Fine et Mercator) et avec, à chaque fois et invariablement, **ce même continent relié à la pointe extrême de l'Amérique du Sud**. Cette simple constatation n'autorise pas la seule présomption et encore moins la négation de ces états de faits. Elle met tout naturellement en scène une évidence...C'est à dire ce que déclare le professeur **Charles Hapgood** en conclusion de son livre :*«L'Antarctique a été visité et peuplé par l'homme à une époque où il n'était pas censé exister»*.

A ce stade et avant de poursuivre notre quête vers les premières explorations de ce continent initiant les secrets à venir, quel constat pouvons-nous établir qui puisse servir de socle sérieux à nos prochaines révélations ? Enumérons-les brièvement :
- Entre -18000 et -11500 ans l'Antarctique s'est réchauffé
- Des lacs d'eau libres existent sous des kilomètres de glace
- Des tunnels sous-glaciaires immenses s'ouvrent sur l'Océan

- La température au niveau du socle rocheux est chaude
- Des cartes «impossibles» du XVIème siècle révèlent l'Antarctique
- Des cartes très anciennes ont servi de base à cette révélation
- Cette connaissance avérée et potentiellement reconnue par voie aérienne, ne peut être imputable qu'à une antique civilisation ayant existé aux environs de -15000 ans, c'est à dire durant la période de réchauffement de l'Antarctique.

En conclusion, lorsque l'on admet logiquement la possibilité d'une civilisation fort évoluée nous ayant précédée, alors il devient si facile de pouvoir expliquer tous les mystères entourant les murs cyclopéens de Bimini, les sphères parfaites de 12 tonnes au Costa-Rica, les blocs de 1000 tonnes du plateau de Baalbek, la construction des grandes pyramides, du sphinx, les hiéroglyphes mystérieux représentant des objets volants et autres machines, les têtes négroïdes en basalte des sites Olmèques (dont certaines de près de 18 tonnes), civilisation s'étant développée au Mexique entre 1250 et 400 avant J.C et j'en passe, car la liste est si longue qu'il serait impossible de les énumérer tous ici !

CHAPITRE 3

LE TEMPS DES EXPEDITIONS

Fin XIXème, l'exploration de l'Antarctique reste le dernier grand défi géographique et scientifique. Le sixième Congrès International de Géographie, en 1895, appelle à relever le défi. Diverses expéditions embarquent tant dans une perspective scientifique que pour vivre l'aventure ultime de la conquête du Pôle Sud. Les grandes limites du tracé géographique du continent austral sont établies durant cette période.

La première expédition scientifique en Antarctique est celle du Belge **Adrien de Gerlache**, en 1898. De cette date à 1958, 21 expéditions d'hiver furent organisées. Celle d'**Amundsen** en 1911 aboutira à la découverte du Pôle Sud. Quant à **Scott**, il atteindra le Pôle Sud 33 jours après Admundsen et comprendra, désemparé, qu'il aura été devancé. Les conditions climatiques épouvantables du retour auront raison des cinq derniers hommes de l'expédition qui mourront de faim et de froid sous leur tente. Ironiquement, c'est l'aventure vécue par Scott et ses hommes qui retiendra l'attention du monde, en lieu et place de l'exploit réalisé par Admundsen.

Peu après, la première guerre mondiale va finalement battre son plein. Ceci expliquera sans doute le peu d'intérêt porté à toutes ces expéditions et à leur disparition. La grande guerre marquera donc la fin de cette «première» ère rocambolesque.

Et si j'insiste particulièrement sur le mot «première», c'est que la seconde ère, qui viendra plus tard après la fin de la première guerre mondiale, sera autrement plus riche par d'autres aspects.

C'est donc une période qui verra l'attention et la concurrence grandissante des nations les plus fortes envers ce territoire paradoxalement décrit comme stérile et inhospitalier. Et c'est à cette époque précise que l'on verra émerger, plus particulièrement, une figure de l'exploration polaire emblématique dans sa quête effrénée de résolution des mystères de cet immense continent.

Ce sera le temps de l'Amiral américain **Richard E. Byrd**, car c'est par lui que passeront une quantité phénoménale d'expériences et de découvertes étonnantes dont beaucoup restent encore aujourd'hui sous le sceau américain du secret le plus absolu. C'est donc à ce titre que nous allons maintenant passer en revue la majeure partie de ses extraordinaires et diverses explorations dans les régions polaires.

Les expéditions de l'Amiral Richard E. Byrd

En premier lieu, il est important de présenter cet homme à la lumière de sa grande carrière militaire.

Il fut formé dans quatre institutions différentes : l'Académie militaire de Shenandoah, l'Institut militaire de Virginie, l'Université de Virginie et l'Académie navale d'Annapolis. Entré dans l'US Navy en 1912, il sert sur le USS Kentucky, le USS Wyoming et le USS Missouri et participe aux campagnes contre le Mexique. Il est ensuite affecté sur le yacht du secrétaire d'État à la marine et sur celui du Président. Quittant la Marine en 1919 mais continuant à servir au bureau du personnel naval à Washington, il apprend rapidement à piloter à Pensacola et se passionne pour les moyens de navigation maritime appliqués à l'aéronautique.

Il enquête sur les crashes d'appareils et est conseiller de l'US Navy lors de la mise au point d'une traversée aérienne transatlantique en 1919. Il sera également le responsable des pilotes de l'expédition arctique de Donald Baxter McMillan en 1925.

En résumé, un bagage que l'on peut raisonnablement qualifié de particulièrement sérieux, ce qu'il est important de considérer en tant que tel au regard de ses futures découvertes et déclarations….

Au risque de vous surprendre, nous n'allons pas démarrer les expéditions de Byrd par l'Antarctique mais bien par sa première tentative du survol du Pôle Nord. En effet, par bien des points sensibles que nous aborderons progressivement, il apparaîtra que nos deux Pôles possèdent, en leur centre, des caractéristiques «hors normes» mais très semblables….

L'expédition Arctique de 1926.

Richard Byrd décida d'être le premier homme à survoler le Pôle Nord en hydravion et pour cela il bénéficia de l'aide de bailleurs de fonds privés dont les plus importants, que l'on peut citer, furent les «élites» industrielles **Edsel Ford** ainsi que **John D. Rockefeller.**
Peut-on considérer que cela ne reste qu'un don gracieux de la part de ces hautes personnalités ? Non, ces hommes, dont en particulier John

Rockefeller, n'avaient pas pour philosophie de miser sur des hommes sans chercher un réel profit en retour. Si Byrd a ainsi bénéficié de cette aide indispensable, c'est qu'il avait les capacités, la philosophie ainsi que la volonté des véritables découvreurs dans une quête «sensible» des mystères des Pôles.

J'aborde largement dans mon précédent livre l'infiltration malsaine de la haute franc-maçonnerie dans les affaires du monde ainsi que leurs manipulations sournoises depuis le XVIIIème siècle dans tous les secteurs de nos vies et si j'aborde rapidement cet aspect important des choses, c'est que le richissime Rockefeller était un pilier de cette organisation tentaculaire qui n'a jamais eu de loyauté envers aucune des nations de la Terre. Leur unique patrie reste l'argent et, par ce biais, l'emprise d'un pouvoir réel sur toute l'humanité. S'il y avait donc un secret «géologique» déterminant à trouver au niveau des Pôles, il représentait bien l'homme fort de la situation. Et vous aurez loisir de constater, par la suite, que ces secrets, volontairement mis hors de portée de l'être humain, feront bien là leur future toute puissance....

Ainsi, Byrd, il est nécessaire et important de le mentionner, fut lui aussi «intronisé» franc-maçon en 1932 afin, peut-être, de l'obliger à la plus extrême discrétion au regard de ses fabuleuses découvertes présentes et à venir au seul profit des élites maçonniques du complexe militaro-industriel des Etats-Unis, ce qui le troubla profondément à la fin de sa vie....

Et, il est un détail formidable et particulièrement révélateur qui illustrera complètement mon propos au sujet de l'aspect véritablement néfaste de cette organisation élitiste mondiale car, en «contrepartie» de cette aide, le nom de Rockefeller fut attribué à un plateau d'un relief Antarctique de la Terre de **Marie Byrd Land** et d'une hauteur de....**666 m** ! Imaginez-vous un seul instant que le choix de ce relief et de son altitude fort significative furent associés par le plus grand des hasards à cette élite de haut rang ? Quitte à vous faire frémir, la réponse est que ce genre d'individu s'en remet plus volontiers à «l'ombre» qu'à la «lumière», ceci dans l'unique objectif de faire avancer leurs affaires corrompues au bénéfice d'eux-mêmes.

Vous trouverez donc, ci-dessous, la reproduction de cette portion de territoire avec la situation de ce plateau à la «gloire» de ce généreux donateur parfaitement désintéressé....

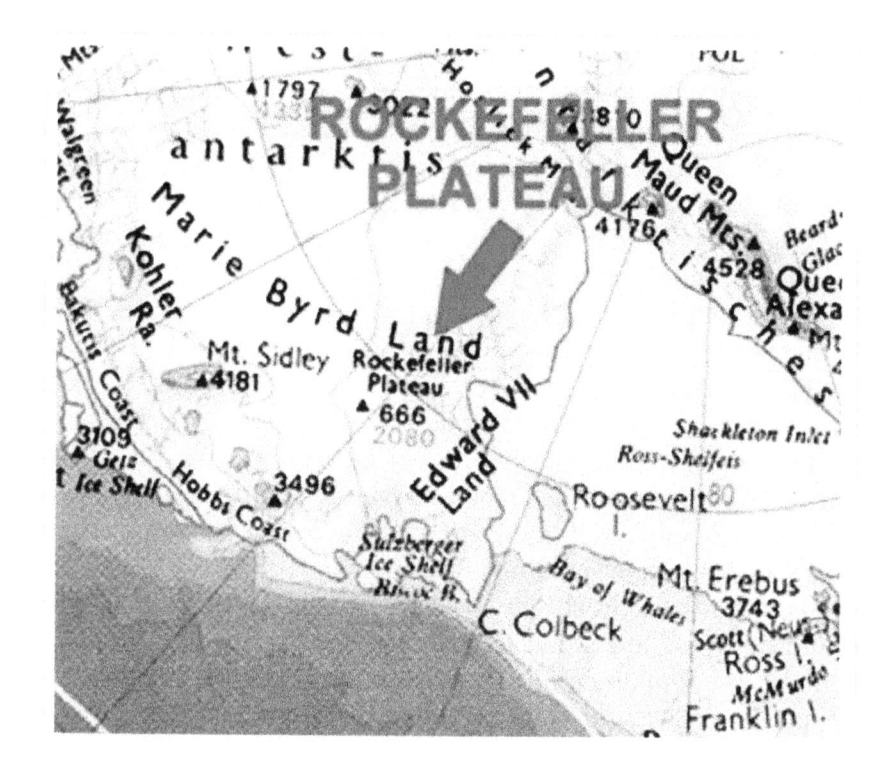

Avant de poursuivre sur la première aventure polaire de Byrd, je voudrais vous soumettre une déclaration qu'il fît, après son survol du Pôle Nord, au journal *New-York Sun* et publié dans *Literary Digest*. Vous apprécierez, ici, le questionnement de cet homme avec une certaine philosophie de la vie semblant frôler l'ésotérisme et déjà la perception de notre civilisation qui échapperait à une gestion saine et positive de l'homme :

«Je m'interroge sur les proportions infinitésimales de l'homme mortel, sur la fragilité de l'atome qui occupe l'espace, sur **les limitations de ceux qui ont pris en main la conduite de la civilisation**....*»* On serait en droit de discerner une certaine amertume par le choix de ses derniers mots....

Byrd quitta New-York le 05 avril 1926 à bord du navire *«Le Chantier»* et arriva sur l'île du Spitzberg, après 25 jours de mer, le 29 avril 1926. L'hydravion trimoteur Fokker fut débarqué et équipé de skis afin d'effectuer son vol vers le Pôle. La machine fut baptisée *«Joséphine Ford»* en l'honneur de la petite-fille du constructeur automobile bailleur de fond de l'expédition.

Byrd prît l'air le 9 mai 1926 avec son pilote aux commandes, **Lloyd Bennet**. Le Fokker, pour parcourir la distance de 1250 km reliant la baie du Roi au Pôle, avait soutenu une vitesse d'au moins 160 km/h pendant toute la durée du vol et, au retour, il ne restait de carburant que pour deux ou trois heures de vol de plus. Ce vol fut acclamé comme un succès fantastique même si certains affirmèrent que le but n'avait pas été atteint et que Byrd avait rebroussé chemin à environ 240 km du Pôle en raison d'une fuite moteur.

Mais, décortiquer le vol de Byrd afin de valider ou non ce survol polaire n'est pas tout à fait le centre principal de cette histoire. Ce qu'il est primordial de faire remonter à la surface, ce sont les quelques premières déclarations surprenantes qu'il fît à la presse au moment de son retour d'expédition, le 23 juin à New-York.

On retrouve la réalité stupéfiante de ces quelques phrases particulièrement révélatrices, prononcées par Byrd lui-même, et apparaissant dans les colonnes du quotidien ***Miami Daily News*** du 25 juin 1926. Je vous les présentes tout d'abord dans leur version originale en anglais avec, à la suite, la traduction en français :

«There is land in the vicinity of the North Pole », in the belief of Commander Byrd.

«There might be land in there somewhere, and I think there is», Byrd say, after telling that his search, of the icy spam below the machine, failed to reveal any sign of life.

«*Il y a une terre (ou de la terre) dans le voisinage du Pôle Nord*», comme le croit le Commandant Byrd.

«*Il devrait se trouver une terre là, quelque part, et je pense qu'elle y est*», dit Byrd après avoir rapporté que sa recherche sur la surface glacée sous la machine échoua à révéler le moindre signe de vie. Reproduction ci-dessous du journal en question avec les deux principales phrases soulignées.

Après de multiples recherches à ce jour, ces remarques précises et insolites de Byrd, consécutives à son survol du Pôle Nord, **représenteront les seules mentions existantes** imprimées sur un journal grand public dépendant de l'agence **Associated Press** et confirmant **son allusion relative à la présence d'une terre au voisinage du Pôle**. A noter également que la possibilité de consultation de ce journal de 1926 est à présent devenue impossible du fait de sa disparition sur les pages de Google Old News !

Je me dois, à ce stade de mes commentaires, de vous faire part de l'origine de certains des documents qui vont venir enrichir quelques autres pages et représenteront un socle solide reposant principalement sur des informations crédibles et irréfutables. Le site qui a mené des investigations longues, méthodiques, patientes et d'une remarquable qualité, n'ayant pas d'équivalent à ma connaissance sur le net et toujours présent sur la toile après ses 22 années d'activités est : **artvision.fr**. Le Web master est un homme passionné de vérités qui m'a donc gracieusement et très gentiment autorisé la publication de certains extraits de journaux rares qui restent incontournables afin de révéler au grand jour des faits et des paroles tombées dans l'oubli mais qui restent emblématiques au regard des secrets fantastiques qu'elles tendent à valider.

Après cette parenthèse nécessaire, revenons un instant sur les mots prononcés par Byrd et qui ne seront pas les derniers «du même style» a être enregistrés par différents journaux au fur et à mesure de ses autres expéditions.

Comment cet Officier, marin, aviateur et explorateur chevronné, pu ainsi se mettre aussi étrangement en avant en annonçant clairement qu' *«Il y a une terre dans le voisinage du Pôle Nord»* et qui le confirme dans la phrase suivante de sa déclaration ! Une terre ? Mais une terre de quelle nature puisque les seules terres existantes au niveau du Pôle sont....de glace et tout autour, quelle que soit la direction que l'on prenne, ce qui a été prouvé par toutes les précédentes expéditions polaires ! Cela paraît stupide d' avancer une telle évidence à moins que Byrd ne cherche, à demi-mot, à dévoiler un mystère dont l'importance n'a d'égal que l'interrogation qu'il suscite. S'il a cherché, vu ou su quelque chose d'insolite avant ou pendant cette aventure, **la censure induite par ses généreux donateurs devait certainement être un préalable** à cette expédition ainsi que pour celles à venir. N'oublions pas que Byrd était avant tout un militaire qui, quoique ponctuellement détaché à une expédition «privée», restait soumis et dépendant à un devoir de réserve en lien direct avec le complexe militaro-industriel pour le quel il travaillait. De ce fait, **l'unique (et potentiellement accidentelle)** mention dans un seul journal, de telles inimaginables allégations, semble bien le prouver.

Ainsi, je vous demanderais de bien enregistrer cette première déclaration fascinante de Byrd qui synthétise à elle seule une bonne partie de tout ce qui va suivre afin de «rentrer», doucement mais sûrement, vers cette terre qu'il mentionne et dont il va reparler de la même manière lors de ses prochaines expéditions antarctique.

A ce stade de mon enquête, j'ai longtemps hésité à vous soumettre une aventure fantastique que l'on attribue à Byrd lors de cette première expédition au Pôle Nord. La narration de cette histoire est parfaitement connue des «chercheurs de tous poils» et largement diffusée sur le net. Pourtant, là ou le «bas blesse» et qui n'est jamais relevé, c'est que potentiellement, au regard des éléments apparaissant dans cette aventure, elle ne put avoir lieu.....ou peut-être que oui, si et seulement si l'on considère le machiavélisme et la mystification dont sauraient faire preuve les «élites» organisatrices et financières de ce genre d'expédition. Cela ne reste qu'un avis très personnel, mais la désinformation à base de vérités maquillées est une spécialité pratiquée depuis fort longtemps par cette organisation élitiste mondiale. Les protocoles «dits de Sion» en sont une formidable illustration, en faisant passer leur plan réel d'asservissement de l'humanité pour une conspiration attribuée au peuple Juif. On connaît les dégâts que ce scénario a pu provoquer par la suite....

Ce qui m'incite, de plus, à rapporter ce probable épisode, est la certitude dont fît preuve Byrd au regard de sa déclaration. Celle-ci, en effet, sous-entendait clairement la découverte d'une étrange anomalie géologique dans le voisinage du Pôle lors de son vol, ce qui en outre et au-delà du hasard, aurait pu en représenter l'objectif prioritaire au détriment d'un réel survol du Pôle Nord (ce qui a été démontré plus tard par des spécialistes et des témoins).

D'autre part, et ce qui me porte vers une plus grande interrogation, reste que la description de cette découverte, dont vous allez prendre connaissance, est un événement qui va se reproduire lors de sa prochaine expédition en Antarctique. Nous prendrons connaissance également, plus loin dans ce livre, d'autres témoignages relatant eux aussi des expériences similaires en Arctique ! Voici donc le déroulement de cette étrange aventure rapportée dans le magazine *Nostradamus* n°52 du 6 avril 1973 par un narrateur inconnu (article non signé) et dont l'original est à retrouver sur le site artvision.fr.

«Depuis huit heures, il marchait sur la banquise avec son équipe (un capitaine de vaisseau et deux quartiers-maîtres), escaladant les moutonnements chaotiques des glaces éternelles, dévalant de dangereux à-pics plus périlleux qu'un rocher vertical. Et soudain, du haut de la falaise blanche où l'équipe de pointe de l'expédition était parvenue au prix de mille dangers, le spectacle était inoubliable.

Sous les yeux de Byrd médusé et de ses compagnons ahuris, s'étendait une longue vallée étroite et profonde, couverte d'une végétation luxuriante et apparemment baignée d'un chaud soleil permanent. Une véritable oasis de vie au milieu du grand désert de glace....D'un geste machinal, l'amiral consulta le thermomètre qu'il portait au revers de son passe-montagne : - 50° ! Son ordonnance, le **Capitaine Peter Fitin** *nota :* **14 juin 1926**- *74m d'altitude- 12h08.*

Les quatre hommes se mirent en devoir de dérouler les échelles de corde pour rejoindre la merveilleuse prairie qui s'étendait, à une centaine de mètres en contrebas, au pied de la muraille de glace au sommet de laquelle ils se trouvaient.

Après une longue heure de descente ils avaient changé de monde : toute une région où la vie, prolifique et presque paradisiaque régnait, s'étalait devant eux. La chaleur douce et pénétrante (le thermomètre indiquait 19°8) les obligea à quitter leurs confortables équipements d'explorateurs polaires. De leurs bottes, ils foulaient une herbe drue et grasse, piquetée par endroits de traînées de narcisses et de jonquilles.

A perte de vue, en croyant à peine leurs yeux, les savants apercevaient de petits ruisseaux coupant les herbages naturels, des lacs, des collines boisées. A quinze cents mètres environ, ils virent une tache brune qui se déplaçait lentement. Jumelles braquées, Richard Byrd observa un animal massif au pelage brun qui entra lentement dans un fourré...Un animal qui ressemblait étrangement à un mammouth, placide et lourd **comme ceux que l'on a rencontrés en 1921 en Sibérie centrale***. Autour d'eux, les gazouillis d'oiseaux et la stridence des cigales démontraient à l'évidence l'existence d'un climat subtropical.*

Hélas ! Il fallait borner là l'exploration de ce jour ! La fatigue de chacun, le manque de vivres, l'épuisement des accumulateurs radio faisaient un devoir au chef de détachement d'ordonner sans perdre un instant le retour au campement de base.

Repartis sur la banquise, les explorateurs un moment émerveillés, retrouvaient le grand silence blanc et la désolation du froid éternel.

A leur retour, ils racontèrent leur découverte à leurs camarades restés au camp. Après une journée de repos, tous voulaient retourner voir ce que l'amiral Byrd appela le «paradis inconnu».

Malheureusement, il leur fut impossible de retrouver la vallée du bonheur polaire. Située pratiquement à quelques kilomètres du Pôle géographique, dans la région même du Pôle magnétique, il avait été impossible à **l'Ordonnance de l'amiral** *d'en effectuer le relevé topographique. En effet, dans cette région du globe terrestre, les boussoles deviennent folles et leurs aiguilles aimantées virevoltent sans jamais se fixer !*

Pendant des années, dans son laboratoire de Boston, Richard Byrd chercha à délimiter la position géographique de la vallée heureuse cachée au fond des glaces....

Fin de ce premier morceau d'anthologie livré tel quel avec les quelques incohérences devant être absolument pointées du doigt.

Tout d'abord, le Capitaine de vaisseau, **Peter Fitin**, n'existe pas (après recherches dans les registres de l'US Navy) et ne faisait pas non plus partie de l'expédition de départ. Le New-York Times, du 23 juin 1926, donne effectivement la composition des membres de cette expédition dans laquelle il n'apparaît pas. Les seuls Capitaines présents étaient le **Cpt M.J Brennan**, Commandant le bateau «*le chantier*» ainsi que le **Cpt R. Bryant**. Les autres Officiers mentionnés étaient les Lieutenants **G.O Neville** (USN), **Robert Oertel** et **Alton Parker** ainsi que deux radios, **L.K Grenlie** (dont nous reparlerons) et **Georges H.James**.

Ce Capitaine Fitin est également décrit en tant qu'Ordonnance de l'amiral Byrd, chose impossible étant donné qu'à cette même période Richard Byrd n'était que Lieutenant Commander. Il n'acceptera le grade de Commander (en refusant le grade d'Amiral), qu'à l'issue de l'expédition.

Autre point critique indiscutable, la date de la découverte par Byrd est notée au 14 juin 1926. Cette date est impossible à tenir pour la bonne et simple raison que le retour officiel, à New-York, du bateau de l'expédition Byrd, est rapporté par les journaux en date du 22 juin. En prenant en compte qu'ils mirent 24 jours de mer à l'aller, franchissant une distance de 16000 km (départ le 5 avril de New-York/ arrivée au Spitzberg le 29 avril), **ils devaient être déjà en mer depuis au minimum le 1ᵉʳ Juin** (d'autant plus qu'ils firent une courte escale à Londres au retour) !

Pourquoi ajouter autant d'incohérences grossières aussi facilement détectables si ce n'est, à mon humble avis, afin de tourner en dérision la possibilité de la révélation future d'une pareille découverte ? En résumé, prêcher le faux au milieu du vrai afin de détourner l'attention colle parfaitement avec «le fond de commerce» de ce genre d'organisation opaque !

Par conséquence, la trame de cette histoire pourrait ainsi passer pour véridique même si, à ce moment précis, je peux comprendre votre incrédulité. Effectivement, si l'on repasse le film en arrière, le retour du Fokker de Byrd du Pôle se situe le 9 avril après un vol aller/retour d'environ 16 heures. Si, comme il le précise dans sa déclaration, la présence d'une terre dans le voisinage du Pôle est une certitude pour lui, c'est qu'il y a découvert pendant le vol, la position d'une anomalie. Anomalie à laquelle il aurait pu, très vraisemblablement, s'attacher à redécouvrir la présence plus précisément mais cette fois-ci, par voie de terre, (si je puis m'exprimer ainsi) avec obligatoirement une première et large avancée par avion, en y laissant, au plus près, un petit camp de base. Dans ce cas, il aurait pu disposer confortablement d'une petite vingtaine de jours pour réaliser cette seconde expédition avec la reconnaissance finale d'une équipe réduite telle que mentionnée dans cet article. Il aurait ainsi réussi la jonction avec ce territoire fantastique après 8 heures de marche depuis le petit camp de base établi autour de l'avion équipé de ses skis pour se poser sur la glace, ce qui ferait alors de l'ensemble un scénario tout à fait plausible et réalisable. Byrd rapporte d'ailleurs dans son livre paru en 1937, *«Mes explorations»*, un élément pouvant complètement valider l'atterrissage d'un avion. Je le cite : «*Par endroits, on apercevait des surfaces qui paraissaient assez larges et assez lisses pour qu'on puisse y atterrir...*».

On imaginerait mal un tel explorateur, aussi passionné, ne pas s'engager à ce moment précis avec le temps et les moyens dont il disposait sur place, à retrouver un objectif aussi fabuleux découvert du ciel. Cela paraît évident.

Mais, il y a encore un autre point capital dans ce texte qui a certainement dû littéralement vous «sautez aux yeux» et qui prouve que «le rapporteur» originel de l'article en question devait être un familier des expéditions polaires, voire même l'un des participants devant forcément garder l'anonymat. Ce point particulièrement exceptionnel de par son «impossibilité physique» est **la mention de l'existence de mammouths en 1921 !**

Ce qui dégage une certaine vérité et légitimité, est la facilité avec laquelle ces faits sont rapportés d'une manière presque…. naturelle.
Je cite : «*Un animal qui ressemblait étrangement à un mammouth, placide et lourd comme* **ceux que l'on a rencontrés en 1921 en Sibérie centrale.**»

La désinformation existante et démontrée au niveau de ce document ne pouvait, certainement pas et décemment, aller au-delà d'une certaine limite crédible. A ce titre, je reste persuadé que cette mention incroyable n'a pas été «retouchée» (tout en faisant opportunément les affaires des faussaires par sa totale improbabilité) et, intrinsèquement, peut valider le contenu central de cette histoire. Pourquoi suis-je aussi sûr de moi ? Et bien tout simplement parce que je suis allé bêtement vérifié si des témoignages de l'existence de mammouths en 1921 pouvaient être une réalité ! Et j'ose dire que je n'ai pas été déçu de cette initiative plutôt stupide à la base….Je vous livre donc un passage de cette découverte improbable sur le lien : mrugala.net/Histoire/Prehistoire/Mammouth

«De nombreux mammouths congelés, en excellent état de conservation, ont été retrouvés depuis des décennies. Ces découvertes ont permis aux sceptiques de fabriquer de toute pièce le mythe du «mammouth congelé que les autochtones impressionnés croient toujours vivants». Ceci est loin, très loin, de satisfaire et d'expliquer un certain nombre d'observations. Même si les cadavres font partie intégrante du folklore des peuples du grand Nord, on connaît au moins trois récits précis évoquant de grands éléphants poilus bien vivants :

*- **En 1920**, un vieux chasseur raconta à **Mr Gallon, alors Consul français de Vladivostok**, qu'il avait aperçu de grands éléphants velus à défenses recourbées qui se déplaçaient en bordure de forêt dans une région située entre les fleuves Obi et Ienisseï. Ce chasseur avait découvert de larges empreintes et suivi la piste durant plusieurs jours avant de découvrir les animaux. L'intérêt de cette observation réside dans le fait que pour la première fois on décrivait des mammouths **évoluant en milieu forestier et non pas dans les immensités désertiques de la toundra.***

*- **En 1922**, des **Evenks, tribu esquimaude sibérienne**, affirmèrent avoir observé un mammouth vivant peu de temps auparavant **près de l'océan Arctique**. Les voyageurs qui rencontrèrent cette tribu ont affirmé que les Evenks possédaient des peaux de mammouths en bon état de conservation.*

*- **En 1580**, des cosaques du Don, avec à leur tête **l'ataman Yermak Timoféévitch**, affirmèrent avoir rencontré dans le royaume de Sibir,*

Détail très important qui prendra toute son importance, (nous le verrons après) le commandant Byrd, lors de cette aventure scientifique, comptait bien réaliser une première mondiale. Il s'équipa pour cela d'un matériel de transmission de pointe afin de pouvoir rentrer en contact avec la station radio du **Times à New-York** ainsi qu'avec sa base de **Little america,** pour rapporter en direct le déroulement de son vol d'exploration vers le Pôle Sud. Dans cet objectif, son avion sera équipé d'un transmetteur moderne monotube CW conçu par la société Heinz-Kaufman de San-Francisco. Ainsi, les premiers essais furent effectivement réalisés à partir d'un avion Fairchild en vol près de la base de Little america. Afin de valider ce progrès technologique majeur testé dans des conditions particulièrement difficiles, nous pouvons nous appuyer officiellement sur les comptes-rendus du New-York Times publiés dans le livre *«Commander Byrd's first antarctic flight. 1929».* Consulter le site : thehenryford.org/collection-and-research/digital-collection/artifact

Sur l'article du journal New-York Times reproduit ci-contre, nous pouvons lire en titre principal le texte suivant :
L'avion de Byrd en l'air au-dessus de l'Antarctique parle à New-York. *Les messages échangés par radio sur 10000 miles (environ 18000 km) établissent un record.*
Liaison sur une heure entière.
Le succès des tests ouvre l'opportunité d'entendre le Stars and Stripes depuis le Pôle Sud.
«Un record du monde en aviation et radio a été établi tôt hier matin quand l'avion du Commander Byrd, le Stars and stripes, en vol 3000 pieds au-dessus des terres perdues qui entourent la Baie des baleines en Antarctique, **mena une communication directe dans les deux sens avec la station radio du New-York Times à Times square.** *La distance entre l'avion et le récepteur était de 10000 miles. C'était la première fois qu'un avion en vol envoyait et recevait des messages sur une aussi longue distance.»*
Sur le petit encart reproduit page 66, nous pouvons lire :
*«***Le Commandant Hooper (Directeur des communications de la marine américaine)***, la nuit dernière, envoya le message suivant à*

A la lecture de ce court résumé, on peut davantage analyser l'attitude, à juste titre, révoltée de l'épouse de Bennett qui, lui-même, a dû devoir plier face aux exigences de Byrd afin de valider et mentir sur un très probable faux record et peut-être sur bien plus que cela…..Effectivement, la mort prématurée de Bennett, même si celle-ci le toucha effectivement, faisait disparaître avantageusement un témoin gênant qui aurait pu aussi finir par parler un jour et entre-autres,……de la découverte d'une terre inconnue !

La conscience de Byrd mise à mal, on peut aussi raisonnablement interpréter la raison du refus du grade d'Amiral qui lui fût proposé...

Cet incident tel que rapporté, et potentiellement validé par les témoignages sérieux qui le décrivent, démontre finalement que l'éventualité d'une découverte fortuite et fantastique aux environs du Pôle, lors de «leur promenade pour faire passer le temps», ne peut définitivement plus être écartée. Que cette observation eût été effectivement plus ou moins proche du Pôle Nord ne change absolument rien à cette histoire mais offrait plutôt un accès futur facilité pour une rapide expédition bénéficiant, peut-être, d'une plus courte distance à effectuer par rapport à leur base de départ.

L'expédition Antarctique de 1929

Poursuivons donc cette fabuleuse épopée par la décision du Commander Byrd d'une exploration des régions inconnues de l'Antarctique. Comme la précédente expédition, celle-ci sera financée en grande partie par Ford et John Rockefeller avec l'affrètement de deux bateaux transportant, personnels, matériels, vivres, équipages et trois avions. Elle s'étalera du 25 décembre 1928 au 7 février 1930, date de retour vers New-York qu'ils atteindront le 18 juin. Il y installera la première base américaine, **Little America**, à proximité de la **barrière de Ross** et à partir de laquelle seront entreprises plusieurs expéditions aériennes sur le continent antarctique. C'est lors de l'un de ses vols qu'il découvrira les montagnes (bien particulières. altitude 666 m!) qu'il baptisa du nom de son bienfaiteur Rockefeller ainsi que le territoire de Marie Byrd (nom de son épouse).

terriblement.....Je sais qu'il sera une grande perte pour le Commandant. **Elle se retourna vers moi avec un regard enflammé.** «**Bernt, comment pouvez-vous dire pareille chose ?** s'écria t-elle. «**c'est la plus chanceuse des choses qui soit jamais arrivée à Byrd !** » *Elle ne dit rien de plus et je ne sus quoi dire.»* A ce moment, le tranquille Norvégien ne dit rien à personne de ce qu'il en pensait.

Cette réponse cinglante de la part de l'épouse de Bennett dénote intrinsèquement un malaise profond qui ne peut s'expliquer que par la dissimulation et la non divulgation d'un épisode embarrassant concernant premier le vol de Byrd et Bennett vers le Pôle Nord !

Et c'est par **Bernt Balchen** lui-même (qui fît par la suite une grande carrière dans l'Armée américaine) que nous obtenons des informations de première main à travers la première édition de son livre mémoire paru en 1958 chez E.P Dutton & co : *«Come North whith me».* Dès cette époque les soutiens et proches de la famille de l'Amiral Byrd décédé en 1957, feront tout leur possible afin de faire rectifier et réviser certains passages dans les éditions suivantes...

En effet, Balchen a fort bien connu Bennett et fut d'ailleurs le co-pilote de ce dernier lors du tour des USA en cinquante étapes réalisé ensemble dans l'avion de Byrd, le *«Joséphine Ford»*, avant qu'il ne soit définitivement exposé dans un musée. C'est lors de ce périple que Bennett aurait confessé à Balchen, **que lui et Byrd, n'avaient pas atteint le Pôle mais tourné en rond aux alentours**. Pendant ce vol avec Bennett, Belchen constata également que le Fokker ne dépassait pas les 110 km/h, contrairement aux affirmations de Byrd qui avait pointé une moyenne de 160 km/h durant tout son trajet vers le Pôle !

Voici donc au final ce que rapporte plus précisément Balchen dans son livre, c'est à dire la courte version que Floyd Bennett lui a livrée de ce fameux vol du 9 novembre 1926 :

«Bennett lui dit que, tôt dans le vol, une fuite d'huile s'est produite et Byrd ordonna un retour sans être en vue du Spitzberg. A ce moment, quoique la fuite s'arrêta, ils auraient convenu d'allers-retours pendant 14 heures avant de retourner à leur base et être accueillis comme des héros.

au-delà de l'Oural, de grands «éléphants velus» que les indigènes surnommaient «montagnes de viandes».

Voilà, vous pouvez à présent constater que deux dates et les lieux collent parfaitement avec la description de la présence du mammouth faite dans l'article de l'expédition de Byrd. J'ai aussi, par ailleurs, visionné un site de cryptozoologie qui mentionne l'étude de deux scientifiques ayant relevé des témoignages beaucoup plus récents (années 80) dans les mêmes et vastes régions sauvages de Sibérie.
Source : genetique-net-cryptozoologie.blogspot.com

Finalement l'importance de l'étude de l'indice littéraire au regard de l'aventure ne tient pas au fait de savoir si le mammouth ait pu résister ou non à l'extinction de masse mais bien ce qu'il représente d'intérêt à travers sa présence dans le texte, corrélé à sa confirmation par des témoignages locaux d'époque, à priori «impossibles» ; informations singulières qui ne peuvent, à mon sens, relever d'une autre mystification aussi «pointue» et donc improbable dans le cadre de la rédaction originelle de cette «histoire».

Pour terminer, il est un autre témoignage fort troublant laissant à penser que cette première tentative de survol du Pôle Nord attribuée à **Byrd pose véritablement question et laisse la place à toutes suppositions et éventualités**. Ce témoignage est celui de **Bernt Balchen**, aviateur Norvégien qui sera le futur pilote de Byrd lors de sa prochaine expédition au Pôle Sud et qui apparaît dans le livre de **Eugene Rodgers**, *«Beyond the barrier. The story of Byrd first expedition to Antarctica »* et publié en 1990. Je le cite :

Le 25 avril 1928, le premier pilote de Byrd, **Floyd Bennett** meurt d'une pneumonie. Il fut l'ami le plus proche du Commander (Byrd) et son bras droit lors du montage de l'expédition…..Pendant un temps, Byrd, perdit intérêt en toutes choses. Sa seule déclaration était qu'il voudrait nommer son avion pour le Pôle Sud ainsi que ses nouvelles découvertes antarctiques du nom de Bennett. **Bernt Balchen** pense qu'il a été un autre élément sur l'impact de la mort de Bennett sur Byrd. Comme Balchen le raconta plus tard, il tenta de consoler **Cora** (épouse de Bennett) lorsqu'il la vit à Baltimore après la mort de Bennett. Il lui dit : *«Je sais…Floyd va me manquer*

l'officier radio Hanson de l'expédition Byrd : «Votre message reçu en l'ait par air. Merveilleux et intéressant record. **Espérant en recevoir un quand vous serez au-dessus du Pôle Sud. »**

BYRD PLANE IN AIR OVER THE ANTARCTIC 'TALKS' TO NEW YORK

Two-Way Messages by Radio Across 10,000 Miles Establishes a Record.

LINKED FOR ENTIRE HOUR

Times Operator in Touch With the Craft From Take-Off at 3:15 A. M. Yesterday.

SAN FRANCISCO ON CALL

Success of Test Opens Prospect of Hearing Stars and Stripes From Over the South Pole.

A world's record in radio and aviation was established early yesterday morning when Commander Richard E. Byrd's plane, the Stars and Stripes, in flight 3,000 feet above the icy wastes that surround the Bay of Whales in the Antarctic, conducted two-way communication direct with THE NEW YORK TIMES radio station in Times Square. The distance between the plane and the receiver was 10,000 miles. It was the first time that an airplane in flight had sent and received messages over such a long distance.

It was 10:30 P. M. in New York when Operator Carl O. Peterson of

> obstacles that lurk in the radio channels that extend 10,000 miles from "the crossroads of the world" at Times Square to the world's most remote outpost, surrounded by snow and ice, 2,400 miles from the nearest point of civilization.
>
> Commander Hooper last night sent the following message to Radio Officer Hanson of the Byrd expedition:
>
> "Your message received by air from the air. Wonderful record and interesting. Hope to receive one when you are over the South Pole. Envy you, as no sunny nights here now. Communications and laboratory personnel join in regards to Commander Byrd and all hands."

Afin d'entreprendre ce premier vol vers le Pôle Sud, qui sera donc associé à un reportage «vidéo» et audio en direct, l'expédition Byrd se devait d'être composée de spécialistes dans ces deux disciplines. Les ingénieurs radio sélectionnés pour participer à l'aventure étaient au nombre de cinq : Malcolm Hanson, Howard Mason, Carl Petersen, Lloyd Berkner et **Lloyd K. Grenlie**. A noter que seuls les trois premiers resteront sur la base Little america pendant toute la durée de la mission. Quant à Berkner et **Grenlie**, ils seront les opérateurs radio à bord des deux navires chargés du transport aller/retour de l'expédition. Si je mentionne plus particulièrement le nom de **Lloyd Grenlie**, c'est que ce dernier aura un rôle important en tant que témoin dans le déroulement des événements à venir.

En ce qui concerne la partie «image» de l'expédition, il est nécessaire de mentionner la présence d'un photographe de **Paramount News, Willard Van der Veer** ainsi que **Ashley McKinley** qui fera partie de l'équipage prévu pour le survol du Pôle Sud. Ils étaient équipés pour cela d'une caméra de pointe afin de mener à bien ce reportage filmé.

Le 28 novembre 1929, après plus de six mois de nuit polaire, Byrd décolla donc de la base de Little America avec son avion Ford Trimotor baptisé *«Bennett»* en hommage à son ancien compagnon pilote de la précédente expédition. L'équipage se composait de quatre hommes dont le pilote **Bernt Balchen,** l'opérateur radio TSF **Harold June** et le photographe **Ashley McKinley.** Ce jour là, le but était d'atteindre le Pôle Sud mais la visibilité était mauvaise et la faible altitude de l'avion les obligèrent à évoluer entre les falaises pour éviter les massifs montagneux. Les courants plaquèrent l'appareil au sol, et pour éviter de s'écraser, l'équipage dû jeter au-dehors les matériels non-indispensables ainsi que les provisions de vivres. Enfin, le 29 novembre à 1 h 55, après 18 heures de vol, le Pôle Sud était atteint et Byrd jeta au sol le drapeau américain mais également les pavillons norvégiens en l'honneur d'Amundsen, anglais en l'honneur de Scott et français par amitié pour la France. Dans le même temps, Byrd demanda à June d'envoyer le message radio suivant à la base de Little America :

«Mes calculs indiquent que nous avons atteint le voisinage du Pôle Sud. Volons plus haut pour surveillance. Byrd.»

Ce message succin sera le seul mentionné par Byrd dans son livre, jusqu'à son arrivée au-dessus du Pôle : *«Little America»* chez G.P Putmans Sons. New-York. 1930. Voici donc résumé sommairement le raid réussi de Byrd vers le Pôle Sud mais vous aurez certainement compris que l'histoire ne va pas se résumer seulement à ce nouveau record. En effet, comme nous l'avons précisé précédemment, l'avion de Byrd était équipé d'une radio à partir de laquelle il comptait bien décrire en direct ses diverses impressions et découvertes. En l'occurrence, il semble bien que les quelques messages radios émis par l'avion, et reproduits par le journal New-york Times, ne soient pas vraiment à la hauteur d'un véritable reportage en direct. En effet, sur la coupure de presse ci-dessous, en haut et à droite du tracé du vol (voir flèche), apparaît le titre « **MESSAGES TELL FLIGHT STORY** » **(Les messages disent l'histoire du vol).** Sous ce titre, et bien que la lecture du contenu ne soit pas suffisamment claire (Je n'ai malheureusement pas pu trouver mieux) vous pourrez tout de même détecter en gras, les reports horaires chronologiques de ces quelques 14 émissions radio assez courtes (en moyenne une grosse phrase par contact). Ainsi, vous pourrez constater que cela ne constitue en aucun cas une description longue et précise de l'environnement liée aux observations en vol qu'auraient dû faire partager Byrd, en direct, à ses auditeurs américains. Rappelez-vous que les test antérieurs avaient parfaitement fonctionné avec un contact de près d'une heure !

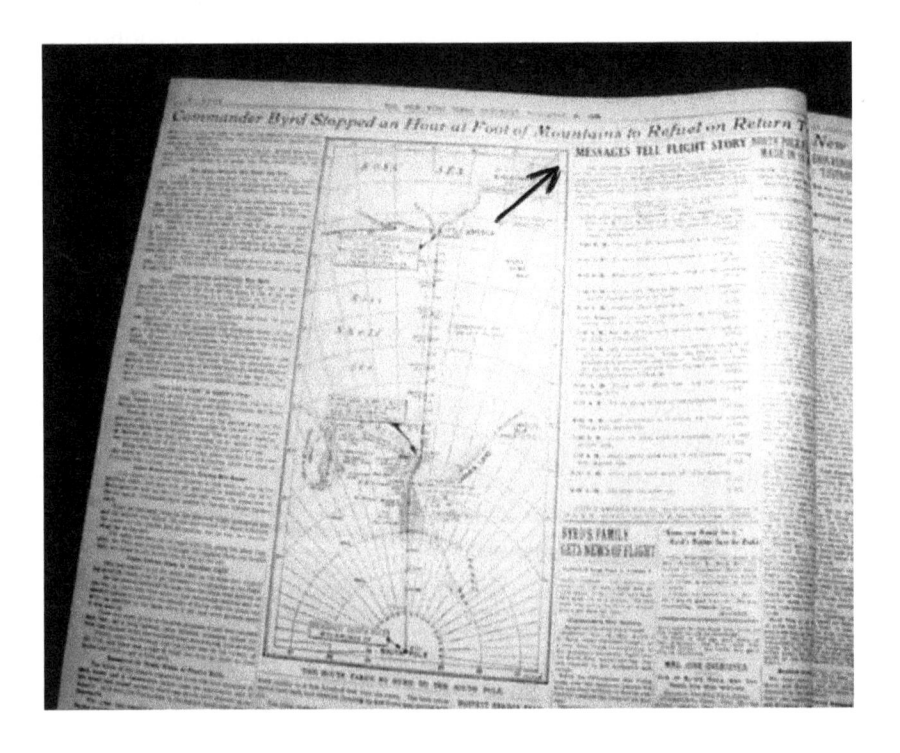

Arrivés à ce stade de notre analyse, il est bien évident que vont entrer en ligne de compte différents témoignages qui iront autrement plus loin que la simple énumération de relevés horaires et autres positions géographiques. En effet, c'est dans le livre de l'auteur américain, **Charles Berlitz**, *«The Bermuda Triangle»*, publié chez Doubleday en 1974, que nous trouvons le commentaire fantastique suivant :

«Une curieuse légende s'est instaurée à la suite du survol du Pôle Sud par l'amiral Richard E. Byrd en 1929. Elle a trait à un rapport radio qu'aurait lancé Byrd depuis son avion-rapport tellement incroyable qu'on préféra le taire officiellement- sur l'observation à laquelle il se serait livré dans les parages du Pôle. Au cours de son vol, **qui simultanément faisait l'objet d'un reportage radio**, *,il émergea soudain d'un banc de brume et se retrouva en train de survoler une terre sans glace où il fut à même de distinguer de la végétation, des lacs, des animaux ressemblant à des Mammouths ou à d'énormes buffles ainsi que des humains qui semblaient les regarder. D'après certains chercheurs, spécialisés dans les domaines de la zoologie et de l'exploration qui s'efforcèrent d'élucider ce rapport, la transmission fut interrompue et les parties de ce reportage qui avaient trait à ce phénomène insolite, furent par la suite supprimées. Cependant, la croyance populaire en ce curieux rapport se trouva ultérieurement renforcée par les phrases bizarres de Byrd quant à* **«cette terre au-delà du Pôle...centre du grand inconnu....»**, *et une remarque encore plus étrange,* **proférée en 1957, ayant trait à ce «continent enchanté dans le ciel, terre d'éternel mystère».**

Le fait que bien des gens semblent se rappeler, ou croient se rappeler, l'émission tronquée apporte un mystère au coeur du mystère, non seulement sur la question de savoir ce que l'amiral Byrd a vu ou était censé avoir vu, mais aussi sur ce qu'il est advenu de son rapport initial ainsi que de la brochure écrite par lui, comprenant moins de 100 pages, dans laquelle il narrait son aventure et qui disparut des bibliothèques et des collections en dépit du fait que, comme dans le cas de l'émission, nombre de personnes prétendent avoir eu connaissance de cet opuscule.

La recherche de témoins auditeurs concernant cette émission controversée et presque légendaire est évidemment très difficile puisque tant de gens se la rappellent mais que si peu en ont un souvenir précis. A l'occasion de cette enquête, nous avons été particulièrement heureux d'enregistrer le témoignage d'**Emily Ingram** de Miami, journaliste judiciaire dont la profession a exercé la mémoire, qui lui permet de se montrer très précise en évoquant les événements passés. Emily Ingram est une femme vive, à la nature enjouée, douée du sens de l'humour, qui poursuit avec brio sa carrière de journaliste. Le souvenir qu'elle garde du reportage de Byrd lors de son survol du Pôle Sud remonte à 1929, mais elle ne se rappelle pas moins l'incident de façon fort détaillé :

«**Nous habitions Boston à cette époque et mon père avait récemment acheté un nouveau poste de TSF qui comportait un haut-parleur en plus du casque d'écoute. L'amplificateur était encastré dans le mur et tout l'appareillage nécessitait une grande antenne. Je m'en souviens très bien parce que mon père tomba du toit en l'installant, mais il n'en réussit pas moins à faire fonctionner le poste.**

Ma mère s'intéressait particulièrement au reportage de l'amiral Byrd. On avait annoncé <u>qu'il devait suivre le 70° parallèle</u> (Ici, elle fait l'erreur involontaire de confondre parallèle et méridien puisque qu'en suivant un parallèle, il ne ferait que tourner en rond très loin du Pôle) **jusqu'au dessus du Pôle et qu'il émettrait pendant le vol. Une fois le poste branché sur la station (un relais de Boston) le haut-parleur commença à nous distiller l'émission. Il y eut beaucoup de parasites, puis la voix de l'amiral Byrd nous parvint. Au début, ce fut un récit classique, décrivant le survol des champs de neige et de glace. Puis, les parasites revinrent ; ils s'intensifièrent et cessèrent subitement. Tout devint plus calme et la voix de Byrd nous parvint très nettement. Tout à coup, il dit** : «**Regardez ! Vous voyez? Il y a de l'herbe, là en bas, une herbe drue...comme elle est verte !...il y a des fleurs partout....elles sont superbes...et regardez ces**

animaux...on dirait des élans...l'herbe leur arrive au ventre....et regardez !...il y a aussi des gens. Ils paraissent surpris de voir un avion.» **Je me souviens qu'à ce moment, ma mère a lancé une boutade : « Je parie qu'ils ont aussi de longues oreilles !»**
Puis il y eut beaucoup de bruit et de parasites, et ce fut tout ce qu'on entendit jamais du programme. Impossible de le retrouver sur les ondes où de la musique succédait à la voix de l'amiral Byrd sans qu'on ait fait la moindre annonce. Jamais on ne nous expliqua ce qui s'était passé. Plusieurs de nos voisins avaient aussi écouté l'émission, mais ils n'en savaient pas plus que nous. On avait coupé la parole à l'amiral Byrd au beau milieu de son reportage. Je souhaitais vivement apprendre ce qui était arrivé et j'écrivis à la famille Byrd, en Virginie- vous savez le sénateur - mais je ne reçus jamais de réponse.»

Fin de ce premier témoignage proprement ahurissant qui rejoint assez précisément les observations de Byrd au Pôle Nord lors de son expédition à pied afin de retrouver son «paradis perdu» ! On imagine bien que la censure, même à cette époque et même avec un bref temps de retard, jouait déjà un rôle prépondérant dans le jeu secret des élites. Mais, j'affirme que cette personne dit la vérité car **elle ne peut avoir inventé cette coordonnée géographique précise de 70° qui sera le méridien d'approche optimum dévoilé par un journaliste,** lors du vol de Byrd sur le Pôle Sud en 1947. Voir p 143.

Accessoirement, on aurait également du mal à imaginer l'auteur de cet ouvrage fabriquer de toute pièce un témoignage aussi incroyable en prenant le risque, de surcroît, de dévoiler le nom de cette personne, **Emily Ingram** ainsi que d'évoquer son métier de journaliste judiciaire à Miami. En effet, il aurait été si facile, et cela dès 1974, de retrouver la réalité de son exercice en faisant de simples recherches dans les principaux journaux de cette ville.

A noter que son livre fut tout de même un Best-seller avec 20 millions d'exemplaires vendus et traduit en 30 langues ! Le récit très précis d'Emily Ingram et sa lettre envoyée à la famille Byrd (dont effectivement le père et le grand-père étaient sénateurs) implique qu'elle devait être au minimum adolescente en 1929, soit raisonnablement âgée de 15 à 17 ans environ. Elle devait avoir approximativement 60 ans (et être possiblement encore en activité de journalisme) lors de son témoignage vers 1973. Par mes recherches, je n'ai trouvé, à ce jour, aucun détracteur ayant pu mettre facilement et directement en cause l'existence du témoin de cette histoire.

Et justement, cette histoire ne s'arrête pas encore ici, car un autre témoignage sérieux va venir accréditer la version précédente.
Effectivement, une dame de New-York envoya un jour une lettre à l'éditeur **Ray Palmer**, directeur de publication de la célèbre revue *«Flying Saucers»* dans les années 50, la première du genre à dévoiler des témoignages Ovnis. Cette missive avait trait à un film d'actualités qui a pu être vu dans les cinémas d'Amérique et décrivant le vol de Byrd. Il montrait aussi des photographies de journaux concernant *«la terre au-delà du Pôle avec ses montagnes, les arbres, les rivières et un grand animal identifié comme un mammouth»*. Aujourd'hui, ce film d'actualité ne semble pas exister, bien que des centaines de gens se souviennent l'avoir vu. Ils ont vu des choses enregistrées sur ce film qui prouve que cette terre inconnue, inexplorée et actuellement non admise, existe.

Ainsi, l'éditeur de magazine **Ray Palmer** déclara que des centaines de ses lecteurs se rappelaient le fait d'avoir vu les actualités filmées par l'Amiral Byrd au cours de son vol de 1929 au-delà du Pôle Sud. Voici donc la lettre qu'il reçût d'une des lectrices de son magazine :

«Il semble toujours y avoir une controverse considérable sur les vols de l'amiral Byrd aux Pôles Nord et Sud et ce qu'il a vu à l'intérieur de la terre au Pôle Sud, mais personne n'a jamais mentionné le film documentaire en couleur que Byrd a pris lors de son vol, et qui a été montré dans les salles de cinéma aux Etats-Unis peu de temps après le retour à domicile de Byrd (donc en 1930). *Ma sœur, **Miss Dorothy E. Graffin** et moi, avons vu ce film à White Plains, New-York. Byrd commentait lui-même ce film et exprima son émerveillement, comme il approchait un lac d'eau chaude, entouré par des conifères, et apparut un gros animal se déplaçant sous les arbres que Byrd décrit comme une «montagne charbonneuse étincelante de diamants». Cordialement.»*

Une fois de plus, dans ce témoignage, nous retrouvons les mêmes descriptions précédemment évoquées validant ce reportage filmé et commenté par Byrd qui disposait réellement des matériels adéquats et des personnels qualifiés afin de réaliser une telle production. Car, n'oubliez pas qu'un certain **Willard Van der Veer, photographe de la <u>Paramount News</u>** faisait aussi partie de l'expédition…..

Maintenant, afin de clore définitivement mais en beauté la fin des commentaires relatifs à cette extraordinaire expédition, nous allons nous intéresser à des indices probants issus du livre d'un Comte britannique, **Brinsley le Poer Trench**. Il était **8ème Comte de Clancarty, membre de la Chambre des Lords et du Parlement britannique.** Bref, quelqu'un de plutôt sérieux….

Après la seconde guerre mondiale, il notera de nombreux signalements d'observations d'Ovnis et commencera à recueillir des coupures de presse sur le sujet. De 1956 à 1959, il sera le rédacteur en chef d'une revue ufologique et en 1967 le fondateur de *Contact International*, une organisation ufologique. En 1974, il écrira un ouvrage : *«Secret of the Ages : UFO's from inside the earth»*. C'est à l'intérieur de ce livre, en page 96 et 97, qu'il révélera un important témoignage de **Ray Palmer**, dont nous venons de parler et, à travers lui, celui de **Lloyd K. Grenlie**, opérateur radio de Byrd au Pôle Nord et au Pôle Sud. Voici ce qu'il raconte dans son livre :

*«**Palmer** (Ray Palmer) vit à **Amherst, Wisconsin,** Etats-Unis. Il a écrit que **Nelsonville** se situait à environ 3 miles de chez lui et que c'était là que se situait la maison de **Lloyd K. Grenlie** quoique que ce monsieur habitait plus récemment à **Green Bay** où il travaillait dans une agence de l'aviation Fédérale avant sa mort le 7 juin 1970. Cependant, la famille de Grenlie était voisine de Palmer. Selon les mots de Palmer cela est important, seulement parce que **Lloyd K. Grenlie était l'homme radio de l'expédition de l'amiral Byrd au Pôle Nord en 1926 et <u>aux deux Pôles en 1929</u>.**»*

Avant de revenir plus longuement sur le rôle de Grenlie et sa supposé et très improbable présence avec Byrd aux deux Pôles en 1929, écoutons ce que Palmer rapporte en commentaire dans ce fameux livre : *«On a catégoriquement nié que Byrd ait été aux deux*

*Pôles en 1929. Cette année là, un film d'actualités a pu être vu dans les salles de cinéma d'Amérique qui décrivait les deux vols et on y voyait des photographies d'époque de la terre au-delà du Pôle avec ses montagnes, arbres, rivières et un grand animal identifié comme un mammouth. Aujourd'hui, ce film d'actualités n'existe apparemment pas, bien que **des centaines de mes lecteurs se souviennent, comme moi, de ce court film**. Ainsi, j'ai mon avis personnel au sujet de ce court métrage **et aussi l'avis de l'homme radio qui alla avec Byrd dans cette terre au-delà du Pôle**, <u>et qui a vu les enregistrements de ce film concernant cette terre inconnue</u>, inexplorée, dont actuellement on nie l'existence.»*
Raymond A. Palmer *en réponse à la lettre d'un lecteur de la revue «Flying Saucers». Septembre 1970.*

Afin d'entériner une partie de ces affirmations, intéressons-nous en priorité à l'extrême improbabilité d'imaginer un tel éditeur (Ray Palmer), impliqué dans une quête de vérités permanente sur des sujets sensibles à travers sa revue, se retrouver fort opportunément le voisin d'un homme clé des expéditions de Byrd…..

A priori, on pourrait identifier cet indice comme complètement farfelue à défaut d'avoir été fabriqué de toutes pièces ! Et bien, ne vous en déplaise, le hasard fait parfois bien les choses car **Llyod K. Grenlie était effectivement voisin de Ray Palmer**. En effet, j'ai pu relever sur le net les actes de décès de la famille **Grenlie,** sur lesquels apparaissent bien leur lieu d'habitation situé à **Nelsonville** dans le **Wisconsin** ainsi que le décès de **Lloyd K. Grenlie, le 7 juin 1970, à Green Bay, Wisconsin**. Sachant que le lieu de travail de **R. Palmer** est clairement identifié comme s'établissant à **Amherst** (voir Wikipédia), on peut donc considérer comme hautement réalistes et sérieuses les allégations de R. Palmer relatives aux informations capitales lui ayant été directement révélées par Grenlie quant à la connaissance de ce dernier des enregistrements originaux de Byrd lors de ses fabuleuses découvertes. C'est un point particulièrement important que l'on peut, à présent, difficilement mettre en doute.
(voir page ci-contre les documents en question et les éléments précis pointés d'une flèche)

Lloyd Kellogg Grenlie, Sr

BIRTH	10 Nov 1902
	Alban, Portage County, Wisconsin, USA
DEATH	7 Jun 1970 (aged 67)
	Wisconsin, USA
BURIAL	Woodlawn Cemetery
	Green Bay, Brown County, Wisconsin, USA
MEMORIAL ID	49913557 · View Source

Family Members

Parents

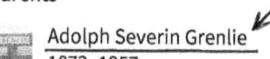

Adolph Severin Grenlie
1873–1957

Marie Christine *Hermanson* Grenlie
1880–1968

Spouse

Marie H *DeOtte* Grenlie
1897–1966

Adolph Severin Grenlie

BIRTH	26 Sep 1873
	Scandinavia, Waupaca County, Wisconsin, USA
DEATH	14 Mar 1957 (aged 83)
	Nelsonville, Portage County, Wisconsin, USA
BURIAL	Nelsonville Lutheran Cemetery
	Nelsonville, Portage County, Wisconsin, USA
MEMORIAL ID	30068245 · View Source

Photo added by M. Marolis

Adolph and Marie were married on December 27, 1899 in Waupaca, Waupaca County, Wisconsin, USA.

Ce premier point capital éclairci et validé, venons-en maintenant à la position exacte de Grenlie lors des expéditions de Byrd et à sa qualité de témoin potentiel. En ce qui concerne l'expédition au Pôle Nord de 1926, le New-York Times indique clairement que **Lloyd K. Grenlie** était l'un des deux hommes radio de Byrd et si film il y eut, il est certain que les membres de l'équipe Byrd en on été témoins.

Pour l'expédition de 1929, la situation n'est pas aussi claire au premier abord. Afin d'être en mesure de pouvoir établir la vérité des faits, il convient de connaître parfaitement la composition des différentes équipes de l'expédition qui n'avaient pas toutes pour vocation de rester à temps complet sur la base de Little America située sur la banquise. J'ai noté auparavant que Grenlie et un autre radio étaient dévolus, lors de cette mission, à un rôle d'opérateur à bord des deux bateaux chargés du ravitaillement et du transport aller/retour de l'ensemble de l'expédition polaire. Si j'insiste sur ce poste précis, c'est que de nombreuses sources mentionnent la présence de Grenlie avec Byrd lors d'un survol du Pôle Sud en 1929......**ce qui était physiquement impossible**. En effet, dans son livre, *«Little America»* publié en 1930, Byrd détaille les postes de chacun des hommes liés à l'expédition apparaissant clairement sur deux tableaux imprimés en appendice de l'ouvrage. J'ai donc reproduit ces éléments sur les pages suivantes, dans lesquelles vous retrouverez la position de Lloyd Grenlie sur le bateau *«Eleanor Boilling»* lors de son retour à la base antarctique en vue du rapatriement de l'expédition «de terrain» de Little America en février 1930. Sur le document de la page 78, est énumérée la liste des hommes restés près d'un an sur la banquise et sur laquelle, bien entendu, Grenlie n'apparaît pas.

Est-ce pour autant que Lloyd Grenlie n'eut pas accès à un visionnage de ce film lors de son arrivée à Little America ou à bord du bateau pendant le retour à New-York ? Il est bien évident que sa position de partenaire privilégié dans les expéditions de Byrd lui ouvrait toutes les opportunités possibles dans le cadre d'informations ayant pu lui être communiquées par Byrd lui-même ou par l'intermédiaire de ses autres collègues dont les ingénieurs radios.

APPENDIX

Arthur B. Creagh
William Gavronski
Sydney Greason
John Jacobson
Richard W. Konter
Louis Reichart
S. Edward Roos
Vaclav Vojtech
Percy J. Wallis

OFFICERS AND CREW *Eleanor Bolling* ON LAST VOYAGE, DUNEDIN, N. Z.—NORTHERN EDGE OF ICE PACK, FEBRUARY 1930.

Captain Gustav L. Brown, Master
Charles J. McGuinness, 1st Mate
Harry Adams, 2d Mate
Frank McPherson, Chief Engineer
Elbert J. Thawley, 1st Assistant Engineer
Leland L. Barter, 2d Assistant Engineer
*Haldor Barnes, Medical Officer
Lloyd K. Grenlie, Radio Engineer ←
G. Samson, Radio Operator
H. Austin
D. Blair
John Buys
M. W. Dobson
Carroll B. Foster, Jr.
William Gavronski
W. Harvey
J. Jones
Charles L. Kessler
N. Newbold
Frank Paape
A. Walker Perkins
R. Perks
Louis Reichart

OFFICERS AND CREW, *City of New York*, VOYAGE DUNEDIN, N. Z.—BAY OF WHALES, ARRIVING FEBRUARY 18, 1930, TO EMBARK WINTER PARTY.

Captain Frederick C. Melville, Master
Bendik Johansen, Ice Pilot and 1st Mate
S. D. I. Erickson, 2d Mate

* Services of medical officer loaned to S. S. *Kosmos*, as doctor had been lost in an airplane used by that vessel in connection with whaling operations. Dr. Barnes joined the *Kosmos* via the *City of New York*.

PERSONNEL LIST - BYRD ANTARCTIC EXPEDITION - little america.

Alexander
Balchen
Black
Blackburn
Braathen
Bubier
Bursey
Byrd
Clark
Coman
Crockett
Czegka
Davies
deGanahl
Demas
Feury
Goodale
Chips Gould
Larry Gould
Haines
Hanson
Harrison
June
Lofgren
Mason
McKinley
Mulroy
O'Brien, JS
Owen
Parker
Petersen
Roume
Roth
Rucker
Siple
Smith
Strom
Tennant
Thorne
Van der Veer ← photographe PARAMOUNT NEWS
Vaughan
Walden

Total .... 42.

Richard E. Byrd Paper # 4552

Précédemment, **Raymond Palmer** déclare, par ailleurs très précisément, que **Grenlie** lui avait bien confié, je le re-cite : *«qu'il a vu les enregistrements de ce film concernant cette terre inconnue»* et non pas qu'il avait découvert cette terre par un vol avec Byrd au-dessus du Pôle Sud. D'autre part, il semblerait parfaitement illusoire de réaliser de front, dans la même année 1929, une deuxième expédition menée par Byrd au Pôle Nord avec ce même Grenlie ! Certes, on peut légitimement constater que Byrd aurait pu bénéficier d'une inactivité de près de sept mois durant la nuit polaire au Pôle Sud (Avril à Octobre environ) afin de s'engager dans une expédition secrète vers le Pôle Nord en recrutant Grenlie au passage.

Mais, je crois qu'il est préférable de rester au plus près de la réalité ainsi que des possibilités techniques limitées de cette époque qui ne permettaient pas de transports rapides en des points aussi reculés et de surcroît aux antipodes l'un de l'autre ! Il me semble que la seule découverte filmée de 1929 se suffit à elle-même étant de ce point de vue déjà extraordinaire, plutôt bien documentée et mise en lumière par des témoignages sérieux.

Il est temps à présent de poursuivre les pérégrinations de l'Amiral Byrd à travers la suite de ses expéditions antarctiques. Et nous allons nous attacher plus particulièrement à mettre en avant plusieurs déclarations surprenantes de sa part relevées dans différents journaux d'époque semblant parfois si étranges qu'elles paraissent totalement déconnectées de la réalité.

L'expédition Antarctique de 1933/1935
Cette expédition, par elle-même, ne sera pas aussi «extraordinaire» que les précédentes en terme de découvertes fracassantes, si ce n'est le relevé de 400.000 km² de continent antarctique ainsi que l'isolement de Byrd dans une hutte, durant six mois, qui faillit lui coûter la vie. Le mystère se situe plutôt, avant son départ, quant à ses déclarations relatives à ses espoirs de découvertes qui furent reprises par plusieurs journaux américains, le 7 septembre 1933...mais jamais par le New-York Times ! Retrouvons donc à la page suivante, ses premiers commentaires insolites dans le ***Berkeley Daily Gazette***.

BERKELEY DAILY GAZETTE

SIXTEEN PAGES   BERKELEY, CALIFORNIA, THURSDAY EVENING, SEPTEMBER 7, 1933   3c PER COPY — 50c P

BYRD PREPARES FOR FLIGHT BEYOND POLE

By United Press

WASHINGTON, Sept. 7.—Rear Admiral Richard E. Byrd, polar explorer, announced at the White House today that he would sail September 25 from Boston for a two-year exploration voyage to the Antarctic.

Byrd called to say good-bye to President Roosevelt before departing with two ships, the old Revenue Cutter Bear and the supply vessel Pacific Fir, for Little America, his old base on the Antarctic ice.

"I am going to attempt to explore an unchartered land as large as the United States and Mexico combined," Byrd explained.

He added that he expected to do 10 times as much flying as was done on his previous trip to Antarctica when he flew from his base over the South Pole and back.

"I am going to attempt to fly beyond the pole this time," Byrd said, "for there is where the great unchared area lies. As long as there is such a vast territory unknown by man existing on the face of the globe

I believe it necessary to investigate. We will live in an ice age, look for a new continent and at the same time serve 10 to 12 branches of science."

Byrd, who flew over the Pole four years ago, said that he was hopeful with his fellow explorers to provide for science some of the missing links in the chain of facts.

70 Men in Party

Harold June will be Byrd's chief air pilot. The admiral will do the navigating and some of the relief piloting.

He revealed that his expedition would be larger than the first one established at Little America for about two years. He is taking with him 70 men, 150 sledge dogs and 14,000 different items of food and supplies.

Byrd said he would fly today to New York City and leave New York tomorrow by plane for Chicago, arriving there to visit his old ship the City of New York which is on exhibition at the Century of Progress Exposition.

Source : artvision.com

Attachons-nous à présent à la traduction des passages soulignés les plus représentatifs et qui soulèvent le plus d'interrogations. Voici ce qu'il déclare :

*«Je vais tenter d'explorer **une terre non répertoriée aussi grande que les Etats-Unis et le Mexique réunis**».* Il ajouta qu'il espérait faire 10 fois plus que lors de son raid précédent en Antarctique quand il s'envola de sa base au-dessus du Pôle Sud et retour. Il rajoute :

*«Je vais tenter de **voler au-delà du Pôle cette fois** car là se situe la grande zone inexplorée* (ou non répertoriée). *Aussi longtemps qu'il y aura **un si vaste territoire inconnu de l'homme existant sur la face du globe, je crois nécessaire de faire des recherches**. Nous vivrons dans un âge glaciaire à **la recherche d'un nouveau continent et dans le même temps servir 10 à 12 branches de la science**.»*

Byrd, qui vola au-dessus du Pôle quatre ans auparavant, dit qu'il était plein d'espoir avec ses amis explorateurs de **fournir à la science quelques uns des liens manquants dans la série des faits.**

Avant de poursuivre le détail de ses déclarations sur les autres journaux, il est fondamental de s'arrêter sur les éléments plus que troublants- mais pourtant bien réels- de cette première traduction.

Si je comprends bien- et les éléments qu'il fournit sont assez clairs pour s'en faire une idée précise- il déclare *«tenter d'explorer une terre non répertoriée aussi grande que les Etats-Unis et le Mexique réunis par un vol **au-delà du Pôle cette fois**, car là se situe la grande zone inexplorée....un si vaste territoire inconnu de l'homme sur la surface du globe....»*

Pour résumer, Byrd recherche un vaste et nouveau continent existant déjà sur un autre et vaste continent qu'est l'Antarctique ?? Plutôt étrange en même temps que parfaitement impossible non ?

Alors commençons par poser des chiffres si vous le voulez bien. Son nouveau continent, tel qu'il le mentionne, serait aussi grand que les Etats-Unis et le Mexique réunis....soit presque aussi vaste que l'Antarctique lui-même, comme indiqué ci-après :

- USA = 9 529 063 km² + Mexique = 1 958 201 km²
  Total = **11487264 km²**
- Antarctique = **14 107 637 km²**

Il me semble qu'en 1933, la cartographie côtière était déjà suffisamment précise pour avoir «calibré» le continent antarctique tel qu'il se présente de nos jours (confirmation par la reproduction de la carte de 1934 ci-dessous). Alors que se passe t-il dans la tête de Byrd pour imaginer pouvoir découvrir un autre continent presque aussi étendu que l'Antarctique, cela en toute connaissance de la réalité cartographique officielle connue de lui et situé **au-delà** (le terme anglais *beyond* est très précis) du Pôle Sud ? Byrd n'utilise pas le mot voler au-dessus du Pôle ou après mais bien **au-delà**. Et puis **au-delà** en prenant quelle direction ? Car, de toute façon, quelle que soit la direction empruntée à partir du Pôle Sud, en y superposant la superficie des USA et du Mexique réunis, le moins que l'on puisse dire, chiffres à l'appui, c'est que l'ensemble va «méchamment» dépasser du cadre côtier déjà répertorié !

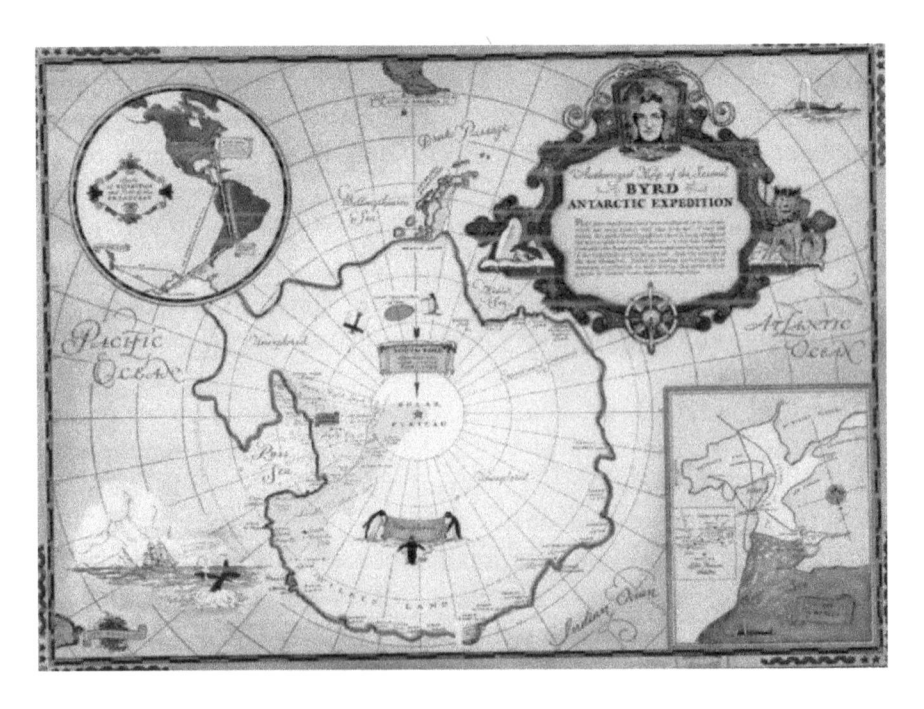

Source carte : bibliothèque du Congrès. 1934 (USA)

Continuons cette analyse originale des propres paroles de Byrd qui poursuit avec ses commentaires toujours aussi insolites :
« Je crois nécessaire de faire des recherches....à la recherche d'un nouveau continent et dans le même temps servir 10 à 12 branches de la science....et lui fournir quelques uns des liens manquants dans la série des faits. »
Tout en restant pragmatiques et en s'attelant à la réalité du terrain polaire on est en droit de s'interroger sur le véritable sens de l'opiniâtreté des recherches de Byrd. Pour être clair, que peut-on attendre de découvertes particulièrement originales sur une vaste banquise glacée, au mieux parsemée par endroits de sommets rocheux et pouvant servir à 10 ou 12 branches de la science ? Et qu'entend t-il vraiment en précisant lui *fournir des liens manquants dans la série des faits* ? Mais enfin, de quels faits parlent-il ?

Ces différents propos de Byrd, vous en conviendrez, semblent indubitablement déconnectés d'une certaine réalité **hormis le fait de prendre intégralement en considération les découvertes fantastiques et improbables de ce dernier décrites par certains témoins que nous avons évoqués**. Il faut reconnaître que chaque mot employé est important en plus du fait que Byrd utilise, et utilisera systématiquement par la suite, l'expression *au-delà du Pôle,* en rajoutant qu'il y retournera *cette fois car là se situe la grande zone inexplorée* (alors qu'il a bien entendu déjà dépassé ce point précis en 1929, ne décrivant alentour qu'un immense plateau glacé). Cela tend à démontrer sa connaissance d'anomalies exceptionnelles ne pouvant faire l'objet de divulgations plus précises de sa part **sans se mettre directement en difficulté au regard de son devoir de réserve lié à son statut de militaire « sponsorisé » par des élites de haut rang.**

Aucun explorateur, avant lui ou après lui, que ce soit au Pôle Nord ou au Pôle Sud, n'aura jamais utilisé pareil langage aussi énigmatique afin de décrire ses propres recherches et attentes en la matière. Mais l'histoire en question continue avec quelques éléments supplémentaires découverts dans un autre journal d'époque reproduit ci-après, le *Spokane Daily Chronicle* du 7 septembre 1933.

Spokane Daily Chronicle

SPOKANE, WASH., THURSDAY, SEPTEMBER 7, 1933.

Byrd Will Sail Sept. 25 for Two-Year Trip to South Pole

WASHINGTON, Sept. 7. (*P*) Rear Admiral Richard E. Byrd, U. S. N., retired, announced today at the White House that he would sail from Boston September 25 for another expedition to the south pole.

Byrd, who spent the night at the White House talking over his plans with President Roosevelt, departed this morning for New York to hasten the preparations for his exploration, which he expects to take two years.

Asked why he was returning to the dreary antarctic regions, Byrd replied that there was an area there still unexplored as big as the United States and Mexico combined.

"As long as there is a surface as big as that on the face of the earth," he said, "we ought to know about it. Also I think we can supply some missing links to the problems of science in thoroughly exploring this country that is in the clutches of the ice age."

Take About 70 Men.

The youthful looking explorer will have with him about 70 men and probably several airplanes. His old base at Little America will be used again. It was from there in 1929 that Byrd and his companions flew over the south pole.

Harold June, who was with him on that flight, will be the chief pilot with Byrd as navigator and assistant pilot.

"We will probably do 10 times as much flying this time as before," explained Byrd.

Byrd will sail with 35 men each

Means Two Years' Exile.

Byrd said a majority of the personnel, about 40 men, must reconcile themselves to a two-year exile from America. Byrd said he expected much scientific data would be gained, including information concerning weather conditions affecting South America and the world at large.

It was hoped to discover a new continent, he said, in addition to the one found before; to ascertain if the south polar mountains were a continuation of the Andean range; to map hitherto unexplored territory and to determine if the frozen land once was as tropical as India. The only contact by the party on the ice with civilization will be through a short-wave wireless set on which messages will be sent out about once a week.

The equipment, Byrd said, would include two planes, one a huge affair capable of carrying a large party; 150 sledge dogs, several tractors and snow mobiles, trucks with two rear wheel treads and skis in front.

Byrd revealed today he would be at the controls on the next flying over and beyond the south pole, a more dangerous hop than the last, and expected to provide the high spot of the adventure.

He also would attempt, he said, a flight over the south magnetic pole, 1000 miles from Little America, the first time such an attempt has been made. Bases would be established, he continued, between Little America and the mountain range hemming in the pole, in case a forced landing was necessary.

Source : artvision.fr

Voici ce que donne la traduction des parties de texte soulignées.
Paragraphe de gauche :
*«A la question du **pourquoi il retournait dans les régions mornes de l'Antarctique,** Byrd répond qu'il y avait une zone ici toujours inexplorée aussi grande que les Etats-Unis et le Mexique réunis.*

*Aussi longtemps qu'il y a une surface aussi vaste que cela sur la face de la Terre, dit-il, nous devrons apprendre à son sujet. Je pense également que **nous pouvons fournir quelques liens manquants aux problèmes de la science en explorant minutieusement cette région qui est dans les griffes** (Anglais : clutches) (ou sous l'emprise) de l'âge de glace.»*

Paragraphe de droite :
*«**Il a été aguerri** (ou **affûté**) **pour découvrir un nouveau continent,** dit-il, **en plus de celui découvert avant** ; pour vérifier si les montagnes polaires du sud sont un prolongement de la Cordillère des Andes ; pour cartographier un territoire jusque là inexploré **et pour déterminer si cette terre glacée eut un jour un climat aussi tropical que l'Inde.***

*Byrd révéla aujourd'hui qu'il serait au contrôle du prochain vol **au-dessus et au-delà du Pôle Sud,** un espoir plus dangereux que le dernier, et espérant en faire le clou(ou le pic) de son aventure.»*

Encore une fois et comme précédemment, nous nous heurtons à un langage décalé de Byrd à partir d'une question pertinente et réaliste du journaliste qui demande à Byrd, *pourquoi il retournait dans les régions mornes de l'Antarctique ?* Il répond en rajoutant quelques indices non dénués d'intérêts. Tout d'abord, sur le paragraphe de gauche, il revient toujours sur cette *zone inexplorée aussi grande que les Etats-Unis et le Mexique réunis* et plus particulièrement *sur les liens manquants aux problèmes de la science.* On sent que Byrd est en recherche permanente d'un fait ou d'un lien inconnu qui paraît encore lui échapper mais pouvant servir à faire progresser la science *en explorant **minutieusement cette région qui est dans les griffes (ou sous l'emprise) de l'âge de glace.***

Ici, le mot *minutieusement* prend toute sa valeur car il semble bien révéler une attention et une recherche ciblée toute particulière relative à cette région ou nouvelle zone immense à part (il ne parle pas de l'Antarctique) qui serait «emprisonnée» dans la glace selon l'image exacte qu'il veut en donner. Seule sa connaissance d'une découverte précédente hors du commun, **incluse au milieu des glaces,** permet de fournir, une fois de plus, un véritable sens à ses propos. Car, d'un autre côté, s'il n'y avait pas de secrets, on serait en droit de se demander pourquoi Byrd trouverait autant d'intérêts à argumenter aussi maladroitement sur des liens manquants aussi vagues et indéterminés pouvant servir la science (mais laquelle?). Mais aussi sur l'exploration minutieuse- et pourtant inutile- d'une zone forcément glacée que tout le monde imagine, comme le journaliste qui l'interroge, faisant forcément corps avec une morne banquise parsemée, au mieux, de quelques reliefs !
Poursuivons cette énigme avec l'autre paragraphe.
Là encore, les mots qu'il emploie sont perturbants. *Il a été aguerri pour découvrir un nouveau continent en plus de celui découvert avant.* Pour le coup, et si on le prend au mot, on est en droit de comprendre qu'il serait comme préparé à une mission spéciale dédiée à la découverte d'un **nouveau continent situé sur un continent (l'Antarctique) déjà existant et répertorié avant.** Les propres mots de Byrd sont presque trop clairs et déstabilisants en même temps, car il les exprime avec la volonté et l'assurance de quelqu'un de parfaitement convaincu de la découverte d'un objectif matériel pourtant incompatible avec la géologie déjà connue et cartographiée d'un continent unique qu'est l'Antarctique.
Et puis, en 1933, sans moyens modernes ni radars à pénétration de sols, il va *déterminer si cette terre glacée eut un jour un climat aussi tropical que l'Inde.* C'est à dire découvrir ce qui a été mis en lumière il y a quelques années seulement sous des kilomètres de glace !
Dans ce cas précis, soit Byrd est devin, **soit il fait allusion à son «paradis perdu» qui possédait effectivement les caractéristiques d'un climat tropical tel qu'il le décrivit et le filma.**

Enfin, dans la dernière traduction, nous retrouvons la phrase clé de Byrd. Il dit qu'il *serait au contrôle du **prochain vol au-dessus et au-delà du Pôle Sud.***

Pour lui, tout démarre invariablement à partir du Pôle Sud.

Ce nouveau territoire inconnu naît littéralement dans la pensée de Byrd dès qu'il franchit le point spécifique du Pôle Sud ! Il ne dit toujours pas, et ceci est important, **après** mais bien **au-delà du Pôle** comme si cette zone semblait un ailleurs indéfinissable. Nous verrons plus loin dans ce livre, qu'effectivement les centres des Pôles, qui sont toujours ses points de référence, recèlent des mystères qui permettront de considérer les paroles de Byrd autrement que comme une interprétation nébuleuse...D'ailleurs, la suite de son propos semble aller dans ce sens avec *un espoir plus dangereux que le dernier* (survol), *et espérant en faire le clou de son aventure.*

Si je décode bien le langage «Byrdien», celui-ci nous apprend, en quelque sorte, que sa future entreprise lui apparaît plus dangereuse que la précédente mais qu'elle pourrait se révéler comme le sommet de son aventure, en cas de réussite. En fait, **dès que l'Amiral Byrd dépasse le Pôle Sud, le danger et l'inconnu commencent et le spectacle de la grande découverte se situe immédiatement au-delà. Jamais avant et peu importe le cap à prendre**, c'est à dire une direction qu'il ne mentionne (pour l'instant) à aucun moment. Tout en sachant qu'autour du Pôle Sud et d'où que porte le regard, il n'y a qu'un vaste plateau glacé et stérile !

En conclusion, il y a un problème majeur et une incompatibilité tangible et incontestable entre ce qu'il affirme et la réalité «physique» du terrain. **Quelque chose nous échappe littéralement, mais pas pour lui, qui, à mots «cachés» semble réellement nous livrer une part du mystère….. pour qui sait lire entre les lignes !**

Deux autres journaux d'époque, *The Milwaukee Journal* et *The Reading Eagle* rapporteront les mêmes déclarations de Byrd. Tout cela pour vous confirmer qu'il ne s'agit aucunement d'approximations journalistiques mais du recueil d'informations précises et assumées de la part d'un Amiral explorateur expérimenté.

L'expédition antarctique de 1939/1941
Cette expédition plutôt confidentielle de Byrd sera financée par le gouvernement américain sur ordre du Président Roosevelt. Elle sera consécutive à la connaissance d'expéditions secrètes menées par l'Allemagne Nazi en Antarctique. Les modalités, objectifs et résultats de cette expédition ne feront pas l'objet de rapports et de communications précises de la part de la presse si ce n'est un encart dans le New-York Times du 6 mai 1941 qui indique la découverte d'une base Nazi en Antarctique. Voir reproduction ci-dessous.

The New York Times https://nyti.ms/1PKmHUf

ARCHIVES | 1941

NAZI BASE REPORTED IN ANTARCTIC AREA; Repair Shop at Deception Bay, 500 Miles From South America, Is Blown Up BYRD MAKES DISCLOSURE Admiral at Boston Greets Ship Returning With Members of United States Expedition

Special to THE NEW YORK TIMES. MAY 6, 1941

BOSTON, May 5 -- The establishment of a German naval repair shop at Deception Bay, only 500 miles from South America, was revealed today as the motorship North Star docked at the army base with thirty-six scientists and explorers home from Little America.

Succinctement, cet article indique clairement que l'expédition de l'Amiral Byrd, de retour de Little America, a révélé l'établissement d'un atelier naval allemand en Antarctique à Deception Bay, à 500 miles de l'Amérique du Sud.
Cette découverte va donc nous amener directement vers l'Allemagne Nazi et l'attrait certain que l'Antarctique a imprimé sur ses plus hauts dirigeants. Vous allez pouvoir apprécier, au fil des pages, que leurs propres explorateurs ouvrirent la voie vers la découverte de phénomènes géologiques naturels qui facilitèrent l'implantation d'autres bases secrètes plus importantes....loin sous la banquise.

L'Expédition Nazi de 1938/39 en Antarctique

Nul besoin de relater les deux premières expéditions allemandes en Antarctique de 1901 et 1912, elles ne recèlent pas de mystères particuliers connus. Par contre, l'expédition de 1938 est une toute autre histoire….

Elle sera dirigée par le Capitaine **Alfred Ritscher**, vétéran explorateur de l'Arctique. Cette expédition avait été ordonnée par le Commissaire pour le Plan Quadriennal, **Hermann Göering**. Sa planification et sa préparation étaient de la responsabilité du conseiller ministériel, **Helmuth Wohlthat** (dont le nom sera donné à un massif montagneux antarctique) qui avait également en charge le commerce extérieur, la gestion des changes et la construction de la flotte baleinière allemande. L'expédition a donc été effectuée **principalement** pour des raisons économiques afin de sécuriser de nouveaux terrains de pêche pour la flotte baleinière allemande, c'est à dire s'opposer à la dépendance du Reich sur l'importation de graisses techniques et les graisses alimentaires qui représentaient l'achat de 200.000 tonnes/an à la Norvège.

L'intention était de créer une base pour une saisie ultérieure allemande d'un secteur antarctique, de sorte que les préparatifs pour cette expédition ont été faites sous le secret le plus strict. La zone de destination de l'expédition était entre 20° Ouest et 20° Est.
Source:
de.wikipedia.org/wiki/Deutsche_Antarktiche_expedition_1938/39

L'importance de la source est ici importante car elle est d'origine allemande du site d'information «généraliste» wikipédia et plus que les autres sources, elle emploie très clairement le terme **principalement** dans l'objectif initial de l'expédition**, ce qui ouvre bien entendu des voies annexes dans le déroulement de cette mission devant rester secrète à cause de la création d'une future base, tel que précisé. Nous disposons là d'une confirmation….**

L'expédition quitta Hambourg le 17 décembre 1938 à bord du bateau catapulte le *«Schwabenland»* qui emmenait 82 hommes (scientifiques, Officiers et personnels) et 2 hydravions Dornier DO J, le *Passat* et le *Boreas*. Ce navire récent, construit en 1925, pouvait lancer des hydravions d'un poids de plus de 14 tonnes. Il était bien équipé avec un système de communication moderne en plus d'une excellente station météorologique.

Ils arrivèrent en Antarctique en janvier 1939 et débutèrent immédiatement les vols de reconnaissance afin de délimiter l'étendue géographique de **la terre de la Reine Maud** qui faisait pourtant partie de la réclamation territoriale norvégienne depuis 1930. Les appareils volèrent tous les jours prenant plus de 11000 photographies et couvrant en tout quelque 600.000 km² et photogrammétrie sur 350.000 km². A noter que les appareils utilisés, les caméras Zeiss RMK 38, avaient été développées afin d'obtenir les premières prises de vue stéréographiques encore jamais testées en Antarctique ni ailleurs dans le monde. Des lunettes spéciales furent donc incluses dans le rapport de 1942 afin de pouvoir visionner ces clichés !

La découverte de sommets alpin élevés (les monts **Mühlig-Hoffman**) et surtout **d'un groupe de lacs d'eau chaude** (d'origine volcanique) proche des côtes, **appelées aussi «oasis» (les lacs Schirmacher**) au milieu de roches sur 34 km², furent d'un intérêt fantastique car cela suggérait qu'il existait des microclimats hospitaliers avec un écosystème au sein du continent, le tout inséré dans les glaces. Le rapport officiel publié en 1942 en deux tomes, dont une appendice avec de nombreuses cartes, détaille une surveillance scientifique consistant aussi en recherches océanographiques. Ce fut effectivement la première expédition a utiliser un écho-sondeur afin de cartographier le plancher marin de l'Atlantique-Sud en y faisant de remarquables découvertes.

En effet, il fut mis en lumière **l'existence de canaux sous-marins** formant la tête de ravins sous-marins antarctiques, dessinant un profil bathymétrique parallèle d'un premier axe descendant vers une crête médiane océanique, affichant sa nature accidentée pour la première

fois. Confirmant en cela la probable existence d'un rift moyen dans la branche de l'Atlantique Sud de la dorsale médiane océanique et découvrant que le plancher du bassin polaire sud était, plus ou moins, une caractéristique plus tard reconnue comme une plaine abyssale typique. En analysant toutes ces caractéristiques, l'expédition du *Schwabenland* sera vue comme un modèle pour l'utilisation systématique de l'avion pour les futures investigations scientifiques.
Source : livre **Cornélia Lüdecke** de l'Université de Hambourg, historienne experte. *«The third Reich in Antarctica-The German antarctic expedition 1938/39».* Janvier 2012.
Ci-dessous, la carte du rapport Ritscher de 1942 matérialisant tous les vols de reconnaissances côtières et vers les massifs montagneux. Les points noirs indiquent la position du bateau sur la côte.

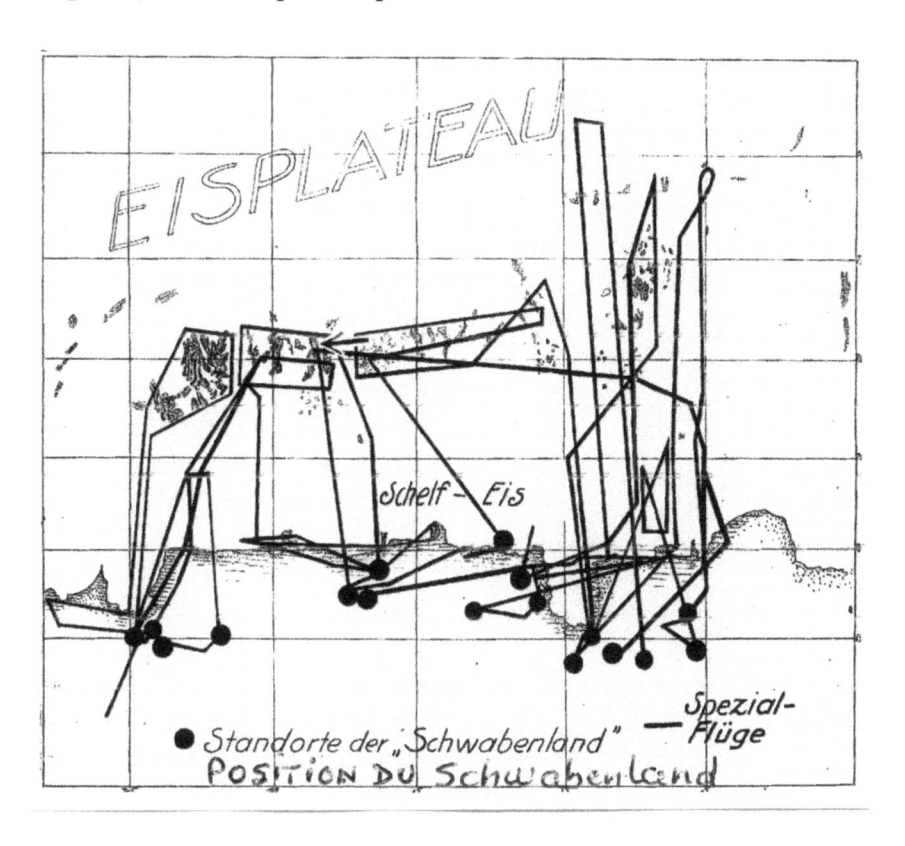

Cette carte est idéalement à rapprocher des relevés de la carte d'étude des sous-sols de la banquise (page 29), réalisés par les radars à pénétration de sol et qui révélèrent la présence d'immenses canaux sous-glaciaires s'ouvrant sur l'océan. Cette position se situe seulement à quelques degrés vers l'Est des vols de Ritscher (environ 26° Est) et juste dans le volume limitrophe de la zone revendiquée du *Neu Schwabenland*. La présence *de l'oasis de Schirmacher*, découverte à peu de distance avec ses quelques lacs d'eaux chaudes, démontre bien la réalité d'une activité volcanique ayant pu générer, dans les secteurs explorés par l'expédition, une géologie similaire à celle découverte récemment et à même d'offrir des corridors d'entrée pour des sous-marins vers de probables grottes souterraines.

Au total, l'étendue de territoire ainsi exploré correspondrait approximativement à la surface de la Grèce, du Portugal et de l'Irlande réunis, l'ensemble réalisé avec des moyens originaux modernes de dernière génération.... Et tout ce dispositif pour aller uniquement envisager de chasser la baleine ? Il faudrait être particulièrement naïf pour envisager un tel déploiement d'experts et de matériels de pointe comme la seule volonté affirmée de reconnaissance avancée d'une portion de territoire antarctique dans l'optique d'implantation d'une future et unique base de pêche....

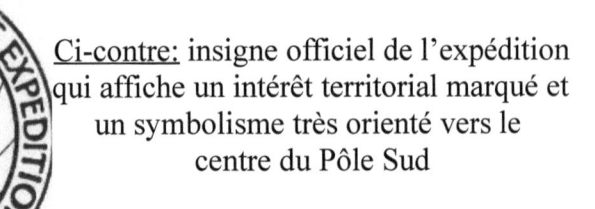

Ci-contre: insigne officiel de l'expédition qui affiche un intérêt territorial marqué et un symbolisme très orienté vers le centre du Pôle Sud

Ci-après, vous retrouverez la reproduction de la carte définitive, extraite toujours du livre-rapport d'Alfred Ritscher, et définissant l'étendue du nouveau territoire revendiqué par l'Allemagne Nazi sous la dénomination *Neu Schwabenland.*

Pointée par une flèche, la position de l'*oasis de Schirmacher*.

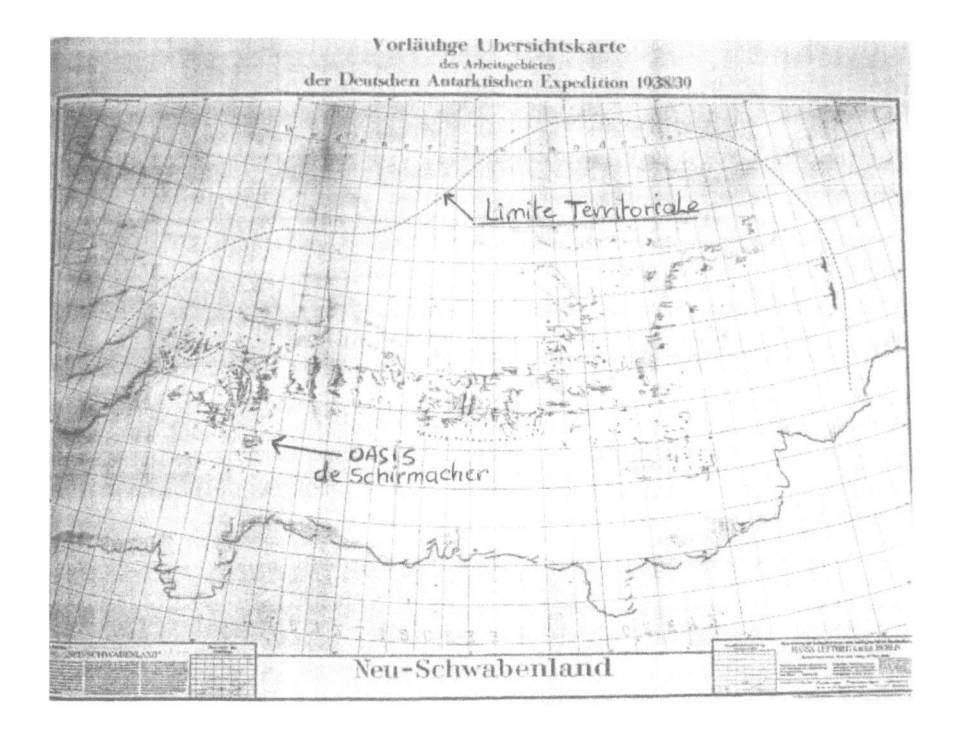

Il est utile de rappeler que ce projet initial naît d'une recherche de légitimité économique d'indépendance lié à l'huile de baleine et que, comme stipulé précédemment, là se situait certainement **la mission principale**. Mais, mission principale induit également que, parallèlement, il y avait forcément «la place» pour d'autres investigations et opportunités certainement envisagées au départ, sous couvert d'une expédition prioritaire et «officielle». **Une mission parée d'un tel matériel n'empêchait pas l'autre, c'est une évidence n'en déplaise à certaines autres sources d'informations !** Et afin de pouvoir confirmer ce scénario profondément plausible de mission à «double casquette», nous pouvons insister sur quelques autres éléments très probants.

En premier lieu, il faut savoir que l'**Amiral Byrd** fut concrètement approché afin de particper à l'expédition de **Ritscher**….Effectivement, Byrd visita l'expédition à Hambourg sur l'invitation de la **Société allemande de recherche polaire** qui avait en charge la composition et l'entraînement de l'équipage de l'expédition. La société invita ainsi Byrd à se joindre à eux et il rencontra même l'équipage. Cependant, il déclina l'offre et retourna aux Etats-Unis pour prendre le commandement du service antarctique à la demande du Président Roosevelt.

On est en droit de se demander les raisons d'une telle démarche dans le cadre d'une mission officielle dont l'objectif affiché était l'implantation d'une base pour chasser la baleine. A mon sens, les qualités et l'expérience de Byrd étaient disproportionnées et allaient bien au-delà de ce simple projet. L'invitation allemande, dans ce contexte, n'était pas innocente mais plutôt orientée dans la volonté du recrutement de quelqu'un de précieux et d'initié pouvant être à même de servir leurs ambitions annexes et «particulières».

Nous retrouvons également le grand **Hermann Göering**, N°2 du parti Nazi, en préface du livre-rapport de Alfred Ritscher paru en 1942 ! Ce qui implique assez clairement, et au final, une stratégie tout autant militaire qu'économique. Et c'est justement un élément clé et particulièrement inconnu qui va confirmer cette stratégie.

Cette information est, une fois de plus, d'origine allemande de la source Wikipédia précédemment indiquée. Voici les faits.

L'expédition repartie donc vers l'Allemagne le 6 février 1939 et effectua d'autres relevés océanographiques autour de l'île de Bouvet et de Fernando de Noronha lors de ce voyage retour. **A la demande du Haut Commandement de la Marine, les membres de l'équipage ont fait un arrêt sur l'île brésilienne de Trinidad le 18 mars pour <u>vérifier si les sous-marins pouvaient être livrés discrètement en eau fraîche et nourriture</u>. Comme ce débarquement avait été exécuté sous le secret le plus strict, rien n'apparut dans le rapport imprimé de Ritscher.** Le 10 avril, le bateau était de retour à Hambourg et un télégramme de félicitations fut reçu à bord de la part d'Hitler et de Göering !

Voici donc une information absolument crédible de par son origine et particulièrement intéressante, car que révèle t-elle de si précieux ? Et bien, qu'en tout premier lieu et à cette date précise, le monde n'était toujours pas en guerre, encore moins confronté à une quelconque bataille de l'Atlantique et, de plus, cette zone de l'Atlantique Sud ne présentait pas alors un caractère stratégique déterminant, se trouvant très éloigné d'un possible et futur théâtre d'opérations européen !

Alors, j'aimerais que l'on m'explique la soudaine prévoyance ou inquiétude d'un Haut Commandement de la Marine et une telle anticipation avant tout conflit déclaré, si ce n'est en vu d'envisager, à terme, un point de ravitaillement logistique nécessaire et fort opportunément positionné à mi-parcours entre l'Allemagne et son tout nouveau territoire revendiqué du *Neu Schwabenland,* en Antarctique.....Tout en restant vigilant quant à la réalité des faits, il est parfaitement logique d'estimer ce scénario comme potentiellement valide. Il est le seul à fournir une explication plausible à mettre en parallèle **quant aux résultats confidentiels d'une expédition qui aurait découvert une configuration géologique appropriée pour le déploiement d'une future base sous-marine secrète**. L'information transmise, du succès de cette opération au Haut Commandement, aura dû forcément déclencher, en retour, cet ordre d'évaluation d'un futur lieu discret de ravitaillement idéalement situé pour des sous-marin en route vers une future base «perdue» sous la banquise antarctique.

Et pour venir confirmer d'autant plus cette assertion, nous pouvons concrètement prendre connaissance d'une carte officielle du rapport d'expédition de Ritscher de 1942. Elle est reproduite à la page suivante **et il y est clairement reporté le passage à Trinidad. Trajet retour matérialisé en pointillé + repère flèche.**

En octobre de la même année, c'est à dire un mois après le début de la guerre, le bateau *Schwabenland* fut remis à la Luftwaffe.
Fin de l'histoire connue de cette mystérieuse expédition qui laisse la voie possible à toutes les interprétations et surtout les plus improbables.....

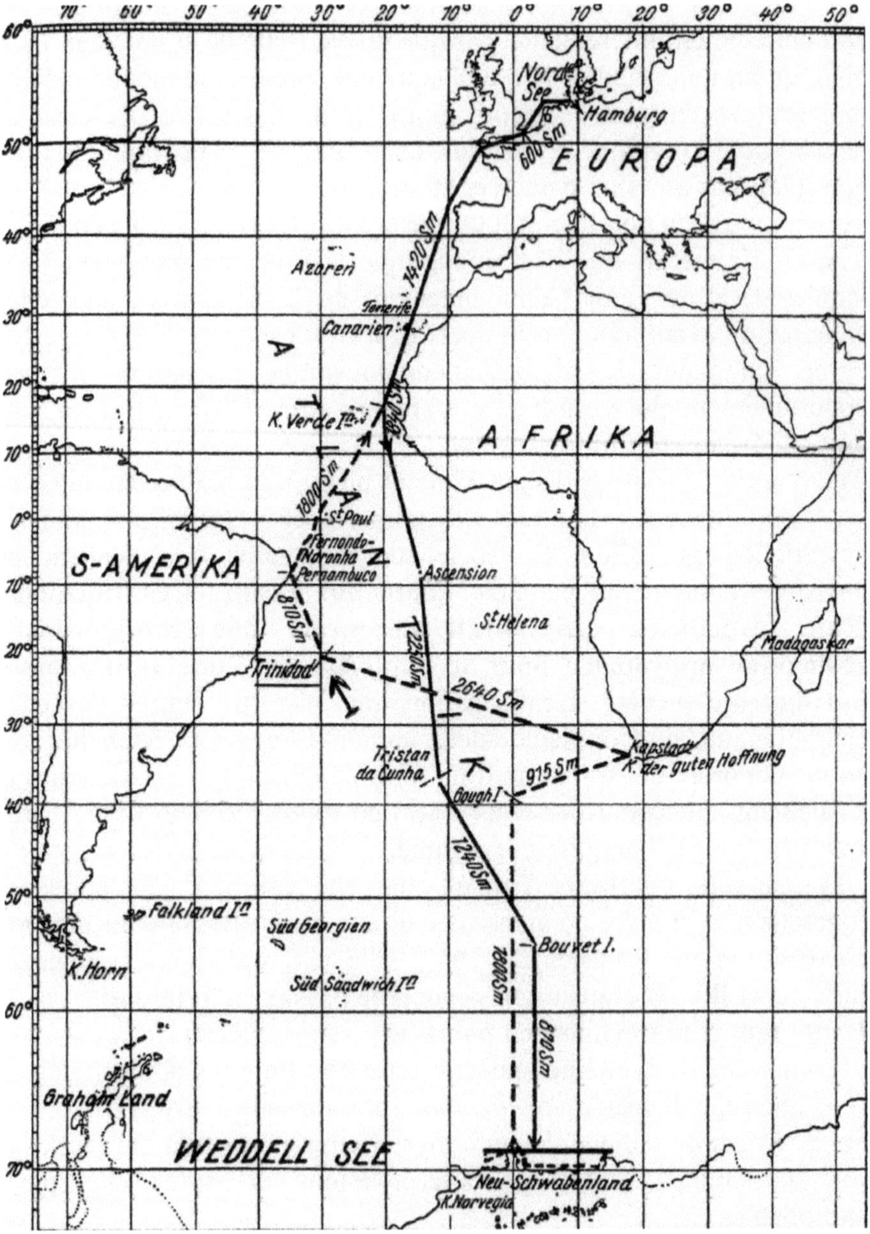

Nord-See
Hamburg
600 Sm
EUROPA
1420 Sm
Azoren
Teneriffe
Canarien
K. Verde Iᵑ
AFRIKA
ATLANTIK
1800 Sm
St. Paul
Fernando-Noronha
Pernambuco
S-AMERIKA
Ascension
810 Sm
St. Helena
2250 Sm
Madagaskar
Trinidad
2640 Sm
Kapstadt
K. der guten Hoffnung
Tristan da Cunha
915 Sm
Gough I.
1240 Sm
Falkland Iᵑ
Süd Georgien
Bouvet I.
K. Horn
1800 Sm
Süd Sandwich Iᵑ
870 Sm
Graham Land
WEDDELL SEE
Neu-Schwabenland
K. Norvegia

U-Boot sous les glaces

Devrait-on se contenter de simples présomptions concernant la présence éventuelle de sous-marins Nazis en Atlantique Sud et plus précisément en Antarctique pour les années suivantes ?

Il faut bien reconnaître que, depuis le début de cette enquête, les éléments géologiques spécifiques et autres faits historiques rapportés et bien étayés par des documents réels sont déconcertants et parfois plus que troublants. Afin d'évoluer dans ce même registre, je ne peux passer sous silence l'existence de documents qui circulent sur certains réseaux de ré-information spécialisés et dont l'origine Russe semble tout à fait crédible même si, bien entendu, personne ne pourra jamais certifier de leur parfaite authenticité. Mais vous allez pouvoir vérifier, par vous-mêmes, que les pièces présentées ont potentiellement le cachet d'informations crédibles car on aurait du mal à imaginer un ou plusieurs individus se donnant autant de mal afin de produire de pareils documents aussi pointus et d'un format aussi peu conventionnel. Et pour tromper qui au final ? Une poignée de chercheurs assidus à travers le monde ? La belle affaire !

Alors voilà, c'est à partir d'un site internet Russe qui n'existe plus (*http://tayni.info/44161*) que l'on doit la révélation de ces documents extraordinaires. Il s'agit en fait des éléments d'un rapport rédigé par l'armée rouge à la fin de la seconde guerre mondiale et qui est le fruit d'une enquête précise des russes sur **l'Ahnenerbe**. Organisation SS très officielle créée par **Heinrich Himmler**, qui signifie «l'héritage ancestral» et dont la mission d'investigation mêlait recherches archéologiques, ethnologiques et ésotérisme. Nous en reparlerons précisément plus loin.

Trois volumes rédigés en russe, apparemment datés de 1983, mettent en lumière cette expertise dont un, concernant un certain projet «Orion», relatif à l'identification et la localisation d'anciens savoirs oubliés. Etaient également répertoriés sur ce site, d'autres documents récupérés par l'armée russe, soit des dépliants/cartes de schémas, instructions et itinéraires sous forme de liasses d'un format assez conséquent. Des recherches poussées de certains chercheurs permettent de confirmer l'existence de détails ou de caractères d'écritures différents sur plusieurs dépliants démontrant, par ce biais, une rédaction manuelle partielle de ces documents qui furent reproduits à moins de deux milles exemplaires par des prisonniers du camp de concentration de Dachau. Ce travail effectué, il n'était alors pas si difficile de faire disparaître ces différents rédacteurs de documents Nazi Top-secret destinés aux commandants de sous-marins allemands. Ces derniers se devaient de suivre strictement les instructions d'entrée et de navigation à partir d'un corridor situé sous la banquise antarctique, devant les amener en plongée vers une base ou zone souterraine loin sous le continent, appelée aussi *«Agartha»*.

Ci-dessous et à la page suivante, sont reproduits les trois rapports russes ainsi que le dépliant destiné aux commandants de U-Boot.

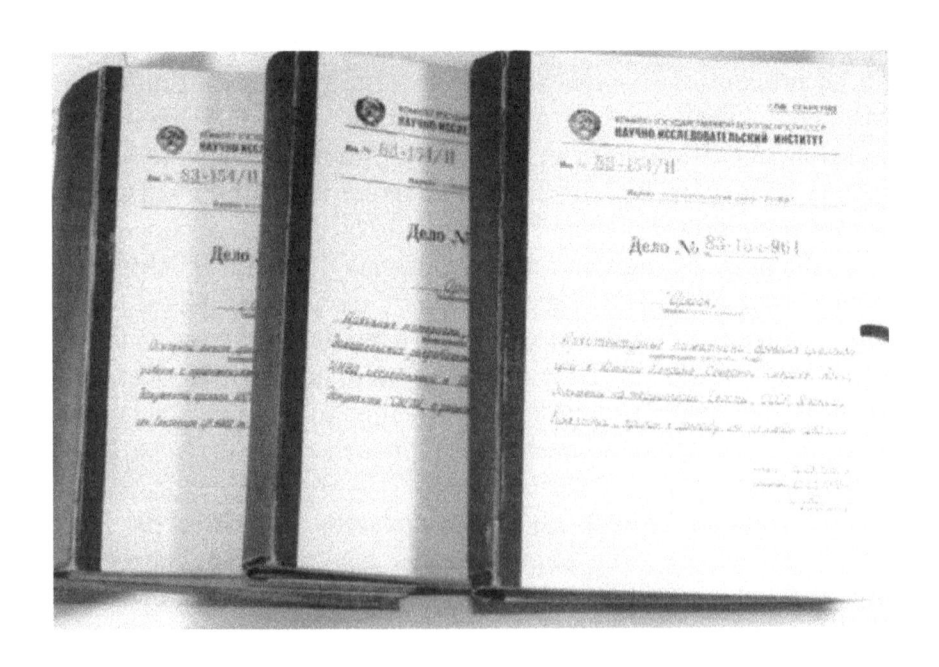

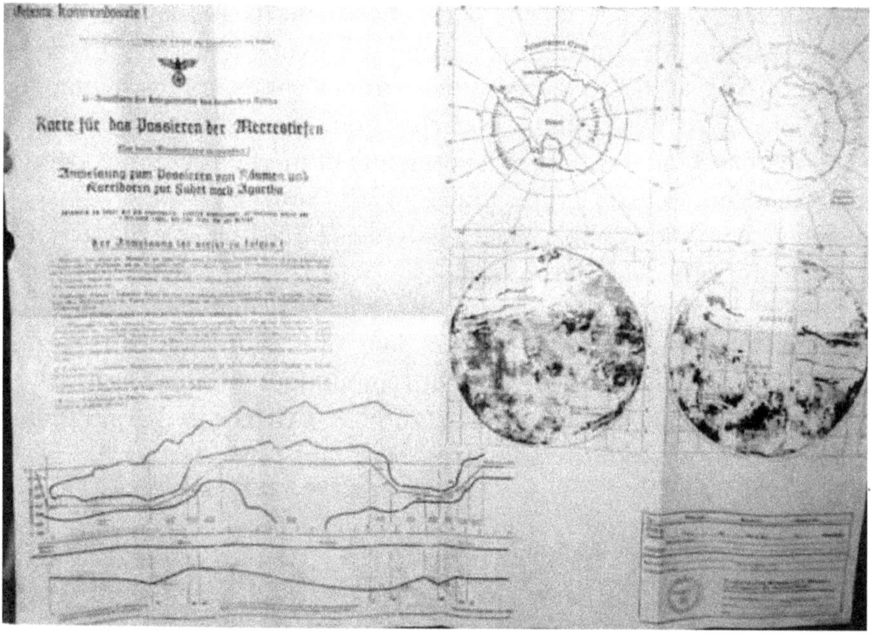
Karte für das Passieren der Meerestiefen

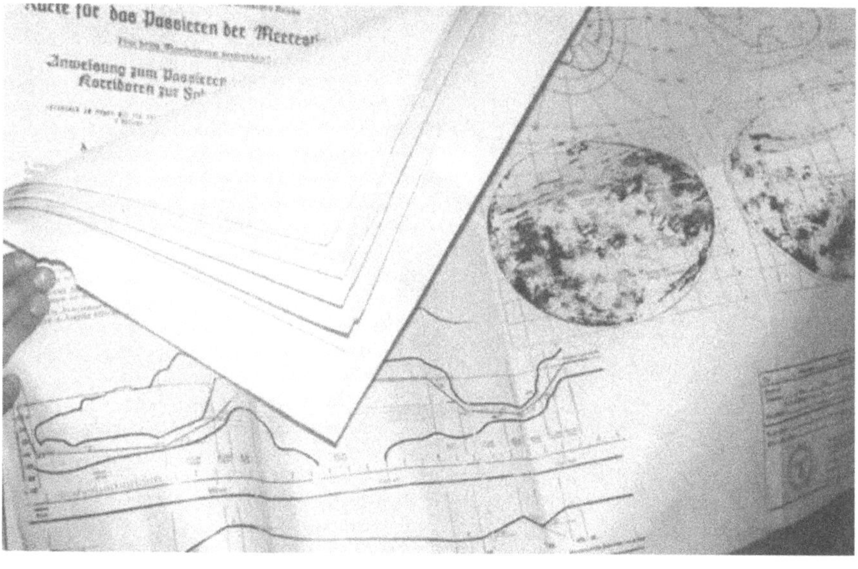

J'ai relevé sur le net, un site particulièrement intéressant qui expose les éléments de procédure d'entrée, avec leurs coordonnées géographiques telles que rapportées sur ces cartes, en les mettant en parallèle avec les reliefs rocheux sous-glaciaires du continent Antarctique. L'analyse est très pertinente et mérite d'être lue et prise en considération avec le plus grand intérêt. **Source** :
u-sphere.com/index.php?title=Les_ovnis_et_le-III%C2%B0_reich_-_La_route_vers_Agartha

En plus de coordonnées précises, il y a un indice intéressant relatif à ce dépliant et qui concerne une des deux plus petites cartes reportées en haut et à droite du document et reproduite en agrandissement ci-dessous. On peut y retrouver la mention de **l'entrée de l'Agartha** ou monde souterrain. Phrase soulignée et pointée d'une flèche.

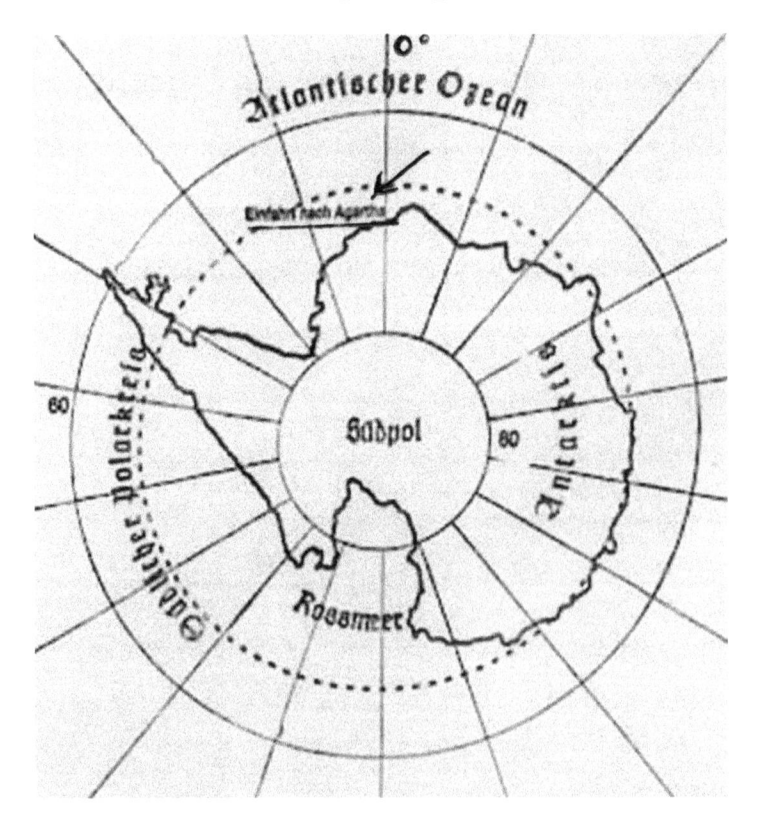

La position ainsi indiquée sur la côte correspond à son intersection avec la longitude 0° qui, accessoirement, représentait le centre de la zone de recherche de l'expédition **Ritscher**. Elle s'ouvrait de 20° degré vers l'Ouest et d'un peu plus de 20° vers l'Est. Si l'on s'arrête, par ailleurs, sur la carte des différents vols de reconnaissance de cette expédition (page 91) à partir de la position du bateau, on s'aperçoit très clairement que la majorité de l'activité aérienne et maritime se concentre autour de la longitude 0°. Si l'on extrapole encore un peu plus, le cap de retour de l'expédition (en pointillé sur la carte page 96) s'effectue également, et très exactement dès le départ, en suivant cette même Longitude. Et pour en terminer, l'insigne de la mission du *Schwabenland* met bien précisément en avant cet axe symbolique jusqu'au Pôle Sud.

Sur ce document, en forme de dépliant/carte et immédiatement sous l'insigne de l'aigle Nazi, est aussi détaillée la procédure exacte d'entrée dans le monde souterrain avec l'énumération d'angles, de caps, de distances et de profondeurs qu'il serait inutile de rapporter ici. Mais, au tout début des manœuvres d'entrée, sont très exactement spécifiées les coordonnées précises de ce point particulier qui est à l'intersection des 64° de latitude Sud et **1° de longitude Est** et à une **profondeur de 400 mètres**. C'est à dire au coeur de la zone de recherche de l'expédition Ritscher en 1938/39.

Afin de pouvoir prendre en considération ces différents aspects et protocoles de navigation, il serait intéressant d'y superposer la carte du plancher rocheux du continent antarctique dans le but de valider une possible entrée vers un corridor. L'océan à proximité de ce continent peut atteindre une profondeur de 2500 m, ce qui laisse une bonne marge pour la navigation sous-marine. Mais lorsque l'on se reporte sur le territoire du *Neu Schwabenland* revendiqué par l'Allemagne Nazi, et aux environs du 0° de longitude, on ne trouve vraiment qu'un seul endroit possible permettant une avancée sous la banquise car le reste du territoire constitue une véritable barrière montagneuse paraissant infranchissable. Voir à la page suivante la reproduction des reliefs sous-glaciaires du continent avec, en haut de la carte et marqué d'une petite flèche, le seul passage possible formant comme un estuaire (petite zone un peu plus foncé juste devant la pointe de la flèche) s'enfonçant dans une fine brèche que l'on perçoit en blanc, à travers le massif montagneux (se dessinant en arc de cercle noir), juste en-dessous de la zone définie précédemment. La photo en couleur m'ayant servie de support, avec ses nuances de bleu, permettait une visualisation caractéristique très claire de ce corridor d'entrée sous-marine.

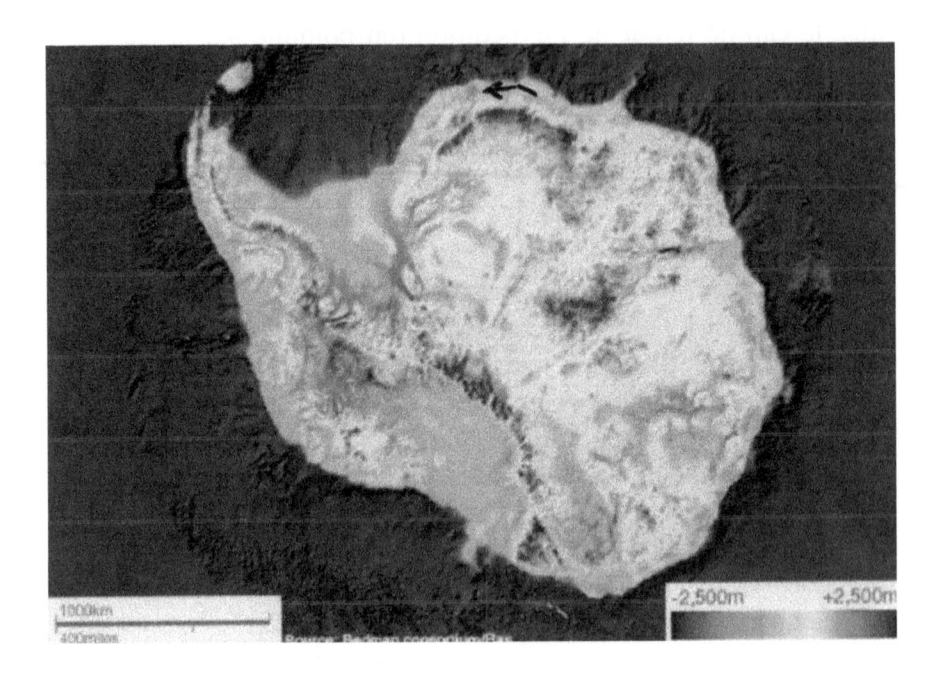

Ces quelques documents, s'ils se révélaient authentiques, ce que l'on peut raisonnablement croire au vu de la localisation géographique praticable d'un point d'entrée prédéfini par Ritscher ainsi que la géologie du secteur, sont uniques en leur genre. En effet, la majorité des archives et autres documents furent systématiquement détruits à cause de l'avance des troupes alliées en 1945. Mais, la véritable cause du manque d'informations entourant ces découvertes, c'est bien entendu le secret absolu dont les SS savaient s'entourer dans tous les secteurs sensibles touchant aux recherches cruciales stratégiques qui devaient assurer la victoire finale du Reich Nazi. En ce sens, l'autonomie de la SS leur garantissait une totale disponibilité de leurs propres prisonniers pour lesquels ils n'avaient de compte à rendre à personne car se trouvant dans la masse de travailleurs forcés des camps de concentration. Cette main d'oeuvre gratuite et servile, en contact avec des projets secrets classés ultra-sensibles, était appelée *«Gehemisträger»* ou *porteurs d'informations secrètes* et appelés à disparaître dès leur travail terminé. Ainsi donc, pas de témoins gênants...

Si une telle documentation a bien existé, offrant aux U-Boot allemands un cheminement paramétré sous la glace, fallait-il encore que ces sous-marins possèdent les performances adaptées pour un tel voyage. En ce sens, l'en tête du document annonce clairement la destination de ces informations particulières :

«Nur fur kapitane von U-Booten der A-Klasse des Sonderkonvois des Führers». Ce qui donne la traduction suivante :

«Seulement pour les capitaines de sous-marins de classe A, convois spéciaux du Fürher».

Hors, il n'existe toujours pas de classe A répertoriée connue à ce jour ! Les seuls classes identifiées, IA, VIIC et XVIIA, ne possédaient pas l'autonomie nécessaire ni des capacités de plongée leur permettant d'atteindre les 400 mètres de profondeur. Mais l'ingénierie allemande, à cette époque, était véritablement irrésistible et les recherches aboutirent avant la fin de la guerre vers un nouveau type de submersible aux capacités impressionnantes. Il s'agit du type XXI dont le premier exemplaire, le U-3501, fut lancé le 19 avril 1944 du chantier naval de Dantzig. Ce sous-marin possédait une nouvelle coque hydrodynamique avec un moteur diesel conventionnel mais intégrant un espace largement supérieur pour les batteries fournissant une telle puissance qu'il atteignait les 18 nœuds en plongée, soit 10 nœuds de plus que tous les autres types de sous-marins de l'époque. Il possédait également un système anti-vibrations qui le rendait particulièrement silencieux, un brouilleur magnétique, un **snorchel** lui permettant de renouveler l'air sans faire surface, plus un système de lancement de torpilles automatisé.

En résumé, cet engin était une merveille technologique que l'on peut qualifier de premier véritable sous-marin moderne de l'histoire et que les spécialistes considèrent comme ayant eu environ 20 ans d'avance sur son époque ! Il avait la capacité de naviguer plus de 500 km en plongée et aurait été testé au-delà de 400 mètres de profondeur ! S'il existait un U-Boot capable de voyager loin sous la terre gelée de la banquise ou de ravitailler une base souterraine antarctique, il faisait figure de premier prétendant...hormis le fait que d'autres sous-marins aient pu aussi être développés postérieurement et en toute discrétion !

En effet, un modèle expérimental était déjà préconisé par le Professeur **Helmuth Walter** depuis 1931. Il avait breveté un circuit d'alimentation moteur fonctionnant au peroxyde d'azote, un produit très instable mais qui avait l'avantage de permettre aux moteurs d'être totalement autonomes ainsi que de rester en plongée quasi indéfiniment à grande vitesse, soit environ 28 nœuds ! Les Nazis passèrent commande pour un premier projet en 1933 mais les priorités de réarmement étant autres, ces études opérationnelles furent remises à plus tard. Elles débouchèrent finalement sur un premier modèle construit en 1939, le V80 puis le V300. Par la suite, la priorité fut apparemment donnée à des modèles plus simples, tels que le type XXI, mais qui nous dit que ce modèle révolutionnaire ne connut pas une suite dans le plus grand secret ?

Pour en revenir au type XXI, ils furent ainsi 118 sous-marins à être commandés, construits et livrés jusque dans les derniers mois de la guerre, c'est à dire pour le dernier, en avril 1945 ! A la même époque, 12 étaient déjà stationnés dans les ports de Norvège, prêts à partir en patrouille tandis que 50 autres étaient en voie de l'être dans les ports allemands. La majorité d'entre-eux furent détruits, sabordés ou récupérés par les forces alliées dans le cadre d'évaluations, dès la fin de la guerre.

Mais à ce stade, que pourrait on dire de la réalité historique concernant le décompte réel de l'armement restant de la

Kriegsmarine en mai 1945 ? Et bien les marines Alliées et en particulier celles de l'US Navy et de la Royale Navy ont estimé, après avoir dressé un inventaire de la flotte de U-Boot depuis le début de la guerre et après avoir comptabilisé les pertes réelles, que plus d'une vingtaine d'unités, les plus récentes en technologie, avaient mystérieusement disparues.

D'après les archives officielles, 375 U-Boot étaient encore opérationnels à la fin de la guerre (sur un total de 1156 construits et livrés sut toute la durée de la guerre). Sur la base de ce chiffre, 156 se rendirent directement aux forces alliées et 219 se sabordèrent. Mais, parmi ces derniers, est-il si déraisonnable de penser que quelques-uns ne soient pas aller jusqu'au bout de cet acte ultime ou firent semblant ?

On peut effectivement le penser grâce à une phrase sans équivoque prononcée par le chef de la Kriegsmarine, j'ai nommé **Karl Dönitz** lui-même, lors du procès de Nuremberg et enregistrée par le **Major Vidkun Quisling** en 1945. Je le cite :

«Je crois que je combattais pour une juste cause et j'ai refusé d'abandonner mes responsabilités lorsque les Nazis, juste après leur effondrement final, offrirent de me convoyer à bord d'un sous-marin vers la sécurité d'un refuge.»

Il est aisé d'en conclure que si, pour lui, l'évasion n'était pas à l'ordre du jour, pour d'autres, il semble bien que la fuite était déjà bien organisée voire anticipée afin de pouvoir échapper au sort qui leur était promis. On connaît l'Argentine (le plus proche pays de l'Antarctique) comme ayant été l'un des principaux Etats à «héberger» de nombreux Nazi, certes par idéologie commune avec ces derniers mais aussi par les quantités d'or qui y étaient acheminées afin de pouvoir garantir, entre-autres, leur tranquillité. Deux cas très officiels, concernant des sous-marins allemands s'étant rendus aux autorités en Argentine, attestent de cette réalité.

Il s'agit de l'**U-530** qui arriva le 10 juillet 1945 à Mar del Plata ainsi que le **U-977** le 17 août 1945. Soit près de trois mois après la fin des hostilités ! Enfin, un autre épisode exceptionnel et parfaitement bien réel accrédite la thèse de U-Boot circulant librement. Il est rapporté par **Roger Delpey** dans son livre, *Adolf Hitler, l'affaire*. Le 25 septembre 1946, la presse mondiale plongea ses lecteurs dans l'ahurissement en publiant le câblogramme suivant : *«Un an après la défaite allemande, un événement surprenant s'est produit en haute mer, entre les îles Falkland et la banquise antarctique. A l'improviste, la baleinière **Juliana II**, inscrite au registre de navigation de Reykjavik, Capitaine **Christian Hecla**, a été arraisonné par un submersible de gros tonnage, un U-Boot de la marine allemande, arborant un drapeau rouge à larges bandes noires.*

Lorsque les sommations d'usage furent faites, l'équipage du sous-marin au complet se trouvait au poste de combat, les hommes revêtus uniformément d'une cape grise. Leur capitaine se rendit à bord de la Juliana II en faisant usage d'un bateau pneumatique piloté par des marins. S'adressant au commandant Hecla, courtoisement, mais sur un ton qui n'admettait pas la réplique, il exigea la livraison, sur le champ, d'une partie de l'approvisionnement en naphte de la baleinière. Son interlocuteur s'exécuta et l'allemand, tirant de sa poche une bourse bien remplie, paya largement le carburant en dollars. Il poussa même la prodigalité jusqu'à remettre une prime de dix dollars aux cinq hommes de l'équipage. Tandis que s'effectuait l'opération de transvasement du précieux liquide, l'officier allemand, qui s'exprimait en un anglais parfait, donna des renseignements au capitaine Hecla sur la position des bancs de baleines, renseignements qui s'avérèrent exacts puisque, au retour, la Juliana II harponna deux cétacés.

Interrogé à Santa-Cruz sur son aventure, le capitaine Hecla, à qui on demandait s'il avait prévenu par radio la base navale des Falkland de sa mystérieuse rencontre, se contenta de répondre :

«J'étais parti à la chasse à la baleine et non à la chasse aux sous-marins».

A Paris, précise R. Delpey, un quotidien du soir qui rapportait cette information (de l'Agence France-Presse) ajouta le commentaire suivant :

« Les rumeurs persistantes d'une activité de U-Boot allemands dans la région de la terre de feu, entre la pointe sud de l'Amérique latine et le continent antarctique sont fondés sur des faits réels. »
S'il y avait encore quelques sceptiques…..

Mais, au-delà de tout ce que nous venons d'évoquer, au-delà de la réalité des choses et de certaines approximations forcément induites par un tel culte permanent du secret, la bonne approche au regard d'un pareil sujet serait de connaître l'origine de telles motivations et ambitions démesurées d'une frange fanatique occulte Nazi ayant potentiellement réussie le développement de technologies hors normes. En effet, les ingénieurs alliés purent constater l'existence de cette première génération d'armes révolutionnaires incluant bien sûr les derniers types de sous-marins. Mais d'autres concepts encore plus audacieux et innovants étaient déjà en gestation. Ils durent constater que les allemands possédaient une avance extraordinaire dans un grand nombre de domaines de pointe, comme le développement en aéronautique incluant le moteur à réaction, le moteur fusée à carburant liquide ainsi que les systèmes de propulsion anti-gravitationnels ayant permis la fabrication des premiers prototypes de soucoupes volantes de type **Hanebau**. Même si cela peut en faire sourire certains, il faut savoir que le grand génie **Nikola Tesla** avait déjà, dès le début du XXème siècle, découvert les principes de l'antigravité et réalisé des machines fonctionnant à l'énergie libre ou énergie du point zéro avec des performances extraordinaires !

La recherche pour le développement de ces nouvelles technologies était entièrement aux mains des SS et le *Schultztaffel,* ou escadron de production, était l'organe du projet dans son ensemble. Le responsable en était le **SS-Gruppenführer Hans Kammler** et son second le **SS-Gruppenführer Otto Scwab.**

Alors au final, peut-on croire un seul instant que les plus hauts cadres Nazi et autres ingénieurs avertis n'aient pas anticipé, à temps, la défaite qui se dessinait, dès 1943, pour ne pas avoir pris la précaution de mettre à l'abri la majeure partie de leurs richesses, de leur savoir, de leurs scientifiques et de leurs technologies de pointe dans un repaire inviolable situé sous les glaces de l'Antarctique pour leur rêve d'un futur 4ème Reich ? Nous verrons au prochain chapitre que cette analyse se verra très fortement renforcée…..

Si la guerre avait duré un peu plus longtemps, l'Allemagne était véritablement sur le point de mettre en service tout un arsenal d'armes nouvelles capables de bouleverser en sa faveur l'équilibre des forces. Mais alors, d'où tenait-elle une pareille avance technologique, en particulier dans le domaine aéronautique ? C'est ici le point crucial et intrinsèquement lié à l'adhésion en une idéologie fondamentale ésotérique régnant à cette époque au sein de cette sombre hiérarchie. Et cela est un domaine complexe qui ne relève pas d'une pure invention de l'esprit mais bien d'une philosophie mythique ancestrale remise au goût du jour dans l'espoir d'en faire une arme réelle de domination mondiale.

Car ces hauts responsables Nazi, à l'inverse des autres occidentaux, étaient des personnes croyant au surnaturel, ce qui, pour le coup, était un avantage sérieux….Car ils avaient au moins compris une chose primordiale, qui fait encore par trop défaut de nos jours, c'est que **le surnaturel n'est que le naturel qui n'a pas encore été compris !** Et ils mirent à cet effet tous leurs efforts et leurs moyens (qui étaient immenses) afin de donner un élan à cet aspect «ésotérique» des choses pour leur propre avantage. Et parmi ces hauts responsables Nazi, il en est un qui se démarqua des autres par sa domination sur ce monde «spirituel» occulte du troisième Reich, j'ai nommé **Heinrich Himmler**. Tout comme Hitler, il connaissait les récits des Hyperboréens et de la race aryenne qui habitait l'Hyperborée, un pays «mythique» situé loin dans le grand Nord arctique.

Plus généralement et avec d'autres fanatiques, ils s'étaient lancés dans des recherches ésotériques et occultes très sérieuses visant, entre autres, la découverte de technologies innovantes, d'énergies inconnues et de territoires secrets dont la mythique *«Agartha »* ou **terre creuse** qui pouvait être révélée dans certains enseignements et autres livres sacrés. C'est au travers de cet enseignement et des indices découverts qu'ils mirent l'accent sur des recherches assidues particulièrement en Antarctique où des passages furent trouvés vers des régions souterraines inconnues sorties tout droit d'un roman de

Jules Verne. Ils recherchaient en particulier *«l'énergie du Vril»* détenue par les habitants de ce monde souterrain appelé *Agartha*, qui serait un royaume relié à tous les continents de la Terre par l'intermédiaire d'un vaste réseau de galeries et de tunnels. Cette croyance prenant naissance dès l'antiquité. Nous en reparlerons bien entendu très longuement et en détail dans un autre chapitre..

C'est un certain **Karl Haushofer** qui fonda, avant 1919, un ordre des «frères de la lumière » qui prit, plus tard, le nom de **«Société Vril»**. Cette société avait pour vocation principale l'étude de tout ce qui concernait l'au-delà et parmi ses membres se trouvaient deux grandes médiums du nom de **Maria Orsic** et **Sigrun.** Si je parle de cette société, c'est à cause des messages reçus par Maria Orsic en provenance d'entités extraterrestres s'adressant à elle à travers son canal médiumnique. La teneur de ces messages consistait principalement en l'énumération de protocoles précis de construction d'un objet volant permettant des voyages interstellaires. La retranscription de ces informations se faisait en langue templière ou sumérienne, langages qu'elle ne comprenait absolument pas. Elle collabora alors étroitement avec un certain **Winfried Otto Schumann** (spécialiste de l'électrostatique à haute tension et de la physique des plasmas) avec lequel ils développèrent ce premier vaisseau spatial. Ce scientifique a réellement existé et faisait même partie de la cohorte de scientifiques spécialistes allemands «réquisitionnés» par l'armée américaine dans le cadre de l'opération **«Paperclip»** afin de profiter de leur savoir dans l'objectif d'accroître rapidement leurs propres développements technologiques confidentiels. Bien que bénéficiant d'une certaine indépendance, la société Vril, à visée non militaire, n'échappait pas à la vigilance de **Heinrich Himmler** qui fit certainement acheminer certains modèles aboutis vers l'Antarctique

L'ensemble des recherches en faveur de ces nouvelles sciences ésotériques était regroupée dans une organisation SS officielle appelée *«l'Ahnenerbe»* qui signifie «l'héritage ancestral». Cette influente institution au sein de la SS fut créée par Himmler en 1933 et s'intéressait aux traditions ésotériques, aux origines des Atlantes et des Aryens. Elle était constituée de 82 techniciens, 137 savants et érudits en sciences humaines, en préhistoire, archéologie, linguistique, ethnographie et symbologie qui publièrent de nombreux textes sur l'Inde, le Sanskrit, les Cathares, le Saint Graal, les Rosicruciens, la Saint Lance et les mystères du Tibet.

C'est véritablement cette institution qui fût le «moteur» des principales expéditions futures. Et pour commencer, nous pouvons évoquer le **SS Otto Rahn** qui, en 1931, se vit confier la mission de trouver le mythique **Graal** en Occitanie dans le sud de la France. Il fouilla **Montségur** et **Rennes le Château** sans aucuns résultats. Quelques années plus tard, c'est le **SS Otto Skorzeny**, parachutiste des forces spéciales qui renouvela l'expérience sans plus de résultats si ce n'est, officieusement, la découverte d'un trésor de monnaies anciennes. Une autre aventure parrainée par Himmler concernera l'expédition au TIBET, de mai 1938 à août 1939, dirigée par le scientifique **SS Ernst Schäffer**. Ce sera la première expédition allemande officielle à pénétrer au Tibet et à atteindre Lhassa. Outre les mesures anthropométriques effectuées, le recueil de quantités de plantes et d'animaux, il faut s'arrêter plus particulièrement sur les mesures géomagnétiques prises ainsi que sur l'observation des rituels tibétains dont les funérailles célestes. Nul doute que l'intérêt des Nazis portait principalement sur les images occultes faisant la renommée du Tibet et que, par conséquence, la recherche de possibles entrées vers l'Agartha fut aussi le point de mire de ces «scientifiques de l'ésotérisme»....tout ceci étant réalisé dans le même créneau de temps que l'expédition Antarctique de **Ritscher** !

Je ne développerai pas davantage les autres sociétés secrètes Nazi telles que la société de **Thulé** ou du **soleil noir** dont les philosophies étaient identiques et intégrées à celles de l'Ahnenerbe. Je citerai simplement **Alfred Rosenberg**, simple membre de la **Thulé** qui fut jugé coupable de crimes contre l'humanité par le tribunal de Nuremberg et pendu le 16 octobre 1946. Durant son procès, Rosenberg fera cette stupéfiante déclaration :

«Le goupe Thulé ? Mais tout est parti de là ! L'enseignement secret que nous avons pu y puiser nous a davantage servi à gagner le

pouvoir que des divisions de SA ou de SS. **Les hommes qui avaient fondé cette association étaient de véritables magiciens.»**

Pour conclure cet important chapitre, il est nécessaire de reconnaître à l'Allemagne, en dehors bien entendu de leur politique guerrière dévastatrice, une curiosité et une culture du surnaturel ayant largement dû favoriser certains développements très en avance sur leur temps. Si certaines de leurs «philosophies» ont pu être jugées, à juste titre, comme hautement farfelues, il en est d'autres qui portèrent assurément leur fruit, leur offrant des capacités technologiques véritablement hors normes et des contacts réussis avec des peuples extraterrestres pas toujours des plus «lumineux».

J'aborde, par ailleurs, très sérieusement la question de la réalité extraterrestre dans mon ouvrage précédent, qui reste une des clés fondamentales pour la compréhension de l'évolution humaine.

Mais, afin d'être suffisamment convaincant quant à l'existence physique de cette base souterraine Nazie, l'attitude à adopter reste invariablement celle de la démonstration par l'exemple et la constatation de faits avérés. C'est ce que je vais absolument m'attacher à mettre en avant dans le chapitre suivant qui verra le retour en fanfare de l'Amiral **Byrd,** dans la plus dangereuse, emblématique et insolite de ses expéditions en Antarctique….

CHAPITRE 4

L'OPERATION «HIGHJUMP»

Nous voici à présent parvenus à la narration de l'histoire maritime militaire la plus mystérieuse et la plus méconnue de tous les temps. Car, si son organisation et sa composition nous sont bien connues, son véritable déroulement sur le théâtre d'opération antarctique demeure encore de nos jours un secret bien gardé !
Même si un rapport d'expédition a bien été rédigé et déclassifié par la suite en 1952, il ne raconte rien de la véritable histoire de cette mission, ni ne fournit de mines d'informations scientifiques notables pouvant être compatibles avec l'orientation d' une telle armada guerrière n'ayant véritablement occupé opérationnellement le terrain que pendant deux mois….Quelque chose d'anormal et de «décalé» ne colle pas avec la réalité des choses et de nombreux détails et témoignages irréfutables vont permettre d'aborder ce sujet avec un tout autre regard et une toute autre approche que celle purement scientifique opportunément «vendue» au grand public.
L'Amiral Byrd sera le personnage central de cette histoire, lui qui rapporta déjà, dès le début de la guerre, la découverte d'une première installation Nazi en Antarctique. Il ne pouvait être que l'homme de la situation afin de mettre un terme à cette occupation allemande déjà

connue et constatée par les Etats-Unis, ce qui sera le véritable motif «caché» évident de cette intervention «musclée».

Une flotte guerrière

Cette flotte militaire approuvée dès l'été 1946 par le Secrétaire d'Etat à la Marine **James V. Forrestal** et dénommée Task Force 68, quitta Norfolk en Virginie, le 02 décembre 1946. Elle fut confiée à l'**Amiral Richard Cruzen** et au **vice-amiral Richard E. Byrd** par le commandant de la Marine des Etats-Unis, l'**Amiral Chester Nimitz**. La flotte était composée de quatre groupes différents et d'une base sur la banquise, Little America 4 :
- **EAST GROUP/ Task Group 68.3**
    USS Pine Island. Bateau catapulte
    USS Brownson. Destroyer DD868
    USS Canisteo. Tanker
- **WEST GROUP/ Task Group 68.2**
    USS Currituck. Bateau catapulte
    USS Henderson. Destroyer DD785
    USS Cacapon. Tanker
- **CENTRAL GROUP/ Task Force 68.1**
    USS Mount Olympus. Communications
    USS Sennet. Sous-Marin
    2 navires de soutien + 2 brises-glaces
- **CARRIER GROUP/ Task Force 68.4**
    USS Philippine Sea. Porte-avions CV47

L'effectif humain total représentait **4700 hommes** et **33 avions** étaient inclus dans l'opération.

A noter que que le porte-avions et les deux destroyers étaient flambants neufs car lancés respectivement en septembre et mai/juillet 1945. Pour une expédition dite scientifique, il semblerait paradoxalement que toutes les précautions aient été prises afin de pouvoir compter sur un matériel sûr et de dernière génération...En cas de mauvaise rencontre ?

La part belle était aussi offerte aux journalistes puisque 11 étaient embarqués dans cette expédition qui ne produisirent, étonnamment, que très peu de compte-rendus dans les journaux américains, si ce n'est un certain **Lee Van Atta** durant le voyage retour, mais uniquement dans un grand journal chilien dont nous reparlerons plus loin ainsi que *The Deseret News* pour lequel il était le correspondant.

Vous conviendrez aisément que l'ensemble de cette force fait plus sérieusement penser à une mission offensive à but clairement militaire plutôt qu'à une étude prioritairement scientifique du continent ! C'est d'ailleurs ce qui ressort du rapport final déclassifié **-Army Observer's Report of Operation Highjump (en 5 tomes)-** incluant, entre-autres, comme objectifs principaux :
- Former le personnel et tester des équipements dans des conditions glaciales....**(sauf que l'opération s'est déroulée durant l'été austral avec des températures négatives à minima.** Au final, il aurait été plus judicieux d'expérimenter ces mêmes contraintes thermiques au niveau du Pôle Nord ou de l'Alaska, zones beaucoup plus proches des bases navales américaines.)
- **Consolider et étendre la souveraineté des Etats-Unis sur la plus grande zone praticable du continent antarctique.**
- Déterminer la faisabilité de l'établissement du maintien et de l'utilisation des bases dans l'Antarctique et enquêter sur les sites de bases possibles.
- Améliorer les connaissances actuelles sur les conditions hydrographiques, géographiques, géologiques, météorologiques et électromagnétiques dans la zone.

On notera bien l'aspect scientifique arrivant en dernière position...
Afin de valider l'argument militaire, nous pouvons mettre en avant les commentaires précieux de quelques journaux américains ayant rapportés les déclarations des autorités de la Marine américaine. Vous allez pouvoir juger, sur pièces, que les objectifs avoués restent principalement d'ordre militaire.

Pour commencer, nous trouvons la reproduction, ci-après, de l'*Edmonton Journal* du 13 novembre 1946 avec, entre la zone fléchée, la partie intéressante de cet article.

Edmonton Journal

EDMONTON, ALBERTA, WEDNESDAY, NOVEMBER 13, 1946

U. S. Navy to Soothe Soviet By Doing Tests in Antarctic

WASHINGTON, (AP) — The United States, aware of Russia's uneasiness over military manoeuvres in the Arctic, has picked the other end of the earth for a frigid zone test of naval ships and weapons.

A navy announcement giving details of a forthcoming expedition to the Antarctic defined it as "primarily of a military nature," preparatory for a "day in the future when the navy may be called upon to operate in cold weather."

Selection of the south polar region for training naval personnel and test ships, aircraft and other paraphernalia of modern war presumably was dictated, among other things, by two United States desires:

1. To allay Russian worries over operations in the vicinity of Soviet territory.

To Assure Secrecy

2. To assure, by means of the remoteness of the area, some degree of secrecy.

However, the expedition under the technical direction of seasoned polar explorer Rear Admiral Richard E. Byrd, will not be without neighbors.

Admiral Byrd told a press conference the Russians have announced an Antarctic expedition—"but we don't have much information," about it. In addition, a British expedition which went into the area two years ago may still have personnel in Antarctica.

The British base, however, is 1,500 miles from the probable headquarters for the navy venture—at the old location of the 1939-41 Byrd expedition in the Ross sea, which faces toward New Zealand.

No Territorial Claims

Officials were cautious on questions about laying formal claim to territory. Vice Admiral Forrest Sherman, deputy chief of naval operations said:

The primary purpose is to train naval units "and any effects these operations might have on the balance of conflicting claims to territories will be incidental only."

Said Admiral Byrd:

"This nation doesn't recognize any claims down there—and hasn't made any itself."

The question of whether material for atomic energy—and bombs—might be sought bounced around a bit at the press conference.

Not Uranium Race

Admiral Byrd declared any statement that "this is a uranium race is not correct." (Uranium is a nuclear fission material.)

But, the admiral added, "we will investigate all minerals, and uranium happens to be one of many minerals."

While the 4,000-man expedition will include some 300 men interested in pure science, including 25 civilian scientists, naval officials said there will be no nuclear physicists among them.

Source : artvision.fr

En voici la traduction : *«**Une déclaration de la Marine**, donnant des détails sur la prochaine expédition en Antarctique, la définit comme étant **«de nature essentiellement militaire»** en préparation d'un possible **«jour dans le futur lorsque la Marine devra y être appelée a opérer sous condition de temps froid»**. Le choix de la région du Pôle Sud, pour entraîner le personnel de la Marine et tester les navires, avions et autres attirails **d'une possible guerre moderne**, a été dictée, entre autres choses, par deux volontés des Etats-Unis :*
1. Pour dissiper les craintes Russes sur les opérations proches de leur territoire.
Pour assurer la confidentialité
2. Pour assurer, par l'effet de l'éloignement de cette zone, un certain degré de confidentialité (ou secret).

Il me semble que ces quelques déclarations officielles suffisent à percevoir cette mission sous les caractéristiques typiques d'une intervention militaire totalement assumée se devant être, de plus, d'une discrétion absolue par le choix de ce continent isolé. Ceci dans l'objectif d'un entraînement dédié à une future opération militaire probable par temps froid en zone antarctique.

On est en droit, là, de se demander raisonnablement le pourquoi de cette volonté du secret. Et, quel serait, de plus, l'origine d'un ennemi qui pourrait bien, à partir de 1947, poser de futurs soucis aux Etats-Unis justifiant l'envoi de la Marine **vers ce continent stérile dans l'éventualité d'une possible guerre moderne ?**

D'autres indices troublants vont venir s'additionner à cela, à partir de documents officiels déclassifiés du rapport de l'opération *Highjump* de juillet 1947. Il s'y trouve des incohérences et des explications approximatives s'attachant à faire valoir des justifications décalées au regard de la réalité des prévisions initiales de l'expédition. C'est à la page 6 de ce rapport et aux alinéas 15 et 16, que nous trouvons un commentaire compatible avec l'article précédent. Reproduction ci-après du document.
(découpe du document réalisé au niveau de l'alinéa n° 15)

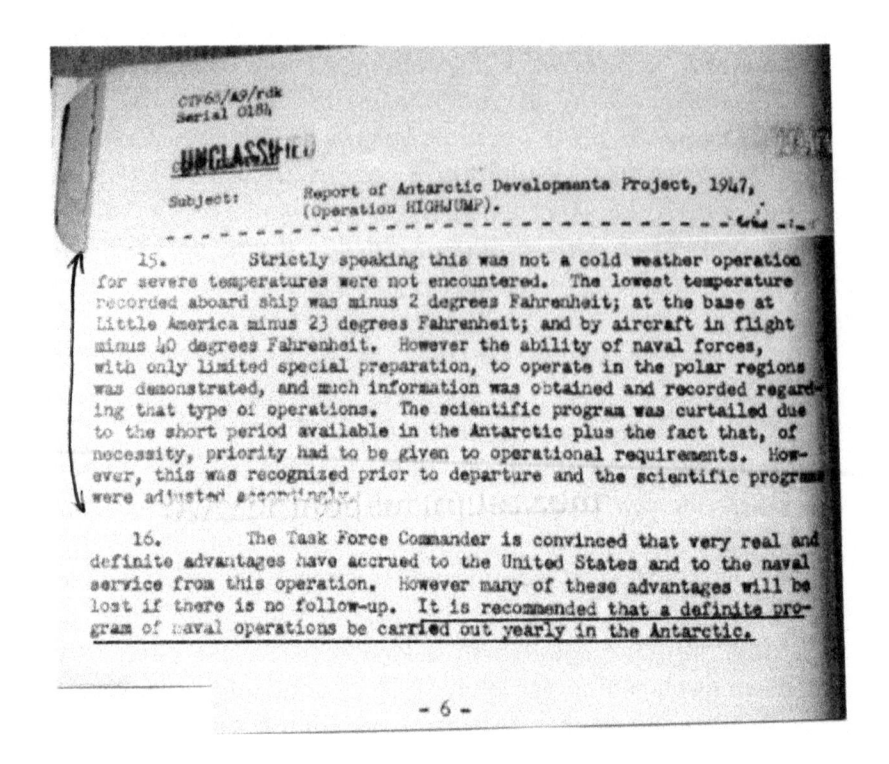

> CTF68/A9/rdk
> Serial 0184
>
> UNCLASSIFIED
>
> Subject: Report of Antarctic Developments Project, 1947, (Operation HIGHJUMP).
>
> 15. Strictly speaking this was not a cold weather operation for severe temperatures were not encountered. The lowest temperature recorded aboard ship was minus 2 degrees Fahrenheit; at the base at Little America minus 23 degrees Fahrenheit; and by aircraft in flight minus 40 degrees Fahrenheit. However the ability of naval forces, with only limited special preparation, to operate in the polar regions was demonstrated, and much information was obtained and recorded regarding that type of operations. The scientific program was curtailed due to the short period available in the Antarctic plus the fact that, of necessity, priority had to be given to operational requirements. However, this was recognized prior to departure and the scientific program were adjusted accordingly.
>
> 16. The Task Force Commander is convinced that very real and definite advantages have accrued to the United States and to the naval service from this operation. However many of these advantages will be lost if there is no follow-up. It is recommended that a definite program of naval operations be carried out yearly in the Antarctic.
>
> - 6 -

Source : theblackvault.com/documentarchive/operation-highjump

Voici ce que donne la traduction de ce petit encart :
15. «***En parlant clair, ce n'était pas une opération par temps froid dont les températures extrêmes ne furent jamais rencontrées*** (dommage, comme objectif principal c'était déjà un peu raté...). *Les températures les plus basses enregistrées à bord des bateaux étaient de - 2°; à la base de Little America -23°; et par avion en vol de -40°. Cependant les capacités des forces navales, avec une préparation spéciale limitée à opérer dans les régions polaires fut démontrée, et beaucoup d'informations furent obtenues et enregistrées au regard de ce type d'opérations* (plutôt très vague comme précisions…). ***Le programme scientifique a été écourté à cause de la courte période disponible en Antarctique en plus du fait que, par nécessité,***

priorité a été donnée aux exigences opérationnelles. Toutefois, cela avait été envisagé avant le départ et les programmes scientifiques furent ajustés en conséquence.»
16. *«Il est recommandé qu'un programme définitif d'opérations navales soit déployé annuellement en Antarctique.»*

Une fois de plus, et sans le moindre doute possible, l'engagement militaire a fortement été privilégié ***par nécessité***. Mot important dans ce rapport pouvant impliquer la survenue d'une situation imprévisible qui n'est pas du tout décrite mais restant dans un cadre général de réaction opérationnelle. L'autre point incompréhensible est un programme scientifique écourté, entre-autres, sous prétexte d'une courte période disponible en Antarctique ! Courte période disponible de quel ordre ? Mais qui fixe les règles ? De plus, l'été austral pouvait se prolonger jusqu'au mois d'avril. **Le rapport précise bien qu'aucune température extrême ne fut jamais atteinte malgré le fait que ce facteur était recherché pour l'entraînement des troupes et du matériel.** Ce n'est donc pas le froid qui décida d'une retraite possiblement avancée du dispositif. Pourtant l'Amirauté donna l'ordre du retour de l'armada pour Norfolk, **le 03 mars 1947**, soit après seulement deux mois sur place ! Quelle serait la raison d'un programme si serré au point d'amputer grandement le programme scientifique alors même que l'expédition pouvait encore disposer d'un créneau météo favorable?

Enfin, en conclusion de l'alinéa 16, on en revient invariablement au souhait d'un autre déploiement naval militaire dans un but non véritablement spécifié, vers ce continent inhospitalier, loin des Etats-Unis et où ne s'exercent, officiellement, aucune menaces.

En restant dans la même veine d'un objectif militaire clairement dévoilé comme étant prioritaire, il m'est apparu fort intéressant de mentionner un indice plus que convaincant quant à la volonté des Etats-Unis d'éradiquer une installation ennemie secrète. C'est encore dans les colonnes d'un journal américain que vont être évoqués et précisés les buts de cette mission antarctique par des officiels de l'US Navy. Ci-après, reproduction de l'article du ***The Leader-Post*** du 13 novembre 1946. **Source** : artvision.fr

THE LEADER-POST

REGINA, SASKATCHEWAN, WEDNESDAY, NOVEMBER 13, 1946

U.S. forces join Byrd polar jaunt

WASHINGTON, Nov. 13 (AP). —The navy is sending 4,000 men with Rear Admiral Richard E. Byrd to the Antarctic this winter to train under harsh polar conditions.

The expedition includes representatives of the army air and ground forces, branches of defence which have had stiff tests in the frozen north, together with scientists.

Navy officials said at a press conference Tuesday 13 ships will carry the force leaving next month with one of its specific objectives to "consolidate and develop" the results of the Byrd expedition of 1939-41.

The officers discounted reports that a hunt for uranium, ingredient for atom bombs, was a prime intention, although they explained the expedition would be interested in any minerals discovered—and that uranium is a mineral.

was asked if one of the purposes was to stake out American claim to territory. He replied:

"The purpose of this expedition is primarily the training of naval units, and any effects these operations might have on the balance of conflicting claims to territories will be incidental only."

Admiral Byrd added his own statement that "this nation doesn't recognize any claims down there —and hasn't made any claims itself."

The United States, aware of Russia's uneasiness over military manoeuvres in the Arctic, has picked the other end of the earth for a frigid zone test of naval ships and weapons.

Selection of the South Polar region for training naval personnel and test ships, aircraft and other paraphernalia of modern war presumably was dictated, among other things, by two United States desires:

1. To allay Russian worries over

En titre principal, nous pouvons lire une phrase assez «légère» :
«Les forces US rejoignent la promenade polaire de Byrd»
Ensuite, l'encart délimité par les flèches donne la traduction suivante : *«Les officiels de la Marine dirent à la conférence de presse de mercredi que 13 navires transporteront la force partant le mois prochain avec, comme un des objectifs spécifiques, de «consolider et développer» les résultats de l'expédition de Byrd de 1939-41.»*

Alors là, le doute n'est même plus de mise ! Lorsque l'on sait, comme précédemment évoqué, que l'expédition byrd de 1939 fut d'ordre purement militaire car déclenchée par le Président Roosevelt, lui-même, afin de répondre à l'expédition Nazi de 1938/39. Les objectifs précis, les moyens et les résultats de cette mission restèrent sous le sceau du secret....Hormis le court article exceptionnel du New-York Times qui révélera tout de même la découverte d'une base Nazi à Deception Bay !

A ce stade de l'investigation, les indices accumulés forment un véritable faisceau de présomptions se transformant indubitablement vers les caractéristiques affichées d'une opération clairement guerrière en vue de déloger et de supprimer une présence Nazi pouvant, à terme, représenter une menace face aux intérêts et à l'expansion des Etats-Unis dans cette zone.

La totalité du rapport déclassifié de 1952 va également dans ce sens par une sévère restriction d'images sauf celles, nombreuses, concernant les expérimentations scientifiques et autres relevés météo. En revanche, il n'y a pas une seule photo montrant deux vaisseaux ensemble, ni du porte-avion, ni des destroyers mis à part le sous-marin USS Sennet qui rentrera plus tôt suite à une avarie. Au niveau équipement militaire, une seule photo apparaît avec une simple Jeep dans la neige et sur 4700 personnels, une unique photo d'un petit groupe d'hommes !

Mais ce qui frappe et interroge particulièrement au niveau de ce document reste la précieuse représentation des cartes des vols et des relevés. Ils se répartissent uniformément et scrupuleusement tout autour du continent antarctique tels que précisés dans les ordres des différents Task Group Est, Ouest et Centre mais ils laissent curieusement neutre et vide de survols la portion de territoire du *Neu Schwabenland* revendiquée jadis par une Allemagne Nazi désormais vaincue ! Ceci reste un indice plus que troublant et parfaitement exploitable. Il ne doit rien au hasard mais correspondrait plutôt parfaitement à une volonté délibérée d'éviter à tout prix une approche par trop radicale de ce secteur sensible, pourtant soit-disant inexistant ou au pire «abandonné par ses anciens propriétaires»...

On ne relèvera qu'une faible activité aérienne à l'Est qui s'interrompt bien précautionneusement à l'approche des 20° de longitude Est, c'est à dire à l'extrême limite Est de la revendication territoriale Nazi. **La portion Ouest de ce même territoire étant quant à elle aussi, complètement délaissée !**

Afin de se faire une idée la plus pertinente et précise possible sans pour cela être un spécialiste des cartes et autres coordonnées géographiques, nous allons pouvoir identifier sur ces documents une mine d'informations fabuleuses et très explicites. La première carte, datée de mars 1947 et représentée à la page suivante, montre parfaitement le tracé des différentes reconnaissances aériennes majoritairement le long des côtes. J'y ai volontairement rajouté des annotations par soucis de clarification et aussi délimité le territoire du *Neu Schwabenland* revendiqué par les Nazi, de 20° de part et d'autre de la longitude 0°. La base de **Little America** est également pointée avec de nombreux vols vers l'intérieur des terres et proches du Pôle Sud **dont celui très important de l'Amiral Byrd.**

La seconde carte de la page 124, tirée également du rapport officiel de l'opération et indiquant la route des unités navales, **nous apporte réellement la preuve, à peine croyable, qu'une seule approche navale a bien été réalisée en provenance de l'Ouest afin d'aboutir à la position même du corridor (entrée Agartha) vers cette base sous-glaciaire Nazi que nous avions précédemment pointée à cet endroit bien précis de la côte, soit à son intersection avec la longitude 0°.** Afin de faciliter cette lecture difficile, j'ai reporté le trajet suivi très précisément par une partie de la flotte et en l'occurrence la **Task Force 68 Est à laquelle était dédié ce secteur.**

Elle apporte une vision suffisamment claire de la situation d'ensemble des opérations maritimes en reprenant les mêmes caractéristiques que la carte précédente. Sauf que les relevés à l'Est et à l'Ouest du continent antarctique représentent cette fois-ci le cheminement des forces navales des **Task Force 68 Est et Ouest. Vous remarquerez clairement que la Task Force 68 Ouest se limite précautionneusement à ne pas s'approcher trop près de la Longitude 20° Est.** Mais c'est bien ici la **Task Force 68 Est** qui nous

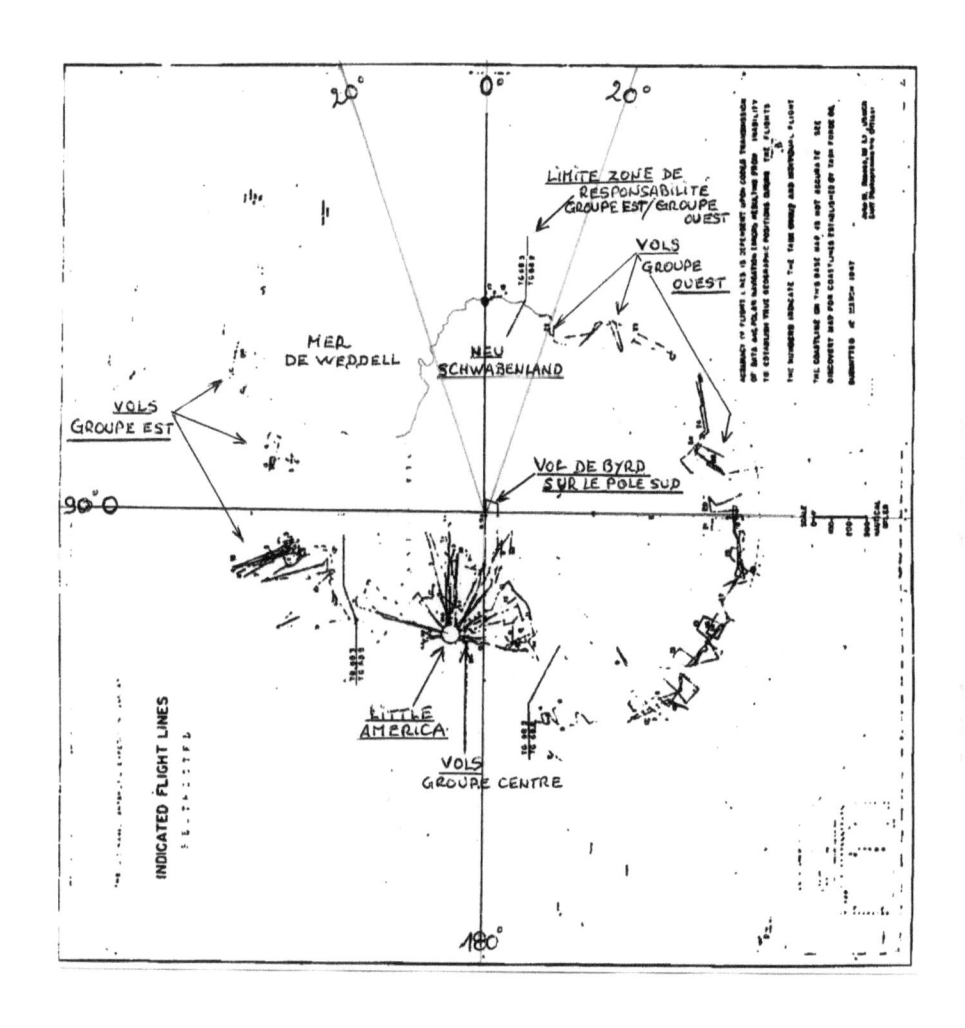

1. Carte des vols

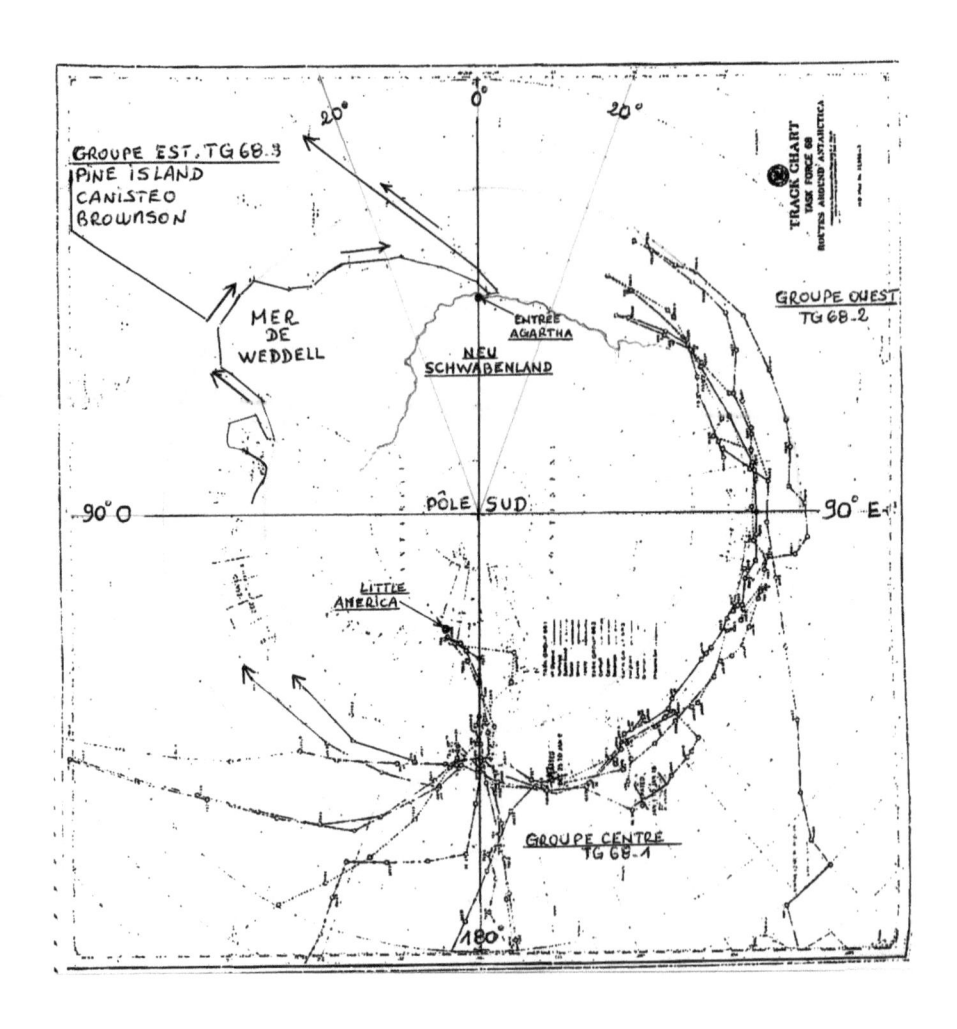

2. Routes des bateaux

intéresse plus particulièrement par son entrée en action, traversant la **mer de Weddell** pour se présenter devant la position précédemment évoquée des installations sous-marines Nazi. **Ce tracé officiel nous confirme bel et bien qu'il s'agit ici de la seule pénétration des forces navales et aéro-navales américaines arrivant directement au coeur du territoire du** *Neu Schwabenland,* **comme s'ils en connaissaient préalablement et parfaitement la position ainsi que toute sa valeur stratégique dans le cadre de leur mission**

Afin d'authentifier ce déplacement singulier, nous pouvons relever également les commentaires succins du rapport *Highjump* rapportés à la page 23. Ils nous révèlent une succession de ravitaillements, de rencontre avec des baleiniers russes et d'annulations de vols pour cause météo, donnant de cette non activité opérationnelle répartie sur près de 20 jours, un goût d'inachevé ou de travestissement de la réalité presque volontaire ! **Car cette approche maritime rapide** ne semblait vraiment pas avoir pour vocation la cartographie des côtes de la mer de Weddell et encore moins celle de la zone du Neu Schwabenland. **Nous avons pu constater qu' aucun vol n'y est répertorié sur la carte qui en fait la synthèse.**

Ce document est donc présenté à la page suivante et je vous en livre, ci-dessous, la traduction des parties les plus significatives :

Le 14 février, il fut ordonné au Task Group (Groupe Est) *de se retrouver et procéder ensemble vers la mer de Weddell* ***pour des opérations dans cette zone.*** *En route, le 17 février, le Commandant du Task Group et son personnel furent transférés sur le Pine Island* (navire catapulte) *par un petit bateau.*

Le ravitaillement en carburant du Brownson (Destroyer) *et du Pine Island fut réalisé par le Canisteo* (pétrolier) *du 19 au 20 février, et durant les jours suivants, le mauvais temps et l'épaisse banquise interdirent les opérations aériennes.....**Le 27 février, le Pine Island et le Brownson franchirent l'intersection du méridien de Greenwich (0°)*** *et le cercle Antarctique.*

En vue de la prévision d'une meilleure météo pour les opérations aériennes le jour suivant, les équipages furent briefés dans l'après-midi du 28 février, et le premier mars à environ 12h30, quand le temps s'éclaircit après de fortes bourrasques de neige, les deux avions furent lancés. Le temps était extrêmement mauvais sur le continent avec des nuages s'étendant de la surface jusqu'à 15 000 pieds (environ 5 000 mètres), *interdisant toute exploration sur le terrain et restreignant les opérations aériennes de reconnaissance des conditions glaciaires à environ 10 miles* (environ 5 km) *de la position estimée de la côte. A nouveau, le 2 mars à 03h00, les préparations furent menées pour les opérations aériennes ; cependant, le temps rapidement bouché força à l'annulation des vols prévus.* **Le 3 mars, il fut ordonné au Task Group de se retirer de l'Antarctique et de se diriger vers le Brésil.**

RESTRICTED

By skillful maneuvering the BROWNSON retrieved the Task Group Commander within eight minutes. He was given medical treatment aboard the BROWNSON while the vessels continued the fueling operation.

On 14 February, the Task Group was ordered to rendezvous and proceed in company to the Weddell Sea for operations in that area. Enroute, on 17 February, the Task Group Commander and his staff transferred to the PINE ISLAND by small boat.

Refueling of the BROWNSON and PINE ISLAND was carried out by CANISTEO from 19 to 21 February, and during the following days inclement weather and heavy pack ice prevented flight operations.

Russian whaling vessels consisting of S.S. SLAVA, factory ship, and three steam catcher vessels of about 150 tons displacement were encountered on 26 February. These vessels when asked about ice conditions and weather to the eastward failed to reply with other than their call letters.

On 27 February, the PINE ISLAND and BROWNSON crossed the intersection of the Greenwich Meridian and the Antarctic Circle.

In view of the prospect of suitable weather for flight operations the following day, flight crews were briefed in the afternoon February 28th, and on 1 March at about 1230, when the weather cleared after heavy snow squalls, both aircraft were launched. Weather was extremely bad over the continent with clouds extending from the surface to 15,000 feet, which prevented any exploration over land and restricted flight operations to reconnaissance of ice conditions about 10 miles off the estimated position of the coastline.

Again on 2 March at 0300, preparations were made for flight operations; however, the weather soon closed in forcing cancellation of the proposed flights.

On 3 March the Task Group was ordered to withdraw from the Antarctic and proceed towards Brazil. At the time there was uncertainty as to whether the Group was to visit Rio de Janeiro or some other port in Brazil, in view of objections posed by the Naval Attache at Rio. This problem was resolved in favor of Rio de Janeiro by the sixth of March.

Mais quelle pourrait être la raison véritable d'un tel retrait général du dispositif **laissant ainsi à l'abandon un large quart Ouest de l'Antarctique vide de toute exploration** ? Pourquoi la Task Force 68 Est, traversant la mer de Weddell, a t-elle suivi un trajet aussi éloigné des côtes (contrairement au Groupe Ouest) pour venir finalement déboucher exactement sur cette position côtière bien particulière ? Pourquoi ne pas avoir attendu une amélioration des conditions météorologiques afin de strictement poursuivre le travail de cartographie qui était le but de cette mission qui n'aura pas été opérationnelle plus de 60 jours en mer ?
Toute ces incohérences laissent ainsi présager d'un mauvais scénario complètement imprévisible par certaines unités navales….

Rencontre mouvementée

C'est ici qu'il convient à présent de soulever le voile du mystère qui entoure, depuis 1947, cette guerre jamais dévoilée. Dans le rapport déclassifié *Highjump* de 1952, existe également une annexe importante qui répertorie la classification de tous les moyens humains et matériels mis en œuvre, par les termes de sécurité **Restricted** ou **confidential**. Et parmi la liste présentée, il se trouve un moyen ayant la classification la plus haute, soit **confidential** : **Underwater demolition ou Démolition sous-marine.**
La traduction parle d'elle-même et vient apporter encore un peu plus de poids, s'il était nécessaire, à un plan prédéfini à l'avance concernant l'utilisation de moyens appropriés à la destruction d'objectifs sous-marins, tels que, par exemple, un tunnel ou un corridor d'entrée. **Car le mot employé ici est important, il s'agit de Démolition.** On ne dit jamais que l'on démolit un morceau de banquise ou un pack de glace gênant, par contre on utilise ce mot bien précis dans le vocabulaire pour un acte ciblé de destruction d'un ouvrage ou d'une structure artificielle. Le fait est que cette flotte américaine n'avait pas complètement prise la mesure du danger

et des forces auxquelles elle allait devoir faire face. Comme on le dit familièrement, elle allait sévèrement énerver un «nid de frelons» !

La suite de cet épisode, s'il était soupçonné depuis longtemps par des chercheurs de vérités, s'est vu renforcé par la déclassification de documents du KGB rendus publics en 2006. On retrouve d'ailleurs sur youtube un film détaillant l'engagement et commenté par des Officiers Russes. Ils font état de la révélation par des espions soviétiques de témoignages de marins américains ayant été victimes **de l'attaque de leur flotte par des «engins aériens inconnus» leur ayant infligés des pertes sévères.** Ces engins furent décrits comme des soucoupes volantes équipées d'armes révolutionnaires de type faisceaux lasers et évoluant à des vitesses hors normes. Bien entendu, le décompte des pertes humaines et matérielles consécutives à cette attaque ne sera jamais révélé. Mais elles seront probablement suffisamment importantes pour sonner définitivement la retraite de tout le dispositif le 03 mars.

Alors forcément, il y en aura toujours pour dire que tout ceci rentrerait parfaitement dans le cadre du domaine de la science-fiction....oui mais voilà, notre cher ami l'Amiral Byrd va, une fois de plus, commenter à chaud l'événement dans son style si particulier pour en faire ressortir des informations alarmantes masquant à peine la pleine réalité des faits....et je pèse mes mots. C'est donc en cours de trajet retour, à bord du navire **Mont-Olympus,** qu'il livrera un commentaire des plus troublants de cette expédition au journaliste **Lee Van Atta,** attaché à l'expédition et correspondant de presse pour l'**International News Service** et le journal *The Deseret News.*

Nous commencerons tout d'abord par la reproduction, à la page suivante, de l'article paru dans la presse Chilienne, signé **Lee Van Atta,** et publié dans le journal *El Mercurio* **du 05 mars 1947.** La qualité du tirage n'est forcément pas des plus nette, mais je peux vous garantir que la traduction de la partie intéressante du document, elle, ne laissera que peu de doutes sur des événements ayant eu un impact très fort sur son auteur originel.

Source : artvision.com

EL MERCURIO. — Santiago de Chile, miércoles 5 de marzo de 1947

CRECIDA DEL GUADALQUIVIR PROVOCA INUNDACIONES EN LA CAPITAL DE ANDALUCIA

SEVILLA, 4.— (A. P.) A consecuencia de la crecida del río Guadalquivir que ha rebasado su cauce, unas tres mil personas se han visto obligadas a evacuar sus hogares

pues se habría desaparecido misteriosamente.

TERMINO DE LA ERUPCION DEL ETNA

ROMA, 4. — (Reuter). La actividad del Etna tocó a su término ayer, según informes del Instituto de estudios volcánicos del monte Etna.

"La lava que ha arrojado el volcán hasta ahora sigue descendiendo por las laderas del monte, pero la erupción ya está paralizada y por el momento el volcán está inactivo", añade el Instituto.

FALLECIO EL PERIODISTA CORTESI

FLORENCIA, 4. — (A. P.)— Ayer falleció el señor Salvatore Cortesi, periodista italiano ampliamente conocido a la edad de 82 años. Fue jefe de la oficina de Roma de The Associated Press durante 29 años hasta su retiro en 1931.

Deja cuatro hijos, uno de los cuales es el señor Arnaldo Cortesi, corresponsal en Roma del New York Times.

PROCESO CONTRA MARIA PASQUINELLI EN ROMA

ROMA, 4. — (Reuter). — El proceso contra María Pasquinelli, profesora italiana de 33 años de edad, acusada de asesinar al general de brigada R. W. de Winton, comandante británico de la 13a División de Infantería, en Pola, se iniciará ante el tribunal militar aliado en Trieste el 19 de marzo, según se anunció hoy oficialmente.

SANCIONADO EL AUTOR DE ALARMA TERRORISTA EN LONDRES

LONDRES, 4.— (A. P.)— Alfred Gilbert, de 48 años de edad, de profesión decorador de interiores, fue sentenciado a un mes de cárcel y a una multa de diez libras esterlinas por ser el autor de una llamada telefónica a Scotland Yard para anunciar que sería dinamitada la residencia del Primer Ministro Clement Attlee.

El almirante Richard E. Byrd se refiere a la importancia estratégica de los polos

(Por Lee Van Atta, para "El Mercurio")

A BORDO DEL MOUNT OLYMPUS EN ALTA MAR, 4. — (ESPECIAL). — El almirante Richard E. Byrd advirtió hoy que es preciso que los Estados Unidos adopten medidas de protección contra la posibilidad de una invasión del país por aviones hostiles que pueden venir desde las regiones polares.

El almirante dijo: "no intento asustar a nadie, pero la amarga realidad es que, de ocurrir una nueva guerra, los Estados Unidos serán atacados por aviones que volarán sobre uno o ambos polos". Esta declaración fue hecha a manera de recapitulación de la ejecutoria del propio Byrd, como explorador polar, en una entrevista exclusiva para International News Service. A preguntas de la expedición que recién terminaron, Byrd dijo que el resultado más importante de las observaciones y descubrimientos hechos es, en efecto, el cual potencial que tendrán estos en relación con la seguridad de los Estados Unidos. La tantas premura con que el mundo se está encogiendo —declaró el almirante— es una de las lecciones objetivas aprendidas durante la exploración antártica que se hemos de efectuar. No puedo menos que hacer una fuerte advertencia a mis compatriotas en el sentido de que ha pasado ya el tiempo en que podíamos refugiarnos en un completo aislamiento y descansar en la confianza de que las distancias, los océanos y los polos constituyen una garantía de seguridad".

A continuación observó que si se ha hecho éxito, otras personas podrían igualmente dirigir una nueva expedición de 4 mil jóvenes norteamericanos, con la ayuda exclusiva de un puñado de exploradores experimentados. El almirante encareció la necesidad de permanecer "en estado de alerta y vigilancia a lo largo de las fronteras de hielo que constituyen las últimas reductos de defensa contra una invasión".

"Yo puedo darme cuenta quizás mejor que cualquier otra persona, de lo que significa el uso de los conocimientos científicos en estas exploraciones, porque pueda hacer comparaciones. Hace 20 años realicé mi primera expedición antártica con menos de ciento cincuenta hombres, dos buques y dos aviones. Entonces la exploración era arriesgada y peligrosa y constituía una singular experiencia. Pero ahora, poco menos de veinte años más tarde, una expedición quince veces mayor que aquella en todos los respectos, recorre la antártica, completa su misión en menos de dos meses y abandona la región después de haber hecho importantes descubrimientos geográficos. La moraleja que se deriva de esta comparación es clara, puesto que la velocidad y el progreso al parecer no reconocen horizontes, es preciso que aceleremos la pauta de nuestro pensamiento, de nuestros proyectos y de nuestras acciones, y la expansión de nuestros propios horizontes. Pero es preciso que hagamos esto ahora ya porque tanto la supervivencia del mundo como la ciencia militar, se hallan actualmente en un estado vital de su desarrollo".

El almirante declaró que en su misión la expedición ha sentado un precedente sin igual en cuanto se refiere a la rapidez con que se verificaron los descubrimientos geográficos. Y concluyó encomiando la labor de los aviadores y fotógrafos del servicio de cartografía aérea de la expedición, quienes desempeñaron el papel más importante en la exploración de las desconocidas regiones del antártico. — (I. N. S.)

Lee Van Atta.

PIEL

Examen total sistemático de la salud.
Rayos X, Radioterapia
Solux — Ultratermia

DOCTOR SYLVESTER
MONJITAS N.o

CONSULTAS: 8-11 y 3-5
Fono: 31832. Particular 44196

En titre principal, nous lisons :
L'Amiral Richard E.Byrd fait référence à l'importance stratégique des Pôles.
A bord du Mont Olympus en haute mer.
«Le vice-Amiral Richard E. Byrd s'aperçut et rapporta qu'il est nécessaire, aujourd'hui, que **les Etats-Unis adoptent des mesures de protection contre la possibilité d'une invasion du pays par des avions hostiles provenant des régions polaires.** *L'Amiral dit ne vouloir effrayer personne, mais l'amère réalité est que s'il arrivait une nouvelle guerre,* **les Etats-Unis seront attaqués par des avions qui voleront d'un Pôle à l'autre.** (à noter que le mot *avion* ou *avionès* en espagnol, a certainement pu être substitué, volontairement ou non, à «engins volants» par un soucis de traduction d'anglais à espagnol ou par simple mesure de réserve).
S'exprimant à propos de la conclusion de cette opération, Byrd dit que le plus important résultat de ses informations et découvertes est l'effet potentiel qu'elles auront sur la sécurité des Etats-Unis. **La vitesse fantastique avec laquelle le monde se rétrécit**, *répète l'Amiral, est l'une des plus importantes leçons apprise durant sa récente exploration en Antarctique* (**on appréciera surtout la réduction du facteur distance par la capacité de ces avions hostiles a évoluer à des vitesses élevées !**).
Je dois alerter mes compatriotes que le temps est fini où nous avions la possibilité de trouver refuge dans notre isolement en comptant certainement que les distances, les océans et les Pôles seraient une garantie de notre sécurité.
L'Amiral recommande la nécessité de demeurer en état d'alerte et de vigilance tout au long des frontières de glace qui constitueront les ultimes bastions de défense contre une invasion.»
Le reste de l'article n'apporte rien de plus, si ce n'est l'énumération par Byrd des résultats de la cartographie, des découvertes scientifiques et la résistance des hommes et du matériel….
Bref et vous l'aurez compris, une inquiétude réelle s'est saisie de l'Amiral Byrd qui va, dès le début de cet article, commenter une description insolite d'événements invraisemblables et de réactions

défensives d'ordres purement militaires qui n'ont plus rien à voir avec ce que l'on attends communément du rapport d'une expédition affichant uniquement, à l'origine, des ambitions scientifiques en y incluant des tests matériels et humains au froid.

On assiste véritablement, à travers ce document incroyable, à l'aveu à peine dissimulé d'un homme qui a réellement vécu une expérience inattendue et bouleversante ayant imprimée sur lui un fort sentiment de malaise mêlé de peur. Car où va t-il donc chercher des «avions hostiles» qui décolleraient (d'où, comment et de quelle origine ?) des régions polaires (et d'un Pôle à l'autre Pôle !) pour s'en aller attaquer les Etats-Unis ? Pourquoi d'un seul coup le monde se rétrécit autant ne laissant plus d'autre choix que de se tenir en alerte permanente dans l'attente d'une invasion future en provenance des Pôles ? (où se cachent de telles armées si puissantes?). Je crois qu'il n'est pas utile de faire un dessin pour comprendre que Byrd nous livre, à sa façon et sous contrainte de confidentialité, les résultats d'une rencontre mouvementée avec la concurrence Nazi équipée de technologies encore inconnues mais dotées de performances extraordinaires !

Il n'y a, en tout état de cause, que deux solutions. Soit Byrd est devenu complètement fou ou **l'existence d'une base Nazi en Antarctique ne tient plus du domaine du mythe mais devient une terrible réalité**. Nous savons pertinemment que Byrd ne peut s'exprimer librement et qu'il a déjà dû utiliser des expressions et des mots étranges et décalés afin de parler de ses incroyables découvertes *«au-delà du Pôle»*, nous l'avons déjà évoqué précédemment.

Par conséquent, Byrd n'est pas un irresponsable laissé en totale liberté depuis 1926 ! En sa qualité de vice-Amiral de la Task Force 68 et adjoint du Vice-Amiral Cruzen, on ne peut, raisonnablement et en aucune façon, mettre sa parole en doute. Il sera l'un des seuls témoins a avoir le courage de parler, mis à part le **Secrétaire d'État à la Marine, James Forrestal**, qui le paiera de sa vie en 1949. Et afin de mettre un point final à tout scepticisme maladif, voici, ci-après, l'article publié par Lee Van Atta dans son journal, *The Deseret News*, paru, lui, le 03 mars 1947. Il sera l'unique journal américain ayant publié un tel interview….et pour cause ! **Source :** artvision.fr

The Deseret News

Salt Lake City, Utah, Monday Evening, March 3, 1947

Byrd Warns of Attack on U.S. Across Poles

(The following exclusive interview was given by Rear Adm. Richard E. Byrd to International News Service and Deseret News Correspondent Lee Van Atta who accompanied the daring explorer on his fourth and greatest expedition into the Antarctic.)

By Lee Van Atta

ABOARD USS MT. OLYMPUS, ENROUTE HOME—(INS) —Immediate and far-reaching effects on American security were seen by Rear Admiral Richard E. Byrd today as the most important outcome of his historic 1947 Antarctic development program at the South Pole.

In an exclusive interview with International News Service summarizing results of the greatest expedition of its kind in history, the colorful leader of four full-scale expeditions into the polar unknown said:

"The almost terrifying rate of speed at which our world is shrinking is the great object lesson taught by the Antarctic exploration mission we have just completed.

Isolation Now Impossible

"I voice a strong warning to my fellow-Americans when I say that we can no longer crawl into cocoons and believe that distance guarantees us safety, that oceans and poles will be our ever-protecting no man's land

"I believe that penetration and occupation by this force of the world's last great unexplored frontier conclusively proves that distance not only no longer presupposes safety, but that geographic no man's lands no longer even exist in the world.

"A handful of polar veterans took nearly four thousand young Americans into the cold and the unknown of Antarctica as complete newcomers to exploration and the rigid demands of sub-zero climates.

Others Can Do It

"Today, all but the three men who perished in an air crash are enroute home again—seasoned and trained in how to operate and survive in the Antarctic.

"If we can do this—others can, and will."

Admiral Byrd was outspoken and realistic in his picture of the world situation as unfolded to him in his fresh conquest of the South Pole.

What he said was this:

"It is no scare phrase but a bitter reality to state that conflict, should it ever come again, will lash at our nation over one or both poles.

Draws Contrast

"We must be alert and vigilant along the icy borders which are nature's last frontiers of defense against human invasion.

"I can realize perhaps better than any other man what the machine onslaught against the poles foreshadows. For I have seen startling comparisons in action.

"Twenty years ago I brought two ships and less than 150 men and two airplanes into Antarctica on my first expedition to the pole.

"Then it was both a high and dangerous adventure; a rare experience.

"And here, not two decades later, a force fifteen times larger in every respect than that expedition, sweeps into Antarctica, completes its task in less than two months and leaves

FORECASTS ARCTIC WAR — Rear Adm. Richard E. Byrd warns nation of invasion over poles in future.

Byrd Tells of Polar Trip

(Continued from page 1)

again, with a greater record of geographical discovery than we had been able to achieve during two chilling years at the pole.

"And the men who did it accept it as just another routine assignment'

"This comparison is self-evident: Since speed and progress seem to recognize no horizons, we must accelerate our thinking, our planning, our actions and our own horizons. We must do it now for we are at an important crossroads in both military science and world survival.

Describes Achievements

"Delay could well prove disastrous."

Admiral Byrd discussed in detail the geographical achievements of his mission: He said:

"I am, of course, pleased at the record of accomplishments by this expedition. I believe we have set a new mark in swift discovery.

"We have proved that machines in large numbers can surmount nature's most formidable barriers of resistance and that men in large numbers can be conditioned to function with remarkable productivity under the worst imaginable climates.

"Nature is not always an easy foe to overcome, as we learned day after day in the terrible battle of the Ross Sea ice pack which preceded our arrival at Little America.

Innovations Used

"Never in history have unprotected ships met and bested such overwhelming odds in ice, and I think it is a fine tribute to both men and ships that they emerged victorious.

"I am particularly impressed by the innovations we introduced on this expedition in our 'skiphibian' reconnaissance planes.

"Certainly we have already found a working means for standard landing gear which will guarantee that normally land or carrier based planes can operate and operate well from nothing more than fields of ice

"It is a footnote to global aviation which I am certain will have far-reaching significance."

Six of Family Killed

CARDINGTON, Ohio — (AP) —Six members of a Michigan family bound for a wedding anniversary celebration were killed and another injured critically in a grade crossing crash here Sunday.

J'ai volontairement sélectionné entre des flèches les portions d'articles particulièrement alarmantes.

En titre principal, nous lisons ceci :
Byrd prévient d'une attaque sur les USA à travers les Pôles.
(On est déjà bien dans l'ambiance…..)
L'interview exclusive suivante a été donnée par le **vice-Amiral Richard E. Byrd** au correspondant de l'**International News Service et du Deseret News, Lee Van Atta**, qui accompagnait l'audacieux explorateur dans sa quatrième et plus grande expédition en Antarctique.

A bord de l' USS Mont Olympus de retour à la maison
Aujourd'hui, des effets immédiats et de grandes portées sur la sécurité américaine ont été vus par le vice-Amiral Richard E. Byrd comme le plus important résultat concernant son histoire du programme de développement antarctique de 1947 au Pôle Sud.
*Dans un interview exclusif avec **International News Service**, résumant les résultats de la plus grande expédition de ce genre dans l'histoire, le leader «coloré» de quatre expéditions à grande échelle dans l'inconnu polaire dit :*
*«**Le rythme presque terrifiant auquel notre monde se rétrécit** est le plus grand objet de la leçon apprise par l'exploration antarctique que nous venons juste d'achever.»*
<u>**Isolement à présent impossible**</u>
*«**J'envoie un avertissement fort à mes compatriotes américains** lorsque je dis que nous ne pouvons plus longtemps nager dans notre cocon et croire que la distance nous garantit la sécurité ; que les océans et Pôles seront à jamais notre protection d'un no man's land.»*
*«**Je crois que la pénétration et l'occupation par cette force** de la dernière grande frontière inexplorée du monde prouve de façon concluante **que la distance, non seulement ne présuppose plus longtemps la sécurité, mais qu'un no man's land géographique n'existera jamais plus dans le monde.»***

L'Amiral Byrd était franc et réaliste dans son image de la **situation mondiale comme révélée à lui dans sa récente conquête du Pôle Sud.** (Nous verrons plus loin, lors du vol de Byrd au Pôle Sud en 1947, que cette phrase du journaliste révélera toute son importance...)
 Ce qu'il rapporta fut ceci :
«Ce n'est pas un vocabulaire pour vous effrayer mais une amère réalité pour établir que **ce conflit, s'il devait jamais revenir, s'en prendra à notre nation d'un ou des deux Pôles.**»
«Nous devons être en alerte et vigilants le long des frontières glacées qui sont les **dernières limites naturelles contre une invasion humaine.**»
«**Je peux réaliser**, peut-être mieux que n'importe quel autre homme, **ce que l'attaque** (offensive/assaut) *de la machine contre les Pôles préfigure.* **Car j'ai vu ces images saisissantes** (ahurissantes/effrayantes) *en action.*»........
«*Depuis que la vitesse et le progrès semblent ne reconnaître* **aucune limites**, *nous devons accélérer nos pensées, nos prévisions, nos actions et nos propres horizons. Nous devons faire cela maintenant car* **nous sommes à un important carrefour entre la science militaire et la survie du monde.**»

Voilà pour le condensé du meilleur de ces authentiques passages d'articles de presse précieux et hors du commun. Comme je le précisais au début de cet ouvrage, la mise en lumière de vérités n'est pas l'apanage particulier des érudits ou des pseudo-spécialistes en tous genres….**il suffit juste de savoir chercher, lire, écrire et transmettre !**
Vous pourrez facilement reprendre cet article et même certainement améliorer ma propre traduction qui ne sera jamais strictement parfaite au mot ou à l'article près. Mais quel que soit la reprise d'une tournure ou d'un simple terme, le coeur de l'histoire racontée ici n'en sera absolument pas modifié ni même altéré. Ce «débriefing» unique et très explicite dans sa formulation ne souffre aucune approximations dans le message qu'il compte bien faire passer à ses propres compatriotes et à l'humanité : **une attaque a bien eu lieu !**

On ne peut pas, légitimement, éviter de passer en revue quelques-unes des phrases «chocs» de l'Amiral Byrd et qui, mises bout à bout, décrivent une perspective très pessimiste pour l'avenir des Etats-Unis et même du monde dans sa globalité. **Cela fait tout de même beaucoup de constatations sensationnelles, en plus d'être particulièrement déconnectées quant aux résultats scientifiques que l'on attends d'une simple expédition polaire !**

Nous pouvons apprécier une concordance évidente entre les deux articles puisqu'ils sont signés du même journaliste. Mais dans l'article du ***The Deseret News*** nous obtenons d'autres précisions qui sont loin d'être anodines quant à la confirmation d'une évidente attaque subie par la Task Force 68. En effet, Byrd parle *de la **pénétration et l'occupation par cette force** de la dernière grande frontière inexplorée du monde.* Sans mentionner l'origine de *cette force*, on peut comprendre facilement à qui il fait allusion ainsi que son positionnement en Antarctique. Il affirme aussi, après avoir évoqué des *avions hostiles* dans le premier article, *qu'il peut réaliser ce que **l'attaque de la machine** contre les Pôles préfigure car **j'ai vu ces images saisissantes en action**.*

De l'avion on passe alors à la machine en précisant bien qu'il a vu, **de ses yeux vu**, ces machines en question à l'oeuvre ! Dans son intervention suivante il rapporte, *que la vitesse et le progrès semblent ne reconnaître aucune limites.* Il associe ainsi judicieusement le facteur **vitesse et progrès sans limites** afin de souligner les performances exceptionnelles de ces *«machines»*, *«avions hostiles»* ou *«force»* qui forcément raccourcissent considérablement les distances. Byrd possède véritablement l'art de décrire des réalités avec des mots et des expressions choisies qui n'ont de sens que lorsqu'elles sont associées les unes aux autres pour en faire, au final, une fresque grandeur nature qui raconte une expérience unique.

Et sa conclusion est en adéquation totale avec l'entièreté de son discours précédent puisqu'il lance vraiment un appel de détresse au monde entier en le confrontant à la réalité des choses, c'est à dire le choix de l'homme entre sa course vers sa recherche permanente d'armements de pointe et sa prise de conscience urgente d'un monde en danger de mort.

La confidentialité du tirage du journal Chilien, de celui du *The deseret News,* journal de l'Utah qui n'aura pas été (étrangement) repris par les grands journaux publics du genre *New-York Times,* ainsi que le sceau du secret appliqué à cette mission dès son retour, seront autant de facteurs ayant participé à mettre définitivement la vérité hors de portée du peuple américain.

Il me semble, à présent, que vous tenez entre vos mains toutes les preuves voulues afin de regarder cette réalité bien en face, car plus de soixante dix après, les conséquences de ce mensonge sont plus que jamais d'actualité. Cette vérité, que vous pouvez dès à présent réellement toucher du doigt, sera la clé vers un voyage que certains pourront toujours qualifier de fantastique mais qui ne reflétera que la constatation d'événements bien réels. Car, pour en terminer, quels sont les éléments absolument sûrs que nous pouvons en dégager ?

- L'élite Nazi a survécu. Militaires/scientifiques/Cadres.
- Leur construction d'une base secrète sous-glaciaire est démontrée.
- Leur connaissance préalable d'un réseau de corridors et de grottes souterraines menant à l'Agartha (monde souterrain) est évidente.
- Leur mise en service d'engins volants possédant une avance technologique considérable. Conception/Vitesse/ Armement
- Forte probabilité d'une aide extraterrestre ayant favorisé ces développements hors normes et d'une coopération suivie.

Vu de l'extérieur, cela semble toujours parfaitement improbable et pourtant les faits sont bien là et il va falloir s'employer à considérer rapidement que le côté surnaturel affiché de certaines choses ne reste, encore et toujours, que du naturel incompris !

L'Amiral byrd a donc parlé, une fois de plus, dans un langage énigmatique assumé, insolite et décalé mais, comme vous avez pu le lire, tout à fait «raccord» avec la tournure des événements. Mais, n'oubliez pas qu'il utilisa ce même effet d'annonce dans les journaux afin de décrire **«ce grand inconnu au-delà des Pôles»**. Ainsi, gardons-nous bien de considérer comme dérisoires ou déconnectées de la réalité ses multiples découvertes et déclarations passées car elles sont véritablement la «marque de fabrique» de ce personnage au destin exceptionnel. Et puis, cette folle histoire ne s'arrête pas ici, car il va, bien entendu, «remettre ça» par sa volonté d'une nouvelle approche du Pôle Sud, par avion, lors de l'opération *Highjump*. Survol qui restera, et de loin, le plus fou et le plus emblématique.

C'est donc par un nouvel encart dans le journal ***The Leader-Post*** du 31 janvier 1947, que Byrd annonce ses ambitions et sa nouvelle tentative. Propos relevés par le journaliste **H. D. Quigg**.

En titre principal nous lisons cette formule très explicite :
Byrd announces plans to probe polar secret
(Byrd annonce ses plans pour percer le secret polaire)
Byrd dit que l'expédition navale sous son commandement devrait être **au seuil de la plus importante découverte géographique restant au monde**.....*Byrd déplia la carte de l'Antarctique et l'étala sur le bureau. Il traça une ligne avec son doigt à travers la carte, du sud de Little America* **au Pôle et au-delà**. *Il dit :*
«J'aimerais que quelqu'un **entre dans cette vaste région inconnue, de l'autre côté du Pôle**. *Quelle récompense se pourrait être si, par exemple,* **ils trouvaient une grande zone volcanique avec ici de l'eau chaude sortant du sol. Cela pourrait être d'une extrême importance biologique, géologique et géographique.**»
*Byrd dit qu'il était extrêmement intéressé par les régions non répertoriées qu'il espère explorer. Il les appelle «**l'endroit le plus inaccessible sur la surface de la Terre, juste au-delà du Pôle Sud**».
Source : artvision.fr

Une fois de plus, Byrd nous gratifie de ses éternelles expressions énigmatiques et lourdes de sens dans sa quête sans fin de ce «paradis perdu» qu'il sait pouvoir retrouver «***juste* au-delà du Pôle Sud**».
Souvenez-vous du mot *juste* ; il aura une grande importance….

Mais avant de reprendre les airs avec lui, arrêtons-nous un instant sur son souhait de vouloir trouver «*une grande zone volcanique avec ici de l'eau chaude sortant du sol*». Et bien, sans pour cela dépasser le Pôle, une zone similaire a effectivement, et officiellement, été découverte lors de l'opération *Highjump*.

Cette découverte a été attribuée au **Lieutenant David E. Bunger**, Pilote de PBM (avion amphibie). Son nom sera ainsi donné au site exceptionnel qu'il survolât le 30 janvier 1947 et qui est depuis connu sous le terme de «**Oasis de Bunger**». Il quitta son mouillage de Shackleton, près de la côte de la reine Marie dans la terre de Wilkes, et vola vers l'intérieur du continent antarctique. Bunger emmena avec lui une caméra qui enregistra le film de cette découverte. Soudainement, ils aperçurent une zone sans glaces, avec des lacs de plus de 4 km de long aux multiples couleurs par la présence d'algues de couleur rouge, bleu et vert. Le Lieutenant Bunger posa son hydravion PBM sur le lac le plus grand et, dès l'arrêt de l'appareil, nota la température de l'eau qui avoisinait les 30° !

Ce compte-rendu sensationnel est mentionné dans le rapport final de l'opération *Highjump* et les Russes confirmèrent plus tard cette découverte en relevant 500 kilomètres carrés de sol complètement libre de glace, une température de plus de 25°, des lacs, des cours d'eau, une maigre végétation de lichens et de mousses et des oiseaux de plusieurs espèces ! **Source** : Science et vie n° 510 de mars 1960.

Si vous doutiez encore de l'existence même de ce territoire, sachez qu'un film de «propagande», car il faut bien le nommer ainsi, et intitulé *«The secret land»* tourné en 1948, retrace le déroulement «officiel» de l'expédition *Highjump*. Les rôles sont tenus par les principaux participants de l'expédition ainsi que James Forrestal et Chester Nimitz eux-mêmes. Les commentaires étant réalisés par deux grands acteurs américains, Robert Taylor et Robert Montgomery ! Ce film étant basé sur des archives officielles, on y retrouve, à la 49ème minute, la totalité du document filmé du Lieutenant Bunger exposant, à qui veut bien le voir, le panorama extraordinaire de cette découverte. Ce film reçut même l'oscar du meilleur film documentaire. **Source** : thelastoutpost.com/alternative-science/the-secret-land.html

Et puis, pour faire bonne mesure, j'ai reproduit à la page suivante un article du journal *Milwaukee Sentinel* du 03 mars 1947 qui publie un large commentaire sur cette affaire. **Source** : artvision.fr

MILWAUKEE SENTINEL

BYRD FINDS POLAR 'OASIS'

FLIERS SIGHT INLAND LAKES, BROWN PEAKS

Termed Expedition's Greatest Discovery

By ALTON L. BLAKESLEE
Representing the Combined American Press

ABOARD THE U.S.S. MOUNT OLYMPUS, Feb. 11--(INS) The discovery on the frozen South Polar continent of a remarkable inland "oasis" of muddy pea green lakes dotted with tall dark brown mounds of apparently bare earth was announced today.

The discovery may be one of the most important made by the Navy expedition.

A 40 mile wide land-of-lakes region with conical mounds rising 500 feet above the surface in an area completely devoid of ice was located inland in the vicinity of the Knox Coast by fliers of the expedition's western task group reconnoitering in Mariner planes Monday, Capt. Robert S. Quackenbush Jr., chief of the expeditionary staff, said.

Discovery of the lakes and mounds, which resembled chocolate drops from the air, raised the question as to whether the area might be warm enough to support year-round human settlements comfortably.

Expedition leaders said they considered the discovery of greatest significance from the standpoints of geology and geography.

Dispatches to this headquarters ship from Capt. Charles A. Bond, commanding the western wing, said the lakes were "of a pea green, muddy color, interspersed with dark blue and light green," and that conical shaped mounds rising 500 feet were dark brown in color.

Bond said the lake region had a radius of about 20 miles, with the width of the area stretching about 40 miles.

Mariners returning to the mother ship noticed much new ice forming on the sea, Quackenbush said. This might be additional evidence that the new land-of-lakes region was comparatively warm enough to remain free of ice while freezing was going on elsewhere in the same general area.

The existence of warm water springs might be the explanation for the inland lake area.

Alors, me direz-vous, comment se fait-il que dans une ambiance polaire où les températures devraient avoisiner les - 40 à -50°, on se retrouverait subitement plongé dans un tel endroit paradisiaque ? Et bien, comme pour *«L'Oasis de Shirmacher»* découverte par les allemands en 1939 lors de l'expédition du Capitaine Ritscher, on se doit d'attribuer ces zones tempérées à la résurgence d'eaux chaudes en provenance d'un sous-sol volcanique tel que démontré dès le début de cet ouvrage. Bien que tout cela soit parfaitement connu et enregistré dans des documents officiels, pas un mot de ces anomalies géologiques ne font plus l'objet, de nos jours, de la moindre apparition dans les colonnes d'un quelconque média **grand public**. L'Antarctique doit absolument continuer de rester, pour l'ignorant, un continent inabordable, stérile et glacé....sauf pour ceux y ayant des intérêts bien précis !

Des constatations du même ordre ont été faites au Pôle Nord par de multiples explorateurs du XIXème siècle et mentionnées sous le terme de «*Mers libres du Pôle*» ou «*Polynia*». Parmi les plus importants nous pouvons noter **J.R Bellot** qui mentionne la mer libre dans son livre de 1866, «*Journal d'un voyage aux mers polaires*», **De Lanoye** dans son livre «*La mer polaire*», le **Dr E. Kane** qui mentionne la mer libre dans «*Artic explorations*» de son expédition de 1853/1855, Vol 1, p 307, et enfin le **Dr J.J Hayes** qui relate son expédition dans son livre «*La mer libre du Pôle*» publié en 1877 et qui note ce commentaire insolite à la page 195 de cet ouvrage :

«Il est impossible, en rappelant les faits relatifs à cette découverte – la neige fondue sur les rochers, les troupes d'oiseaux marins, la végétation augmentant de plus en plus, l'élévation du thermomètre dans l'eau – de ne pas être frappé par la probabilité d'un climat plus doux vers le Pôle. Mais signaler les modifications de température au voisinage de la mer libre, ce n'est pas résoudre la question, qui reste sans réponse : **quelle est la cause de la mer libre ?***»*

Nous répondrons à cette question très bientôt....

Il est temps à présent de revenir sur le vol de Byrd, que nous avions laissé en attente, en nous attachant préalablement aux éléments concrets entourant cette mission.

L'étrange mission de l'Amiral Byrd

Historiquement parlant, on avance la date du 19 février 1947 pour ce vol historique vers le Pôle Sud. Et dans le carnet de vol de l'Amiral Byrd, que nous examinerons plus loin et que je veux croire authentique, lui-même mentionne aussi la date du 19 février. Et pourtant, dans le rapport de l'opération *Hignjump*, à la page 152, ce vol V1 est formellement rapporté à la date du 15 février pour un survol du Pôle Sud. La date est peut-être secondaire dans cette histoire mais je tiens tout de même à préciser que, dans ce même rapport, il est noté que l'avion de Byrd (V1) vola également le 19 février pour certains essais de magnétomètrie mais peut-être pas seulement….Tout reste possible et surtout non divulgué !
Ci-dessous les passages du rapport en question.

Early on 15 February V-3 and V-5 were launched to the eastward where they reached the area south of Mount Walker and discovered and photographed several new mountains in that area.

Late that evening the phenomenal weather still holding, it was decided to send a pair of planes to the South Pole and the area beyond and to the west of the pole. V-1 with Admiral Byrd aboard and V-6 with CTG 68.5 aboard flew to the Wade Glacier, up the 180th Meridian to the Pole, made a wide circle over the pole, went north on the 0° meridian for over sixty miles, then west over sixty miles, and returned to base passing through the area between Wade and Beardmore glaciers. A large amount of polar plateau was explored and several new mountains sighted along the south west slopes of the known range of mountains next to the Ross Shelf Ice.

CONFIDENTIAL

On 19 February, V-1 made a local Magnetometer flight with interesting results. The following day two planes, V-3 and V-5, were again launched to cover the southwest sectors but again ran into solid overcast on the Polar Plateau and were forced to turn north where they were able to photograph considerable areas to the north of McMurdo Sound along the mountain range. Later that day, V-1 made a magnetometer flight.

Il ne me paraît pas nécessaire de traduire la totalité du document dont j'ai fait une petite synthèse, sauf une partie essentielle de la narration de la mission du 15 février qui se résume en **un survol du Pôle, puis au-delà de celui-ci sur 60 miles dans l'axe du méridien 0°** (environ 110 km), puis virage **vers l'Ouest** sur 110 km également, puis un cap retour sur la base. Pour l'instant, ce petit passage anodin semble coller à une situation réelle et pourtant, il correspond à un **premier mensonge** afin d'éloigner toutes investigations futures concernant une anomalie constatée de visu par Byrd aux environs du Pôle Sud ! En effet, le rapport de l'opération se contredit de lui-même car, sur la carte des vols opérationnels de la page 123, on retrouve parfaitement pointé le vol de Byrd et son unique tracé correspondant à la description de cette mission, mis à part que **l'évolution de l'itinéraire se fait par un cap à l'Est et non par l'Ouest**. Cette contradiction manifeste signe donc une manipulation des faits malheureusement mal aboutie pour un œil averti.

Vous trouverez peut-être cet enchaînement un peu trop tordu pour être déterminant dans cette affaire ? Qu'a cela ne tienne, car l'article de presse inédit que je vais soumettre à votre appréciation, à la page suivante, va carrément confirmer ce qui vient d'être dit à l'instant, en plus de lever définitivement, **et pour la première fois**, le voile du doute sur l'existence et la connaissance par l'Amiral Byrd de la position calculée de l'entrée de ce vaste territoire inconnu !

Nous devons cet exceptionnel indice au correspondant en chef de l'expédition, le journaliste **Thomas R. Henry**. Cette information capitale n'a pu être obtenue de Byrd que grâce à la position de ce journaliste au sein même du dispositif de l'expédition. Comme on pourrait le dire, journalistiquement parlant, c'est une info capitale qui aurait pu filtrée au travers de quelques discussions privées….

Cet élément est bien trop précis pour avoir été simplement inventé.
Journal *Evening Star* du 17 février 1947.
Voici donc la traduction de ce passage particulièrement précieux :
Byrd vole au-delà du Pôle Sud et de l'inconnu
AVEC L'EXPEDITION NAVALE ANTARCTIQUE
Le 16 février-

*«Volant lentement au-dessus d'un plateau de 10 000 pieds (3300 m), qui constitue apparemment le plus gros du continent antarctique, l'Amiral Richard E. Byrd, à nouveau aujourd'hui, vole au-dessus du Pôle Sud, qu'il atteignît précédemment en 1929, **et poursuivit en peu de kilomètres à l'intérieur d'un complet inconnu qui s'étendait au-delà**. Le ravitaillement en carburant était incompatible pour de nouvelles progressions sur la zone qui s'est, jusqu'à présent, révélée inaccessible dans le vaste inconnu, **aux environs de 78° de Latitude Sud et 70° de méridien Est.**»*

La suite immédiate de ce document exceptionnel ne révélant rien de bien intéressant, nous allons pouvoir aisément **retranscrire cette fabuleuse position sur une carte dessinée à la page suivante afin d'en tirer les formidables déductions qui s'imposent.**

Byrd Flies Over South Pole And Unknown Area Beyond

By Thomas R. Henry
Star Staff Correspondent

WITH THE NAVY ANTARCTIC EXPEDITION, Feb. 16 (Delayed).— Flying low over a 10,000-foot plateau which apparently constitutes most of the interior of the Antarctic continent, Admiral Richard E. Byrd today again flew over the South Pole, which he crossed previously in 1929, and continued for a few miles into the complete unknown which lies beyond.

The plane's gasoline supply was inadequate for further progress over the area which has so far proved inaccessible in the vast unknown around 78 south latitude and 70 east meridian.

The flight into the region beyond the pole, nearly 800 miles from the Bay of Whales base, came at the end of three unexpectedly excellent days for flights and pohtography, with the temperature at the base camp falling to 20 below, but with little wind.

The intense cold of early Antarctic autumn seems to have cleared away low lying clouds, making conditions extremely favorable for exploration. Few details are yet known here, but at least 100,000 square miles of hitherto unknown land have been photographed.

The Byrd flight today was made in a temperature of minus 40 at an altitude averaging little more than 12,000 feet, which is barely half a mile above the average altitude of the plateau.

Over the pole the admiral dropped
(See HENRY, Page A-6.)

Source : chroniclingamerica.loc.gov/search/pages/results

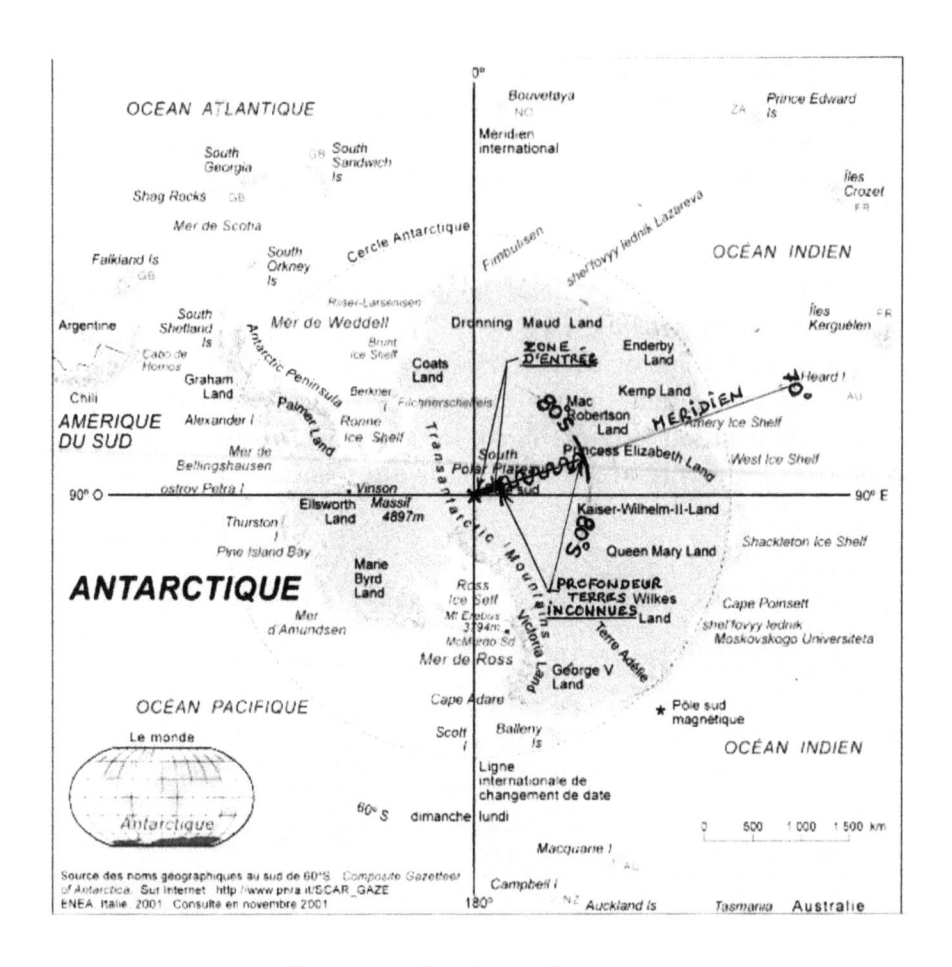

Carte entrée «terres inconnues»

A vrai dire, à la lecture de cette carte, j'éprouve le plus grand mal à développer ces tous nouveaux éléments étant donné leur extrême importance liée à la réalité des témoignages dont celui de **Emily Ingram à la page 70 qui évoque la même coordonnée**. Sans devoir vous conter la fin du chapitre 6 de ce livre, je peux simplement vous révéler que cette zone d'entrée marquée en plus épais sur le méridien 70° de la carte, correspond parfaitement à la position relevée par un mécanicien naviguant de l'US Navy qui est, à ce jour, l'unique témoin visuel ayant eu l'audace et le courage de révéler une immense ouverture dans la banquise….nous y reviendrons.

Mais, indépendamment de ce dernier indice, nous détenons déjà trois éléments probants qui indiquent précisément la recherche d'une anomalie connue de Byrd lors de sa dernière expédition en 1929. Tout d'abord, le tracé du vol autour du Pôle Sud réalisé par Byrd le 15 février et qui apparaît clairement sur la carte des vols du rapport de l'opération Highjump, démontre bien une petite boucle vers l'Est venant couper le méridien 70° avant de prendre un cap Sud. D'autre part, les coordonnées dévoilées par le journaliste de l'expédition sont d'une précision absolue **et confirment avec la plus grande justesse celles d'Emily Ingram**. Cela commence à faire beaucoup….

L'Amiral Byrd semble donc bien connaître la position approximative de cette ouverture dont il aura divulgué l'axe d'entrée sur le méridien 70° ainsi qu'une profondeur de terres inconnues, forcément aléatoire, qu'il prolonge jusqu'à 78° de latitude Sud (marqué 80° sur la carte).

Ce qu'il ressort de cette description, est que l'entrée de la vaste zone inconnue ne se situe absolument pas à la verticale du Pôle Sud mais *juste au-delà*, tel que Byrd le souligne dans l'article de presse reproduit à la page 137. Le mot *juste* est forcément imprécis mais **signale sans équivoque un objectif situé à l'Est et à une très grande proximité du Pôle**, ce qui sera confirmé au chapitre 6…

Au final, si cet «espace inconnu» n'est accessible que par la délimitation d'un seul secteur géographique prédéterminé, **c'est donc bien qu'il correspond à un monde singulier n'ayant alors plus aucun rapport avec la découverte d'une banquise stérile s'étalant au loin et tout autour du Pôle !** Ainsi, l'expression énigmatique, *juste au-delà,* utilisée si souvent par Byrd, prendra dès lors son sens véritable **car tourné vers une profonde réalité objective**….

Mais, si d'emblée ce secteur connu conditionne l'ouverture d'une porte vers cet «autre chose», il ne semble pas pour autant en garantir un accès simple ni systématique. Nous allons en discuter par la traduction de la suite de l'article à la page 6 de ce même journal (*Evening Star* du 17 février) que vous retrouverez à la page suivante.

Henry
(Continued From First Page.)

a flag of the United Nations, in accordance with his belief, stressed in interviews, that world hope lies in successful world co-operation.

(No official United Nations flag has been adopted. It is possible that Admiral Byrd dropped a flag bearing one of several designs that have been suggested for such a flag.)

While circling the pole, which lies in a slight depression of the plateau at an elevation of slightly over 9,000 feet, Admiral Byrd prepared a message to Admiral Nimitz in Washington, announcing the successful mission.

Repetition of his polar crossing was of little concern to the admiral, who had his heart on reaching the lands of mystery beyond.

May Be Explored Again.

This whole great section of Antarctica, south of Africa, is now almost within plane range, and further advance in the area may be possible during the next few days, if the weather holds out.

*«Durant son tour du Pôle, **qui s'étendait dans une légère dépression** du plateau à une altitude légèrement supérieure à 2900 m, l'Amiral Byrd prépara un message pour l'Amiral Nimitz, à Washington, annonçant le succès de la mission. **La répétition de la traversée du Pôle était de peu le soucis de l'Amiral qui avait à coeur d'atteindre l'au-delà des terres du mystère.***
Peut-être une autre exploration
*Toute cette grande portion de l'Antarctique, au Sud de l'Afrique, est maintenant presque à portée d'avion **et d'autres progrès dans la zone doivent être possible durant les prochains jours, si le temps tient.***

A la lecture de ce mini-rapport, il semblerait bien que le vol du 15 février n'est pas permis à Byrd de retrouver ou d'accéder à ce monde intérieur. On sent, à la plume du journaliste qui paraît bien le connaître, une grosse déception de sa part qui augure d'un autre vol qui aurait alors toute sa place le 19 février….mais dont les résultats, cette fois-ci concluants, furent sciemment dissimulés !

Maintenant, quant à l'histoire de ce vol qui va suivre, il pourrait, par bien des aspects, faire l'objet d'un véritable récit de science-fiction. Et pourtant ce compte-rendu de la mission de l'Amiral Byrd serait tiré de son propre carnet de vol disparu, puis remonté à la surface dans les années 70. Par qui (peut-être son fils) ? Comment et dans quelles circonstances, cela n'est raisonnablement expliqué par personne….Chacun pourra donc en tirer les enseignements qu'il désire. Mais il est parfois de ces événements mystérieux, ne devant rien au hasard, qui sont un peu comme «des bouteilles jetées à la mer» offrant à l'homme des opportunités de connaissance, pour autant que celui-ci possède en lui une conscience suffisamment ouverte et disposée à les accueillir.

Voici ce que raconte Byrd en préambule de ce carnet de vol qui reprend étrangement certaines de ses réflexions personnelles que nous avons préalablement exposées :

«Je dois tenir ce journal en cachette et dans le secret le plus absolu. Il concerne mon vol antarctique du 19 février 1947. Un temps viendra où la rationalité des hommes devra se dissoudre dans le néant, et où l'inéluctabilité de la vérité devra alors être acceptée. **Je n'ai pas la liberté de diffuser la documentation qui suit** *; peut-être, ne verra t-elle jamais la lumière ; cependant, je dois faire mon devoir : la rapporter, ici, avec l'espérance qu'un jour tous puissent la lire,* **dans un monde où l'égoïsme et l'avidité de certains hommes ne pourront plus mettre la lumière sous le boisseau.»**

Par cette entrée en matière, on peut plus facilement comprendre, à posteriori, les états d'âmes et les déclarations ambiguës de cet homme contraint et forcé, tout au long de ces années, à maintenir un immense secret envers ses compatriotes et le monde dans son ensemble. Dans sa dernière phrase, la dénonciation de l'action négative des élites ne fait plus aucun doute....

Voici, à présent, le contenu de ce carnet de vol du 19 février 1947 : *«Sur les étendues de glace et de neige en-dessous de nous, on remarque des colorations jaunâtres aux dessins linéaires. Modifions l'itinéraire pour un meilleur examen de cette couleur en-dessous, plus rougeâtre ou violet aussi* (de nombreux explorateurs ont réellement relevé ce type d'indices aux abords des Pôles et qui sont des traces de pollens!). *Aussi bien la boussole magnétique que le gyrocompas commencent à tourner, puis à osciller ; il n'est pas possible de maintenir notre route à l'aide des instruments. Nous supportons les caprices de la boussole ; tout semble être en ordre. Les contrôles semblent lents à répondre et à fonctionner ; cependant, nous ne relevons pas d'indication de congélation.*
29 minutes de vol se sont écoulées depuis le premier repérage des montagnes, non, il ne s'agit pas d'une hallucination : une petite chaîne de montagnes se dresse là ; jamais, auparavant, nous ne l'avions remarquée. Outre les montagnes, une vallée semble être façonnée par un petit fleuve, ou ruisseau, qui coule vers la partie centrale. Aucune vallée verte ne devrait se trouver ici, en-dessous de nous ! Décidément, il y a quelque chose d'étrange et d'anormal ici ! Nous ne devrions survoler que neige et glace ! Sur la gauche, les pentes des montagnes se parent de grandes forêts. Nos instruments de navigation oscillent, comme fous.
Je limite l'altitude à 1400 pieds, puis j'exécute une boucle serrée vers la gauche afin de mieux examiner la vallée située au-dessous. Mousse et herbe très fine lui confèrent une coloration verte. **Ici la lumière semble différente. Je ne parviens plus à voir le soleil.** *Je vire à nouveau sur la gauche et nous apercevons un animal énorme qui ressemble à un éléphant ! NON !* **C'est un mammouth** *! Cela est incroyable ! Pourtant, il en est bien ainsi ! Nous descendons à 1000 pieds d'altitude ; j'utilise les jumelles pour mieux observer l'animal. Je le confirme, il s'agit bien d'un animal semblable à un mammouth. Nous communiquons cela au camp de base.*

Nous rencontrons d'autres collines verdoyantes. L'indicateur de température extérieure marque 24°. Nous maintenons le cap.
A présent, les instruments de bord semblent réagir normalement. Je demeure perplexe quant à leurs réactions. **Je tente de contacter la base. La radio ne fonctionne pas !**
Le paysage alentour paraît nivelé et normal. Devant nous, nous repérons....une ville !!! Cela est impossible ! L'avion semble léger et très flottant. Les contrôles refusent de répondre ! Mon Dieu ! A notre droite et à notre gauche, des appareils d'un type étrange nous escortent. Ils s'approchent : quelque chose rayonne de ces appareils. Désormais, ils sont suffisamment proches pour nous permettre de voir leurs armoiries. Il s'agit d'un symbole étrange. Où sommes-nous ? Que s'est-il passé ? Une fois encore, je tire les manettes avec conviction. Les commandes ne répondent pas ! Nous sommes solidement maintenus par une sorte d'étau d'acier invisible.
Notre radio grésille : une voix nous parvient, qui s'exprime en anglais avec un accent plutôt nordique ou allemand ! Le message est le suivant :- Bienvenue sur notre territoire, Amiral. Nous vous ferons atterrir exactement d'ici à 7 minutes. Relaxez-vous, Amiral, vous êtes en bonnes mains. Je réalise que les moteurs de notre avion sont éteints. L'appareil est sous un contrôle étrange ; maintenant, il vire de lui-même.
Nous recevons un autre message radio. Nous sommes sur le point d'amorcer la procédure d'atterrissage ; rapidement l'avion vibre légèrement ; il commence à descendre, comme soutenu par un ascenseur énorme et invisible.
A pied, quelques hommes s'approchent de l'appareil. **Ils sont grands ; leurs cheveux sont blonds.** *Au loin, une grande ville scintille ; elle vibre des couleurs de l'arc-en-ciel. Je ne sais pas ce qu'il va se passer désormais. Toutefois, je ne remarque aucune trace d'armes sur ceux qui s'approchent de nous. J'entends une voix qui, m'appelant par mon nom, m'ordonne d'ouvrir la porte. J'exécute.*
A partir de là, je décris les événements en faisant appel à ma mémoire. Les faits frôlent l'imaginaire ; leur description pourrait être tenue comme relevant de la folie s'ils ne s'étaient pas réellement

produits. Une fois extraits de l'appareil, mon mécanicien et moi, nous fûmes accueillis de façon cordiale. Puis nous fûmes embarqués à bord d'un petit appareil de transport semblable à une plate-forme, mais sans roues ! Il nous conduisit à grande vitesse vers la ville scintillante. En peu de temps, nous parvînmes à un grand édifice, d'un genre encore jamais vu. Une boisson chaude à la saveur inconnue nous fut offerte. Elle était délicieuse. Environ 10 minutes après, deux de nos hôtes étonnants entrèrent dans notre cabine. Ils m'invitèrent à les suivre. Je n'avais pas d' autre choix que celui d'obéir. Je laissais mon mécanicien radio. Nous marchâmes jusqu'à ce qui me paraissait être un ascenseur. Nous descendîmes durant quelques instants, puis l'ascenseur s'arrêta ; la porte glissa silencieusement vers le haut. Nous allâmes au long d'un couloir éclairé par une lumière rose qui semblait émaner des murs !
L'un des êtres nous fit signe de nous arrêter devant une grande porte, surmontée d'un écriteau que je n'étais pas en mesure de lire. La grande porte disparut sans bruit. Je fus convié à m'avancer. L'un des hôtes dit : - N'ayez pas peur Amiral, vous allez avoir un entretien avec le maître. J'entrai. Mes yeux s'adaptèrent lentement à la coloration merveilleuse qui semblait envahir complètement la pièce. Alors, je commençais à entrevoir ce qui m'entourait. Ce qui s'offrit à mes yeux était la vision la plus extraordinaire de toute ma vie. Elle était trop magnifique pour être décrite.
Elle était merveilleuse. Je ne pense pas qu'il existe des termes humains à même de la décrire avec justesse dans tous ses détails. Mes pensées furent doucement interrompues par une voix chaude et mélodieuse : «Bienvenue sur notre territoire, Amiral». Je vis un homme aux traits délicats qui portait les signes de l'âge sur son visage. Il était assis à une grande table. Il m'invita à m'asseoir sur une chaise. Dès que je fus assis, il unit les bouts de ses doigts, puis il sourit. Il s'exprima à nouveau avec douceur :- **Nous vous avons laissé entrer ici parce que vous êtes d'un caractère noble, et aussi parce que vous êtes bien connu dans le monde de surface, Amiral !**
- Monde de surface ! Je restais sans souffle !

Je ne retarderai pas longtemps votre mission ; en toute sécurité, vous serez escortés lors de votre retour à la surface, et même un peu plus loin. A présent, Amiral, je vous ferai connaître la raison de votre convocation ici.
Notre intérêt débuta tout de suite après l'explosion des premières bombes atomiques lancées par votre race, sur Hiroshima et Nagasaki, au Japon. En ce moment inquiétant, nous avons envoyé nos engins volants, les «Flugelrads», sur votre monde de surface pour enquêter sur ce que votre race avait fait.
D'évidence, il s'agit là d'une histoire ancienne, Amiral ; cependant, permettez-moi de poursuivre. Voyez-vous, jamais, nous ne sommes intervenus avant l'heure dans les guerres et les barbaries de votre race. Pourtant, à présent, nous nous trouvons contraints à le faire, étant donné que vous avez appris à manipuler un type d'énergie, atomique, qui n'est pas du tout fait pour l'homme. Nos émissaires ont déjà remis des messages aux puissances de votre monde. Elles ne s'en sont pas préoccupées. Vous avez été choisi pour être témoin, ici, que notre monde existe. Voyez-vous, notre culture et notre science ont des milliers d'années d'avance sur les vôtres Amiral».
Je l'interrompis : «Mais qu'est-ce que tout cela a à voir avec moi, Seigneur !». Les yeux du maître semblèrent pénétrer profondément mon esprit. Après m'avoir étudié un peu, il répondit : ***«Votre race a atteint le point de non retour, parce que certains, parmi vous, détruiraient votre monde tout entier plutôt que de renoncer au pouvoir tel qu'ils le connaissent...».***
J'acquiesçais.
Le maître poursuivit : «Depuis 1945, nous avons tenté d'entrer en contact avec votre race. Nos efforts ont toujours été accueillis avec hostilité : on a tiré sur nos flugelrads. Oui, ils furent même poursuivis avec agressivité et animosité par vos avions de combat.
Aussi vous dirais-je, mon fils, qu'une grande tempête se profile à l'horizon de votre monde : une furie noire qui ne s'épuisera pas des années durant. Vos armes ne serviront aucunement à votre défense ; votre science ne vous garantira aucune sécurité.

Cette tempête sévira aussi longtemps que toute fleur de votre culture n'aura pas été piétinée, toute création humaine dispersée dans le chaos. Pour votre race, la récente guerre n'a été que le prélude à ce qui doit encore survenir. Ici, nous pouvons nous en rendre compte plus clairement à chaque année qui passe....Pensez-vous que je me trompe ? Les années obscures qui viennent pour votre race recouvriront la Terre comme une couverture. Toutefois, je crois que certains survivront à la tempête, je ne sais rien d'autre !
Nous voyons, dans un futur lointain, des ruines de votre race, émerger un monde nouveau, à la recherche de ses trésors légendaires perdus ; ils seront en sûreté, mon fils, ici, en notre possession. **Lorsque le moment viendra, nous nous avancerons à nouveau pour aider votre culture et votre race à vivre.**
Alors, peut-être aurez-vous appris la futilité de la guerre et de ses luttes... Dès lors, une partie de votre culture et de votre science vous sera restituée, afin que votre race puisse recommencer son évolution. Vous, mon fils, vous devez retourner dans le monde de surface, porteur de ce message... ».
Ces dernières paroles semblaient devoir conclure notre entretien. Un instant, j'eus l'impression de vivre un rêve....pourtant, je le savais, il s'agissait bien de la réalité. Pour quelque étrange raison, je m'inclinais légèrement ; je ne sais si ce fut par respect ou humilité.
Tout à coup, je réalisai que les deux hôtes étonnants qui m'avaient conduit ici se trouvaient de nouveau à mes côtés. «Par ici, Amiral, m'indiqua l'un d'eux. Avant de sortir, je me retournai encore une fois ; je regardai le Maître. Un doux sourire se dessinait sur son délicat visage de vieillard.
«Adieu, mon fils», me dit-il en esquissant un geste très doux de sa main frêle, un geste de paix.
Ainsi prit fin notre rencontre. Nous sortîmes doucement par la grande porte de la pièce où se tenait le Maître, puis nous entrâmes de nouveau dans l'ascenseur. La porte s'abaissa silencieusement ; aussitôt, l'ascenseur s'éleva.
L'un de mes hôtes reprit la parole : «Maintenant nous devons nous dépêcher, Amiral ; En effet, le Maître ne veut pas retarder davantage

votre programme ; vous devez retourner parmi votre race avec Son message». Je ne répondis pas. Tout cela était inconcevable. L'arrêt de l'ascenseur interrompit mes pensées. J'entrai dans la salle où se tenait toujours mon mécanicien radio. L'anxiété marquait son visage. Je m'avançai vers lui en disant : «Tout va bien, Howie, tout va bien».
Les deux êtres nous firent un signe montrant l'appareil en attente. Nous sortîmes pour regagner rapidement notre avion. Les moteurs tournaient au ralenti ; nous embarquâmes immédiatement. Un certain état d'urgence planait dans l'atmosphère. Dès que la porte se fut refermée, une force invisible transporta l'avion vers le haut, jusqu'à une altitude de 2700 pieds. Deux de leurs appareils nous escortaient à bonne distance. Ils nous firent planer sur le chemin du retour. **Je dois souligner que l'indicateur de vitesse n'indiquait rien, bien que nous nous déplacions à grande vitesse.**
.....Nous reçûmes un message radio : «A présent, nous allons vous quitter, Amiral ; vos contrôles sont libres. Auf Wiedersehen !!!».
Un instant, nous suivîmes du regard les flugelrads, jusqu'à ce qu'ils disparaissent dans le ciel bleu glacier. L'avion sembla capturé par un courant ascensionnel. Immédiatement, nous en reprîmes le contrôle. Nous gardâmes le silence pendant un certain temps ; chacun de nous était immergé dans ses propres pensées.
De nouveau, nous survolâmes des étendues de glace et de neige, à environ 27 minutes de notre base. Nous envoyâmes un message radio. On nous répondit.
Nous rapportâmes des conditions normales....normales. **Le camp de base exprima un grand soulagement lorsque le contact fut établi de nouveau.»**

Fin de cet extraordinaire témoignage qui nous aura littéralement propulsé dans les arcanes d'une expérience «ésotérique» ou «paranormale» qui sera pourtant le vecteur d'étude des chapitres à venir. Dans le vocabulaire volontairement si particulier auquel nous a habitué l'Amiral Byrd, cette «rencontre» prendrait alors tout son sens en se situant, conformément à ses multiples allusions, «au-delà» du Pôle Sud. Aussi inconcevable cela puisse t-il paraître, il faut bien reconnaître que la vérité est un constant défi à notre volonté, accoutumée depuis toujours à détruire l'humain et «l'entité» qui tente de nous dire ce que nous ne voulons absolument pas entendre ni comprendre.

Ainsi, la possibilité d'une entrée au niveau des Pôles, par une dépression ou par l'ouverture d' un vortex vers un monde souterrain habité, permettrait, seule, de redonner un sens concret à toutes les découvertes et autres déclarations insolites de Byrd. Nous y reviendrons encore. Mais nous pourrions d'ores et déjà noter que certains des propos volontairement alarmistes rapportés par Byrd dans le journal *The Deseret News,* pourraient tout aussi bien être, en partie, la conséquence de sa rencontre avec le Maître et des prédictions pessimistes voire apocalyptiques de ce dernier.

Bien entendu, du fait qu'il n'existe aucune preuve matérielle de cet étrange incident, il serait tentant de le classer, comme d'habitude, dans la catégorie désinformation ou «fakes news» !

Cependant, il est un fait inhérent à cette mission qui est uniquement rapporté dans le film officiel de l'expédition Highjump, «*The secret land*», dont nous avons parlé précédemment. **Ce détail, qui a toute son importance ici, se caractérise par une réelle interruption radio totale entre l'avion et sa base durant un certain laps de temps suite à un soit-disant ennui moteur obligeant l'appareil à descendre.** Il va sans dire que l'incident moteur aura pu être opportunément rajouté afin de justifier cette absence de communications et ainsi suggérer fortement la survenue d'une «autre» situation anormale.

Nous reviendrons bientôt sur les éléments de cette rencontre insolite voire «impossible» pour nombre de Terriens «matérialistes maladifs» mais avant cela, il est nécessaire de faire le point sur les conséquences réelles et serieuses engendrées par l'opération *Highjump* dont certaines ne tarderont pas à s'appliquer violemment à certains témoins et participants.

Conséquences de l'opération

Reprenons un court instant le film de la fin des événements de l'opération *Highjump* à travers les dernières notes tirées du carnet de vol de l'Amiral Byrd :
«*11 mars 1947, je viens d'avoir un entretien à l'Etat-Major du Pentagone. J'ai entièrement rapporté ma découverte ainsi que le message du Maître. Tout fut soigneusement enregistré. Le Président fut mis au courant. Des heures durant (6 heures et 39 minutes, très exactement), je fus soumis à la question. Les Top Security Forces assistées d'une équipe médicale menèrent un interrogatoire très poussé. Quel calvaire !!! Les forces de la Sécurité Nationale des Etats-Unis d'Amérique me placèrent sous contrôle rigoureux.
Il me fut rappelé qu'en tant que militaire, j'avais l'obligation d'obéir aux ordres*».

Il va sans dire que les effets désastreux de cette expédition eurent des répercussions immédiates sur la sécurité de l'État et que les personnels furent les premiers à en subir les conséquences, se devant d'appliquer à la lettre une loi du silence contraignante. A ce titre, il faut savoir que, consécutivement à cette situation grave et inédite, le **Président Harry Truman**, par le **National Security Act**, fonda la très célèbre **CIA,** dès le 26 juillet 1947 !
Il n'y a pas de fumée sans feu dit-on……
Son premier Directeur nommé à ce poste stratégique fut le **Vice-Amiral Roscoe Hillenkoeter** qui le conservera jusqu'en 1950.
Il promut également l'**Amiral James Forrestal**, lui qui approuva l'expédition *Highjump,* au **premier poste créé de Secrétaire à la Défense des Etats-Unis**, et ce, dès septembre 1947.
On notera la nomination fort judicieuse de deux Amiraux à des postes clés de la Sécurité Nationale seulement quelques mois à l'issue des déboires de l'expédition en Antarctique. A un tel niveau de «supervision» des Forces Armées et de création d'un «système» de contrôle du renseignement centralisé, on ne peut raisonnablement plus parler de concours de circonstances…..

C'est à partir de cet instant précis que la loi pernicieuse du secret couvrit d'un voile opaque malsain tout ce qui pouvait toucher, de près ou de loin, aux immenses intérêts des élites de ce monde et des politiques de tous bords leur prêtant allégeance. Car à la fin de ces événements catastrophiques, on se devait de constater la survie ainsi que la présence opérationnelle, en Antarctique, des programmes secrets Nazis qui, ne l'oublions pas, profitèrent d'une coopération financière avantageuse d'élites mondiales banquières très puissantes.

Le gouvernement des Etats-Unis se retrouva, de fait, face à une situation inédite et particulièrement difficile à gérer. Il devait supporter nombre d'années de retard sur le développement opérationnel futur de ses premiers engins spatiaux à propulsion anti-gravitationnelle avec la réalité d'une menace directe, super puissante, quasi indestructible **et surtout avec la crainte d'une possible révélation «malencontreuse», au grand public, de cet état de fait.**

Les Nazis connaissaient aussi l'obligation pour les USA de maintenir absolument au secret les avantages colossaux des découvertes liées aux énergies «phénoménales» et anti-gravitationnelles de peur de voir s'effondrer totalement leur complexe militaro-industriel ainsi que tout le système financier babylonien de leurs élites mondiales fondé depuis toujours **sur les énergies fossiles.** Afin d'éviter ce cataclysme «budgétaire» en leur défaveur et pour synthétiser, **c'est donc le parti de la collusion d'intérêts qui sortit vainqueur de cette situation ambiguë, <u>au détriment total de la population mondiale et des avantages en terme d'énergie qu'elle aurait pu en tirer en faveur d'une évolution saine et positive.</u>**

Pour résumer et aller au plus simple, on peut voir cela comme le début d'une espèce d'entente de compétition malsaine assumée entre plusieurs groupes de contrôle que l'on pourrait définir ainsi :
- Nazis et alliés extraterrestres négatifs
- Forces armées américaines
- Elites financières et industrielles mondiales

Tout cela fonctionnant résolument sous le sceau absolu et inconditionnel du secret le plus strict à tous les niveaux, le reste de l'humanité étant considéré comme un vulgaire troupeau d'esclaves ignorants au service d'une minorité élitiste !

Cette entreprise malsaine, entretenue par un pareil système déviant, fut érigée aux USA tel un modèle de «club privé du pouvoir» qui prit le nom très confidentiel de *Majestic 12*. Il ne fut pas spécialement du gout de certains hauts responsables militaires dont faisait parti l'Amiral **James Forrestal,** pourtant élément important de ce dispositif de contrôle. Il existe un document déclassifié de plusieurs pages qui confirme bien la réalité de ce groupe secret avec les noms des douze personnages initiés de la première heure, dont **James Forrestal** et **Roscoe Hillenkoeter**. Il s'agit d'un rapport complet en date du 18 novembre 1952 concernant les opérations du MJ 12, à l'attention du nouveau Président élu, **Dwight D. Eisenhower**.

Dans ce document sont exposés tous les résultats des recherches sur les Ovnis ainsi que sur les cadavres de leurs occupants retrouvés sur les divers lieux de crashs, dont le célèbre crash de Roswell en 1947. Lecture de la totalité du document sur :
actualitedelhistoire.over-blog.com/article-les-documents-majestic-12

J'ai reproduit, à la page suivante, la page n°2 de ce document qui laisse apparaître la liste des douze noms. En voici la traduction :
AVERTISSEMENT. Ceci est un document TOP SECRET- EYES ONLY comprenant des informations compartimentées essentielles pour la sécurité nationale des Etats-Unis. Document EYES ONLY ACCESS est strictement limité à ceux possédant le niveau d'autorisation Majestic 12. La reproduction par quelque forme que ce soit ou la prise d'écrits ou de notes mécaniquement transcrites sont strictement interdites.
Opération Majestic 12 est une opération TOP SECRET d'informations et de renseignements responsable directement et seulement auprès du Président des Etats-Unis. La gestion du projet est effectuée sous le contrôle du Majestic 12 (Magic 12), groupe qui a été créé selon ordre exécutif spécial classifié du **Président Truman**, le 24 septembre 1947, sous la recommandation du Docteur Vannevar Bush et du secrétaire **James Forrestal**. Liste des membres.

TOP SECRET / MAJIC
EYES ONLY

* TOP SECRET *

002

EYES ONLY   COPY ONE OF ONE.

SUBJECT: OPERATION MAJESTIC-12 PRELIMINARY BRIEFING FOR
PRESIDENT-ELECT EISENHOWER.

DOCUMENT PREPARED 18 NOVEMBER, 1952.

BRIEFING OFFICER: ADM. ROSCOE H. HILLENKOETTER (MJ-1)

NOTE: This document has been prepared as a preliminary briefing only. It should be regarded as introductory to a full operations briefing intended to follow.

. . . . . .

OPERATION MAJESTIC-12 is a TOP SECRET Research and Development/Intelligence operation responsible directly and only to the President of the United States. Operations of the project are carried out under control of the Majestic-12 (Majic-12) Group which was established by special classified executive order of President Truman on 24 September, 1947, upon recommendation by Dr. Vannevar Bush and Secretary James Forrestal. (See Attachment "A".) Members of the Majestic-12 Group were designated as follows:

    Adm. Roscoe H. Hillenkoetter
    Dr. Vannevar Bush
    Secy. James V. Forrestal*
    Gen. Nathan F. Twining
    Gen. Hoyt S. Vandenberg
    Dr. Detlev Bronk
    Dr. Jerome Hunsaker
    Mr. Sidney W. Souers
    Mr. Gordon Gray
    Dr. Donald Menzel
    Gen. Robert M. Montague
    Dr. Lloyd V. Berkner

The death of Secretary Forrestal on 22 May, 1949, created a vacancy which remained unfilled until 01 August, 1950, upon which date Gen. Walter B. Smith was designated as permanent replacement.

* TOP SECRET *
TOP SECRET / MAJIC
EYES ONLY

EYES ONLY   T52-EXEMPT (E)

002

La mort du secrétaire Forrestal le 22 mai 1949, a créé un poste vacant jusqu'au 01 août 1950, date à laquelle le Général Walter B. Smith a été nommé remplaçant permanent.

Tel que qu'il vient d'être relaté à l'instant, le document **Majestic 12** mentionne la mort de l'Amiral James Forrestal mais la vérité serait plutôt qu'il fût très opportunément «suicidé» sur ordre....

En effet, à la suite du désastre de l'opération *Highjump,* Forrestal compris rapidement les implications négatives pouvant résulter de cet échec allant de pair avec une collaboration active malsaine qui se dessinait déjà à l'intérieur même du groupe Majestic 12 avec, entre-autres, des entités extérieures Nazis et extraterrestres. Groupe à l'intérieur duquel il se retrouva forcément minoritaire dans le cadre d'une divulgation qu'il souhaitait initier et dont il révélait déjà les secrets de la réalité extraterrestre à divers fonctionnaires ainsi qu'à **John. F. Kennedy** qui était déjà membre du Congrès à cette époque.

Il fut donc écarté par le Président Truman de son poste de Secrétaire à la Défense, le 18 mars 1949. Il lui fut remis par la même occasion, et d'une façon cynique, la médaille du service méritoire ! Et puis, subitement, il fut déclaré dépressif et maintenu contre son gré, dès le 02 avril 1949, au 16° étage de l'Hôpital naval de Bethesda dans le Maryland. Toutes visites lui étaient interdites, y comprises celles de sa propre épouse ! Le 22 décembre 1949, il s'écrasa en bas du bâtiment avec la ceinture de sa robe de chambre nouée autour de son cou. Les conclusions de l'enquête restèrent bien évidemment secrètes et le «suicide» fut mis en avant...

Ce meurtre politique mit un terme à la volonté délibérée de Forrestal de dévoiler, par un livre, les secrets de l'Administration **Roosevelt/ Truman** et donc de **Majestic 12**. Son volumineux journal fut confisqué par la Maison Blanche et son contenu resta à jamais un mystère...

Quand on évoque l'expédition *Highjump,* ce n'est pas la révélation de la réalité extraterrestre qui vient immédiatement à l'esprit et pourtant, les connexions se sont révélées multiples et complexes, d'abord à l'égard des Nazis et de leurs sociétés secrètes et ensuite avec les hommes de pouvoir de ce monde, civils ou militaires.

Cet ouvrage n'a pas pour vocation d'être le énième du genre à reproduire une somme de documentation existante impressionnante afin de convaincre l'homme de cette évidente réalité. J'en parle abondamment dans mon livre précédent et d'autres spécialistes de la question offrent, depuis fort longtemps et bien mieux que moi, un panel irréfutable de preuves en tous genres. Mais il est impossible, pour l'heure, de faire l'impasse sur certaines révélations et dénonciations de la part de hauts responsables militaires.

Ce que l'on omet souvent de signaler au regard de ce sujet sensible, et ô combien déterminant quant à la compréhension de nos origines, est **la réalité d'une vie spirituellement et technologiquement très avancée à l'intérieur même de la planète Terre ou Agartha, telle que rapportée par Byrd lors de sa rencontre avec le Maître.** On appellera cette forme de réalité, la vie intraterrestre qui se répartie également entre peuples négatifs et peuples positifs dont l'avancée spirituelle leur permet d'échapper à une curiosité malsaine envers quiconque n'aurait pas été invité ou n'ayant pas atteint un stade d'évolution suffisant.

Là ou je souhaitais en venir, c'est que lorsque l'on évoque communément la présence et l'observation d'Ovnis, il est nécessaire de ne pas oublier de définir préalablement les multiples origines possibles de ces divers vaisseaux aériens qui pourraient se répartir de la manière suivante :
- Vaisseaux extraterrestres positifs ou négatifs en provenance de notre système solaire ou hors système solaire.
- Vaisseaux extraterrestres positifs ou négatifs en provenance de bases construites sur la planète Terre, sous terre ou sous les mers.
- Vaisseaux intraterrestres positifs en provenance de mondes habités sous Terre.
- Vaisseaux Terriens issus de programmes secrets humains majoritairement négatifs.
Vous voyez que l'on peut coller bien des étiquettes sur nombre d'observations....

Et qui mieux que le premier Directeur de la CIA et membre éminent du groupe secret Majectic 12 pourrait être le plus crédible et le mieux placé pour en parler ? Oui, j'ai bien nommé l'**Amiral Roscoe Hillenkoeter** qui, dès 1960, s'empara de ce sujet sensible afin de le dévoiler à la page 30 du New-York Times du 28 février 1960 ! Voir ci-dessous les archives du N.Y Times pour commande de la reproduction du numéro d'origine.

The New York Times   https://nyti.ms/1H6gOsD

ARCHIVES | 1960 — G au Lieu de C pour AIR FORCE

AIR FORGE ORDER ON 'SAUCERS' CITED; Pamphlet by the Inspector General Called Objects a 'Serious Business'

FEB. 28, 1960

About the Archive

This is a digitized version of an article from The Times's print archive, before the start of online publication in 1996. To preserve these articles as they originally appeared, The Times does not alter, edit or update them.

Occasionally the digitization process introduces transcription errors or other problems. Please send reports of such problems to archive_feedback@nytimes.com.

> WASHINGTON, Feb. 27 (UPI) -- The Air Force has sent its commands a warning to treat sightings of unidentified flying objects as "serious business" directly related to the nation's defense, it was learned today.

Subscribe and see the full article in TimesMachine
New York Times subscribers* enjoy full access to TimesMachine—view over 150 years of New York Times journalism, as it originally appeared.

*Does not include Crossword-only or Cooking-only subscribers.

A version of this archives appears in print on February 28, 1960, on Page 30 of the New York edition with the headline: AIR FORGE ORDER ON 'SAUCERS' CITED; Pamphlet by the Inspector General Called Objects a 'Serious Business'.

Vous aurez certainement remarqué la faute d'orthographe grossière que j'ai pointée, un **G** à la place d'un **C**, pour **Air Force** qui ne fait pas honneur à la méticulosité habituelle de ce grand journal. Erreur qui, opportunément, rend plus difficile la recherche de ce document précieux sur les bases de données du web depuis 2003 !

Ci-après, la copie de l'article en question avec les parties les plus intéressantes marquées par des encarts fléchés.

WASHINGTON, Feb. 27 (UPI)–The Air Force has sent its commands a warning to treat sightings of unidentified flying objects as "serious business" directly related to the nation's defense, it was learned today.

An Air Force spokesman confirmed issuance of the directive after portions of it were made public by a private "flying saucer" group.

The new regulations were issued by the Air Force inspector general Dec. 24.

The regulations, revising similar ones issued in the past, outlined procedures and said that "investigations and analysis of UFO's are directly related to the Air Force's responsibility for the defense of the United States."

Committee Reveals Document

Existence of the document was revealed by the National Investigations Committee on Aerial Phenomena.

The privately financed committee accused the Air Force of deception in publicly describing reports of unidentified flying objects as delusions and hoaxes while sending the private admonition to its commands.

Vice Admiral R. H. Hillenkoetter (Ret.), **a committee board member and former director of the Central Intelligence Agency, said in a statement that a copy of the inspector general's warning had been sent to the Senate Science and Astronautics Committee.**

"It is time for the truth to be brought out in open Congressional hearings," he said." Share

The Air Force confirmed that the document had been issued. A spokesman said it was put out by Maj. Gen. Richard E. O'Keefe, acting inspector general at the time, to call attention to revised Air Force regulations concerning unidentified flying objects. The statement was included in an "operations and training" pamphlet circulated at intervals to bring commands up to date.

Pentagon aides said the new regulations covering seven printed pages, made no substantive change in policy but had been rewritten as a matter of course.

The Air Force has investigated 6,132 reports of flying objects since 1947, including 183 in the last six months of 1959. The latest Air Force statement, issued a month ago said, "no physical or material evidence, not even a minute fragment of a so-called flying saucer, has ever been found."

Admiral Hillenkoetter said that **"behind the scenes, high-ranking Air Force officers are soberly concerned about the UFO's."**

"But through official secrecy and ridicule, many citizens are led to believe the unknown flying objects are nonsense," the retired admiral said. He charged that **"to hide the facts, the Air Force has silenced its personnel"** through the issuance of a regulation.

Voici ce que donne la traduction de ces informations authentiques qui ont véritablement valeur de pièces à conviction au regard de l'origine du témoin principal et d'un journal de grande renommée ayant «malencontreusement» laissé filtrer ces propos officiels.

WASHINGTON, 27 Février – L'Armée de l'Air a envoyé à ses commandements un avertissement pour traiter les observations d'objets volants non-identifiés comme *«une affaire sérieuse directement liée à la défense de la nation»*, a t-on appris aujourd'hui.
Un porte-parole de l'Armée de l'Air a confirmé la publication de la directive après que des portions de celle-ci furent rendues public par un groupe privé de «soucoupes volantes».
....
Un comité révèle le document
L'existence de ce document a été révélé par par le comité d'investigations National sur les phénomènes aériens (NICAP).
Le comité au financement privé accuse l'Armée de l'Air de tromperie du public en décrivant les rapports d'objets volants non-identifiés comme des délires et des canulars tout en envoyant un avertissement privé à ses commandements.
Le **Vice Amiral Roscoe. H. Hillenkoeter** (Retraite), un membre du Conseil d'administration du Comité (NICAP) et ancien Directeur de la CIA, a déclaré dans un communiqué qu'une copie de l'avertissement de l'Inspecteur Général avait été envoyé au département science du Sénat et au Comité astronautique.
«Il est temps pour la vérité a être ressortie dans une audience ouverte du Congrès » dit-il.
....
L'Amiral Hillenkoeter déclara que *«Derrière la scène, des Officiers de haut-rang de l'Armée de l'Air sont sobrement préoccupés par les OVNIS. Mais à travers le secret officiel et le ridicule, de nombreux citoyens sont amenés à croire que les objets volants non-identifiés sont une absurdité»* dit l'Amiral à la retraite. **Il accuse.**

«Pour cacher les fait, l'Armée de l'Air a empêché son personnel de parler» **par l'émission d'un règlement.**

Je répète une nouvelle fois ce que j'ai déjà énoncé dans ce livre ; pour trouver la vérité, il suffit simplement de vouloir la chercher, savoir lire, écrire et transmettre... Une partie non négligeable des événements réels de notre monde sont, pour l'instant, encore libre d'accès mais c'est toujours notre paresse, notre désintérêt et notre passivité qui font inévitablement les affaires de ceux qui travaillent en coulisse pour notre meilleur asservissement.

Il est bien évident que l'Amiral Hillenkoeter, sous son statut de militaire, même s'il désapprouvait certainement en conscience les mensonges d'État, n'était pas en capacité de parler lorsqu'il occupait des fonctions sensibles et de premier plan, sous peine d'y perdre la vie. L'Amiral James Forrestal avait, quant à lui, courageusement dépassé les limites....

Il n'empêche que la dénonciation claire de cette tromperie organisée à laquelle il prît part, dès la première heure, est à prendre «au pied de la lettre» dans toute sa spectaculaire dimension.

Je vous livrerai un dernier témoignage probant afin de clore cette parenthèse nécessaire pour la compréhension de cette «autre réalité».
C'est un témoin de l'opération *Highjump*, Capitaine à cette époque en tant que Commandant du fameux *Task Group Est*, qui livre ses propres impressions au sujet des Ovnis dans les colonnes du New-York Times du 12 mars 1959.
En voici la traduction ainsi que l'original de l'article à la page suivante.
«LES SOUCOUPES» SONT POSSIBLES, DECLARE UN AMIRAL
Wellington. Nouvelle-Zelande, 11 mars (Reuters) – **Le Contre-Amiral George Dufek a déclaré aujourd'hui qu'il ne pense pas que l'existence des soucoupes volantes peut être écartée.**
«Je pense qu'il est très stupide que les êtres humains pensent que personne d'autre dans l'univers soit aussi intelligent que nous le sommes » a-t-il dit.

L'Amiral Dufek, se retirant comme commandant du programme de recherches et d'exploitation des Etats-Unis dans l'Antarctique, rentre chez lui.

Il a dit que **ce n'était pas au-dessus du possible que les météores qui éclatent dans l'atmosphère de la Terre soient des soucoupes envoyées par Vénus ou d'autres planètes par des créatures intelligentes»**

> **'SAUCERS' POSSIBLE, ADMIRAL DECLARES**
>
> WELLINGTON, New Zealand, March 11 (Reuters)—Rear Admiral George Dufek said today that he did not think the existence of flying saucers could be discounted.
>
> "I think it is very stupid for human beings to think no one else in the universe is as intelligent as we are," he said.
>
> Admiral Dufek, retiring as commander of the United States research and exploration program in the Antarctic, is returning home.
>
> He said it was not beyond possibility that meteors that exploded in the earth's atmosphere were "saucers driven from Venus or other planets by intelligent creatures."

Sous un style très personnel, visant à dire sa vérité tout en sachant devoir se préserver en évitant certaines affirmations trop «brutales», l'Amiral Duffek, vétéran de l'opération *Highjump*, reste dans la même veine que ces autres amiraux courageux cités plus hauts ayant tentés, chacun à leur manière, de dénoncer l'enracinement profond d'un mensonge d'État catastrophique pour l'évolution de l'humanité.

Ces hommes là n'étaient pas des fous dangereux pour oser s'exprimer ainsi, ils étaient justes de hauts responsables militaires bien informés et conscients d'une situation anormale grave qui leur échappait totalement. L'Amiral Byrd était aussi l'un d'eux et il poursuivit de son côté, toujours sous le même langage «imagé», la transmission de la réalité de son expérience.

Nous aborderons donc les dernières années de sa vie, toujours liées à ses découvertes et aux conséquences de l'expédition *Highjump*. C'est lors d'une rare émission télévisée sur NBC, le 24 juin 1955, que l'Amiral Byrd donne une interview exceptionnelle. Si elle est exceptionnelle, c'est que, une fois de plus, Byrd nous gratifie d'une phrase toujours aussi énigmatique dès ses premiers mots. Ils seront véritablement «décodés» par un canadien comprenant parfaitement l'anglais parlé à cause d'une mauvaise articulation de l'Amiral et d'un micro mal orienté.

Voir source : artvision. fr ainsi que le film sur lien suivant :
ufosightingshotspot.blogspot.ca/2014/07/rare-tv-interview-with-admiral-richard.html

Voici la phrase retranscrite prononcée en anglais :

«That there is a secret land mass the size of the United States that has never been seen by any human being beyond the South Pole.»

Traduction :

«...qu'il y a une masse de terre secrète de la taille des Etats-Unis qui n'a jamais été vue par aucun être humain, au-delà du Pôle Sud.»

Cette phrase sera l'unique allusion à ce continent perdu au milieu d'un autre continent que seul Byrd continue de qualifier de cette étrange façon, le reste de l'interview ne concernera que des généralités rapportées par l'Amiral.

Ce film sur Byrd sera tourné juste quelques mois avant sa dernière expédition en Antarctique. Elle prendra le nom de code d'opération *Deepfreeze* et se déroulera de novembre 1955 à avril 1956. Elle sera placée sous l'égide de l'Année géographique internationale, avec neuf pays qui établiront des stations de recherches scientifiques sur l'immense continent glacé. Voici ce que rapporte l'Amiral Byrd au sujet de cette expédition dans les colonnes du journal ***Saratosa Herald-Tribune*** du 25 novembre 1955.
Source : artvision.fr

Traduction partielle de l'article. Encarts fléchés :
L'Amiral Byrd prédit des colonies antarctiques.
....
L'explorateur vétéran, qui partira demain pour prendre le commandement de l'expédition, a déclaré lors d'une conférence de presse qu'il croyait que de petits villages de peut-être 500 habitants resteraient sur le continent glacé, de la fin de la présente exploration à 1959.
*«Possiblement, cela est le commencement de l'ouverture d'un grand continent qui **va être d'une grande valeur pour les générations à venir et pour les peuples du monde épris de paix**»* dit Byrd.
....
Il dit que les scientifiques américains prévoyaient d'explorer certaines parties actuellement inconnues de l'Antarctique.
*«**Il est un fait incroyable qu'une zone aussi grande que les Etats-Unis - environ 6 millions de kilomètres carrés- n'a jamais été vue par un être humain**»* dit-il.

Nous observons à la lumière de cet article, et pour la première fois, une allusion de byrd dans son espoir de voir, à travers ce continent, les générations et les peuples s'orienter vers un monde épris de paix. Je vois peut-être ici, comme une certaine réminiscence du message de paix reçu du Maître et dont il se devait d'être le transmetteur désigné dans l'intérêt de notre monde….

Enfin, sa dernière intervention reprend, quasiment à l'identique, les termes employés durant son interview télévisée. Il précise toutefois fortement son assertion avec l'expression : *il est un fait incroyable…*. Pour parler en toute franchise, il n'y a rien d'incroyable à rajouter des millions de kilomètres carrés de glace après avoir dépassé le Pôle Sud, et ce, quelle que soit la direction que l'on prenne car c'est exactement ce que l'on est censé y trouver ! **Convenez enfin que ses propos sont un non-sens qui ne collent jamais avec la réalité du terrain. Ils ne peuvent être, énoncés de cette façon, que destinés à nous préparer à concevoir l'idée d'une entrée dans «un autre** monde» par l'ouverture du Pôle, tel qu'il l'a vécu à plusieurs reprises.

Hormis la validation de cette conclusion, si folle soit-elle à nos yeux, à contrario, tout relèverait alors d'une absurdité la plus totale. Et l'Amiral Byrd, investi des plus hautes responsabilités, était tout, sauf un homme absurde…..

Au retour de cette dernière expédition, l'Amiral Byrd fit une dernière déclaration le 13 mars 1956 :

«La présente expédition a ouvert un nouveau et vaste territoire».

Après cela, il nous faut revenir aux derniers mots de Byrd issus de son carnet de vol qui signent véritablement ses derniers aveux en même temps qu'une vision quasi prophétique de son avenir :

*« …Dernière annotation : 30 décembre 1956. Toutes les années qui se sont écoulées depuis 1947 n'ont pas été bonnes… D'où ma dernière annotation dans ce journal personnel. Je termine en affirmant que, durant toutes ces années, j'ai scrupuleusement maintenu ce sujet sous le sceau du secret, comme il me fut ordonné. J'ai dû le faire à l'encontre de tous mes principes d'intégrité morale. **A présent, je sens venir sur moi la grande nuit s'approcher** et ce secret ne mourra pas avec moi, mais tout comme la vérité, il triomphera et ainsi en sera t-il. Ceci peut être le seul espoir de l'humanité. J'ai vu la vérité et cela a stimulé mon esprit et m'a libéré ! **J'ai fait mon devoir envers le monstrueux complexe militaro-industriel.** Maintenant la longue nuit commence à approcher, mais il ne doit pas y avoir de fin. Tout comme la longue nuit de l'Arctique se termine, le brillant soleil de la vérité viendra de nouveau **et les puissances des ténèbres tomberont sous la lumière»**.*

On peut, bien évidemment, continuer à nier la validité de ce carnet de vol. Pourtant, quelques unes de ses dernières phrases me poussent à le considérer comme authentique étant, elles-mêmes, particulièrement révélatrices de l'emprise permanente exercée autour de ses découvertes sensibles, qui furent placées inexorablement sous le sceau du secret le plus strict au profit unique d'un petit groupe d'hommes dominants. Effectivement, Byrd s'était, dès le départ, soumis volontairement ou non, à de grands financiers privés tels que Ford ou Rockefeller qui étaient partis prenantes du monstrueux complexe militaro-industriel tel qu'il le nomme, semble-t-il, avec dégoût. Ensuite, sa toute dernière appréciation de la situation me fait absolument «tilt» au regard de la rédaction de mon précédent ouvrage qui mettait en évidence, preuves à l'appui, l'allégeance à peine croyable des plus hautes élites de ce monde à un pouvoir de l'ombre issu d'une idéologie satanique. Lorsqu'il utilise ce vocabulaire extrême, *les puissances des ténèbres tomberont sous la lumière,* Byrd sait précisément à qui il s'adresse et quelle est l'origine de cette puissance ténébreuse. Seul un homme comme lui, soumis depuis toujours à ces forces de l'ombre, était à même de les connaître pour les qualifier de la sorte. Cet état de fait, particulièrement perturbant, se confirme toujours aujourd'hui et s'avère malheureusement pleinement réaliste à travers les recherches actuelles les plus sérieuses. Pour exemple, souvenez-vous de cet indice précieux que j'avais mentionné, carte à l'appui, et qui révélait l'attribution d'un sommet antarctique à John Rockefeller, d'une altitude de 666 m ! Croyez-moi, ce n'est pas le hasard des chiffres qui s'est invité à «l'honorer» ainsi….

    Enfin, la phrase marquante de Byrd, seulement âgé de 68 ans à ce moment là, reste sa sensation de sentir venir sur lui la longue nuit s'approcher. En d'autres termes, il annonce sa fin prochaine alors qu'il revient à peine de l'expédition *Deepfreeze* dont la Task Force 43 revint au port fin avril 1956 *!* S'agissait-il simplement d'une intuition ou des conséquences d'une menace avérée sur sa personne alors qu'il semblait envisager de divulguer la vérité ? Eh bien, croyez-le ou non, il décédera à son domicile quatre mois après ses derniers écrits, soit le 11 mars 1957, apparemment d'une attaque cérébrale ! C'est fou ce que le hasard s'attache toujours à faire aussi bien les choses au détriment des personnes pouvant représenter un danger imminent pour les pouvoirs «occultes» de ce monde.

    Mais attendez, car nous allons poursuivre cette histoire pour, une nouvelle fois, venir confirmer cette terrible théorie par une tragédie qui concernera, cette fois-ci, le propre fils de l'Amiral Byrd, Richard E. Byrd Jr.

L'Amiral Byrd avait un unique garçon qui portait le même prénom que lui. Il fit ses études à Milton Academy et à Harvard et devint Officier dans l'US Navy pour laquelle il servît dans le Pacifique durant la seconde guerre mondiale. Mais une autre affectation, après la guerre, va faire en sorte que son destin basculera de la même manière que celui de son propre père. **En effet, Byrd Junior participa à l'expédition *Highjump* de 1947 !** Sa présence est confirmée par l'inscription de son nom sur le casting du film officiel de cette opération que nous avons déjà évoqué, «*The secret land*».

Ce fils, qui vouait une véritable admiration pour son père est ainsi décédé dans des conditions plus que suspectes et tout comme lui à l'âge de 68 ans. En effet, son corps fut retrouvé à Baltimore, début octobre 1988, vêtu comme un clochard avec une seule chaussure, dans un entrepôt à l'abandon. La police semblait alors indiquer une mort par malnutrition et déshydratation. Mais avant d'en arriver à une telle situation dramatique, il est important de revenir un tout petit peu en arrière afin de préciser qu'il avait quitté son domicile de Boston, presque trois semaines auparavant, par le train dans lequel son fils Leverett l'avait lui-même déposé. **Il devait se rendre à Washington pour une cérémonie en l'honneur de son père, au siège de la Société Géographique Nationale. Il n'y arrivera jamais…..**

Alors me direz-vous, pourquoi s'arrêter sur cette mort plutôt sordide ? En cela, écoutons attentivement les quelques commentaires de son fils :

«*Je l'ai déposé dans le train et ma femme était supposée le retrouver…qu'arriva t-il entre, je ne sais pas. Tout cela est vraiment étrange. Nous allons essayer d'aller de l'avant avec ça.*»

«*Le principal objectif de sa vie était de **poursuivre ce que son père avait commencé en aidant les gens désirant avoir des informations à son propos***». Et il mentionne surtout cette allusion de son père particulièrement révélatrice : «***Nous avons à sortir quelque chose de*** *l'une des expéditions et tirerons l'information franchement «du chapeau».* Et il précise : *«C'était stupéfiant tous les détails qu'il connaissait».* La famille souhaita, par la suite, ne plus faire aucun commentaires à ce sujet, on peut aisément comprendre pourquoi….. Tous ces propos furent recueillis par le journal, **The Baltimore Sun**, du 9 octobre 1988.

Voyez-vous, et comme je le notais précédemment, nous nous devons malheureusement de déplorer la même issue fatale, à la fin de chaque scénario, se concluant inexorablement par la mort du témoin désireux de révéler des éléments de vérité risquant de nuire gravement aux pouvoirs en place. Il est plus que probable que Byrd Junior n'est pas dérogé à cette règle là, car il lui aurait été facile de profiter de cette commémoration à Washington, en l'honneur de son père, pour divulguer des faits précis cachés depuis 1947. Il est évident qu'il devait aussi tenir de son père des informations capitales et que leur participation conjointe à l'opération *Highjump* accrédite fortement la thèse de l'élimination maquillée en accident inexplicable….Qui sait si la révélation du carnet de vol de son père n'ai pas été de son initiative….il eut été le mieux placé pour le faire !

En définitive et pour conclure cet important chapitre, nous devons reconnaître à l'Amiral Byrd, la personnification moderne emblématique par excellence du découvreur de «nouvelles frontières» inimaginables pour l'homme. **Car ce que nous venons d'exposer à son sujet ne tient absolument plus du domaine du mythe ou de la science-fiction mais relate, avec objectivité et réalisme, la constatation d'anomalies au travers du vécu d'expériences maritimes et aériennes inhabituelles .**

Ainsi, son rôle de témoin privilégié devra absolument prendre la forme d'un repère, d'un point de mire au regard des autres informations troublantes à venir. L'histoire de notre monde a toujours été parsemée de personnages aux parcours hors du commun, comme des destins prédéterminés écrits à l'avance dans le but d'attirer l'attention de l'homme vers des rivages insoupçonnés et bénéfiques pour son évolution. Malheureusement et pour la majorité d'entre-eux, le rejet, le dénigrement ou la disparition brutale furent, le plus souvent, leur unique récompense….

Alors, gardons-nous bien d'émettre en permanence des jugements hâtifs, préconçus et défavorables au regard d'événements qui nous dépassent par leur forte improbabilité. Car c'est bien ici le lieu de notre propre ignorance et de notre désinvolture coutumières qui font que ces comportements basiques nous poussent vers cet immobilisme suicidaire faisant les affaires d'une poignée d'individus ayant détournés insidieusement la science et la connaissance véritable à leur unique profit.

C'est donc le moment propice pour garder l'esprit ouvert, sans autres formes de jugements trop hâtifs, afin de pouvoir aborder dans les meilleures conditions, un voyage fantastique….vers le centre de la Terre.

CHAPITRE 5

L'AGARTHA ou la TERRE CREUSE

Uu jour prochain, vous devrez en être convaincu : vous apprendrez que l'homme n'est pas livré au hasard. Des êtres ont mission de l'aider, de le guider, de l'inspirer sans intervenir dans son libre-arbitre afin de lui faciliter la prise de conscience de sa stature réelle, comme de la raison des son passage sur Terre.
Quand l'anarchie et la guerre s'instaurent dans un monde rongé d'égoïsme sans profit éducatif pour l'évolution de la civilisation d'un cycle, quand la menace d'une destruction de toute vie pèse sur la planète, l'intervention des Puissances cosmiques devient nécessaire. L'appel impérieux des mandatés de l'**Agartha** se fait alors entendre pour éviter la catastrophe et préparer un terrain plus favorable à l'épanouissement de meilleures dispositions. Ainsi donc, de puissantes lumières spirituelles donnent au cours de l'histoire, des possibilités de suprême conquête morale car n'est-il pas insensé de parler d'amour, de fraternité ou de l'Intelligence Organisatrice de

l'Univers quand le coeur est sans pureté, l'âme sans vertu et l'esprit sans dignité ?

Notre prétendue civilisation est en train de sombrer et il faut s'en réjouir car ce qui est pourri, malsain et démoniaque doit disparaître. Il est temps à présent qu'une nouvelle mutation s'impose et se prépare. (Souvenez-vous, l'Amiral Byrd se fit le porte-parole du même avertissement rapporté par le Maître d'un des mondes avancés de l'Agartha…)

Source : Livre W.R Chetteoui. *«L'Agartha.Mythe ou réalité ?»*

Qu'est-ce que l'AGARTHA ?

AGARTHA viendrait des racines du peuple Uighur : **AGA** : grand, **AR** : esprit universel et **THA** : pureté intégrale ou en langue sanskrit qui signifie : insaisissable

Il représente la grande assemblée des âmes pures et réintégrées qui œuvre dans un domaine plus subtil de la matière dense de notre monde. L'empire Uighur appartenait au continent de Mu, au temps du déluge biblique qui détruisit sa moitié Est. Selon les légendes chinoises, les Uighurs parvinrent à l'apogée de leur civilisation il y a 17000 ans.

L'Agartha serait un royaume souterrain relié à tous les continents de la Terre par l'intermédiaire d'un vaste réseau de galeries et de tunnels. Cette croyance se retrouve dès l'Antiquité et, selon la légende, il existe encore de vastes portions de ces galeries actuellement, le reste ayant été détruit par des glissements géologiques. Le mystère demeure quant à savoir où se trouvent les différentes entrées de ces galeries ; entrées qui peuvent d'ailleurs ne rester ouvertes que pour un temps seulement….

Voici ce qu'en dit **Harold T. Wilkins** (1891-1959), explorateur et historien, ainsi qu'un des principaux spécialistes mondiaux en matière de galeries et de passages souterrains. Extrait d'une déclaration faite à Londres en 1945 :

«Galeries et labyrinthes ont joué un rôle mystérieux dans certaines vieilles civilisations et régions de ce que l'on pourrait faussement appeler les mondes plus anciens de l'Asie, de l'Europe et de l'Afrique. Il y a parmi les tribus mongoles de la Mongolie intérieure des traditions évoquant, même aujourd'hui, des galeries et des mondes souterrains qui semblent tout aussi fantastiques que ce que recèlent nos romans contemporains. Une légende - mais en est-ce bien une ?- dit que les galeries mènent à un monde souterrain d'origine antédiluvienne dans quelque coin reculé d'Afghanistan ou dans la région de l'Indu Kush. Il s'agit de **Shangri-la***, où la science et les arts, qui ne furent jamais menacés par les guerres mondiales, se développent pacifiquement au sein d'une race au savoir étendu. Il lui est même donné un nom : l'***Agartha***. La légende ajoute qu'un labyrinthe de galeries et de passages souterrains se prolonge en une série de liaisons connectant l'Agartha avec tous les autres mondes souterrains du même type ! Des lamas tibétains affirment même qu'en Amérique,- il n'est pas mentionné s'il s'agit du Sud, du Nord ou de l'Amérique centrale- des peuples appartenant à une ancienne civilisation, ayant ainsi échappé à un terrible cataclysme il y a plusieurs millénaires de cela, vivent dans de vastes cavernes faisant partie d'un monde souterrain accessible par le biais de galeries secrètes. En Asie comme en Amérique, on prétend que ces races anciennes et fantastiques sont gouvernées par des souverains bienveillants ou rois -archontes. Il est dit que le monde souterrain est éclairé par une étrange lueur verte qui facilite la pousse des cultures et donne une longue vie et une bonne santé.»*

Et justement, dans la littérature sumérienne, nous retrouvons une description de l'Agartha à travers un monde qu'ils appelaient l'**Abzu** ou **Apsû**. C'est un endroit où se rejoignent les eaux souterraines et Abzu est aussi traduit par l'Abysse ou l'Abîme du monde, et est souvent assimilé au Dieu des abysses. La décomposition du mot en sumérien est AB-ZU où AB signifie *«trou, ouverture et père»*, et ZU signifie *«connaissance, sagesse et savoir»*, ce qui donne *«le trou de la connaissance (ou de la sagesse et du savoir)»* ou encore *«la sagesse du père»*. Dans la mythologie sumérienne, l'Abzu est la demeure du Dieu **Enki-Ea**, et est considéré comme la divinité de la sagesse et père de l'humanité. Ce Dieu commença à vivre dans les eaux d'Abzu avant même que les êtres humains voient le jour. Sa femme Ninhursag, sa mère Nammu et une variété de créatures subordonnées y résident également.

Il serait particulièrement stupide de reléguer systématiquement au rang de mythe, des informations historiques détaillées qui furent inscrites en langue cunéiforme, il y a près de six mille ans, sur des centaines de tablettes d'argile par des scribes et prêtres astronomes de la première civilisation humaine reconnue, **Sumer**. Pour quelles étranges raisons ce peuple, très en avance, aurait inventé une telle histoire décrivant une ouverture donnant accès à un monde souterrain gouverné par un Dieu de sagesse et Père de l'Humanité ? Je crois, moi, que le mot «mythe» a été opportunément inventé par l'homme pour simplement freiner son évolution et ainsi lui éviter d'avoir à sortir de sa propre zone de confort lui interdisant de fait, l'étude des réalités originelles!

La capitale de ce royaume serait **Shambhala** que la célèbre ésotériste, **Alice Bailey**, situait dans le désert de Gobi et qu'elle identifiait comme le foyer du «Seigneur du monde», lequel surveille l'évolution des hommes jusqu'à ce que tout soit accompli. Cette croyance est particulièrement liée au monde du Bouddhisme, mais on la retrouve aussi dans le folklore du Tibet, de la Mongolie, de la Chine, du Turkestan, du Cachemire, de la Perse, de la Russie….

Il conserverait en son sein des bibliothèques d'archives des Savoirs perdus des légendaires continents engloutis de l'**Atlantide** et de la **Lémurie**, serait le refuge des «hommes-éclairs» cités dans le Tjukurpa des aborigènes australiens et la cosmologie Mohawks, mais aussi des civilisations disparues des Mayas et des Aztèques, ainsi que leurs trésors cachés avant l'arrivée des Conquistadores.

Le royaume de l'Agartha est aussi à la base de la théorie de la Terre creuse qui propose que l'intérieur de la Terre n'est pas uniquement composée de matière solide, mais aussi d'océans, de masses de terre auxquelles on peut accéder par des entrées (physiques ou «subtiles») présentes au Pôle Nord comme au Pôle Sud, au travers de passages secrets ainsi qu'à partir de grottes et tunnels existant à la surface de la planète.

    Et à ce sujet, nous pouvons absolument faire référence au célèbre ouvrage de **Jules Verne**, *«Voyage au centre de la Terre»* qui décrit le voyage d'explorateurs passant par le cratère d'un volcan pour découvrir un monde souterrain peuplé d'animaux préhistoriques (tient cela me fait penser au mammouth de Byrd….), un océan et autres richesses. Cet écrivain visionnaire et certainement initié, fut l'auteur de multiples ouvrages de science-fiction pour son époque mais qui se transformèrent tous en réalité avec le temps, tels que *20 000 lieux sous les mers, De la Terre à la Lune,*….Méfions-nous alors de voir un jour son roman, du *Voyage au centre de la Terre,* prendre lui aussi, à son tour et à court terme, la couleur de la réalité….

    Voici d'ailleurs ce qu'il déclare à la page 439 du tome 2 de son livre paru en 1866, *«Aventures du capitaine Hatteras»* :
«Enfin, de nos jours, on a prétendu qu'il existait aux Pôles une immense ouverture, d'où se dégageait la lumière des aurores boréales (dont la couleur verte prédomine….), *et par laquelle on pourrait pénétrer dans l'intérieur du globe.»* On s'aperçoit alors, à la lueur de cette déclaration, que Jules Verne était lui-même bien informé, avant 1866, de la possibilité d'une Terre creuse !

    Afin de vous offrir une vue panoramique de ce que peut représenter l'Agartha, nous allons prendre connaissance du livre de **Marshall B. Gardner** publié en 1920, *«A journey to the earth's interior»*.

    Gardner était un précurseur des théories de la Terre creuse et son ouvrage, devenu quasi introuvable, fait absolument référence en la matière. Nous en reparlerons plus loin... En page suivante, on retrouvera la reproduction intéressante d'un dessin de Gardner mentionnant des distances, le soleil central ainsi que les courbures au niveau des ouvertures des Pôles permettant un passage progressif vers l'intérieur de la Terre et dont l'écart de l'ouverture peut sensiblement varier. Il pourrait ainsi se produire périodiquement une dilatation des Pôles qui s'ouvrent et se referment, un peu comme une respiration, selon une source ésotérique.

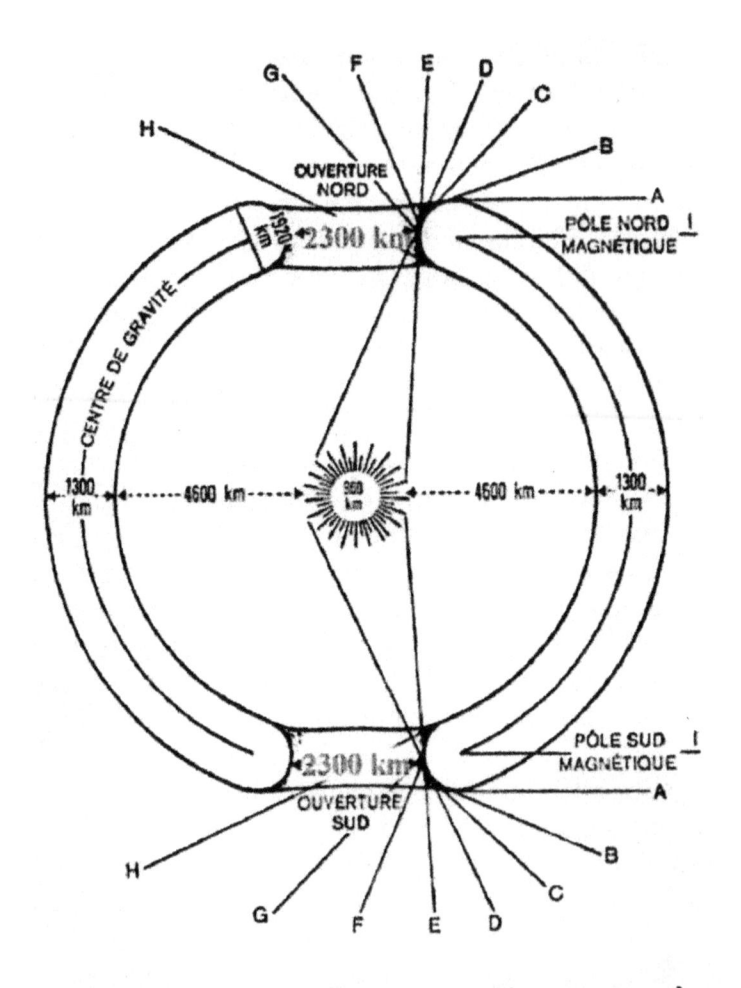

Croquis montrant que la Terre est une sphère creuse avec des ouvertures polaires et un soleil central. Les lettres indiquent les étapes successives d'un voyage imaginaire à l'intérieur de la planète. Au point marqué « D » c'est la première vision de la couronne du soleil central. Au point « E », on peut voir le soleil central complètement. (« *Un voyage à l'intérieur de la Terre* », *Gardner*.)

Pour le profane, je me doute un peu que tout cela puisse paraître relever un tant soit peu….. de l'impossible ! Et pourtant, l'idée que la Terre soit creuse semble aujourd'hui aussi difficile à croire que ne l'était l'idée qu'elle soit ronde à une certaine époque où on la croyait plate….Car il y a une chose qu'il faut bien admettre : qu'elle soit pleine est aussi délicat à prouver que n'importe quelle autre théorie !

En effet, certains savants auront beau protester que l'on connaît parfaitement bien l'intérieur de notre planète, en nous exposant quelque joli schéma où viendront prendre place la croûte terrestre, le manteau et le noyau, force est de constater et de reconnaître que leurs belles théories ne sont que pures spéculations. Seule la réalisation d'un forage de 6300 km de profondeur nous permettrait d'atteindre le centre de notre globe terrestre afin de valider ce qui constitue, par exemple, la composition de ce fameux noyau liquide en fusion ainsi que de sa graine centrale. Hors, à ce jour, le forage le plus profond jamais effectué au monde, est celui effectué par les soviétiques en Sibérie occidentale (presqu'île de Kola) fin 1989, stoppé à 14,4 km, après avoir rencontré…..une énorme cavité !

Pour information et afin de valider ces quelques judicieuses remarques, voici ce que dit la «bible wikipédia» de la constitution du noyau interne de la Terre :

Le noyau interne, ou la graine, est la partie solide située au centre de la Terre. C'est **une boule de <u>1220 km</u> de rayon (?)** située au centre du noyau externe (liquide). **Elle est composée d'un alliage de fer et de nickel, ainsi que d'éléments plus légers.**

La graine a été découverte par la sismologue danoise **Inge Lehmann en 1936**. Dans la publication originelle, **elle a <u>interprété</u>** l'observation de <u>**l'arrivée inattendue d'une onde**</u> sismique dans des **sismogrammes** de télé-séismes <u>**comme la réflexion**</u> sur une boule interne **dont elle a <u>évaluée le rayon</u> à 1/6ème du rayon terrestre**. D'autre part, la propagation des ondes de cisaillement permet d'affirmer qu'elle est solide alors que la couche environnante de la graine, le noyau externe, ne transmet pas les ondes de cisaillement et de ce fait est liquide. <u>**L'observation directe des**</u>

ondes de cisaillement dans la graine est controversée, mais semble avoir été validé.
Il n'y a pas d'observation directe de la matière qui constitue la graine terrestre. **L'étude des météorites** a permis aux géochimistes **de construire** un modèle chimique de la Terre qui, par analyse chimique des météorites non différenciées d'une part et du manteau terrestre d'autre part, **a permis de déduire** que le noyau terrestre **est principalement constitué de fer.** Comme la densité du matériel mesurée par les sismologues est ***grosso modo* comparable** à celle du fer dans les conditions de pression et de température du centre de la Terre, **nous convenons** que le noyau et la graine sont principalement constitués de fer et de nickel……..
Avec le refroidissement de la Terre (?) qui a fait passer la température au centre du noyau en deçà de la température de fusion de l'alliage fer-nickel, la graine s'est formée progressivement par solidification du fer du noyau liquide.

Ai-il besoin d'ajouter une foule d'autres informations similaires afin de vous démontrer sobrement qu'il n'y a pas un seul commencement de preuves fondées irréfutables initiées par notre science toute puissante ? En clair, ce que nos chers scientifiques érigent en vérités inébranlables (depuis 1936 et avant cela en 1798 avec l'expérience de Cavendish !) ne reposent en fait que sur de multiples suppositions, extrapolations et comparaisons, comme vous avez pu le constater par les nombreux passages surlignés en gras !

Dans ces conditions, penser que la Terre puisse être creuse ne relève nullement du domaine du déraisonnable car personne, ni aucun scientifique ou spécialiste, ne peut, à l'heure actuelle, apporter la preuve du contraire. Cela est parfaitement confirmé par le **Dr Raymond Bernard**, géophysicien américain, dans son livre paru en 1969, «*La Terre creuse*». Cet ouvrage fit scandale à l'époque et fut, à plusieurs reprises, retiré mystérieusement des réseaux mondiaux de distribution. Voici ce qu'il rapporte :

«A ce jour, on a pénétré que de quelques kilomètres à l'intérieur de la Terre. Ce qu'il y a au-delà, les savants l'ignorent. Ils en sont réduits aux conjectures, aux suppositions. La plupart des théories

communément admises ne reposent sur aucune base scientifique. Croire qu'il y a au centre de la Terre un noyau de feu et de métal en fusion semble s'inspirer étrangement de la vieille idée religieuse d'un enfer. L'idée scientifique n'est pas plus fondée que la croyance religieuse. Toutes deux sont de simples suppositions sans un iota de preuve....La Terre était à l'origine une boule de feu et de métal en fusion ; une partie de ces matières incandescentes resta en suspension au centre pour donner plus tard naissance à un soleil, tandis que la force centrifuge, créée par la rotation de la Terre sur son axe, poussait les matériaux solides vers la surface où ils constituèrent une croûte compacte.»

Suite à ce préambule bien nécessaire, attachons-nous à présent à étudier d'un peu plus près les déclarations des premiers théoriciens de la Terre creuse, qu'ils soient scientifiques ou simples chercheurs.

Les théoriciens de la Terre creuse

Remontons le temps jusqu'à un certain **Edmond Halley**, le célèbre astronome anglais (1656-1742) dont la non moins célèbre comète porte le nom. Il supposa le premier que la Terre était creuse et à émettre l'idée que les aurores boréales polaires étaient le reflet d'un «soleil intérieur». Pour un scientifique n'ayant pas eu la possibilité de lire, de son temps, *«voyage au centre de la Terre»* de **Jules Verne**, l'audace de la divulgation de pareilles conclusions invite fortement à la réflexion...

Vint ensuite la théorie du mathématicien et astronome Suisse, **Léonard Euler** (1707-1783), selon laquelle la Terre serait réellement creuse. Un soleil éclairerait l'intérieur de notre planète en donnant ainsi chaleur et lumière à toute une civilisation d'intra-terrestres vivant sur la surface concave de la Terre.

Un autre des précurseurs à avoir prôné cette théorie de la Terre creuse est un capitaine de l'Armée américaine, **John Cleves Symmes**, né en 1780 et ancien héros de la guerre de 1812 contre la

Grande-Bretagne, dont on a érigé, à Hamilton, un monument de pierre représentant une sphère percée en deux points symétriques. C'est le 10 avril 1818 qu'il fit parvenir au Congrès américain, à des directeurs d'université et à des savants, la lettre suivante :
«Au monde entier, je déclare que la Terre est creuse et habitable intérieurement....». Symmes, qui avait probablement compulsé les récits d'explorateurs polaires, admettait qu'il y avait aux deux pôles, d'énormes ouvertures où s'engouffraient l'atmosphère, des terres et des mers ! Après sa mort, son fils Americus défendit sa théorie....

Plus près de nous à présent, mettons en avant celui qui fut le premier à avoir présenté une théorie de la Terre creuse avec des ouvertures aux Pôles. Il s'agit du penseur américain **William Reed**, auteur du livre *«Fantôme des Pôles»* publié en 1906, et qui fournit le premier apport scientifique sur la question en s'appuyant sur les témoignages d'explorateurs arctiques. Voici ce qu'il rapporte :
«La Terre est creuse. Les Pôles, si longtemps cherchés, sont des fantômes. Il y a des ouvertures aux extrémités Nord et Sud. A l'intérieur on trouve de vastes continents, des océans, des montagnes et des fleuves. Il existe une vie végétale et animale dans ce nouveau monde, et il est probablement peuplé par des races inconnues des habitants de la surface».

Reed suggère ainsi que la Terre est légèrement aplatie aux Pôles ou plutôt qu'elle commence à s'aplatir lorsqu'on approche de ces points géographiques. Les Pôles, en réalité, se trouvent entre ciel et Terre, au centre des ouvertures polaires, et non à la surface, comme le supposaient ceux qui ont cru les découvrir. Reed affirme que l'on a pu découvrir ni le Pôle Nord ni le Pôle Sud pour la bonne raison que la Terre est creuse à ces endroits précis. Quand les explorateurs pensaient avoir atteint le Pôle, ils avaient été trompés par le comportement fantaisiste de la boussole en hautes latitudes. Reed raconte que ce fut le cas de **Peary** et de **Cook** qui, ni l'un ni l'autre, n'atteignirent le Pôle Nord. Voici ce que nous en dit le **Dr Raymond Bernard** dans son livre *«La terre creuse»* :
«Quand on arrive à 70-75° de latitude nord ou sud, la Terre commence à s'incurver vers l'intérieur. Le Pôle est simplement la

limite extérieure de l'ouverture polaire. On pensait autrefois que le Pôle Nord magnétique était un point dans l'archipel arctique. Les explorateurs soviétiques ont montré récemment que ce n'était pas un point, mais une ligne longue approximativement de 1600 km. Cependant, nous pensons que cette ligne n'est pas droite, mais circulaire, et qu'elle délimite les bords de l'ouverture polaire. Quand un explorateur parvient à cet endroit, il a atteint le Pôle Nord magnétique, mais pas le Pôle Nord géographique». Dans son ouvrage, le Dr Bernard cite, par ailleurs, les archives Russe à ce sujet : *«Nous pouvons dire que le Pôle, dans sa signification magnétique, est une zone très étendue qui traverse le bassin polaire d'un continent à l'autre. Ainsi, quand l'Amiral **Peary** affirme qu'il a atteint le Pôle, il fait en réalité une déclaration très vague. Tout ce qu'il peut dire, c'est qu'il a atteint un point situé quelque part sur les bords de l'ouverture polaire. Un exploit peut-être, mais pas une «découverte du Pôle». Etant donné que les autres types de navigation ont en définitive, eux aussi leurs limitations, tout comme la boussole, nous aurons l'audace d'affirmer que personne n'a jamais atteint le Pôle, et mieux encore, qu'il n'y a pas de Pôle à atteindre.*

Par la suite, les théoriciens, fort embarrassés, tentèrent de trouver une explication au comportement étrange de la boussole dans la région polaire. Pour cela, ils se tournèrent vers l'espace, la haute atmosphère, et même vers le Soleil. Le Pôle devint ainsi le produit de «l'interaction du champ magnétique terrestre avec les particules chargées émises par le Soleil.»

Poursuivons les analyses pertinentes de Reed, confirmées par le Dr Bernard et les archives Russes, sur le franchissement de l'ouverture polaire par les explorateurs :

«Chaque fois que les explorateurs ont pénétré à l'intérieur de la Terre (sans le savoir), ils ont rencontré des conditions tellement différentes qu'ils ont été fort embarrassés pour en rendre compte. Ce n'est pas étonnant qu'ils aient parlé de «terre étrange». La conception traditionnelle ne pouvait leur fournir aucune explication valable de ce qu'ils voyaient. Je fais ici une petite parenthèse

opportune et à la fois particulièrement révélatrice au sujet des commentaires insolites et étranges de l'Amiral Byrd reproduits dans les journaux, suite à ses découvertes, et qui recoupent parfaitement ce sentiment de malaise embarrassé des explorateurs cités par Reed !
Et justement, il continue avec un témoignage très significatif :
«*La description que le* **Lieutenant Greely** (d'après son livre : *«3 années de service dans l'Arctique»*) *donne de son passage dans l'ouverture polaire est caractéristique.* Il raconte : *«C'était avec un grand intérêt que nous avions poursuivi jusqu'ici notre voyage, mais maintenant **cet intérêt s'intensifiait d'une manière extraordinaire. Jamais l'oeil d'un homme civilisé n'avait vu le paysage qui s'offrait à nous, jamais un pied humain n'avait foulé le sol sur lequel nous évoluions.** Nous fûmes tous saisis d'un désir fou de foncer en avant à notre meilleure vitesse. Chaque fois que nous atteignions un contrefort, notre envie de voir ce qu'il y avait au-delà devenait si intense que cela en était parfois douloureux. **Chaque fois c'était un nouveau paysage**, et il y avait toujours en avant un point qui escamotait une partie de l'horizon et nous causait un certain désappointement.....»*
Reed commente ce passage : *«Si Greely et ses compagnons avaient pénétré à l'intérieur du globe, ils se seraient probablement aperçus que la courbure de la Terre était plus grande là qu'ailleurs et que, après avoir franchi un point extrême au Nord, chaque ressaut de terrain était inévitablement suivi d'un autre qui bouchait toujours une partie de l'horizon. Et c'était justement ce qui était arrivé. Donc, Greely avait bien franchi les frontières de cet autre monde qui s'étend dans l'intérieur creux de la Terre.»*
Greely rajoute des éléments stupéfiants :
*«**La présence de ces oiseaux, de ces fleurs et de ces animaux** était, de la part de la nature, une manière touchante de nous souhaiter la bienvenue dans notre nouvelle demeure.»*
Reed reprends : *«Cette dernière phrase n'est pas la simple constatation d'un fait normal. Elle dissimule un sentiment de surprise. Surprise de découvrir là des oiseaux et des bêtes qui, logiquement, ne devraient pas s'y trouver, alors qu'au Sud pendant

des kilomètres et des kilomètres, la terre est couverte de neige éternelle atteignant, en certains endroits, une profondeur de plusieurs centaines de mètres.»

Voici ce que raconte **Marshall B. Gardner** (que nous étudierons plus loin) au sujet du livre exceptionnel du Lieutenant Greely :

«La préface du livre de Greely est riche d'enseignements. ***Il y raconte que les merveilles des régions arctiques sont si extraordinaires qu'il avait été forcé de modifier les notes qu'il avait prises sur le vif, de les minimiser, de crainte qu'on le soupçonne d'exagération.*** *Que les hautes régions arctiques soient pleines de vie, qu'un explorateur ne puisse les écrire sans se voir accuser d'en rajouter, voilà un phénomène bien étrange que devraient méditer les adeptes des vieilles théories géographiques qui pensent que ces régions conduisent seulement à une terre désolée de glace éternelle.*

Greely a recensé des oiseaux d'espèces inconnues, ainsi que des fleurs différentes de toutes celles qu'il connaissait, sans parler des papillons et des mouches. Il a trouvé aussi beaucoup de bois de saule pour faire du feu.»

Avant de poursuivre notre enquête sur nos théoriciens de la Terre creuse, il est absolument impératif de faire une parenthèse sérieuse sur ce **Lieutenant Greely** et son expédition de 1881/1884. Ses premières observations rapportées ici et commentées par Reed et Gardner, si révélatrices soient-elles, ne sont pas les seules. D'autres, tout aussi incroyables sont rapportées dans son livre et méritent attention et analyses tant elles sont précises mais non-compatibles avec ce que l'on attend d'une description de l'Arctique à plus de 80° de latitude Nord, même en été. Il sera également incontournable de situer sa zone d'exploration sur des cartes en y rapportant l'ouverture théorique des Pôles afin d'y démontrer un fort lien de cause à effet.

Adolphus Washington Greely (1844-1935) est un explorateur polaire américain, officier de l'Armée américaine, qui a notamment reçu la Medal of Honor. En 1881, le premier-Lieutenant Greely reçoit le commandement de l'expédition de la baie de Lady Franklin sur le navire *Proteus*. Son but était d'établir le premier maillon d'une chaîne de stations d'observation météorologique dans le cadre de la première Année polaire internationale. Le livre de Greely est une véritable mine d'informations. Il parut aux Etats-Unis en 1886 sous le titre *«Three years of Arctic service»* et en France, en 1889, sous le titre *«Dans les glaces arctiques»*, reproduit ci-dessous.

ADOLPHUS W. GREELY

DANS

LES GLACES ARCTIQUES

RELATION DE L'EXPÉDITION AMÉRICAINE

A LA BAIE DE LADY FRANKLIN

1881-1884

TRADUITE DE L'ANGLAIS AVEC L'AUTORISATION DE L'AUTEUR

PAR Mᵐᵉ L. TRIGANT

ET CONTENANT 150 GRAVURES SUR BOIS ET 4 CARTES

PARIS

LIBRAIRIE HACHETTE ET Cⁱᵉ

79, BOULEVARD SAINT-GERMAIN, 79

1889

J'ai bénéficié de l'opportunité de le consulter afin d'en tirer toutes les informations à venir et, pour commencer, la confirmation de son auto-censure dans la préface de son ouvrage reproduite ci-dessous.

PRÉFACE DE L'AUTEUR

Depuis la transmission au Département de la guerre de mes Rapports officiels, je n'ai épargné ni ma santé, ni mes forces pour préparer un livre qu'on me demandait de toutes parts : le ministre a bien voulu me permettre d'y reproduire les cartes, les dessins et des fragments de mon journal officiel.

La plus grande partie de ce volume est basée toutefois sur mes notes personnelles : j'ai fait aussi de larges emprunts aux carnets très complets du lieutenant Lockwood et du sergent Brainard, les seuls, du reste, en outre du mien, qui aient été tenus quotidiennement pendant notre retraite vers le sud et le séjour à Camp Clay.

De crainte que mes récits des merveilles de ces régions éloignées ne fussent taxés d'exagérations enthousiastes, je n'ai point osé reproduire la plupart des lignes écrites sous l'impression de phénomènes qu'on accuse si souvent les voyageurs de peindre de couleurs trop vives.

Qu'il me soit permis ici de dire, en aussi peu de mots que possible, la part de Mme Greely à l'œuvre de notre salut ! La position critique où se trouva la mission à sa troisième année de service, lui avait fait acquérir une connaissance exceptionnellement approfondie des campagnes en terre polaire. Pendant cette

Comme vous avez pu le lire, il rapporte : *«De crainte que mes récits de merveilles de ces régions éloignées ne fussent taxées d'exagérations enthousiastes, **je n'ai point osé reproduire <u>la plupart des lignes écrites</u> sous l'impression de phénomènes** qu'on accuse si souvent les voyageurs de peindre de couleurs trop vives.»*

Cet aveu est d'une importance capitale car il sous-entend deux choses : la première serait que le Département de la guerre américain, déjà à cette époque, lui aurait suggéré fortement de relativiser ses propos afin de ne pas sortir du consensus scientifique général et secondement, que la nature déjà exceptionnelle de ses propres constatations relatées dans son ouvrage, ainsi que celles de deux de ses hommes, **Lockwood** et **Brainard**, induisent indubitablement **la survenue supplémentaire de situations et d'observations totalement inédites, insolites et donc incompatibles avec les normes connues appliquées habituellement à l'Arctique sous les hautes latitudes.** Malgré les précautions de Greely, nous verrons plus loin dans ce livre, dans la partie archéologie de l'arctique, qu'un membre de l'expédition, le **sergent Fredericks** parlera longuement et précisément de découvertes et d'observations fantastiques…...

Voici donc un premier et long florilège d'observations les plus marquantes rapportées par le Lieutenant Greely, en **Terre de Grinnell**, au-delà de 81° de latitude Nord, soit à environ, et seulement, 900 km du Pôle Nord géographique. Leur camp de base, **Fort Conger**, était établi à la pointe de la Terre Grinnell :

Page 179 : *«Pendant notre séjour au camp, **Connell** utilisa ses loisirs à visiter le débouché d'une vallée qui court au Nord-Ouest et forme, pendant l'été, la coulière d'un petit fleuve. **La végétation en était presque luxuriante. Il aperçut quatre loups et un bœuf musqué.***»

P187 : *«Le 2, nous quittons la rive Sud du lac (Hazen)….**plus des trois quarts du sol étaient débarrassés de neige ; partout des saules et du gazon…Pendant la nuit, le thermomètre retombe à -18°.***»

P193 : *«Les résultats de ce voyage n'étaient certes point à dédaigner. **Il nous avait révélé, à l'intérieur de la Terre Grinnell, des conditions physiques que nous étions bien loin de***

soupçonner....Les vallons, souvent libres de frimas tout l'été, donnent naissance à **une végétation relativement luxuriante et qui sert de pâture à de nombreux animaux...»**

P245 : «**Des essaims de mouches** *nous obsédaient sous la tente ;* **la chaleur était insupportable** *: à 2 heures elle atteignait 9°.* **Dans la nuit, elle toucha à 10°, température torride pour la Terre Grinnell. Les saules desséchés abondaient** *et nous pûmes économiser notre faible provision d'alcool...A trois heures trente, nous continuons notre marche vers l'Ouest.* **Thermomètre +11,7°.** *Dans les eaux libres de glace se jouent des quantités de vairons mesurant de 2 à 3 cm...»*

P247 : «*Au Nord-Est du lac Hazen,* **Lynn vit une demi-douzaine de bœufs musqués, des mouettes, des sternes, des oies, des tournes-pierres, un sanderling violet et plusieurs stercoraites. Il faisait si chaud qu'on ne plantera même pas la tente**....*Départ le 28 à minuit et demi.* **Thermomètre 11,7°.***(Près de la rivière Ruggles). La scène était admirable :* **le ciel se couvrait de cumulus, très rares dans les régions arctiques.** *Les pavots aux fleurs d'or, les saxifrages pourpres attiraient les papillons aux brillantes couleurs. L'atmosphère était délicieusement chaude, et si, tournant le dos à la cuirasse de cristal du lac Hazen et aux glaciers débordants les brèches des montagnes, nous arrêtions nos regards sur les collines brunes, faiblement teintées de vert olive,* **on se serait cru aux confins des tropiques,** <u>**et non à 8° du Pôle.**</u>»

P255 : (Secteur Ile John. Lac Hazen) «**La chaleur commençait à nous incommoder beaucoup** ; *le thermomètre fixé au baromètre anéroïde, qu'on portait toujours à l'ombre,* <u>**marquait 28,3°**</u> ; *l'autre instrument, quoique agité dans l'air pendant sept minutes consécutives,* **ne descendit pas au-dessous de 22,8°**. *Jamais je ne me fusse attendu à une pareille température, que je garantis exacte à un ou deux degrés près.*»

P265 : «**Le sol est jonché de débris de vieux saules**, *quelques-unes des souches ayant* **jusqu'à cinq centimètres de diamètre**. *Les falaises de la berge occidentale se colorent de teintes vertes annonçant la présence de mousse, de saules nains...Cette vallée* *fertile, ces collines revêtues de gazon, ces montagnes sans neige, sauf sur la cime même, me reportent dans les territoires du Far-West.* ***Je ne peux croire que nous soyons juste à moitié chemin entre le 80 et 81ème parallèles.****»*

Avant de poursuivre sur quelques observations intéressantes liées plus particulièrement à la faune sauvage «bizarrement» très riche de cette terre de l'extrême Nord, je voudrais simplement mettre en avant l'étonnement non dissimulé de Greely face à des constatations environnementales et des températures extrêmes qui le surprennent totalement. **Je vous laisse le loisir d'imaginer la teneur de la plupart des notes qu'il n'a pas eu l'audace de retranscrire…..**

C'est pourtant une dépêche de l'AFP, dont j'ai pris connaissance ce jour, 17 juillet 2019, pendant l'écriture de cet ouvrage, qui m'a laissée dubitatif… En voici son contenu :

*La moyenne quotidienne pour un mois de juillet est de **3,4° à Alert** (station météo canadienne **située à côté de Fort Conger en Terre de Grinnell**) et la **moyenne des températures maximales y est de 6,1°**.*
*Le mercure a atteint **21°** dimanche à Alert, endroit le plus septentrional de la planète, à moins de 900 km du Pôle Nord ; **établissant un «record absolu» de chaleur pour cette station**, a indiqué mardi la météo canadienne.*
*«C'est assez phénoménal comme statistique, c'est un exemple parmi des centaines et des centaines d'autres **records établis par le réchauffement climatique**», a souligné auprès de l'AFP Armel Castellan, météorologue au ministère canadien de l'Environnement.*
*«Ce n'est pas exagéré d'appeler cela **une vague de chaleur arctique**», a dit de son côté à l'AFP, David Phillips, climatologue principal au ministère canadien de l'Environnement. **De telles températures élevées aussi au Nord, «c'est complètement foudroyant»**, selon M. Castellan, d'autant que «ça fait une semaine et demie qu'on a des températures beaucoup plus chaudes qu'à l'habitude». **Le précédent record (20°) remontait au 8 juillet 1956**.*

Que dire de telles informations ? Et bien que dans un premier temps, il serait intéressant de connaître la véritable origine de cette *«vague de chaleur arctique»* et ensuite, force est de constater que ces scientifiques ne possèdent aucune connaissances météo avant 1950 ! Ou auraient-ils quelques états d'âmes à dévoiler des records extrêmes de plus de 28° constatés en 1882 par Greely, à proximité même de leur station météo d'Alert ? Pourquoi ce manque de transparence au regard de mesures officielles dont ils ne peuvent pas ignorer l'existence ? Pourquoi parler de réchauffement climatique aujourd'hui alors qu'en 1882 la chaleur y était déjà hors normes ?

Je pense, quant à moi, que ces hausses de température ponctuelles, en Arctique, attestent davantage de la proximité d'une ouverture polaire et d'un basculement progressif du Pôle magnétique, bien connu des scientifiques, ayant des conséquences évidentes sur le climat. Mais pour les élites, il est bon que l'individu moyen reste dans la peur climatique tout en le tenant pour responsable de son rôle de premier pollueur !

Observations sur la faune sauvage arctique :

P156 : *(Expédition hivernale, au mois de mars vers l'océan arctique, du* **Lieutenant Lockwood qui atteindra la latitude extrême de 83°20'26"N.)**

«Thermomètre -47°. Avant d'arriver au campement, **Brainard** *découvrit* **sur la neige de l'hiver,** *des fumets de bœuf musqué remontant tout au plus à 8 jours. «Preuve, dit-il dans son rapport, que ces animaux n'émigrent pas vers le Sud avec le soleil, pour retourner au Nord avec lui,* <u>comme certains auteurs le soutiennent.</u>»

A partir d'une simple «bouse» de bœuf découverte, in situ, dans un espace impossible situé aux environs de 83° de latitude Nord, on se doit de reconnaître l'appréciation du **Sergent Brainard** comme particulièrement révélatrice. En effet, il affirme, avec raison, que des herbivores de grande taille passent l'hiver près ou dans la zone stérile de l'océan arctique ! **Mais pour se nourrir avec quoi ?** Alors que ces animaux auraient effectivement la possibilité de migrer vers le Sud pour des températures plus clémentes leur apportant une nourriture facile. Alors si tous ne migrent pas et parviennent à se nourrir là où ne se trouve aucune subsistance, **c'est que leur instinct les porte nécessairement vers un lieu propice à leur survie !**

P543. Appendice. Le lièvre polaire : *«Le 17 mai 1876,* **Markham** *a vu des empreintes (de lièvre) sur «la mer glacée du Pôle» par 83°10' et à plus de 10 miles de la côte* **(20 km.).**
Sur la côte Nord du Groenland, **Lockwood** *a tiré sur un lièvre au Cap Benet (83°03') et en a suivi des traces à 83°24'. Je ne crois point que ce soit un animal hibernant ; nous avons distingué* ***ses pas dans la neige à la fin de décembre et au commencement de février.*** *Nous en tuâmes un le 15 de ce même mois, tout blanc sauf quelques soies noires au bout des oreilles.* ***Il pesait 5 kg et était en très bon point, signe que, pendant ce rude hiver, les vivres ne lui avaient point manqué : on trouva dans son estomac*** <u>***des feuilles de saule et des bourgeons de saxifage.***</u>*»*

    Une fois de plus un commentaire s'impose. Greely détaille admirablement bien ses observations concernant la faune sauvage et rapporte un constat étonnant sur la présence du lièvre Polaire à de si hautes latitudes. Mais le plus stupéfiant dans tout cela, restent les preuves attestées de la riche alimentation de ce lièvre bien en chair, tué en plein (rude) hiver, qui **consistait en feuilles de saule….ainsi que des bourgeons de plantes** ! Malgré ma faible expérience «horticole», pas plus en Europe qu'en Arctique d'ailleurs, la végétation ne se met à produire des bourgeons en plein hiver et encore moins les voir se faire ensevelir brutalement en pleine croissance, dès l'été, sous des couches de neige et de glace. De plus, on ne sait de quelle manière un lièvre serait parvenu à en atteindre des quantités, au beau milieu de l'hiver, ceux-ci ayant conservé leur fraîcheur originelle ! Il me semble évident que tous ces derniers arguments tiennent de l'impossible et que, **comme pour le bœuf musqué**, le lièvre n'a pu trouvé cette nourriture abondante, ne vous en déplaise, qu'**à proximité ou dans l'ouverture polaire qui offrirait les conditions tempérées propres à la croissance d'une végétation riche.** Nous en reparlerons bientôt….

    Greely, malgré «l'autopsie» opportune de l'animal, n'argumente pas davantage sur sa surprise certaine face à cette «incompatibilité». **Nul doute que ses propres véritables impressions et révélations,** quant à cet épisode, ont dû restées malheureusement enfouies au plus profond de ses carnets de notes. Par peur du ridicule ?

P544. Appendice. L'Ours polaire : *«Pas plus que **Feilden**, je ne puis comprendre pourquoi ces plantigrades (ours) quittent les riches terrains de chasse des «eaux du Nord» et vont s'aventurer dans ces régions désolées.*

Nous achevons cet aperçu particulièrement révélateur par une nouvelle incompréhension de Greely face au comportement irrationnel de l'ours blanc (sauf pour l'animal !).

A défaut d'être extraordinaires, par leur positionnement sur un segment purement biologique, ces «petites» informations sont d'une richesse extrême car parfaitement réelles et documentées. Elles démontrent, sans l'ombre d'un doute possible, l'existence d'une incompatibilité du comportement animal face à la réalité du climat et du terrain, faisant de celles-ci, pour l'instant, les rares preuves tangibles d'une anomalie géologique liée à ces régions arctiques. **C'est, à mon sens, ce qui dû certainement faire le principal objet des commentaires non révélés de Greely**.

Avant de poursuivre sur les appréciations de William Reed et pour une meilleure compréhension de l'ensemble des phénomènes présentés, il est primordial de passer par la visualisation de cartes précises avec les différents paramètres évoqués jusqu'à présent.

A la page suivante, une première cartographie élargie de la zone arctique vous offrira, en large pointillé, le positionnement supposé de l'ouverture polaire telle que décrite par **Marshall B. Gardner** et reproduite précédemment. J'ai volontairement réduit le diamètre à 1800 km (qui reste tout de même trop exagéré), étant donné que cette ouverture pourrait être variable à plus d'un titre, ce que nous verrons plus tard. Ce faisant, vous constaterez que les dernières franges de terres, comprises entre les 80° et 82° de latitude Nord, restent tout de même largement mitoyennes avec le bord de cette ouverture qui, quelle que soit son diamètre, y maintiendrait une influence sensible.

A la suite, en page 197, une première carte, en haut, détaillant le positionnement de la **Terre Grinnell** et en-dessous, la carte originale des découvertes du Lieutenant Greely tirée de son livre.

RÉGION ARCTIQUE

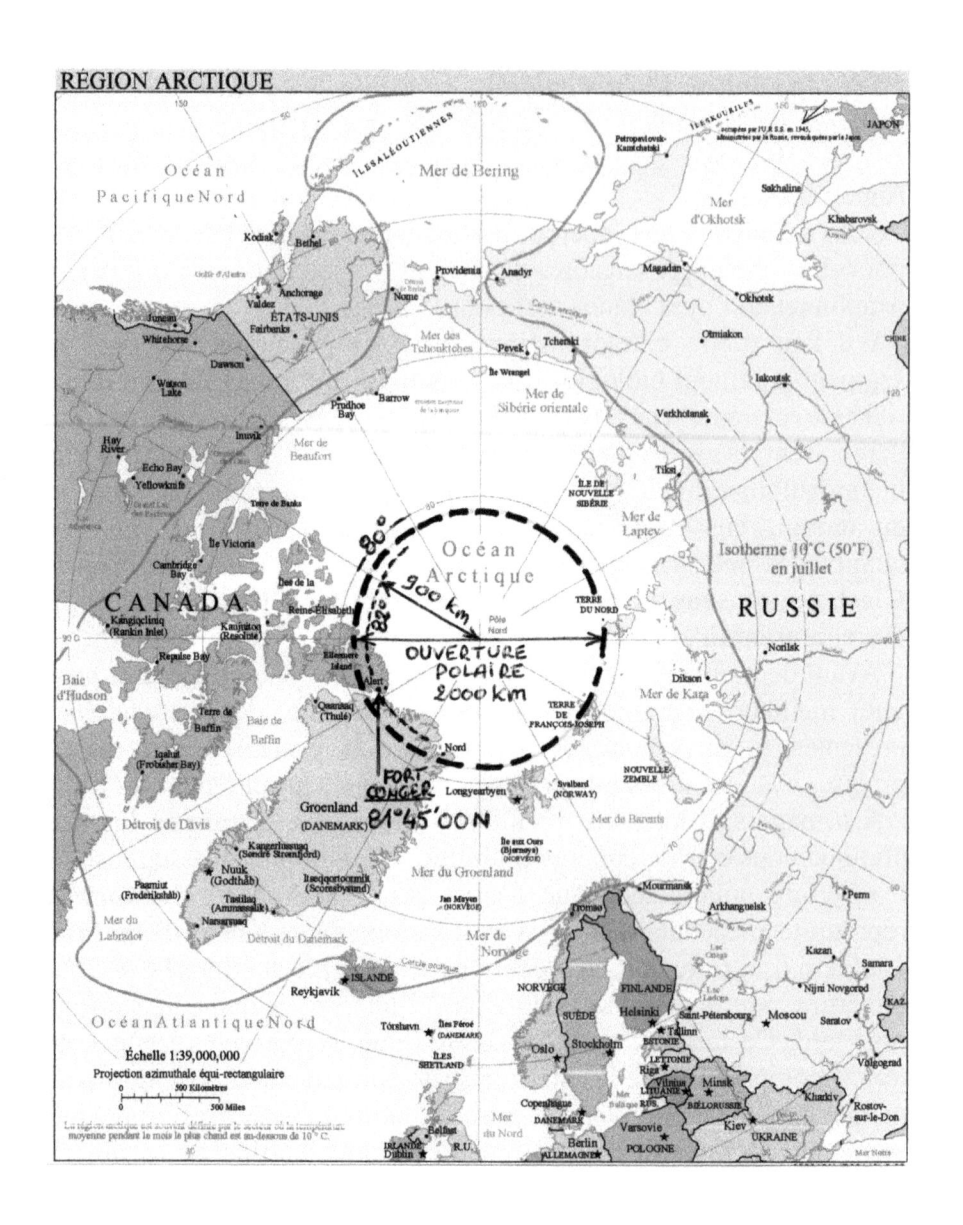

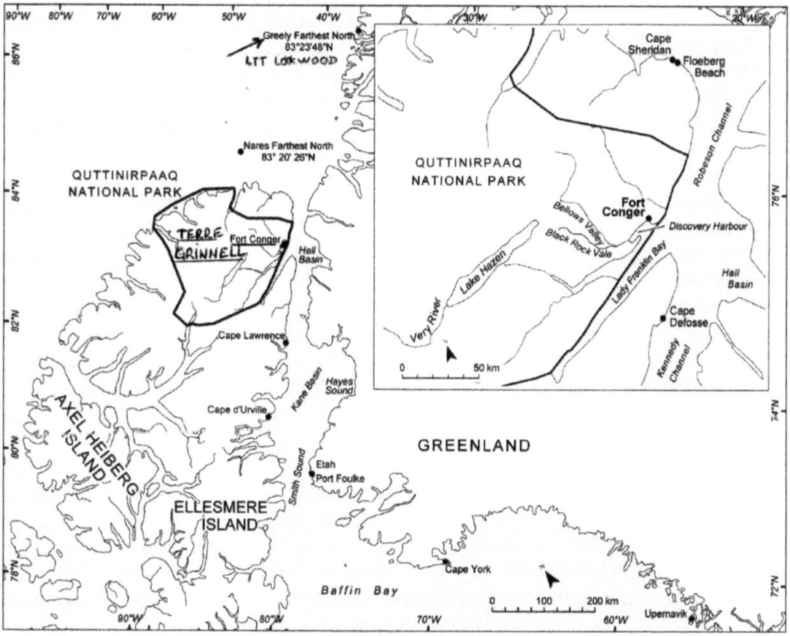
Greely Farthest North
83°23'48"N
LTT LOCKWOOD
Nares Farthest North
83° 20' 26"N
QUTTINIRPAAQ
NATIONAL PARK
TERRE
GRINNELL
Fort Conger
Hall Basin
Cape Lawrence
AXEL HEIBERG
ISLAND
Cape d'Urville
Kane Basin
Hayes Sound
Smith Sound
Etah
Port Foulke
ELLESMERE
ISLAND
GREENLAND
Cape York
Baffin Bay
Upernavik
0 100 200 km
Cape Sheridan
Floeberg Beach
Robeson Channel
QUTTINIRPAAQ
NATIONAL PARK
Fort Conger
Bellows Valley
Black Rock Vale
Discovery Harbour
Lake Hazen
Lady Franklin Bay
Hall Basin
Very River
Cape Defosse
Kennedy Channel
0 50 km

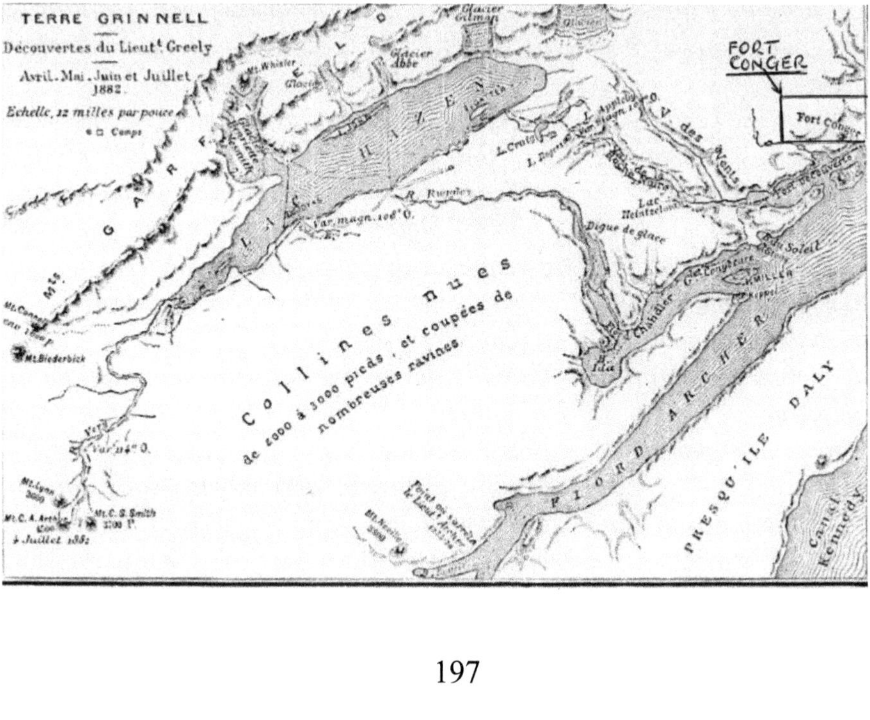
TERRE GRINNELL
Découvertes du Lieut! Greely
Avril. Mai. Juin et Juillet
1882.
Echelle, 12 milles par pouce
FORT
CONGER
Fort Conger
LAC HAZEN
Collines nues
de 2000 à 3000 pieds, et coupées de
nombreuses ravines
FIORD ARCHER
PRESQU'ILE DALY
Canal Kennedy
4 Juillet 1882

Après la mise en lumière de cette large parenthèse instructive à plus d'un titre, attachons-nous maintenant à la poursuite des analyses pertinentes de **William Reed,** en particulier sur la mer libre du Pôle. Et vous allez très vite constater que la théorie va rejoindre assez fidèlement une certaine réalité déjà évoquée....

«Beaucoup croient que l'Océan arctique est une étendue d'eau gelée. Pourtant, bien qu'il contienne de grandes masses de glaces flottantes et des icebergs, j'aimerais fournir au lecteur la preuve qu'il est en réalité une mer libre, facilement navigable, et que plus on avance vers le Nord, plus la température s'élève.
Outre des nuages de poussières et de fumée, on a observé aussi, en hiver, de nombreux brouillards (effectivement, Greely les mentionne à plusieurs reprises). *Si la Terre était la sphère solide que l'on dit, si l'Océan arctique s'étendait jusqu'au Pôle, où trouverait-on l'explication de ce brouillard ? Il est causé par de l'air chaud. De l'air chaud qui ne peut provenir que de l'intérieur de la Terre.* **Kane**, *un explorateur de l'Arctique, écrit : «Certaines observations semblent laisser supposer qu'il y a de l'eau loin dans le Nord, et tout au long de l'année. Les ciels d'eau assez fréquents, les brouillards, etc.., que nous avons vu au Sud-Ouest au cours de l'hiver, confirment le fait.»*
«Dans les récits des explorateurs, de nombreux paragraphes sont consacrés à cette mer libre. Si une telle mer existe dans la région la plus septentrionale du monde, peut-on trouver une raison valable au fait que personne n'ait jamais atteint le Pôle ? Les hommes qui avaient consacré tout leur temps, tous leurs efforts à cette tâche, qui parfois même y avaient sacrifié leur vie, étaient plus que désireux de réussir. Et pourtant, étrangement, ils échouèrent. Etait-ce parce que le temps devenait plus chaud, que la vie végétale et animale se développait plus abondamment ? Allons donc ! C'était tout simplement parce que le Pôle n'existait pas.»
«Nansen, qui probablement fut celui qui alla le plus loin dans le Nord, remarque dans son livre (certainement *«Vers le Pôle»* de Fridtjof Nansen et son odyssée à bord du navire *«Le Fram»* de 1893 à 1896. Il atteignit 86°15') *que c'était un étrange sentiment de*

naviguer ainsi sur une mer houleuse en pleine nuit, vers des terres inconnues, en pensant qu'aucun bateau n'était jamais passé par là. Il souligne que le climat était relativement doux pour un mois de septembre. Plus il allait vers le Nord, moins il voyait de glace. Il écrit : «Il y a toujours le même ciel noir devant nous, cela signifie que nous sommes en pleine mer. Chez nous, en Norvège, on est loin de se douter que nous filons droit vers le Pôle sur une eau claire et limpide. Je ne l'aurais pas cru moi-même si quelqu'un me l'avait prédit quinze jours plutôt. Et pourtant c'est la vérité !»
Trois semaines plus tard, Nansen note que l'eau n'est toujours pas gelée. «Aussi loin que l'on puisse voir, écrit-il, c'est encore et toujours la pleine mer.»
Entre le 6 et 21 septembre, il ne trouva pas la moindre trace de glace alors qu'il naviguait plein Nord à une très haute latitude.

Le **Dr Kane** est souvent mis en avant à travers sa propre découverte de «*La mer libre du Pôle*». Retrouvons quelques phrases clés de son ouvrage, «*Arctic explorations*», publié en 1859 à Philadelphie. Tome 1 : «*Depuis la limite méridionale de cette banquise jusqu'à la région mystérieuse de l'eau libre, il y a, à vol d'oiseau, 180 km. N'eût-ce été la vue des oiseaux et l'affaissement de la glace, ni Hans ni Morton n'en avaient cru leurs yeux, n'ayant aucune précision de ce fait....Toutefois, la mer, que je me suis hasardé à appeler libre, a été suivie pendant nombre de kilomètres le long de la côte, et vue d'une élévation de 145 m, toujours sans limite et sans glace, se soulever et se brisant contre les rochers du rivage.»*

Arrêtons-nous un instant afin de vous exposer ce que j'ai pu relever dans les annales géographiques de l'année 1897. T6. n°25, page 72, signé d'un certain Monsieur **Zimmermann**, Agrégé d' histoire/géographie. Il y expose un panorama complet, sans parti pris, de la théorie de la mer libre du Pôle, à la lumière de multiples observations d'explorateurs dont celles de Kane :
«***Kane** revint en 1855 du Smith Sound, proclamant, sur les rapports de son steward **Morton** et du **Dr Hayes**, qu'il avait trouvé, au Nord d'une barrière de glace très pénible à franchir et large de 180 km, une «mer libre et ouverte». On sait avec quel enthousiasme*

Petermann, ***Bhem, Maury*** *acceuillirent la nouvelle. Elle fut même admise sans objection par des voyageurs d'expérience, tels que* ***Belcher*** *et* ***Inglefield****. Cet enthousiasme avait des causes très complexes, quelques-unes fort lointaines, dans le détail desquelles il n'y a pas à entrer. Mais, sans remonter jusqu'au XVII ou XVIIIème siècle, les observations de* ***Hedenström*** *en 1811, de* ***Wrangell*** *en 1843, avaient paru fonder la certitude d'une grande mer constamment libre dans l'Océan de Sibérie. Dans la période qui nous occupe, cette* ***Polynia*** *(Nom donné par les Russes à cette mer libre) mystérieuse ne trouvait que peu d'incrédules. A ce premier fait s'en joignaient une multitude d'autres : tels l'expérience de* ***Parry****, arrêté en 1827 dans son voyage en traîneaux au Nord du Spitzberg par des glaces de plus en plus clairsemées, les témoignages isolés du* ***Capitaine Penny*** *dans le Wellington Sound, de* ***Belcher*** *dans le Jones Sound.*

Outre cette masse respectable de faits prétendus prouvés, les partisans de la mer libre invoquaient des arguments théoriques souvent exposés : l'insolation, le vol des oiseaux vers l'extrême Nord, etc.... La théorie était donc mûre. Si elle prit consistance surtout après le voyage de ***Kane****, si elle devint, depuis 1860, un ferment actif, un mobile pour les explorations, c'est d'abord à cause des arguments nouveaux que lui avaient fournis les expéditions à la recherche de* ***Franklin*** *; c'est aussi en partie, à cause de l'importance qu'on commençait alors à attribuer aux courants marins.*

On se trouvait en présence de deux ordres de faits contradictoires : d'une part, les expériences tendant à démontrer une mer libre, et, d'un autre côté, l'existence de la barrière de glace, dont l'épaisseur avait toujours empêché d'y pénétrer. Aucun de ceux en effet qui se vantaient d'avoir contemplé la mer libre, n'avait eu la gloire de naviguer sur ses eaux. ***Quand aux autres, ils avaient été arrêtés par un rempart de banquises, à des latitudes variables, mais disposées tout autour du bassin polaire et en fermant l'accès****. Ces banquises, dans l'Atlantique Nord, étaient même si serrées, elles présentaient à ce point l'aspect d'une muraille impénétrable, solide et immuable* *que **Phipps**, **Scoresby**, **Buchan** et **Parry** y avaient vu l'origine d'une calotte de glace continue, couvrant tout l'intérieur de la mer polaire.»*

Voilà pour cette analyse impartiale, rédigée à une époque bénie durant laquelle les théories étaient, tout au moins, libres de s'opposer franchement, quelles que soient leurs origines. Alors, pourquoi le 19ème siècle fut-il, dès le début, aussi riche d'expériences humaines relatant, pour la majorité d'entre-elles, des histoires similaires de mer libre ? Ces explorateurs n'étaient pourtant pas des novices, possédaient l'endurance et le courage nécessaires et savaient naviguer et s'orienter comme n'importe quel explorateur moderne ? Mais alors, comment expliquer l'arrêt brutal d'autant d'observations, de comptes-rendus et d'informations aussi insolites, dès le début du 20ème siècle ? Pourquoi ne furent-elles, à aucun moment, soumises à l' étude scientifique sérieuse qu'elles méritaient ?

Et bien, à mon sens, cela porte deux noms : dénigrement et censure !

Les temps «modernes» promettant ouverture et progrès se seront finalement refermés sur l'être humain par l'extrême capacité de certains à écarter systématiquement toute connaissance d'un cadre qui nous avait été réservé : c'est à dire celui de la culture de l'ignorance, tout en se parant des vertus illusoires de la liberté ! **Greely** l'avait déjà parfaitement bien compris, dès 1886, en évitant soigneusement de se distinguer par des commentaires «perturbateurs». Les suivants ne feront que suivre le même état d'esprit, sous peine de voir leurs vies perturbées à bien des égards....

Mais heureusement pour nous, même les censures les plus pointues et abouties ne peuvent plus garantir, à l'heure d' aujourd'hui et à 100 %, l'occultation totale d'éléments de vérité. Et c'est justement par l'image de la page suivante que nous allons aborder le phénomène controversé des aurores boréales ou australes. Ces captures d'écran sont d'origine d'un court film de la NASA ciblant l'aurore australe du 11 septembre 2005 (visibleearth.nasa.gov/view.php?id=6226). Ces deux clichés, forcément de qualité moyennes, nous fournissent tout de même des informations cruciales en même temps qu'une invitation vers un visionnage aisé et «super instructif» sur le lien : ouestletrou.wordpress.com/2017/08/29/les-poles-et-les-aurores

J'ai pointé d'une simple flèche la présence d'une anomalie parfaitement matérialisée sur la position exacte du Pôle Sud dont on retrouve, juste au Nord et en plus foncé, le dessin de la mer de Ross. Cette combinaison dynamique d'images, quelque soit leur couleur ou leur assemblage, offre un rare panorama de l'évolution d'une aurore australe dont on remarque, en clair, le large spectre fluctuant entourant le continent Antarctique. Le plus extraordinaire ici, c'est que cette anomalie, ou plutôt cette ouverture, «crache» littéralement son énergie par vagues successives vers les hauteurs de l'atmosphère.

On distingue très nettement, sur la photo de gauche, cette ouverture comme éclairée de l'intérieur et qui, d'un seul coup, libère et propulse -cela est bien visible sur l'image de droite- des jets de lumières plus vives qui tranchent réellement sur un nuage déjà formé, **beaucoup plus épais à proximité de l'orifice émetteur d'énergie**.

L'ensemble visionné au ralenti ne supporte pas l'approximation quand on sait ce que l'on cherche. Et, au final, il apparaît bien que toute cette énergie est, dès le départ, liée et reliée à cette anomalie. La multiplication avantageuse des pauses et arrêts sur images confirme bien **un phénomène se construisant du bas vers le haut**.

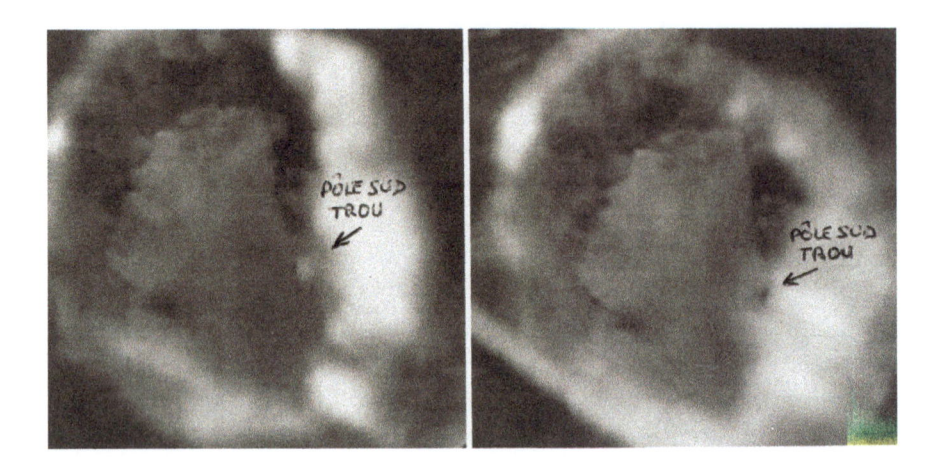

Et maintenant, que disent exactement nos grands scientifiques de la formation de ces spectacles grandioses et possédant bien entendu des caractéristiques identiques au Pôle Nord?

Les jeux de lumière que nous pouvons contempler du sol, seraient causées par des particules chargées électriquement, venues de l'espace, et pénétrant dans la haute atmosphère terrestre à très grande vitesse. Ces particules émanent de notre étoile, le Soleil. Il émet un flot ininterrompu de ces particules, appelé vent solaire, qui se propage dans toutes les directions entre 300 et 500 km par seconde. Une petite partie seulement de ces particules pourront pénétrer dans l'ionosphère au niveau des Pôles.

Elles y sont guidées par les lignes de champs magnétiques qui y sont présentes. En empruntant ces lignes de champs, ces particules de plasma vont exciter sur leur passage les ions de l'ionosphère qui vont alors émettre de la lumière. Cela va créer deux anneaux brillants d'émission aurorales autour des Pôles magnétiques Nord et Sud, appelés les ovales auroraux. Lorsque les atomes retrouvent leur état d'origine, ils émettent des lumières colorées très particulières qui passent du vert au rose, au rouge et à l'indigo violet.

Les couleurs sont liées à une certaine altitude en notant bien qu'**aux plus basses altitudes**, la couleur observée le plus fréquemment est le pourpre (**altitudes de 90 à 100 km**). **Mais il est une remarque purement scientifique qui spécifie que les aurores boréales les plus brillantes se produisent toujours du côté nuit. Ce qui est paradoxal, car c'est le côté jour de la Terre qui est forcément et toujours le plus exposé au soleil !**

Il est aussi fondamental de préciser que les aurores polaires ne sont pas un phénomène spécifique à la Terre. En effet, il est possible d'en trouver sur n'importe quelle autre planète possédant un champ magnétique. Elles sont observables, entre-autres, grâce aux photographies prises en ultra-violet par le télescope **Hubble. En fait, toutes les planètes du système solaire sont impactées par ce phénomène d'aurores polaires....et sans, pour certaines, bénéficier d'une théorie solaire pour en déterminer leur origine !**

Des satellites ont été envoyés encore récemment afin d'étudier plus précisément les aurores boréales qui sont loin d'avoir livrées tous leurs secrets. Et paradoxalement, la NASA et autres astronomes émérites, sont capables d'exposer des théories précises et extraordinairement compliquées quant à la formation des aurores sur les autres planètes (ainsi que sur leurs satellites!) et dont j'aurais peine ici à vous énumérer toutes leurs caractéristiques tant elles seront propres à vous faire avaler n'importe quels paramètres compliqués afin de pouvoir valider leurs approximations.

Pour faire court, il semblerait bien plus approprié de considérer, comme extrêmement probable, la «folle théorie» d'un soleil intérieur expulsant sa lumière vers les hautes couches de l'atmosphère, tel que le démontre le cliché ci-dessous d'une aurore australe (Pôle Sud) photographiée par la navette **Discovery - STS 39 -** en mai 1991.

On retrouve dans cette image, des caractéristiques de projection de luminosité similaires au document précédent. Et sans pour cela avoir obligation de posséder le statut d'ingénieur analyste en imagerie spatiale, il est évident de reconnaître la naissance de cette puissante émission d'énergie à partir d'une source lumineuse allant du sol vers l'atmosphère ; la base lumineuse étant plus épaisse que son prolongement de plusieurs centaines de kilomètres s'évaporant progressivement en altitude. On constate également et parfaitement, à droite de l'image dans la portion la plus lumineuse, le dessin d'un contour bien arrondi semblant clairement indiquer un segment de cette ouverture polaire.

Pour en terminer, quel témoin le mieux placé pourrait raconter, dans un luxe de détails dont il a le secret, toute l'évolution de ce phénomène fantastique ? J'ai nommé, une fois de plus, le **Lieutenant Greely** qui, de sa position idéale jouxtant l'ouverture polaire, se retrouvait en première ligne pour un compte-rendu de première main et parfaitement vierge, à cette époque, de toute connaissance préalable de la naissance des aurores boréales. Et vous allez pouvoir constater que ses propres observations différeront quelque peu de notre «réalité scientifique» actuelle…..Le 16 novembre 1883 :

P 568. Appendices. «*Aurore visible presque tout le jour. D'abord de simples tâches éparses et pâles, à 15° à peu près au-dessus de l'horizon Nord-Ouest. Peu à peu elles se sont rapprochées, éclairées,* **elles ont pris la forme d'un cône régulier, du sommet duquel des nuées brillantes sortaient en tourbillonnant par bouffées spasmodiques comme celles qu'on voit s'échapper de la cheminée d'une locomotive se préparant au départ** : *ces volutes lumineuses, répandues ainsi dans l'espace, se dissolvaient lentement pour disparaître bientôt.*» Cela confirme totalement les clichés page 202 !

P569. Appendices. Journal d'Henry. «*16 novembre- Hier, pendant que je travaillais dehors, j'ai regardé, par hasard, du côté de l'île Bellot ; des lueurs aurorales indécises se montraient an N. 260° E,* **s'accentuant par degrés, et atteignant une altitude de 20°. Je ne puis mieux les comparer qu'à d'immenses vapeurs lumineuses sortant du cratère d'un volcan par bouffées intermittentes et s'en**

éloignant en masses brillantes....19 novembre.- *L'aurore de ce matin était excessivement basse : **nous sommes, je crois, les seuls qui puissions nous vanter de nous être trouvés au beau milieu des jeux de la lumière électrique**. A onze heure, une banderole brillante parut au N.10° E, **montant en spirale vers le zénith**, tandis que l'horizon, au-dessous, baignait dans des lueurs rouge pâle.....*
La hauteur à laquelle se maintint le phénomène ne devait pas dépasser celle des cumulus (les cumulus se forment entre 300 m et 3000 m)) ; <u>il semblait toucher le sol</u> ; mais nous n'entendîmes aucun bruit.»

P570. Appendice. Journal de Rice : «*Parfois, la partie inférieure du «rideau» semblait si près du sol qu'<u>Israel, observateur très exact, pense qu'à certains moments l'aurore n'était pas à plus de trente mètres du sol.</u>»*

Journal de Ralston : «*L'aurore paraissait si proche de nous que, sans réfléchir, <u>j'ai plusieurs fois levé la main, afin de la baigner dans la lumière</u>....»*

Journal de Gardiner : «*Les cieux entiers n'étaient plus qu'une masse de flammes colorées, unies, séparées, reconfondues en un instant. Tous se précipitèrent dehors pour contempler ce phénomène ; <u>un d'entre-nous fut tellement saisi qu'il baissa la tête et la cacha dans ses mains pour n'être pas frôlé par le bas du rideau</u>.....J'ai lu bien des descriptions d'aurores boréales, celle d'aujourd'hui me semble les dépasser toutes....Israel et Lynn, qui ont aussi assisté à ce glorieux spectacle, <u>étaient surtout frappés par la proximité du phénomène</u>.....»*

Greely répertorie dans son rapport toutes les apparitions d'aurores boréales qui s'échelonnent de 4 à 9 aurores par mois et dont la quasi-totalité durant les mois d'hiver, c'est à dire à une période de l'année où la lumière du soleil n'est pas franchement dans l'axe du Pôle !
Il faudra nous expliquer....

Alors me direz-vous, à qui donner une confiance absolue ? Plutôt à nos scientifiques ne supportant aucune contradictions depuis toujours malgré les paradoxes de leurs discours bien huilés ou plutôt les témoignages et autres observations d'explorateurs dignes d'intérêts qui remontent à une époque où la quête de vérité dépassait encore, pour un temps, celle de la censure sous couvert de la la bienséante pensée générale ?

Ma propre quête de vérité m'oblige, en grande partie, à ne m'appuyer que sur les témoignages solides d'explorateurs aguerris qui, sur le point qui nous intéresse, auront été, de surcroît, le reflet exact de documents photographiques publiés près de 150 ans après ! Et le moins que l'on puisse dire, c'est que leur divers discours «pointus» en provenance d'observateurs différents, disent tous la même chose : **le démarrage de l'aurore boréale se situe très largement en-dessous de la norme des 90 km d'altitude !**

Leur position idéale en Terre Grinnell affleurait effectivement l'ouverture polaire ce qui eût pour effet une contemplation unique et en direct d'un phénomène particulièrement proche, fortement lumineux, qui se propageait du bas vers le haut, se formant au ras du sol, se matérialisant sous la forme d'un cône ou d'un cratère desquels s'échappaient des bouffées de lumière......qu'ils pouvaient toucher de la main ou être frôlés au point d'en être effrayés ! On se retrouve alors bien loin d'un phénomène prétendument d'origine solaire dont l'altitude des volutes de lumière sont officiellement standardisées selon leur couleur ; étant donné que les aurores boréales sont censées se produire dans la ionosphère, dans une tranche d'altitude comprise entre 90 et 200 km au minimum....Vous verrez que cet aperçu sur les aurores boréales relevé «sur le vif», ayant valeur de preuve indéniable, sera bientôt suivi de quelques autres....

Mais continuons sur les dernières allégations «libres» de Reed. Il déclare :

*«Si on peut démontrer, en citant ceux qui se sont avancés très loin dans la direction des prétendus Pôles, qu'il fait plus chaud là que plus bas au Sud, que la végétation y est plus abondante et les animaux plus nombreux, alors nous pourrons raisonnablement prétendre que la chaleur vient de l'intérieur de la Terre – car de quel autre endroit pourrait-elle provenir ? Dans «**Le dernier voyage du capitaine Hall**», nous lisons : «Nous ne nous attendions pas à trouver une région aussi chaude, dépourvue de neige et de glace. La*

vie animale y était partout présente : phoques, oies , canards, bœufs musqués, lapins, loups, renards, ours, perdrix, lemmings....»
On a observé que des vents particulièrement forts non seulement élèvent la température dans le voisinage de l'Océan arctique, mais encore l'affectent très sensiblement à plus de 500 km de distance. De tels vents ne peuvent naître qu'à l'intérieur de la Terre, là où règne un climat tropical.»

On en revient toujours à la présence croissante et inexpliquée de tous ces animaux dans l'extrême Nord, ce que mentionne également Greely à travers ses propres notes. En fait, comme la chaleur semble croître en progressant toujours plus loin dans le Nord, leur instinct leur commande certainement de prendre cette direction qui les amène tout droit vers les bords ou à l'intérieur même de la Terre.

Venons-en à présent aux informations d'une autre source qui aboutiront aux mêmes conclusions que William Reed malgré le fait que ces deux théoriciens n'avaient apparemment aucune connaissances des travaux de l'autre et développèrent ainsi indépendamment leurs propres thèses. Cet autre personnage, que nous avons déjà mentionné, publia un ouvrage après plus de vingt ans de recherches et de réflexions, sous le titre : *«Voyage à l'intérieur de la Terre»* paru en 1920. Il s'appelait **Marshall B. Gardner**. La seule, mais importante différence entre les conclusions de **Reed** et **Gardner**, est que ce dernier attribuait l'origine des lumières boréales à un soleil intérieur alors que Reed les attribuait maladroitement à des éruptions volcaniques.

L'avancée majeure de Gardner sera consécutive à sa prise en compte des multiples données astronomiques de l'époque afin de démontrer que la Terre, ainsi que toutes les planètes du système solaires, sont creuses à l'intérieur et possèdent toutes un soleil central. Il attribue alors, de par ses connaissances, la constitution de ce phénomène à partir de nébuleuses tourbillonnantes. Il s'explique dans son livre :

«C'est toujours le même processus. A l'origine, on a une masse en fusion qui tourne sur elle-même. La force centrifuge projette les substances les plus lourdes à la périphérie. Ainsi se constitue à la

surface extérieure de chaque planète une croûte solide, tandis qu'une partie du feu initial subsiste dans le creux intérieur pour former le soleil central. Des ouvertures se créent aux extrémités polaires, dues à ce même mouvement de rotation et de déplacement dans l'espace.» Il poursuit par de multiples interrogations :

«Comment les hommes de science expliquent-ils le fait que, lorsque nous nous dirigeons vers le Nord, il fait de plus en plus froid jusqu'à un certain point au-delà duquel la température commence tout à coup à devenir plus chaude ? Comment expliquent-ils le fait que l'origine de cette chaleur ne se situe pas dans le Sud, mais qu'elle est créée en réalité par une série de courants d'eau chaude et de vents chauds en provenance du Nord ? Faut-il donc admettre qu'il y a une mer libre et chaude dans l'extrême Nord ? A l'endroit même ou les hommes de science s'attendent à trouver une glace éternelle ?

*«Pourquoi encore les explorateurs ont-ils découvert sur les falaises de glace inhospitalières de l'extrême Nord **du pollen rouge** (revoir le vol de Byrd) et, flottant dans l'eau, des graines de plantes tropicales, alors qu'on n'en trouve plus en redescendant vers le Sud ?*
*Elles viennent de l'intérieur de la Terre. Pourquoi ? Parce qu'elles appartiennent à des arbres qui ne poussent que dans des climats très chauds et qu'on voit mal comment elles auraient pu parcourir des milliers de kilomètres à travers le monde sans se désagréger. Pourquoi ces morceaux de bois, **pourquoi ces branches d'arbres – certaines portant même parfois des bourgeons naissants** –, oui, pourquoi ?* (tiens, cela me rappelle le lièvre de Greely avec des bourgeons dans l'estomac…)

«Pourquoi le Nord du Groënland est-il le plus grand habitat du moustique, un insecte qui vit normalement dans les régions chaudes ? Comment a-t-il pu atteindre le Groënland s'il vient du Sud ? Où vont les renards et les lièvres qu'on a vus marchant vers le Nord ? Et les ours ? Est-il possible d'imaginer que les animaux de cette taille puissent trouver de quoi subsister dans un désert de glace ? Quand ils arrivent aux environs du 80° de latitude Nord, les explorateurs sont stupéfaits de voir que l'eau devient tout à coup moins froide, que des oiseaux, des animaux migrent vers le Nord

pour se nourrir et se reproduire, alors que logiquement ils devraient descendre vers le Sud. Et à mesure que ces explorateurs remontent vers les hautes latitudes, ils rencontrent les signes troublants d'une vie végétale et animale de plus en plus riche. Et ce n'est pas tout. **Dans notre chapitre sur les mammouths, nous apporterons la preuve que ce mastodonte vit encore à l'intérieur de la Terre.***»*

Une petite parenthèse s'impose quant à cette remarque fabuleuse de Gardner. En effet, presque dix ans après cette affirmation, L'Amiral Byrd rapportera ses premières observations fantastiques d'un mammouth dans les zones tropicales qu'il décrit lors de son survol «au-delà» du Pôle. Cela accréditerait également le signalement, par quelques peuplades de Sibérie, de la présence furtive du mammouth dans certaines régions, comme nous l'avions évoqué précédemment. La Terre creuse s'annoncerait alors véritablement comme le seul dénominateur commun à toutes ces révélations extraordinaires......

«Comment les hommes de science s'expliquent-ils que pratiquement tous les explorateurs, dans les hautes latitudes, aient été obligés de réviser leurs théories, et jusqu'à leurs méthodes de navigation ? Que pensent-ils, ces hommes de science, des passages que nous avons cités du livre de **Nansen***, montrant que le navigateur norvégien s'était bel et bien perdu dans la région arctique ?*

«Il faudrait encore demander à l'élite scientifique comment elle explique le fait que **Peary** *ni* **Cook** *n'aient jamais pu prouver qu'ils avaient bien atteint le Pôle Nord. Sans mettre en doute la bonne foi de ces deux hommes, n'est-il pas évident qu'ils s'étaient perdus ? Comment expliquer autrement les divergences et les contradictions que referme le propre récit de* **Peary** *?*

Le lecteur va se demander peut-être pourquoi Peary n'a pas découvert cet immense orifice situé à l'extrémité polaire ? On ne peut mieux répondre à cette question qu'en en posant une autre. Pourquoi l'homme ne s'est-il jamais rendu compte, en regardant autour de lui, qu'il vivait à la surface de ce qui est, à proprement parler, une immense sphère ? Pourquoi a-t-il pensé pendant des siècles que la Terre était plate ? Simplement parce que la sphère était si grande qu'il ne pouvait en voir la courbe. Cela lui paraissait si naturel de se déplacer sur une surface plane qu'il fût très étonné lorsqu'il apprit que la Terre était ronde. N'ayant aucune notion de ce qu'était la loi de gravité, il se demanda pourquoi il ne tombait pas dans le vide.

Il en va de même pour les explorateurs polaires. Ils font route sur le bord externe de l'ouverture polaire, mais cette ouverture est si grande – si l'on considère que la croûte terrestre a quelque 1300 km d'épaisseur – que la courbure n'est pas perceptible. De sorte que si un explorateur allait suffisamment loin, il franchirait complètement les bords extérieurs de l'ouverture, pénétrerait dans les mers du monde intérieur, et pourrait ressortir par l'orifice antarctique, en se demandant s'il a rêvé. Qu'est-ce qui lui prouverait, en effet, qu'il a bien été à l'intérieur de la Terre ? Peu de choses. Il aurait vu un soleil plus petit que celui auquel il est habitué. Il lui aurait été impossible de se guider à l'aide des étoiles, pour la bonne raison qu'il n'y a pas d'étoiles, ni même de nuit pour les voir.

Mais, va demander le lecteur, est-ce que la force de gravité ne devrait pas faire tomber dans le vide l'explorateur qui arrive sur la paroi interne de la Terre – étant donné que cette force attire toute chose vers le centre du globe ?

Nous répondrons qu'en ce qui concerne l'attraction terrestre, ce n'est pas le centre géographique du globe qui détermine la force d'attraction, mais sa masse. Et si la masse de la Terre est plus importante au niveau de la croûte, c'est la masse de cette croûte qui exercera la force d'attraction, non un simple point géométrique situé à 4600 km de là – ces 4600 km représentant la distance approximative qui sépare la surface interne de la Terre du soleil central. L'égale répartition de la force de gravité tout au long de l'écorce terrestre fait que ce soleil central est suspendu à un endroit précis, équidistant de chaque partie de cette écorce. Quand nous sommes sur la paroi externe de l'écorce terrestre, c'est la masse de cette écorce qui nous plaque à la surface. Quand nous nous trouvons sur la paroi interne, c'est la même force qui nous permet de nous maintenir solidement sur nos pieds.

Nous nous rendrons compte de toutes ces choses quand nous explorerons enfin sérieusement l'Arctique, et alors nous nous étonnerons d'avoir été pareillement aveugles pendant des siècles devant une telle évidence.

Les preuves astronomiques dans la théorie de Marshall Gardner.
Dans son livre, Gardner argumente sérieusement et scientifiquement ses propres conclusions en les consolidant par de multiples témoignages et données d'astronomes. Ces commentaires de professionnels contemporains de Gardner, auront au moins le mérite de nous offrir une vision neuve et constructive de leurs propres observations alliant, par instant, des détails révélateurs ignorant une censure encore quasi inexistante à cette époque.

Commençons par un article cité par **Gardner** et paru dans *Scientific American*, le 14 octobre 1916, sous la signature de **H.D. Curtis,** membre de la société astronomique du Pacifique. **Curtis** écrit :
«Cinquante de ces nébuleuses ont été étudiées et photographiées au moyen du réflecteur de Crosly. On a utilisé des temps de pose différents, de façon à faire ressortir les détails de structure de la partie centrale brillante et aussi de la matière périphérique. La plupart des nébuleuses présentent **un anneau plus ou moins régulier, une sorte d'écorce ou de coquille,** <u>*généralement avec une étoile centrale.*</u>*»*
Gardner commente :
«Pourquoi les hommes de science ne se sont-ils jamais vraiment penchés sur le problème que pose la forme de ces nébuleuses planétaires ? Ils n'ont qu'à regarder les photographies, elles sont suffisamment explicites. La nébuleuse prends la forme d'une coquille creuse ouverte aux Pôles, avec un noyau brillant au centre, ou soleil central. Pourquoi ces hommes de science ne se sont-ils jamais demandés ce qu'impliquait une pareille structure, à quoi logiquement elle conduisait ? Est-ce que par hasard ils ne craindraient pas de voir leurs théories sérieusement perturbées ?
Quant à nous, nous n'avons pas cette crainte. Notre théorie montre clairement les différentes étapes de l'évolution des nébuleuses,

comment se forment les ouvertures polaires, comment la coquille se solidifie, comment enfin ces mêmes nébuleuses deviennent des planètes.

Gardner explique que, de la même façon, le système solaire est lui aussi formé d'un soleil central, c'est à dire le nôtre. Le même mouvement de rotation et la même force centrifuge ont poussé les masses les plus lourdes (les planètes), à la périphérie du système. On s'aperçoit d'ailleurs que les planètes les plus éloignées du Soleil, comme Uranus et Neptune, sont plus grandes que celles qui sont plus rapprochées, comme Mercure ou Vénus. S'appuyant sur ces évidences astronomiques, Marshall Gardner développe sa théorie suivant laquelle toutes les planètes sont creuses avec des soleils centraux. Et il émet encore l'hypothèse que notre Univers aussi doit avoir son Soleil, autour duquel tournent les étoiles.

Si Gardner avait eu le privilège de consulter les premières photographies de nos nébuleuses prisent en 1920 par Edwin Hubble, il aurait pu lever le voile sur la nature des nébuleuses, montrant qu'elles étaient d'immenses systèmes stellaires qui, contrairement à ce qu'il pensait, ne se transformaient pas en planètes. De nos jours, on sait que ces nébuleuses que l'on nomme galaxies, peuvent comporter entre quelques dizaines de millions d'étoiles pour les plus petites d'entre-elles et jusqu'à plusieurs milliers de milliards d'étoiles pour les plus grandes. Gardner n'aurait pas manqué d'établir les mêmes constatations car, effectivement et avec raison, son principe reste véritablement similaire. C'est une réalité attestée de nos jours avec des images impressionnantes envoyées par différentes sondes et qui montrent **ce phénomène de rotation de «branches» des galaxies avec une zone centrale où siègerait ce «soleil originel».** Nous confirmerons effectivement cela plus loin….

Il affirme aussi que Mars, Vénus et Mercure sont creuses et qu'elles ont des ouvertures polaires improprement appelées «calottes glaciaires». Car si elles sont blanches, dit-il, ce n'est pas à cause de la neige ou de la glace, mais parce qu'il y a dans ces régions un grand amoncellement de brouillards et de nuages, à travers lesquels resplendit le soleil central. La lumière de ce soleil a été observée à maintes reprises par les astronomes, mais n'en comprenant pas la raison, ils n'ont pu en offrir une explication satisfaisante. Gardner note que parfois ces calottes glaciaires disparaissent brusquement, à la suite d'un changement de temps. Comment de la glace et de la neige pourraient-elles fondre aussi rapidement ?

A ce sujet, le **Professeur Newcomb** écrit :

«Il n'y a aucune preuve que de la neige semblable à celle que nous connaissons se soit jamais formée autour des Pôles de Mars. Il ne semble pas possible que des chutes de neige importantes aient pu se produire, et il n'est pas non plus absolument nécessaire de faire appel à la neige et à la glace pour expliquer ces calottes blanches.»

Gardner raconte que le 7 juin 1894, le **Professeur Lowell** était en train d'observer Mars lorsqu'il vit soudain deux rayons de lumière jaillir du milieu de l'extrémité polaire. Ces rayons étaient éblouissants. Ils brillèrent pendant quelques minutes et disparurent. Gardner fait ce commentaire :

«Ce que Lowell aperçut était en réalité un rayon de soleil central de Mars jaillissant à travers l'ouverture du Pôle martien....»

Il cite également le **Professeur Pickering** qui aperçut une vaste surface blanche à l'extrémité polaire de Mars. Cette surface ressemblait à une calotte neigeuse. **Pickering** l'observa pendant 24 heures, puis elle s'effaça progressivement. De la même façon, **Lowell** vit une bande de couleur bleu foncé qu'il identifia à de l'eau provenant du dégel de la calotte glaciaire. Mais **Gardner** pense que ces deux savants se trompent dans leur interprétation. Pour lui, ces calottes ne sont pas faites de glace, mais de brouillards et de nuages, et c'est pour cela qu'elles apparaissent et disparaissent aussi rapidement....ou comme je l'avais évoqué précédemment, les ouvertures polaires s'ouvrent et se referment, un peu comme une «respiration» propre à chaque planète. **Ce qui, par la même occasion, expliquerait le fait que les aurores boréales ne sont pas continues sur Terre comme ailleurs...**

Gardner poursuit ses commentaires :

«Autre chose. Si les Pôles de Mars sont vraiment couverts de glace ou de neige, comment expliquer qu'il en soit de même pour ceux de

Vénus, qui est une planète chaude ? De même, pourquoi les prétendues calottes glaciaires de Vénus et de Mercure ne croissent-elles et ne décroissent-elles pas à l'exemple de celles de Mars ? Et si ces dernières sont vraiment faites de glace, pourquoi projettent-elles une grande masse de lumière à des kilomètres au-dessus de la planète alors même qu'elles n'offrent aux observateurs qu'une vue de profil ? Comment peuvent-elles être aussi brillantes dans de telles circonstances ? Et comment Lowell aurait-il pu en voir jaillir des rayons lumineux si ces rayons ne provenaient pas d'une source de lumière directe ?
Le Professeur Lowell, dont, entre parenthèses, les observations paraissent toutes venir appuyer notre théorie, a encore noté ceci : lorsque la planète est observée de nuit à travers le télescope, sa lumière polaire est jaune. Pourquoi jaune ? Elle devrait être blanche si les Pôles étaient vraiment constitués de glace. Notre théorie fournit la solution. On sait qu'une lumière électrique, quand elle brille dans l'obscurité et qu'on la voit d'assez loin, prend une couleur jaune. Or le Soleil central est une masse incandescente du même ordre. Donc son rayonnement dans la nuit paraîtra jaune, ce qu'à justement observé Lowell.

Gardner cite également un astronome anglais, **W. E. Denning** qui écrivit en 1886 dans la revue scientifique *Nature* :
«Durant les mois passés, la calotte glaciaire de Mars a été très brillante, offrant souvent un contraste saisissant avec le restant de la surface, faiblement éclairé. Ces régions lumineuses de Mars requièrent une attention particulière. Dans les nombreuses études et descriptions qui ont été faites de la planète, **on a pas accordé suffisamment d'importance à ces points brillants.***»*

Ou encore cet autre astronome anglais, **J. Norman Loockyer** en 1892, au sujet de Mars :
«La zone de neige est parfois si brillante qu'elle semble faire saillie au-dessus de la planète, comme une sorte de croissant lunaire. Cet effet d'irradiation a été souvent souligné. Une fois on a même observé que la calotte glaciaire brillait comme une nébuleuse, alors que la planète elle-même était cachée par des nuages. Ce

phénomène a été noté par **Beer** *et* **Madler** *dans leur ouvrage : Fragments sur les corps célestes.»*
Analyse de Gardner :
«On ne peut lire ces lignes sans être frappé de voir combien elles viennent renforcer nos propres convictions. Seuls des rayons provenant directement du soleil central peuvent causer une telle luminosité au-dessus de la surface de la planète. Seuls ils peuvent expliquer les variations de cette luminosité, suivant que l'atmosphère est claire ou nuageuse. S'il ne s'agissait que d'une simple calotte glaciaire, comme on voudrait nous le faire croire, on n'aurait pas observé de clarté si vive quand la planète était couverte de nuages. Nous ajouterons que cette clarté est précisément celle qu'offrait notre aurore boréale à un monsieur qui l'observerait d'une autre planète. Quand nous examinerons le cas de Vénus, nous démontrerons formellement que les cercles polaires ne sont pas des calottes de neige, de glace, ou même de givre, mais simplement des ouvertures conduisant à l'intérieur illuminé de la planète.»

Avant de poursuivre sur les allégations de Marshall Gardner, il m'a paru intéressant de reproduire, à la page suivante, une série de clichés de la planète Mars prisent, le 28 septembre 1902, au **Yerkes observatory.** Elles sont tirées de son livre : *A journey to the earth interior* paru en 1920. Vous constaterez par vous-mêmes la présence de cette lumière du Pôle ressemblant véritablement à un phare et dont la prise de vue, quasi de profil, suggère comme une forte protubérance, qui, au regard de la distance, ne saurait être identifiée à une inimaginable épaisseur de neige ou de glace. La seule explication possible, comme le soulignait Gardner, serait effectivement une puissante concentration de lumière émergeant de l'intérieur de la planète.

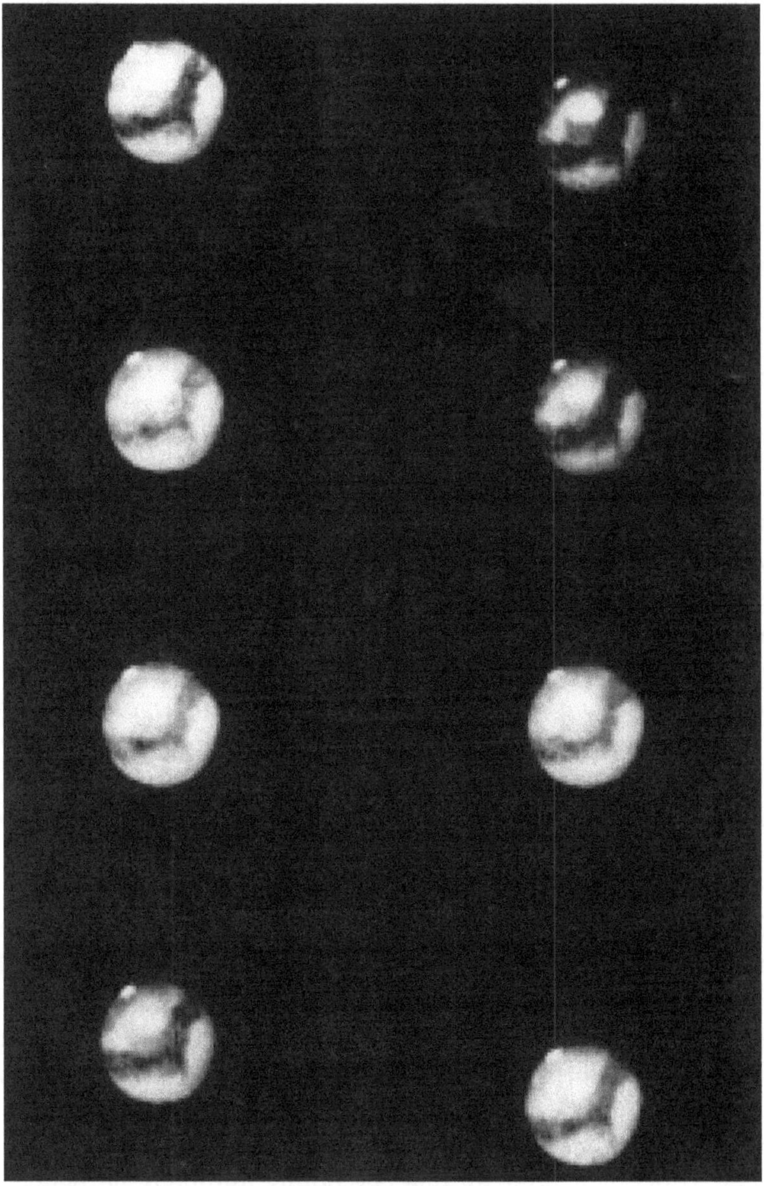

Ce qu'il est possible de dire au sujet de ces photos, c'est qu'elles ont au moins le mérite d'être parfaitement authentiques et non retouchées. Ce qui n'est pas le cas des images en provenance de la NASA et autres agences européennes ou étrangères. Quand la NASA diffuse des clichés de Mars ou d'autres planètes, dites-vous bien que si elles présentent la moindre anomalie pouvant porter à controverses, elles seront systématiquement retouchées ou embellies comme les magnifiques étendues de glace ou de neige sur Mars. Nous verrons également un peu plus loin de quelle manière des zones entières des Pôles de la Terre sont masquées par des «pastilles» sans aucune raisons apparentes.

Gardner rapporte encore dans son livre, toujours au sujet de Mars, un dernier témoignage qui viendra renforcer sa théorie ainsi que les images précédentes. Il s'agit de l'astronome **Mitchell** qui décrit une observation étrange :

«Dans la soirée du 30 août 1845, j'ai observé pour la première fois, ***une petite zone brillante, quasiment circulaire, projetée à l'extérieur du côté le plus bas du Pôle.*** *Dans la première partie de la soirée la petite zone brillante semblait être partiellement enterrée...Après un temps d'une heure ou plus, mon attention fut encore dirigée vers la planète,* ***quand je fut étonné de trouver un changement manifeste dans la position de la petite zone brillante****....Dans l'intervalle de peu de jours, la petite zone perdit graduellement son éclat à la vue et ne fut plus remarquée lors d'autres observations.»*

Continuons notre survol «planétaire» avec les maigres révélations apportées par Gardner au sujet de Vénus. En effet, depuis la Terre, les détails de Vénus sont difficilement détectables au télescope à cause de son atmosphère dense. Il cite néanmoins l'astronome français **Trouvelet** qui, en 1878, a observé au Pôle de Vénus **une masse confuse de points lumineux** que Gardner attribue à la lumière du soleil central cherchant à se frayer un chemin à travers les nuages. Il est clair pour lui que ces points lumineux ne peuvent pas être une réflexion de notre Soleil, puisque le Pôle de Vénus n'est pas recouvert de glace. C'est exactement ce que nous allons développer à présent grâce à l'apport précieux des données en provenance des sondes spatiales lorsque ces dernières sont communiquées aux médias.

Vénus possède donc plusieurs couches de nuages de 50 à 70 km d'épaisseur qui sont composés de dioxyde de carbone et d'acide sulfurique. Il y fait plus de 460°C, aussi bien le jour que la nuit grâce à cet atmosphère opaque qui provoque un effet de serre et retient toute la chaleur reçue. Elle subit également des vents puissants soufflant vers l'Ouest à 100 m/s. Les nuages de Vénus rendent ainsi sa surface invisible pour un observateur placé en orbite. Autre point important, cette planète ne possède pas de champ magnétique et encore moins de glace ou de neige aux Pôles. Et pourtant, il se passe tout de même des phénomènes inexplicables sur les Pôles de Vénus…. En effet, la sonde Vénus express a découvert, il y a quelques années **au Pôle Sud,** grâce à ses différents spectromètres embarqués, **un double vortex «à deux yeux» qui adopte des formes très variées à mesure que l'on s'enfonce profondément dans son atmosphère. Au Pôle Nord de cette même planète, ceci avait déjà été observé depuis 25 ans.** Et, pour une fois, les scientifiques admettent que **la cause de ce vortex et ses formes très variées sont pour l'instant inconnus.**

Source : le-systeme-solaire.net/venus

En voilà une analyse intéressante qui implique que lorsque nos grands scientifiques ne disposent pas de champs magnétiques sur une planète ou de glace à nous vendre à cause de températures extrêmes….et bien ils se retrouvent en panne de bonnes explications ! Afin de vous donner une petite idée de l'aspect du Pôle Sud de Vénus, voici à la page suivante, une photo de ce vortex très lumineux tirée d'une série de clichés de la sonde Vénus express et paru dans la source citée précédemment. On croirait y voir une aurore boréale….sans champs magnétique !

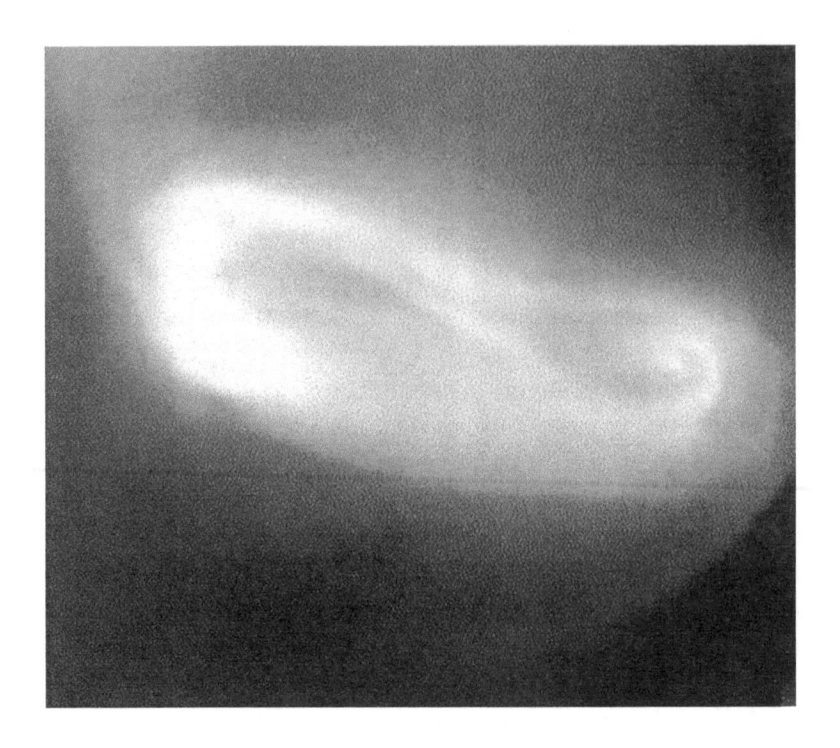

Après Mars, Gardner aborde l'existence du même phénomène sur la planète Mercure. Il cite ainsi **Richard Proctor**, un des astronomes les plus connus du XIXe siècle :

«Il existe un curieux phénomène sur Mercure. Il pourrait indiquer que cette planète recèle une énergie vulcanienne qui, comparée à celle de notre Terre, serait terriblement plus puissante. ***On a supposé que le point brillant vu sur le disque sombre de Mercure, <u>alors que la planète était de passage devant le Soleil</u>, indiquait une source d'illumination soit à la surface de la planète, soit dans son atmosphère.*** *En ce qui concerne l'atmosphère, cela est assez peu probable. Et les aurores n'ont pas une intensité de lumière suffisante pour produire un tel éclat. Reste la surface. Si elle rayonnait d'une telle lumière, cela voudrait dire que des centaines de milliers de kilomètres carrés de la planète brûleraient comme une fournaise. Nous nous permettons d'en douter. Alors, quelle est l'origine de ce*

point brillant ? Nous pensons, quant à nous, que ce n'est qu'une illusion d'optique.» Gardner réagit à ce commentaire :
«Encore une fois, nous sommes d'accord sur l'observation du phénomène, mais pas sur la conclusion qu'on en tire. Voilà un point lumineux sur Mercure, parfaitement détecté au télescope, si brillant que l'observateur compare son incandescence à celle d'une fournaise. Et comment réagit Proctor ? Désarçonné, pas du tout préparé à voir un phénomène de cet ordre, et donc incapable de l'expliquer, il escamote le problème et parle d'une «illusion d'optique»! Nous ne pouvons croire que les yeux de Proctor lui aient joué un mauvais tour. C'était un astronome réputé, parfaitement entraîné à ce genre d'observations. Donc, il a bien vu ce qu'il a vu, et nous savons, nous, quelle en est la cause : le soleil central de Mercure, ce soleil qui darde ses rayons à travers l'ouverture polaire. Comme Mercure est une petite planète, le soleil intérieur devrait se trouver assez près de l'ouverture, de sorte que lorsqu'il n'y a aucun nuage, aucun brouillard pour le voiler, il doit briller avec une intensité extraordinaire.

Qu'ajouter de plus pour prouver que toutes les planètes ont un soleil central ? N'est-ce pas significatif que, partant d'observations faites sur Mars, nous puissions poursuivre avec Vénus et Mercure, appliquant les mêmes analyses et obtenant les mêmes résultats ?»

L'observation de **Proctor** est à ce point intéressante dans la mesure où il mentionne l'apparition de ce point brillant, aussi puissant qu'une fournaise, alors que Mercure passe devant le Soleil ; c'est à dire à un moment ou le Pôle en question n'était pas du tout éclairé par ce même astre et présentait donc sa face sombre. Alors, effectivement, qu'en serait-il de l'origine de cette formidable lumière ? Et bien, comme pour Vénus et afin de lever une bonne partie du voile du mystère, nous allons pouvoir nous appuyer sur les relevés de la sonde américaine *Messenger*.

Le 14 janvier 2008, elle réalisa le survol le plus proche de cette planète, à seulement 200 km au-dessus de sa surface, c'est à dire plus proche de la planète Mercure que la station internationale ISS ne l'est de la planète Terre. Elle effectua sa satellisation autour de Mercure le

18 mars 2011 et après quatre années d'émission de données et autres photos et cartographies de la totalité de Mercure, elle s'écrasa le 30 avril 2015 sur cette planète. Autant dire que nous ne connaissons que depuis fort peu de temps les caractéristiques de Mercure, en particulier au niveau des Pôles. Depuis 1991, les scientifiques y supposaient tout de même la présence de glace étant donné qu'aux Pôles, le Soleil étant perpétuellement à l'horizon, la température moyenne y est de -135°. Il suffisait alors qu'il y est un cratère, dont le fond est un peu plus bas et protégé par le rempart, pour que le Soleil n'y atteigne jamais le sol. Ainsi, les très basses températures pourraient y être constantes et la glace y subsister. Et c'est effectivement ce qui a été confirmé par la sonde *Messenger*. Principalement au Pôle Nord, on constate sur de nombreuses images, la présence partielle de glace au fond de quelques cratères…..soit cinq au total que j'ai pu comptabiliser, et pas des plus grands ! Au Pôle Sud, c'est encore pire puisque la glace y est encore moins présente. Autant dire que l'on peut difficilement imaginer aussi peu de surface réfléchissante émettre une lumière semblable à une fournaise à une distance telle qu'elle puisse être captée par un télescope sur Terre ! Soyons honnête, cela est impossible.

J'ai donc cherché à en savoir un peu plus et le meilleur parti était d'investiguer sur le site officiel de la sonde *Messenger* afin de savoir si des éléments quelconques publiés pouvaient étayer les observations étonnantes de **William Proctor.** Source ci-après : messenger.jhuapl.edu/Explore/Science-Images-Database/By-Topic/topic-93.html

Je vous conseille vivement la visite de ce site car vous y trouverez une foule d'images superbes cataloguant la totalité de la surface de Mercure dont les Pôles, bien entendu. Et effectivement ma «chasse» aux informations surprenantes n'aura pas été vaine. Je ne peux, ici, reproduire les clichés révélateurs d'indices troublants pour cause de copyright, mais je peux vous donner deux adresses précises correspondant à deux images. Vous aurez ainsi tout loisir de comparer mes commentaires avec les documents en question.

Commençons par l'adresse du premier cliché qui assemble les deux vues de face, côte à côte, du Pôle Nord et du Pôle Sud de Mercure :
Source : messenger.jhuapl.edu/Explore/Source/Science-Images-Database/gallery-image-1187.html

D'emblée, en regardant cette image prise le 31 mai 2013, on note immédiatement à l'emplacement de chaque Pôle, une forte ombre centrale qui dénote une concavité de la zone matérialisant, en fait, comme une petite cuvette d'environ 400 km de diamètre. Mercure en ayant 4880 km. Cette particularité, qui n'est jamais mentionnée par aucun scientifique, tient au fait que toutes les planètes, y compris la Terre nous le verrons plus loin, pourraient être comparées à une pomme dont la base et le sommet, représentant les Pôles, s'incurvent très progressivement vers l'intérieur.

A cet instant, vous constaterez qu'au niveau du Pôle Sud, la lumière rasante du Soleil sur l'horizon marque plus distinctement la paroi des cratères les plus proches, définissant une large zone non éclairée et au milieu de laquelle apparaît un immense cratère central (environ 180 km de diamètre) que l'on pourrait carrément qualifier d'orifice, opportunément situé au centre de ce même Pôle Sud.

Lorsque vous visionnerez cette photo, et je vous le recommande, vous noterez, qu'effectivement, aucune lumière n'émane du centre de cette zone. J'ai aussi noté, sur le site de *Messenger*, et vous le constaterez peut-être par vous-mêmes, la présence de bien moins de photos du Pôle Sud que de celles du Pôle Nord. Peut-être le hasard ou peut-être pas…..

Si je vous dis cela, comprenez bien que ce n'est pas anodin; car la magnifique image de Mercure prise le 2 décembre 2011, avec en son centre le Pôle Sud et apparaissant sur le lien ci-après, ne laissera que peu de place à une évaluation incertaine :
Source :messenger.jhuapl.edu/Explore/Source/Science-Images-Database/gallery-image-844.html

Lorsque je suis tombé dessus, je n'en croyais pas mes yeux….**Un puissant rayon de lumière sort du côté gauche de l'orifice en éclairant au passage toute la zone précédemment plongée dans l'ombre !** Il faut s'imaginer la force de concentration d'une telle énergie pour produire un tel éclat permettant l'éclairage total de ses alentours, soit sur plus 400 km! Donc, rien à voir avec le réfléchissement quelconque d'un simple rayon du soleil sur une plaque de verglas….D'autant plus que les commentaires associés à la photo, habituellement riches en détails, ne mentionnent en aucune façon la présence ni la possible origine d'un tel phénomène qui vous saute littéralement à la figure. Le rayon de lumière faisant à lui seul, près de 300 km de longueur ! Plutôt intriguant, non ?

Mais, ce n'est pas fini, car vous disposez aussi d'une possibilité d'agrandissement de l'image avec l'outil loupe et lorsque vous serez bien centré sur le rayon, non seulement vous profiterez de son formidable éclat, non seulement vous constaterez en fait l'existence de deux rayons côte à côte dont l'un bien plus long que l'autre mais vous constaterez également **la présence d'un rectangle flouté, judicieusement placé sur la zone en question et destiné, sans nul doute, à masquer certains autres détails !** Et puis enfin, autre critère revêtant toute son importance ; si vous comparez, entre-eux, les deux clichés du Pôle Sud de Mercure, vous pourrez relever que l'image du Pôle Sud vierge de tout rayon lumineux, montre un réfléchissement de la lumière naturelle sur certains cratères (petites traces blanches) du même ordre et aux mêmes emplacements que lorsque le Pôle y est éclairé par l'énergie du rayon lumineux. Pour être plus clair, à lumière ambiante naturelle identique constatée sur les deux images à des dates différentes, on ne peut que logiquement accepter l'apparition fulgurante de ce phénomène inhabituel comme totalement indépendant des effets des conditions solaires naturelles et, par conséquence, **ne pouvoir l'attribuer qu'à une source d'énergie émanent exclusivement de l'intérieur de la planète…..et uniquement à certains moments.**

Voici ce qu'il pouvait être avancé concrètement concernant cette petite planète appelée Mercure et convenez que ce dernier «éclairage», si je puis m'exprimer ainsi, justifie à lui seul tous les commentaires exposés jusqu'à présent. Cela ne fait qu'entériner une phrase célèbre attribuée au Christ Jésus : «Cherches et tu trouveras». Le soucis, de nos jours, tient au fait que personne ne cherche vraiment les indices encore existants pouvant accréditer des thèses jugées parfaitement improbables en préférant le confort d'une «vérité» apprise faisant, en ce sens, triompher perpétuellement la culture de l'ignorance des masses.

    Il serait toujours possible de rajouter à notre analyse de nombreux documents photographiques officiels probants issus en particulier de sites de la NASA ou de l'ESA. J'en ai répertorié tellement qu'il serait possible de remplir un album entier de preuves photos plus que convaincantes. Le problème évident reste que la diffusion de ces images est soumise au copyright qui représente un merveilleux moyen pour bloquer leur diffusion afin de maintenir le public dans l'ignorance. Le paradoxe est pourtant que toutes ces informations sont libres de consultation par le commun des mortels mais elles seront seulement, et en partie, exploitées par celles ou ceux ayant un véritable attrait pour la cosmologie, c'est à dire fort peu de personnes. Est-ce à dire que ces personnes seront capables de comprendre et d'interpréter les indices insolites issus de certains de ces documents ? Rien n'est moins sûr, étant donné leur méconnaissance de certains «mystères», la confiance aveugle en leurs scientifiques et la manière dont vous ai «vendu» le produit ! C'est pour cela qu'après lecture des sommes d'informations dont vous avez déjà pu prendre connaissance, il vous sera plus facile de partir de vous-même, avec patiente et conviction, à la pêche aux bonnes infos !

    Je peux vous indiquer un autre lien extraordinaire à visionner. C'est un cliché du Pôle Sud de Jupiter visualisé pour la première fois le 2 septembre 2016. Il est issu de la sonde américaine Juno :europe1.fr/sciences/jupiter-devoile-ses-pôles-grace-a-la-sonde-juno-de-la-nasa-2836753

Vous constaterez qu'il s'agit d'une photo prise par infra-rouge et décrite comme une aurore boréale. Sauf que lorsque vous aurez la photo devant les yeux, il sera impossible de ne pas l'analyser comme un gigantesque orifice duquel s'échappe une extrême luminosité. L'indice d'une profondeur marquée et évidente de cette zone centrale ne laisse place à aucun doute au regard d'une source lumineuse provenant de l'intérieur de cette énorme planète.

Et lorsque l'émission de ces énergies lumineuses originaires d'un trou central sera trop forte et bien trop marquée, risquant d'éveiller l'attention évidente de nombreux individus, et bien la pose d'une simple pastille artificielle, généralement ronde, sur la zone en question fera parfaitement bien l'affaire, sur la Terre comme ailleurs ! Ce subterfuge, très souvent utilisé, est parfois si mal réalisé qu'il est souvent possible d'observer sur les contours extérieurs de cette pastille, des flux intenses de lumières s'en échappant librement ! Afin d'exposer plus clairement cette manipulation évidente et honteuse de la part de toutes les agences spatiales mondiales, je vous propose un florilège d'images diverses tout à fait véridiques dont vous pourrez retrouver facilement la confirmation de leur réalité sur les sites officiels des grandes agences ou tout simplement par mots-clés sur les moteurs de recherches internet.

Les trois premières images illustreront clairement le «protocole de la pastille», toutes parfaitement centrées sur le Pôle Nord avec, pour certaines d'entre-elles, une couleur claire harmonieusement choisie permettant de se noyer plus facilement dans le paysage. Vous le constaterez sur quelques autres clichés à venir. Certains «amuseurs publics», chargés de dénigrer perpétuellement les chercheurs de vérité en les traitant stupidement de «théoriciens du complot», argumenteront maladroitement que ces pastilles représentent une surface opportunément non couverte par les satellites…..sauf que s'ils se donnaient vraiment la peine d'étudier sérieusement la question, ils apprendraient que les satellites météorologiques balaient intégralement ces zones par le biais d'un large faisceau de détection, sans pour cela devoir passer à la verticale. Nous étudierons plus précisément le phénomène lors du dernier chapitre. Au final, ces portions de la planète Terre, sur lesquelles sont frauduleusement appliquées ces pastille, dénotent invariablement une zone vitale à cacher aux yeux du grand public.

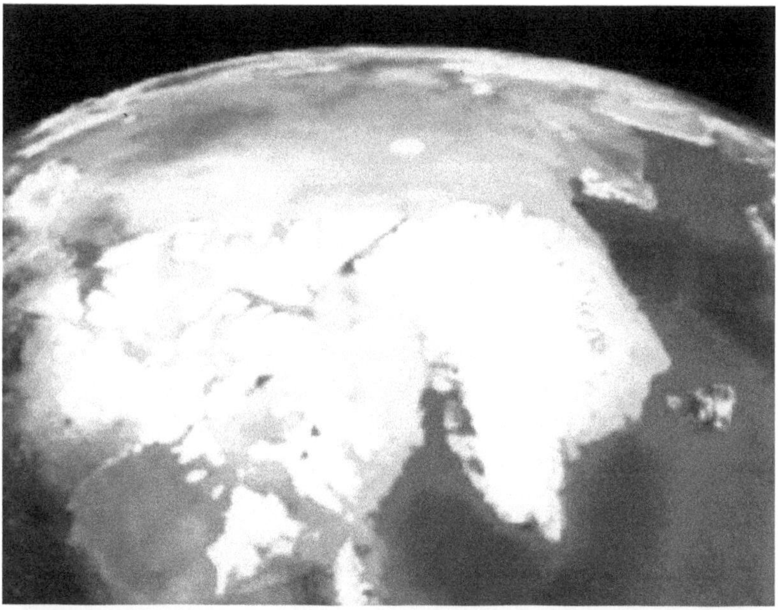

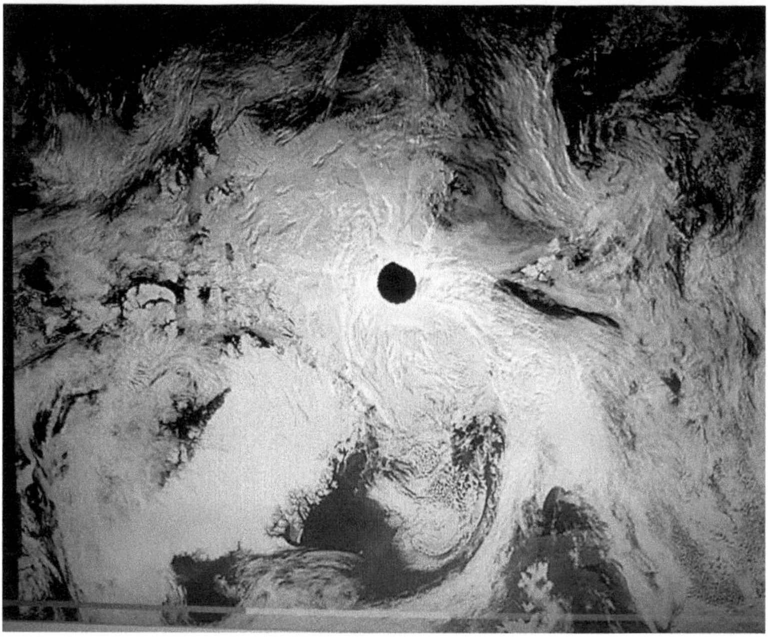

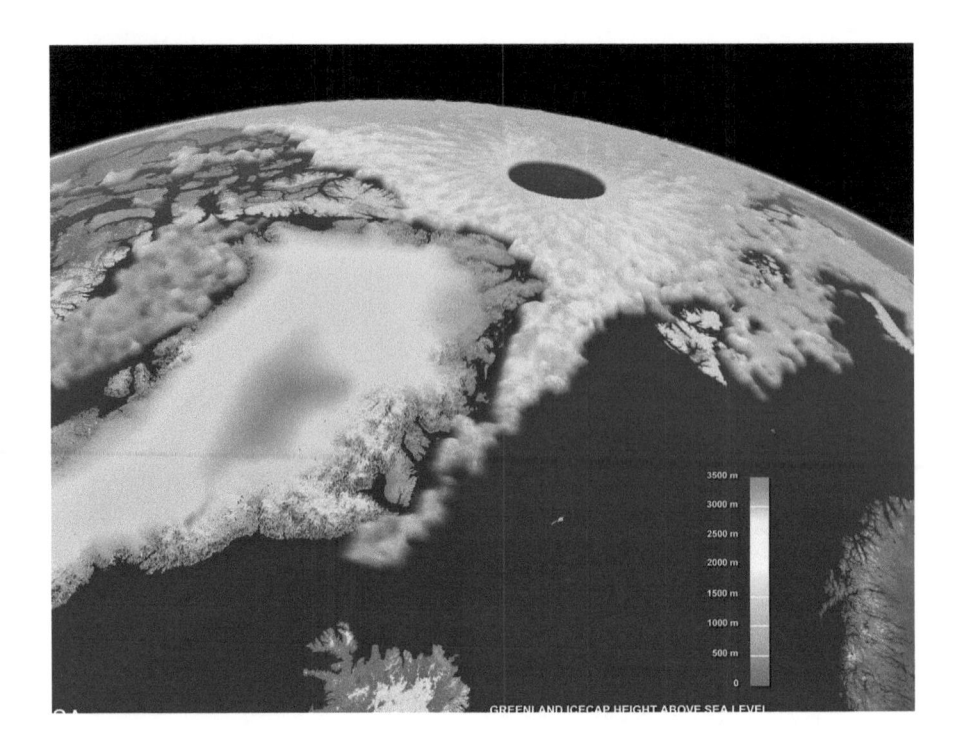

Juste un premier petit commentaire concernant l'image en page 227 avec le Pôle masqué par une pastille noire. Vous serez à même de constater la forte luminosité autour de ce cache qui s'étend sur des centaines et des centaines de kilomètres, révélant au passage les reliefs de la banquise arctique alentour. Essayez alors seulement d'imaginer et de visualiser le panorama de la puissance d'une telle énergie si cette pastille n'existait pas !

Et puis la photo ci-dessus, d'origine d'une grande agence spatiale, révèle l'épaisseur des couches de glace dans l'Arctique tout en masquant «inutilement» le Pôle, sauf si affinités avec la loi du mensonge. Vous remarquerez une concavité marquée, telle que je vous l'expliquais précédemment avec l'exemple de la pomme.

Venons-en à présent au Pôle Sud Antarctique avec trois autres images surprenantes.

228

229

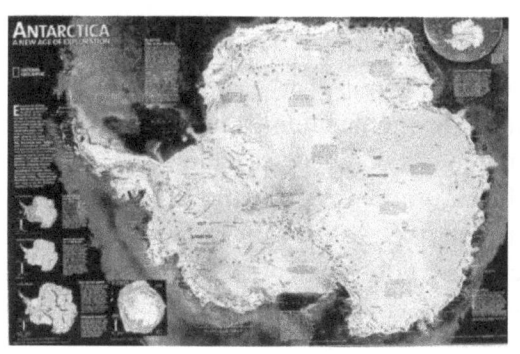

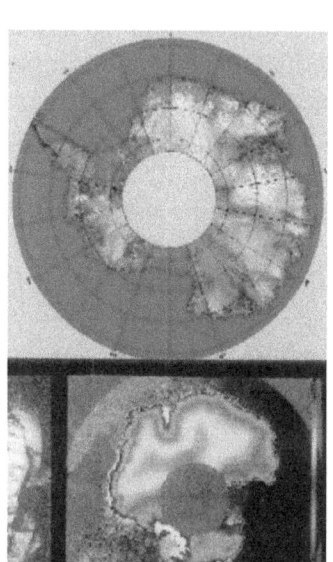

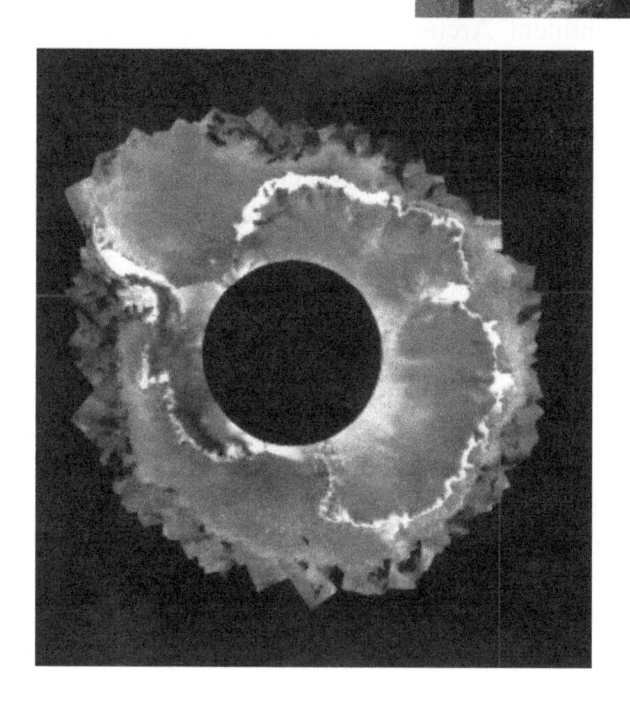

Allons y pour quelques autres commentaires. En premier lieu, et en haut à gauche de la page 229, j'ai tenu à reproduire une simple carte murale du continent Antarctique éditée par la célèbre revue scientifique américaine *National Geographic*. Sur leur dessin, n'apparaît nulle trace suspicieuse d'un quelconque orifice polaire et encore moins une pastille afin de le masquer ! Alors pourquoi, s'il n'y a rien à cacher sur un document scientifique, retrouve t-on d'immenses pastilles sur l'image d'à côté censée, elle aussi, mesurer les épaisseurs de glace ? Et pourquoi leur diamètre respectif est sensiblement différent alors que la soit-disant zone d'exclusion satellitaire a été définitivement calibrée depuis longtemps déjà ? Certainement doit-elle s'adapter automatiquement à l'ouverture polaire et à son diagramme de rayonnement !

Justement, la photo du bas issue d'une grande revue scientifique (le ridicule de la censure ne leur faisant absolument pas peur...) est bien représentative d'une production satellitaire par de multiples passages. Mais, le continent Arctique ainsi représenté, s'est vu subitement amputé de près de la moitié de son immense territoire !

A cette échelle là, cela ne relève absolument plus d'une quelconque zone d'exclusion satellitaire mais, pardonnez-moi l'expression, plutôt du «foutage de gueule» caractérisé ! Vous aurez parfaitement compris ce qui se cache juste en-dessous de cet immense masquage grossier dont les malhabiles manipulateurs ont dû se contenter. Cela, à défaut de devoir recouvrir quasiment plus des trois quarts du continent à cause de la puissante lumière intérieure qui fuse et s'échappe généreusement à partir des contours extérieurs....La revue elle-même ne mentionnera nullement cette «petite chose» insolite !

Et pourtant, des gens fort bien éduqués lisent régulièrement ce genre de revues.....sans avoir pu toutefois trouver, ce jour là, tout cela absolument irréel ! Où quand la confiance devient irresponsable......

De la planète Terre, nous allons nous éloigner vers Jupiter, juste afin de témoigner, une fois encore, de l'existence, là aussi, de ces « pastilles miracles» judicieusement disposées et qui ne pourront définitivement plus être la résultante d'une impossibilité satellitaire.

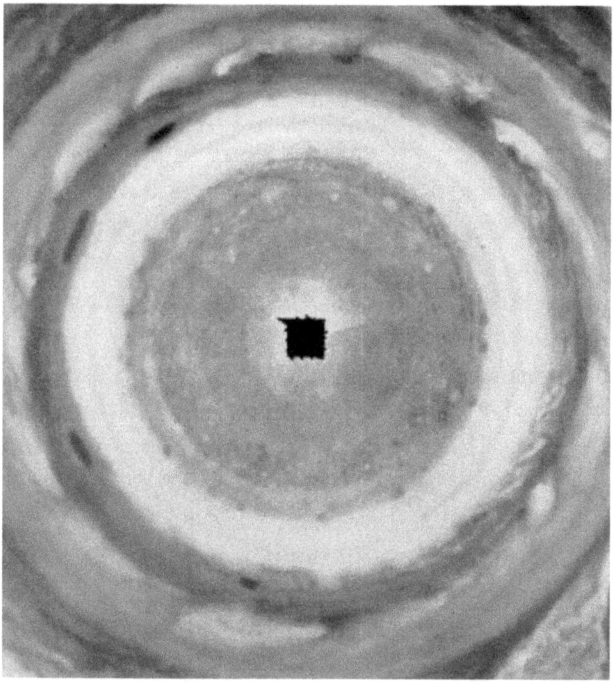

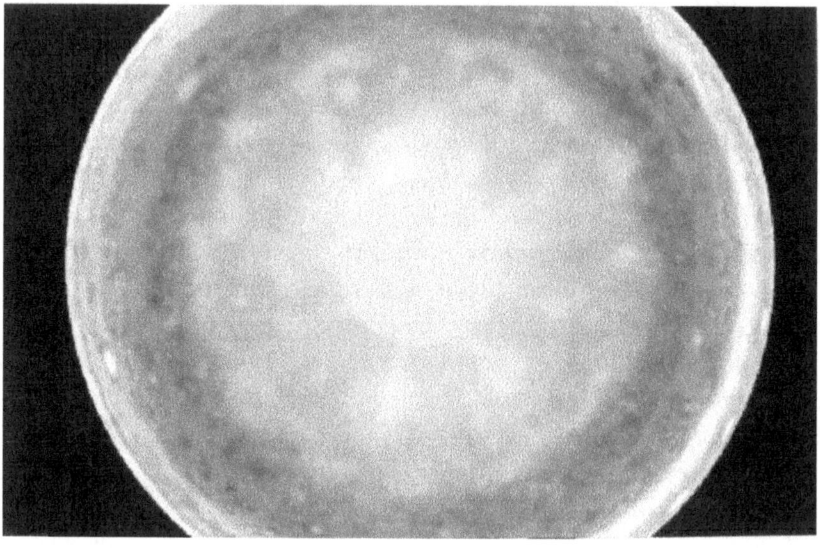

Sur la photo du haut, la pastille ronde s'est transformée en carré denteléd mais suffit amplement pour masquer le centre du Pôle de Jupiter. Pourquoi ? Encore et toujours à cause de cette lueur centrale qui diffuse son énergie sur les pourtours du cache. L'image du dessous est similaire sauf que le carré noir s'est transformé en immense pastille grise afin de rester davantage dans le ton général. Il n'empêche que cette photo du Pôle de Jupiter prise par la sonde *Voyager* joue parfaitement son office de masquage d'un orifice central tout en laissant, là aussi, s'échapper à proximité, une lueur diffuse mêlée de rayons lumineux.

Après cet intermède photographique bien nécessaire, finissons-en maintenant avec les dernières réflexions de Gardner concernant les aurores boréales. Il estime, certainement à juste titre, que les variations des rayonnements colorés sont la conséquence de la formation de nuages à l'intérieur de la Terre. Ces nuages ou brouillards, en se déplaçant, filtrent par moments la lumière du Soleil central et provoquent, de ce fait, des fluctuations dans le reflet que l'on perçoit dans le ciel polaire. Il dit encore :

«*Il y a encore d'autres considérations qui prouvent que l'aurore est due à la réflexion du Soleil intérieur dans le ciel polaire. Le* **Dr Kane**, *dans le récit de ses explorations, nous dit que c'est quand elle est blanche que l'aurore est plus brillante. Cela prouve une chose : lorsque la lumière blanche du Soleil central est reflétée dans son intégralité, elle offre une luminosité plus intense que lorsqu'elle est découpée en couleurs prismatiques. Ce dernier cas se produit quand l'atmosphère (à l'intérieur de la Terre) est humide et dense avec, comme résultat, la formation d'un arc-en-ciel. On conçoit fort bien que la manifestation aurorale soit alors moins éblouissante que lorsqu'elle apparaît sans rencontrer le moindre obstacle, l'atmosphère étant à ce point claire et dégagée, et la lumière du soleil intérieur pouvant donc se refléter pleinement et directement dans le ciel.*

Si l'aurore boréale est donc bien une réflexion du soleil central, nous devons nous attendre à ne la voir complètement qu'à proximité de l'orifice polaire, et à n'en saisir des fragments que lorsque nous

nous serons éloignés vers le Sud. Or, c'est précisément ce qui se passe. Le **Dr Nicholas Senn**, *dans son livre intitulé «Au coeur de l'Arctique», écrit : «L'aurore que nous apercevons seulement par intervalles sous nos latitudes n'est que l'ombre de ce que l'on peut voir dans la région polaire* (Je pense que **Greely** n'aurait pas dit mieux…).*» En conclusion, l'aurore n'est pas une perturbation magnétique, mais la manifestation éblouissante du rayonnement solaire intérieur. Si ce Soleil réchauffe les continents et les mers de l'intérieur de notre globe, si, comme nous l'avons vu,* **les oiseaux trouvent là un refuge pour se nourrir et se reproduire, si, d'autre part, on a découvert dans l'Arctique des troncs d'arbres, des graines, de la poussière de pollen** *venant, semble-t-il, d'un endroit inconnu, n'y a-t-il pas là suffisamment de preuves pour confirmer notre hypothèse : à savoir qu'il existe une vie à l'intérieur de la Terre ?»*

Quelle meilleure conclusion que celle de Marshall Gardner. Mais avant de poursuivre sur les principaux témoignages liés à l'existence de l'Agartha, il est impératif de soulever une question que vous devez vous poser depuis un petit moment déjà :

Qu'en est-il alors du mutisme affiché, à ce sujet (ainsi que sur les Ovnis) et depuis toujours, par les nombreux témoins en «première loge» occupants des navettes spatiales et autres structures habitées en orbite autour de la Terre ? Car mis à part quelques photos piratées ou détournées, pas l'ombre d'un commentaire «déplacé» n'est jamais venu perturber une «machine parfaitement bien huilée». Pas même notre **Thomas Pesquet** national, bien sous tous rapports, qui aura certainement appliqué consciencieusement, lui aussi, les consignes strictes de non-divulgation comme tous ses autres prédécesseurs. Cela faisant obligatoirement parti de l'obtention du billet pour un voyage unique dans leur carrière astronautique. Que ne ferait-on pas pour voyager vers les étoiles !

Et pourtant, quelqu'un a finalement parlé un jour, oui, et cela n'a, bien entendu, pas fait la UNE des journaux du soir mais seulement l'objet d'une interview unique lors d'un documentaire lié au problème Ovni. Il s'agit de l'astronaute française **Claudie Haigneré**.

Médecin/biologiste, elle est créditée en 1996 d'un vol de 16 jours à bord de la station orbitale MIR (mission Cassiopée) et en 2001, d'un vol de 8 jours à bord de la station spatiale internationale ISS. Elle fut Ministre déléguée à la recherche et aux nouvelles technologies de 2002 à 2004 et Ministre aux affaires européennes de 2004 à 2005. Elle est Officier de la Légion d'honneur et Chevalier de l'Ordre National du Mérite. Bref, une personne on ne peut plus sérieuse !

Voici donc ce qu'elle déclara suite aux questions d'un journaliste d'investigation lors d'une émission : *«Les Ovnis et le pouvoir»* diffusée sur la chaîne Planète +, le 03 février 2015.

A la question : avez-vous vu certains objets non-identifiés durant vos séjours dans l'espace ? Elle répond dans une phrase «à double sens» : *«Je n'ai pas vu quoi que ce soit....auquel je ne m'attendais pas.»*

A la question : pourquoi tout ce malaise et ces non-dits ? Elle réponds d'une manière crispée et très gênée :
*«Il peut y avoir des formes de secret défense....et qu'on peut comprendre....ça peut expliquer une partie du quart....On nous dit rien parce qu'il peut y avoir des choses à cacher....**oui, on nous dit rien parce qu'il y a des choses à cacher....il y a des choses à cacher.**»*

Des aveux aussi rares et aussi courageux de la part d'une personne possédant un tel bagage scientifique ressemble beaucoup à la confirmation d'une vérité puissance 10 ! Et même si le sujet principal tenait au phénomène Ovni (qui est aussi partie prenante dans notre étude), il n'en reste pas moins qu'elle parle *de choses à cacher* au pluriel. Ce qui laisse envisager bien plus que la «simple» existence de la réalité Ovni....ce qui est déjà énorme ! Visualisation source : fearplane.canalblog.com/archives/2015/02/03/31455426.html

Il est aussi un fait fort peu connu concernant Claudie Haigneré. Elle tentera de mettre fin à ses jours en faisant une overdose de médicaments le 23 décembre 2008 (étant médecin, elle savait ce qu'elle faisait....). A demi consciente, elle avait été découverte vers 20 heures, chez elle, par des proches et aurait expressément réclamé d'aller au Val-de-Grâce (Hôpital des armées). Se sentait-elle menacée ? Elle se serait exclamée, avant de tomber dans le coma : *«La Terre doit être avertie !»*

Ne vous faites aucune illusions, les gens qui savent ne peuvent dépasser une certaine limite ou «ligne rouge» imposée par les élites de ce monde. En cas de digression, la sanction peut être lourde de conséquences pour l'intéressé et pire, pour sa famille également. C'est depuis toujours la dictature de la culture du silence grâce à un système perfide imparable basé sur la terreur. Pour preuve, des enfants ayant été en contact avec des preuves liées au célèbre crash d'Ovni à Roswell, en 1947, on refusé de parler et cela même sur leur lit de mort. Le sort de leur famille restant toujours en jeu….

Pour Claudie Haigneré, nul doute que le maintien du secret le plus absolu dans sa vie, a parfois dû représenter un lourd fardeau à porter, ce qui pouvait très probablement expliquer ce geste de désespoir….on peut aisément le comprendre !

Les témoins de l'Agartha

Progressivement, nous allons nous approcher d'une certaine «matérialisation» de ce continent intérieur inconnu de l'homme par les témoignages des premiers chercheurs curieux, témoins involontaires et autres archéologues. Vous pourrez constater, par certaines histoires, que Byrd ne fut pas le premier à vivre une expérience hors du commun et que d'autres avant lui, avaient déjà ouvert la voie vers une autre connaissance basée principalement sur les savoirs anciens.

Nous débuterons donc cette partie par les premières investigations d'un fonctionnaire français du nom de **Louis Jacolliot (1837-1890),** passionné par la culture et l'ésotérisme de l'Inde. Il est important de souligner que c'est d'une manière fortuite qu'il prendra connaissance des premières informations d'un monde souterrain qu'il nommera *Asgharta*.

Sous le second Empire, il fut fonctionnaire du Consulat de France en poste dans la capitale indienne durant plusieurs années et fut ensuite Président du Tribunal de Chandernagor. Il revint en France en 1874 et consacra le reste de sa vie à l'écriture en publiant plus de quinze ouvrages.

Lors de son séjour en Inde, il s'attacha passionnément à la recherche et à la collecte d'informations historiques et ésotériques. Il s'attachait plus particulièrement aux traditions orales qui pouvaient seulement être trouvées parmi la population locale. Voici ce qu'il dit très justement à propos de la façon dont les occidentaux traitent l'histoire antique en y collant systématiquement la théorie des mythes (stupidité ayant toujours cours de nos jours) :

« L'antiquité elle-même avait une antiquité à étudier, à imiter et à copier. Quoi de plus simple et de plus logique ? Les peuples ne se succèdent et ne se précèdent-ils pas les uns aux autres ? La connaissance péniblement acquise par une nation est-elle limitée à son propre territoire et meurt-elle avec la génération qui l'a produite ? Que peut-il y avoir d'absurde à suggérer que l'Inde d'il y a 6000 ans, brillante, civilisée et à la population florissante, ait marqué l'Egypte, la Perse, la Judée, la Grèce et Rome d'une empreinte aussi indélébile et à travers des impressions aussi profondes que celles qui nous ont marquées ?

Il écrit aussi dans son livre *« Histoire des vierges »* en 1879 :

« Une des plus anciennes légendes de l'Inde, préservée dans les temples par les traditions orales et écrites, *relate qu'il existait, il y a quelques milliers d'années de cela, un immense continent qui fut détruit par un bouleversement géologique* (on pense bien entendu à l'Atlantide…). *Si l'on en croit les brahmanes, ce pays avait atteint un haut degré de civilisation….Quoi qu'il en soit de ces traditions et quel qu'ait été le lieu où une civilisation plus ancienne que celles de Rome, de Grèce, d'Egypte et d'Inde s'est développée, il est certain que cette civilisation existait réellement, et il est de la plus haute importance pour la science de retrouver ses traces, aussi effacées et fugitives qu'elles puissent être. »*

Il fut initié à un certain nombre de sociétés secrètes et découvrit un grand nombre de documents anciens et de récits qui jetaient une lumière nouvelle sur la préhistoire de l'Inde. Il voyagea loin en Inde du Sud, se mettant souvent en danger, et eut quelques entretiens avec un certain nombre de vieux brahmanes dans leurs temples de Villenoor et de Chelambrum et qu'il appelait «Maîtres vénérés». **Ce sont eux qui lui révélèrent en premier l'existence d'un royaume souterrain quelque part dans le Nord de l'Inde. Il avait aussi entendu des récits sur un réseau de galeries dont on disait qu'il s'étendait du Gange à une destination secrète en passant sous de vastes chaînes de montagnes. Il était dit que vivait là, en compagnie de ses disciples, le plus saint de tous les hommes.**

Grâce à sa parfaite connaissance du sanskrit, il fut le premier à rédiger un compte-rendu moderne d'importance sur le monde souterrain de l'Agartha.

C'est dans un autre livre publié un an plus tard, *«Le spiritisme dans le monde»*, qu'il révélera de façon réservée, des détails sur un immense et vieux royaume. Voici ce qu'il rapporte sur le sérieux de la conception de cet ouvrage :

«Un partisan convaincu, eût fait un livre de foi. Un adversaire acharné n'eût commis qu'une œuvre de dénigrement. Nous nous bornerons à donner des textes, à exposer ce qui fût ; à traduire **l'Agrouchada-Parikehai** *qui est le compendium philosophique des spirites indous, à dire ce que nous avons vu, et à enregistrer servilement les explications que nous avons reçues des brahmes.*

Nous ferons une large part, aux phénomènes que produisent à volonté les fakirs, phénomènes dans lesquels les uns voient les manifestations d'une intervention supérieure, et que d'autres ne considèrent que comme le résultat d'un charlatanisme habile.

Sur ce point, nous ne dirons qu'un mot.

Les faits, simplement magnétiques, sont indiscutables, quelqu'extraordinaires qu'ils puissent paraître. Quant aux faits, purement spirites, nous n'avons pu expliquer ceux dans lesquels nous avons été acteurs ou spectateurs, que par notre propre hallucination....à moins d'admettre une intervention occulte.»

Il avait appris l'existence du monde souterrain, disait-il, en *«traduisant chaque ancien manuscrit en feuille de palme que j'avais la chance d'être autorisé à voir par les brahmanes des pagodes.»* Le compte-rendu le plus spécifique qu'il trouva apparut dans cet ouvrage appelé l'***Agrouchada Parikshaï*** (Livre des esprits) **qui parlait d'un paradis souterrain s'étant épanoui des siècles avant notre ère. Il était présidé par le *Brahm-atma*, ou chef suprême.** Jacolliot écrit :
*«Ce monde inconnu qu'aucun pouvoir humain, même aujourd'hui alors que le pays qui le recouvre a été écrasé par les invasions mongoles et européennes, ne pourrait obliger à se dévoiler, est connu en tant que temple de l'Asgartha....**Ceux qui habitent là sont en possession de grands pouvoirs et ont connaissance de toutes les affaires du monde. Ils peuvent voyager d'un endroit à un autre par des passages qui sont aussi vieux que ce royaume lui-même.**»*

Après avoir été le témoin d'un fait extraordinaire relatif à la démonstration d'un *Fakir*, il demanda quelques explications à un brahmane savant avec lequel il partageait une grande intimité. Ce dernier lui dit :
*«Vous avez étudié la nature physique et vous avez obtenu, à travers les lois de la nature, des résultats merveilleux – la vapeur, l'électricité, etc... ; il y a vingt mille ans ou plus, nous avons étudié les pouvoirs de l'esprit, nous avons découvert leurs lois et nous pouvons obtenir, **en les faisant agir seuls ou de concert avec la matière, des phénomènes bien plus étonnants que les vôtres.**»*
Source : Quelques passages du livre, *«Agartha, monde perdu»* de Alec MacLellan

Les éléments troublants de ce dernier commentaire me remettent en mémoire les merveilleux pouvoirs associés à l'énergie du ***Vril*** décrite par certains spécialistes comme une énergie fabuleuse et dont les Nazis rapportaient l'existence dans leurs études secrètes ésotériques. Sur ce point, Jacolliot semble bien en avoir pris connaissance en ne faisant que relater des faits issus de témoignages de terrain dont il est bien difficile d'en nier la validité. Vous serez surpris d'apprendre que ce genre d'informations inconcevables pour nos yeux de pauvres occidentaux maladivement matérialistes, fut aussi relevé par un autre chercheur journaliste/archéologue qui défraya en son temps la chronique par la publication d'un livre, que l'on peut qualifier de particulièrement extraordinaire et qui, revenant à ma mémoire, valide à 100 % le rapport de Jacolliot. Il s'agit de **Baird T. Spalding** qui relata ses expériences en Inde dans son livre écrit au tout début du 20ème siècle, *«La vie des Maîtres»*. En effet, le 22 décembre 1894, onze scientifiques américains se réunirent à Potal, petit village de l'Inde. Sceptiques par nature, ils n'acceptaient aucune vérité à priori, mais certains phénomènes religieux les intriguaient. Ils décidèrent alors de vérifier de leurs yeux les prodiges accomplis par les Maîtres orientaux…..c'est à dire une démarche identique à celle de Jacolliot et qui produira étonnamment les mêmes conclusions !

Voici un passage insolite de cet ouvrage mettant en scène un Maître répondant à une question et dont le contenu ne laisse aucune place au doute quant à la réalité de cette puissante énergie :

«Après le repas, l'un de nous demanda comment la pièce était chauffée. Emile (Pseudo donné au Maître pour cause de confidentialité) *dit : la chaleur que vous percevez dans cette pièce provient d'une force tangible et utilisable par chacun de nous. Les hommes peuvent entrer en contact avec cette force supérieure à toute puissance mécanique, et s'en servir sous forme de lumière, de chaleur, et même d'énergie pour faire mouvoir des machines. C'est ce que nous appelons une force universelle, une puissance divine procurée par le Père à l'usage de tous ses enfants. Si vous l'utilisiez, vous l'appelleriez mouvement perpétuel. Elle peut faire tourner n'importe quelle machine, effectuer des transports sans la moindre consommation de combustible, et fournir également lumière et chaleur. Elle est disponible partout, pour chacun, sans être tarifée et sans qu'il soit nécessaire de l'acheter.»*

Vous pensez tout de même que tout cela n'est que foutaise ? Et bien sachez que le grand physicien **Nikola Tesla** en découvrit les principes dès le début du 20ème siècle et qu'il les appliqua à certaines de ses inventions. Il lui donna le nom d'énergie libre ou énergie du point zéro. En fait il s'agit de l'énergie de la création qui

baigne toutes choses en permanence et dont il est possible d'en tirer gratuitement tous les avantages. Devenant gênant, on lui «coupa les vivres» et cet homme brillant s'éteignit dans un hôtel de New-York, seul et oublié de tous ! Cet énergie phénoménale est, en outre, un concept scientifique déjà démontré par de nombreux chercheurs modernes qui se sont vus dépossédés de leurs découvertes par des élites soucieuses de **conserver intact leurs immenses intérêts liés aux énergies fossiles**. Tesla ne fut donc pas le seul a être écarté et pour certains autres, l'élimination directe fut aussi une option souvent utilisée…. La gratuité de l'énergie ? Vous n'y pensez pas !
Je démontre par ailleurs assez précisément l'étude de cette énergie dans mon précédent ouvrage.

Voici ce que confesse justement Jacolliot dans son ouvrage, *«L'Olympe brahmanique»,* publié en 1887, concernant l'auto-censure qu'il dût s'appliquer de peur d'être, lui aussi, traité de fou comme ne le redoutait avant lui le **Lieutenant Greely,** tel qu'il le relatait dans la préface de son propre livre :
«Nous avons vu des choses qu'on ne décrira pas de peur de faire douter le lecteur de notre intelligence….il reste pourtant que nous les avons effectivement vues.»

Pour avoir eu la possibilité de consulter son ouvrage, je puis vous confirmer que celui-ci est tout de même «truffé» de rapports sérieux d'expériences effectuées «en direct», mettant au premier plan des *Fakirs* réalisant des démonstrations fantastiques (et le mot est faible...) sans le moindre artifice permettant d'être relevé.
Il évoque également l'authenticité de ses recherches dans son livre *«Les fils de Dieu»* :
*«Qu'on le sache bien, ce n'est qu'en allant demander aux brahmes savants, la consécration de ses études, ce n'est qu'en établissant dans le Sud de l'Inde une école de sanskrit, **qu'on arrivera à une science sérieuse du passé, et dénuée de tout soupçon de charlatanisme**.»*

Poursuivons notre enquête par le témoignage court mais particulièrement rare et intrigant d'un témoin voyageur qui remettra en relief certains des éléments significatifs dont nous avons parlé plus haut. Il s'agit du **Comte Maurice de Moncharville**. Il rédigea, trois mois avant sa mort, le récit du voyage à Lhassa qu'il avait accompli en 1904 et 1905 près du Dalaï-Lama, **Ngawang-Lobsang**, dont le long règne a marqué une étape décisive du Tibet, et celui de son voyage en 1907 dans les sanctuaires d'Agarthi. Il rapporte différents faits liés à L'Agartha dans la revue *«Vaincre» n°2,3 et 4*, publiée à Paris, pendant l'occupation en 1942. Il écrit :

*«Pendant plusieurs années que dura ma mission à Lhassa, j'ai gagné la confiance et l'amitié de tous, et alors, **j'ai appris ce que probablement aucun autre initié d'Occident n'a jamais connu.***

*Lorsque je fus sur le point de partir, les moines m'emmenèrent par d'interminables escaliers creusés dans la montagne, **dans une véritable ville souterraine située au-dessous des temples. Et là, on me fit entrevoir la collection des objets rapportés d'Atlantis avant la catastrophe…..Je pus contempler des machines électriques aujourd'hui inconnues qui permettaient de donner aux salles souterraines une lumière et une atmosphère exactement semblables à celles de l'ai libre.»***

Moncharville rapporte aussi que les Druides, héritiers des Atlantes, fondèrent entre-autres communautés, un Sanctuaire du Dragon sur l'emplacement actuel du Mont Saint-Michel. Celui-ci tire son nom de San Michael qui, à l'issue d'un combat acharné de trois ans, permit à la catholicité de l'emporter sur les Druides. De là est venue l'image symbolique du Dragon vaincu par Saint-Michel. Il écrit :

*«Le sanctuaire du Dragon ne fut pas abandonné. Un nouveau monastère fut construit sur ses ruines. Ainsi, au-dessus de la crypte située sous la dalle des Chevaliers Galates, une crypte plus ancienne datant de cette époque donne accès à l'antique sanctuaire. C'est par le sanctuaire du Dragon que **les premiers Chevaliers rejoignaient les souterrains qui les conduisaient au sein des cryptes bretonnes à 379 mètres de profondeur dans la cité d'Agartha.»***

Source : *L'Agartha mythe ou réalité* de W.R Chetteoui. 1985

Quel constat peut-on mettre en lumière au regard des nouveaux commentaires d'un homme ayant partagé ses connaissances juste avant sa mort, dans une revue confidentielle et à une période durant laquelle la quête de la terre creuse, à mon humble avis, n'était véritablement pas à l'ordre du jour ? Et bien, en premier lieu, je soulignerai d'emblée que la gloire ou la reconnaissance n'étaient certainement pas le but recherché avec un pareil thème. Reste donc l'authenticité, même si celle-ci vous paraît une nouvelle fois en désaccord avec votre penchant matérialiste ! Authenticité parce que son court témoignage est bluffant de concordance avec les enseignements des brahmes sur les souterrains menant à l'Agartha, ceux sur l'Atlantide et une énergie inconnue permettant un éclairage naturel, tout cela étant précédemment rapporté par **Jacolliot**. Sans oublier le Maître en décrivant les performances similaires dans le livre de **Baird Spalding** !

Passons à présent à un personnage très emblématique faisant véritablement figure de référence quant à ses multiples révélations sérieuses concernant la Terre creuse et le Roi du monde y siégeant à l'intérieur. Il s'agit de **Ferdinand Ossendowski**.

Il naquit le 27 mai 1876 dans l'Empire russe et mourut en Pologne le 03 janvier 1945. C'était un écrivain polonais, un géologue, un universitaire et un militant politique engagé et connu pour ses témoignages sur la révolution russe de 1905 à laquelle il prit part.
En 1899, il fuit la Russie à la suite d'émeutes étudiantes, et se rend à Paris où il poursuit ses études à la Sorbonne, ayant notamment le chimiste et académicien Marcellin Berthelot comme professeur. Il y rencontra également sa compatriote Marie Curie. Il retourne en Russie en 1901 et enseigne la physique et la chimie à l'Institut de Technologie de l'Université de Tomsk, en Sibérie occidentale. Il donne aussi des cours à l'académie d'Agriculture et publie des articles consacrés à l'hydrologie, à la géologie, à la physique et à la géographie. En 1905, il est nommé au laboratoire de recherches techniques de Mandchourie, chargé de la prospection minière et dirige le département de la Société russe de géographie à Vladivostok. Bref, un personnage sérieux et cultivé…...

Lorsque éclata la révolution d'octobre, il se rallia aux groupes contre-révolutionnaires et fut condamné à fuir avec d'autres compagnons. Il racontera son épopée dans son livre *«Bêtes, Hommes et Dieux»* qui sera publié en 1923. Le récit, qui se présente comme un livre d'aventures vécues, commence au moment où Ossendowski vient d'apprendre qu'on l'a dénoncé aux Bolcheviks et que le peloton d'exécution l'attend. Il emporte alors un fusil et quelques cartouches et gagne la forêt dans le froid glacial. Commence ainsi une course-poursuite dont il ne sortira vivant, pense t-il, que s'il réussit à gagner l'Inde britannique, par les passes de Mongolie jusqu'à l'Himalaya. En réalité, il ne pourra atteindre le Tibet et devra revenir en Mongolie en proie aux troubles de la Révolution mongole de 1921. Il parviendra finalement à joindre Pékin, la côte du Pacifique et les Etats-Unis. C'est ici qu'il s'arrêtera finalement, refusant de retourner en Asie et s'installera à New-York. Il travaillera alors pour les services secrets polonais et publiera son récit. Ce livre sera traduit dans vingt langues et publié 77 fois. Ossendowski est alors l'un des cinq écrivains les plus populaires dans le monde, et ses livres comparés avec les œuvres de Rudyard Kipling.

Voilà pour le portrait succin de cet aventurier malgré lui qui échappa plusieurs fois à une mort annoncée. Ce qui fait toute la force et l'authenticité de son témoignage, reste ses multiples rencontres improbables qui le conduiront vers les révélations inattendues d'un monde secret souterrain gouverné par un Roi du Monde. N'étant absolument pas préparé à cette connaissance, il tentera, malgré les réticences des initiés, à en apprendre le plus possible et en fera un compte-rendu détaillé à la fin de son livre. En voici donc les aspects les plus révélateurs directement tirés de cet ouvrage.

Nous entamerons ce voyage extraordinaire par un épisode insolite mettant Ossendowski en présence du *Houtouktou* qu'il présente auparavant ainsi dans son livre :

«En Mongolie, pays des miracles et des mystères, vit le gardien du Mystérieux et de l'inconnu, le Bouddha vivant, **SS. Djebtsung Damba Houtouk tou Khan, Bogdo Gheghen**, *pontife de Ta Kure. C'est l'incarnation de l'immortel Bouddha, le représentant de la*

lignée ininterrompue de souverains spirituels régnant depuis 1670, qui se transmettent l'esprit toujours plus affiné de Bouddha Amitaba joint à Chan-ra-zi, l'Esprit Miséricordieux des montagnes. En lui est tout, même le mythe du soleil et la fascination des pics mystérieux de l'Himalaya, les contes des pagodes de l'Inde, la sévère majesté des conquérants mongols, empereurs de l'Asie tout entière, les antiques et brumeuses légendes des sages Chinois ; l'immersion dans les pensées des Brahmanes ; la vie austère des moines de l'Ordre Vertueux ; la vengeance des guerriers éternellement errants, les Olets, avec leur Khans, Batur Hun Taigi et Gushi ; le fier héritage de Gengis et Kublai Khan ; la psychologie cléricale réactionnaire des lamas ; le mystère des rois tibétains commençant avec Srong-Tsang Gampo ; l'implacable cruauté de la secte jaune de Paspa. Toute la brumeuse histoire de l'Asie, de la Mongolie, du Pamir, de l'Himalaya, de la Mésopotamie, de la Perse et de la Chine, entoure le Dieu vivant d'Ourga. Aussi ne doit-on pas s'étonner que son nom soit vénéré tout le long de la Volga, en Sibérie, en Arabie, entre le Tigre et l'Euphrate, en Indochine et sur les rives de l'océan Arctique. Pendant mon séjour à Ourga, je visitai plusieurs fois la demeure du Bouddha vivant ; j'ai causé avec lui et j'ai observé sa vie. Ses savants marambas favoris m'ont longuement entretenu de lui. Je l'ai vu lire des horoscopes, j'ai entendu ses prédictions, j'ai consulté ses archives de livres anciens, les manuscrits contenant la vie et les prédictions de tous les Bogdo Khans.....»

«*Voyez-vous ce trône ? me dit le Houtouktou. Par une nuit d'hiver, plusieurs cavaliers arrivèrent au monastère et demandèrent que tous les Ge-longs et les Getuls, avec le Houtouktou et le Kan-po à leur tête, se réunissent dans cette pièce. Alors un des étrangers monta sur le trône et enleva son bachlyk, c'est à dire sa coiffure. Tous les lamas tombèrent à genoux, car ils avaient reconnu l'homme dont il avait été question depuis longtemps dans les bulles sacrées du Dalaï-Lama, de Tashi Lama et de Bogdo Khan.* **C'était l'homme à qui appartient le monde entier, qui a pénétré tous les mystères de la nature.**

Il prononça une courte prière en tibétain, bénit tous les auditeurs, puis fit des prédictions pour le siècle qui vient. C'était il y a trente ans et dans l'intervalle, toutes les prophéties se sont réalisées. Pendant ses prières, devant le petit autel, dans la salle voisine, la porte que vous voyez s'ouvrit toute seule, les cierges et les flambeaux devant l'autel s'allumèrent spontanément, et les encensoirs sacrés, sans feu, envoyèrent dans l'air des flots d'encens qui remplirent la pièce. Puis, sans avertissement, le Roi du Monde et ses compagnons disparurent. Derrière lui ne restait aucune trace, sauf les plis de la draperie de soie recouvrant le trône qui se redressèrent, laissant le trône comme si personne ne s'y était assis.

Le Houtouktou entra dans le sanctuaire, s'agenouilla, se couvrant les yeux de ses mains et commença à prier. Je considérai le visage calme et indifférent du Bouddha doré, sur lequel les lampes vacillantes jetaient des ombres changeantes, puis je dirigeai mes yeux du côté du trône. Chose merveilleuse et difficile à croire, je vis réellement devant moi un homme fort, musclé, le visage bronzé, l'expression sévère marquée à la bouche et aux mâchoires, toute la physionomie rehaussée par l'éclat des yeux. A travers son corps transparent, drapé d'un manteau blanc, je vis les inscriptions en tibétain sur le dossier du trône. Je fermai les yeux puis les ouvris à nouveau. Il n'y avait plus personne, mais le coussin de soie du trône semblait bouger. C'est de la nervosité, me dis-je, une tendance à l'impressionnabilité anormale provenant d'une tension d'esprit inaccoutumée. Le Houtouktou se tourna vers moi et me dit :
- Donnez-moi votre hatyk. Je sens que vous êtes inquiet sur le sort des vôtres et je veux prier pour eux. Il faut prier, vous aussi, implorer Dieu et diriger les regards de votre âme vers le Roi du Monde qui a passé ici et sanctifié ce lieu. Le Houtouktou plaça le hatyk sur l'épaule du Bouddha, et se prosternant sur le tapis devant l'autel, murmura une prière. Puis il releva la tête et me fit un signe de la main.
- Regardez l'espace sombre derrière la statut du Bouddha, et il vous montrera ceux que vous aimez.

Obéissant aussitôt à son ordre, donné d'une voix grave, je fixai les yeux sur la niche obscure derrière la statue du Bouddha. Bientôt, dans les ténèbres, commencèrent à apparaître des nuages de fumée et des fils transparents. Ils flottaient en l'air, devenaient de plus en plus denses, de plus en plus nombreux, jusqu'au moment où peu à peu ils formèrent des corps humains et des contours d'objets. **Je vis une pièce qui m'était inconnue, où se trouvait ma famille, entourée d'amis que je connaissais, et d'autres personnes. Je reconnus même la robe que portait ma femme. Tous les traits de son cher visage étaient visibles et distincts.** *Puis la vision s'obscurcit, se dissipa dans des flots de fumée et de fils transparents, et enfin disparut. Derrière le Bouddha doré ne restaient plus que les ténèbres. Le Houtouktou se leva, enleva mon hatyk de l'épaule de Bouddha et me le rendit en disant ces mots : la fortune est toujours avec vous et votre famille. La bonté de Dieu ne vous abandonnera pas.»*

Nous assistons une nouvelle fois à la démonstration de pouvoirs occultes mystérieux pour nous occidentaux, mais qui ne reflètent en réalité que la force d'une spiritualité profonde, ne se servant d'aucun artifices mais simplement d'une liaison étroite avec le Divin. Jacoliot et Spalding rapportent des situations identiques et Ossendowski, stupéfait par de telles expériences, ne peut que constater la réalité des faits malgré une extrême incrédulité le faisant douter lui-même de sa propre stabilité émotionnelle. Poursuivons le récit de son aventure :
- *«Arrêtez ! murmura mon guide mongol un jour que nous traversions la plaine près de Tzagan Luk. Arrêtez !*
Il se laissa glisser du haut de son chameau qui se coucha sans qu'il eût besoin de lui en donner l'ordre. Le mongol éleva les mains devant son visage en un geste de prière et commença à répéter la phrase sacrée : Om mani padme Hung.
Les autres mongols aussitôt arrêtèrent leurs chameaux et commencèrent à prier.
«Qu'est-il arrivé ?» pensais-je tout en regardant autour de moi l'herbe d'un vert tendre qui s'étendait à l'horizon jusqu'au ciel sans nuage, illuminé par les derniers rayons rêveurs du soleil du soir.

Les mongols prièrent pendant un moment, murmurèrent entre eux et, après avoir resserré les sangles des chameaux, reprirent leur marche.

- «Avez-vous vu, me demanda le mongol, comme nos chameaux remuaient les oreilles de frayeur, comme le troupeau de chevaux sur la plaine restait immobile et attentif et comme les moutons et le bétail se couchaient sur le sol ? Avez-vous remarqué que les oiseaux cessaient de voler, les marmottes de courir et les chiens d'aboyer ?
L'air vibrait doucement et apportait de loin la musique d'un chant qui pénétrait jusqu'au coeur des hommes, des bêtes et des oiseaux. La Terre et le ciel retenaient leur haleine. Le vent cessait de souffler ; le soleil s'arrêtait dans sa course. En un moment comme celui-ci, le loup qui s'approche des moutons à la dérobée fait halte dans sa marche sournoise ; le troupeau d'antilopes apeurées retient son élan éperdu ; le couteau du berger prêt à couper la gorge du mouton lui tombe des mains ; l'hermine rapace cesse de ramper derrière la perdrix salga sans méfiance. Tous les êtres vivants pris de peur, involontairement tombent en prières, attendant leur destin. C'était ce qui se passait maintenant. **C'était ce qui se passait toutes les fois que le Roi du Monde, en son palais souterrain, priait, cherchant la destinée des peuples de la Terre.»**
Ainsi parla le vieux mongol, simple berger sans culture.
La Mongolie avec ses montagnes dénudées et terribles, ses plaines illimitées couvertes des ossements épars des ancêtres, a donné naissance au mystère. Ce mystère, son peuple effrayé par les passions orageuses de la nature ou endormi par sa paix de mort, en sent la profondeur, les lamas rouges et jaunes le conservent et le poétisent. **Les pontifes de Lhassa et d'Ourga en gardent la science et la possession.**
C'est pendant mon voyage en Asie centrale que je connus pour la première fois le mystère des mystères, que je ne puis appeler autrement. **Au début, je n'y attachais pas beaucoup d'importance, mais je m'aperçus par la suite de son importance quand j'eus analysé et comparé certains témoignages sporadiques et souvent sujets à controverse.**

Les vieillards des rives de l'Amyl me racontèrent une ancienne légende selon laquelle une tribu mongole, en cherchant à échapper aux exigences de Gengis Khan, se cacha dans une contrée souterraine. Plus tard un Soyote des environs du lac de Nogan Kul me montra, dégageant un nuage de fumée, la porte qui sert d'entrée au royaume d'Agarthi. C'est par cette porte qu'un chasseur, autrefois, pénétra dans le royaume et, après son retour, commença à raconter ce qu'il y avait vu. Les lamas lui coupèrent la langue pour l'empêcher de parler du mystère des mystères. Dans sa vieillesse, il revint à l'entrée de la caverne et disparut dans le royaume souterrain dont le souvenir avait orné et réjoui son coeur de nomade.

J'obtins des renseignements plus détaillés de la bouche du **Houtouktou Jelyp Djamarap de Narabanchi-Kure**. *Il me raconta l'histoire de l'arrivée du puissant Roi du Monde à sa sortie du royaume souterrain, son apparition, ses miracles et ses prophéties ;* **c'est alors seulement que je commençais à comprendre que dans cette légende, cette hypnose, cette vision collective, de quelque façon qu'on l'interprète, se cachait non seulement un mystère mais une force réelle et souveraine, capable d'influer sur le cours de la vie politique de l'Asie.** *A partir de ce moment, je commençai mes recherches.*

Le lama **Gelong**, *favori du prince Choultoun-Beyli, et le prince lui-même, me firent la description du royaume souterrain :*

«Dans le monde, dit le Gelong, tout est constamment en état de transition et de changement, les peuples, les religions, les lois et les coutumes. Combien de grands empires et de brillantes cultures ont péri ! Et cela seul reste inchangé, c'est le mal, l'instrument des mauvais esprits. Il y a plus de six mille ans, un saint disparut avec toute une tribu dans l'intérieur du sol et n'a jamais reparu sur la surface de la Terre. Beaucoup de gens cependant ont depuis visité ce royaume, Cakya Mouni, Undur-Gheghen, Paspa, Baber et d'autres. Nul ne sait où se trouve cet endroit.

L'un dit l'Afghanistan, d'autres disent l'Inde. Tous les hommes de cette religion sont protégés contre le mal et le crime n'existe pas à *l'intérieur de ses frontières. La science s'y est développée dans la tranquillité, rien n'y est menacé de destruction. Le peuple souterrain a atteint le plus haut savoir. Maintenant c'est un grand royaume, comptant des millions de sujets sur lesquels règne le Roi du Monde. Il connaît toutes les forces de la nature, lit dans toutes les âmes humaines et dans le grand livre de la destinée. Invisible, il règne sur huit cent millions d'hommes, qui sont prêts à exécuter ses ordres. Le prince Choultoun Beyli ajouta : ce royaume est Agarthi. Il s'étend à travers tous les passages souterrains du monde entier. J'ai entendu un savant lama chinois dire au Bogdo Khan que **toutes les cavernes souterraines de l'Amérique sont habitées par le peuple ancien qui disparut sous terre. On retrouve encore de leurs traces à la surface du pays.**»*

Petite parenthèse nécessaire à la suite de cette allusion incroyable concernant le continent américain. En effet, cela me fait immédiatement penser à la tribu des indiens **Anasazis** qui disparurent tous subitement avant l'arrivée des premiers européens, en laissant leur habitat, tel quel, à la surface de leur territoire. Cette civilisation vécue son apogée de 1000 à 1300 après J.C. Ils bâtirent de magnifiques villages en briques de terre cuite à l'abri des falaises des grands canyons ; constructions toujours visibles de nos jours et situées au coeur du désert du Colorado au nouveau-Mexique. Ces indiens possédaient une riche culture, maîtrisaient également l'astronomie et s'étaient constitués un réseau de 800 km de chaussées très bien conçues. Certaines, de 10 m de large, traversaient le désert tout droit, quelle que soit la configuration du terrain. Le plus mystérieux est que certaines routes débouchaient en pleine nature. Par exemple, la route dite du Grand Nord aboutit sur une butte et ne mène nulle part. De nombreuses légendes *Anasazis* mentionnent des pèlerinages rituels vers des montagnes sacrées. Ces longues routes rectilignes menant peut-être à des *sipagu*, orifices à partir desquels il était possible de communiquer avec l'au-delà.
Cette civilisation de 800 ans s'est arrêtée d'un seul coup à partir d'un lieu du nom de *Mesa Verde* et non progressivement. Les habitants ont

brutalement laissé tout en plan avec même de la nourriture retrouvée fossilisée dans les assiettes. On n'a pas retrouvé de corps de personnes décédées, pas d'armes et pas d'autres peuples vivant sur place ensuite. Les scientifiques et archéologues n'ont aucune pistes à offrir quant aux raisons les ayant poussés à disparaître ainsi en ne laissant, de surcroît, aucune traces d'un éventuel déplacement dans une autre région. Il se seraient, pour ainsi dire, littéralement volatilisés ! **A moins qu'ils ne soient retournés vivre à l'intérieur de la terre creuse d'où ils étaient originaires, tel que le souligne leurs plus proches descendants, les indiens** *Hopis*, **dans leur mémoire ancestrale.** Nous en reparlerons….

Poursuivons à présent le récit d'Ossendowski :
«Ces peuples et ces espaces souterrains sont gouvernés par des chefs qui reconnaissent la souveraineté du Roi du Monde. Il n'y a pas en cela grand-chose de merveilleux. ***Vous savez que dans les deux plus grands océans de l'Est et de l'Ouest se trouvaient autrefois deux continents*** *(l'Atlantide et le continent de Mu).* ***Ils disparurent sous les eaux, mais leurs habitants passèrent dans le royaume souterrain.***
Les cavernes profondes sont éclairées d'une lumière particulière *qui permet la croissance des céréales et des végétaux et donne au peuple une longue vie sans maladie. Là existent de nombreux peuples, de nombreuses tribus.*
Le lama **Turgut** *qui fit le voyage d'Ourga à Pékin avec moi, me donna d'autres détails :*
- «La capitale d'Agarthi est entourée de villes où habitent des grands prêtres et des savants. Elle rappelle Lhassa où le palais du Dalaï Lama, le Potala, se trouve au sommet d'une montagne recouverte de temples et de monastères. Le trône du Roi du Monde est entouré de deux millions de dieux incarnés. Ce sont les saints panditas. Le palais lui-même est entouré des palais des Goros qui possèdent toutes les forces visibles et invisibles de la Terre, de l'enfer et du ciel et qui peuvent tout faire pour la vie et la mort des hommes.

Si notre folle humanité commençait contre eux la guerre, ils seraient capables de faire sauter la surface de notre planète et de la transformer en déserts. Ils peuvent dessécher les mers, changer les continents en océans et répandre les montagnes parmi les sables du désert. A leur commandement, les arbres, les herbes et les buissons se mettent à pousser ; des hommes vieux et faibles deviennent jeunes et vigoureux et les morts ressuscitent.

Dans d'étranges chariots, inconnus de nous, ils franchissent à toute vitesse les étroits couloirs à l'intérieur de notre planète. *Quelques brahmanes de l'Inde et des Dalaï Lamas du Thibet ayant réussi à gravir des pics montagneux où nul autre pied humain ne s'est jamais posé, y ont trouvé des inscriptions taillées dans le roc, des traces de pas dans la neige et des marques laissées par des roues de voitures. Le bienheureux Cakia-Mouni trouva, au sommet d'une montagne, des tablettes de pierre portant des mots qu'il ne réussit à comprendre qu'à un âge avancé et pénétra ensuite au royaume d'Agarthi d'où il rapporta des miettes de savoir sacré que sa mémoire avaient conservé. C'est là, dans les palais de cristal merveilleux qu'habitent les chefs invisibles des fidèles, le Roi du Monde, Brahytma, qui peut parler à Dieu comme je vous parle, et ses deux assistants, Mahytma, qui connaît les événements de l'avenir, et Mahynga, qui dirige les causes des événements.*

Les saints panditas étudient le monde et ses forces. Quelquefois, les plus savants d'entre-eux se rassemblent et envoient des délégués à l'endroit où les yeux humains n'ont jamais pénétré. Ceci est décrit par le Tashi Lama qui vivait il y a huit cent cinquante ans. Les plus hauts panditas, une main sur les yeux et l'autre à la base du cerveau de prêtres plus jeunes, les endorment profondément, lavent leur corps avec une infusion de plantes, les immunisent contre la douleur, les rendent aussi durs que de la pierre, les enveloppent dans des bandelettes magiques, puis se mettent à prier le Dieu puissant. Les jeunes hommes pétrifiés, couchés, les yeux ouverts et les oreilles attentives, voient, entendent et se rappellent de tout. Ensuite un Goro s'approche et fixe sur eux un long regard. Lentement les corps se soulèvent de terre et disparaissent.

Le Goro reste assis, les yeux fixés sur l'endroit où il les a envoyés. Des fils invisibles les retiennent à sa volonté, quelques-uns d'entreeux voyagent parmi les étoiles, en observant les événements, les peuples inconnus, la vie et les lois. Ils y écoutent les conversations, lisent les livres, connaissent les fortunes et les misères, la sainteté et les péchés, la piété et le vice....D'autres glissent jusqu'aux profondeurs de la mer et observent le royaume des sages créatures de l'eau qui transportent et répandent la bonne chaleur sur toute la Terre, gouvernant les vents, les vagues et les tempêtes.
Au monastère d'Erdeni Dzu vivait autrefois Pandita Houtouktou qui était venu d'Agarthi. En mourant, il parla du temps où il vécut, selon la volonté du Goro, sur une étoile rouge à l'Est, où il flotta sur l'océan couvert de glace et vola parmi les feux orageux qui brûlent aux profondeurs de la terre.»
Telles sont les histoire que j'entendis raconter dans les yourtas des princes et dans les monastères lamaïstes. Le ton sur lequel on me fit ce récit m'interdisait de laisser paraître le moindre doute.

Pendant mon séjour à Ourga, j'essayai de trouver une explication à cette légende du Roi du Monde. Naturellement le Bouddha vivant était celui qui pouvait le mieux me renseigner et je m'efforçai, par conséquent, de le faire parler à ce sujet. Dans une conversation avec lui, je citai le nom du Roi du Monde. Le vieux pontife tourna brusquement la tête de mon côté et fixa sur moi ses yeux immobiles et sans vie. Malgré moi je gardai le silence. Le silence se prolongea, et le pontife reprit la conversation de telle sorte que je compris qu'il ne désirait pas aborder ce sujet. Sur les visages des autres personnages présents, je remarquai l'expression d'étonnement et de frayeur qu'avaient produites mes paroles, particulièrement chez le bibliothécaire du Bogdo Khan. On comprendra facilement que ceci ne fit que me rendre plus impatient d'en savoir davantage à ce sujet. Comme je quittais le cabinet de travail du Bogdo houtouktou, je rencontrai le bibliothécaire qui était sorti avant moi, et je lui demandai s'il consentirait à me faire visiter la bibliothèque du Bouddha vivant. J'usai avec lui d'une ruse très simple.

- «Savez-vous, mon cher lama, lui dis-je, j'étais un jour dans la plaine à l'heure où le Roi du Monde s'entretenait avec Dieu, et je ressentis l'impressionnante majesté à ce moment.»
A ma surprise, le vieux lama me répondit d'un air calme.
- «Il n'est pas juste que le Bouddhisme et que notre religion le cache. La reconnaissance de l'existence du plus saint et du plus puissant des hommes, du royaume bienheureux, du grand temple de la science sacrée est une telle consolation pour nos coeurs de pécheurs et nos vies corrompues que le cacher à l'humanité serait un péché.
Et bien ! Écoutez. Toute l'année le Roi du Monde guide la tâche des panditas et des goros d'Agarthi. Seulement, par moments, il se rend dans la caverne du temple où repose le corps embaumé de son prédécesseur dans un cercueil de pierre noire. Cette caverne est toujours sombre quand le Roi du Monde y pénètre, les murs sont rayés de feu et du cercueil montent des langues de flammes. Le doyen des goros se tient devant lui, la tête et le visage recouverts, les mains jointent sur la poitrine. Le goro n'enlève jamais le voile de son visage, car sa tête est un crâne nu, avec des yeux vivants et une langue qui parle. Il communique avec les âmes de ceux qui s'en sont allés.
Le Roi du Monde parle longtemps, puis s'approche du cercueil, en étendant la main. Les flammes brillent plus éclatantes ; les raies de feu sur les murs s'éteignent et reparaissent, s'entrelacent, formant des signes mystérieux de l'alphabet Vatannan.
Du cercueil commencent à sortir des banderoles transparentes de lumière à peine visibles. Ce sont les pensées de son prédécesseur. Bientôt le Roi du Monde est entouré d'une auréole de cette lumière et les lettres de feu écrivent sans cesse sur les parois, les désirs et les ordres de Dieu. **A ce moment le Roi du Monde est en rapport avec les pensées de tous ceux qui dirigent la destinée de l'humanité : les rois, les tsars, les Khans, les chefs guerriers, les grands-prêtres, les savants, les hommes puissants. Il connaît leurs intentions et leurs idées.** Si elles plaisent à Dieu, le Roi du Monde les favorisera de son aide invisible ; si elles déplaisent à Dieu, le Roi provoquera leur

échec. Ce pouvoir est donné à Agarthi par la science mystérieuse d'Om, mot par lequel nous commençons toutes nos prières. «Om» est le nom d'un ancien saint, le premier des goros, qui vécut il y a trois cent mille ans. Il fut le premier homme à connaître Dieu, le premier qui enseigna l'humanité à croire, à espérer, à lutter avec le mal. Alors Dieu lui donna tout pouvoir sur les forces qui gouvernent le monde invisible.

Après sa conversation avec son prédécesseur, le Roi du Monde assemble le grand Conseil de Dieu, juge les actions et les pensées des grands hommes, les aides ou les abats. Matytma et Mahunga trouvent la place de ces actions et de ces pensées parmi les causes qui gouvernent le monde. Ensuite le Roi du Monde entre dans le grand temple et prie dans la solitude. Le feu apparaît sur l'autel, s'étendant petit à petit à tous les autels proches, et à travers la flamme ardente apparaît peu à peu le visage de Dieu. **Le Roi du Monde annonce respectueusement à Dieu les décisions du Conseil et reçoit en échange les ordres divins du Tout-puissant.** Quand il sort du temple, le Roi du Monde rayonne de la lumière divine.»

- «Combien y a-t-il de personnes qui soient jamais allées à Agartha»?

- «Un grand nombre, répondit le lama, mais tous ont tenu secret ce qu'ils ont vu. Quand les Olets détruisirent Lhassa, un de leurs détachements se trouvait dans les montagnes du Sud-Ouest ; il arriva jusqu'aux limites d'Agarthi. Les hommes y apprirent quelques-unes des sciences mystérieuses et les rapportèrent à la surface de la Terre. Voilà pourquoi les Olets et les Kalmouks sont d'habiles sorciers et de grands prophètes. Quelques tribus noires de l'Est pénétrèrent aussi à Agarthi et y ont vécu plusieurs siècles. **Plus tard, elles furent chassées du royaume et retournèrent à la surface de la Terre, rapportant avec elles le mystère des prédictions selon les cartes, les herbes et les lignes de la main. Ce sont les Bohémiens.**

Plusieurs fois, les pontifes d'Ourga et de Lhassa ont envoyé des ambassadeurs auprès du Roi du Monde mais il leur fut impossible de le découvrir. Seul un certain chef thibétain, après une bataille avec les Olets, trouva la caverne portant l'inscription : «Cette porte conduit à Agarthi». De la caverne sortit un homme de belle apparence, qui lui présenta une tablette d'or portant les signes mystérieux en lui disant : **«Le Roi du Monde apparaîtra devant tous les hommes quand le temps sera venu pour lui de conduire dans la guerre les bons contre les méchants ; mais ce temps n'est pas encore venu. Les hommes les plus mauvais de l'humanité ne sont pas encore nés.»**

Puisque nous abordons le thème des prédictions et du rôle d'Agartha dans la destinée humaine, voici une prophétie rapportée à Ossendowski. Cela nous permettra de mettre en perspective notre situation catastrophique mondiale actuelle qui, sans le moindre doute possible, a depuis longtemps été la résultante d'une volonté délibérée des pires élites néfastes de notre planète nées dans le courant du 20ème siècle. La prophétie qui va suivre est datée de 1890 et ressemble, à s'y méprendre, à une certaine évangile appelée, *Apocalypse de Jean*. Comme toutes prophéties, elle sert avant tout de mise en garde face à la folie humaine. Ce qui peut être valable à l'instant T, ne le sera peut-être plus ou seulement partiellement dans un futur plus ou moins proche. L'avenir, il faut le répéter, est tout entier entre les mains des hommes. Il est de leur responsabilité de changer ou non leur comportement ainsi que leur mental vers une conscience plus élevée et donc plus lumineuse.

Le Houtouktou de Narabanchi me raconta ceci quand je lui fis une visite à son monastère au commencement de 1921 :
- *«Quand le Roi du Monde apparut devant les lamas, favorisés de Dieu, dans notre monastère, il y a trente ans, il fit une prophétie relative aux siècles qui devaient suivre. La voici :*
«De plus en plus les hommes oublieront leurs âmes et s'occuperont de leurs corps. La plus grande corruption régnera sur la Terre. Les hommes deviendront semblables à des animaux féroces, assoiffés du sang de leurs frères. **(Jusque là, je dois dire «qu'on est absolument dans les clous»).**
Le Croissant s'effacera et ses adeptes tomberont dans la mendicité et dans la guerre perpétuelle **(chute des valeurs de l'Islam et**

instrumentalisation vers une violence sectaire sans fin). *Ses conquérants seront frappés par le soleil mais ne monteront pas deux fois ; il leur arrivera le plus grand des malheurs, qui s'achèvera en insultes aux yeux des autres peuples. Les couronnes des rois, grands et petits, tomberont : un, deux, trois, quatre, cinq, six, sept, huit....**Il y aura une guerre terrible entre tous les peuples.** Les océans rougiront....La Terre et le fond des mers seront couverts d'ossements....des royaumes seront morcelés, des peuples entiers mourront.....La faim, la maladie, des crimes inconnus des lois, que jamais encore le monde n'avait vus.*
Alors viendront les ennemis de Dieu et de l'Esprit divin qui se trouvent dans l'homme **(côté sombre de l'homme se soumettant à une idéologie d'ordre satanique)**. *Les oubliés, les persécutés, se lèveront et retiendront l'attention du monde entier* **(révoltes des populations pauvres)**. *Il y aura des brouillards et des tempêtes. Des montagnes dénudées se couvriront de forêts. La Terre tremblera* **(catastrophes naturelles multiples)**....*Des millions d'hommes échangeront les chaînes de l'esclavage et les humiliations, pour la faim, la maladie et la mort. Les anciennes routes seront couvertes de foules allant d'un endroit à un autre. Les plus grandes, les plus belles cités périront par le feu...une, deux, trois...Le père se dressera contre le fils, le frère contre le frère, la mère contre la fille. Le vice, le crime, la destruction du corps et de l'âme suivront.....Les familles seront dispersées....La fidélité et l'amour disparaîtront.....De dix mille hommes, un seul survivra....il sera nu, fou, sans force et ne saura pas se bâtir une maison ni trouver sa nourriture....*
Il hurlera comme le loup furieux, dévorera des cadavres, mordra sa propre chair et défiera Dieu au combat.....Toute la Terre se videra. Dieu s'en détournera. Sur elle se répandra seulement la nuit et la mort. ***Alors j'enverrai un peuple, maintenant inconnu*** **(très certainement une race intra ou extraterrestre spirituellement élevée)**, *qui, d'une main forte, arrachera les mauvaises herbes de la folie et du vice, et conduira ceux qui restent fidèles à l'esprit de l'homme dans la bataille contre le mal. Ils fonderont une nouvelle vie sur la Terre purifiée par la mort des nations. Dans la centième*

année, trois grands royaumes seulement apparaîtront qui vivront heureux pendant soixante et onze ans . Ensuite il y aura dix-huit ans de guerre et de destruction. **Alors les peuples d'Agarthi sortiront de leurs cavernes souterraines et apparaîtront sur la surface de la Terre.»**

A la lecture de cet avertissement «brutal» mais assez «raccord» avec l'évolution de notre situation mondiale actuelle, je ne peux faire autrement que de me remettre en mémoire le message du Maître de l'Agartha remis à Byrd lors de sa visite dans le monde intérieur, dans le but de le faire connaître à l'humanité tout entière. Les recommandations et les mises en garde restent invariablement du même ordre et en provenance de la même origine ! Vous avez dit étrange ? Comme c'est étrange !

Nous examinerons plus loin les prophéties du peuple indien *Hopi* et vous aurez tout loisir de constater que ces messages disent tous la même chose et cela depuis très très longtemps. Peut-être le moment serait-il bienvenu pour véritablement écouter….!

Pour conclure cette partie dédiée aux fantastiques révélations de Ferdinand Ossendowski, il faut savoir que ce dernier compléta son livre un an plus tard et le fit paraître de son exil à Paris. Un point particulier cité par Ossendowski concerne une affirmation concernant les gigantesques pouvoirs dont, selon la croyance, les gens de l'Agartha avaient la maîtrise. **Des pouvoirs dont il disait qu'ils pouvaient les utiliser pour détruire des contrées entières de notre planète, mais qui pouvaient également être employés comme moyen de propulsion pour les plus étranges véhicules de transport qui soient.**

On pensera bien évidemment à ces étranges objets appelés vulgairement «soucoupes volantes» et bien que cela vous paraisse encore un peu «too much», nous verrons dans le témoignage suivant que tout ceci ne relève pas, une nouvelle fois, du simple fantasme….

Intéressons-nous maintenant à un autre homme parti à la recherche de l'Agartha. Il s'appelait **Nicola Roerich**. Ce voyageur et artiste mondialement connu sillonna de la même façon que son compatriote Ossendowski, les régions sauvages et désolées de l'Asie. Il nous rapprochera de ce fait encore un peu plus du coeur de ce grand mystère....

Nicolas Roerich, né en Russie le 27 septembre 1874, voyagera autour du monde jusqu'à sa mort à Naggar (Inde) en 1947. Après des études de droit, il s'intéressera à la littérature, à la philosophie, à l'archéologie et tout spécialement à l'art. Beaucoup de ses œuvres sont encore éditées et ses tableaux encore exposés dans les galeries du monde entier. A New-York, un musée entier qui porte son nom rend hommage à son indubitable génie. Mais c'est avant tout l'univers mystique de l'Asie qui captiva fortement son imagination. Et c'est à partir de cet objectif qu'il proposa l'organisation d'une expédition afin d'explorer l'Inde, la Mongolie et le Tibet. Elle fut composée de Roerich et de huit autres européens, auxquels s'ajoutaient les guides locaux. Ils partirent en 1924 de Sikkim, coupant à travers le Penjab, puis à travers le Cachemire, le Khotan, l'Ouroumchi, les montagnes de l'Altaï, la région de l'Oyrot, la Mongolie, le centre de la région de Gobi et le Tsaidam, pour finalement s'achever au Tibet.

Entre l'été 1927 et juin 1928, l'expédition semble perdue, car tout contact a cessé depuis un an. Ils ont été attaqués au Tibet et seule la supériorité de leurs armes à feu a empêché l'effusion de sang. C'est à ce moment là que cinq hommes de l'expédition perdront la vie. Au mois de mars 1928, ils seront autorisés à partir du Tibet et continueront vers le Sud pour s'établir en Inde. Ils y fonderont un centre de recherche archéologique, l'Institut de recherche himalayen *(The Himalayan Research Institute)*.

Malgré ces multiple épreuves, Roerich trouva amis et informations en chemin aptes à enrichir ses connaissances sur les peuples et leurs traditions. Et l'expédition n'était en route que depuis quelques semaines que la légende de l'Agartha captait déjà son attention, se laissant par la suite entièrement absorbé par son étude.

Il nota ses premières réflexions concernant le royaume souterrain sur le papier, pendant qu'il chevauchait, et ces écrits furent plus tard publiés dans un remarquable récit de l'expédition intitulé :
«Altaï-Himalaya : journal de voyage (1930)». Voici donc, tiré de cet ouvrage, un florilège de ses premières découvertes :
«Une légende d'Asie centrale parle de cette mystérieuse nation, de ses habitants souterrains- l'Agartha. En approchant des entrées qui donnent sur ce saint royaume, tous les être vivants font silence, stoppant leur élan avec déférence...S'il repose tant de choses sous terre, combien d'autres choses reposent-elles sous le voile du silence ? Il est naïf de vouloir insister au-delà d'une première réponse circonspecte. Un astrologue digne de foi nous assure qu'il ne sait rien, qu'il a seulement entendu des rumeurs. Un autre qui est versé dans les coutumes antiques insiste juste maintenant pour nous dire qu'il n'a jamais entendu parler de telles choses. Et pourquoi donneraient-ils d'autres réponses ? Ils ne doivent point trahir. Bien plus odieuse est la trahison et nombreux sont les traîtres. Nous discernons là la vraie dévotion et, derrière elle, les structures de l'avenir.»

A Lamayourou-Hemis, il rencontra un lama bouriate qui, bien que se montrant réticent sur le sujet, lui révéla qu'il y avait au coeur de l'Agartha une cité appelée **Shamballah où demeurait le Roi du Monde :**
«Il y a plusieurs voies qui mènent à cet endroit interdit et ceux qui sont pris sont conduits à travers un passage souterrain. Ce passage devient parfois si étroit que l'on ne peut s'y glisser que difficilement. Toutes les entrées sont protégées par les lamas».

Roerich note également dans son journal :
«Je soupçonne les lamas mongols d'être extrêmement bien informés...que beaucoup d'autres nationalités voisines comprenaient également toute la réalité de ce que représentait Shamballah....et qu'il n'est pas facile de gagner leur confiance en ce qui concerne le domaine spirituel.»

Frustré de ne pas obtenir plus d'éclaircissements, Roerich poursuivi sa quête d'informations et fit une rencontre décisive à l'été 1928. Il rencontra alors un lama de haut rang nommé **Tsa-Rinpoche** qui put répondre à ses questions. Roerich relata cette conversation unique dans un deuxième ouvrage, qu'il appela *Shamballah* publié en 1930. Il dut en premier lieu convaincre ce lama de haut rang que son intérêt pour le sujet était bien réel et en dehors de toute curiosité malsaine. En voici donc un aperçu des passages les plus «extraordinairement» instructifs tirés directement de ce document :

*«Lama, sur ma propre table, vous pouvez voir le **Kalachakra**, l'Enseignement rapporté de l'Inde par le grand Atîsha. Je sais que si un noble esprit, déjà préparé, entend une voix proclamant **Kalagiya**, c'est l'appel de Shambhala. Nous savons quel Tashi-Lama a visité Shambhala. Nous connaissons le livre du Grand Prêtre T'aishan- «Le sentier rouge vers Shambhala». Nous connaissons même le chant mongol au sujet de Shambhala. Qui sait, peut-être même savons-nous des choses qui seraient nouvelles pour vous. Nous savons que, très récemment, un jeune lama mongol a fait paraître un nouveau livre sur Shambhala.»*

 Le Lama nous étudie de son regard pénétrant. Puis, il dit :
«La grande Shambhala est loin au-delà de l'océan. C'est le puissant domaine céleste. Elle n'a rien à voir avec notre Terre. Comment et pourquoi vous, hommes du monde, vous y intéressez-vous ? **Vous ne pouvez discerner les rayons resplendissants de Shambhala qu'en quelques endroits seulement, à l'extrême nord.**

Il est indispensable de faire ici une autre parenthèse suite à la dernière et incroyable phrase du Lama**.** Ce qu'il rapporte à ce moment précis, en 1928, date de cet entretien avec Roerich, est ni plus ni moins la confirmation de l'existence d'un soleil central qui darderait ses rayons vers l'extérieur de la calotte polaire du Pôle Nord. C'est à dire ce que l'humain peut en percevoir au travers des aurores boréales ! A lui seul, ce Lama de haut rang nous offre, le plus naturellement du monde, une information capitale rejoignant pleinement les résultats de nos études précédentes.

Poursuivons les commentaires de Roerich :

 - *«Lama, nous connaissons la grandeur de Shambhala. Nous savons que cet indescriptible royaume est réel. Mais nous savons*

aussi **qu'il existe une Shambhala terrestre**. *Nous savons que certains grands lamas sont allés à Shambhala, qu'en chemin ils ont vu les phénomènes physiques habituels. Nous connaissons les histoires du lama bouriate, et comment il fut accompagné dans un passage secret très étroit. Nous savons qu'un autre visiteur a vu la caravane des montagnards, avec du sel venant des lacs, aux limites mêmes de Shambhala. De plus, nous-mêmes avons vu une borne blanche marquant la frontière de l'un des trois avant-postes de Shambhala. Alors, ne me parlez pas seulement de la Shambhala céleste, mais parlez-moi aussi de celle qui est sur Terre ; parce que vous savez aussi bien que moi que, sur Terre, Shambhala est reliée à sa contrepartie céleste. Et par ce lien, les deux mondes sont unifiés.»*
Le Lama devient silencieux. Les paupières à demi closes, il examine nos visages. Dans la pénombre du crépuscule, il commence à raconter :
*«En vérité, le temps approche où l'**Enseignement du Bienheureux viendra, une fois de plus, du Nord vers le Sud.** Le grand sentier de la parole de Vérité, ouvert à Bodhigaya, retournera de nouveau en ces mêmes lieux. Nous devons accepter ce fait tel quel, avec simplicité : le véritable enseignement quittera le Tibet pour apparaître de nouveau dans le Sud. Et, dans tous les pays, les préceptes du Bouddha seront appliqués. Vraiment, de grandes choses approchent et vont survenir.....Innombrables sont les habitants de Shambhala, nombreuses sont les merveilleuses nouvelles forces et les réalisations qui ont été préparées là pour l'humanité....et tant de gens s'essaient à les découvrir ! Alors, laisser un homme tenter d'atteindre Shambhala **sans y avoir été convié** !*
Beaucoup de gens essaient d'atteindre Shambhala sans y avoir été conviés. Quelques-uns d'entre-eux ont disparu à jamais. Seul un petit nombre d'entre-eux parvint à atteindre cet endroit sacré, et leur karma est prêt....Vous avez probablement entendu comment certains voyageurs ont tenté de pénétrer sur ce territoire interdit et comment les guides ont refusé de les suivre, «plutôt mourir» ont-ils dit.
Même ces gens simples comprenaient que certains domaines ne doivent être abordés qu'avec la plus extrême déférence.»

- *«Lama, nous avons vu, non loin d'Ulan-Davan, un énorme vautour noir qui volait bas, près de notre camp. **Il croisa la route d'une chose belle et brillante qui volait vers le Sud au-dessus de notre camp et qui scintillait sous les rayons du soleil.***

Voilà un éléments qui mérite amplement une nouvelle parenthèse, **c'est à dire une observation Ovni à une époque à laquelle personne n'en soupçonnait seulement l'existence !** Certains «soit-disant spécialistes» de la non-existence des Ovnis, dont la stupidité n'a d'égal que leur propre ignorance, devraient se mettre en quête de lectures anciennes et particulièrement d'ouvrages sacrés Orientaux, de plus de deux mille ans, qui décrivent très précisément ce type d'engins volants issus d'autres mondes… Que répondraient-ils face à cette observation bien réelle, rapportée sans la moindre «pollution» informative actuelle ? Ah oui…peut-être bien par la justification d' un nouveau mythe…..Ecoutons plutôt la réponse du Lama :

- *«Avez-vous aussi senti dans le désert des effluves de l'encens des temples»* ?

- *«Lama, vous avez vu juste. Dans le désert pierreux, à plusieurs jours de toute habitation, un grand nombre d'entre-nous avons perçus simultanément les effluves d'un parfum exquis. Ceci se produisit plusieurs fois. Nous n'avions jamais senti un parfum si agréable. Il me rappelait un certain encens qu'un de mes amis me donna un jour en Inde. J'ignore où il l'avait obtenu.»*

- *«Ah ! Vous êtes protégé par Shambhala. Le gros vautour noir est votre ennemi, qui veut à tout prix détruire votre œuvre, **mais la force protectrice de Shambhala vous suit sous cette <u>forme Radiante de Matiére.</u>** Cette force est toujours près de vous, mais vous ne pouvez pas toujours la percevoir. Quelquefois seulement, elle se manifeste pour vous redonner des forces et vous diriger. **Avez-vous remarqué la direction vers laquelle se déplaçait <u>cette sphère</u> ?** Vous devez suivre la même direction. Vous avez mentionné l'appel sacré : Kalagiya !*

Lorsque quelqu'un entend cet appel impératif, il doit savoir que la voie vers Shambhala lui est ouverte. Il doit se rappeler de l'année où il fut appelé car, à partir de ce moment et à jamais, le bienheureux

Rigden Djyepo l'assiste. Seulement vous devez connaître et comprendre la façon dont les gens sont aidés parce que, souvent, les gens repoussent l'aide envoyée.»

Vous aurez certainement noté de quelle façon le Lama identifie l'Ovni mentionné par Roerich **-forme radiante de matière /sphère-** Alors quand l'Amiral Byrd rapporte son escorte par des objets circulaires lors de sa visite dans l'Agartha ou qu'il parle «d'aéronefs» aux performances hors normes en provenance des Pôles, on aurait plutôt tendance à accorder un peu plus de crédit à toutes ces expériences singulières! Poursuivons….

- *«Lama, le Védanta nous dit que très bientôt de nouvelles énergies seront données à l'humanité. Est-ce vrai ?»*

- *«Innombrables sont les grandes choses prédestinées et préparées.* **Grâce aux Saintes Ecritures, nous connaissons l'Enseignement du Bienheureux (Bouddha) concernant les habitants des étoiles lointaines. De la même source, nous avons entendu parler de l'oiseau d'acier volant**, *de serpents de fer qui dévorent l'espace avec de la fumée et du feu.* **(Le Lama apporte ainsi la confirmation que les anciennes écritures décrivent bien ces objets célestes en provenance d'étoiles habitées. Cela ne relève juste que d'une simple constatation….enfin, pour ceux qui ont des yeux pour voir !)** *Tathagâta, le Bienheureux, a tout prédit pour le futur. Il savait que les aides de Rigden-Djyepo se réincarneraient en temps voulu, que l'armée sacrée purgerait Lhassa de tous ses infâmes ennemis et que le royaume de la vertu serait établi.*

Quelle grandeur incomparable ont les possibilités rendues manifestes par un accomplissement conscient, et avec quelle sagesse serait utilisée la grande énergie éternelle, cette fine matière impondérable répandue partout, à portée de main et à tout moment. *Cet Enseignement du Kalachakra,* **cette utilisation de l'énergie primordiale, on l'a appelé l'Enseignement du Feu.** *Les Hindous connaissent le grand Agni- si ancien que soit cet enseignement, ce sera le nouvel enseignement de la Nouvelle Ere. Nous devons penser au futur ; et nous savons trouver dans l'Enseignement du Kalachakra tout le matériel qui peut servir au* *plus grand usage. Mais il y a tant d'instructeurs, tous si différents et si hostiles les uns aux autres.»*

L'enseignement global de ce Lama est à ce point si précis et fondu dans notre société actuelle qu'il devrait être un devoir pour tout être humain de lire la **Kalachakra** vieille de plus de deux mille ans ! Je ne parle pas de nos grandes élites corrompues qui connaissent parfaitement les différents sujets, mais simplement du commun des mortels qui préfère, quant à lui, le confort de son ignorance à sa propre réalité. Afin juste de vous démontrer que les commentaires de ce Lama ne sont en rien un vague mythe sorti tout droit d'un livre issu d'un rayonnage d'une vieille bibliothèque poussiéreuse, je ferai intervenir le grand physicien **Nikola Tesla** qui affirmait déjà, dès le début du 20ème siècle :

«Je suis en train de réveiller l'énergie contenue dans l'air. Il y a les principales sources d'énergies. Ce qui est considéré comme un espace vide n'est autre qu'une manifestation de la matière qui n'est pas éveillée. Il n'y a pas d'espace vide sur cette planète, tout comme dans l'Univers.....Je n'ai pas cherché tout cela pour mon propre plaisir, mais pour le bien-être de tout ce qui existe. Je crois que mes découvertes feront que les gens vivront plus facilement, et qu'ils s'intéresseront à la spiritualité et la moralité.»

Comme je vous l'avais indiqué précédemment, on ne doit pas être surpris que le plus grand savant du 20ème siècle ait été écarté de ses propres recherches par un arrêt brutal de ses financements privés....d'origine des grandes élites bancaires !

Mais, continuons, si vous le voulez bien, les enseignements précieux de ce grand Lama :

- *«Lama, à Tourfan et au Turkestan, on nous a montré des cavernes avec de longs passages inexplorés. Peut-on atteindre les Ashrams de Shambhala par ces chemins ? On nous a dit que, à l'occasion, des étrangers sont sortis de ces cavernes pour aller en ville. Ces étrangers voulaient payer des choses avec des pièces anciennes et étranges qui ne sont plus en usage.»*

- *«En vérité, en vérité, les êtres de Shambhala sortent par moments dans le monde. Ils rencontrent les travailleurs terrestres de*

Shambhala. Pour l'amour de l'humanité, ils envoient de précieux dons, des reliques remarquables. Je peux vous raconter plusieurs histoires au sujet de dons merveilleux qui furent reçus à travers l'espace. Rigden-Djypo lui-même apparaît à l'occasion dans un corps humain. Soudain, il se montre dans des lieux saints, dans des monastères et, au moment prédestiné, il prononce ses prophéties.
La nuit ou au petit jour, avant le lever du soleil, le Régent du Monde arrive dans le Temple. Il entre. Toutes les lampes s'allument d'elles-mêmes, en même temps. Certains reconnaissent déjà le Grand Etranger. Les lamas se réunissent avec une profonde vénération. Ils écoutent avec la plus grande attention le prophéties du futur.
Une grande époque approche. Le Régent du Monde est prêt à combattre. Plusieurs phénomènes se sont produits. Le feu cosmique approche à nouveau de la Terre. Les planètes manifestent l'ère nouvelle. Mais plusieurs cataclysmes se produiront avant la nouvelle ère de prospérité. <u>L'humanité sera à nouveau éprouvée pour voir si l'esprit a suffisamment progressé.</u> Le feu souterrain cherche maintenant le contact avec l'élément feu de l'Akasha. <u>Si toutes les forces du bien ne combinent pas leur pouvoir, les plus grands cataclysmes sont inévitables.</u>»

Ces prophéties «souterraines», qui datent du début du 20ème siècle et qui rejoignent celles de l'*Apocalypse de Jean* et de bien d'autres initiés après lui, **doivent être considérées, dès à présent, comme un avertissement ultime et pressant. Car nous sommes déjà entrés dans la phase finale de l'accomplissement**....Ne voyez-vous pas l'escalade ininterrompue de catastrophes récurrentes et toujours plus violentes caractérisées par l'avancée de ce feu cosmique universel....Toujours plus de chaleur, de feux de forêts, de tremblements de terre, d'éruptions volcaniques, d'inondations....que faut-il de plus à l'être humain pour comprendre qu'il s'agit là d'une mise à l'épreuve naturelle faisant partie intégrante du plan universel de la création (et non pas majoritairement des conséquences dues à la pollution humaine comme certains voudraient vous le faire croire) afin que votre conscience se tourne vers la connaissance et l'amour.

Réveillons-nous enfin de ce sommeil catastrophique de plus de deux mille ans !

Profitons ainsi des ultimes recommandations du Lama :
« Que révèle le Kalachakra ? S'y trouve-t-il des interdits ? Non, le noble enseignement n'offre que ce qui est constructif. Il en est ainsi. Les mêmes forces élevées sont proposées à l'humanité. **Et la manière dont l'humanité peut utiliser les forces naturelles des éléments est révélée de la façon la plus scientifique.** *Lorsqu'on vous dit que le plus court chemin passe par Shambhala, par le Kalachakra, cela signifie que* **l'accomplissement n'est pas un idéal inaccessible, mais qu'il s'agit de quelque chose d'accessible par une aspiration sincère et appliquée ici, sur cette terre même et dans cette incarnation même.** *C'est là l'enseignement de Shambhala. En vérité, chacun peut entendre la prononciation du mot, Kalagiya ! »*

Convaincu de cet extraordinaire connaissance, Nicolas Roerich, de retour aux USA et en Europe en 1929, parla pour une culture rassemblant toutes les disciplines de l'esprit humain et de la paix entre les peuples, prônant une coopération entre les diverses expressions de l'Art, de la Science et de la Religion. Il proposa à la communauté des hommes, « Le pacte et la bannière de la paix », projet qui avait pour but d'établir un pacte international pour la protection des institutions éducatives et culturelles, des monuments et sites dans le monde en cas de conflit armé.

En 1929, le nom de Nicolas Roerich fut officiellement proposé au Comité Nobel pour le prix de la Paix, et en avril 1935, le pacte Roerich fut ratifié à la Maison Blanche par le Président F.D. Roosevelt et les vingt représentants des républiques d'Amérique latine. Définissant la mission de la Bannière de la Paix, Nicolas Roerich écrivit :

« De même que le drapeau de la croix rouge s'impose à l'esprit le moins cultivé, le nouveau drapeau gardien des trésors culturels, parlera à toutes les intelligences. N'est-il pas facile d'expliquer, fût-ce à un ignorant, la nécessité de sauvegarder l'art et la science ? Nous répétons souvent que la pierre angulaire de la civilisation de

l'avenir repose sur la beauté et le savoir. Maintenant, nous devons transformer cette pensée en actes, et agir rapidement.»

Nous nous devons de constater, malheureusement, que de sa belle initiative ne sera restée que la poursuite de la culture de la décadence humaine…..

Dans la même veine et consécutivement aux révélations du grand Lama, nous allons nous intéresser aux anciennes connaissances d'un grand peuple indien appelés **les Hopis**. Cette tribu dénommée également *«indiens Pueblo»*, tout comme l'était leurs ancêtres *Anasazis* que nous avons déjà évoqué, vivent en Arizona sur de hauts plateaux désertiques. Leur nom signifie *Les pacifiques*. Leurs anciens sont des chefs spirituels porteurs de la sagesse et des traditions. Longtemps, ils n'ont partagé avec les blanc que des bribes de leurs connaissances, puisqu'ils n'étaient pas respectés et pire, constamment agressés. Mais les temps ont changé et certains délivrent leur message de paix et appellent l'humanité entière à choisir de changer de mentalité et de façon de vivre.

En 1946, après l'explosion de deux bombes nucléaires au Japon, quatre chefs Hopi, dont **Dan Katchongva**, ont décidé ou ont été mandatés pour révéler publiquement la sagesse et les enseignements traditionnels Hopi, y compris les prophéties Hopi concernant le futur. Dan Katchongva, dernier leader du Clan du Soleil d'Hotevilla, est né à Old Oraibi vers 1860 et mort le 22 février 1972 à Hotevilla, soit plus que centenaire ! Dans une conversation enregistrée le 29 janvier 1970, Dan raconta ainsi l'histoire du Peuple de Paix depuis l'aube des temps. Il accepta la publication d'un livre à condition qu'il ne soit jamais vendu, insistant que vendre les enseignements Hopi reviendrait à vendre sa propre mère et choisit lui-même les extraits qui pouvaient être publiés.

En plus des prophéties qui se sont accomplies durant sa vie, Dan fut averti par son père qu'il verrait le commencement de l'événement final, le grand Jour de la Purification….c'est à dire ce que nous sommes en train de vivre pleinement actuellement !

La publication a été faite dans le bulletin **Techqua Ikachi** concernant les traditions Hopi en 1972, sous le titre *«Depuis le début de la vie jusqu'au jour de la purification ; Enseignement, histoire et prophéties du peuple Hopi»*. Editée par Thomas Francis, Commitee for Traditional Indian Land and Life, Los Angeles, Californie.
Reproduit sur le site web : hopiland
Je me suis attaché à en reproduire les principaux passages en entrant directement dans le vif du sujet dès *Le commencement de la vie :*
«Nous avons été créés quelque part dans le monde souterrain par le grand esprit, le Créateur. *Il nous a d'abord créé un, puis deux, puis trois. Nous avons été créés égaux, en unité, vivant de manière spirituelle, là où la vie est éternelle. Nous étions heureux et en paix avec nos semblables. Tout était abondant, fourni par notre mère Terre sur laquelle nous avions été placés. Nous n'avions pas besoin de planter ou de travailler pour obtenir la nourriture. La maladie et les difficultés étaient inconnues. Durant de nombreuses années, nous avons vécu heureux et notre nombre ne cessa d'augmenter.*
Lorsque le grand esprit nous a créé, il nous donna aussi des instructions ou des lois que nous devions respecter. Nous lui avons promis de les respecter afin de pouvoir rester paisibles, les utilisant comme règles pour vivre heureux sur cette Terre où il nous avait créé et placé. Mais, dès le début, il nous avertit que nous ne devions pas nous laisser tenter par certaines choses qui pourraient nous faire perdre cette parfaite façon de vivre. Bien sûr, nous profitions de beaucoup de choses dans cette vie, et peu à peu, nous avons enfreint les ordres du Créateur en faisant ce qu'il nous avait dit de ne pas faire. Aussi, il nous punit en faisant de nous ce que nous sommes aujourd'hui, avec une âme et un corps. Il dit : «A partir de maintenant, vous allez devoir vous débrouiller tout seul. Vous serez malades, et la durée de votre vie sera limitée»....
Cela entraîna une grande division car certains voulaient encore suivre les instructions originales et vivre simplement. Les plus inventifs, intelligents mais manquant de sagesse, firent de nombreuses choses destructives qui dérangèrent leur vie et menaça

de détruire tout le monde. **Nombre de choses que nous voyons aujourd'hui sont connues pour avoir existé en ce temps....**
Les **Kilmongwi** rassemblèrent les grands prêtres. Ils fumèrent et prièrent pour recevoir de l'aide afin de trouver un moyen de résoudre la corruption. Ils se rassemblèrent plusieurs fois et finalement quelqu'un suggéra de partir et de trouver un nouvel endroit pour commencer une vie nouvelle.
Ils avaient souvent entendu des bruits sourds venant d'en haut. Ils savaient que quelqu'un pouvait vivre là. Il fut décidé que cette idée devait être investiguée.»
Afin de résumer les passages suivants, ils convinrent de migrer du monde souterrain vers le monde de surface. L'histoire se poursuit :
«Le temps passait, les gens passaient et la prophétie des choses à venir passait de bouche en bouche. Les tablettes de pierre et les écrits sur les rochers étaient souvent regardés par les anciens. Ils attendaient dans la crainte, en se rappelant la prophétie selon laquelle une autre race allait venir parmi eux et revendiquer leur terre (les premiers colons européens…). *Ces gens allaient essayer de changer notre mode de vie. Ils auraient une «langue douce» ou une «langue fourchue»* (on a les mêmes actuellement !), *ainsi que de nombreuses choses pour nous tenter. Ils utiliseraient la force pour nous obliger à sortir les armes, mais nous ne devions pas tomber dans ce piège car nous allions être mis à genoux et nous ne serions plus capables de nous relever. De même, nous ne devrions jamais lever nos mains contre aucune autre nation.*
Notre enseignement et nos prophéties nous informent que nous devons rester vigilants aux signes et aux présages qui surviendront afin de nous donner le courage et la force de rester fidèles à nos croyances. **Le sang coulera. Nos cheveux et nos vêtements seront éparpillés sur la Terre. La nature nous parlera avec le souffle puissant du vent. Il y aura des tremblements de terre, des inondations et des feux étranges en différents endroits causant de grands désastres, des changements dans les saisons. Le temps aussi changera et la vie sauvage disparaîtra. La famine apparaîtra sous différentes formes. La corruption et la confusion grandiront parmi**

les leaders et les peuples à travers la Terre entière, et les guerres surgiront comme des vents puissants. Tout cela est prévu depuis le début de la création. Les Hopis sont le sang de ce continent comme d'autres sont le sang d'autres continents. Ainsi, si les Hopis échouent, le monde entier sera détruit. **Cela nous le savons car la même chose est arrivée dans l'autre monde (souterrain)…..**

Le chemin paisible de la vie ne peut être accompli que par ceux qui ont beaucoup de courage et par la purification de toutes les créatures. **La maladie de la Mère Terre doit être guérie.»**

Il me semble bien que la totalité de ces merveilleuses paroles de connaissances, de sagesse et d'avertissements «brûlants» rejoignent en tous points les nombreux enseignements d'origines et d'époques différentes évoqués précédemment. Comment ne pas voir, dans cette description faite par le peuple *Hopi,* le florilège terrible des graves tribulations mondiales provoquées par un total égarement de l'être humain….Posons-nous sincèrement la question suivante : Comment autant de convergences sont possibles ?

Après avoir partiellement mais sérieusement «défriché» le difficile terrain lié au monde secret de la terre creuse ou Agartha, notre cheminement va nous pousser naturellement vers une investigation, ou plus exactement une exploration des plus insolites vers l'intérieur de notre Terre. Rappelez-vous, je vous avais précisé que l'Amiral Byrd n'avait pas été le seul ni le premier à pénétrer un monde inconnu….Des voyageurs et autres explorateurs connus vont venir largement enrichir cette connaissance par des rapports de presse inédits qui sauront faire toute la différence entre fantasme et réalité !

Les explorateurs de l'Agartha

L'entrée par le Pôle

Nous entamerons notre étude par une première histoire que je vous livre telle quelle et relatée dans l'excellent livre du **Dr Raymond Bernard** (de son vrai nom Walter Seigmeister), *The Hollow Earth*, publié en 1964. En dépit du fait que ce témoignage reste une source non confirmée, nous verrons que les éléments rapportés ici seront d'une concordance étonnante avec d'autres faits relatés ultérieurement, en particulier la taille souvent anormale des choses et de certaines populations siégeant à l'intérieur de la terre creuse. Voici donc le récit, attribué au **Dr Nephi Cottom,** de Los Angeles, qui le rapporta d'un de ses patient, **un homme d'origine nordique** :

«J'habitais près du cercle arctique, en Norvège. Un été, je décidai avec un ami de faire un voyage en bateau et d'aller aussi loin que possible dans le Nord. Nous fîmes donc une provision de nourriture pour un mois et prîmes la mer. Nous avions un petit bateau de pêche muni d'une voile, mais aussi un bon moteur.

Au bout d'un mois, nous avions pénétré très avant dans le Nord, et nous avions atteint un étrange pays qui nous surprenait par sa température. Parfois il faisait si chaud la nuit que nous n'arrivions pas à dormir. (cela me rappelle les commentaire du Lt Greely…)

Nous vîmes plus tard quelque chose de si étrange que nous en restâmes muets de stupeur. En pleine mer, devant nous, se dressait soudain une sorte de grande montagne dans laquelle, à un certain endroit, l'océan semblait se déverser ! Intrigués, nous continuâmes dans cette direction, et nous nous trouvâmes bientôt en train de naviguer dans un vaste canon qui conduisait au centre du globe. Nous n'étions pas au bout de nos surprises. Nous nous rendîmes compte, un peu plus tard, qu'un soleil brillait à l'intérieur de la Terre !

L'océan qui nous avait transporté au creux de la Terre se rétrécissait, devenait graduellement un fleuve. Et ce fleuve, comme nous l'apprîmes plus tard, traversait la surface interne du globe d'un bout à l'autre, de telle sorte que si on suivait le cours jusqu'à son terme, on pouvait atteindre le Pôle Sud. Comme nous le constatâmes, la surface interne de notre planète comprenait des étendues de terre et d'eau, exactement comme la surface externe. Le soleil y étant éclatant, et la vie animale et végétale s'y développait abondamment.

Au fur et à mesure que nous avancions, nous découvrions un paysage fantastique. Fantastique parce que **chaque chose prenait des proportions gigantesques, les plantes, les arbres....et aussi les êtres humains**. Oui, les être humains ! Car nous en rencontrâmes, et c'était des GEANTS. Ils habitaient des maisons et vivaient dans des villes semblables à celles que nous avons à la surface, mais de taille plus grande. Ils utilisaient un mode de transport électrique, une sorte de monorail qui suivait le bord du fleuve d'une ville à l'autre.

Certains d'entre-eux aperçurent notre bateau sur le fleuve et furent très étonnés. Ils nous accueillirent amicalement, nous invitèrent à déjeuner chez eux. Mon compagnon alla dans une maison, moi dans une autre. J'étais complètement désemparé en voyant la taille énorme de tous les objets. La table était colossale. On me donna une assiette immense, et la portion qu'elle contenait aurait pu me nourrir une semaine entière ! Le géant m'offrit au dessert une grappe de raisin, et chaque grain était aussi gros qu'une pêche. Le goût en était délicieux. A l'intérieur de la Terre, les fruits et les légumes ont une saveur délicate, un parfum subtil. Rien de comparable avec ceux de «l'extérieur».

Nous demeurâmes chez les géants pendant une année, goûtant leur compagnie autant qu'ils appréciaient la nôtre. Nous observâmes au cours de ce séjour un certain nombre de choses aussi étranges qu'inhabituelles, toujours étonnés par l'ampleur des connaissances scientifiques dont faisaient preuve ces gens. Durant tout ce temps, ils n'affichèrent jamais la moindre hostilité envers nous, et ils ne firent aucune objection quand nous décidâmes de repartir chez nous. Au contraire, ils nous offrirent même courtoisement leur protection au cas où nous en aurions eu besoin pour le voyage de retour.»

Fin de cette première histoire fantastique qui, vous allez pouvoir rapidement le vérifier, va être une formidable introduction à notre affaire suivante.

Ce nouveau morceau d'anthologie se verra, quant à lui, parfaitement illustré et présenté par des interlocuteurs ayant véritablement existé. Et même si cette narration prends réellement, au fil des pages, une dimension de l'ordre de l'extraordinaire, il n'en reste pas moins qu'elle aura le mérite d'être parfaitement retranscrite par un personnage n'ayant jamais eu, auparavant, la moindre information concernant la Terre creuse. Ce personnage récipiendaire du récit qui va suivre s'appelait **Willis George Emerson** (1856-1918). Il était un romancier américain, journaliste, juriste et politicien. Il créa la North American Copper Company dans le Wyoming et fonda la ville de Encampment dans le wyoming également.

Cette histoire est à ce point si stupéfiante, que j'ai souhaité reproduire intégralement la rencontre improbable entre l'écrivain et son conteur du nom d'**Olaf Jansen**, cela afin de garantir toute l'importance et l'authenticité de cette relation de confiance.

Ainsi, Emerson publia en 1908 le témoignage d'Olaf Jansen, tel que ce dernier le souhaitait, sous le titre : *«The smoky God» (Le Dieu qui fume)*. Voici son histoire :

«Je crains que l'apparente histoire incroyable que je suis sur le point de vous relater puisse être considérée comme le résultat d'un esprit superbement décousu, peut-être en vertu de l'enchantement que procure la révélation d'un mystère merveilleux, plutôt qu'en raison de l'authentique rapport des expériences hors normes révélées par un Olaf Jansen dont de la folie éloquente se serait imposée à mon imagination pour faire fuir de mon analyse toute pensée critique. Marco Polo se retournerait sans doute dans sa tombe à l'écoute de l'étrange histoire que je suis appelé à rapporter ici. Une histoire aussi étrange qu'un conte du «Baron de Munchausen». Il est aussi bizarre que ce soit moi, un sceptique, qui ait seul le privilège d'écrire l'histoire d'Olaf Jansen, dont le nom est révélé maintenant

pour la première fois au monde, et qui pourrait devenir après cette sortie de l'ombre, une vraie personnalité de la planète.

Je dois librement avouer que ses déclarations n'admettent aucune analyse rationnelle, mais elles sont en rapport avec le profond mystère concernant le Pôle Nord gelé qui pendant des siècles a semblablement intéressé les savants et les hommes de loi. Cependant, bien qu'ils soient différents des manuscrits cosmogéographiques du passé, ces parfaits documents pourraient être compilés comme étant une narration de choses, que lui Olaf Jansen a effectivement vu de ses propres yeux. Plus d'une centaine de fois, je me suis interrogé sur le fait de savoir comment il est possible que la géographie du monde soit incomplète et que la sensationnelle narration de Olaf Jansen puisse être soutenue par des faits tangibles. Le lecteur pourra lui-même répondre à ces interrogations pour sa propre satisfaction, aussi loin que l'auteur de cette narration ait pu se forger lui-même une conviction.

Ce n'est pas mon attention d'aborder une discussion sur la théogonie des Dieux, ni sur la cosmogonie du monde. Ma simple préoccupation est d'éclairer le monde au sujet d'une ci-après partie inconnue de l'univers, comme elle a été aperçue par le vieux navigateur norvégien Olaf Jansen. Il y a un intérêt international pour la recherche ayant trait au Pôle Nord.....

La réalité dépasse la fiction et de la manière la plus sensationnelle, ce postulat s'est présenté chez moi, il y a une quinzaine de jours. Il était deux heures du matin, quand je fus sorti d'un sommeil réparateur par le tintamarre de la sonnette de ma porte d'entrée. Ce perturbateur, trop matinal, correspondait à un messager porteur d'une note à l'écriture presque illisible en provenance d'un marin norvégien nommé Olaf Jansen. Après un long déchiffrage, j'ai découvert le message qui disait «je suis malade et sur le point de mourir, venez vite». L'appel était impératif et je ne perdis pas de temps pour obtempérer.

Peut-être puis-je bien expliquer ici qu'Olaf Jansen, cet homme qui venait de fêter son 95ème anniversaire, a vécu pendant les six dernières années de sa vie, seul dans un modeste bungalow, hors du chemin de Glendale, à une courte distance du quartier des affaires de Los Angeles en Californie. Il y a au moins deux ans, alors que je me promenais un après-midi, je fus attiré par la maison d'Olaf Jansen et par son modeste voisinage, propriétaire et occupant, que je fus par la suite amené à connaître en tant que fervent de l'ancienne croyance aux Dieux Odin et Thor.

Il y avait un visage débordant de gentillesse et une aimable expression dans ses yeux gris perçant et vifs de cet homme qui avait vécu plus de 90 années et en outre le sens de la solitude qui força ma sympathie. Légèrement courbé et les mains jointes dans le dos, il marchait de ci de là avec le pas lent et mesuré, ce premier jour où nous nous sommes rencontrés. Je peux à peine dire quel motif particulier m'a poussé à faire une pause dans ma promenade et à engager la conversation avec lui....

*J'ai bientôt découvert que ma connaissance n'était pas une personne ordinaire, mais une personne profondément instruite jusqu'à un remarquable degré, un homme qui dans les dernières années de sa longue vie avait plongé longtemps dans les livres et était devenu un puissant maître de la méditation silencieuse. Je l'ai encouragé à se confier à moi et aussitôt j'ai appris qu'il avait vécu seulement six à sept années dans le Sud de la Californie, mais qu'il passa douze années antérieures dans un état du Middle Est. Avant cela, il avait été un pêcheur de la côte norvégienne, dans la région des îles Lofoden, d'où **il effectuait des tournées, loin vers le Nord jusqu'au Spitzberg et même jusqu'à la terre de Franz Josef.***

Quand je me décidais à prendre congé, il me parut vouloir me retenir et me demanda de revenir. Cependant à ce moment précis et je n'y prêtai pas attention, mais je me souviens maintenant qu'il fit une remarque singulière alors que je lui tendais la main pour le départ : «Vous reviendrez ?» demanda-t-il. Oui, vous reviendrez un autre jour j'en suis certain et je vous montrerai ma bibliothèque et je vous raconterai beaucoup de choses auxquelles vous n'avez jamais rêvé, des choses si merveilleuses qu'il se pourrait que vous ne puissiez me croire.» Je lui assurai en souriant que non seulement, je reviendrai, mais que je suis prêt à croire tout ce qu'il pourra choisir de me révéler au sujet de ses voyages et de ses aventures. Le vieux scandinave s'exprimait toujours avec tant de conviction et de sincérité que ses étranges narrations me captivèrent.

Puis cette nuit là, le messager sonna à ma porte et dans l'heure suivante même, j'arrivai au bungalow d'Olaf Jansen. Il montra des signes d'impatiente après cette longue attente bien que j'étais arrivé à son chevet immédiatement après ma convocation. «Je dois faire vite» proclama t-il alors qu'il me prenait la main en me saluant.

«J'ai beaucoup à vous dire que vous ignorez et je n'ai confiance qu'en vous. Je réalise pleinement que je ne passerai pas la nuit. Le temps est venu pour moi de rejoindre mes ancêtres dans le grand sommeil.»

L'heure tardive, le calme du cadre, l'inquiétant sentiment de se retrouver seul avec le mourant et sa stupéfiante histoire, tout cela réuni ensemble faisait que mon coeur battait vite et fort avec une impression indéfinissable. En vérité, à plusieurs reprises, cette nuit près du lit du norvégien, une sensation plutôt qu'une conviction s'empara de mon âme et je lui fis savoir que non seulement j'y croyais, mais qu'en réalité, je voyais bel et bien les terres étranges, le peuple insolite et le monde surprenant qu'il me narrait et aussi que j'entendais le puissant coeur d'orchestre formé de milliers de voix puissantes.

Durant près de deux heures, il me semble doté d'une force presque surhumaine parlant précipitamment et apparemment avec toute sa raison. Finalement, il me présenta certains documents, croquis et cartes grossières. «Ceci» dit-il en conclusion, «je vous le laisse en main, si je peux avoir votre promesse de le transmettre au monde, je mourrai heureux, car je désire que les gens connaissent la vérité, concernant tous les mystères de la Terre glacée du Nord qui y sont révélés. Il n'y a aucune raisons à ce que vous subissiez les mêmes souffrances que le sort m'a réservé. Il ne vous mettront pas dans les fers, ni ne vous enfermerons pas non plus dans un asile de fous, car vous ne raconterez pas votre propre histoire, mais la mienne, et grâce aux Dieux Odin et Thor, que je remercie, je demeurerai dans ma tombe, hors d'atteinte des incrédules qui voudraient me persécuter.»

Sans une pensée pour les hypothétiques résultats de la promesse engagée et prévoyant les nombreuses nuits d'insomnie qui m'attendaient, je lui ai donné mon soutien et avec lui mon engagement de satisfaire fidèlement ses dernières volontés. Comme le soleil se levait au-dessus des pics de Jacinto bien loin à l'Est, l'esprit de Olaf Jansen, le navigateur, l'explorateur et l'adorateur d'Odin et Thor, l'homme dont les expériences et les voyages qui vont être relatés, ne souffrent aucun parallèle dans l'histoire du monde entier, passa de vie à trépas, et je me retrouvai seul face à la mort. Et maintenant, après avoir sanctifié un dernier triste rituel à cet homme étrange, venant de îles Lofoden et des régions nordiques toujours plus reculées, le courageux explorateur des régions glacées qui dans ses années déclinantes a recherché un havre de paix et de repos dans cette Californie ensoleillée, je vais alors entreprendre de rendre publique son histoire....

Mais avant tout, permettez-moi une ou deux réflexions :

Prenez une coquille d'oeuf et de chaque extrémité faites un trou de largeur de ce crayon. Extrayez son contenu et ensuite vous aurez une représentation parfaite de la Terre d'Olaf Jansen....

Dans les livres de bord, des explorateurs arctiques **nous parlent de la plongée vers le bas de l'aiguille** alors que les navires à voiles voguaient dans les régions de l'extrême Nord. En réalité, ils étaient à la courbure de la Terre, sur le bord de la coquille, où la gravité est géométriquement augmentée....

Une parenthèse s'impose ici afin de relater les commentaires probants de William Reed (dont nous avons longuement parlé précédemment) sur ce sujet, à la page 41 de son livre : *«The fantome of the Poles»* publié en 1906. Ce dernier y présente un croquis fantastique (représenté page suivante), expliquant le phénomène de la mer autour de l'ouverture polaire et de plus, il décrit le fonctionnement anormal de la boussole dans l'extrême Nord :

«On voit alors que quand l'explorateur arrive au point le plus centré de l'ouverture polaire, **l'aiguille aimantée se met à la verticale** *indiquant ainsi que la limite de l'ouverture va être franchie ; autrement dit, <u>elle vient affleurer avec la vitre de protection de la boussole</u>. Au début l'aiguille se met à s'affoler, puis progressivement se redresse……*

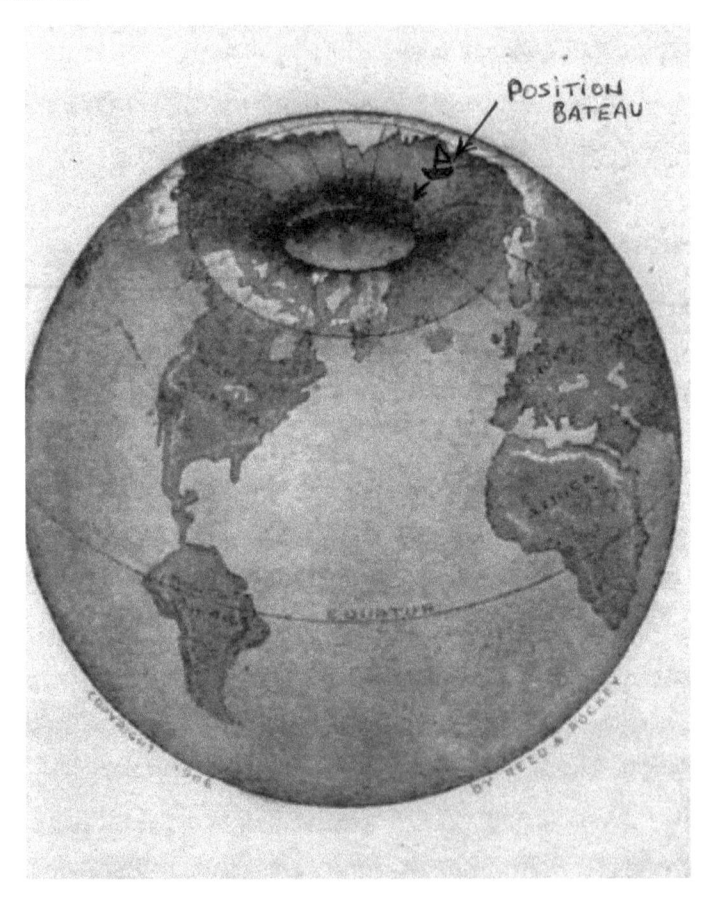

Ce dessin remarquable (malgré une ouverture exagérée !) de Reed tiré de son ouvrage, nous offre une belle perspective de cette entrée d'un bateau vers la Terre creuse (rajouté par mes soins) et me permet de faire un parallèle surprenant avec la photo d'une grande agence spatiale reproduite en page 228 ! La courbure vers l'intérieur (en reprenant l'image d'une pomme...) y est sensiblement la même malgré le siècle qui sépare ces deux documents !

Vous aurez tout loisir de mesurer, dans le récit qui va suivre, que l'histoire de la boussole va y prendre une place importante et de la plus authentique des façons....

Mais poursuivons, pour l'heure, les commentaires d'Emerson relatives aux déclarations de Jansen qui dit : *avoir passé plus de deux ans à étudier et à faire la reconnaissance de cette merveilleuse terre de l'intérieur, exubérante avec une flore extraordinaire et où abondent des animaux géants ; une terre où les gens vivent des siècles, bien plus que l'ordre de Mathusalem et que d'autres révélations Bibliques ; une région où l'eau représente un quart de la surface intérieure. Où il y a de grands océans et beaucoup de rivières et de lacs ; où les villes sont superbement et magnifiquement construites ; où les modes de transport sont aussi très en avance sur les nôtres autant que nos fières réalisations sont en avance sur celles des habitants de la plus «profonde Afrique noire».*

Olaf Jansen m'a rappelé comment, lors de nos anciennes journées de collège, nous étions tous familiers avec les démonstrations de laboratoire du mouvement centrifuge, qui ont clairement prouvé que, si la Terre était un solide, la rapidité de sa révolution autour de son axe la déchirerait en mille fragments.

Le vieux Norvégien a aussi affirmé que des points les plus éloignés de terre dans les îles de Spitzberg et de la terre de Franz Josef, **on peut voir annuellement, les masses d'oies, volant toujours plus loin verse Nord**, ainsi que les marins et explorateurs le rapportent dans leurs livres de bord. Aucun scientifique n'a encore été assez audacieux pour essayer d'expliquer, même pour sa propre satisfaction, vers quelle terre ces volatiles sont guidés par leur instinct subtil. (Souvenez-vous bien des oies, nous en reparlerons....)

On explique aussi ainsi la présence de la mer libre dans la zone arctique. Olaf Jansen prétend que l'ouverture du Nord, où la largeur du trou, pour ainsi dire, est **d'environ 700 km de diamètre**. En relation avec tout ceci, citons ce que l'explorateur Nansen écrit à la page 288 de son livre : «Je n'ai jamais vogué de manière si *splendide. Vers Nord, résolument en direction du Nord, avec un bon vent, aussi rapidement que le flot et la voile peuvent nous faire avancer, une mer libre, mille après mille, période d'observation après période d'observation, de ces régions inconnues, toujours plus claires et plus libre de glace, on pourrait presque dire : « combien de temps cela durera-t-il ?» L'oeil fixe toujours la direction du Nord comme on arpente un pont. Il regarde l'avenir. Mais il y a toujours le même ciel assombri vers l'avant qui signifie la présence de la mer libre.»*

Certains des fleuves «du dedans», proclame Olaf Jansen, sont plus grands que nos fleuves Mississippi et d'Amazone combinés, dans le débit d'eau transportée ; en effet, leur puissance est occasionnée par leur largeur et leur profondeur plutôt que par leur longueur et c'est aux embouchures de ces puissants fleuves, quand ils arrivent vers le Nord et vers le Sud en suivant le long de la surface intérieure de la terre, que se forment et se trouvent ces gigantesques icebergs, certains d'entre-eux ayant entre 7 et 9 km de largeur et entre 20 et 50 km de longueur. **N'est-ce pas étrange qu'il n'y a jamais eu d'iceberg rencontré ou dans l'océan arctique ou antarctique qui ne soit pas composé d'eau douce ?** *Les scientifiques modernes prétendent que la congélation élimine le sel, mais les affirmations d'Olaf Jansen sont différentes.....*

Sur les frontières du nord de l'Alaska et toujours plus fréquemment sur la côte sibérienne, on a trouvé des cimetières contenant des défenses d'ivoire dans des quantités si grandes que l'on a suggéré que l'endroit était formé d'antiques lieux d'enterrements. Selon Olaf Jansen, ces défenses proviennent de la grande vie animale prolifique qui abonde dans les champs et les forêts et sur les berges des nombreux fleuves du Monde intérieur. Les restes des animaux ont été attrapés dans les courants océaniques, ou ont été portés sur des banquises et se sont accumulés comme le bois flottant sur la côte sibérienne. Cela a continué pendant une éternité et de là ces cimetières mystérieux.

A ce sujet, **William F. Warren**, *raconte dans son livre publié en 1885, aux pages 297 et 298 :*

«Les roches arctiques nous parlent d'une Atlantide perdue plus merveilleuse que celle de Platon. Les lits de fossiles d'ivoire de la Sibérie dépassent tout ce qui existe de la sorte dans le monde. Depuis les jours de Pliny, au moins, ils ont constamment subi une surexploitation et tout de même, ils demeurent le quartier général central de ceux qui veulent s'approvisionner. Les restes de mammouths sont si abondants que, comme Gratacap dit, «Les îles du nord de la Sibérie semblent crées d'os entassés». Un autre auteur scientifique, parlant de la Nouvelle Sibérie, vers le nord de l'embouchure du fleuve «La Lena», emploie ce langage : «les grandes quantités d'ivoire sont extraites de la terre chaque année. En effet, on croit que certaines îles ne sont rien d'autres qu'une accumulation de bois de construction de dérive et les corps de mammouths et d'autres animaux d'antédiluviens gelés ensemble.»
De cela nous pouvons déduire que, pendant les années qui se sont écoulées depuis la conquête russe de la Sibérie, des défenses utiles de plus de vingt mille mammouths ont été ramassées.»

Permettez-moi une simple parenthèse. Si l'on considère avec raison la réalité de ce monde intérieur, toutes ces histoires de mammouths aussi étranges puissent-elles apparaître depuis les révélations hallucinantes de l'Amiral Byrd, prennent ici un véritable sens, en plus d'une réelle possibilité d'accessibilité de ces mastodontes préhistoriques vers la banquise de surface. Effectivement, s'il est possible pour la faune de rentrer naturellement vers l'intérieur de la terre creuse, on pourrait facilement admettre que certains d'entre-eux aient pu se retrouver, «vivants», dans l'extrême nord de la Sibérie et, par ce fait, pouvoir valider pleinement les observations précédemment rapportées par certains témoins oculaires.

Mais passons maintenant à la longue histoire d'Olaf Jansen. Mon but n'étant pas de vous reproduire la totalité du livre, je me suis contenté d'en extraire les passages les plus révélateurs….et ils sont nombreux ! Dans le manuscrit original et afin de prouver ses dires, Olaf Jansen avait parsemé son texte de travaux récents de l'exploration arctique. Cela est un élément sérieux à porter à son crédit afin de comparer ses expériences avec celles d'autres voyageurs du Nord glacé. Voici son récit des événements :

« Mon nom est Olaf Jansen. Je suis un norvégien, bien que je sois né dans la petite ville russe de marins d'Uleaborg, sur la côte orientale du Golfe de Bothnia, le bras du nord de la mer Baltique. Mes parents étaient en croisière de pêche dans le Golfe de Bothnia et ont habité cette ville russe d'Uleaborg au moment de ma naissance, le 27 octobre 1811. Mon père, Jens Jansen, est né à Rodwig sur la côte scandinave, près des îles Lofoden, mais après son mariage, installa sa maison à Stockholm, parce que ma mère et sa famille y résidaient. Quand j'ai atteint mes sept ans, j'ai commencé à accompagner mon père lors de ses tournées de pêche le long de la côte scandinave.

J'avais dix-neuf ans quand nous avons entrepris ce qui s'avère être notre dernier voyage en tant que pêcheurs et qui a abouti à l'histoire étrange qui devra être révélée au monde, mais pas avant que je sois arrivé à la fin de mon pèlerinage terrestre. Je n'ose pas permettre que les faits que je connais soient publiés de mon vivant par crainte que je subisse davantage d'humiliation, d'emprisonnement et de souffrance. Tout d'abord, j'ai été mis dans des fers par le capitaine du navire baleinier qui m'a sauvé, pour la seule raison que je lui avais parlé des merveilleuses découvertes faites par mon père et moi-même. Mais j'étais loin d'être arrivé à la fin de mes tortures.

Après quatre ans et huit mois d'absence, j'ai atteint Stockholm, pour constater seulement que ma mère était morte l'année précédente et que la propriété avait été laissée par mes parents à la famille de ma mère, mais elle m'a été immédiatement restituée. Tout aurait pu bien continuer ainsi, si j'avais effacer de ma mémoire l'histoire de notre aventure et de la mort épouvantable de mon père.

Finalement, un jour j'ai raconté l'histoire en détail à mon oncle, Gustav Osterlind, un homme ayant de considérables biens et que j'ai pressé d'organiser une expédition pour moi afin de réaliser un autre voyage vers la terre étrange. D'abord, j'ai pensé qu'il favorisait mon projet. Il semblait intéressé et m'a invité à me présenter devant

certains fonctionnaires et à leur expliquer, comme je l'avais fait pour lui, l'histoire de nos voyages et de nos découvertes. Imaginez ma déception et mon horreur quand, sur la conclusion de mon récit, certains papiers ont été signés par mon oncle et, sans avertissement, je me suis trouvé arrêté et bien vite sous l'effet d'un lugubre et épouvantable emprisonnement dans un asile de fous, où je suis resté pendant vingt-huit ans – années de longues, ennuyeuses, et affreuses souffrances !
Je n'ai jamais cessé d'affirmer que j'étais sain d'esprit et de protester contre l'injustice de mon emprisonnement. Finalement, le dix-sept octobre 1862, je fus libéré. Mon oncle était mort et les amis de ma jeunesse étaient maintenant des étrangers. En effet, un homme de plus de cinquante ans, dont la seule information que l'on connaisse de lui concerne un fou, n'a aucun ami. Je fus embarrassé pour savoir comment gagner ma vie, mais instinctivement, je me tournai vers le port où les nombreuses barques de pêche étaient ancrées et dans l'espace d'une semaine, je m'embarquai avec un pêcheur du nom d'Yan Hansen....Pendant vingt-sept ans, par la suite, j'ai parcouru la mer comme pêcheur, pendant cinq ans travaillant pour d'autres et les vingt-deux dernières années pour moi.
Pendant toutes ces années, j'étudiai avec diligence un maximum de livres, aussi bien qu'un dur ouvrier à mon affaire, mais j'ai pris grand soin de ne mentionner à personne l'histoire concernant les découvertes faites par mon père et moi-même. Même à ce dernier jour, j'aurai peur de savoir que quelqu'un ait pu voir ou connaître les choses que je suis entrain d'écrire, et les notes et cartes que je garde par-devers moi. Quand mes jours sur la Terre seront terminés, je laisserai des cartes et notes qui éclaireront et, j'espère, utilement l'Humanité. Le souvenir de mon long emprisonnement avec des maniaques, et toute l'angoisse horrible et les souffrances subies sont trop vives pour donner une autre chance à une arrestation.
En 1889, j'ai vendu mes barques de pêche et j'ai constaté que j'avais accumulé une fortune tout à fait suffisante de m'entretenir le reste de ma vie. Je suis alors venu en Amérique. Pendant une douzaine

d'années, mon habitation fut dans l'Illinois, près de Batavia. Plus tard, je suis venu à Los Angeles, arrivant ici le 4 mars 1901. Je me rappelle bien la date, car c'était le deuxième jour d'inauguration du Président McKinley. J'ai acheté cette humble demeure et, ici, j'ai entrepris de faire des cartes et les dessins des nouveaux pays que nous avions découverts et aussi écrire l'histoire en détail du temps où mon père et moi avions quitté Stockholm jusqu'à l'événement tragique qui nous a séparé dans l'**Océan Antarctique**.

Je me rappelle bien que nous avons quitté Stockholm dans notre sloop de pêche le troisième jour d'avril 1829 et avons navigué au Sud, laissant l'Ile de Gothland à gauche et l'Ile Oeland à droite. Quelque jours plus tard, nous avons doublé le Point de Sandhommar et avons emprunté le détroit qui sépare le Danemark de la côte scandinave en nous dirigeant vers les îles Lofoden. Nous fîmes escale à Hammerfest, qui est à 71°40' de latitude N, pour nous reposer quelques jours. Nous y sommes restés une semaine et nous fîmes des provisions supplémentaires avec plusieurs tonneaux d'eau potable. Nous avons ensuite navigué vers le Spitzberg....
Mon père était un ardent adepte d'Odin et Thor et me disait fréquemment **qu'ils étaient des Dieux qui sont venus de loin au-delà du vent du Nord.** Mon père expliquait que, selon une tradition, il est dit qu'**il existait alors plus au loin vers le Nord, une terre plus belle que tout ce qu'aurait jamais connu tout mortel et qui est habitée par le peuple «élu»....**Ma jeune imagination a été stimulée par l'ardeur, le zèle et la ferveur religieuse de mon bon père et je me suis exclamé : «Pourquoi ne pas naviguer vers cette terre gracieuse ? Le ciel est juste, le vent favorable et la mer ouverte.»
Même maintenant, je peux voir l'expression de surprise agréable de sa mine, quand il s'est tourné vers moi et m'a demandé : «Mon fils, désires-tu aller et explorer avec moi l'au-delà où l'homme ne s'est jamais aventuré ? J'ai répondu affirmativement. «Très bien», répondit-il. «Qu'Odin nous protège!». Et, ajustant rapidement les voiles, il a jeté un coup d'oeil à notre boussole, a tourné la proue

droit dans la **direction du Nord et au travers d'une voie libre....en direction de la mer libre (de glace !),** *notre voyage commence.*
A la place d'un froid intense, comme nous l'avions prévu, il faisait vraiment plus chaud et bien plus agréable que dans la région d'Hammerfest sur la côte nord de la Norvège, *il y avait environ six semaines de cela....* (Nous retrouvons curieusement ici les mêmes constatations insolites relevées par les explorateurs arctiques dont nous avons déjà parlé...)
J'ai essayé d'oublier ma soif (toute l'eau et une partie des provisions furent perdues lors d'une tempête) *en m'évertuant à transbahuter de la cale quelques provisions et un récipient vide. Me penchant par dessus la rampe latérale, j'ai rempli le récipient d'eau dans le but de me laver les mains et le visage. A ma stupéfaction, lorsque mes lèvres sont entrées en contact avec l'eau, elle n'était pas salée. La découverte me fit sursauter. «Père !» Ai-je haleté, le souffle proprement coupé, «l'eau, l'eau, elle est douce » ; «Que dis-tu là Olaf ?» a hurlé mon père. «Tu te trompes sûrement. Il n'y a aucune terre dans les environs. Tu débloques voyons.» «Mais goûte-moi cela !» ai-je crié.*
Et ainsi, nous avons fait la découverte que l'eau était en effet douce, tout à fait douce, sans le moindre goût salé....Nous débordions de joie, mais la faim nous a vite ramenée à la réalité. Maintenant que nous avions trouvé de l'eau douce dans la haute mer, à quoi devrions-nous nous attendre encore, à cette latitude étrange où aucun bateau n'a jamais auparavant navigué.... ?
(**Nansen**, dans son livre Vol.1, page 196, écrit : c'est un phénomène singulier- cette eau douce. Nous avions à présent une meilleure opportunité pour étudier cela. Ce phénomène se passe quand une couche superficielle d'eau douce surnage sur l'eau de mer salée et cette eau douce glisse avec le bateau sur la mer plus lourde du dessous comme si cette mer constituait une couche fixe....)
Nous avions à peine apaisé notre faim, quand une brise a commencé à gonfler nos voiles inertes et, **jetant un coup d'œil à la boussole, <u>nous avons constaté que l'extrémité nord de l'aiguille</u> pointait <u>durement contre le verre en s'y appuyant.</u>** *En réponse à ma*

surprise, mon père me dit : «j'ai entendu parler de cela auparavant ; c'est ce qu'on appelle l'élévation de la pointe nord de l'aiguille.»

Vous aurez certainement compris que cet incident mérite une attention bien particulière. En effet, suite aux allégations de **William Reed** en 1906, à travers son livre *The fantome of the Poles*, j'avais souligné que son explication, relative à la réaction particulière de la boussole à l'entrée de la terre creuse, se verrait confirmée. Et bien Olaf Jansen en est le témoin n°1....en 1829. Comparez les deux commentaires ; ils sont identiques ! Comment, dès lors, ne pas ajouter foi à de telles assertions dûment énoncées par des interlocuteurs n'ayant jamais eu le moindre rapport entre eux ? Ah oui, mais j'entends d'ici certains sceptiques maladifs qui iront jusqu'à dire qu'Olaf Jansen aurait pu lire préalablement les écrits de Reed publiés en 1906.....sauf que nous savons qu'Olaf Jansen, très précis dans le récit de sa vie, mentionne sa naissance en 1811, et qu'il avait 95 ans au moment de ses révélations à Emmerson, soit en 1906 ! Un peu juste tout de même pour avoir l'opportunité de pouvoir «pomper» en temps réel ce genre d'information dans un livre à l'époque déjà confidentiel....et sans l'aide d'internet ! D'autant plus que le récit d'Olaf Jansen avait déjà été couché par écrit, par ses soins, des années auparavant. A l'inverse, si Reed avait eu connaissance de ce genre de témoignages avant 1906, il n'aurait pas manqué de le faire figurer dans son ouvrage ! Au final, il est évident que ces deux hommes ne se sont jamais «connus» mais, par contre, leurs conclusions similaires au sujet du fonctionnement étrange de la boussole à l'entrée de cette terre creuse, ne laisse plus aucun doute possible quant à la réalité de ce phénomène exceptionnel.

Mais poursuivons le récit de cette fabuleuse histoire :

«Un jour, mon père me fit sursauter en attirant mon attention sur un nouveau spectacle qui se présentait loin devant nous, presque à l'horizon. «C'est un soleil factice», a crié mon père. «J'ai déjà lu cela quelque part ; il est dénommé un reflet ou un mirage. Il s'évanouira bientôt.»

Mais ce faux soleil rouge pâle, comme nous l'avions imaginé, ne s'est pas évanoui durant plusieurs heures ; et alors que nous ignorions comment il pouvait émettre ses rayons de lumière, il y avait toujours un moment où, **en balayant l'horizon, nous pouvions apercevoir la brillance de ce prétendu faux soleil** *pendant une période d'au moins douze heures sur vingt-quatre. Des nuages et des brumes, de temps en temps, pouvaient presque cacher son emplacement mais jamais entièrement.* **Progressivement, il a semblé s'élever plus haut au-dessus de l'horizon du ciel d'un mauve pâle alors que nous avancions.**

Ici encore, un «temps mort» s'impose face à cette observation remarquable. Ainsi, j'ai souhaité réalisé un petit dessin sommaire, à la page suivante, afin de rendre plus aisée la compréhension de ce phénomène insolite. J'ai donc reporté les trois positions du bateau qui aborde l'entrée vers la terre creuse en rapport avec les commentaires d'Olaf Jansen.

En premier lieu, Olaf Jansen et son père ne se rendent absolument pas compte qu'ils sont en train de rentrer très progressivement par l'orifice polaire **(position 1)**. A ce titre, ils commencent à discerner la présence de ce soleil intérieur, qui leur apparaît naturellement à l'horizon dès lors qu'ils débuteront franchement leur avancée sur l'amorce de la courbure les amenant vers l'intérieur de la Terre **(position 2)**. Par la suite, et fort logiquement, Jansen confirme que ce soleil semble monter plus haut sur l'horizon au fur et à mesure de leur progression, étant donné qu'ils vont parvenir au bout de cette douce courbure. Effectivement, et dans ce schéma, la position du soleil et son élévation sur l'horizon seraient proportionnelles à leur progression continuelle sur les eaux du continent intérieur et ferait qu'il se retrouverait réellement au-dessus d'eux dès qu'ils auront, en quelque sorte, complété «leur virage» **(position 3)**.

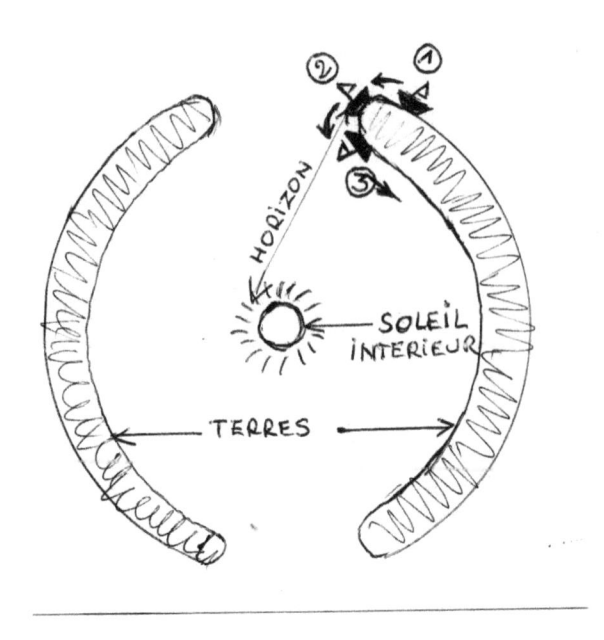

«*On pourrait à peine dire qu'il s'apparentait à notre soleil, si ce n'était sa forme circulaire et quand, non obscurci par des nuages ou des brumes océaniques, il prenait la coloration d'un rouge brumeux, une apparence hâlée qui passait à une lumière blanche comme un nuage lumineux, reflétant une lueur venant d'ailleurs. Nous nous sommes finalement mis d'accord, en discutant, que, quelle que soit la raison du phénomène, ce soleil brumeux et chatoyant, n'était pas une réflexion de notre soleil, mais bien une planète en quelque sorte-une réalité.*(L'explorateur Nansen, à la page 394 de son livre rapporte :
«Aujourd'hui une autre chose remarquable est arrivée, qui était qu'à environ midi nous avons vu le soleil, ou pour être plus correct, une image du soleil, car il ne pouvait être qu'un mirage. Une impression particulière a été produite par la vue de ce **feux rayonnant qui brillait juste au-dessus du bord le plus éloigné de la glace**.....Nous ne nous attendions pas à le voir pendant des jours....).

On se rend compte, que là aussi, ce grand explorateur reste complètement incrédule face à ce phénomène réel exceptionnel et préfère plus confortablement l'assimiler à un mirage, ne sachant pas de quelle façon l'expliquer. Ayant très probablement suivi une route différente, il n'aura malheureusement fait que tangenter cette ouverture polaire. Laissons place à la suite des événements....

«Un jour, après cela, je fus réveillé par la secousse vigoureuse de mon épaule par mon père qui criait : «Olaf, réveille-toi ; il y a une terre en vue !» J'ai sauté sur mes pieds et oh ! Joie ineffable ! Là-bas, bien au loin, et cependant dans la direction que nous suivions, des terres émergeaient hardiment de la mer. La trace du littoral s'étendait très loin à notre droite, aussi loin que l'oeil pouvait voir et tout au long de la plage de sable, des vagues s'éclataient....Les berges étaient couvertes d'arbres et de végétation. Je ne peux pas exprimer le sentiment de grande allégresse qui m'accompagna lors de cette découverte.

Nous avons navigué pendant trois jours le long du littoral, et ensuite nous sommes arrivés à l'entrée d'un fjord ou d'une rivière de taille immense. Cela ressemblait plutôt à une grande baie....Le long des berges, on pouvait voir de grandes forêts s'étirant sur plusieurs milles de longueur sur le littoral. **Les arbres avaient d'énormes tailles**.... *On était autour du 1er septembre (1829) plus de cinq mois, nous l'avons calculé, après avoir fait nos adieux à Stockholm.*

Subitement nous eûmes une peur bleue, en entendant dans le lointain le chant de certaines personnes. Tout de suite après, nous avons aperçu un énorme bateau qui descendait la rivière, droit dans notre direction. Ceux qui chantaient à bord formaient un choeur puissant dont l'écho se répercutait d'une berge à l'autre de la rivière comme mille voix, remplissant l'univers entier d'une vibrante mélodie. La musique d'accompagnement était exécutée sur des instruments à cordes ne ressemblant pas à nos harpes. Nous n'avions jamais vu un aussi grand bateau et si différent en matière de construction....

Une barge fut déposée sur l'eau et six hommes de stature gigantesque se sont rapprochés de notre petit sloop. Ils nous ont parlé dans une langue étrange. Nous avons deviné, cependant, à leur manière d'agir qu'ils n'étaient pas inamicaux. Ils ont parlé entre eux

un bon bout de temps et l'un d'eux fut pris d'un fou rire énorme comme si notre vue était devenue pour eux une étrange découverte.
Il n'y avait pas un seul homme à bord qui n'aurait pas mesuré pleinement 12 pieds (3,90m) de hauteur.
(A cet instant de votre lecture, les faits relatés étant déjà par eux-mêmes incroyables, je suppose que la mention de géants puisse vous apparaître particulièrement «fantaisiste», tout comme dans d'autres témoignages qui suivront. Je vous demanderai alors de prendre un peu «de recul» jusqu'au chapitre traitant de l'archéologie où vous aurez tout loisir de constater que de nombreuses découvertes de restes humains, attestées par des archéologues et appartenant à des races de géants, ont été une réalité évoquée….puis oubliée !)

Ils portaient tous de pleines barbes, pas particulièrement longues, mais apparemment coupées très court. Ils avaient des visages doux et beaux, extrêmement honnêtes, avec un teint rougeâtre. Les cheveux et la barbe étaient noirs, et d'autres d'un blond roux et encore d'autres étaient jaunes….Leurs traits étaient particulièrement réguliers et raffinés, tandis que leur aspect présentait un teint des plus délicats, rehaussé par la marque d'une santé resplendissante. Ils étaient richement vêtus d'un propre costume particulier et très séduisant. Les homme étaient habillés dans des tuniques élégamment brodées de soie et de satin enceintes à la taille. Ils portaient une culotte qui finissait aux genoux et des bas d'une texture raffinée, tandis que leur pieds étaient chaussés de sandales ornées de boucles d'or…..

Sur l'ordre du capitaine, le navire s'est mis finement en route et a commencé à remonter le cours de la rivière. La machinerie, bien que silencieuse, était très puissante…La vitesse du bateau, parfois, surpassait celle de n'importe quel train de chemin de fer sur lequel j'aurai pu monter…..Le bateau a été équipé d'un mode d'éclairage qui, je le présume maintenant, était l'électricité, mais ni mon père, ni moi-même, n'étaient suffisamment calés dans la mécanique pour comprendre d'où venait la puissance servant à faire fonctionner le bateau……Je dois rappeler que l'époque où j'écrivais correspondait

à l'automne de 1829 et que sur la surface «extérieure» de la Terre, nous ne connaissions rien alors, pour ainsi dire, sur l'électricité.
Je n'ai jamais vu un tel étalage d'or. Il y en avait partout. Les revêtements des portes en étaient incrustés et les tables plaquées de protection d'or. Les dômes des bâtiments publics étaient d'or....
La végétation poussait avec une prodigieuse exubérance et des fruits de toutes les sortes avaient une saveur des plus délicate. Les grappes de raisin avaient de quatre à cinq pieds de longueur ; **chaque raisin aussi gros qu'une orange et des pommes plus grandes que la tête d'un homme caractérisaient la merveilleuse croissance de toutes les choses à «l'intérieur» de la Terre....**
*Nous avons appris que les hommes ne se marraient pas avant qu'ils aient atteint la période d'âge allant de 75 à 100 ans et que l'âge auquel les femmes convolaient était légèrement inférieur et que des hommes et des femmes vivent fréquemment de 600 à 800 ans et dans quelques cas, beaucoup plus......***J'ai, depuis, découvert que la langue des gens du monde intérieur s'apparente beaucoup au Sanskrit.**
Environ les trois-quart de la surface intérieure est formée de terre et le dernier quart est formé d'eau. Il y a de nombreux fleuves de taille énorme, quelques uns se dirigeant vers le Nord et d'autres vers le Sud. Certains de ces fleuves ont 28 km de large et c'est en dehors de ces voies navigables énormes, aux extrémités du Nord et du Sud de la surface intérieure, dans des régions où des températures s'abaissent fortement, que les icebergs formés d'eau douce se constituent. Ils sont alors poussés au-dehors dans la mer comme des langues énormes de glace, par des poussées brutales et hors normes d'eaux turbulentes qui, deux fois chaque année, balayent tout en avant d'eux.

(Voici qui pourrait paraître comme une explication logique à la constitution des icebergs qui sont, il est vrai, majoritairement composés d'eau douce et non pas du fait de l'accumulation de neiges et de pluies (quasi inexistantes dans ces régions glacées) comme voudraient absolument nous le faire croire nos «grands scientifiques».)

Après avoir passé assurément plus d'un an à visiter de nombreuses villes du monde intérieur et beaucoup de pays intermédiaires, plus de deux ans s'étaient écoulés depuis l'époque où nous avions été embarqués dans le grand bateau d'exploration sur le fleuve. Nous avons décidé, encore une fois, de tenter nos chances sur la mer et d'essayer de regagner la surface extérieure de la Terre.....Nos hôtes ont offert à mon père, dans sa demande, des cartes diverses montrant la surface intérieure entière de la Terre, ses villes, ses océans, ses mers , ses fleuves, ses golfes et baies. Ils ont aussi généreusement offert de nous donner tous les sacs de pépites d'or –certaines d'entre-elles aussi grandes que l'oeuf d'une oie- que nous avons désiré essayer d'emporter avec nous dans notre petite barque de pêche.....Sur quoi mon père a dit : «Mon fils, retourner par le même itinéraire que par lequel nous sommes entrés est impossible à cette époque de l'année. Je me demande pourquoi nous n'y avons pas pensé auparavant....C'est la saison où le soleil commence à briller par l'ouverture Sud de la Terre. La longue nuit froide s'étend actuellement sur la région du Spitzberg. Il y a seulement une chose que nous pouvons faire, c'est d'aller vers le Sud.
Les événements qui sont arrivés pendant les cent jours ou plus suivants sont indescriptibles. Nous étions sur une mer ouverte et sans glace. Nous avons estimé être au mois de novembre ou décembre et nous savions que le prétendu Pôle antarctique était tourné vers le soleil.....Nous ne nous trompions pas. **Le fait qui donne le phénomène de l'aurore polaire, son importance, consiste en ce que la Terre devient auto-lumineuse ; cela, en plus de la lumière venant du corps central ainsi qu'il en est d'une planète,** *lui confère la capacité de supporter un processus approprié qui lui est propre.......*
L'iceberg se prolongeant de plusieurs centaines de pieds sous l'eau a basculé et la partie émergeant de l'eau a attrapé notre sloop comme un levier sur son point d'appui et l'a projeté dans l'air comme si cela avait été un ballon de football.........
Quand j'ai partiellement récupéré mes sens et que je me réveillai de mon évanouissement d'homme à demi-noyé, je me suis retrouvé

humide, raide et presque gelé, étendu sur l'iceberg. Mais, il n'y avait aucune trace de mon père ou de notre petit sloop de pêche.....
*Je fus sauvé et un peu plus tard, hissé à bord d'un baleinier. J'ai constaté que c'était le baleinier écossais, «l'Arlington» qui avait quitté Dundee en septembre et avait mis le cap immédiatement pour l'antarctique, à la recherche de baleines. Le capitaine, **Angus MacPherson**, semblait très affable, mais au sujet de la discipline, comme le l'ai assez tôt appris, il était inflexible. Quand j'ai essayé de lui dire que je venais de l'intérieur de la Terre, le capitaine et son second se sont regardés, ont dodeliné de la tête et ont insisté sur le fait que je devais être mis dans une couchette sous la surveillance stricte du médecin de bord.....*

Une autre parenthèse significative s'impose ici. En effet, j'ai tenté de retrouver la trace de ce capitaine **Angus McPherson** et j'ai effectivement eu la bonne surprise de trouver ce nom, 96 fois mentionné dans le livre de Norman Watson : *«The Dundee whalers » (Les baleiniers de Dundee)* dans la liste des capitaines de 1753 à 1922, située en appendice. Ainsi, les commentaires particulièrement précis de Jansen, font que ceux-ci fournissent utilement une mine d'informations susceptibles de pouvoir être vérifiées par les personnes qui le souhaiteraient. En fouillant davantage et avec des moyens d'investigations appropriés, il serait encore tout à fait possible de relier le personnage aux dates, lieux et événements le concernant. Personnellement, je ne me suis arrêté qu'à une seule piste et force est de constater que cette dernière semble bien coller avec la réalité….

Sans aucun doute, cette nouvelle terre «de l'intérieur» est la maison, le berceau de la race humaine et en raison des découvertes que nous avons faites, il est nécessaire que cela puisse avoir des répercussions importantes sur toutes les théories antiques concernant les domaines physiques, paléontologiques, archéologiques, philologiques et mythologiques.
Il est maintenant une heure du matin. Le nouvel An de 1908 est arrivé et après ces trois jours, j'ai enfin fini le compte-rendu de mes voyages et aventures étranges que je souhaite offrir au monde. Je

suis prêt, et même impatient, de recevoir le repos paisible qui, j'en suis sûr, fera suite aux tracas et aux vicissitudes de mon existence.»

Postface de l'auteur.
« *J'ai trouvé beaucoup de difficultés dans le déchiffrement et la rédaction des manuscrits d'Olaf Jansen......Je suis dans l'impossibilité d'exprimer mon avis quant à la valeur ou la fiabilité des merveilleuses déclarations faites par Olaf Jansen. La description ici donnée des pays étranges et les gens visités par lui, l'emplacement de villes, les noms et les directions de rivières et d'autres informations annexes, sont exactement conformes aux ébauches que ce vieux scandinave m'a confié à garder, lesquels dessins accompagnés du manuscrit seront donnés à une prochaine date, cela est mon intention, au «Smithsonian Institut».»*

Nous voici donc parvenus à la fin de cette longue et prodigieuse aventure et si quelqu'un en a la volonté, la réalité de ces écrits sera donc à rechercher auprès de la Smithsonian Institut.....qui les aura brûlés ou au mieux archivés au secret et pour toujours au fond d'un coffre ! Reste que le rapporteur, malgré lui, de cette histoire inédite aura eu le mérite et surtout le courage d'une publication par respect pour la parole donnée. Par conséquence, le bénéfice de ventes insignifiantes pour ce type de document n'en aura pas été la motivation principale mais le risque du ridicule, quant à lui, dût rester bien présent, l'auteur ayant pris la liberté de publier cet ouvrage sous son nom propre !

On pourrait facilement croire cette fantastique histoire unique en son genre, et même si par sa longueur et son extrême précision dans sa narration elle fait figure de référence sur la question, elle ne reste pas la seule à rapporter des observations environnementales extraordinaires en parallèle de rencontre improbable de géants. En effet, après de multiples recherches dans des journaux d'époque, j'ai pu relever les témoignages de quatre autres navigateurs et explorateurs ayant été confrontés à des aventures insolites qui, par de nombreux aspects, nous rapprocherons sensiblement du propre témoignage de Jansen.

Je vais m'attacher tout d'abord à la présentation succincte de ces différents personnages afin de bien mettre en avant leur parfaite existence ainsi que leur professionnalisme et leur sérieux.
- **Nils Otto Gustaf Nordenskold** (1869-1928) : Géologue, géographe et explorateur suédois. Il a principalement assis sa notoriété par ses explorations des Pôles
- **Joseph Wiggins** (1832-1905) : Explorateur et navigateur britannique dans la marine commerciale avec le grade de Capitaine. Membre de la société Royale de géographie.
- **Henry Seebohm** (1832-1895) : Explorateur et ornithologue britannique. Membre de la Société zoologique de Londres et de la Société Royale de géographie.
- **Francis Tuttle** : Vétéran de la navigation en mer polaire. Capitaine dans l'US Navy et commandant de l'US Revenue Cutter «Bear». Il porta secours à 14 bateaux de baleiniers pris par la glace à Point Barrow. Alaska durant l'année 1897. Il reçut la Medal of Honor.

A partir de là, nous allons maintenant pouvoir mettre en avant les rares mais précieuses interventions de ces hommes à travers quelques journaux d'époque ayant relevé leurs témoignages consécutivement à leurs expériences et rencontres dans le grand Nord.
Source commune de tous les articles à venir :
chroniclingamerica.loc.gov/search/pages/results

Vous trouverez, dans les pages suivantes, la reproduction de la page de garde sur laquelle figure un premier article paru dans un journal du Tennessee, ***The Pulaski Citizen*** du 03 novembre 1881.
Traduction du texte :
Y A T-IL EGALITE ?
L'entrée de Symmes vers le milieu de la Terre défendue
*«Mr **P.A Thorne**, dont l'article sur «LE POLE NORD» apparut dans notre numéro du 10ème inst., est le premier homme de science ayant écrit sur le sujet qui donne quelque crédibilité à la théorie de **Symmes** en admettant même qu'il est «possible, peut-être probable» qu'il y ait une mer polaire ouverte comme on le prétends dans la dite théorie ; ce que pense le Lieutenant De Long du bateau «Jeannette», devant passer l'hiver de 1881 au Pôle, arguant d'un fait qui peut*

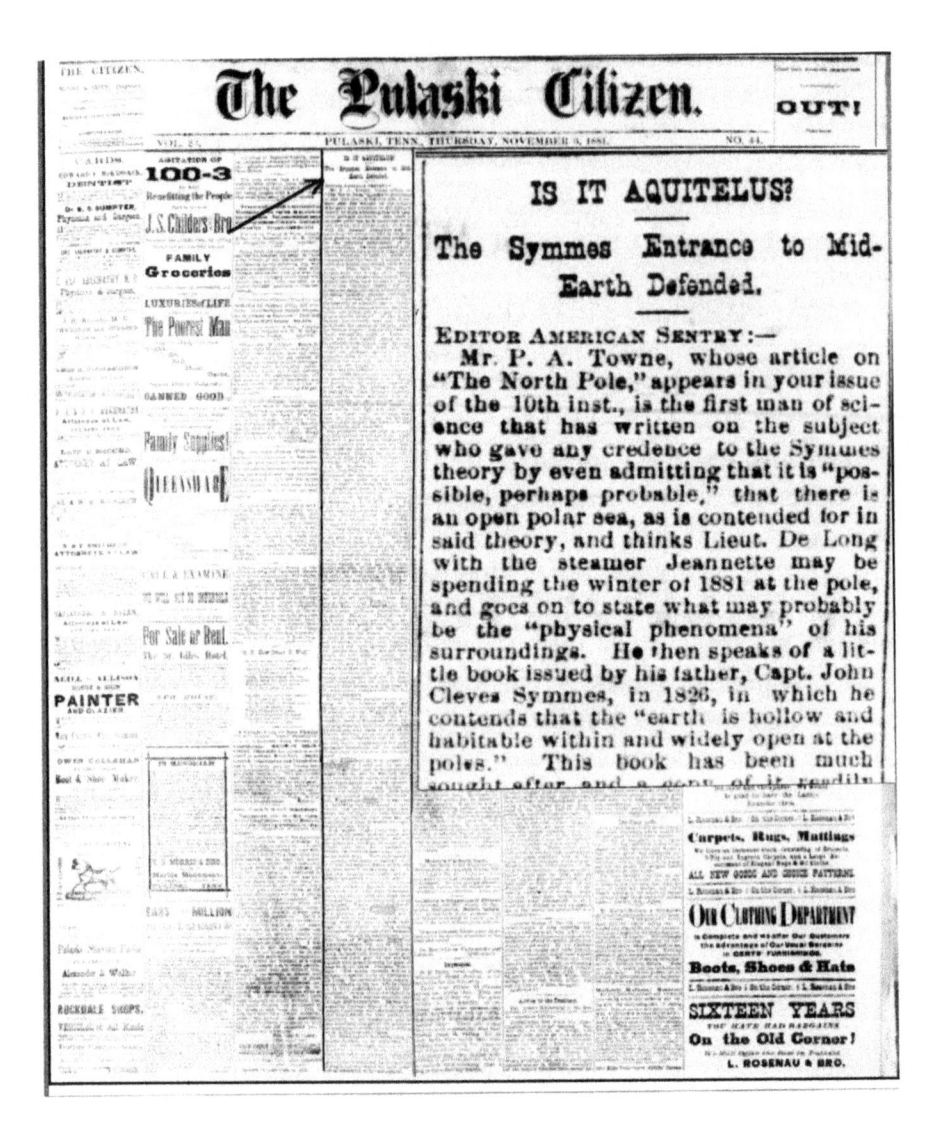

The Pulaski Citizen.

PULASKI, TENN., THURSDAY, NOVEMBER 3, 1881.

IS IT AQUITELUS?

The Symmes Entrance to Mid-Earth Defended.

EDITOR AMERICAN SENTRY:—
Mr. P. A. Towne, whose article on "The North Pole," appears in your issue of the 10th inst., is the first man of science that has written on the subject who gave any credence to the Symmes theory by even admitting that it is "possible, perhaps probable," that there is an open polar sea, as is contended for in said theory, and thinks Lieut. De Long with the steamer Jeannette may be spending the winter of 1881 at the pole, and goes on to state what may probably be the "physical phenomena" of his surroundings. He then speaks of a little book issued by his father, Capt. John Cleves Symmes, in 1826, in which he contends that the "earth is hollow and habitable within and widely open at the poles." This book has been much sought after and a copy of it readily

The professor does not seem to know that this interior world has been sailed into and a people found inhabiting a richer country than has ever yet been discovered on this outer shell of ours. The London Times of last year contained an article giving a description of a voyage of Capt. Wiggins accompanied by a Mr. Seebohm and others who sailed from Dundee in a steamer and penetrated the extreme north and got into the open polar sea and found a rich country inhabited by an intelligent people, and made a report of it to the art society of London in their house on John street Adelphi, Mr. Clements R. Markham, C. B.; F. R G. S.; F. L. S.; F. S. A.; in the chair. Mr. Seebohm read a paper giving a description of the country, saying: "We hired horses at a halfpenny a mile to ride through the country and saw linseed, flax, hemp, hides, tallow, wool, etc.,and iron ore so rich and highly magnetic as to lift quite a large needle." He was told of copper mines and ten or twelve gold mines, that each would yield from five to seven tons yearly, and he saw wheat in great abundance selling at sixpence a pood of forty pounds, and a greater variety of furs and skins than he had any idea of, and in one warehouse he saw more than one thousand elk skins, and everything as cheap in proportion as was the wheat. The people besought him and Capt. Wiggins to get up trade and traffic with our people, and that was the object of their report to the art society. I have also seen a report of Capt. Tuttle, who visited the same country and people, and gives a more particular description of the people. He says: "They are darkish in hue, black hair and whiskers, Roman nose, and speak Hebrew, and the men are seven or eight feet high and stout built, and the women are nearly as large as the men, and good looking and virtuous, and they also besought him to try and open up trade between our country and them." Are not these people the lost tribes of Israel, that Ezra says, "went up the Euphrates to the north, and dwelt in a land where never dwelt man before?" Capt. Tuttle says the ivory trade is a big thing among those people, and that the mastodon, elephant and elk roam at large through their forests, and that some of the trees would compare with the big trees of California.

Neither of these travelers knew anything of the Symmes theory, and thought the new country must be a part of Siberia, and Capt. Wiggins and Nordenskjold, who also visited this new country, went to Russia and at St. Petersburg reported their discoveries; but the Russians, who claim to own all of Siberia, said they set up no claim to the country, nor jurisdiction over the people they found. Symmzonia is the name my father intended to call the country he said could be found in the extreme north.

Capt. Tuttle says the wild animals of Symmzonia (as I shall call it) are as much larger than ours as the people are larger than us, and he was told that four hundred miles north of them there were many people and a fine country, where from forty to sixty bushels of wheat was raised to the acre. Now how was this country found by Nordenskjold, Wiggins and Tuttle, if it was not by following the indications of their needle, that pointed south after they passed the 8th degree of north latitude, and ran out into the open polar sea, as mentioned by Prof. Towne as the experience of Capt. Parry.

Now suppose Capt. Parry had followed as his needle pointed, south, and had not found a people to stop with, as the others did, but kept on south, what would have been the consequence? Where else could he have come out but at the south pole. Were such a people or country ever heard of before? And if it had belonged to Russia would she not have made it known long ago? Is this new country and people are not within the hollow of the earth, where is it? Siberia, like Greenland, may extend into the hollow of the earth where the wild animals go that leave Greenland every fall and go north and come back in the spring, fat, and bring their young with them. Where Siberia and Greenland should end and Symmzonia begin, is a question yet to be settled, and I should not be surprised if Lieut. De Long would be able to throw some light on this subject and bring strong confirmation of the truth of the Symmes theory. Should his explorations confirm those of Wiggins and Tuttle our American people will not be long in getting up a line of steamers to Symmzonia, to more fully develop those gold mines that yield gold by the ton and furnish such grand hunting for game as may be found there. Professor Towne says: "The aurora borealis will be a subject of special study by Lieutenant De Long. Its connection with electrical excitement on the sun will be likely

*probablement être le «phénomène physique» de son environnement. Il parla ensuite d'un petit livre publié par son père, le **Capitaine John Cleves Symmes**, en 1826, dans lequel il prétends que la «Terre est creuse et habitable et largement ouverte aux Pôles».....*
Le Professeur (P.A Thorne) *ne semble pas savoir que ce monde intérieur a été navigué et un peuple trouvé habitant un riche pays n'ayant encore jamais été découvert sur la croûte extérieure* (de la Terre). *Le* **London Times** *de l'année dernière contient un article offrant une description du voyage du* **Capitaine Wiggins** *accompagné par un* **Mr Seebohm** *et d'autres, qui naviguaient de Dundee sur un bateau* (très probablement en 1877/78 sur le cargo *Wakworth* ou *le Thames*) *et pénétrèrent l'extrême Nord, rentrèrent dans la mer polaire ouverte et trouvèrent un riche pays habité par un peuple intelligent, et firent un rapport de cela à* **The Art Society de Londres** *dans leur maison de John street Adelphi ; à la Présidence,* **Mr Clemens**, *R. Markham, C.B ; F.RG.S ; F.LS ; F.S.A.*
Mr Seebhom lut un papier donnant une description du pays, disant :
«Nous louâmes des chevaux à un demi-penny le mile pour parcourir la région et vîmes du chanvre, du lin, de la laine, du suif... et du minerai de fer si riche et hautement magnétique propre à soulever une assez grande aiguille». Il était rapporté des mines de cuivre et dix ou douze mines d'or dont chacune donnerait de 5 à 7 tonnes annuellement, et ils virent du blé en grande abondance vendu à 6 pence un lot de 40 pounds, et une grande variété de fourrures et peaux dont on ne peut avoir idée, et dans un entrepôt il vît plus d'un millier de peaux de wapitis et toutes choses aussi bon marché en proportion que ce qu'était le blé. Les gens le cherchaient lui et le capitaine Wiggins pour obtenir le commerce et le trafic avec leur peuple et cela était l'objet de leur rapport à **The Art Society**.
J'ai également vu un rapport du **capitaine Tuttle** *qui visita le même pays et le même peuple et donna une description plus particulière des habitants. Il dit : «Ils ont un teint sombre, cheveux et moustaches noires, nez romain et* **parlent l'hébreu**, *et* **les hommes font de 7 à 8 pieds de haut** (environ 2,6 m) *et les femmes sont presque aussi grandes que les hommes, d'un bel aspect et vertueux et*

s'approchèrent aussi de lui pour essayer d'ouvrir un commerce entre leur pays et nous».
Ces gens ne sont-ils pas les tribus perdues d'Israël dont Ezra dit : «Quittons l'Euphrate pour le Nord et habitons dans une région où aucun homme n'a habité avant».
Le capitaine Tuttle dit que le commerce de l'ivoire est une chose importante parmi ce peuple et que **les mastodontes, éléphants** *et wapitis sont nombreux à travers leurs forêts et que certains des arbres pouvaient être comparés avec les grands arbres de Californie. Aucun de ces voyageurs ne connaissaient quoique se soit des théories de Symmes et pensaient que ce nouveau pays devait être une partie de la Sibérie. Le capitaine Wiggins et Nordenskold, qui visitèrent également ce nouveau pays, se rendirent en Russie à St Pétersbourg et rapportèrent leurs découvertes. Mais les Russes, qui disent posséder toute la Sibérie, répondirent qu'ils n'établirent aucune revendication sur ce pays et aucune juridiction sur ce peuple qu'ils trouvèrent.*
Symmzonia est le nom que mon père entendait donner à ce pays qu'il savait pouvoir trouver dans l'extrême Nord. Le capitaine Tuttle dit que les animaux sauvages de Symmzonia (comme je l'appellerai) sont aussi plus grand que l'ours autant que ces gens sont plus grands que nous et on lui dit que 400 miles (environ 740 km) *au Nord de chez eux, il y avait de nombreux peuples et un beau pays d'où quarante à* **soixante boisseaux de blé étaient produits par acre***. Maintenant, comment ce pays fut trouvé par Nordenskold, Wiggins et Tuttle s'il ne l'était pas par le suivi des indications de leur aiguille* (de la boussole) *, qui pointait au Sud après qu'ils passèrent les 81° de latitude Nord et s'avancèrent dans la mer polaire ouverte, comme mentionné par le Pr Towne selon l'expérience du capitaine Parly....*
Si ce nouveau pays et peuple ne sont pas à l'intérieur de la Terre, où sont-ils ?»......

Fin de ce premier opus qui, il faut bien le reconnaître possède tous les ingrédients propres à regarder toutes ces informations d'un œil un peu plus intéressé. Il est important d'indiquer que les commentaires rapportés par le journaliste rédacteur de l'article, sont d'origine du fils du capitaine **John Symmes** (un des premiers théoriciens de la Terre creuse). **Americus Symmes,** qui reprit les recherches de son père sur cette même théorie, n'aura de cesse de vouloir faire éclater la vérité à ce sujet. Les informations étonnantes apparaissant dans ce texte ne sont en rien la pure invention d'un défenseur farouche d'une théorie ridiculisée. Elles émanent très officiellement d'une source journalistique crédible en la matière, c'est à dire le **London Times du 05 février 1881.**

Pour preuve, d'autres journaux ont rapporté **de ce même journal ces découvertes insolites, amenant chacun des confirmations et des précisions supplémentaires**. A ce titre, nous allons prendre connaissance des commentaires impartiaux d'un journaliste du **Pittsburg Dispatch (Pennsylvanie)** du 9 Février 1896. Le texte publié faisait un rapport assez complet sur cette fameuse théorie de la Terre creuse et je n'ai gardé que la partie nous intéressant plus particulièrement :

Nouveau pays au Pôle

*«Le Baron **Nordenskold** de Suède, qui réalisa deux voyages dans l'extrême Nord nous dit «qu'il est impossible de trouver des continents de glace au Sud des 80° de latitude Nord». C'est que, après avoir passé les 80°, ou Pôle magnétique, son compas indiquait le Sud, direction que nous appellerions familièrement, Nord.*

*Un explorateur anglais, le **capitaine Wiggins**, après avoir passé les 80°, trouva le pays vu par Nordenskold. Il fit connaissance avec les habitants **qu'il découvrît parler hébreu**. Un aperçu de son voyage fut publié dans le **London Times du 5 février 1881**. Un Mr **Seebohm**, qui accompagnait l'expédition, fit **un tour en cheval** avec quelques autres à travers cette nouvelle région et après son retour à Londres, il lut une description de ce qu'il avait vu à la **Society of Arts**. **Le pays était riche en minerai de fer**. Un échantillon pris fortuitement était si hautement magnétique propre à faire se soulever une grande aiguille. **Il y avait des mines de cuivre et dix ou douze mines d'or donnant de 5 à 7 tonnes par an.***

*Un autre explorateur qui visita ce nouveau pays de **Symmzonia** est le **capitaine Tuttle**, un vieux maître baleinier américain. Il donna un*

aperçu similaire de ce peuple et dit qu'*ils parlaient hébreu*. *Il les trouva très agréables et intelligents. Il découvrit, durant ses 28 ans d'expérience dans le Nord, qu' un hiver sur quatre était doux et que durant une de ces saisons il découvrit ce nouveau pays, qui, dit-il ne peut être atteint qu'avec un bateau à vapeur, avec un courant dans le canal Robeson qui va au Sud au rythme de 4 à 6 miles à l'heure.*
Cela est en substance la proposition et les arguments de ceux qui ont suivi le **capitaine Symmes** *dans leur croyance en une Terre creuse et habitée, et dont l'intérieur est magnifique avec des terrains fertiles et un climat agréable.*
Source : **L.L Dyche**, Explorations **(articles de presse relatant les expéditions polaires)** Volume 1 et 2. Archives universitaires, *Spencer Research Library*, University of Kansas.
J'ai relevé les noms de deux autres journaux divulguant des informations similaires :
- *The Daily Astorian (Oregon)* du 16 août 1884
- *The Watertown Republicain (Wisconsin)* du 02 janvier 1884

Avant de poursuivre avec d'autres affirmations du capitaine Tuttle, nous pouvons établir un état comparatif particulièrement révélateur relatif aux expériences du vieux Jansen. Effectivement, les points communs à travers ces différentes histoires, distantes de cinquante années, sont indéniables et spectaculaires.
- La boussole après 80° de latitude qui devient folle et pointe au Sud
- Cette population est amicale et bienveillante
- Ils possèdent les mêmes caractéristiques de gigantisme
- Ils parlent hébreu. Jansen ne connaît pas leur langue mais dans son ouvrage, ce peuple nomme leur Dieu *Jehovah* et leur ville *Eden* !
- La végétation est riche et de grande taille
- Les animaux sont énormes dont des mastodontes (mammouths) et des éléphants (mentionnés également dans le livre de Jansen).
- L'or y est présent en grande quantité

Que faut-il en conclure ? Et bien tout simplement que le hasard n'a plus sa place ici et que le récit de Jansen passe d'une possible fiction au statut d'histoire potentiellement authentique. Les coupures de presse d'époque relatant succinctement ces aventures hors du commun sont les seules preuves concrètes existantes à ce jour permettant d'accréditer l'existence d'une mer libre offrant un accès vers un autre monde intérieur habité. Car, tout comme le Lieutenant Greely, ayant clairement exprimé son auto-censure en préface de son ouvrage, ces personnages se sont abstenus également de tout autre commentaire «décalé» dans les livres qu'ils ont rédigés sur leurs expériences au Pôle, ce qui fût, bien entendu, dûment vérifié par mes soins. Seul Mr Seebohm, l'ornithologue, déclare bien (dans son livre publié en 1880, *Siberia in Europe*) sa rencontre opportune avec le capitaine Wiggins, le 24 février 1877. Ce dernier, qui ne le connaissait pas auparavant, acceptera de le prendre à son bord afin qu'il puisse poursuivre ses études de la faune en Sibérie. C'est dans ces circonstances qu'ils traverseront conjointement **la mer de Kara** située dans le cercle arctique. Ceci pourrait apparaître comme un détail sans importance, sauf qu'il apporte un indice authentique de leur exploration commune, c'est à dire une rencontre qui ne relève en rien d'une invention purement journalistique….

Une autre information improbable concerne le commerce que ce peuple semble, d'une part, entretenir certainement avec d'autres peuples de l'intérieur et, d'autre part, qu'ils souhaiteraient pouvoir étendre avec leurs nouveaux visiteurs. Ce qui prouve visiblement leur capacité à pouvoir évoluer discrètement dans le monde de surface. Et, justement un incident étrange pouvant mettre en lumière cette conclusion est relaté, le **5 avril 1896, dans les pages du *New-York Morning Journal* :**

*«Il y a un village esquimau à Point Barrow et aussi une station baleinière. Un jour, il y eut une grande agitation et le **capitaine Herendeen** vit la moitié des gens du village courir, visiblement très excités. Ils vinrent à lui et lui dirent que trois hommes à l'apparence étrange avaient été vus sur la glace en dehors de Point Barrow. Ils étaient habillés bizarrement - pas en peaux de cerfs, mais en fourrure blanche, qui était supposée faite à partir d'ours polaire. Ils ont agi comme s'ils étaient très fatigués et notèrent qu'ils ne possédaient pas de fusils. Ce dernier point était particulièrement*

surprenant étant donné que personne ne se déplace dans cette partie du monde sans un fusil.

*Maintenant, l'esquimau est reconnu pour son hospitalité et amabilité envers les étrangers, et ils furent étonnés quand les trois hommes prirent peur en les voyant et **s'échappèrent sur la glace en direction du Nord.** C'est cela qui causa cette agitation.*

*Les esquimaux déclarèrent que ces trois hommes n'étaient absolument pas de leur peuple. Leurs vêtements et réactions en faisaient une certitude. En ce cas, d'où venaient t-ils ? La seule théorie acceptable est qu'ils aient pu dériver sur une glace flottante d'une terre inconnue **loin au Nord dont l'existence était affirmée par tradition parmi le peuple esquimau.**»*

Source : L.L Dyches, Explorations

Je laisserais tout ceci à votre appréciation pour me tourner une nouvelle fois vers les observations précises et affirmées du **capitaine Tuttle** exprimées lors de meeting à travers les Etats-Unis. Malgré son statut d' Officier de marine, il y livrera courageusement des informations plus que sensibles, offrant un éclairage supplémentaire substantiel au regard de celles évoquées précédemment.

Commençons donc ce premier tour de piste par une conférence relatée par le journal **Deseret News** du 3 juillet 1878 dont vous trouverez, aux pages suivantes, la page principale illustrée (par mes soins) de la photo de Tuttle ainsi que l'article en question.

Traduction du document :

Les régions du Nord

«Hier soir, la conférence prononcée au cours des 14 Ward Assembly Room, par le capitaine Tuttle sur ses observations personnelles et les incidents de voyage dans les régions polaires, a été suivie par un public plutôt peu nombreux, mais très intéressé. Il a déclaré qu'il est arrivé dans le Nord jusqu'au 82° de latitude, lors d'une partie de chasse à la baleine. Plus il approchait le Pôle, plus les baleines étaient nombreuses, et plus il avançait dans cette direction, plus les choses devenaient intéressantes.

A 76°, l'aiguille de la boussole plongea vers le sol et devint inutile. (une nouvelle fois, on retrouve la même anomalie….)

GETTING THE BEAR
IN TRIM TO SAIL TO
RESCUE WHALERS

CAPTAIN FRANCIS TUTTLE,
Commander of United States Revenue Cutter Bear.

The Regions of the North.—Last evening the lecture delivered in the 14th Ward Assembly Rooms, by Captain Tuttle, on his personal observations and incidents of travel in the Polar Regions, was attended by a rather small but very much interested audience.

He stated that he reached as far north as 82 deg. latitude, while engaged in whaling. The nearer he approached the Pole whales became more abundant and the farther he traveled in that direction the more interested he became. At 76 deg. the compass dipped and became useless. This he attributed to the existence of metals at the bottom of the ocean, particles of which were brought up upon the sounding-led. He passed the north star, which was as visible in the day time in that latitude as it is in this in the night.

Finally a barrier or belt of ice, which proved to be twelve miles wide, was reached. An opening in this was sought for and one was found, but the current in it was so swift as to make the passage impracticable with a "whaler." In this current were seen broad leaves and pieces of wood, proving the existence of land on the other side. Some of the pieces of wood had up on them the mark of tools, some of the indentations being of such formation as to lead to the supposition that they were made with an adze. This proved to him not only that there was land beyond, but also that it was inhabited.

Near the ice barrier the temperature was comparatively mild and the water was of greener color. Captain Tuttle and a number of other men traveled some distance over the ice belt. On the way, one man slipped into a fissure, and was never seen any more. The others then, as a precautionary measure, tied oars across their backs and attached to each other by means of ropes, for purposes of mutual aid, in case of another similar accident occurring. When the summit of the ice barrier was reached, the eyes of the party were greeted by a sight of the "Open Polar Sea," mentioned by some of the explorers of the North. By the aid of a marine glass, Capt. Tuttle was enabled to see, apparently at a distance of about sixty miles, a cloudy substance, which might have been land. But of this he could not be positive.

Incidentally the lecturer stated his conviction that Captain Hall, the indefatigable explorer, was poisoned by one or more of his fellow voyagers. He heard him make a speech at Cincinnati, a short time before his departure, in which he said, with great determination, that he would reach the Pole or never return alive. Capt. Hall was determined, it was contended, to push on in his explorations, while some of the others became afraid and put him out of the way, one Buddington being the party upon whom the strongest suspicion rested. On account of the belief of the Latter day Saints regarding the location of the "Lost Tribes of Israel," in the "North Country," information regarding that region has a peculiar interest for them. We have given the leading points of the lecture, which Captain Tuttle claims to be an account of his own personal experience and observation.

The lecture would be still more interesting if condensed, by the Captain confining himself strictly to the subject, instead of introducing material essentially extraneous to it.

305

Il attribua ceci à l'existence de métaux au fond de l'océan, dont les particules ont été retenues par la sonde d'affleurement (On notera son ignorance du phénomène..). *Il passa l'étoile polaire qui est aussi visible dans la journée à cette latitude qu'elle l'est dans la nuit.*
Finalement, une barrière ou une ceinture de glace, qui s'est avérée être de douze miles (environ 23 km) *de large a été atteinte. Une ouverture dans celle-ci fut recherchée et trouvée, mais le courant y était si rapide qu'il rendait le passage impraticable avec un baleinier.* **Dans ce courant ont été vus de larges feuilles et des morceaux de bois, prouvant l'existence d'une terre de l'autre côté.**
Certaines des pièces de bois avaient des marques d'outils, certains creusements de cette forme étant de nature à laisser supposer qu'elles avaient été faites avec une herminette (petit outil). **Ceci lui révéla que, non seulement il y avait des terres <u>au-delà</u>, mais aussi qu'elles étaient habitées.**
Près de la barrière de glace, la température était relativement douce et l'eau était de couleur verdâtre. *Le capitaine Tuttle et un certain nombre d'autres hommes parcoururent une certaine distance sur la ceinture de glace. Sur le chemin, un homme glissa dans une crevasse et ne fut jamais retrouvé. Les autres, comme mesure de précaution, attachèrent des rames dans leur dos et s'attachèrent les uns aux autres au moyen de cordes, à des fins d'assistance mutuelle au cas où un autre accident similaire se produirait. Quand le sommet de la barrière de glace fut atteint,* **les yeux des hommes furent récompensés par une vue de la «mer libre du Pôle», telle qu'elle est mentionnée par certains explorateurs du Nord.** *A l'aide d'une longue vue marine, le capitaine Tuttle put apercevoir, apparemment à une distance d'environ soixante miles* (environ 100 km), **une configuration nuageuse qui pourrait signifier la présence d'une terre. Mais à ce sujet, il ne pouvait être affirmatif.**
Incidemment, le conférencier s'est dit convaincu que le capitaine Hall, l'infatigable explorateur, avait été empoisonné par un ou plusieurs de ses compagnons de voyage. Il l'a entendu faire un discours à Cincinnati, peu de temps avant son départ, dans lequel il dit avec beaucoup de détermination qu'il allait atteindre le Pôle ou

ne jamais revenir vivant. Le capitaine Hall était déterminé, soutenu à pousser dans ses explorations tandis que certains des autres prirent peur et l'écartèrent du chemin, un (membre de la famille) Buddington étant celui sur lequel les plus forts soupçons reposaient. En raison de la croyance des Saints des Derniers Jours (d'origine de la religion des Mormons) concernant l'emplacement des «tribus perdues d'Israël» dans le «Pays du Nord», les renseignements concernant cette région avaient un intérêt particulier pour eux.

*Nous avons donné les points principaux de la conférence, **dont le capitaine Tuttle revendique être un récit de sa propre expérience et observations personnelles.***

La conférence aurait été encore plus intéressante si elle avait été condensée, si le capitaine s'était strictement consacré au sujet, au lieu d'induire des données essentiellement extérieures à celle-ci.»

La dernière remarque du journaliste symbolise à elle seule tout le cynisme et la suffisance d'une presse déjà largement gangrenée de l'intérieur en reprochant clairement au capitaine Tuttle de donner des arguments sensibles contraires à la bienséante pensée habituelle….d'autant plus que le *Deseret News* était plutôt référencé comme un quotidien à tendance philosophique Mormon, ce qui semblait peut-être les pousser à ne point trop évoquer l'éventuelle présence d'anciennes tribus juives dans le grand Nord.

Au-delà de cela, les précisions apportées par Tuttle sont absolument captivantes et ne supportent aucunement l'approximation. Elles sont représentatives d'un homme de mer d'expérience, se faisant un devoir d'énoncer des faits, même si l'on sent derrière tout cela une envie d'en dire beaucoup plus….D'ailleurs, il en dira encore davantage lors d'un autre meeting que j'ai eu la chance de relever dans un autre journal, le ***Rocky Mountain Sun*** du 19 janvier 1884.

Vous allez pouvoir apprécier que ces nouveaux indices, produits près de six ans plus tard, seront autant d'événements permettant d'assurer de sa découverte bien réelle d'un nouveau pays ou continent dont il ne peut s'ouvrir pleinement.

Reproduction de l'article original à la page suivante suivi de sa traduction.

The New Continent.

Captain A. Tuttle, ex-king of the Cannibal Islands, and a man who has had a wide experience as a sailor, lectured Saturday night at Grand Army Hall, Denver, to a small audience. He dwelt principally upon his experience in the Arctic regions, and described the customs and habits of the Esquimaux. He spoke of the terrible fate of Lieutenant De Long and party, and said their deaths were all attributable to the fact that the commander, though a gentleman, a scholar and a brave man, was without practical experience in the ice-bound north. Consequently he permitted his ship to stick in the ice, and then, with his dogs and sledges endeavored to escape. He did not know how to handle the dogs and finally killed them for food, when, if he had known enough to cut a hole in the ice and light a taper over it, he could have secured in ten minutes food enough for 1,000 men.

The speaker said that there was not only an open polar sea, as claimed by Arctic explorers, but there was a continent beyond that sea which was rich in everything needed for humanity. He did not know whether that continent was inhabited, but he found bones in that region which scientists said were the bones of a race of men twelve feet tall. Also the bones of animals which live in the tropics. From these facts, he contended that the line of the equator once ran through this wonderful continent. This open polar sea, he said, was full of phosphorescent animalculi, which gave the water the appearance of being on fire, and this luminous body of water produced the beautiful phenomena known as the northern lights. Another evidence that there was a continent in the far north, the speaker said, was to be found in the fact that the snow bergs which came out of the open polar sea were composed of rock, sand, and magnetic substances, which could not be there, if there was no land. He had washed gold dust out of the snow and he thought the new country must be rich in precious metals. He said that he had discovered the passage to the open polar sea, and he intended to go there. He would have sailed into it at the time of the discovery, but the Arctic night was coming on, and he and his crew were all worn

Le nouveau continent

«*Le capitaine F. Tuttle, ex-roi de l'île cannibale* (une de ses anciennes aventures) *est un homme qui a eu une longue expérience en tant que marin, s'est exprimé samedi soir au* **Grand Army Hall à Denver** **(Colorado)**, *devant une petite audience. Il parla principalement de son expérience dans les régions arctiques et décrivit les coutumes et habitudes des esquimaux.........*
Le conférencier dit qu'il n'y avait pas seulement une mer polaire ouverte, comme affirmé par les explorateurs arctiques, **mais qu'il y avait un continent <u>au-delà</u> de la mer, lequel était riche en toutes choses nécessaires pour l'humanité** (comment le sait-il?). *Il ne peut savoir si ce continent était habité* (hmm..) *mais il trouva des ossements dans cette région* **dont les scientifiques dirent être des**

ossements d'une race d'hommes de 4 mètres de haut. Egalement des ossements d'animaux qui vivaient sous les tropiques. Selon ces faits, il affirmait que la ligne de l'Equateur passa un jour à travers ce merveilleux continent (comment sait-il qu'il soit si merveilleux ?) *Cette mer polaire ouverte, dit-il, était pleine de «phosphorescent animalculi»* (?), **qui donnait à l'eau l'apparence d'être en feu et ce corps d'eau lumineux produisait le fabuleux phénomène des lumières du Nord** (ou aurores boréales dont l'explication de terrain se rapprocherait plus de celle de Greely que de celle de notre science actuelle).

Une autre évidence qu'il y ait un continent dans le Nord lointain, *dit le conférencier, était de constater, en fait, que les berges de neige qui se tiennent en-dehors de la mer polaire étaient constituées de roches, sable et de substances magnétiques* (minerais?) **qui ne devraient pas être ici s'il n'y avait pas de terre.** *Il a lavé des poussières d'or hors de la neige et* **croit le nouveau pays riche en métaux précieux** (serait-il devin ?). *Il dit avoir découvert le passage vers la mer polaire ouverte et a l'intention d'y aller* (d'y retourner…). *Il aurait pu naviguer à l'intérieur au temps de sa découverte mais la nuit arctique arrivait et lui et son équipage étaient tous épuisés.»* (Oh le menteur, je croyais que c'était le baleinier qui ne pouvait pas passer le courant…).

Et encore certains éléments tirés du journal **Carbonate Chronicle** du 9 février 1884 :

«...**Il trouva aussi quelques grappes de raisins** (cela me rappelle les descriptions du vieux Jansen...) *qui, croit-il, avaient dérivées du continent inconnu....Le capitaine annonça de plus qu'il avait trouvé des dents fossilisées dans des blocs de glace de 16 tonnes chacun et* **des squelettes humains d'une taille de 3 m, sans habits.**

Vous m'excuserez des quelques ajouts de commentaires sarcastiques, mais vous aurez compris tout «le comique» de la position ambiguë d'un homme confronté à une vérité impossible à révéler telle qu'elle, un peu comme **Greely** ou **l'Amiral Byrd** dont vous aurez remarqué l'utilisation de la même formule énigmatique, *au-delà du Pôle* pour Byrd et *au-delà de la mer* pour Tuttle.

Mais finalement, même si depuis le début notre marin se garde bien de la divulgation complète de son aventure devant le grand public, de peur du dénigrement, il s'avère que j'ai pu retrouver le résumé, à «chaud», de son véritable périple à travers les colonnes d'un journal. Preuve concrète que le Capitaine Tuttle était bien «sur la réserve»….
The Helena weekly herald du 03 avril 1879 (Journal ci-contre) :
LA MER POLAIRE OUVERTE
Ce qu'un marin qui était ici rapporta. *(à son arrivée à St Louis)*
«Le Capitaine A.B Tuttle, qui déclare avoir eu la plus longue et plus variée expérience en tant que marin que presque aucun autre homme vivant maintenant, **est à Washington pour négocier avec le Gouvernement un petit vapeur afin de l'aider dans ses futures explorations dans les mers arctiques***….Il n'a jamais été, depuis 35 ans, un homme qui se disperse. Il a été de partout sur le globe, dit-il, et a navigué sur toutes les mers et fit 20 voyages dans les régions arctiques….Il a été Capitaine de baleinier et de bateau de surveillance. L'une des choses qui attira particulièrement son attention en naviguant vers le Nord, est qu'il trouva la mer de plus en plus ouverte, spécialement tous les quatre ans. Il fit son dernier voyage il y a un an, partant de* **Hakodado, Japon***, dans un bateau bien équipé avec 45 hommes…. A la latitude 78, il trouva une mer ouverte libre de glace. A la latitude 81, il nota une extraordinaire chute du compas……A la latitude 82, il rencontra la ceinture de glace se tenant sous l'eau et s'étendant par endroits à une hauteur de plus de 130 m. Elle s'étendait vers l'Est et l'Ouest aussi loin que les yeux pouvaient voir.* **Ici, il découvrit que l'aiguille pointait au Sud***….*
En grimpant sur le plus haut point de la barrière de glace, il pouvait voir directement dans une mer polaire ouverte, s'étendant au-delà et en traçant le long de la ceinture Est, il trouva un passage donnant vers la mer d'une profondeur de 178 m. L'eau était assez chaude et un courant fut mesuré régulièrement à sa sortie d'une puissance de 7 à 11 km/h. <u>**Il poussa son baleinier à travers ce passage et l'estima à environ 33 km de large.**</u> (Il se dévoile enfin….)
Dans la partie Nord de cette mer ouverte, il trouva bientôt des feuilles fraîches de plantes, des bananes et d'autres plantes

Helena, Montana, Thursday, April 3, 1879.

To the North Pole in a Balo[...]

[From the New York Tribune.]

Commander Cheyne, of the Briti[sh] Navy, is making efforts to get up an [expedi]tion to reach the North Pole by [means of] balloons. He is an experienced Arc[tic navi]gator, having served under Sir Jame[s ...] and has secured the services of Capt[...]lar, a well known aeronaut. Com[mander] Cheyne believes that the Gulf Strea[m runs] round the polar basin, and returns north and east at Greenland as a gr[eat body] of cold water. He proposes to uti[lize this] current in the following manner:

The ship would proceed up Davi[s Straits] and Baffin's Bay; then, turning to th[e west] would steam up Lancaster Sound and [...] Channel to the furthest explored poin[t. She] would next take a north-northwesterl[y direc]tion until the set of the current was fel[t, when] her course would be altered to due no[rth. In] any case, she would pass on throug[h any] available opening in the ice until her [progress] was definitely arrested by the advent [of win]ter. In addition to the usual equip[ment of] sledges, etc., the vessel would carry [three] balloons, each one capable of lifting [a large] ton weight in addition to the men. W[hen the] ship became beset in the pack three b[alloons] would be inflated and joined toget[her by] means of three light spars sixty fee[t long.] Thus a triangle would be formed, wit[h a bal]loon at each angle, the whole togethe[r repre]senting a lifting power of about thre[e tons.] This power would be employed in c[arrying] the boat-cars, sledges, provisions, ten[ts, bal]last, etc. Commander Cheyne propo[ses dur]ing the winter to establish two obser[vatories] about thirty miles apart, with the ship [in the] center, so that by the end of May t[he bal]loons may start upon a curve already [ob]tained with tolerable accuracy. B[...]

THE OPEN POLAR SEA.

WHAT A SAILOR WHO HAS BEEN THERE SAYS.

Captain A. B. Tuttle, who claims to have had a longer and more varied experience as a seaman than almost any man now living, is in Washington to negotiate with the government for a small steamer, to assist in his further explorations in Arctic Seas. Captain Tuttle is a native of New York, but at the age of sixteen ran away from his parents and went to sea, and has ever since, some thirty-five years, been a seafaring man. He has been all over the globe, he says, and has sailed in every sea, and has made twenty voyages to the Arctic regions. Since his early manhood he has been captain of whaling and surveying ships. One of the things that particularly attracted his attention in sailing northward was that he found the sea more and more open, especially every fourth year. He made his last trip about a year ago, starting from Hakodado, Japan, in a full-rigged ship, with forty-five men all told.

In latitude 78 he found an open sea clear of ice. In latitude 81 he noticed an extraordinary dip of the compass, and on taking soundings dis[covered...]

THE OPEN POLAR SEA.

Arrival in St. Louis of a Sailor Who Says he has been There.

[St. Louis Republican, February 16.]

Captain A. B. Tuttle, who claims to have had a longer and more varied experience as a seaman than almost any man now living, was in the city yesterday on his way to Washington to negotiate with the Government for a small steamer to assist in his further explorations in Arctic seas. Captain Tuttle is a native of New York, but at the early age of sixteen ran away from his parents and went to sea and has ever since—some thirty-five years—been a sea-faring man. He has been all over the globe, he says, and has sailed in every sea and has made twenty voyages to the Arctic regions. Since his early manhood he has been captain of whaling and surveying ships. One of the the things that particularly attracted his attention in sailing northward was that he found the sea more and more open, especially every fourth year. He made his last trip about a year ago, starting from Hakodado, Japan, in a full-rigged ship, with forty-five men all told. In latitude 78 he found an open sea clear of ice. In latitude 81 he noticed an extraordinary dip of the compass, and on taking soundings discovered the cause of it to be immense lodes of a magnetic substance in five fathoms of water. It was mixed with minerals and fine particles of gold. In latitude 82 he encountered the ice belt, grounded under the water and extending in height in some places over 400 feet. It stretched east and west as far as the eye could reach. He here discovered that the needle pointed due south, and in his own mind concluded that the magnetic deposit he had passed had some connection with the direction in which the needle usually pointed. By

tropicales flottant sur l'eau montrant qu'elles étaient tombées des arbres récemment.....Devant ces faits, il en conclut qu'il y avait, durant une partie considérable de l'année, un climat chaud dans la mer polaire suffisant pour produire des fruits tropicaux. Dans la barrière de glace, lors de l'un de ses voyages, il trouva des os et des défenses de mastodontes qui, en 1876, furent acheminées au **Centennial de Philadelphie.** *Elles étaient si grandes que quelques naturalistes pensaient que les animaux à qui elles appartenaient* **devaient avoir une longueur de 13 m**....*En naviguant à l'Ouest, il aborda la partie Nord des côtes de la Nouvelle Sibérie où* **il trouva une race de gens qu'il pensait que personne n'avait ni vu, ni jamais entendu parler avant. Ils parlaient un langage inconnu qui s'apparentait à l'Hébreu.** *Ils parlaient quelques mots d'hawaïen et d'esquimaux et avec ça et à l'aide de signes,* **nous firent comprendre qu'ils venaient du Nord....»**

Nous allons pouvoir compléter et conclure avec bonheur les commentaires précédents du Capitaine Tuttle grâce un article de presse paru juste trois semaines avant celui que nous venons d'examiner, soit le 12 mars 1879. **The Weekly clarion. Missouri** :

«C'est une question au sujet de laquelle je suis profondément sérieux, dit le Capitaine, après que la théorie de l'ouverture de Symmes (théorie de la terre creuse du Capitaine Symmes) *ait été abandonnée. Je suis complètement investi dedans. Je suis sérieux quand je parle !» Son plan est de se déplacer à Washington et de diffuser ses connaissances devant le Congrès....*

«Quelle est la raison faisant qu'aucun explorateurs, dont nous avons tant entendu parler, n'ont eu le succès d'une découverte ? **Ils prennent tous la mauvaise route. Ils viennent de l'Est ; Je viens de l'Ouest.** *Ce sont tous des expérimentateurs ; Je suis un vieux marin habitué des mers du Nord sachant ce qu'il fait quand il est ici..»*

Le Capitaine croit que la vraie route vers le Nord passe par le détroit de Behring. Il a pénétré la région jusqu'à la latitude 83°55' qui est plus importante de quelques degrés qu'aucun autre explorateur n'ai jamais atteinte. Ici, il trouva une mer libre....

Mais la plus étrange partie de l'histoire qu'il raconte est lorsqu'il évoque la nouvelle race d'homme qu'il découvrit. Ils vivent loin au Nord de la terre habitée par les esquimaux et sont très différents d'eux. Ils sont un peuple fidèle, mesurant, comme le Capitaine dit, de **2,30 m à 2,60 m dans leurs mocassins**....*Il dit qu'ils sont sombres* (couleur de peau), *portent des fourrures et des vêtements en peau, ont de larges nez romains, de longs cheveux noirs et de longues moustaches noires. Les femmes sont presque plus grandes que les hommes et sont très masculines. Certains portent la barbe et sont tout à fait particuliers autant que non attractifs dans leur apparence personnelle. Ils portent l'évidence d'être vertueux autant que joyeux....*
Il les trouva très amicaux. En effet, ils coururent sur le bord de la berge pour le rencontrer et lui serrer la main, les invitant cordialement lui et ses accompagnateurs, par différents signes, vers leur terre. Il resta parmi eux plusieurs jours, mais comme leur langage était aussi inintelligible pour nous que le nôtre pour eux, la communication était limitée.
Cependant, ils nous amenèrent à comprendre qu'ils étaient d'une région au Nord de celle dans laquelle ils étaient alors ; **que cette région était assez agréable ; qu'elle était habitée et qu'il n'était pas difficile de la rejoindre n'étant seulement qu'à environ 740 km vers le Nord.** *Ils lui dirent, en dessinant sur le sol avec des bâtons, que* **d'immenses animaux comme des mastodontes existaient ici et que le poisson et le gibier de toutes sortes était abondant ; également que l'or était trouvé en grande quantité....**

Ceci viendra sonner la fin des riches informations liées aux observations du Capitaine Tuttle. Elles sont nombreuses, variées et particulièrement saisissantes. Ce peuple trouvé loin de sa terre habituelle, outre le fait exceptionnel qu'il soit inconnu, offre véritablement toutes les caractéristiques d'une civilisation siégeant dans les premières strates du monde intérieur par la richesse de sa faune, l'or en abondance et des animaux gigantesques, dont les inévitables «mastodontes». Tout cet ensemble se trouvant en concordance parfaite avec les révélations singulières du vieux Olaf Jansen.

On comprendra dès lors et davantage l'audacieuse démarche du Capitaine Tuttle visant à impliquer le Gouvernement dans ses explorations en se déplaçant à Washington. Sa remarque étonnante concernant sa totale implication dans la remise en avant de la théorie de l'existence d'une ouverture au Pôle signe donc indubitablement sa découverte d'une connaissance fantastique dont il ne pouvait pleinement s'ouvrir au public. Mais, très «étrangement», il ne fut pas soutenu par l'Administration dans sa requête !…..

Au final, comment expliquer qu'autant de personnages différents, hautement qualifiés et dignes d'intérêts puissent rapporter, à leurs risques et périls, autant d'informations insolites si extraordinairement concordantes ? **Si ce n'est la divulgation d'une vérité chevillée au corps, qu'est ce que cela pourrait bien signifier d'autre ?**

En attendant, le bilan total de ces observations multiples nous offre un cadre concret et parfaitement plausible de l'existence d'une ouverture ainsi que d'une contrée inconnue au voisinage du Pôle. Mais, la levée de ce mystère va encore progresser par un indice singulier relevé dans la rubrique des faits divers et que le hasard ou la chance, m'ont permis, une fois de plus, de placer à la juste place qu'il mérite par les conclusions fantastiques qu'il implique. C'est en effet dans un journal du Wisconsin, ***The Mineral Point Tribune*** du 24 avril 1878, qu'est relatée la découverte intrigante d'un simple fermier américain. L'article en question est reproduit à la page suivante et je vous invite à suivre la traduction que voici :

LA TERRE AU PÔLE NORD
La théorie développée par l'oie sauvage….Preuve intéressante d'un ancien marin (d'après le journal *Virginia City Enterprise*)
«Il y a environ quatre ans, un fermier de **Surprise Valley** *(lieu situé au Nord de la Californie), trouva dans le jabot d'une oie sauvage,*

THE LAND AT THE NORTH POLE.

The Theory Developed by the Wild Geese—Interesting Evidence of an Old Sailor.

Virginia City Enterprise.

About four years ago a farmer of Surprise Valley found in the crop of a wild goose a small quantity of grain, the like of which he had never before seen. He planted this grain, and it grew and flourished, producing more than a hundred-fold. The straw and beardless head are said to resemble wheat, while the grain looks like rye, but is twice as large. The farmer has now many bushels of this new cereal, and has sent samples of it to be planted in various places in California, where food for cattle is not easily obtained at some seasons, as the stalk of the new grain, when cut before it is thoroughly ripe, makes excellent hay.

An old sailor of this city, after reading an item which has been going the rounds of the papers in regard to the new cereal, the substance of which item is given above, finds his memory refreshed. It brings to his recollection a circumstance he had almost forgotten, and has set him to thinking. He has thought it all out, and is now firmly of the opinion that there is an inhabitable land at the north pole.

The old man says he was one of the crew of the Investigator, Capt. McClure, which sailed from England in 1850, in company with the Enterprise, Capt. Collinson, in search of Sir John Franklin, and he certainly has in his possession one of the Arctic medals given by the English admiralty to all persons engaged in these Polar expeditions from 1818 to 1855.

In September of that year the Investigator reached a land which Capt. McClure named Baring's Land, and three days after other land, which he named after Prince Albert, where, about the last of the month, they were frozen in.

While at this last named land the explorers observed many wild geese and other water fowl flying southward. Some of the geese stopped at the place where the ship lay and several were killed by members of the crew. In the crops of some of these geese he recollects to have seen, and marveled at seeing, a considerable quantity of a grain such as the new cereal of Surprise valley is said to be. As no such grain is known in the temperate zone, and as we have no account of a grain of the kind being found in any known region in the world, he is of the opinion that the geese obtained it in a region lying about the open Polar sea.

He says no man has yet gone so far north but he has found wild geese and other water fowl flying still further to the northward. As the geese are undoubtedly wending their way to a well-known stopping place far to the north, there must be something for them to feed upon at the point where they stop. As wild geese no more live on fish than do tame ones, there must be, in the country to which they go, grass and other vegetation similar to that found in temperate regions. The wild geese that halt on the Pacific coast make the grain fields their feeding place, and it is not likely that in the land about the pole their nature is so changed that they feed upon mosses or fish.

Our old sailor believes that surrounding the open Polar sea is a country where trees grow, and where grow many kinds of grass, and no doubt a few kinds of grain. The grain found in the crops of the wild geese was, he thinks, found by the birds in a far northern temperate region, upon the verge of which men have probably looked, but into which no man has ever penetrated. He says no doubt all the country would be found waste and desolate for a time after passing the icy rim forming the southern shore of the open Polar sea, but believes that in sailing onward a great change would be found; that after a time a faint green would be found on the shores; that presently hills clothed with trees and verdure would appear, and that soon a fruitful and pleasant land would be found. This land, and the islands of the sea, he believes to be inhabited, and thinks it not improbable that the new cereal, about which the people of this coast are now wondering, is there cultivated by an unknown race of men as a breadstuff.

*une petite quantité de graines, comme quelque chose qu'il n'avait jamais vu avant. Il planta ce grain, et il grossit et fleurit, **produisant au centuple**. La paille et la tête sans barbe ressemblaient au blé tandis que le grain paraissait **comme du seigle, mais deux fois plus grand**. Le fermier avait maintenant beaucoup de boisseaux de cette nouvelle céréale, et envoya quelques échantillons de ceux-ci pour être plantés en différents endroits de Californie où la nourriture pour le bétail n'est pas facile à obtenir à certaines saisons, tout comme la tige du nouveau grain, lorsqu'elle est coupée avant qu'il ne soit bien mûr, fait un excellent foin.*
Un vieux marin de cette ville, après lecture d'un article qui avait été le sujet du journal au regard de la nouvelle céréale, matière de l'article qui est donné au-dessus, trouva sa mémoire rafraîchie.
Il porta à son souvenir une anecdote qu'il avait presque oubliée et l'amena à y penser. Il réfléchit à tout cela et est maintenant de la ferme opinion qu'il y a une terre habitable au Pôle Nord.
*Le vieil homme dit qu'il était un des membres de l'équipage de l'explorateur, le **Capitaine McClure** qui naviguа de l'Angleterre en 1850, en compagnie dans cette entreprise du **Capitaine Collinson**, à la recherche du **Capitaine Franklin** et a certainement en sa possession une des médailles de l'Arctique donnée par l'Amirauté britannique à toutes personnes engagées dans ces expéditions polaires de 1818 à 1855.* (personnages et expédition authentiques)
En septembre de cette année, l'explorateur atteignit une terre que le Capitaine McClure nomma Terre de Baring et trois jours après, une autre terre qu'il nomma après Prince Albert où, vers la fin du mois, ils y furent bloqués par la glace. Pendant qu'ils étaient sur cette dernière terre baptisée, les explorateurs observaient beaucoup d'oies sauvages et autres sauvagines (famille de la sarcelle) ***volant vers le Sud**. Quelques-unes des oies stoppèrent à l'endroit où le bateau se tenait et plusieurs furent tuées par des membres de l'équipage.*
Dans le jabot de quelques-unes de ces oies, il se souvenait l'avoir vu et émerveillé par une quantité considérable de grains tel qu'il est dit être de la nouvelle céréale de Surprise Valley. Comme il n'est pas connu de tels grains dans les zones tempérées, et comme nous

n'avons pas de compte-rendus d'un grain de ce type trouvé dans aucune région connue dans le monde, **il est de l'opinion que l'oie les trouva dans une région se trouvant sur la mer polaire ouverte.**

Il dit qu'aucun homme n'a encore été si loin au Nord mais **il a trouvé des oies sauvages et autres sauvagines voler encore plus loin vers le Nord.** Comme les oies ont sans aucun doute trouvé leur chemin vers un arrêt bien connu loin vers le Nord, il doit y avoir quelque chose à manger pour elles ici, sur le point où elles s'arrêtent. Comme les oies sauvages ne vivent pas plus du poisson que les oies domestiques, elles doivent avoir, dans le pays où elles vont, de l'herbe et autre végétation similaire que celle trouvée dans les régions tempérées....Notre vieux marin croit que, entourant la mer polaire ouverte, se trouve une région où les arbres poussent, et toutes sortes de végétations et sans doute certains types de graines...

Il croit que cette terre et les îles de la mer sont habitées et pense qu'il ne soit pas improbable que la nouvelle céréale, à propos de laquelle les gens de cette côte sont maintenant émerveillés, est ici cultivée par une race inconnue d'hommes comme un ingrédient pour le pain.»

Il pourrait être tentant de mettre en doute la parole de ce fermier Californien au regard du rendement exceptionnel de cette céréale inconnue, sauf que la suite de sa découverte apparaît dans un autre quotidien de Floride, **The Florida Agriculturist** du 22 mai 1878. Je vous en livre ici le meilleur extrait :

«**Mr Merithew,** *un fermier de cette région, faisant une visite à* **Surprise Valley,** *obtint quelques petites semences de ce nouveau grain et réussit à le cultiver avec un merveilleux succès sur sa ferme de* **Butte county**....*Mr Merithew a entre ses mains plusieurs tonnes de foin de cette nouvelle variété de grain et environ cinq boisseaux (150 kg) de cette semence. Il donna environ la moitié de la semence à l'un de nos habitants visitant plus tard Butte County, qui était frappé par la beauté formidable de cette nouvelle céréale et l'emporta en Californie du Sud pour sa multiplication.* **Thomas R. Bard** *a pris la semence et se propose de lui faire un test approfondi sur les terres alluviales riches de* **the colonia rancho**, *près de la* côte. *Elle ne pouvait pas tomber entre les mains d'un cultivateur plus intelligent et minutieux. **Il nous apparaît dans tous les domaines supérieur au seigle et prouve être d'une grande utilité comme sa belle croissance et sa très grande productivité.**»*

Mais cette histoire ne serait pas complète sans la révélation d'un nouvel article, encore plus ancien, qui va nous apporter d'autres caractéristiques relatives à cette céréale, si ce n'est le fait, qu'une nouvelle fois, on va la retrouver….dans une oie sauvage !

The Catoctin Clarion *(Maryland)* du 7 janvier 1876

Une Nouvelle Céréale. *«Une nouvelle céréale a été produite dans l'**État de l'Oregon** et, jusqu'à présent, personne n'a été capable de la classifier, quoiqu'elle porte une ressemblance générale au blé ; pourtant il s'agit de la tige, du mode de croissance et les filaments permettant de la prendre pour du seigle. En la présentant à une douzaine d'agriculteurs, pas deux ne seront d'accord sur quel type de grain il s'agit. Il n'appartient pas à la famille du blé, seigle ou orge. Il été découvert de cette façon : un fermier vivant à **Tilamook county, Oregon**, pendant qu'il chassait, il y a environ quatre ans, tua plusieurs oies sauvages. En ouvrant une, il remarqua un grain particulier dans l'estomac. Cette forme l'a intrigué et désirant savoir de quoi il s'agissait vraiment, il la planta au printemps et obtint une abondante récolte de celui-ci et par la suite produit **40 boisseaux sur un demi-acre de terre** (soit 1,2 tonne sur 2000 m^2 ou 6 tonnes à l' hectare !). Il avait la plus frappante apparence dans le champ due à son caractère dense, ses longs, pesants filaments lourdement barbus et le port tombant de sa tête... Sept à dix tiges poussaient d'une racine et atteignaient une hauteur, à maturité, de 1,60 m. Ils sont très fins, compacts, d'une couleur de paille lumineuse et extrêmement fermes comme s'ils contenaient une grande quantité de silex.»* **Source :** chroniclingamerica.loc.gov/search/pages/results

Après lecture de ces différents articles, nul doute que nous avons affaire à une céréale similaire inconnue, à fort rendement et promise à un bel avenir puisqu'il m'a été facile de calculer son rendement à l'hectare, cela afin d'établir un état comparatif instructif avec le seigle, par exemple, qui pourrait être son plus proche «cousin». Notre nouvelle céréale, grâce à ses sept à dix tiges par grain, fournissait donc **6 tonnes à l'hectare en 1876** contre environ **1,6 tonne de seigle/hectare en 1930** (chiffre relevé sur le web) ! Aujourd'hui, le rendement du seigle, produit **avec engrais et une technique moderne, n'est encore que de....3 à 4 tonnes/hectare** !

L'époque à laquelle cette semence fut découverte produisait **donc déjà presque 6 fois plus que n'importe quelle autre céréale pour la fabrication du pain et la nourriture pour le bétail !** Alors, n'écoutant que ma soif de curiosité, je me suis mis à la recherche de la divulgation de ces merveilleux résultats dans le cadre d'une fantastique production. Et vous savez quoi ? Pas une seule trace sur le net et autres journaux d'époque ou modernes de la mise en culture de cette fabuleuse céréale !! **Ainsi, les seules preuves existantes à ce jour de sa réalité physique, sont uniquement condensées dans les coupures de journaux reproduites ici.**

Pourquoi ? Je vais directement répondre à cette question par l'intermédiaire d'un nom apparaissant dans l'article précédent du *Florida Agriculturist,* un certain **Thomas R. Bard**. Il était un très grand propriétaire terrien par l'achat du *Rancho El Rio de Santa Clara o la Colonia* en Californie du Sud où ses terres produisaient principalement de l'orge mais aussi du blé, du maïs, des haricots....Juste pour information et à cette époque, le rendement de l'orge était seulement de **1,2 tonne/hectare**. Il était également membre du conseil de surveillance du Comté de Santa Barbara de 1868 à 1873, fondateur de **Port Hueneme**, sénateur de l'État de Californie de 1900 à 1905 et surtout....Directeur de l'agriculture de Californie de 1886 à 1887 et membre de la loge maçonnique Hueneme n° 311 ! (voir wikipedia)

Comme le rapporte fort justement le journaliste à la fin de son article, cette semence ne pouvait pas tomber entre de meilleures mains....Car, pour un tel propriétaire terrien, devoir se priver volontairement d'une telle manne de richesse ne peut être que le **signe criminel d'une dissimulation avérée quant à l'origine inavouable d'une céréale qui n'aurait pas manquée de soulever trop de questions embarrassantes concernant sa découverte !**

De sa position d'élite, il lui aura été facile de convaincre son primo-fournisseur de rester discret quant à cette superbe semence, remontant également jusqu'au fermier découvreur de ce grain par l'intermédiaire de son oie sauvage migratrice ; elle même l'ayant assurément rapporté d'un territoire inconnu inexploré, grâce à ses performances de vol lui permettant **des vols directs de 15 heures sur des distances de plus de 1300 km !** Quant au fermier de l'Oregon (Etat du Nord-Ouest), son sort ne fut certainement pas plus enviable, une telle production ne pouvant passer bien longtemps inaperçue aux yeux de quelques autres élites locales «bien intentionnées». Son oie sauvage, tuée à des milliers de km de la précédente, ayant elle aussi bénéficié de la même céréale extraordinaire, il faut bien reconnaître ici que l'on a dépassé le stade du simple hasard. Ainsi, l'accès à cette contrée inconnue, estimée fort justement loin au Nord par notre vieux marin, pourrait parfaitement correspondre au lieu d'origine de ces céréales au potentiel unique, déjà mentionnées par nos derniers explorateurs et s'épanouissant sur une large superficie afin de nourrir, entre-autres, de nombreux volatiles. J'ai ainsi pu relever trois autres cas d'oies sauvages ayant fourni des céréales inconnues….

Malgré toutes ces histoires remarquables, j'ai encore tenu à garder le meilleur pour la fin. Effectivement, un dernier récit proprement inconcevable va de nouveau mettre cruellement en lumière ce que certains hommes ont été capable de cacher à l'humanité tout entière !

Ce témoignage du tout début du 20° siècle, issu encore et toujours de la vaste banque de données de presse américaine, va littéralement nous propulser dans ce que pourrait être ce monde inconnu. En effet, vous allez pouvoir constater de vos yeux, à la page suivante, ce à quoi ont pu être confrontés en partie les **Jansen, Greely, Wiggins, Seedhom et autre Capitaine Tuttle.** Car, même s'il ne s'agit que d'une tête de céréale, il reste certainement le seul document photographique existant permettant de témoigner du gigantisme ambiant pouvant régner à certains endroits de l'intérieur de la Terre ! Photo, partie de l'article et traduction aux pages suivantes.
Journal ***Rock Island Argus (Illinois)*** du 11 septembre 1908.

Here is the New "Alaska" Wheat Government Experts Say is a Fraud

St. Paul, Minn., Sept 10.—Norwegian Consul E. H. Hobe of St Paul, who is interested with Abraham Adams of Idaho in the development of the new "Alaska wheat," predicts that this grain, native of Alaska and discovered by accident, will revolutionize wheat growing in Minnesota and the northwest. Experiments are now in progress in the famous Red river valley of Minnesota, one of the great wheat districts of the world. The new grain has been proven to produce 200 bushels to the acre, and the kernels are twice the size of ordinary wheat.

Experiments with the new grain have been progressing at Julaetta, Idaho, for several years, and it is very recently that Mr. Hobe has felt satisfied to make public the results already accomplished. He is extensively interested in agriculture and is an experienced grain grower.

"The new Alaska wheat," he says, "has been proven to produce as fine flour as the best No. 1 northern grown in Minnesota. We have tested it for flour and for bread making qualities, and it has stood every test. Grain growers are intensely interested in our experiments, and have been doubtful of the hardiness of the new wheat. I have samples here in St. Paul which are remarkable for their hard quality, the size of the kernels and the color and excellence of the grain.

"We have been slowly developing the new grain. The Idaho experiments

Ici est le nouveau blé de l' «Alaska»
Les experts du Gouvernement parlent d'une tromperie
St Paul, Minnesota, 10 septembre. - *«Le Consul norvégien E. H. Hobe de St Paul, qui est intéressé avec Abraham Adams de l'Idaho, dans le développement du nouveau «blé d'Alaska», prédit que ce grain,* **natif d'Alaska et découvert par accident***, révolutionnera la culture du blé dans le Minnesota et le Nord-Ouest. Les expérimentations sont maintenant en cours dans la fameuse vallée de Red River du Minnesota, un des grands districts de blé du monde. Le nouveau grain a prouvé produire* **200 boisseaux par acre (soit 6 tonnes/4000 m² ou 15 tonnes/hectare !)** *et les grains sont de deux fois la taille du blé ordinaire. Les expérimentations avec le nouveau grain progressent depuis plusieurs années à Juliaetta, Idaho, et c'est très récemment que Mr Hobe s'est senti prêt à rendre public les résultats déjà accomplis.*
«The new Alaska wheat,» dit-il, «a prouvé sa capacité de produire une farine aussi belle que la meilleure n°1 produite dans le Minnesota. Nous l'avons testé pour la farine et pour sa qualité de fabrication du pain et il a tenu chaque test....Les expérimentations en Idaho sont terminées et sont tout à fait satisfaisantes. Nous devrions avoir quelques milliers de boisseaux (pour info, 1 boisseau = 30kg) *de semences de blé cet automne....Il est une conclusion acquise d'avance, que le grain produira ici ou sur n'importe quelle bonne terre à blé avec un succès et une productivité égale. La tête du nouveau grain de blé de l'Alaska est curieusement formée. Je ne peux mieux l'expliquer en disant qu'il fait la taille étrange d'une demi-douzaine de têtes de blé ordinaire, produisant sur une seule tige. La tête est énorme comparativement avec le type ordinaire et produit du grain en proportion de sa taille...»*
Le nouveau blé a été découvert par Abraham Adams, pendant qu'il prospectait en Alaska en 1903. Il ramena plusieurs têtes et commença les expérimentations à Juliaetta, Idaho.
Les échantillons de grains montrés à St Paul affichaient une paille remarquablement longue, dure et une énorme productivité d'un seul épis. Un test sur un épi donna quarante sept tiges matures, chacune

d'entre-elles portant une immense tête. Mr Hobe prononça, comme résultats des tests et expérimentations, la déclaration suivante :
- Le nouveau blé donnera 200 boisseaux par acre
- Il résistera aux effets du gel et à une grêle modérée
- Il se positionnera rapidement n°1

Que dire de plus, mis à part le fait que si ce blé avait été mis sur le marché dès cette époque, la faim dans le monde aurait largement reculée ! Oui mais voilà, le gouvernement américain avait décidé qu'il s'agissait d'une «fake news», sans même ajouter la moindre pièce tangible au dossier ou commentaire contradictoire ! Pas très convaincant mais, comme d'habitude, terriblement efficace. Et dans ce cas précis, on appellerait opportunément cela, «se faire rouler dans la farine» ! Sinon, il faudrait accepter l'amateurisme d'un journaliste, allié d'un véritable Consul norvégien (depuis 1905, titulaire de la médaille d'honneur remise par le roi de Suède pour son travail diplomatique et qui fut fondateur de la Chambre de Commerce américano-norvégienne) et qui, devenu fou, aurait inventé une histoire superbement ficelée dans l'unique espoir de se faire passer pour un type stupide ! **Voir** : npgallery.nps.gov/GetAsset/87eh.hobe

Vous l'aurez évidemment compris, cette histoire est parfaitement authentique, tout autant que les précédentes. Le récit de la découverte de ce blé géant a été publié sur plusieurs quotidiens avec, étrangement, des erreurs systématiques sur chaque prénom, la non précision de la qualité de Consul de Mr Hobe et une fausse adresse le concernant. De fait, je n'ai relevé qu'un seul article dévoilant le témoignage du diplomate ainsi que la photo comparative des têtes de blé. Ce blé avait d'ailleurs subi, le 4 mai, des tests au laboratoire du **Collège d'agriculture de l'Idaho**, révélant une plus haute présence de protéines et produisant un meilleur pain que le type n°1 «blue stem». **Source** : Journal ***Warren Sheaf*** *(Minnesota)* du 28 mai 1908.

Une fois de plus, l'impasse sera faite sur un blé qualitatif inconnu sur Terre et bénéficiant d'un **rendement hors norme de 15 tonnes/hectare. Comparativement, le rendement était d'environ 1,5 tonne/hectare en 1914 et de nos jours se situe aux alentours de 6 tonnes, avec les engrais, pesticides et moyens modernes !**

La productivité d'un tel produit vis à vis des autres pays du monde n'aurait pas manqué de soulever forcément des questionnements délicats **quant à sa provenance inédite proche du cercle arctique** (ramené ici par des oies ou autres déjections de mammifères), d'autant plus que ce «gigantisme» surprenant, n'avait jamais été relevé auparavant (pas plus que de nos jours d'ailleurs..), sur un quelconque territoire cultivé ou non de la planète. Que rajouter de plus, sinon qu'un certain **Capitaine Tuttle**, témoin oculaire du monde intérieur, déclarait (reportez-vous à la page 299) :
«...un beau pays d'où quarante à soixante boisseaux de blé étaient produits par acre... !» C'est à dire, 1,8 tonne sur 4000 m² soit 4,5 tonnes à l'hectare ! A la même époque que Tuttle, le rendement moyen du blé n'était encore que d'un peu plus d'1 tonne/hectare...

Comme il est étrange et particulièrement instructif de retrouver de tels chiffres complètement décalés prononcés par un explorateur arctique et venant pourtant confirmer le tableau général bien réel que nous venons à l'instant d'évoquer....Et tout cela, à cause des oies sauvages migratrices ! Un simple petit indice pourtant au départ....

Mais, je vais encore m'employer à pousser un peu plus loin le curseur de la singularité au travers d'une fantastique histoire inconnue qui établira un lien parfait entre les aventuriers des Pôles et les autres témoins volontaires ou involontaires de l'existence de connexions entre la surface du globe et l'intérieur de la Terre.

L'entrée par des galeries souterraines

Si l'accès au monde «du dessous» est, tel que nous l'avons démontré, praticable par les entrées Nord et Sud des Pôles, il l'est et l'a été de tous temps par de multiples accès dissimulés de partout à travers le monde. Et c'est bien par l'intermédiaire d'une aventure hors du commun découverte dans un quotidien américain que nous allons poursuivre notre démonstration. Cette histoire inédite et invraisemblable dont vous trouverez à la suite, la page de garde du journal ainsi que l'article en question, fut publiée par le *Deseret News* du 29 avril 1893 d'après un original publié, lui, **par le journal *Missouri Republican* en 1826.**

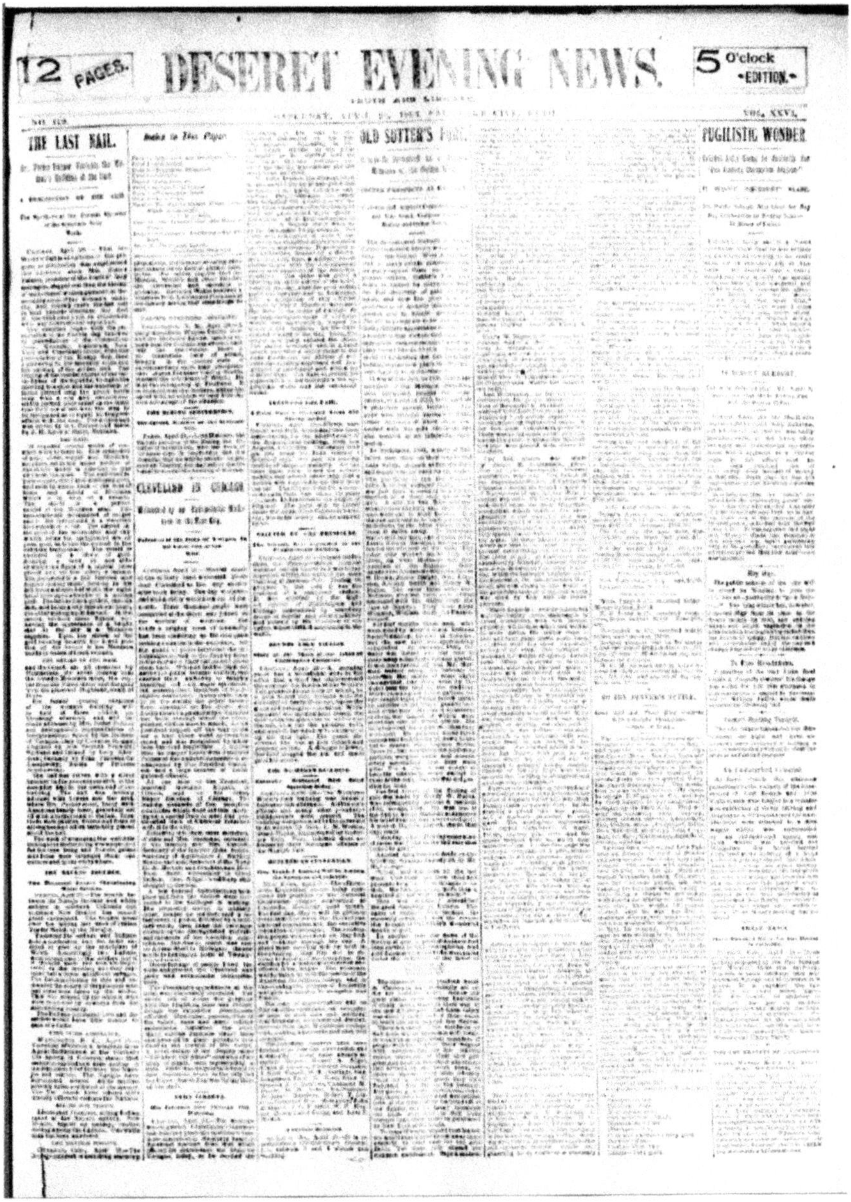

12 PAGES.

DESERET EVENING NEWS.

5 O'clock EDITION.

THE LAST NAIL.

OLD SUTTER'S FORT

PUGILISTIC WONDER

CLEVELAND IN CHICAGO

THE INTERNAL REGIONS.

Jonathan Wilder's Wierd Story of the Earth's Insides.

How He Got There, What He Saw, and How He Got Away.—Editorial Comments.

The following, to which allusion is made on the editorial page of this paper, is reproduced by request, from the DESERET NEWS of February 21st, 1852:

NEWS FROM THE INTERNAL REGIONS.

[From the Missouri Republican of 1826.]

Some months ago a Canadian, of the Rocky Mountain party, to whom I had rendered some services, brought to me a bundle of papers, of which he gave me the following singular account: He said that beyond the mountains he fell in with a party of the Hudson Bay company. With this party he found a brother that he had not seen for many years. His brother gave him the bundle of papers, and informed him that about two years before, he had been on a hunting party, east of M'Kenzie's river, where fell in with a tribe of Esquimaux Indians, from one of whom he received the bundle in exchange for a knife. The Indian told him that a long time ago, his band was encamped on the sea shore, a great distance to the northeast; that one day a strange man was seen on the ice, coming toward them; that the stranger was greatly exhausted from hunger and cold; that he took him to his tent and gave him food, but he died the next day, and left the bundle of papers, securely wrapped up in skins.

If my curiosity was excited at this singular history of these papers, it was much more so when, on examination, they proved to be a narrative of the travels and extraordinary adventures of an American by the name of Jonathan Wilder. The papers are in a greatly deranged state, and appeared to have suffered from the rude hands through which they had passed. The narrative is written partly on common paper, and partly on rude parchment, and what appears to be the bark of a tree.

It appears that Mr. Wilder was many years ago, wrecked on the coast of Africa; was taken prisoner by the natives, and was carried into the interior of the country; that he passed through many nations of Africa, as a slave to a black merchant; that he eventually fell in with, and was ransomed by the celebrated Mungo Park, whom he afterwards accompanied on his travels. He states that Mr. Park, himself and three natives, were descending a large river, (the name of which is rubbed out in the manuscript, but presumed to be the Niger), they came to a large city, at which they proposed to land, but were diverted from it by the hostile attitude of the natives, who appeared on the bank in immense numbers. They passed the city, followed by the natives on the banks, halloing and using singular gestures, which added to their apprehension that mischief was intended. In a short distance, the river became contracted, and the current greatly increased, which induced them to attempt a landing at all hazards, but it was now too late; the river became a perfect rapid; rocks and whirlpools beset them on all sides, and they soon lost all control over the direction of the boat.

A large mountain appeared directly ahead, with a chasm in its base, gaping to receive them. The three natives had jumped overboard on the first alarm. Park and Wilder clung to the boat, and awaited their fate, which they saw was inevitable. They soon lost all sense of their situation, and eventually found themselves thrown upon a small island within the bowels of the mountain. Here they remained some time, subsisting on dead animals and fish, which they found in abundance, cast upon the island. Their eyes had, in a little time, become accustomed to their dark abode, and they were enabled to see and to feel the horrors of their situation. The rocks rose perpendicular from either shore, and formed an arch overhead, which effectually precluded all idea of an escape. Grown desperate, in a situation which destroyed all hope of ever again seeing the light of Heaven, and fearing too, that the next rise of water would sweep them even from that desolate island, they determined to embark in their boat, which had sustained no great injury, and submit themselves to providence, believing that no fate could be more horrible than that which awaited them in their present abode.

They accordingly once more launched themselves into the foaming current, and were carried along with inconceivable rapidity, until becoming entangled in an eddy, and landed on another small island, where to their great astonishment they found an old negro, who by signs gave them to understand that he had been forced down the river and thrown on the island when but a boy, where he had ever since remained its solitary tenant.

They again embarked accompanied by the old negro, who gladly united his fate with his new acquaintances. The current gradually became less rapid, and they occasionally landed for repose. Our party now began to entertain some faint hopes that the river, after running under the mountain, would carry them safely out on the other side. After a voyage of considerable duration, to their great joy and astonishment, they were suddenly launched into daylight, in view of an open sea, but in what quarter of the globe they were at a loss to conjecture.

The party now landed to seek repose, after their long and arduous voyage, and congratulated each other on their miraculous escape; and yet they could scarcely satisfy themselves that all had not been a dream. The party remained here several days, viewing the surrounding country, and endeavoring to find out on what part of the globe they were cast; but as no sun, moon or stars had appeared, Mr. Park's instruments were of no avail; neither could his maps and charts throw any light on the subject.

Reflecting on their late extraordinary adventures, and their present singular situation, Mr. Park was induced to examine a book which he had with him, containing some philosophical speculations on the organization of the globe. This book appeared about the 15th century, and is supposed to have been written by a Frenchman, under the title of Tellemed, an East Indian philosopher. The writer had advanced the singular idea that the water had once covered the globe; that by some convulsion of nature the earth appeared, that mankind sprang from the sea, and originally had inhabited in time dropped off, like the tail of a tadpole, and that the globe was hollow within, and made up of concentric shells. At another time our party would have laughed at the speculation of this philosopher, as the visionary effusions of a crazed imagination; but, looking back to their eventful voyage, and their present situation, in a pure, clear atmosphere, and seeing neither sun, moon nor stars, the truth flashed on their minds, that they had penetrated the globe, and were then in the Internal Regions.

Full of this idea our party embarked and coasted along the shore some days, and at last came to a large, well built, populous city. The astonishment of our adventurers was not greater than that of the inhabitants, who flocked round them in immense numbers, conversing in a language, to Wilder unknown, but recognized by Park, as the Hebrew tongue; and the people proved to be a colony of Jews. Mr. Wilder gives a long and fanciful description of the city and its inhabitants, and enters minutely into a history of their manners, habits and customs, which do not appear to have undergone any material alteration from the manners and customs of their ancestors, as recorded in Holy Writ. The art of printing is unknown to this people; but they have written records of the great events, from the creation of the world, down to the sacking of Jerusalem by the king of Babylon, and their king and people carried away captive. They have a tradition that when their King Zedekiah fled from the city of Jerusalem to the plains of Jericho, where himself and his army were made prisoners, an angel appeared to those who remained in the city, and, after having selected all the virtuous and faithful led them forth by night and conducted them through many nations, and for many days, until they came to a cave or hole in the earth, which they entered, and which was closed behind them; and that they passed through the earth to the world they now inhabit, as a place of refuge, where they are to remain until the coming of the Messiah, who they believe is to lead them back to the land of their forefathers; and as a reward for their sufferings and their constancy, will make them a great and mighty nation, to whom all the other nations of the earth shall be subject. They said it was foretold them that about the year of the world 5——, a great prophet would appear on the surface of the globe, who would build a city of refuge, and gather together the remnants of the scattered tribes of Israel, preparatory to the restoration.

This people have immense wealth in all the precious metals, and an abundance of domestic animals, the most remarkable of which is an animal much larger than the elephant of the old world, and supposed by Mr. Wilder to be the mammoth, whose bones are occasionally found on the American continent. They have neither sun, moon nor stars, but receive light and heat from the reflection of the sun on an immense luminous body placed opposite two holes or openings, one at the North and the other at the South Pole, and the light and the seasons are regulated by the revolving of the earth. The inhabitants have spread over the most part of the Interior world, but reside principally in cities. Though governed by the same laws, wars and rebellions are very frequent.

Their chief city and their seat of government, where the king resides, is called the city of Saus. Whilst Wilder was there, several cities rebelled against Mordecai, their king, but were subdued, and heavy contributions levied on them. Fire-arms have long since been known to them, and they have large magazines of arms and military stores. These magazines sometimes blow up, and do great damage to lives and property. Mr. Wilder enters into some speculations as to the probable effect such commotions have on the external surface of the globe, and arrives at the conclusion that our earthquakes are caused by the blowing up of these powder houses.

Park and Wilder traveled over the greater part of the internal world, and visited both the poles. The South Pole is surrounded by the sea; but at the North, a rim of land surrounds the opening, except a narrow strait connecting the external with the internal seas. This people say that about two thousand years ago a part of the nations rebelled and determined to return to Jerusalem. They journeyed northward, and went out the north hole, and were never seen or heard of afterwards. This fact led Park and Wilder to entertain hopes of being able to return to the former country by the same route. Wilder makes some pertinent remarks and suggestions as to the probable origin of the Indians of the American continent.

Park and Wilder having finished their exploration of the country, became anxious to return to the old world, and having provided themselves with necessaries for their journey, came out at the North pole. They traveled nearly round the polar opening, which they judged to be two or three hundred miles in diameter, and made many attempts to penetrate to the south, but suffered so much from cold and fatigue, that they gave up all hopes of succeeding, and resolved to return and end their days with the new found people. Nothing, however, could subdue the desire in the breast of Wilder to revisit his native land, and after some time, he determined to make another attempt. He started alone, traversed the regions around the pole, the climate of which he describes as quite mild, growing colder as he progressed south. After innumerable hardships, he penetrated the wilderness, and arrived at the open sea. He journeyed eastward, along the sea shore, until he came to a tongue of land, stretching away to the south. This he rightly concluded, adjoined or approached the American continent. He now journeyed southeast forty-five days, and arrived at the extreme point of land in view of the American continent, from which he was separated by a strait twenty-five or thirty miles. He gives a glowing description of his feelings, on arriving in sight of his native continent, and the hope of once more seeing his country and his home. It was while in the interior world, and in one or more of his last chapters, he appears to have formed the design, if he should live to reach his native town of Boston, to prepare himself as a missionary, and return to the people he had left.

I have given but a sketch of some of the prominent parts of this wondrous narrative. The papers are greatly disordered, and as soon as my leisure will permit, I intend preparing them for the press. The work, including maps and drawings, will probably occupy a volume of some three hundred pages. In the meantime the curious may have an opportunity of examining the singular manuscript by calling on me.

As wonderful as the narrative appears to be, to me it has the stamp of authenticity.

CORNELIUS P. BROADNAX,
No. 179 North Q Street St. Louis.

LES REGIONS INTERIEURES
L'étrange histoire de Jonathan Wilder de l'intérieur de la Terre
Comment il s'y retrouva, que vit-il et comment il en sortit.
Nouvelles des régions internes
(D'après le Missouiri Republican de 1826)

«Il y a quelques mois, un canadien de l'équipe de Rocky Mountain, à qui j'avais rendu quelques services, me remit un paquet de papiers au sujet duquel il me fit le compte-rendu singulier suivant :

Il dit qu'au-delà des montagnes, il tomba sur une équipe de la compagnie d'Hudson Bay. Avec cette équipe, il trouva un frère qu'il n'avait pas vu depuis de nombreuses années. Son frère lui donna le paquet de papiers et lui précisa, qu'il y a deux ans, il était à une partie de chasse, à l'Est de la rivière Mc Kenzie, où ils tombèrent sur une tribu d'indiens esquimaux dont il reçut, de l'un d'entre-eux, le paquet en échange d'un couteau. L'indien lui dit qu'il y a très longtemps, sa bande campait sur une plage à une grande distance vers le Nord Est ; qu'un jour un homme étrange avait été vu sur la glace, allant vers eux ; que l'étranger était extrêmement épuisé par la faim et le froid ; qu'il l'emmena dans sa tente et lui donna de la nourriture, mais il mourut le jour suivant en laissant son paquet de papier soigneusement enveloppé dans une peau.

Si ma curiosité était excitée à la singulière histoire de ces papiers, elle le fut encore davantage quand, en les examinant, ils apparaissaient être la narration des voyages et des aventures extraordinaires d'un américain du nom de **Jonathan Wilder**.

Les papiers étaient dans un état désordonnés et semblaient avoir souffert des rudes mains par lesquels ils étaient passés. Le texte est écrit en partie sur du papier habituel et une autre partie sur du parchemin rustique et apparaissant être de l'écorce d'arbre.

Il apparaît que Mr Wilder fut, il y a de nombreuses années, échoué sur la côte africaine ; fut fait prisonnier par les indigènes et fut amené à l'intérieur des terres ; qu'il transita à travers de nombreux pays d'Afrique comme esclave d'un marchand noir ; qu'il est finalement tombé et a été racheté par le très célèbre **Mungo Park** *qu'il accompagna par la suite dans ses voyages. Il déclara que Mr Parks, lui-même et trois indigènes descendaient une large rivière (le nom de celle-ci n'est pas mentionnée dans le manuscrit mais est présumée être le Niger), ils arrivèrent à une grande ville sur laquelle ils envisageaient de débarquer mais en furent empêchés par l'attitude hostile des indigènes qui arrivèrent sur la berge en grand nombre. Ils dépassèrent la ville suivis sur la berge par les indigènes* **usant de gestes étranges qui ajoutèrent à leur appréhension qu'un méfait leur était destiné.** *A une courte distance, la rivière se rétrécit et le courant s'accrut considérablement ce qui nous amena à tenter un accostage à tout hasard, mais il était maintenant trop tard ;* **la rivière devint un parfait rapide ; rochers et tourbillons nous assaillant de tous côtés et bientôt nous faisant perdre tout contrôle sur la direction du bateau.**

Une grande montagne apparut directement devant avec un gouffre à sa base, béant pour nous recevoir. *Les trois indigènes avaient sauté par-dessus bord à la première alarme. Park et Wilder accrochés au bateau attendaient leur sort ; ce qu'ils voyaient était inévitable. Ils perdirent rapidement tout sens de leur situation et finalement se trouvèrent eux-mêmes jetés sur une petite île dans les entrailles de la montagne. Ici, ils restèrent quelques temps, subsistant d'animaux morts et de poissons qu'ils trouvèrent en abondance à l'Est de l'île.*

Leurs yeux avaient, en peu de temps, pris l'habitude de leur noir environnement et étaient capables de voir et de sentir les horreurs de leur situation. Les rochers s'élevaient perpendiculairement de l'une et l'autre rive et formaient une arche au-dessus, laquelle excluait effectivement toute idée de s'échapper. La désespérance s'accroissant, dans une situation qui détruisait tout espoir de ne jamais revoir à nouveau la lumière du ciel et ayant peur aussi que la prochaine montée des eaux ne les submergent encore en cette île désolée, ils décidèrent d'embarquer sur leur bateau qui n'avait pas subi trop d'avaries et s'en remirent à la providence pensant qu'aucun sort ne pourrait être plus horrible que celui d'attendre dans leur présente situation.

En conséquence, ils s'engagèrent une fois de plus d'eux-mêmes dans le courant entrant et y furent transportés avec une incroyable rapidité jusqu'à se retrouver empêtrer dans un remous et atterrir sur une autre petite île où, à leur grand étonnement, ils trouvèrent un vieux noir qui par des signes les amena à comprendre qu'il avait été forcé de descendre la rivière puis jeté sur l'île et, quoique garçon, il était resté, depuis, son locataire solitaire.

Ils embarquèrent à nouveau accompagnés par le vieux nègre qui était heureux d'unir son destin avec ses nouvelles connaissances. Le courant devint graduellement moins rapide et, à cette occasion, accostèrent pour prendre du repos. Leur équipe commençait maintenant à entretenir quelques faibles espoirs que la rivière, après sa course sous la montagne, pourrait les transporter en vie à l'extérieur, de l'autre côté. Après un voyage d'une longue durée, à leur grande joie et étonnement, ils atterrirent soudainement dans la lumière du jour en vue d'une mer ouverte mais, à en perdre toute conjoncture, dans quelle partie du globe étaient-ils ?

L'équipe débarqua à présent pour chercher du repos après leur long et difficile voyage et se congratulèrent sur leur miraculeuse libération ; et ainsi ils pouvaient sincèrement se satisfaire d'eux-mêmes que tout n'avait pas été un rêve. L'équipe resta ici quelques jours, examinant la région environnante et projetant de découvrir dans quelle partie du monde ils étaient arrivés ; mais comme il n'y avait pas de soleil, de lune ou d'étoiles étant apparues, les instruments de Mr Park ne furent d'aucune utilité ; pas plus que ses cartes et documents ne purent jeter aucune lumière sur le sujet.

Réfléchissant sur leurs dernières aventures extraordinaires et leur présente et singulière situation, Mr Park fut porté à examiner un livre qu'il avait avec lui, contenant quelques spéculations philosophiques sur l'organisation du globe. **Ce livre fut publié au 18° siècle et est supposé avoir été écrit par un français sous le titre, Tellemeid, un indien de l'Est philosophe.** *L'écrivain avait avancé la singulière idée que l'eau avait un jour recouvert le globe ; que par quelques convulsions de la nature, la Terre apparut ; que l'humanité a surgit de la mer et à l'origine contenait des têtards qui à temps se*

sont déposés, comme la queue du têtard et **que le globe était creux à l'intérieur et composé de coquilles concentriques.**
A aucun autre moment notre équipe n'aurait pu rire aux spéculations de ce philosophe, comme les effusions visionnaires d'une folle imagination ; mais, en regardant postérieurement vers notre dernier voyage mouvementé et notre présente situation dans une claire et pure atmosphère et ne voyant jamais le soleil, la lune ni les étoiles, la vérité jaillit en leur esprit qu'ils avaient pénétré le globe et étaient ensuite rentrés dans les régions internes.
Remplis de cette idée, notre équipe embarqua et longea le rivage quelques jours et, à la fin, arriva à une grande et populeuse ville, bien construite. L'étonnement de nos aventuriers ne fut pas plus grand que celui de ses habitants qui affluaient autour d'eux en grand nombre, s'exprimant dans un langage inconnu de Wilder **mais reconnu par Park comme étant la langue hébreu ;** *et le peuple assura être une colonie de Juifs. Mr Wilder donne une longue et fantaisiste description de la ville et de ses habitants et entre minutieusement dans l'histoire de leurs moeurs, vêtements et coutumes qui n'apparaissent pas avoir subi quelque altérations matérielles des moeurs et coutumes de leurs ancêtres, tels que rapportés dans les saintes écritures. L'art de l'impression est inconnue de ce peuple mais ils ont écrit le récit de leurs grands événements, de la création du monde jusqu'au pillage de Jérusalem par le roi de Babylone et de leur roi et peuple emmenés captifs. Ils ont une tradition qui raconte que quand leur roi* **Zedekiah** *s'enfuit de la ville de Jérusalem vers les plaines de Jéricho, où lui-même et son armée furent faits prisonniers, un ange apparut à ceux qui étaient restés dans la ville et qu'après avoir sélectionné les vertueux et fidèles, les mena franchement de nuit et les conduisit à travers de nombreux pays, durant de nombreux jours, jusqu'à ce qu'ils parviennent dans une caverne ou un trou dans la Terre dans lequel ils entrèrent et qui fut fermé derrière eux ; et qu'ils passèrent à travers la Terre vers le monde qu'ils habitent maintenant, comme un lieu de refuge où ils doivent rester jusqu'à la venue du Messie, en qui ils croient être celui devant les reconduire vers le terre de leurs*

ancêtres ; comme une récompense pour leurs souffrances et leur persévérance qui feront d'eux une grande et puissante nation de laquelle toutes les autres nations seront les sujets. Ils dirent qu'il leur avait été prédit qu'à propos de l'année du monde 5829 (actuellement l'année juive est de 5779), un grand prophète apparaîtra sur la surface du globe qui pourra construire une cité refuge et garder ensemble les restes des tribus éparpillées d'Israël, en préparation de la restauration.
(Un indice se rajoute à la réalité de cette narration par la mention du roi **Zedekiah ou Sédécias qui fût effectivement le dernier roi de l'État juif de Judée, aux environs de – 600 av J.-C**, avant sa défaite à Jérusalem et sa fuite par des cavernes face au **roi Babylonien Nebucadnetsar**. Il était le dernier roi du clan David Tsidkiyagu. Plutôt très précis pour une invention ou un simple canular…..)
*Ce peuple dispose d'une immense richesse dans tous les métaux précieux et une abondance d'animaux domestiques ; le plus remarquable d'entre-eux **étant un animal plus grand qu'un éléphant du vieux monde et supposé être un mammouth** par Mr Wilder, dont les os sont occasionnellement trouvés sur le continent américain.*
*Ils n'ont jamais de soleil, de lune ou d'étoiles, **mais reçoivent la lumière et la chaleur de la réflexion du soleil sur un immense corps lumineux** (le fameux soleil central dont nous préciserons les caractéristiques dans un prochain chapitre) situé à l'opposé des deux trous ou ouvertures dont l'une au Pôle Nord et l'autre au Pôle Sud, et la lumière et les saisons sont régulées par la rotation de la Terre. Les habitants se sont répandus sur la majeure partie du monde intérieur* (sauf qu'ils n'ont conscience que de la partie du monde matériel qu' ils occupent….), *mais résident principalement dans des villes. Si ils sont gouvernés par les mêmes lois, les guerres et rebellions sont très fréquentes. Leur ville principale et leur siège du gouvernement, où le roi réside, est appelée la ville de Noah. Pendant que Wilder était ici, plusieurs villes se sont rebellées contre Mordecai, leur roi, mais furent soumises et de lourdes contributions*

levées sur elles. *Les armes à feu sont connus d'eux depuis longtemps et ils ont de nombreuses références d'armes et de magasins militaires. Ces armes explosent parfois causant de grands dommages aux vies et aux propriétés.*

Mr Wilder entre dans certaines spéculations concernant les effets probables de telles commotions sur la surface externe du globe et arrive à la conclusion que nos tremblements de terre sont causés par l'explosion de ces (engins?) à poudre.

Park et Wilder voyagèrent sur la majeure partie du monde intérieur et visitèrent les Pôles. Le Pôle Sud est entouré par la mer (ce qui validerait la sortie du vieux Jansen en bateau par le Pôle Sud) ; *mais au Nord, une bande de terre entoure l'ouverture, à l'exception d'un étroit couloir connectant la mer externe avec la mer interne* (on est, là aussi, «raccords» avec les témoignages des explorateurs...).

Ce peuple raconte, qu'il y a environ deux mille ans, une partie de la nation s'est rebellée, déterminée à retourner à Jérusalem. Ils ont voyagé vers le Nord et sortirent par le Pôle Nord et ne furent plus jamais ni vus ni entendus après cela. Ce fait entretenait l'espoir de Park et Wilder d'une possibilité d'un retour dans leur propre pays par la même route. **Wilder fait quelques remarques pertinentes et suggestions quant à la probable origine des indiens du continent américain** (ce que nous dévoilerons partiellement un peu plus loin..).

Park et Wilder ayant achevé leur exploration de la région, devinrent anxieux de retourner dans le vieux monde et firent provision eux-mêmes du nécessaire pour leur voyage vers la sortie du Pôle Nord. Ils voyagèrent à proximité du tour de l'ouverture polaire qu'ils estimèrent de deux à trois cent miles de diamètre (environ 500 km) *et firent de nombreuses tentatives pour pénétrer par le Sud mais souffrirent tellement du froid et de la fatigue qu'ils renoncèrent à tout espoir de succès et résolurent d'un retour pour finir leurs jours avec ce nouveau peuple. Rien, cependant, ne pouvait enfouir le désir dans la poitrine de Wilder de revoir sa terre natale et, après quelques temps, il décida de faire une autre tentative. Il partit seul, traversa les régions autour du Pôle, un climat qu'il décrit comme* **presque tempéré, de plus en plus froid en allant vers le Sud**. *Après*

d'innombrables péripéties, il pénétra dans la nature sauvage et arriva à la mer ouverte. Il voyagea vers l'Est, le long de la côte jusqu'à ce qu'il arrive sur une langue de terre s'étendant loin vers le Sud. Avec raison, il conclut d'y approcher et joindre le continent américain. Il voyagea maintenant Sud-Est pendant quarante-cinq jours et arriva à l'extrême pointe de la terre, en vue du continent américain duquel il était séparé par un détroit de vingt-cinq à trente miles (environ 55 km). Il donna une description éclatante de ses impressions à son arrivée, une nuit, sur son continent de naissance avec l'espoir de voir une fois de plus son pays et sa maison. Il était maintenant à la moitié de l'été, le détroit était gelé mais apparaissait ouvert plus au Sud.
Cela marque sa dernière entrée dans son journal. Il résolut de tenter un passage sur le détroit et en cas de succès, projetait de trouver son chemin vers quelque tribu indienne ou, peut-être, quelque poste anglais. Il semble qu'il ait vécu pour poser le pied sur ses rives natales et mourut ou fut assassiné par les sauvages.
Dans plusieurs parties des commentaires de Mr Wilder, il aborde le sujet de la conversion au Christianisme des Juifs du monde intérieur et dans une note de l'un de ses derniers chapitres, il apparaît avoir formé le dessein, s'il atteignait en vie sa ville natale de Boston, de se préparer lui-même comme un missionnaire et retourner vers le peuple qu'il avait quitté.
Je n'ai donné qu'un aperçu de quelques-unes des parties principales de cette merveilleuse narration. Les papiers sont grandement désordonnés et dès que mes loisirs me le permettront, j'ai l'intention de les préparer pour la presse. Le travail, incluant des cartes et des dessins, occupera probablement un volume de quelque trois cent pages. **Dans le même temps, les curieux peuvent avoir l'occasion d'examiner ce manuscrit insolite en me contactant.**
Aussi extraordinaire cette l'histoire puisse apparaître, elle possède, pour moi, le cachet de l'authenticité.
Cornelius P. Broadnag
N°. 179 North Q Street St. Louis

Mon premier réflexe, à la découverte de cet article unique et inédit, fut un mélange d'incrédulité et de méfiance. Mais, j'ai rapidement compris, en cours de traduction, que les nombreuses pistes et indices inscrites dans ce rapport condensé ne pouvaient témoigner que d'une réalité vécue et non d'une fable inventée de toute pièce. Nous les évoquerons et les détaillerons successivement afin d'établir la véracité de cette rare et extraordinaire expérience (avec celle du vieux Jansen) dont, après de longues mais vaines recherches, je n'ai pu relever la moindre trace ailleurs et pas davantage dans la presse après cette très confidentielle parution. En tout état de cause, la divulgation promise de la totalité des éléments par un narrateur honnête mentionnant sa propre adresse, ceci témoignant de sa sincérité, semble, peut-être, ne pas avoir suscité un besoin d'éclaircissements pour certaines personnes….

Cette analyse à venir, si condensée soit-elle, me paraît nécessaire et bénéfique afin d'apporter concrètement à cette autre histoire et à ce présent ouvrage, le gage de sérieux et d'authenticité qu'il mérite. Je tiens à préciser, qu'au jour d'aujourd'hui, ce témoignage singulier dévoilé devient le plus ancien du genre car nous verrons, d'après l'examen des indices, que l'aventure de ces deux hommes débute très exactement au tout début de l'année 1806. En ce sens, j'ai bien évidemment tenter de retrouver une trace de l'existence de ce Jonathan Wilder échoué, très probablement lors du naufrage d'une embarcation quelconque, sur une plage d'Afrique quelques mois ou années avant sa rencontre avec Mr Park. Mais, plus de deux cent ans après, établir le parcours d'un homme ordinaire demanderait des moyens autrement plus importants que les miens et un déplacement dans sa ville natale de Boston afin de retrouver un possible état-civil de ce personnage au destin difficile mais touchant. Il en est bien entendu de même pour le propriétaire du document, Cornelius Broadnag, de St Louis, dont je n'ai trouvé aucune trace. Dès lors, le dernier indice prometteur de cette histoire devait passer par l'identification du second aventurier, du nom de **Mungo Park**.

Et cela ne fut pas très compliqué, étant donné son parcours d'explorateur très célèbre du fleuve Niger ! C'est donc forcément par son intermédiaire que nous allons pouvoir remonter le cours du temps vers cette rencontre improbable et presque impossible entre deux hommes liés par un destin hors du commun.

Mungo Park, né en 1771, était écossais et après avoir fait des études de médecine, devint chirurgien. Mais, passionné de voyages, il se porta volontaire auprès de la Société Africaine de Londres pour trouver les sources du fleuve Niger. Il partit ainsi pour une première exploration mouvementée en 1795. Il faillit mourir plusieurs fois lors de cette tentative et fut même capturé pour être mis en esclavage. Evadé par la suite, il remontera le fleuve sur seulement 110 km, jusqu'à tomber malade et restera entre la vie et la mort durant plusieurs jours. Il rentrera en Angleterre six mois plus tard et rédigea un premier livre sur ses aventures. Mais en 1803, à la demande de son gouvernement, il acceptera de mener une nouvelle expédition sur le Niger. Il y repartira donc le 30 janvier 1805 avec deux officiers et 35 soldats d'artillerie. La maladie et les embuscades des indigènes décimeront presque totalement l'expédition puisqu'il n'atteignit **Sansanding**, sur le fleuve Niger, qu'avec un officier et trois soldats dont l'un était devenu fou !

Et pourtant, cette totale déroute ne mit pas un frein aux espoirs de réussite de ce véritable «trompe-la mort» qui parvint à faire une embarcation avec deux vieilles pirogues. Tout étant prêt le 16 novembre 1805, il termina son journal et écrivit plusieurs lettres devant être transmises aux autorités anglaises. Il écrivit ce dernier mot avant son départ : «*Je vais, mandait-il à Lord Cambden, Secrétaire d'État, faire voile à l'Est avec la ferme résolution de découvrir l'embouchure du Niger ou de périr dans cette entreprise.*»

Jusque là, il ne sera pas fait directement mention de Jonathan Wilder dans les divers courriers de Park qui feront l'objet plus tard d'une nouvelle publication. Il est juste indiqué dans ce second livre publié en 1813, *Dernier voyage dans les contrées intérieures de l'Afrique,* qui est un recueil de ses courriers jusqu'au 16 novembre 1805, qu'il acheta un esclave pour l'aider dans la conduite du bateau sans préciser autre chose. Etait-ce Wilder ? Nous ne le saurons jamais mais ce qui est établi, c'est qu'il se remit en route sur le fleuve le 19 novembre, avec un officier, trois soldats, trois esclaves et un guide qui sera déposé à Haoussa, terme de son contrat et après de multiples affrontements contre les populations locales. Ainsi, entre le 19 novembre et leur arrivée à **Yaour, près de Boussa** sur le fleuve Niger, il aura été parcouru environ 1600 km sur une durée probable de 3 à 4 mois.

Les derniers éléments seront communiqués, des années plus tard, par **ce guide, Amadi Fatouma**, lorsqu'il fournira sa version des faits sur la suite tragique de l'aventure de Park. Quant à la rencontre de ce dernier et de Wilder, on peut facilement envisager que, sur ce créneau de temps et d'espace, le contact ai pu se produire à n'importe quel moment. D'autant plus que la maladie et les combats n'auraient certainement pas manqué de réduire le maigre équipage et que l'ajout d'un esclave blanc libéré pouvait opportunément renforcer son «dispositif». Tout ceci reste de l'ordre du possible dans une portion de temps dont les détails précis ne pourront plus jamais être rapportés objectivement par quiconque, **sauf par Wilder lui-même, si l'on s'en réfère au début de sa propre histoire qui pourrait être la version réelle de la conclusion terrible de l'expédition de Park.** En effet, au début du récit de Wilder, on retrouve ce dernier et Park sur l'embarcation, accompagnés seulement de trois esclaves, ce qui correspond étrangement à l'effectif réel de départ du 19 novembre !

Les versions sur la fin de Park diffèrent sensiblement quant aux circonstances. Pour le guide, une attaque aurait été menée de la berge par les indigènes à partir du village de **Boussa**. Ils auraient ainsi été harcelés par des tirs de flèches et de cailloux, ce qui provoqua la chute de l'équipage dans le fleuve et leur noyade. Cette fin semble, pour certains, avoir été quelque peu romancée par ce guide qui, rappelons-le, avait été déposé et n'était pas présent lors des faits.

D'autres récits de ces événements seront rapportés, en 1817, par un explorateur et naturaliste britannique, **Thomas Edward Bowdich**, qui se rendit à Koumassi, dans le royaume d'Ashanti, afin d'entrer en contact avec le roi de ce pays et accessoirement, tenter d'en apprendre davantage sur la fin de Park. C'est là qu'il entendit d'autres commentaires de la part de témoins, plus ou moins «oculaires», mais précisément répertoriés dans son livre, *Voyage dans le pays d'Aschantie,* publié en 1819 et reproduit ci-après.

VOYAGE
DANS
LE PAYS D'ASCHANTIE,
OU
RELATION
DE L'AMBASSADE
ENVOYÉE DANS CE ROYAUME PAR LES ANGLAIS,

AVEC DES DÉTAILS SUR LES MŒURS, LES USAGES, LES LOIS ET LE GOUVERNEMENT DE CE PAYS, DES NOTICES GÉOGRAPHIQUES SUR D'AUTRES CONTRÉES SITUÉES DANS L'INTÉRIEUR DE L'AFRIQUE, ET LA TRADUCTION D'UN MANUSCRIT ARABE OÙ SE TROUVE DÉCRITE LA MORT DE MUNGO PARK.

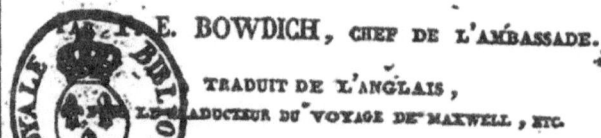

PAR T. E. BOWDICH, CHEF DE L'AMBASSADE.

TRADUIT DE L'ANGLAIS,
PAR LE TRADUCTEUR DU VOYAGE DE MAXWELL, ETC.

PARIS,
LIBRAIRIE DE GIDE FILS,
RUE SAINT-MARC-FEYDEAU, N.º 20.

1819

Je me bornerai à vous citer quelques passages instructifs et révélateurs issus de deux sources différentes mais qui divergent sensiblement sur la constitution de l'équipage.

Page 108 : *«Il envoya chercher un More qu'il me dit fort savant, et qui venait d'arriver de Tombouctou. Ce More ne témoigna aucune surprise en me voyant ; Baba m'en expliqua la cause en me disant qu'il avait déjà vu trois blancs à Houssa. Je m'empressai de demander des détails à ce sujet ; et, Baba l'ayant interrogé, me dit :*
«Il y a quelques années, un vaisseau parut tout à coup sur le Quolla ou Niger, **près de Houssa, ayant à son bord trois hommes blancs et plusieurs noirs** *; les naturels leur portèrent des provisions, en furent bien payés et reçurent en outre des présents. Il paraît que le bâtiment avait jeté l'ancre ; le lendemain, voyant le vaisseau avancer,* **les habitants craignirent qu'il ne se brisât sur des rocs cachés sous l'eau, dont le Quola est rempli ; ils le suivirent donc en poussant de grands cris. Les blancs, ne les comprenant pas et leur soupçonnant de mauvais desseins, n'en continuèrent pas moins leur course** *; bientôt le navire se brisa contre les rochers : les blancs ainsi que les noirs cherchèrent à se sauver à la nage, mais ils furent entraînés par le courant et noyés.»*

Page 109 : *«Je recommandai à Mr Hutchinson, quand je partis de Coumassie, de recueillir avec soin tout ce qu'il pourrait apprendre relativement à la mort de Mr Park, et il m'envoya le manuscrit dont on trouvera la traduction dans le chapitre X.»*
Voici la partie intéressante de ce manuscrit qui était écrit en arabe corrompu. Traduction délicate réalisée par Mr Salamé, interprète du roi d'Angleterre pour les langues orientales.

Page 258 : *«Nous nous assîmes pour entendre le rapport de quelques personnes qui disaient : «Nous vîmes un vaisseau comme nous n'en avions jamais vu ; le roi d'Yaud lui avait envoyé toutes sortes de provisions avec des vaches et des moutons.* **Il y avait dans ce vaisseau deux hommes et une femme, deux esclaves mâles et deux femmes esclaves** *(il est indiqué en appendice que la traduction, et deux femmes esclaves, n'est pas sûre).* <u>**Les deux hommes étaient de la race appelée Nassri (Chrétiens)**</u>*. Le roi d'Yaud les invita à venir* *chez lui mais ils refusèrent de sortir du vaisseau et ils avancèrent dans le pays du roi de Bassa (ou Boussa), qui est plus puissant que le roi d'Yaud. Tandis qu'ils étaient assis dans le vaisseau, qu'ils gagnaient une position en doublant le cap de Koudd et **qu'ils formaient des liaisons** (qu'ils avaient des échanges) *avec le peuple du roi de Bassa,* le vaisseau toucha sur une pointe de rocher qui le brisa (ou sur lequel il resta attaché)...»*

Vous comprendrez aisément qu'il apparaît difficile, plus de dix ans après, de trouver des témoins fiables et parfaitement sûrs de leurs décompte. En effet, on commence avec un effectif de 5 hommes blancs pour passer à 3 puis à 2. Reste que l'élément important majoritairement exprimé confirme la présence d'indigènes non menaçants au bord du fleuve, essayant d'attirer l'attention de l'équipage sur les dangers liés aux rochers et au courant. **Et ce point là est parfaitement raconté par Wilder de même que leur totale incompréhension des intentions véritables des indigènes, tel que confirmé par le témoignage du More en page 108.** Cette corrélation effective est un atout sérieux dans notre enquête mais elle est loin d'être la seule. Mais avant de poursuivre, vous aurez compris que le consensus général abouti au fait de les faire tous périr dans ce naufrage....sauf qu'il ne fût officiellement jamais retrouvé le corps d'aucun homme blanc et encore moins celui de Park ! **En réalité, il reste porté disparu depuis janvier ou février 1806....**

Ainsi, sa femme Alison, mourut en 1840 sans jamais avoir cru en sa mort et son fils, Thomas, partira en 1827, à 24 ans, à la recherche de son père qu'il pensait retenu prisonnier. Mais il mourra de maladie à Accra, sur la côte guinéenne, peu après son arrivée.

Ici le mystère s'épaissit donc considérablement et va continuer de prendre une allure déroutante lorsque vous allez découvrir, sur les cartes à la page suivante, les derniers instants «physiques» de leur parcours fluvial. Ces relevés émanent, pour celui de gauche, d'un croquis hydrologique précieux du capitaine Lenfant en 1901, et à droite d'un agrandissement satellite de la même zone du fleuve Niger qui nous intérèse, à partir du village de **Boussa**, lieu du dernier départ du bateau de Park.

341

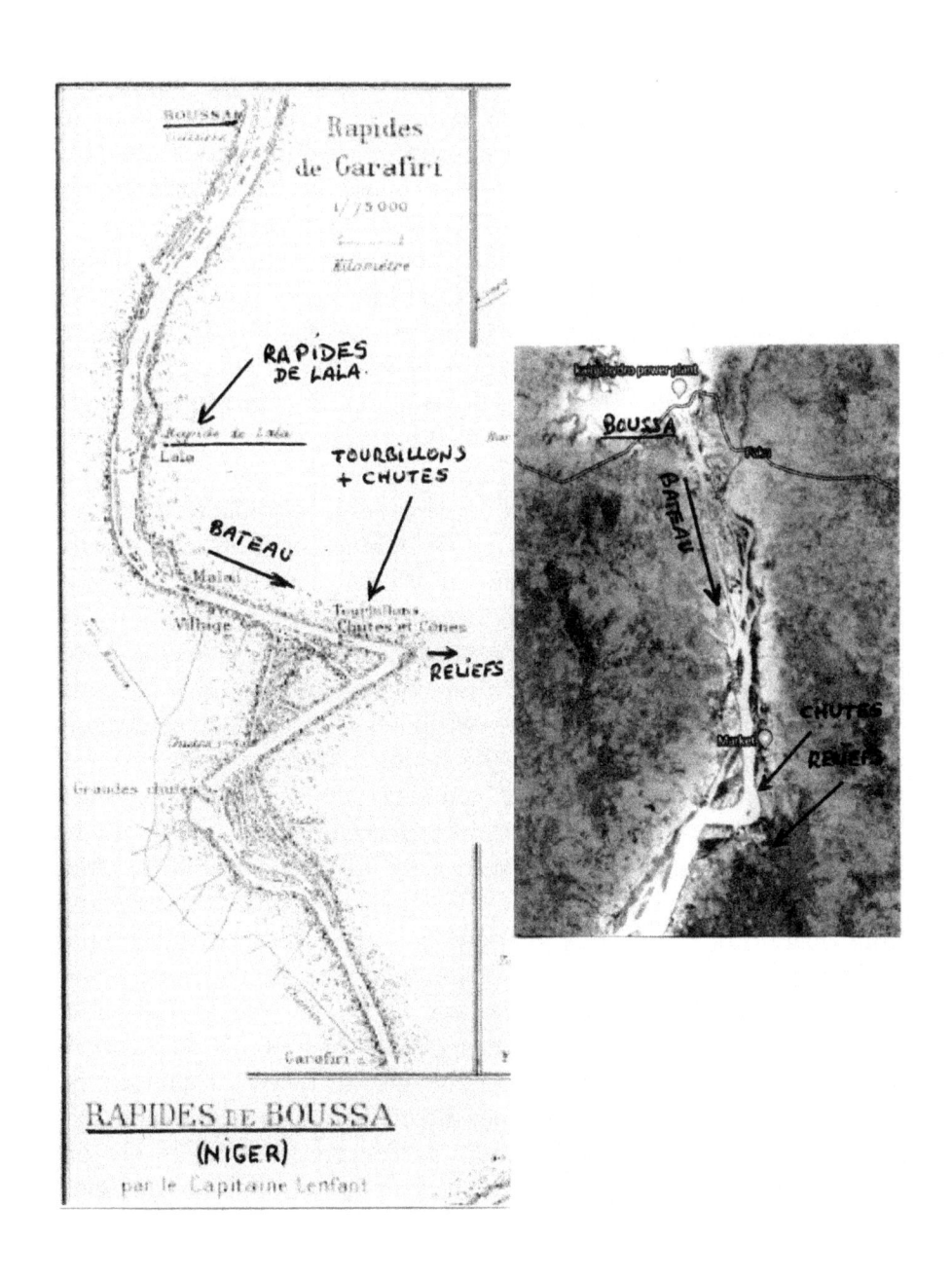

On notera, dès le premier coup d'oeil, ce coude très marqué du fleuve Niger apparaissant sur les deux cartes avec un dessein forcément plus approximatif, en remontant vers Boussa, pour le relevé du Capitaine Lenfant. Reste que ce croquis nous fournit les indications précises de distance et de situation d'obstacles variés tels que les rapides, les tourbillons, les chutes et les cônes (ou écueils).

Ce plan étant réalisé au 1/75000°, cela nous donne une distance d'environ 5,5 km entre Boussa et la pointe de ce coude qui, vous allez bien vite le constater, va avoir toute son importance. De plus, le capitaine Lenfant, dans un rapport, nous indique un courant pouvant atteindre près de 26 km/h dans les rapides de **Garafiri** (près de Boussa).

Sans intégrer cette vitesse maximale, les 5,5 km auraient pu facilement être parcourus par l'embarcation désemparée, avec les rescapés accrochés à sa coque, en 15 minutes environ. Ces détails conservent toute leur importance car Wilder, dans son récit, décrit parfaitement l'accélération immédiate et rapide du courant, les divers obstacles déjà cités ainsi que la perte de contrôle du bateau pour se retrouver **en peu de temps….face à une montagne** ! Et cette montagne ou plutôt ce haut relief existe bel et bien, tel qu'il apparaît en très sombre et marqué d'une flèche sur la photo satellite. D'une hauteur (vérifiée) de plusieurs centaines de mètres, il se situe exactement dans l'axe du courant et **précédé d'une chute d'eau précisément rapportée sur le relevé du capitaine Lenfant.** Cette description géologique et hydrographique précise est une confirmation visuelle sans équivoque possible d'un récit authentique de Wilder. Il détecte bien, de sa position en panique au ras de l'eau, ce gouffre ou plutôt l'amorce de cette chute qui semble toucher la montagne si proche et prête à les recevoir. Ensuite, ils auraient pu facilement se retrouver propulsés et déviés du fleuve par leur vitesse à travers des canaux pouvant mener directement sous la montagne. Et effectivement, après agrandissement de l'image satellite, on perçoit distinctement de fins couloirs d'eau sortant du fleuve au niveau de ce coude à angle droit qui les aura probablement sauvés grâce à cette configuration particulière.

Venons-en à présent à un autre indice qui concerne directement l'intérêt de Park pour un livre emmené avec lui et dont le titre rapporté est : *«Tellemeid, un indien de l'Est philosophe»*. Et bien, au risque de vous surprendre, ce livre au titre original qui ne s'invente pas, existe parfaitement et est reproduit ci-dessous.

TELLIAMED
OU
ENTRETIENS
D'UN PHILOSOPHE INDIEN
AVEC UN MISSIONNAIRE FRANÇOIS

Sur la Diminution de la Mer, la Formation de la Terre, l'Origine de l'Homme, &c.

Mis en ordre sur les Mémoires de feu M. de M***

Par J. A. GUER, Avocat.

TOME PREMIER.

A AMSTERDAM.
Chez L'honoré & Fils, Libraires.

Cet ouvrage original dont le véritable orthographe est *Telliamed*, est l'anagramme du nom de l'auteur, **De Maillet (Benoît)**, Diplomate français dont le livre (Tome 1 et 2) fut édité en 1748, soit dix ans après sa mort. C'est un ouvrage confidentiel et très avant-gardiste quant aux théories et informations scientifiques décalées qu'il rapporte au sujet de la formation de la Terre, l'origine de l'homme, les comptes-rendus de navigateurs et autres aventuriers. Il ne pouvait intéresser que des hommes des sociétés savantes, des érudits et curieux en la personne d'un Mungo Park, infatigable explorateur. L'aspect bien particulier du contenu de ce livre, de surcroît, publié en France et rédigé en vieux français, **écarte définitivement une invention intentionnelle d'un Cornélius Broadnag**, simple citoyen américain et à des années-lumières de pouvoir simplement imaginer la possible existence d'un ouvrage d'une totale singularité ! Et, effectivement, on retrouve parfaitement exposé dans ce livre une étonnante description de la Terre creuse, faite par un anonyme à travers son ouvrage : «*Nouvelles conjonctures sur le globe terrestre*». Auteur que j'ai identifié en la personne du **Sieur Hubert Gautier**, ingénieur du roi, ingénieur et Inspecteur des ponts et chaussées, Diplômé de médecine et archéologue….rien que ça ! Ce livre publié en 1721, apprendra donc ce qui suit, à Mr Park et Wilder, pour leur plus grand étonnement :

«*Cette croûte* (de la Terre) *très mince, puisqu'il ne lui donne pas plus de deux mille trois cent quarte-vingt dix toises* (environ 5 km) *d'épaisseur, renferme en-dedans un air très subtil et est maintenue par le poids du double atmosphère dont elle est environnée et pressée de part et d'autre en-dehors et en-dedans….L'auteur ne croit pas cependant, qu'il y ait rien d'animé au-dedans du globe, excepté les poissons qui nagent dans les mers. Du reste, il est persuadé qu'il y pleut et qu'il s'y trouve plusieurs rivières, dont la surface intérieure du globe est arrosée et qui par leur débordement répandent des limons sur les terrains. Il y admet aussi plusieurs volcans qui doivent entretenir une douce chaleur dans cette capacité et croit que les rayons du soleil passant au travers des vitres d'eau de ces grandes fenêtres, dont cette croûte est percée, transmettent encore leur influence favorable. Sur ces principes, on ne voit pas pourquoi l'auteur s'est arrêté en si beau chemin et n'a pas doué ce monde intérieur de la production de toutes les choses qu'on voit en celui-ci, même des animaux et des hommes. En effet, en admettant ses opinions, il est très vraisemblable qu'il y en a.»*

J'ignore complètement les origines philosophiques de l'auteur au regard de telles considérations, si approximatives soient-elles par certains aspects, mais elles méritent néanmoins d'exister et de compter parmi les premières du genre !

Alors, à présent, que dire de toute cette aventure qui aurait pu parfaitement faire l'entée en matière du livre de Jules Verne avec son *Voyage au centre de la Terre* ? Si ce n'était tous ces indices réels et bien documentés, on aurait toutes les raisons de douter d'une telle histoire fantastique, j'en conviens. Et pourtant, ces faits sont là et ne supportent pas l'approximation. Citons-les en guise de conclusion :

- Mungo Park est porté disparu depuis 1806
- Il aurait facilement pu racheté Wilder détenu en esclavage avant ou après le 16 novembre 1805.
- La composition de l'équipage donnée par Wilder pourrait être exacte. Elle l'est en ce qui concerne le nombre d'esclaves.
- La description par Wilder de l'attitude des indigènes sur la berge correspond totalement avec les témoignages recueillis par Bowdich.
- Les observations de Wilder sur le parcours fluvial des rapides correspondent parfaitement avec la réalité topographique du terrain .
- Le livre rare en possession de Park ne peut pas avoir été inventé par un simple narrateur quel qu'il soit.
- La mention du roi Zedekiah de Judée est aussi un indice très sérieux

Mais, en plus de ces quelques éléments clés, il ne faut pas oublier de prendre en compte toutes les observations insolites rapportées du monde intérieur ! Et le plus extraordinaire dans tout cela, c'est que ces commentaires exposés **datent de 1826**. C'est à dire à une époque où tous les témoignages d'explorateurs que nous avons abordés précédemment, y compris celui du vieux Jansen, n'existaient pas encore ! Comment un simple individu du nom de **Cornélius Broadnag** aurait-il pu de surcroît inventer de telles singularités

propres et communes aux constations de tous ces futurs aventuriers et explorateurs renommés ? Faisons un rapide parallèle avec eux :
- Park et Wilder débouchent sur une mer intérieure.
- Ils confirment les ouvertures aux Pôles et Wilder mentionne un climat tempéré au départ du Pôle Nord et devenant plus froid en allant vers le Sud. C'est une indication commune toujours relevée.
- Le Pôle Nord est entouré d'une frange de Terre.
- Les instruments et cartes de Park sont inutilisables.
- Le pays possède une immense richesse en métaux précieux.
- Les habitants qu'ils rencontrent sont des Hébreux.
- Il y a aussi de nombreux animaux….**dont des mammouths** !
Il s'agit là aussi d'un constat étonnant souvent établi de tous temps par les observateurs….jusqu'à l'Amiral Byrd !

Et l'on peut, bien évidemment, rajouter à cela la description d'un immense corps lumineux intérieur faisant office de soleil central qui ne sera décrit que plus tard par Jansen et par tous les autres théoriciens, témoins et autres explorateurs de ce monde intérieur !
De surcroît, si le but du narrateur n'avait été que le sensationnel, il aurait pu facilement rajouter une touche de gigantisme et de géants….ce qu'il n'a pas fait, car ce caractère si particulier n'est pas non plus une constante concernant tous les habitants de l'intérieur. A l'inverse, certains petits indices qu'il révèle sont si confidentiels qu'ils ne pourraient décemment être l'oeuvre d'un récipiendaire fortuit de cet exceptionnel manuscrit...ou alors c'était un petit génie !

Alors oui, et à l'image de ce Cornélius.T Broadnag de St Louis, parfait inconnu laissant son adresse personnelle en guise de bonne foi, je suis d'accord avec lui pour reconnaître que ce récit possède le cachet de l'authenticité et que je donnerai beaucoup pour avoir accès à ce volumineux manuscrit. Gageons qu'il sera tombé dans l'oubli, négligé par une presse ne lui accordant aucun crédit, voir racheté par quelqu'un ou quelque sombre organisation préférant la couleur du silence plutôt que celle de l'information. Il reste justement, que cette information exceptionnelle aurait pu faire l'objet d'une communication aux descendants de Mungo Park.
Qui sait, si je ne m'emploierai un jour vers une telle démarche….

Ce sont d'autres accès vers lesquels nous allons à présent nous diriger mais uniquement à partir de témoignages les plus fiables et rigoureux possibles, en mettant en évidence des caractéristiques souvent communes à des cavernes et tunnels secrets.
C'est donc par les Etats-Unis que nous débuterons ce nouveau volet d'explorations réalisées par des hommes, bien souvent à mille lieux d'imaginer ce que le hasard allait mettre sur leur route…..

Nous sommes en 1885 et le 9 avril de cette même année, le **New-York Times** publiait un article stupéfiant concernant la découverte d'une ville souterraine située à **110 m de profondeur**, après le creusement d'un puits d'une mine à charbon. Article disponible dans son intégralité dans la bibliothèque du New-York Times archives.

MISSOURI'S BURIED CITY.

A STRANGE DISCOVERY IN A COAL MINE NEAR MOBERLY.

St. Louis, Mo., April 8.—The city of Moberly, Mo., is stirred up over the discovery of a wonderful buried city, which was discovered at the bottom of a coal shaft, 360 feet deep, which was being sunk near the city. A hard and thick stratum of lava arches in the buried city, the streets of which are regularly laid out and inclosed by walls of stone, which is cut and dressed in a fairly good, although rude, style of

Cette fantastique découverte fut réalisée près de Moberly, dans le comté de Randolph, Missouri, par l'historien de la ville de Moberly, **David Coates** ainsi que le **Marshall de cette même ville, George Keating.** Ces deux hommes et des ouvriers ont ainsi poursuivi le creusement dans les profondeurs du puits pour explorer ce qui avait été découvert plus bas et tombèrent sur une ville. Voici donc ce que révèle l'article du journal d'après les commentaires des deux hommes :

« Une épaisse et dure strate d'arches de lave dans la ville enterrée, des rues qui sont disposées régulièrement et entourées de murs de pierre qui sont taillés et habillés dans un style de maçonnerie assez bon, bien que grossier. Une salle de 10m sur 30 a été découverte avec des bancs de pierre et des outils de toutes sortes. Une recherche plus poussée a révélé des statues et des images faites d'une composition ressemblant étroitement au bronze, sans lustre. Une fontaine de pierre a été trouvée, située dans une large cour ou rue, et de là coulait un ruisseau d'eau parfaitement pure, fortement imprégnée de chaux. Situés à côté de la base (de la fontaine) se trouvaient les parties du squelette d'un être humain. **Les os de la jambe mesuraient pour le fémur, 1,37m, le tibia 1,31m, montrant que de son vivant la personne mesurait trois fois la taille d'un homme ordinaire**, *et possédait une puissance musculaire et une rapidité extraordinaires. Les os crâniens s'étaient séparés en deux endroits, les sutures sagittales et coronaires ayant été détruites.*

Les outils trouvés comprennent des couteaux de bronze et en silex, des marteaux en pierre et en granit, des scies métalliques d'un travail grossier, mais prouvées comme étant en métal. D'autres de caractère similaire, ne sont pas aussi bien polis, ni aussi précisément fabriqués que ceux qui sont maintenant finis par notre meilleure industrie, mais ils montrent l'habileté et la preuve d'une très belle civilisation avancée. »

La fin de l'article spécifie que les explorateurs ont passé douze heures dans la ville enterrée et n'ont refait surface qu'après que l'huile dans leurs lampes n'ait faibli. La fin des merveilles de la découverte n'a pas été atteinte. Une autre recherche avancée sera faite dans un ou deux jours, rapporte la fin de l'article.

Pourtant, aucun compte-rendu d'une autre expédition ne fut jamais mentionné ultérieurement....S'il s'agit d'un canular, je conçois difficilement qu'un Marshall des Etats-Unis d'amérique se soit mis en avant et en difficulté dans l'unique ambition de raconter n'importe quoi dans un journal grand public. Mais, à l'inverse, il est évident qu'une information fut apportée à la **Smithsonian Institution** à qui pouvait être dévolue la suite de cette investigation archéologique. Mais consécutivement, et si cela avait été confirmé, la bonne vieille théorie de Darwin aurait pu en prendre un «sacré coup»....

Vous allez pouvoir prendre conscience, dans l'histoire fantastique qui va suivre, d'un véritable dysfonctionnement (pour ne pas dire autre chose…) au sein de cette organisation scientifique officielle.

Préparez-vous donc à vivre une révélation digne du film *«Les aventuriers de l'arche perdue»* de Spilberg !

Cette découverte, une nouvelle fois, hors norme par de multiples aspects, prends place en 1909, dans le Grand Canyon de la rivière Colorado, au nord de **Hopi point**, c'est à dire en **territoire Navajo et Hopi**. Et si j'ai pris la liberté de vous rapporter cette histoire, c'est qu'elle fît l'objet d'un grand article dans le journal *Arizona Gazette* du 5 avril 1909 reproduit en page 351. Les deux principaux protagonistes de cette exploration et de ce premier rapport sont, **G.E Kinkaid**, ex-marine, aventurier et explorateur ainsi que le **Professeur S.A Jordan**, archéologue.

Ce scénario improbable débute par les premières expéditions et révélations de l'explorateur **John Westly Powell** (1834-1902). Il était un ancien soldat U.S, géologue et explorateur de l'Ouest américain. Il était célèbre depuis 1869 pour la réalisation de la première Expédition Géographique à laquelle il donna son nom, **Powell**. Ce fut un raid difficile de trois mois sur les rivières **Green et Colorado** et reconnu comme étant la toute première et officielle reconnaissance des canyons du Colorado financée par le gouvernement américain sous l'égide de la **Smithsonian Institution**.

Par la suite, il devint le premier Directeur du bureau d'Ethnologie à la Smithsonian Institution durant son service en tant que Directeur de la surveillance géologique des Etats-Unis. Il raconta ainsi dans un ouvrage ses différentes investigations et aventures lors de ce périple dangereux au fond des gorges du Grand Canyon. Je vous en livre ici deux petits extraits particulièrement intéressants qui constitueront les premières révélations de grottes creusées et découvertes à flanc de paroi du canyon et particulièrement difficiles d'accès.

20 juillet 1869 :
«Dans les murs eux-mêmes (parois du canyon)*, **de curieuses grottes et canaux ont été creusées**. A certains endroits se trouvent **de petits escaliers jusqu'au mur** ; à d'autres, les murs représentent ce qui est connu comme des arches royales ; et ainsi, nous errons à travers les vallées... **et escaladons les parois de tôt le matin jusqu'à tard dans l'après-midi**.....09 août 1869 :*
«Nous avons coupé à travers un grand lit de marbre de mille pieds d'épaisseur. **Dans ceux-ci, un grand nombre de grottes sont creusées, et des sculptures sont vues qui suggèrent des formes architecturales**, *quoique à une échelle si grande que le terme architectural les réduit. Nous l'appelons «Marble Canyon».*

Au stade de ces toutes nouvelles découvertes, les premières effectuées par l'homme dans ces contrées inconnues, il faut bien avouer que **Powell** mentionne très précisément *de curieuses grottes creusées* dont l'accès serait facilité par de petits escaliers qui monteraient jusqu'à des murs dont certains seront escaladés, bien entendu, dans le but d'aller visiter les cavernes les plus accessibles.

Il rapporte également de nombreuses grottes creusées dans le marbre et des sculptures qui semblent s'apparenter à des formes architecturales ; naturelles ou de main d'homme ?

Il est évident que ce scientifique était tenu d'effectuer un maximum d'investigations et que ses diverses explorations auront certainement permis de mettre en lumière certaines découvertes archéologiques qu'il ne révélera pas dans son livre mais à la **Smithsonian**....

Mais venons-en à présent à «l'exploration» de ce fameux article du 5 avril 1909 afin de poursuivre ce fabuleux voyage.....

EXPLORATIONS IN GRAND CANYON

Mysteries of Immense Rich Cavern Being Brought to Light.

JORDAN IS ENTHUSED

Remarkable Finds Indicate Ancient People Migrated From Orient.

The latest news of the progress of the explorations of what is now regarded by scientists as not only the finest archaeological discovery in the United States, but one of the most valuable in the world, which was recently made known in the Gazette, was brought to the city yesterday by G. E. Kinkaid, the explorer who found the great underground citadel of the Grand Canyon during a trip from Green river, Wyoming, down the Colorado, in a wooden boat, to Yuma, several months ago. According to the story related yesterday to the Gazette by Mr. Kinkaid, the archaeologists of the Smithsonian Institute, which is financing the explorations, have made discoveries which almost conclusively prove that the race which inhabited this mysterious cavern, hewn in solid rock by human hands, was of oriental origin, possibly from Egypt, tracing back to Ramses. If their theories are borne out by the translation of the tablets engraved with hieroglyphics, the mystery of the prehistoric peoples of North America, their ancient arts, who they were and whence they came, will be solved. Egypt and the Nile and Arizona and the Colorado will be linked by a historical chain running back to ages which staggers the wildest fancy of the fictionist.

A Thorough Investigation.

Under the direction of Prof. S. A. Jordan, the Smithsonian Institute is now prosecuting the most thorough explorations, which will be continued

fect ventilation of the cavern, the steady draught that blows through, indicates that it has another outlet to the surface.

Mr. Kinkaid's Report.

Mr. Kinkaid was the first white child born in Idaho and has been an explorer and hunter all his life, thirty years having been in the service of the Smithsonian Institute. Even briefly recounted, his history sounds fabulous, almost grotesque.

"First, I would impress that the cavern is nearly inaccessible. The entrance is 1486 feet down the sheer canyon wall. It is located on government land and no visitor will be allowed there under penalty of trespass. The scientists wish to work unmolested, without fear of the archaeological discoveries being disturbed by curio or relic hunters. A trip there would be fruitless, and the visitor would be sent on his way. The story of how I found the cavern has been related, but in a paragraph: I was journeying down the Colorado river in a boat, alone, looking for mineral. Some forty-two miles up the river from the El Tovar Crystal canyon, I saw on the east wall, stains in the sedimentary formation about 2000 feet above the river bed. There was no trail to this point, but I finally reached it with great difficulty. Above a shelf which hid it from view from the river, was the mouth of the cave. There are steps leading from this entrance some thirty yards to what was, at the time the cavern was inhabited, the level of the river. When I saw the chisel marks on the wall inside the entrance, I became interested, secured my gun and went in. During that trip I went back several hundred feet along the main passage, till I came to the crypt in which I discovered the mummies. One of these I stood up and photographed by flashlight. I gathered a number of relics, which I carried down the Colorado to Yuma, from whence I shipped them to Washington with details of the discovery. Following this the explorations were undertaken.

The Passages.

"The main passageway is about 12 feet wide, narrowing to 9 feet toward the farther end. About 57 feet from the entrance, the first side-passage branch off to the right and left, along which, on both sides, are a number of rooms about the size of ordinary living rooms of today, though some are 30 or 40 feet square. These are entered by oval-shaped doors and are ventilated by round air spaces through the walls into the passages. The walls are about 3 feet 6 inches in thickness. The passages are ceiled or hewn as straight as could be laid out by an engineer. The ceilings of many of the rooms converge to a center. The side-passages near the entrance run at a sharp angle from the main hall, but toward the rear they gradually reach a right angle in direction.

The Shrine.

"Over a hundred feet from the entrance is the cross-hall, several hun-

Au préalable, il conviendra de donner une véritable compréhension au déroulement de cette aventure qui se conclura par la rédaction définitive de cet article de presse. En effet, entre les découvertes archéologiques et géologiques de Powell en 1869 et l'arrivée de Kinkaid et Jordan sur les pas de ce même Powell en 1909, il se sera écoulé près de quarante ans. La localisation des grottes visitées par Powell n'ayant pas été rendue publique à l'époque et compte-tenu des conditions particulièrement difficiles d'accès aux sites, la Smithsonian Institution ne se fit apparemment pas une priorité de l'exploration des territoires prometteurs mentionnés par son premier découvreur.

Mais, l'urgence semble s'emparer du problème à partir de l'instant ou un explorateur, du nom de **Kinkaid**, renouvellera l'expérience de Powell en début d'année 1909 et sera donc le deuxième homme à descendre les canyons du Colorado, cette fois-ci en solo. Il est à noter que cette histoire, encore fort dérangeante pour la crédibilité de la science toute puissante actuelle, fait que le discrédit habituel se portera sur l'existence même de **Kinkaid et Jordan** à partir desquels seront établis les commentaires de l'*Arizona Gazette* du 5 mars 1909 ! Mais, par chance, il existe un autre article du même journal, daté lui du 12 mars 1909, et qui décrit clairement la réussite de l'entreprise de G.E Kinkaid et **par conséquence la confirmation de son existence.** Cela viendra mettre un terme à ces «intox» savamment distillées par les pouvoirs en place dans le but éternel de jeter aux oubliettes tout ce qui pourrait nuire à leur objectif de dissimulation de la vérité. Il est également aberrant de mettre deux fois en doute les informations si précises d'un journal, qui vous le verrez dans la traduction de l'article principal, indique clairement le rôle joué par la Smithsonian Institution.

Voici reproduit ci-contre, la page entière du journal de ce 12 mars 1909 concernant uniquement l'expédition de Kinkaid et sur lequel vous retrouverez cet extrait encadré placé en page 354 pour une meilleure définition et une traduction complète.

ARIZONA GAZETTE FRIDAY EVENING, MARCH 12, 1909.

L. C. Price, Representative

ADVERTISING OF YUMA LANDS

Illustrated Lectures Will be Given on the Vaudeville Stage

A NOVEL INNOVATION

Throughout Cities of the East in This Novel Way.

Woman's Club Party.

Mesa D

GOOD MINES NEAR M

Old Bull Dog Mines Worked—Fine Cl of P. G. Carney

ARIZONA GAZETTE, FRIDAY EVENING, MARCH 12, 1909.

G. E. Kincaid Reaches Yuma.

G. E. Kincaid of Lewiston, Idaho, arrived in Yuma after a trip from Green River, Wyoming, down the entire course of the Colorado river. He is the second man to make this journey and came alone in a small skiff, stopping at his pleasure to investigate the surrounding country. He left Green River in October, having a small covered boat with oars, and carrying a fine camera, with which he secured over seven hundred views of the river and canyons which are unsurpassed. Mr. Kincaid says one of the most interesting features of the trip was passing through the sluiceways at Laguna dam. He made this perilous passage with only the loss of an oar. Some interesting archaeological discoveries were unearthed and altogether the trip was of such interest that he will repeat it next winter, in the company of friends.

Voici donc la traduction de cet encart particulièrement précieux :
« **G.E Kinkaid** de Lewiston, Idaho, est arrivé à Yuma après un voyage de la Green River, dans le Wyoming, jusqu'à toute la longueur du fleuve Colorado. **Il est le deuxième homme à faire ce voyage** et est venu seul dans une petite embarcation, s'arrêtant à son gré. Il a quitté Green River en octobre avec une petite chaloupe à rames, et transportant une belle caméra, avec laquelle il a obtenu plus de 700 prises de vues inégalées, de la rivière et des canyons.
Mr Kinkaid a déclaré que l'une des caractéristiques les plus intéressantes du voyage était de traverser les écluses du barrage de Laguna. Il a exécuté ce passage périlleux avec seulement la perte d'une rame. **Certaines découvertes archéologiques intéressantes**

ont été rapportées et le voyage si intéressant qu'il sera répété, l'hiver prochain, en compagnie d'amis.»

Est-ce à partir de cet événement que la Smithsonian (qui est en charge de presque tous les musées des Etats-Unis), ayant forcément eu vent de ce second exploit, mit immédiatement en route un nouveau protocole d'exploration du Grand Canyon en s'appuyant sur les services de l'archéologue **S.A Jordan**, comme il sera stipulé dans l'article du 5 mars ? Cela paraît plausible étant donné que Kinkaid ne pensait pas y revenir, lui, avant l'année suivante.

Il existe deux possibilités à cet accélération des faits. La première serait que Kinkaid eut été préalablement mandaté par la Smithsonian pour ce raid en solo sur le Canyon du Colorado, ce qu'il ne précise à aucun moment. La deuxième possibilité, et la plus crédible, serait que le Professeur S.A Jordan, désigné par la Smithsonian afin de démarrer un programme de fouilles, se serait appuyé sur la grande expérience de Kinkaid de retour de sa propre expédition. En effet, ce dernier avait servi dans le *Marine Corps* durant plusieurs années et travaillait à son compte comme chercheur de minerais et d'artefacts dans le Grand Canyon. Il était précisément le seul à posséder une parfaite connaissance des lieux et la localisation précise de ses découvertes dont il rapporta officiellement la teneur.

La résultante de cette collaboration et entreprise fructueuse fut le rapport original d'expédition qui fut publié par le journal *Arizona Gazette* du 5 mars 1909. Le voici traduit ici dans sa totalité :

EXPLORATIONS DANS LE GRAND CANYON

**Les mystères de l'immense et riche caverne
ont été mises en lumière.
JORDAN est enthousiaste
Des découvertes remarquables indiquent que d'anciens
peuples ont migré de l'Orient**

*Les dernières nouvelles de l'avancement des explorations de ce qui est maintenant considéré par les scientifiques comme non seulement la plus ancienne découverte archéologique aux Etats-Unis, mais l'une des plus précieuses dans le monde et qui a été mentionnée il y a quelques temps dans la Gazette, a été portée à la ville hier par **G.E Kinkaid** ; l'explorateur qui a trouvé,* **il y a plusieurs mois, la grande citadelle souterraine du Grand Canyon lors d'un voyage de Green River, Wyoming, jusqu'en bas du Colorado, dans un bateau en bois, jusqu'à Yuma.**

Selon l'histoire rapportée à la gazette par Mr Kinkaid, les archéologues, du Smithsonian Institute qui finance les expéditions, ont fait des découvertes qui prouvent presque de façon concluante que la race qui habitait cette mystérieuse caverne, taillée dans la roche solide par les mains humaines, était d'origine orientale, peut-être d'Egypte, remontant à Ramsès. Si leurs théories sont confirmées par la traduction des tablettes gravées de hiéroglyphes, le mystère des peuples préhistoriques d'Amérique du Nord, de leurs arts anciens, de qui ils descendaient et d'où ils sont venus, sera résolu. L'Egypte et le Nil, l'Arizona et le Colorado seront liés par une chaîne historique remontant à des âges qui décalent la fantaisie la plus folle du fictionnisme.

Un examen approfondi

Sous la direction du **Professeur S.A Jordan, le Smithsonian Institute** *poursuit maintenant les explorations les plus approfondies, qui se poursuivront jusqu'à ce que le dernier maillon de la chaîne soit connu.* **Près d'un mille sous terre, à environ 480 m sous la surface,** *le long passage principal a été creusé pour arriver à une autre chambre dite du «mammouth», qui rayonne vers de nombreux passages, comme les rayons d'une roue. Plusieurs centaines de pièces ont été découvertes, accessibles par des passages partant du passage principal, l'une d'elles ayant été explorée à 270 m et une autre à 200 m. Les découvertes récentes comprennent des artefacts qui étaient inconnus, comme étant issu d'un pays dont l'origine est sans doute l'Orient. Les armes de guerre, les instruments de cuivre, tranchants et durs comme l'acier, indiquent l'état de civilisation qui*

fut atteint par ces *personnes étranges. Les scientifiques sont si intéressés que des préparatifs sont en cours afin d'installer un camp pour des études approfondies avec une équipe composée de trente à quarante individus.*
Le rapport de Mr Kinkaid
Mr Kinkaid a été le premier enfant blanc à naître dans l'Idaho et a été explorateur et chasseur toute sa vie, **il est au service de l'institut Smithsonian depuis trente ans.** *Même raconté brièvement, son récit semble fabuleux, presque caricatural :*
«J'avais d'abord l'impression que la caverne était presque inaccessible. L'entrée se trouve à 450 mètres en partant du pied de la paroi à pic du canyon. Elle est située sur un territoire du gouvernement et aucun visiteur n'y sera autorisé sous peine de poursuites pour violation de propriété (cela est toujours le cas de nos jours....). *Les scientifiques souhaitent travailler au calme, sans peur d'être dérangés dans leurs découvertes par des curieux ou des chasseurs de reliques. Tout déplacement ici serait infructueux, les visiteurs seront éconduits. L'histoire de la découverte de la caverne a été publiée, mais la voici en quelques paragraphes :*
Je descendais le Colorado en bateau, seul, à la recherche de minéraux. J'ai vu sur la paroi des taches dans la formation sédimentaire à environ 600 mètres au-dessus du lit de la rivière. Il n'y avait pas de piste à cet endroit, mais j'ai réussi à grimper avec beaucoup de difficultés. Au-dessus d'une corniche invisible depuis la rivière, il y avait l'entrée d'une grotte. Sur 25 mètres, des marches menaient depuis le niveau de la rivière vers cette entrée (cela corrobore le récit de Powell lorsqu'il évoque lui aussi des marches ou escaliers), *à l'époque où la grotte était habitée. Quand j'ai vu des marques au burin sur la paroi de l'entrée, mon intérêt s'est éveillé, j'ai armé mon fusil et suis entré.*
Pendant cette exploration, j'ai remonté sur plusieurs dizaines de mètres le passage principal avant d'arriver à une crypte dans laquelle j'ai découvert des momies. J'en ai mise une debout et l'ai photographiée. J'ai rassemblé plusieurs reliques que j'ai emporté à Yuma en descendant le Colorado. **De là je les ai expédiées à**

Washington avec les détails de la découverte. A la suite de quoi les explorations ont démarré.»

Les couloirs

«Le couloir principal fait environ 3,60 m de large, se rétrécissant à 2,70 m à son extrémité. A environ 17 mètres de l'entrée, les premiers couloirs latéraux bifurquent vers la droite et la gauche, le long desquels se situent, des deux côtés, plusieurs chambres de la taille d'une salle de séjour ordinaire...On y accède par des portes de forme ovale et la ventilation est assurée par des trous d'aération circulaires à travers les murs des couloirs. Les murs ont une épaisseur d'environ 1m. Les couloirs sont ciselés et taillés aussi droits que s'ils avaient été tracés par un ingénieur. Les plafonds de plusieurs de ces chambres convergent vers le centre. Les couloirs près de l'entrée forment un angle aigu à partir de l'entrée principale mais au fur et à mesure, ils s'orientent à angle droit en se poursuivant.»

Le sanctuaire

«A plus de trente mètres de l'entrée, se trouve une salle transversale de plusieurs dizaines de mètres de long où l'on a découvert une idole, ou image du Dieu de ce peuple, assise en tailleur, avec une fleur de lotus ou de lis dans chaque main. Le style du visage est oriental et la sculpture révèle une main habile et l'ensemble est remarquablement bien préservé, comme dans toute la caverne. L'idole ressemble beaucoup à Bouddha bien que les scientifiques ne soient pas sûrs du culte religieux représenté.

Compte-tenu de tout ce qui a été découvert jusqu'ici, il est possible que cette pratique religieuse soit apparentée à celle des anciens peuples du Tibet. Entourant cette idole, on voit des figures plus petites, certaines d'apparence très belle ; d'autres avec un cou tordu et difformes, symbolisant probablement le bien et le mal. Il y a deux grands cactus avec des branches en saillie, un de chaque côté du dai sur lequel est accroupi le Dieu. Tout ceci est sculpté dans une roche dure ressemblant à du marbre. Dans le coin opposé à cette salle, on a découvert différents outils en cuivre.

Ces gens connaissaient sans aucun doute l'art perdu de tremper ce métal, que les chimistes ont cherché sans résultat pendant des siècles. Sur une banquette faisant le tour de l'atelier, il y avait du charbon de bois et autres matériaux qui participaient probablement au processus. Il y a aussi des scories et des choses ressemblant à un reste d'alliage, montrant que ces anciens travaillaient les minerais mais jusqu'à présent aucune trace de l'endroit ou de la technique utilisée n'a été découverte ni l'origine du minerai.
Parmi les autres découvertes figurent des vases ou des urnes en cuivre et en or, au dessin très artistique. On trouve des poteries émaillées et des récipients vernissés. Un autre couloir mène à des greniers comme ceux qu'on trouve dans les temples orientaux. Ils contiennent des graines de différentes sortes. Un très grand magasin n'a pas encore été exploré, car il fait 6 mètres de haut et on ne peut y pénétrer que par au-dessus. Deux crochets en cuivre sont accrochés au bord, indiquant qu'une sorte d'échelle y était attachée.
Ces greniers ont une forme arrondie, car le matériau avec lequel elles sont construites est, je pense, un ciment très dur. Un métal gris a aussi été découvert dans cette caverne qui intrigue les scientifiques car il n'a pas encore été identifié. Il ressemble à du platine. Eparpillés partout sur le sol, on trouve ce qu'on appelle populairement des «oeils de chat», une pierre jaune sans grande valeur. L'une d'elles porte une tête gravée de type malais.»

Les hiéroglyphes

*«Sur toute les urnes ou les parois au-dessus des portes et les tablettes de pierre à côté de l'idole, on trouve de mystérieux hiéroglyphes, secret que l'Institut Smithsonian espère bientôt percer. Les gravures sur les tablettes ont probablement à voir avec la religion de ce peuple. On a découvert des hiéroglyphes identiques au Sud de l'Arizona. Parmi ces gravures écrites, seuls deux animaux ont été découverts. **L'un d'eux était de type préhistorique.**»*

La crypte

«Le tombeau ou crypte dans laquelle on a découvert les momies est l'une des chambres les plus grandes dont les murs sont inclinés avec un angle d'environ 35 degrés. Sur ces murs, on voit des gradins où

reposent les momies, chacune occupant séparément un niveau grossièrement taillé. A la tête de chaque momie, il y a un petit banc sur lequel on trouve des coupes en cuivre et des morceaux d'épées brisées. Certaines momies sont recouvertes d'argile et toutes sont drapées de fibres d'écorce. Les urnes ou coupes du tiers inférieur sont grossières, alors que sur les niveaux supérieurs, elles ont une ligne plus épurée montrant une étape de civilisation plus tardive.
Il est important de signaler que toutes les momies examinées jusqu'à présent sont masculines, aucun enfant ou femme n'a été enterré ici. Ce qui fait penser que cette section extérieure était le quartier des guerriers.
On n'a retrouvé aucun os d'animal, aucune peau, aucun vêtement, aucun élément de literie. De nombreuses salles sont vides en dehors de récipients à eau. Une pièce d'environ 12 mètres par 200, était probablement la salle à manger, car des ustensiles de cuisine y ont été découverts. Comment ces gens vivaient est un problème, bien qu'on suppose qu'ils partaient vers le Sud en hiver et cultivaient les vallées, et remontaient vers le Nord en été. Plus de 50 000 personnes ont pu vivre confortablement dans ces cavernes.»

Une des théories est que les tribus indiennes que l'on trouve en Arizona sont les descendantes des esclaves des peuples qui habitaient la grotte. Il ne fait aucun doute que plusieurs milliers d'années avant l'ère chrétienne, un peuple vivait ici qui a atteint un haut niveau de civilisation. La chronologie de l'histoire humaine comporte de nombreux manques. Le Pr Jordan est plus qu'enthousiasmé par les découvertes et pense qu'elles se trouveront d'une inestimable valeur pour la recherche archéologique.

«Une chose dont je n'ai pas parlé est peut-être digne d'intérêt. Il y a une salle dans un couloir qui n'est pas ventilée et quand nous nous en sommes rapprochés, une odeur de mort s'est insinuée dans nos narines. Notre éclairage ne pouvait percer l'opacité et tant que nous n'aurons pas de lampes plus puissantes à notre disposition, nous ne saurons pas ce que contient la pièce. Certains parlent de serpents, mais d'autres rejettent cette idée et pensent qu'elle peut contenir un gaz mortel ou des produits chimiques utilisés autrefois. On n'entend

aucun bruit, mais cela sent exactement comme s'il y avait des serpents. L'ensemble de l'installation souterraine met les nerfs à rude épreuve. L'obscurité pèse sur les épaules et nos lampes et bougies ne font que renforcer la noirceur. L'imagination travaille et fait remonter des fantasmes du fond des âges qui donnent le vertige.»
Une légende indienne
En lien avec ce récit, on peut remarquer que parmi les indiens Hopis, la tradition orale veut que leurs ancêtres aient vécu autrefois dans un monde souterrain (cette remarque de 1909 valide pleinement ce que nous avions déjà relaté précédemment....) sous le Grand Canyon, jusqu'à ce que des dissensions se manifestent entre le bien et le mal, entre les gens au coeur unique et ceux aux deux coeurs. Machetto, qui était leur chef, leur conseilla de quitter le monde souterrain....
Parmi les gravures d'animaux de la grotte, on voit la représentation d'un coeur au-dessus d'eux.

Il faut bien avouer qu'il est difficile de croire que toute cette histoire, parsemée d'informations singulières, soit directement sortie du cerveau dérangé d'un journaliste. D'autant plus que cet article figurait en première page, était détaillé sur plusieurs autres pages et mettait clairement en scène la prestigieuse Smithsonian Institut. Un journal se voulant être le garant d'un certain professionnalisme ne prendrait pas le risque d'impliquer des personnages et des institutions sans un minimum de précautions. La censure, bien que présente aussi à cette époque, n'était pas aussi pointue et réactive qu'à l'heure actuelle. Il pouvait donc se passer un bref laps de temps de révélations «à chaud» avant qu'un haut responsable ne prenne l'initiative de verrouiller la suite de découvertes par trop sensibles.

Comme nous l'avions déjà évoqué auparavant, il est quasiment certain que la Smithsonian ait activement participé à la dissimulation des preuves archéologiques en portant le discrédit sur ces informations et, **encore de nos jours**, sur l'existence même des témoins directs en la personne de **Kinkaid et du Professeur Jordan**. Je suis en mesure d'apporter la preuve que le Pr Jordan, quant à lui, travaillait bien pour la Smithsonian Institution par la découverte de deux coupures de presse qui en attestent et reproduits à la page suivante. En effet, on lui proposa même, en 1907, le poste de **secrétaire général de la Smithsonian**, poste qu'il refusa afin de conserver celui de Directeur de la prestigieuse **Université de Stanford**. (Voir sur article du haut, page suivante, du journal *The Barre daily times* du 05 janvier 1907).

Ainsi, la seule différence entre le Jordan de l'article de la découverte de 1909 et le Jordan d'avant, est que les initiales de son prénom ont été apparemment modifiées par le journal *Arizona Gazette*. Sur ordre ou par erreur ? Reste que **l'unique** (aucune mention d'un autre Pr Jordan n'existe) **Pr D.S** Jordan (**David Starr**) se transforma un jour en **S.A** Jordan et non pas l'inverse comme l'affirment certains chercheurs qui ne disposent pas de cet article de 1880 mentionnant ce **Professeur D.S Jordan travaillant déja pour la Smithsonian Institut**.(Voir article du bas à la page suivante, du journal *The daily intelligencer* du 16 janvier 1880).

Cet homme a donc véritablement existé au sein de cette institution, n'en déplaise à ces mystificateurs. Vous pourrez vérifier la réalité de ces coupures de presse originales sur le lien suivant : chroniclingamerica.loc.gov/search/pages/results
Ce site contient une banque de données incroyables sur tous les journaux américains parus entre 1789 et 1963. Et vous savez quoi ?
Je n'ai pas pu retrouver un autre article que celui de l'*Arizona Gazette* de 1909, ni la moindre autre trace de l'existence de G.E Kinkaid, ni même une mention de son raid réussi sur le fleuve Colorado ! Vous avez dit dissimulations ? Je crois que le mot est bien faible mais avec encore l'existence d'anciennes preuves solides on peut toujours parvenir à faire du neuf….et du vrai !

En conclusion, cette Institution fédérale américaine continue et continuera toujours de nier cette découverte et être en possession du moindre artefact égyptien d'origine des souterrains de la grotte explorée en 1909 ; il en va de sa crédibilité et de sa survie en tant qu'organisme d'état responsable et au service de la science et de la connaissance, tel qu'il est défini dans son statut….Cela laisse rêveur !

WILL NOT LEAVE STANFORD.

Jordan Refuses the Smithsonian Secretaryship.

Stanford University, Cal., Jan. 5.— Concerning the report that he would be the next secretary of the Smithsonian institute, President David Starr Jordan of Leland Stanford Jr. university, said Thursday: "I have only to say this: were such an offer made me, I should refuse it without debate. I have already twice declined the position and I refuse to allow my name to be considered. Although it is the highest honor which can be given a man from a scholarly standpoint, the work is not as large and broad as mine here. Besides, I do not intend to desert Stanford in her hour of trial."

...local sportsmen to try a shot, which they did without success. Mr. James G Swan, of national fame as a gentleman of science, has been appointed by Spencer F Baird, U S Fish Commissioner and Secretary of the Smithsonian Institute, as Field Assistant to procure statistics of fish and fisheries of Washington Territory and the Northwest Coast, including British Columbia and Alaska. Prof D S Jordan, of the Smithsonian Institute, is in charge of the coast division of California and Oregon. Mr Swan, also represents, at Neah Bay, the Signal Service of the United States, and his meteorological reports are observed with much interest all over the Pacific Slope.

"A STITCH IN TIME."—If our town authorities choose to do a wise thing, and one that will be economical in the end, they will attend to Front street at its intersection with Seneca. The

Et pourtant, il est un autre indice particulièrement remarquable qui dénote d'une manière presque imparable l'authenticité d'une ou de plusieurs découvertes archéologiques insolites dans cette zone, ayant une origine égyptienne ou orientale. En effet, j'ai cherché et trouvé une carte du secteur du Grand Canyon qui nous intéresse et quelle ne fut pas ma surprise de découvrir, précisément sur le territoire incluant la grotte de Kinkaid, une série incroyable de noms égyptiens et orientaux de grandes divinités ayant été attribués à différents reliefs. Certaines de ces appellations ont été données par les premiers explorateurs américains et pour d'autres, par la tribu des indiens Hopis (Dont la Tour de Set) qui possède aussi dans son langage des mots ayant de grandes similitudes avec l'égyptien primitif.....tout comme la langue Basque par ailleurs !

Vous trouverez ainsi en page suivante la toponymie des lieux, et soulignés, ces indications parfaitement insolites pour un tel territoire situé à des milliers de kilomètres de l'origine de ces noms mais bien représentatifs des fameuses découvertes de Kinkaid :
Tower of Râ/ Osiris/ Horus/ Tower of Set/ Shiva/ Isis/ Cheops/ Buddha/ Brahma/ Zorooster (zoroastre)

Pour ma part, et en additionnant raisonnablement tous ces indices sérieux, il ne fait aucun doute que cette découverte découle bien d'une réalité objective et que l' «enfumage» caractérisé de la Smithsonian est encore un exemple frappant du pouvoir immense de tous ceux qui contrôlent les rouages de notre existence et de notre histoire depuis des générations. Des documents suivront qui attestent officiellement de l'interdiction d'accès totale et méticuleuse de tous les principaux sites sensibles. La liste est longue comme le bras. Pour faire court, seuls les sentiers balisés et contrôlés sont autorisés lors de la visite du Grand Canyon !

365

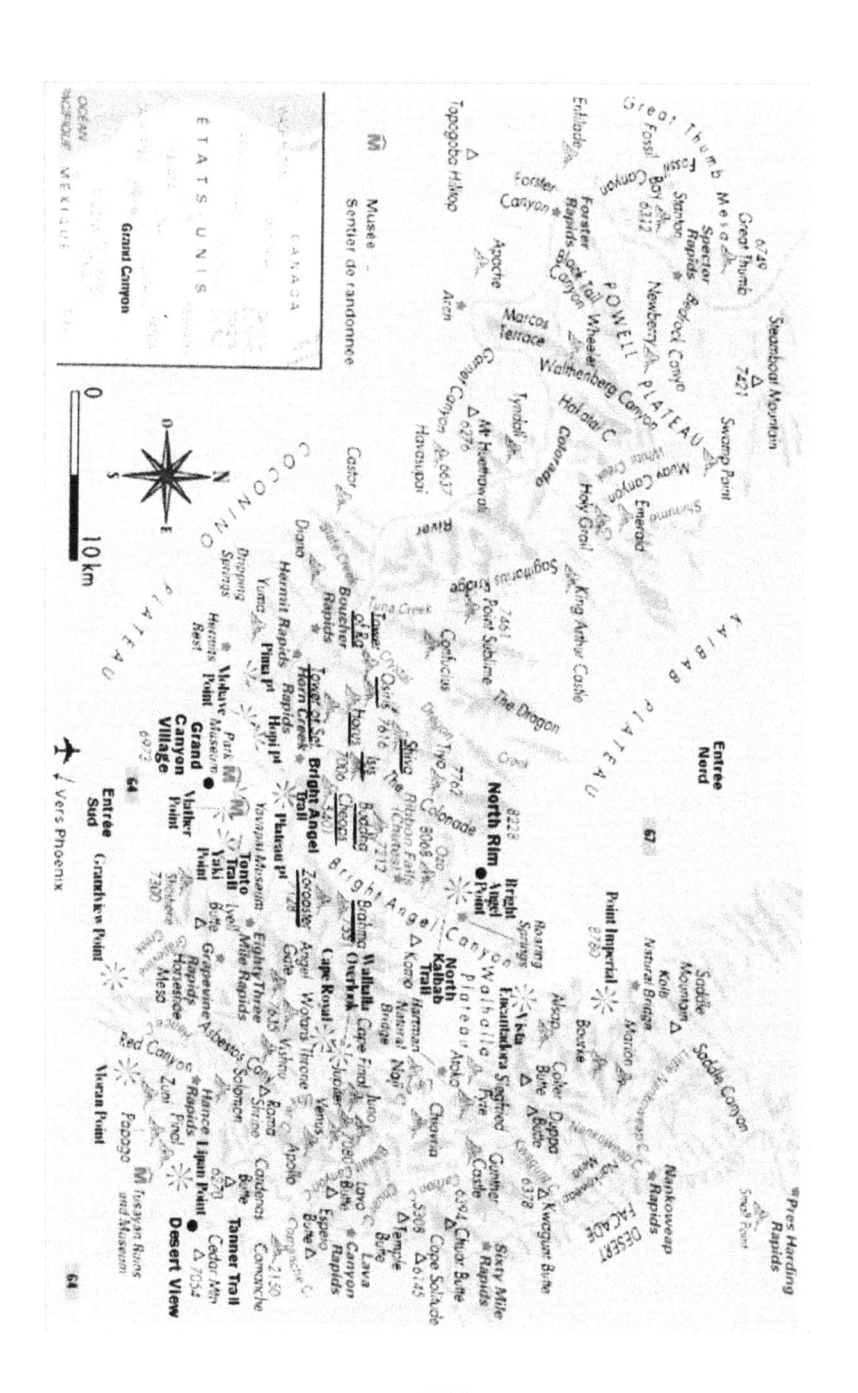

J'ai donc réalisé une rapide sélection, à travers un document officiel inhérent au fonctionnement du Parc Naturel du Grand Canyon, afin de vous fournir un simple aperçu d'interdictions ciblées en rapport avec le secteur de la grotte. **Source :** nps.gov/grca/learn/management/upload/2018-grca-supt-compendium

> (45) **Cave Entry Permits**: Because of their sensitive and sometimes dangerous nature, public presence, use and access in all caves, as defined above in the definitions section of this document, is prohibited without a valid permit authorized by the Superintendent explicitly authorizing use of the cave. "Cave of the Domes" presently does not require a permit for public entry. 36 CFR § 1.5 and 1.6
>
> *(This restriction is necessary to protect the many unrecorded features, archaeological resources, and various life that may reside in the thousands of Grand Canyon caves.)*
>
> (18) **Hopi Point Repeater Site -- Closed to Public / Restricted Area**: The Hopi Point Repeater Site and access road, located on the south side of Hermit Road at Hopi Point, are closed to public entry. 36 CFR § 1.5 (a)(2)
>
> *(Public access of this area is restricted for public safety and protection of the integrity of operational communications equipment.)*
>
> (32) **Marble Flats Landfill Site -- Closed to Public / Restricted Area**: The Marble Flats Landfill site, located 1.25 miles NE of the Widforss trailhead on fire road NW-1 and identified by four corner posts, is closed to public entry. 36 CFR § 1.5 (a)(2)
>
> *(Public access must be denied to protect the public from a potentially hazardous site and materials per the Arizona Department of Environmental Quality.)*

Pour résumer, toute la zone comportant les noms de divinités égyptiennes et orientales est une zone interdite au public ainsi qu'à tout survol d'avions non autorisés ainsi que les drones. Comme vous pouvez le voir sur les documents ci-dessus, toutes les grottes et cavernes sont interdites d'accès sauf avec autorisation dûment certifiée que vous n'obtiendrez jamais, bien évidemment. La zone Hopi ainsi que le site de «Marble canyon» découvert par **Powell** font, bien entendu, partie aussi de la longue «liste noire» !

Ce protocole sournois mettra alors un terme définitif à la recherche présente et future d'éléments permettant la divulgation de preuves cachées depuis plus de cent ans.

Certaines personnes, inconditionnels sceptiques maladifs, pourront toujours rétorquer qu'une telle découverte, isolée et non révélée officiellement, devra rester en marge de la connaissance. Oui mais voilà, là où le «bas blesse», c'est que ce genre de récit, si extraordinaire à nos yeux soit-il, était relativement courant à une époque où leur publication apparaissait encore furtivement dans des journaux grand public....ce qui n'est plus le cas, en ce qui nous concerne, depuis bien longtemps. Est-ce à dire que tous ces témoins archéologues ou explorateurs étaient stupides et s'adressaient à des journalistes tout aussi stupides de prendre le risque de publier des histoires toutes parfaitement invraisemblables ? Est-ce à dire ainsi, qu'à cette époque, il y a entre 100 et 150 ans, les archéologues, explorateurs, aventuriers, journalistes et autres témoins n'étaient absolument pas dignes de confiance ?

Pourtant, il me semble bien qu'un célèbre biologiste du nom de **Charles Darwinn** est arrivé un jour de **1859** en présentant un livre intitulé, *De l'origine des espèces.* Le monde entier en fit, du jour au lendemain, sa «Bible de la vie et de l'évolution humaine linéaire» sans jamais rien remettre en cause, encore aujourd'hui, de sa simple **THEORIE** et ce, malgré les quantités de preuves tangibles astronomiques découvertes depuis...et enterrées ! A qui profite ce crime ? Nous en reparlerons à la fin de ce livre....

En attendant, je vais m'attacher à la production de documents qui, à quelques différences près, raconteront tous les mêmes histoires de civilisations avancées ayant vécues et disparues sous terre. A l'inverse de Darwinn, des témoignages précis sont restés mentionnés dans des journaux d'époque que la censure n'a pas eu les moyens de faire totalement disparaître. Quelques chercheurs «réveillés» ont, malgré tout, retrouvé leurs traces en s'armant de patience et de courage afin qu'émerge enfin un jour cette vérité qui nous rendra définitivement libre. Vous pourrez constater par vous-mêmes, dans un prochain chapitre consacré à l'archéologie, le nombre hallucinant d'articles de presse rapportant la découverte de squelettes de Géants à travers le monde, tels qu'ils apparaissent déjà ici dans notre présente étude et dans celles qui vont suivre.....

C'est dans un journal californien du 5 août 1947, le ***San Diego Union***, reproduit à la page suivante, qu'est relatée une autre histoire ayant trait à une découverte réalisée dans le désert du Colorado. A noter que le même article est également paru à la même date, dans l'***Evening Star*** à Whashington DC. Voici ce qu'il rapporte :

«*Un médecin retraité de l'Ohio a découvert des reliques d'une ancienne civilisation, dont **les hommes avaient une taille de 2,5 à 3 mètres**, dans le désert du Colorado, près d'une ligne Arizona-Nevada-Californie, dit un associé aujourd'hui.*
Howard E. Hill, *de Los Angeles, s'exprimant devant le Transportation Club, a révélé que plusieurs momies bien conservées ont été enlevées, hier, de cavernes dans une zone d'environ 320 kilomètres carrés, s'étendant à travers une grande partie du Sud du Nevada, de la vallée de la mort, la Californie, à travers la rivière Colorado jusqu'en Arizona.*
*Hill a dit que le découvreur est le **Docteur F. Bruce Russell**, Physicien de Cincinnati à la retraite, qui est tombé **sur le premier de plusieurs tunnels en 1931**, tôt après être venu de l'Ouest en décidant d'essayer la mine pour sa santé.*
Des momies trouvées
*Ce n'est toutefois que cette année que le Dr Russell s'est penché sur la situation, dit Hill au déjeuner. Avec le **Dr. Daniel S Bovee**, de Los Angeles- qui avec son père a participé à mettre au jour les habitats des falaises du Nouveau-Mexique- le Dr Russell a trouvé des restes momifiés, ensemble avec des objets de la civilisation, dont le Dr Bovee a provisoirement située l'ancienneté à environ 80 000 ans.*
Les géants sont habillés de vêtements composés d'une veste de longueur moyenne et d'un pantalon descendant légèrement sous les genoux, *a déclaré Mr Hill. La texture de la matière est dit ressembler à la peau de moutons teint en gris, mais évidemment, il a été conçu à partir d'un animal inconnu aujourd'hui.*

Trace of Giants Found in Desert

LOS ANGELES, Aug. 4 (AP)—A retired Ohio doctor has discovered relics of an ancient civilization, whose men were 8 or 9 feet tall, in the Colorado desert near the Arizona-Nevada-California line, an associate said today.

Howard E. Hill, of Los Angeles, speaking before the Transportation Club, disclosed that several well-preserved mummies were taken yesterday from caverns in an area roughly 180 miles square, extending through much of southern Nevada from Death Valley, Calif., across the Colorado River into Arizona.

Hill said the discoverer is Dr. F. Bruce Russell, retired Cincinnati physician, who stumbled on the first of several tunnels in 1931, soon after coming West and deciding to try mining for his health.

MUMMIES FOUND

Not until this year, however, did Dr. Russell go into the situation thoroughly. Hill told the luncheon. With Dr. Daniel S. Bovee, of Los Angeles—who with his father helped open up New Mexico's cliff dwellings—Dr. Russell has found mummified remains, together with implements of the civilization, which Dr. Bovee had tentatively placed at about 80,000 years old.

"These giants are clothed in garments consisting of a medium length jacket and trouser extending slightly below the knees," said Hill. "The texture of the material is said to resemble gray dyed sheepskin, but obviously it was taken from an animal unknown today."

MARKINGS DISCOVERED

Hill said that in another cavern was found the ritual hall of the ancient people, together with devices and markings similar to those now used by the Masonic order. In a long tunnel were well-preserved remains of animals, including elephants and tigers. So far, Hill added, no women have been found.

He said the explorers believe that what they found was the burial place of the tribe's hierarchy. Hieroglyphics, he added, bear a resemblance to what is known of those from the lost continent of Atlantis. They are chiseled, he added, on carefully-polished granite.

He said Dr. Viola V. Pettit, of London, who made excavations around Petra, on the Arabian desert, soon will begin an inspection of the remains.

Des symboles découverts
*Hill a déclaré que dans une autre caverne a été trouvée la salle rituelle du peuple antique avec **des dispositifs et des symboles similaires à ceux maintenant utilisés par l'ordre maçonnique**. Dans un long tunnel ont été bien conservés des restes d'animaux, y compris **des éléphants et des tigres**. Jusqu'à présent, a ajouté Hill, aucune femme n'a été découverte. Il a dit que les explorateurs croient que ce qu'ils ont trouvé était le lieu de sépulture de la hiérarchie des tribus. **Les hiéroglyphes, a-t-il ajouté, ressemblent à ce que l'on sait de ceux du continent perdu de l'Atlantide. Ils sont ciselés sur du granit soigneusement poli.***
*Il a déclaré que le **Dr Viloa V. Pettit**, de Londres, qui a réalisé des fouilles autour de Petra, dans le désert arabe, va bientôt commencer une inspection des restes.»*
D'autres précisions sont rapportées par un autre journal, le **Hot citizen Nevada paper**, du 05 août 1947. En voici les principales :
«*Les grottes contiennent des momies d'hommes et d'animaux et des instruments d'une culture vieille de 80 000 ans, **mais à certains égards plus avancés que les nôtres**, a déclaré Mr Hill. Il a dit que les **32 grottes** couvraient une zone de 320 kilomètres carrés....*
*Tout les instruments de leur civilisation ont été trouvés, dit-il, y compris les ustensiles ménagers **et des poêles qui apparemment cuisaient par ondes radio.***
Je sais, dit-il, que vous ne le croirez pas.»

La fin ce cette histoire, n'est pas dénuée d'intérêt puisque malgré le désintérêt des scientifiques, le Dr Russell et un groupe d'investisseurs créèrent une organisation appelée *«Amazing Explorations, Inc»*, pour permettre la poursuite et le profit espéré de cette remarquable découverte. Mais, avec le changement constant du désert, Russell fut incapable de retrouver le site au moment de le montrer à ses amis. Après cela, Russell disparut. Quelques mois plus tard, sa voiture fut trouvée abandonnée, avec le radiateur éclaté, dans un coin reculé de la vallée de la mort. Sa valise étant toujours dans la voiture, on ne sait ce qu'il advint de sa personne. Quant au Dr Bovee, il disparut apparemment dans l'ombre, très loin de ce mystère.

Encore un récit qui, bien que relaté en 1947, décrit en partie des découvertes et constatations similaires à celles de 1885 et 1909. Les personnages impliqués dans cette aventure étaient tous des hommes de science, donc capables d'estimer des découvertes à leur juste valeur. Ils mirent ainsi leur crédibilité en jeu sans, malheureusement, recevoir en retour l'intérêt qu'aurait dû susciter une telle annonce.

Un élément intrigant de leur récit m'interpelle particulièrement et suggère qu'il soit peu probable qu'il eût été inventé. Il se rapporte à une sorte de poêle découverte et qui aurait, selon les termes de Russell, la possibilité de *cuire par ondes radio*. On sait aujourd'hui que le procédé de cuisson par micro-onde (car c'est bien de cela qu'il s'agit) a été découvert en 1945 et breveté la même année. On sait également que Russell était physicien et que seul sa connaissance scientifique pouvait lui permettre d'identifier un tel dispositif insolite, inconnu par la plupart des gens à cette époque, puisque les premiers fous à micro-ondes arrivèrent sur le marché en 1967.

C'est par ces considérations qu'il me paraît véritablement osé de prétendre que cet homme ait inventé un pareil indice qui ne pouvait servir en outre qu'à le décrédibiliser, si ce n'est la sincérité de son propos. A ce titre, sa disparition définitive dans des conditions mystérieuses ne ferait que renforcer la thèse probable de l'élimination opportune d'un individu n'ayant pas abandonné l'idée de retrouver l'entrée de son ancienne galerie d'accès ; c'est plutôt ce que démontre la position de son véhicule perdu au milieu de nulle part....

Examinons à présent une dernière exploration insolite du territoire américain effectuée par quatre personnages courageux et n'ayant aucune formation scientifique particulière mais qui firent toutefois l'objet d'un long article de presse en première page du journal ***The Weekly Kansas Chief*** du 19 mars 1874 !

L'article étant relativement long, j'ai tout de même sélectionné des parties importantes, les plus significatives. Mais la reproduction de la page de garde du quotidien ainsi que la totalité de l'article de presse seront fournis aux pages suivantes.

The Weekly Kansas Chief.

SOL. MILLER, EDITOR AND PUBLISHER.

THE CONSTITUTION AND THE UNION

VOLUME XVII—NUMBER 39.

TROY, KANSAS, THURSDAY, MARCH 19, 1874.

WHOLE NUMBER 871.

Choice Poetry.

Miscellany.

Select Story.

A MONTANA ROMANCE.

Caves, Giants, Gold and Things.

I send you by mail a hasty sketch of our new discovery. I have just returned from King Solomon's cave, up Ophir gulch, the existence of which you no doubt aware of, as it has been mentioned in some of the territorial papers. Yesterday morning, however, four of us determined upon further investigation to satisfy ourselves, if possible, of the extent of the cave. The party was made up of Messrs. Leou Whittier, George Barnard, "Abe" Echols and your informant. We outfitted with three days' rations, blankets, candles, pitch pine for torches, twine, a compass, and in short, everything necessary to prosecute a thorough exploration. We reached there at 3 o'clock and proceeded to the middle chamber, as it is called, where we made camp, and after an hour's rest began our labor. At the end of the middle chamber are a number of very long, narrow passages. Into the largest of these we insinuated ourselves, one behind the other, and by sometimes crawling, and again finding room to walk half erect, we worked our way for over four hundred feet, when we suddenly emerged into a magnificent chamber, the ceiling of which we found to be about thirty five feet high, the length of the room eighty-six feet, width fifty-four feet. As we held high our flaming torches, the walls presented an appearance of beauty and grandeur it seldom falls to the privilege of mortal eye to witness. At first sight we were impressed with the belief that this wonderful chamber had been cut out of the solid rock by human hands; for it did not seem possible that nature could, by accident, form so rare a temple, with such a wonderful display of architecture beneath the surface of the earth. After somewhat recovering from our surprise, we proceeded to examine minutely this strange place. Immediately to the right of the entrance, and in the corner close to the wall, we discovered the indications of an old fire place. Several small pieces of charcoal were picked up, and the blackened floor, as well as the smoke-stained wall, furnished evidence that in this hall some person or persons had at one time taken refuge. Continuing along the right we had not progressed over forty feet, when we met with further evidence of the cave having once been the hiding place of men.

Considerable quantities of rich quartz specimens were picked up, and about half a ton of fair looking gold quartz lay in a corner. It is the opinion of us all that the quartz is taken from some part of the cave, probably further on in the mountains, and these giants were at work there when a slide from the mountain above the cave filled up the mouth of it, as is plain to be seen that the entrance at one time has been at least thirty feet in diameter, and the opening, now very small, has been formed by the slide gradually slipping into the outer chamber, which is about half full of mountain debris. Another doorway was found, leading into a room which, we think, contains the special money deposits of the miners. But all were too much excited to make further investigations till to-morrow. The cave has been pre-empted, and every bone, tool, etc., will be carefully preserved; it is also not improbable that some new light will be thrown on the time and manner in which this queer people found their way to our land.

Leaning against the wall was a huge plate of copper, fifty-seven inches in length and thirty-six inches in width, and about one-fourth of an inch in thickness. This we took to be a shield, as near the centre were two holes eight inches apart, used doubtless for inserting a strap through which to insert the arm. It was wrought by hand, as the marks of a sledge or some other heavy instrument were plainly visible on it. On discovering this, a feeling akin to fear came over the party, and we were almost ready to beat a hasty retreat, and leave further investigation to those who delight to explore tombs and resurrect the remains of those who lived in the ages of long ago, when it was anticipated by one of the company that we might find hidden treasure or trinkets of value stowed away in some nook or corner; and preparing new torches, with increased energy we renewed the search. About ten feet beyond where the shield was found, and eight feet from the floor, was a cavity in the wall, ten feet in length and over four feet high. Placing a few large stones one upon another, Bernard climbed up and held his light in to get the extent of the opening, but he immediately turned towards us with a frightened look, and it was some seconds before he could explain the nature of the discovery he had made. But when he assured us that in that niche lay a petrified giant, all were eager to get a look at him, and one after another we climbed up and gazed in. The opening had every indication of being natural—no marks of tools were visible in it. [In the cascade wall, in the first chamber, are a large number of similar caverns, but none so large]. Two of the party being hoisted up to take the dimensions of the monster man, he was found to be nine feet seven and a half inches in length, thirty inches across the breast, and two feet deep. He was covered from head to foot with a coating, from one to two inches in thickness, similar to that found on the roof and pillars in a number of places, hard as limestone, and along the sides this casing as it appeared to be at first, had united with the rock on which it lay, leaving this relic of the stone age, or some other distant age, literally incased in a coffin of stone. A helmet of brass or copper, of gigantic proportions, was upon his head, which the corrosive elements of time had sealed to his brow. It is the most perfect petrification I have ever seen—the whole body being as solid as though cut out of a block of marble. Near this rare specimen were found two mammoth spear heads, eighteen inches in length and six inches at the widest point. One of them was intended to be fastened in a handle, after the fashion of an arrow-head, while the other had a socket of silver into which to insert a huge pole or handle. Near by, on the floor, was picked up a large hook made of bone—probably manufactured from the tusk of some leviathan of the land—which one of the party suggested was a portion of the war accoutrements of the giant, as such a weapon on the end of a forty-foot pole, in the hands of active attendants, would be a success in dragging out the victims of the great warrior as fast as he slew them, and by this means keep his way clear. On the wall near the tomb we discovered some strange looking letters, or characters of some kind, and the pictures of three ships, apparently having been executed with a sharp pointed instrument. There were no figures resembling ours, though I have no doubt the writing, if interpreted, would give the history of the giant king of the cave, whose body lay stone dead before us. The ships have three masts, the middle one being only two-thirds the height of the outside masts. On the opposite side of the room from this we discovered a huge flat stone leaning against the wall. On the smooth surface of this was also the engraving of a ship, much larger than the others, and near the bow the picture of a man, with spear in hand, apparently made to represent an explorer landing and taking possession of some country. On removing this huge stone a passage four feet high, and in some places almost wild at the strange and curious things. Bones of men at least nine feet in stature were found near the entrance, among which were two or three skulls. Near the centre of the room was a primitive quartz crusher in the shape of a large stone, hollowed out like a mortar. Around this were a number of tools, large and small, and a large sledge lay on the edge of the mortar, just as the workman had left it when he struck his last blow, at least a thousand years ago. The tools, so far as examined, were found to be copper, though tempered, as they were hard as steel.

—*Deer Lodge Independent.*

J'ai mis tout mon «savoir» en anglais (modeste) afin de réaliser la meilleure traduction possible de ce texte ancien. Je vous présente donc cette aventure digne d'*Indiana Jones,* sauf que les archéologues amateurs impliqués dans cette affaire n'étaient absolument pas préparés aux différentes découvertes sensationnelles qu'ils firent. C'est par ailleurs cette belle spontanéité qui fera toute la richesse et l'authenticité de ce témoignage rare. Voici donc leur histoire qui démarre par le titre suivant : **Une romance du Montana
Cavernes, géants, or et choses**

*«Je vous envoie par courrier une description hâtive de notre nouvelle découverte. Je reviens juste de la grotte du **Roi Salomon** (encore un nom antique donné à un lieu apparemment prédisposé..) au-dessus de **Ophir Guich**, existence dont vous êtes sans doute au courant, **telle qu'elle a été mentionnée dans quelques-uns des journaux du territoire.***

*Hier matin, cependant, quatre d'entre-nous déterminèrent, après une enquête plus approfondie, de satisfaire par nous-même, si possible, une investigation de la grotte. L'équipe était composée de messieurs **Léon Whittier, George Baruard, «Abe» Echols** et votre informateur. Nous avions prévu trois jours de rations, couvertures, bougies, supports pour torches, cordes et compas. Bref, tout le nécessaire pour permettre une exploration consciencieuse. Nous l'atteignîmes à trois heures et commençâmes par la chambre du milieu, comme elle est appelée, où nous établirent notre camp ; et après une heure de repos nous débutions notre travail.*

*A la fin de la chambre du milieu se situent un nombre de très longs et étroits passages. A l'intérieur du plus large nous nous introduisirent, l'un derrière l'autre, parfois à moitié courbés....Quand, soudain, nous émergeâmes dans une chambre magnifique dont nous trouvions le plafond à 11 mètres de haut, la pièce d'une longueur de 28 m sur 18 de large. **Les murs présentaient une apparence de beauté et de grandeur dont il incombe rarement le privilège aux yeux mortels de témoigner.** A première vue, nous étions impressionnés par la croyance que cette magnifique chambre avait été découpée de la* *roche solide par des mains humaines, car il ne semblait pas possible que la nature ai pu, par accident, **former un temple si rare avec une telle magnifique exposition d'architecture sous la surface de la Terre.***

*Après être revenus de notre surprise, nous procédâmes à l'examen minutieux de cet étrange endroit. Immédiatement à la droite de l'entrée et dans le coin près du mur, nous découvrîmes les indices d'un ancien feu....qui nous fournit la preuve que, dans ce hall, des personnes ont un temps trouvé refuge......Des quantités considérables de spécimens de riches quartz avaient été ramassés représentant environ **une demi-tonne de quartz riche en or de très bel aspect, posés dans un coin**.....La grotte a été une réserve, et chaque os, outil, etc...furent soigneusement préservés.....*

*Appuyée contre le mur, se trouvait **une énorme plaque de cuivre** de 57 pouces (1,45 mètre) de long et 36 de large (91 cm) et environ un quart de pouce d'épaisseur (6,5 mm). **Ce que nous identifions pour être un bouclier**, étant donné que, près du centre, se situaient deux trous à 8 pouces (20 cm) l'un de l'autre, utilisés sans doute pour y insérer une sangle à travers laquelle glisser le bras. Il fut forgé à la main comme le montrent les traces de polissoir, ou de quelque autre lourd instrument, étant pleinement visibles sur lui.*

En découvrant cela, un frisson de peur envahit l'équipe et nous fûmes presque prêts à une retraite hâtive en abandonnant de futures investigations pour lesquelles il était un délice d'explorer des tombes et exhumer les restes de ceux qui vivaient à un âge lointain, quand il fut attendu par l'un de l'équipe que nous devions trouver un trésor caché ou bibelots de valeur stockés loin dans quelques coins ou recoins ; en préparant de nouvelles torches, avec une énergie accrue, nous poursuivîmes les recherches.

Après quelques mètres du bouclier qui fut trouvé, et à 2,50 m du sol, se situait une cavité dans le mur de 3,30 m de long et 1,30 m de haut. Déposant quelques grosses pierres les unes sur les autres, Bernard grimpa et hissa la lumière dedans pour apprécier l'étendue de l'ouverture, mais il revint précipitamment vers nous avec un regard effrayé et il mit quelques secondes avant de pouvoir expliquer la

nature de sa découverte. Mais, quand il nous assura que dans la niche **était couché un géant pétrifié**, nous fûmes tous désireux d'y jeter un œil, et l'un après l'autre, nous montions pour le voir.
Deux de notre groupe furent désignés pour prendre les dimensions de l'homme monstre ; **il faisait 3,21 m de long**, 76 cm de largeur de poitrine et 66 cm de profondeur. Il était couvert de la tête aux pieds d'une couche de 2 à 5 cm d'épaisseur aussi dur que du calcaire, similaire à ce que l'on peut trouver sur les toits et piliers de nombreux endroits.....**Un casque de laiton ou de cuivre, de proportions gigantesques,** était sur sa tête....A côté de ce rare spécimen furent trouvées **deux défenses de mammouth, de 2 m** de long et de 15 cm à l'endroit le plus large. L'une d'elles était destinée a être fixée dans une poignée....tandis que l'autre avait une douille en argent dans laquelle insérer un poteau énorme ou une poignée.
Près de là, sur le sol, a été ramassé un grand crochet fait en os dont l'une des parties pouvait être envisagée comme faisant partie de l'équipement de guerre du géant.
Sur le mur, près de la tombe, furent découvertes **quelques lettres étranges ou des caractères de quelque chose et les dessins de trois bateaux,** apparemment exécutés avec un instrument pointu aiguisé.
Les bateaux ont trois mâts, celui du milieu faisant seulement les 2/3 de la hauteur des mâts extérieurs. Du côté opposé de la chambre, nous avons découvert une énorme pierre plate appuyée contre le mur. Sur la surface lisse de celle-ci, était aussi gravé un bateau, plus grand que les autres et près (de l'arc?), **l'image d'un homme avec l'épée à la main** apparemment fait pour représenter un explorateur débarquant et prenant possession de quelque pays.
En déplaçant cette énorme pierre, un passage de 1,3 m de haut nous mena dans une chambre plus petite d'approximativement 10 m², bien que plus intéressante que n'importe laquelle des autres. Ici la partie devint presque folle autant que la curiosité et l'étrangeté des choses. **Les os d'un homme d'au moins 3 mètres de stature furent trouvés** près de l'entrée, parmi lesquels se trouvaient 2 ou 3 crânes. Près du centre de la pièce se trouvait un quartz primitif cassé (concassé) en une forme de grosse pierre, creusée comme un mortier. Autour de

cela se trouvaient nombre d'outils, grands et petits....Les outils, à ce que l'on put examiner, **étaient fait de cuivre, aussi durs que de l'acier.**- *Deer Lodge Independant*

Que rajouter de plus après un tel témoignage ? Que ces gens là étaient tous de parfaits comédiens, n'ayant pas peur du ridicule malgré leurs noms cités dans le journal ? Je n'argumenterai pas davantage si ce n'est, qu'illustrant l'un des témoignages les plus anciens, cet article rassemble, à lui seul, une bonne partie de découvertes stupéfiantes qui viendront se confirmer dans de multiples récits plus récents à venir.

Nous allons maintenant quitter les Etats-Unis afin d'entamer une nouvelle investigation en nous projetant dans le cours de la seconde guerre mondiale. Ce sujet évoquera la découverte, par des résistants tchécoslovaques, d'une caverne à l'intérieur de laquelle fut identifiée une sorte de puits dont les murs offraient l'aspect d'un grand cylindre lisse et noir en forme de croissant de lune et recouvert d'une matière inconnue. L'endroit se situe près des villages de Plavine et Lubocna, dans la région des basses Tatras et aux coordonnées approximatives de 49°2 N et 20°7 E.

Le rapport qui va suivre est le fait du **Dr Antonin T Horak**, capitaine de l'insurrection slovaque pendant la seconde guerre mondiale. La première version de cette histoire fut publiée par Jacques Bergier dans son ouvrage *«Le livre de l'inexplicable»* et par la suite, les propres notes de Horak, écrites sur les lieux mêmes de la découverte en 1944, firent l'objet d'une publication en mars 1965 dans NSS News, Société Nationale de Spéléologie, par le contributeur du journal, Ronald Calais. Il est important de signaler qu' Antonin Horak était un ingénieur des mines et qu'à ce titre, son témoignage peut être qualifié de particulièrement fiable.

Ce récit débute lorsque le Dr Horak et deux de ses soldats blessés ont été trouvés par un paysan et ainsi sauvés de la capture. Ce paysan s'appelait **Slavek**, et ce jour du 23 octobre 1944, lui et sa fille Hanka mirent à l'abri tout le groupe des blessés dans une grotte qui leur était connue. Ils leurs fournirent également nourriture et médicaments.

Slavek lui raconta qu'il n'était venu qu'une seule fois dans cette caverne avec son père et son grand-père et lui conseilla de ne pas s'aventurer plus loin dans cette grotte qui était un immense dédale plein de gouffres qu'ils n'avaient jamais eu envie de sonder. L'attitude de Slavek, empreinte de révérence par des signes de croix, incita Horak à approfondir l'étude de cet endroit mystérieux.

Il démarra sa reconnaissance de la grotte avec arme, lanterne, torches et pic. Après avoir pris soin de ne pas trop dévier en prenant les passages les plus faciles, en laissant des repères, il arriva, après une heure et demi, dans un long passage qui se terminait par un trou de la taille d'une barrique. Voici ce qu'il rapporte :

«Je m'y glissais en rampant et, encore agenouillé, je restais figé d'étonnement....car ici se dresse quelque chose comme un grand et noir silo encadré de blanc. En reprenant mon souffle, je réfléchis que c'était un mur bizarre ou un rideau naturel de sel noir, de glace ou de lave. Mais je devins perplexe puis dans une sorte de crainte mystérieuse quand je vis cela **comme le flanc lisse comme du verre d'une structure, en apparence de fabrication humaine,** *qui s'enfonçait dans les rochers environnants. Magnifiquement, cylindriquement incurvée, elle indique un énorme corps avec un diamètre d'environ 25 mètres. Là où cette structure et la roche se rencontrent, de grosses stalactites et stalagmites forment cet encadrement d'un blanc étincelant.* **La paroi est uniformément noire-bleue, son matériau semble allier les propriétés de l'acier, du silex et du caoutchouc- la pioche n'y laisse aucune marque et rebondit vigoureusement.** *Alors, je pense à l'artefact d'une grande tour ; lovée dans le roc au milieu d'une obscure montagne, dans une région sauvage où il n'y a aucune légende connue à propos de ruines, mines ou industrie. Le fait est horrible.*
Non discernable immédiatement, une fente dans la paroi, part du bas, large de 20 à 25 cm et va en diminuant pour disparaître dans le plafond de la grotte, large de 2 à 5 cm à cet endroit. L'intérieur, à droite et à gauche est d'un noir profond et marqué de sillons et de crêtes aiguës de la grosseur d'un poing. Le fond de la fente est en

forme d'auge assez lisse, en grès jaune, et s'enfonce en pente très forte dans la paroi.....»

24 octobre 1944
«Je passais à travers la fente avec seulement quelques coupures, roulant sur la pente et fut stoppé par un mur qui me parut familier, doux satiné comme le mur extérieur. Allumant quelques torches, je vis que j'étais dans un vaste puits noir, courbe, formé par des parois à pic qui se coupent en constituant un tunnel presque vertical- ou plutôt une cheminée - en forme de croissant. Je ne peux pas décrire l'obscurité, **ni les murmures sans fins, les bruissements et grondements, les échos anormaux de ma poitrine et de mes mouvements**. *Le sol est la pente sur laquelle j'ai roulé, une surface de chaux (ou calcaire) solide. Toutes les lumières ensemble n'atteignaient pas le plafond où ces parois se terminent ou se rencontrent. (La longueur horizontale de ce puits en forme de croissant faisait environ 25 mètres)*
Je sortis jubilant, dans une sorte d'enchantement mêlée de détermination pour explorer cette vaste structure que je crois unique et singulière.»

25 octobre 1944
«Même en élevant la lampe à carbure au bout d'une double perche, et avec quatre torches, le haut des parois restait dans l'obscurité. Je tirai deux balles à la verticale, parallèlement aux parois. Les détonations provoquèrent des grondements de tonnerre comparables à ceux d'un train express, mais je ne vis aucun impact. Je tirai alors une balle dans chaque paroi, en visant à une quinzaine de mètres au-dessus de moi. J'obtins de grosses étincelles bleu-vert avec un tel bruit que je dus me serrer les oreilles entre les genoux, et que j'en vis danser follement des flammes.
Le montage de la pioche occasionna de nouveaux grondements. Je sondai le sol et je me mis à creuser là où le calcaire est peu épais, dans les cornes du croissant....En continuant de creuser près de là, la paroi du fond présenta, à environ 1,50 m au-dessous du sol, un **aspect finement cannelé, comme ondulé verticalement. Cette partie**

semblait plus chaude que la surface lisse. Je l'ai frôlé avec les lèvres et les oreilles, et je crois que cette impression est correcte...»
26 octobre 1944
«J'entrai dans le croissant de lune afin de poursuivre mon expérimentation. Au bout de mon plus long assemblage de perches, la lampe à carbure n'éclairait pas le haut des parois. Je tirai au-dessus de la partie éclairée ; les balles produisirent de grosses étincelles et des échos assourdissants. Puis horizontalement sur le mur du fond avec des résultats semblables ; étincelles, grondements, **pas d'éclats mais une marque longue d'un demi-doigt qui dégageait une odeur âcre (irritante, piquante)***. Après quoi, je me remis à creuser dans la corne gauche et constatais que l'aspect cannelé se prolongeai vers le bas, mais dans la corne de droite, je ne trouvais pas cet aspect.*
Je souhaitais obtenir un échantillon du matériau particulier du mur, mais malgré le tir de deux balles qui l'atteignirent, je reçus simplement des ricochets, un bruit de tonnerre, des marques et la même odeur âcre.»
28 octobre 1944
«Je grave mon nom sur une courroie de cuir, la roule avec le dos du boîtier en or de ma montre, met le tout dans une bouteille et bouche la bouteille avec un caillou et une boule de glaise mélangée avec du charbon de bois et je déposai ce témoignage dans le puits en croissant de lune, sur les cendres de mes torches....
Dans quelques dizaines d'années, plus personne n'en saura rien si je ne reviens pas pour voir cette structure explorée. Si je revenais, ce serait avec une équipe secrète d'experts : géologues, métallurgistes, experts en grottes ; et si l'objet est d'une véritable importance pour l'avancement de la connaissance, nous aurons à trouver la garantie des intérêts de Slavek....»

Après la guerre, Antonin Horak se réfugia aux Etats-Unis où il raconta son histoire au célèbre ufologue, Alen Hynek. Ce dernier chargea alors un certain Ted Phillips, spécialiste des traces d'ovnis, de retrouver l'objet. Dans les années 60, cet homme fut présenté à

Horak et décidèrent d'une expédition ensemble. Mais tout le projet fut annulé quand les Russes envahirent la Tchécoslovaquie en 1968. Horak mourut au milieu des années 70 et, à cet instant, des membres du KGB approchèrent la famille afin d'obtenir le journal d'Antonin Horak, sans succès.

La conclusion de ce témoignage particulièrement étrange reste que ce puits pourrait être une très ancienne structure artificielle. Nous verrons dans la suite de nos «épisodes», que certaines des caractéristiques du puits évoquées par Horak ; matériaux, couleurs, finitions, se verront confirmer par d'autres témoignages, dans d'autres lieux et autres circonstances….

Passons maintenant à une aventure plus récente qui se situera, elle, en Amérique du Sud et plus précisément en Equateur. Elle concerne l'exploration d'un vaste réseau souterrain dénommé *Cueva de los Tayos*, situé sur le versant oriental de la Cordillère des Andes, dans la province de Morona-Santiago. Une première expédition sera concrétisée en 1969 par un explorateur amateur Hongrois naturalisé Argentin du nom de **Juan Moricz.**

De cette expérience fut tiré un ouvrage, *Les intra-terrestres* paru en 1978, et relatant les découvertes ahurissantes de cet homme. Il a été écrit par deux journalistes français bien connus à l'époque, **Marie-Thérèse Guinchard et Pierre Paolantoni** qui quittèrent respectivement TF1 et Antenne 2 afin de découvrir l'Amérique du Sud et se consacrer à l'écriture. Ils obtiendront par ailleurs le Prix Globe-Trotter en 1972. Comme entrée en matière, je vous propose la lecture d'une partie du quatrième de couverture :

«Les pierres que lui et ses compagnons contemplent ont été taillées au laser il y a des centaines d'années !....Ils descendent pendant des heures et des heures. Soudain, devant eux, un amoncellement de squelettes recouverts d'or et de pierreries....»

Mais, il déclara également y avoir trouvé une bibliothèque antique composée de tablettes de métal gravées, rangées sur des rayonnages ainsi qu'un sarcophage transparent, une grotte éclairée par une colonne de cristal qui captait la lumière pour la diffuser à l'intérieur ainsi qu'une salle souterraine très vaste ouvrant sur sept couloirs, avec en son centre une table et sept sièges taillés dans un matériau lisse comme du métal et dur comme la pierre.

De nombreuses controverses sont venues alimenter un scepticisme bien compréhensif à l'égard de telles affirmations. Ainsi, de par la complexité de l'affaire et des nombreux intervenants, mon approche ne consistera pas à vouloir prouver la réalité ou non de toutes ses allégations mais simplement avoir le soucis de mettre en lumière les seuls éléments concis et prouvés de l'origine humaine d'une bonne partie du creusement de ce complexe souterrain. Et ils seront suffisamment impressionnants pour ne pas avoir à s'aventurer sur des sentiers «non balisés»…

Moricz était un passionné de la vie des indiens de la montagne et surtout par les diverses légendes locales concernant l'existence bien cachée de nombreux souterrains, grottes et tunnels. Il s'installa donc pour un temps dans une tribu qui se distinguait par des tatouages spécifiques sur les joues et le menton. Il eu la surprise de découvrir un jour, les mêmes signes gravés sur une énorme pierre posée, en pleine jungle, devant l'entrée d'une grotte considérée sacrée par deux indiens de cette tribu. En réalité, les gens de la tribu veillaient depuis toujours sur cette entrée dont la tradition orale disait qu'elle accédait à un lieu interdit….

Le «décors» étant ainsi planté, qu'en disent succinctement nos deux journalistes français après avoir entendu les témoins. Ils sembleraient bien confirmer une caractéristique particulièrement intéressante qui révélerait **des couloirs et des souterrains ayant des surfaces latérales et supérieures lisses comme si la roche avait été fondue pour être percée.** Ils disent également posséder des photos réalisées à l'entrée des souterrains qui témoignent de cet état de choses. On peut raisonnablement valider cette affirmation de la part de journalistes connus et reconnus par la profession pour leurs différents travaux.

Cette particularité physique reste un point majeur pour l'identification de telles structures ne pouvant être que d'origine humaine. Nous retrouvons souvent cette constatations lors de comptes-rendus d'expéditions, comme ce fut le cas dans l'histoire précédente et d'autres qui suivront.

Les résultats de cette première expédition furent popularisés par **Erich von Däniken** en 1973, dans son livre, *L'or des Dieux*. En effet, Moricz et Däniken se rencontrèrent en 1972 (une photo les montrant ensemble le confirme) et ce dernier fut emmené vers une entrée secondaire aboutissant dans une grande salle et dans le labyrinthe. Erich von Däniken ne vit jamais les trésors décrits par Moricz mais inclua cet épisode dans son livre :

*«**Les passages forment tous des angles parfaits**. Parfois, ils sont étroits, parfois larges. Les murs sont lisses et semblent polis. **Les plafonds sont plats et ont parfois l'air d'être couverts d'une sorte de glaçage**...Mes doutes sur l'existence des tunnels souterrains ont disparu comme par magie et je me sentais extrêmement heureux. Moricz a déclaré que des passages, comme ceux par lesquels nous allions, pouvaient s'étendre pendant des centaines de milles sous le sol de l'Equateur et du Pérou.»*

Ce bref récit de Däniken possède au moins le mérite d'appuyer les dires de nos journalistes français mais cette histoire trouvera un nouvel élan consécutivement à la publication de son livre. Effectivement, un ingénieur britannique du nom de **Stan Hall** organisera en 1976 l'une des plus importantes et des plus coûteuses exploration de grotte jamais entreprise. Elle comprendra plus d'une centaine de personnes, dont des experts en différents domaines, des militaires britanniques et équatoriens, une équipe de tournage et…..l'ancien astronaute **Neil Armstrong !** Huit spéléologues expérimentés explorèrent minutieusement la grotte et en firent une carte détaillée.

La source **Wikipédia** rapporte qu'il n'y eu aucune preuve des affirmations les plus exotiques de Von Däniken, **bien que certaines particularités physiques de la grotte s'approchaient de ses descriptions** et que des éléments ayant un intérêt zoologique, botanique et archéologique y furent trouvés. Le chercheur principal rencontra la source indigène de Moricz, qui affirma qu'ils avaient enquêter sur la mauvaise grotte et que la vraie grotte était secrète.

Au vu de ce compte-rendu établi par Stan Hall à travers son livre, *Tayos Gold : The Archives of Atlantis,* paru en 2005, il ressort que même si l'entrée n'était pas la bonne, il valide tout de même officiellement les dires de Däniken concernant ***les particularités physiques de la grotte qui s'approchaient de ses descriptions,*** c'est à dire des parois lisses comme fondues lors du percement de la roche.

Si la tentative de Stan Hall s'est soldée par un demi échec, c'est qu'il existait effectivement plusieurs entrées différentes et plusieurs portions du réseau souterrain cloisonnées. Il existait ainsi une entrée sous le fleuve Pastaza qui semblait être le lieu où, en 1946, à l'âge de 16 ans, serait rentré pour la première fois **Pétronillo Jaramillo**, la source indigène de Moricz. C'est lui qui aurait donc donné à Moricz les renseignements originels concernant la grotte et les trésors archéologiques qu'il y avait découvert à l'intérieur et qui provoqua le lancement de l'expédition de 1969.

C'est à partir de ces indices que Stan Hall rencontra Pétronillo en 1996 et qu'une seconde tentative fut projetée pour 1998. Mais malheureusement, l'équatorien mourra assassiné en cette même année, un jour où il transportait une forte somme d'argent sur lui !!

Ainsi, et «fort opportunément» pour la très honorable science officielle, le dernier témoin de la localisation exacte de l'entrée de cette grotte fantastique se sera éteint avec son secret, Moricz étant décédé, quant à lui, en 1991 d'une crise cardiaque à l'âge de 68 ans. On pourra toujours dire que, quand le hasard s'acharne….

Enfin, et pour terminer sur une note positive et instructive, écoutons plutôt l'architecte et historien **Melvin Hoyos**, Directeur de la Culture et du Développement dans la municipalité de Guayaquil, évoquer son point de vue sur la grotte :

«*Pour commencer, je pense que la grotte des Tayos n'est pas une grotte, mais une œuvre de la main de l'homme, il n'y a rien de naturel qui puisse ressembler à la grotte de Tayos. Elle a le plafond entièrement coupé à plat avec un angle de 90° par rapport au mur. Il est très semblable à d'autres tunnels de caractéristiques similaires et d'âge dans d'autres parties du monde, ce qui nous conduit à penser qu'avant la glaciation du Wisconsin, il y avait un réseau de tunnels sur la planète, mais pour l'accepter, nous devrions accepter l'existence – avant de dire glaciation – d'une civilisation très développée.»*

Autant dire que les témoignages irréfutables rassemblés jusqu'à maintenant accréditent fortement les thèses de cet homme. Et si aucun trésor ne fut officiellement répertorié ou retiré de la grotte de Los Toyos, reste que son immense structure interne cyclopéenne et géométrique révèle à elle seule un substantiel trésor archéologique étonnamment et criminellement délaissé encore de nos jours par cette «industrie» de la science basée uniquement sur la dictature d'une connaissance largement biaisée afin de nous éloigner intentionnellement de nos véritables origines.

Notre long et nécessaire développement ne s'arrête pas encore et nous allons, dès à présent, faire un détour insolite du côté de chez nous, en France, dans une région aux racines mystérieuses liées aux légendes du Graal, aux Templiers et aux Cathares. Je veux parler du département de l'Aude et plus précisément du **Pic du Bugarach**.

Ce Pic appelé également Pech de Thauze, est le point culminant du massif des Corbières avec 1231 mètres d'altitude. C'est un endroit bien connu des milieux ésotériques en tous genres, mêlant vérités et absurdités les plus navrantes. Reste que ce relief, à proximité de Rennes-le-Château et caractérisé par les découvertes de l'Abbé Saunières, est un lieu qui mérite que l'on s'y attarde de par l'intérêt qu'il suscita, assez tôt, auprès de nombreux chercheurs plus ou moins sérieux d'ailleurs dans leurs études. Parmi ceux-ci, se distinguera un homme curieux et passionné, **Daniel Bettex**.

Il était citoyen Suisse et Officier de sécurité à l'aéroport de Genève. Dès 1960, il se prit de passion pour l'histoire cathare et étudia le secteur du Bugarach, peu ou pas prospecté à cette époque. Il débuta d'abord ses investigations par l'étude d'anciens registres sur la région qui déboucheront vers un intérêt grandissant sur les ressources minières et souterraines de la commune de Bugarach et de ses environs. C'est dans le cadre de ses recherches documentaires qu'une notice inédite sera retrouvée, intitulée : *«Mémoire sur la mythologie appliquée au Pech de Thauze».* Il s'agissait d'une thèse universitaire oubliée dont son intérêt résidera surtout sur le fait que l'étudiant s'appuya sur des archives historiques remontant jusqu'au 15° siècle. Cette thèse tendrait à prouver une corrélation entre certains sujets mythologiques et des lieux bien précis du Bugarach. A partir de ces premiers constats, **Daniel Bettex estimera plausible l'existence, sous le mont Bugarach, d'un de ces fameux accès vers le mythique monde souterrain de l' Agartha**. Accès qui, selon la tradition, déboucherait auparavant sur un cours d'eau souterrain paisible, profond mais praticable.

Différents éléments importants supplémentaires nous sont apportés par un spécialiste sérieux de la question, **André Douzet**, qui a bien connu directement certains des protagonistes de cette histoire. Il s'appuie avantageusement sur des documents officiels qui lui furent remis, à la mort de Bettex, par un contact proche de de ce dernier, Mme **Lucienne Julien**, institutrice et ancienne secrétaire de Mairie à Bugarach. Il put ainsi justifier de l'état civil de Daniel Buttex et des lettres et échanges avec la gendarmerie de Couiza, le Maire de la commune et le Ministère de la Culture qui lui accorda les autorisations indispensables de fouilles. Lucienne Julien était en étroite liaison avec cet homme qui lui faisait un compte-rendu régulier de l'avancée de ses différentes découvertes.

Avec le temps, un véritable mythe s'est installé autour de cette histoire, faisant même apparaître Bettex comme quelqu'un n'ayant jamais existé. Hors, une somme de documents irréfutables sont, comme nous venons de l'évoquer, entre les mains de Mr Douzet qui les montre et en parle régulièrement lors de conférences organisées autour de ce thème. Un livre a par ailleurs été écrit par ses soins : *«L'affaire Bugarach...Le dossier»* chez Septera éditions. Livre dans lequel apparaissent clairement les preuves, photos et documents que nous allons évoquer à présent et issues des propres recherches de Daniel Bettex.

Celui-ci avait besoin d'indices supplémentaires qu'il savait pouvoir trouver dans le village de Bugarach et plus précisément sous le château du village, dans une salle basse. Il fut apparemment le premier à faire des fouilles dans cette zone et y releva un graffiti inconnu de tout le monde composé de symboles, d'étoiles, d'un triangle cloisonné et du dessin d'un petit bateau associé à une roue. Il fit même faire par un architecte, un relevé à l'échelle 1/1 de l'ensemble du graffiti qui apparaît dans la documentation officielle.

Daniel Bettex mit ainsi plus de vingt ans pour situer le plus précisément possible le lieu de ses recherches sur le Pic du Bugarach. Il déterminera finalement un point situé sur le flanc de la montagne, au lieu-dit Font de Dotz, à 20 mètres d'un menhir. Une fois l'entrée (obstruée) du réseau de galeries découvert, il décida, afin de pouvoir travailler tranquillement, de taire radicalement l'endroit et amènera sur place tout le matériel nécessaire pour ses travaux, tout en brouillant les pistes, faisant croire à un objectif unique en rapport avec les fouilles du château.

Bettex mettra près de deux ans afin de dégager le passage pour s'avancer toujours plus loin sous la montagne. Finalement, au bout de tout ce temps, un événement particulier, début 1988, va précipiter les choses. En effet, Daniel Bettex avait pour habitude de venir se fournir en matériels sur la ville de Narbonne, toujours selon le témoignage de Lucienne Julien, avec une allure soignée et en habit de ville. Mais, ce jour là, exceptionnellement, il arriva à Narbonne en tenue de travail et particulièrement excité afin de récupérer des barres à mines. Mme Julien rapportera que Bettex lui dit, à ce moment précis, que dans moins de quarante huit heures il lui donnera une part d'une immense fortune qui ne sera qu'une maigre part de ce qu'il va remonter à la surface !

Cet épisode unique et plutôt révélateur d'une découverte imminente va aboutir douloureusement à la conclusion de cette longue aventure. En effet, quelques jours seulement après les déclarations très prometteuses de Bettex, on ne verra pas ce dernier ressortir de sa galerie....Il était pourtant un homme parfaitement organisé et sortait invariablement de son tunnel à une heure précise. Son épouse était ainsi prévenue qu'en cas de retard, il fallait prévenir les secours. Et c'est bien ce qu'elle fit ce jour là, en l'absence de nouvelles de son mari. Les secours, arrivés sur place, remontèrent, peu de temps après, le corps de Daniel Bettex inconscient, complètement déshydraté et, comme diraient certains, à l'aspect «desséché». Il fut immédiatement transporté, dans le coma, vers l'hôpital de Carcassonne qui, ne pouvant rien faire, le transféra à Toulouse. Son état incompréhensible ne s'améliorant pas, son épouse décida de le faire rapatrier par avion sanitaire directement vers la Suisse. Cela ne modifiera en rien son problème puisqu'il décédera 3 semaines plus tard, le 9 février 1988, sans jamais sortir de son profond coma !

Voici donc la fin de parcours dramatique d'un homme patient, motivé, organisé et qui avait très certainement mis le doigt, et peut-être plus, sur quelque chose qui l'aura probablement dépassé, voire même «consumé» à certains égards. Personne ne connaît, à ce jour, les causes réelles de son décès car aucune autopsie ne fut jamais révélée. Son épouse coupa tous contacts et ne voulut plus entendre parler de cette histoire qui la priva de son mari.

Reste donc un mystère entier, avec une question lancinante : que s'est-il donc passé ce jour là, sous terre et au bout de ce tunnel ? Nous n'obtiendrons certainement jamais la réponse à cette question, par contre, je vous livrerais un sentiment ou une impression qui n'engagera que moi. Il est attesté que Daniel Bettex était toujours, par sécurité, accompagné de quelqu'un qui l'attendait à l'entrée de la galerie. Certainement son épouse ou une personne de confiance. Cela écartera d'emblée un acte délibéré d'élimination d'une personne devenue trop gênante….Il n'a pas été entendu, non plus, le moindre bruit de déflagration ou éboulement interne ayant pu entraîner cet accident. Reste donc comme seul indice réel, le problème de déshydratation sévère caractérisant l'état désespéré de Bettex. Un tel pronostic sérieux et subit ne peut absolument pas correspondre à un manque d'hydratation suite à des efforts courants qu'il pratiquait régulièrement dans des créneaux horaires bien déterminés.

En conclusion, l'incident qui lui coûta la vie ne peut être, à mon idée, que la conséquence d'un événement insolite qu'il n'aura pas pu apprécier à sa juste valeur ou plutôt à son juste danger. Il est certain que cet homme était sur le point de faire la découverte de sa vie. Il y avait mis toute sa passion, son intelligence, son courage, sa détermination pendant près de 28 années ! Son décès, lié à cet acharnement, est malheureusement le signe qu'il avait trouvé «son trésor». Mais un «trésor» certainement d'une telle importance qu'il ne pouvait être accessible au «commun des mortels», hormis si celui-ci pouvait être en capacité «énergétique», c'est à dire en corrélation avec une haute conscience appropriée et compatible afin de recevoir un tel cadeau matériel et plus probablement, spirituel. Une entrée interdite vers l'Agartha ou vers un centre de savoir secret aurait pu initier l'établissement d'une «barrière énergétique infranchissable» ayant pu entraîner sa mort. Si excentrique puisse vous paraître cette idée, vous verrez dans l'histoire suivante, que cela peut s'avérer être une protection utile et efficace.

Certes, me direz-vous, mais nous arrivons là dans le domaine de l'ésotérisme le plus profond. C'est vrai, mais est-ce pour autant qu'il faille faire systématiquement l'impasse sur des considérations qui nous dépassent toujours, à partir du moment où nous ne savons pas les expliquer ? Le vrai courage, c'est de dépasser ces à priori !

Et justement, certains organismes très officiels ont justement dépassé ces à priori depuis fort longtemps en prenant bien soin de nous maintenir en permanence dans l'ignorance totale de secrets jalousement gardés liés à nos origines….souvenez-vous de la Smithsonian Institution !

Et ce qui me motive vers cet aspect des choses et qui prouve que Bettex était sur la bonne voie, est le résultat d'une riche initiative rapportée par Mr André Douzet. En effet, il précise dans ses conférences, qu'il fît réaliser, par une équipe de spéléologues catalans, une exploration de la galerie de Bettex (après son accident). Il expose d'ailleurs dans un diaporama (ainsi que dans son livre) deux photos en couleur prisent par leurs soins ainsi qu'une autre, en noir et blanc, d'origine de Daniel Bettex. Cette exploration mettra en lumière qu'il existait en fait deux galeries… **retaillées non naturelles** (ce que l'on parvient à constater de visu sur au moins une des photos), **ce qui démontre indéniablement une intervention humaine quant à leur origine.** Autre particularité relevée et répertoriée sur photo, est la représentation, au plafond d'une des deux galeries, **du graffiti d'un arbre avec ses racines accompagné de lettres ou d'une phrase utilisant un alphabet inconnu ainsi que deux autres illustrations plus petites.** En tout, deux éléments extrêmement riches de signification qui dénotent raisonnablement l'établissement ancien d'un réseau construit sous la montagne tel que l'avait imaginé puis découvert Daniel Bettex.

L'épilogue de cette étrange histoire illustrera d'ailleurs parfaitement bien l'attitude ambiguë et inappropriée de l'État à l'issue de cette affaire. Effectivement, quelque mois après le décès de Daniel Bettex, sa plus proche collaboratrice, Mme Jullien en sa qualité de secrétaire général de **la société du Souvenir et des Etudes Cathares**, demanda plusieurs fois au Ministère de la Culture de pouvoir bénéficier de la poursuite des recherches entreprises par Bettex. Enfin, après une certaine attente, le Ministère en question lui opposa une stricte interdiction et fit obstruer l'ouverture de la galerie par des rochers et gravats en scellant le tout avec du béton (ainsi que les fouilles sous le château) ! Il paraît évident qu'une telle décision est en contradiction totale avec la recherche d'une vérité, quelle qu'elle soit. Par contre, de leurs côtés, certaines autorités très officielles ne manquèrent pas de réaliser, dans la discrétion la plus totale, des fouilles substantielles dans la région qui nous intéresse.

Car concrètement, à **Camp sur Agly**, un petit village situé à l'Ouest de Bugarach, d'étranges fouilles furent menées par le CNRS vers 1980. Officiellement le projet s'appelait *«gisement du néolithique final dans le Fenouillèdes».* L'objectif était de fouiller dans le flanc Ouest du Pech de Bugarach, à partir de la grotte de Chincholle. Mais très curieusement, le site attira une quinzaine de chercheurs d'origines très diverses dont des américains et des israéliens. Le fait est que l'on peut encore visiter aujourd'hui ce site perforé par 20 puits d'environ 100 mètres de profondeur et interconnectés. Ce projet aura été actif jusqu'en 2002, date à laquelle sera observé un départ précipité de l'ensemble du dispositif !

Je n'en rajouterai pas davantage sur le parcours initiatique de cet homme découvreur passionné qui, par son involontaire sacrifice, viendra honorablement alimenter une base de données pertinente sur le sujet qui nous intéresse. Pour plus d'informations, je vous laisse le loisir du visionnage d'une conférence de Mr Daniel Douzet organisée par l'association *Terre de Redhaé*. Visible sur youtube : youtube.com/watch?v=L-SnaiUhfpQ

    Afin de conclure ce long chapitre des explorations, j'ai tenu, bien évidemment, à conserver le meilleur et le plus récent pour la fin. Le récit qui va suivre pourrait servir de scénario à la réalisation d'un film dépassant les idées les plus folles des meilleurs auteurs de science-fiction. Et pourtant, si l'on considère comme établie la réalité d'une existence et d'une présence extraterrestre sur Terre depuis fort longtemps, cela devient alors subitement un document fabuleux à mettre d'urgence à la disposition de chacun d'entre-nous. En corrélation avec cet argument, les journaux anciens dont nous venons minutieusement de décortiquer les articles stupéfiants concernant les découvertes de Géants momifiés dans des structures souterraines réalisées par l'homme, il y a des milliers d'années, traduisent très exactement la démonstration de l'existence (non révélée intentionnellement) de peuples liés à des connaissances particulièrement anciennes, et pour certaines avancées. Leurs origines inconnues laisseraient place à toutes les suppositions, si extraordinaires soient-elles. Ainsi, gardons-nous bien de considérer les informations qui vont suivre comme une énième mystification élaborée pour des gens en mal de sensationnel.

    Je tiens à signaler auparavant, qu'une bonne partie des informations délivrées ici sont tirées de quatre livres publiés en Roumanie, avant 2009, par l'un des témoins principaux de cette histoire, **Radu Cinamar.** Par confidentialité et vu la teneur explosif des propos de ces ouvrages, ce nom d'écrivain est un pseudo qui pourrait correspondre à une personne civile, n'ayant aucun rapport avec le monde militaire ou scientifique. Les premières traductions françaises ne verront le jour qu'en 2016, grâce aux éditions Atlantes, sur la base de ces mêmes ouvrages déjà publiés aux Etats-Unis à partir de 2009. Je souligne également que cette documentation littéraire étant la seule décrivant précisément ces découvertes, je me limiterai au développement de généralités sans entrer dans des détails qui représentent le corps principal des livres et qui restent dans le domaine du droit d'auteur. Le plus pertinent pour vous, sera de prendre le temps de consulter, par la suite, ces différents ouvrages passionnants dont je donnerai le listing plus loin.

Tout commence en 2002, lorsqu'un satellite US de reconnaissance repère une mystérieuse cavité sous **les monts Bucegi en Transylvanie**. S'en suivra, ce que l'on pourrait nommer, la plus grande découverte archéologique de tous les temps réalisée par le «Département Zéro» qui est une section autonome des services secrets roumains puisqu'elle s'attache en particulier au traitement des affaires liées au paranormal. Cette découverte, qui s'avère être une très ancienne structure artificielle technologiquement avancée non humaine, fera l'objet de sévères tensions entre le Pentagone et la Roumanie qui voulait rendre publique cette information capitale. Les Etats-Unis exercèrent ainsi une pression diplomatique colossale afin d'enrayer cette divulgation. Des compromis et arrangements furent trouvés avec, entre-autres, l'adhésion anticipée de la Roumanie au Pacte de l'Otan ainsi qu'un moratoire de dix ans avant les premières révélations publiques sur cette affaire. Force est de constater, qu'à ce niveau décisionnaire, même les engagements signés ne sont que poudre aux yeux, étant donné le silence total pesant sur ces découvertes et persistant toujours à l'heure actuelle.

Les implications de ce dossier devinrent également et rapidement plus complexes en raison de l'ingérence brutale mais facile, de la haute Franc-maçonnerie mondiale, voulant à tout prix conserver un rôle de superviseur dans toutes les opérations à venir. Dire que ces personnages, élites de ce monde, sont au sommet de toutes nos structures stratégiques n'est qu'un doux euphémisme. Ils parvinrent donc à court-circuiter les services secrets roumains afin de suivre le déroulement des événements, de l'intérieur même du dispositif. Nous verrons plus loin que la seule barrière permettant de limiter leur intrusion sera une question «d'énergie».

Et justement, avec l'aide d'un spécialiste roumain (Prénommé Cézar dans le livre) doué des facultés paranormales nécessaires pour lever les barrières énergétiques protégeant le lieu, et de militaires américains dotés de technologies de pointe dont une foreuse à jet de plasma permettant de «fondre» rapidement la roche, ils purent accéder, en 2003, à un hall immense d'archives secrètes lié à l'histoire de la Terre et doté de technologies très avancées laissées par une civilisation inconnue de géants (étant donné les proportions énormes des matériels et ustensiles découverts sur place), sous le milieu de la montagne. De ce hall seront identifiés trois tunnels reliés à d'autres lieux de la planète, dont un vers l'Egypte, un autre vers le Tibet et le **dernier vers le centre de la Terre, c'est à dire vers la «mythique» Shamballa**. Ces trois tunnels feront l'objet d'explorations, faisant chacune le sujet d'un livre les détaillant.

Ce scénario fabuleux lié à l'existence de ce complexe souterrain au sein des montagnes du Bucegi reste un secret «inclassifiable» extrêmement bien gardé au niveau de sphères n'ayant plus rien à voir avec la politique. Pourtant, de l'avis même de Mr **Cristel Seval** des éditions Atlantes qui s'est rendu sur place, il y confirme, de visu, l'existence de zones militaires interdites alors qu'aucun site militaire n'est implanté dans le secteur !

Passé le cap des généralités, déjà suffisamment éloquentes, je m'en tiendrai aux spécificités de cette découverte qui, vous allez le constater, vont nous remettre en mémoires certaines constatations troublantes précédemment évoquées dans plusieurs récits.

Je me suis juste permis de retranscrire succinctement les quelques lignes de commentaires précieux issus des premiers témoins décrivant la structure de la galerie principale menant au hall des archive, cela me permettant d'en révéler une riche conclusion. Voici ces quelques lignes :

*«Les murs et le sol étaient faits de roche parfaitement travaillée.....Je l'ai touchée, **elle était couverte d'une matière à la fois synthétique et étrangement organique. Cela avait la couleur du pétrole, mais certains endroits se moiraient de reflets verts et bleus. Des traits irréguliers provoquaient une impression visuelle de vagues.....Il ne pouvait être ni rayé ni courbé...»***

*Les chercheurs américains ne peuvent pas se prononcer sur la nature du matériau **car ils sont incapables ne serait-ce que d'en prélever un échantillon...*»

Ces quelques éléments remarquables, tirés du premier livre de la série, m'ont immédiatement remis en mémoire le récit du **Dr Antonin Horak**.. Ils sont d'une similitude à couper le souffle !

Je ne peux faire autrement que de reprendre ses propres phrases afin que vous puissiez établir rapidement un comparatif surprenant des deux témoignages :

«*La paroi est uniformément noire-bleue, son matériau semble allier les matières de l'acier, du silex et du caoutchouc....La pioche n'y laisse aucune marque....Un aspect finement cannelé, comme ondulé verticalement....Je souhaitais obtenir un échantillon particulier du mur mais malgré le tir de deux balles...je reçus simplement des ricochets...des marques...*»

Ajouté à cela que ces deux témoignages se situent dans des pays très proches (Ex-Yougoslavie/ Roumanie), il n'y aurai qu'un pas afin de corréler ces différentes découvertes et caractéristiques jumelles séparées de plus de cinquante ans !

La seconde caractéristique, apparaissant avant et à l'arrivée dans le hall d'archives, reste l'immensité des accès (galerie, ouvertures, hall) ainsi que la taille des divers équipements intérieurs (dont un casque décrit dans l'ouvrage permettant de se connecter à un système et d'une taille disproportionnée pour un crâne humain). La conception de l'ensemble de ces diverses structures et matériels artificiels dénotent ainsi invariablement une utilisation adaptée pour des entités de grande taille donc, ce que l'on a couramment décrit jusqu'ici dans une majorité d'histoire reproduites dans les journaux, c'est à dire des géants issus d'une origine terrestre ou extraterrestre. Et lorsque l'on commence à additionner en permanence ce type d'anomalies physiques courant depuis de nombreuses générations (et nous le confirmerons dans le chapitre archéologie qui suivra), cela revient à nommer ce constat, la preuve d'une existence flagrante !

La troisième spécificité relative au complexe souterrain du Bucegi reste bien entendu l'existence de ce vaste réseau de galeries qui s'étend dans plusieurs directions, vers trois régions principales du globe que nous avons déjà notées et dont l'une, plus particulièrement donnant un accès direct vers le centre de la Terre ou Agartha qui fera l'objet d'un voyage et d'une description fabuleuse de la part de Radu Cinamar, à l'image d'un **Byrd** ou d'un **Jansen**.

Enfin, afin d'établir un parallèle révélateur avec l'affaire Bettex précédemment étudiée, nous allons évoquer les conséquences désastreuses d'une méconnaissance de la puissance des forces énergétiques entrant en ligne de compte dans ce type de découverte sensible, car d'un haut niveau vibratoire. L'action se déroule à l'entrée du tunnel principal protégé par une barrière énergétique invisible, destinée à stopper tout individu ne possédant pas une conscience suffisamment élevée et qui pourrait, par conséquence, faire un usage négatif des connaissances et avancées technologiques déposées dans le hall des archives. Voici ce qui arriva à quelques militaires n'ayant pas tenu compte des avertissements :

«Il est probable qu'ils se soient trop rapprochés du barrage, car quelques instants plus tard nous avons entendu un bruit étrange et très puissant, comme la détonation d'un court-circuit. Nous les avons trouvés au sol, à la base inférieure de la barrière invisible, leurs corps dans des positions étranges. Tous morts. Une mort instantanée par arrêt cardiaque.....Le Général Obadea a seulement effleuré du doigt la barrière énergétique, et même s'il ne lui est rien arrivé de grave, il a été pris d'un malaise et d'une soudaine sensation de vomissement....»

On ne parle pas ici de déshydratations subites ayant entraîné un coma, puis la mort mais simplement d'actions irréfléchies ayant conduit sensiblement à des conséquences similaires. Et dans l'affaire Bettex, les mêmes conditions restrictives d'accès auraient pu être parfaitement réunies afin de l'empêcher de pénétrer dans un haut lieu sensible et préservé d' intrusions non désirées d'êtres «vibratoirement» non compatibles.

Après ce riche survol de découvertes et d'explorations en tous genres, je pense qu'il est temps et nécessaire maintenant de porter un regard précis, avec des éléments actuels, sur la compréhension du

concept de Terre creuse visant à démystifier des faits et l'origine des conséquences d'actes irréfléchis que nous venons de décrire.
Bibliographie : Auteur Radu Cinamar. Editions Atlantes
Tome 1 : Découverte au Bucegi
Tome 2 : Le Mystère égyptien
Tome 3 : A l'intérieur de la Terre

Singularité du concept «Terre creuse»

La synthèse qui va suivre sera en quelque sorte une vulgarisation de connaissances au travers d'enseignements acquis dans de nombreuses lectures. Le sujet étant fort complexe, je ne m'appuierai que sur des bases les plus simples possibles afin de ne pas vous égarer dans les méandres d'une science souvent nébuleuse à dessein, ceci afin de garder l'être humain à distance et sous dépendance totale de leurs dogmes et doctrines.

En guise d'entrée en matière, je vous propose deux citations d'origine des deux plus grands génie de la science du XXème siècle. Ensemble, elles doivent vous engager à prendre conscience en une autre réalité insoupçonnable dont ils avaient commencé à soulever une part du voile :

«Si vous voulez trouver les secrets de l'univers, pensez en terme d'énergie, de fréquence, d'information et de vibration.»
Nikola Tesla

«J'affirme que le sentiment religieux cosmique est le motif le plus puissant et la plus noble de la recherche scientifique.»
Albert Einstein

En réalité, lorsque l'on tient à aborder clairement et scientifiquement la manière d'«envisager» ce que représente en définitive la «terre creuse», il faudra prioritairement et absolument dépasser son propre plan de conscience limité et basé depuis toujours sur des considérations purement matérielles élaborées par des scientifiques matérialistes et sur des dogmes et doctrines religieuses trompeuses. En effet, lors de l'écriture de mon premier livre, qui définissait plus particulièrement les caractéristiques des manipulations dont est toujours cruellement victime l'être humain, j'avais tenu à démarrer cet ouvrage par une remise à plat des véritables origines de l'homme en dehors de tout concept religieux. Ceci, afin d'en faire émerger la caractéristique «scientifique» primordiale de notre nature divine. Divine car originelle d'une Source Créatrice Universelle innommable «dotée» d'une conscience énergétique Divine incommensurable et à l'intérieur de laquelle tout existe, tout se créé, vit, puis revient à son origine. C'est à dire pour parler simple, la construction d'un univers fini qui s'expanse et se repli sur lui-même afin de revenir à sa source, selon un mouvement immuable.

Alors pourquoi devoir en passer par ce cheminement lâchement repoussé systématiquement par l'être humain ? **Et bien parce qu'il est vital d'insister sur le fait que l'homme d'aujourd'hui a oublié, depuis très longtemps, QUI IL EST vraiment, et que si sa situation actuelle est à ce point dramatique et au bord de la rupture, c'est qu'il contribue, d'une manière irréfléchie et substantielle, à la générer et à l'entretenir lui-même de cette façon à cause de son ignorance coupable (et entretenue par d' «autres») sur la connaissance de ses origines.** S'il connaissait seulement son potentiel intérieur original, alors il cesserait immédiatement de cultiver la partie sombre de sa personne afin de se tourner vers sa partie lumineuse qui est sa nature première. Pour faire court et selon une maxime bien connue et que tout le monde se devrait de méditer : *«Pour savoir où l'on va, il faut d'abord savoir d'où l'on vient»* !

Alors, vous allez me dire que l'on s'éloigne significativement de notre sujet....sur ce point, je vous répondrais qu'au contraire, si l'humain persiste à refuser cette sagesse et cette connaissance, s'il continue de nier des évidences et sa nature profonde, il sera inutile pour lui d'aller plus avant afin de comprendre, par exemple, ce que représente le centre de la Terre, sa constitution et les contraintes liées à son accès.

Je comprends aisément que le «challenge» soit difficile à accepter. L'homme ne sait déjà plus qui il est au fond de lui et on lui demande, de surcroît, d'imaginer la Terre comme un organisme vivant ayant des potentialités phénoménales, un peu à l'image de l'homme ! Et bien oui, le rapport est quasiment identique, sauf que l'homme est l'homme et qu'une planète reste une planète. La différence ne tient qu'à la fonction et à la contribution de chaque «entité» dans le plan divin de la création. Ainsi, une planète ne doit pas être assimilée à une simple boule de terre mais EST un organisme vivant créé au même titre que l' homme et, à ce titre, possède elle aussi une évolution propre ainsi qu' un coeur ou une âme dont le siège se situe au centre de son globe et que nous définirons plus précisément un peu plus loin ! Ce n'est pas pour rien que certains «petits» peuples, plus évolués que nous, la nomment *«Notre mère la Terre»*. Terre vivante qui se «fâche» actuellement face à la stupidité humaine….

Alors, à ce stade, je ne vais pas m'employer ou avoir la prétention de vous dicter des arguments spirituels, ceci afin de vous convaincre d'avancer subitement en conscience vers la connaissance et la sagesse, d'autant plus si aucun «travail» n'a été réalisé de votre côté jusqu'à maintenant. D'une part cela ne fonctionnera pas et d'autre part, ce cheminement reste une responsabilité toute personnelle qui devra éclore en vous, à un moment donné du parcours de votre vie, ou dans la suivante si rien ne s'est passé, ici et maintenant….

Mon objectif unique sera donc de vous apporter les bases d'une nouvelle compréhension ou si vous préférez, construire une vulgarisation du phénomène que représente la «structure» interne de la planète Terre et commune à toutes les planètes de l'univers, comme l'avait judicieusement souligné **William Gardner**. L'essentiel dans cette démarche se résumant à vous faire entendre au moins une fois cette démonstration afin, peut-être, d'initier chez vous une réaction ou une ouverture plus rapide le jour ou certains événements vraiment graves et perturbants se produiront, toujours plus nombreux, à la surface de la planète.

Comme l'imagine 99 % de la population mondiale (va y avoir du travail!), au regard de ce que nos grands scientifiques lui ont répété depuis toujours, si l'on creuse la terre, on trouvera, pour résumer : du sable, des cailloux, un manteau rocheux, de l'eau, de la lave, le noyau liquide et le noyau solide. Cela représente donc obligatoirement quelque chose de physique, composé de diverses matières, et adapté à notre esprit qui a été formaté et éduqué en ce sens.

Et bien sachez que cela est, en partie, un concept limité, inventé par la science et qui ne repose sur aucun éléments tangibles et vérifiables étant donné que personne n'a jamais été voir, ni pu mesurer, ni pu prélever réellement un échantillon de ce qui se trouve au centre de la Terre. Les scientifiques ne font qu'interpréter des éléments de mesures internes qu'ils adaptent opportunément à ce qu'ils connaissent des lois physiques régnant à la surface de la Terre.

Par exemple, nos scientifiques ont déterminé, un jour, que notre noyau central serait une sphère métallique qu'ils choisirent délibérément de composer de fer et de nickel car, de cette façon, **ils «construisaient» une solution qui reposait et s'adaptait sur les effets gravitationnels et sur le champs électrique et magnétique de la planète**. Il s'agit en fait de la construction d'un modèle mathématique en trois dimensions qui, comme nous l'avons évoqué précédemment, limite la compréhension «spirituelle» de ce que représente réellement notre planète. Comprenez que ce constat n'est absolument pas le reflet d'une invention de ma part. **Les chercheurs n'ont véritablement jamais eu la moindre confirmation de l'existence de traces de nickel ou de fer au centre de la Terre. Comment auraient-ils pu les posséder par ailleurs ?**

Ce qu'il ressort d'une autre conception, bien plus pertinente, est que c'est la matière dense de la planète qui génère une vague ou une onde qui se développe dans les trois composantes : masse, espace et temps. **En fait, le champ magnétique terrestre n'est rien d'autre que la marque ou la «vague» de la présence physique de notre planète dans l'univers. On pourrait tout aussi bien l'appeler l'effet d'un écho ou d'une résonance magnétique.**

Nous le constaterons plus loin avec la théorie de la relativité d'Einstein…..

En abordant ce sujet, il faut savoir que la science moderne toute puissante a construit son modèle de constante gravitationnelle de la planète Terre grâce à une mesure qui date de….1798, d'après les expériences de **Henry Cavendish** ! Lisez bien les résultats de son expérience :

La constante gravitationnelle G a été mesurée pour la première fois grâce à une balance de torsion avec deux boules en plomb placées le long d'une tige horizontale. La connaissance du moment d'inertie de l'ensemble tige+boule et de la constante de torsion du fil de suspension permet de calculer la fréquence des oscillations de la balance. La très faible attraction causée par deux autres boules, placées indépendamment à l'extrémité de la tige, cause une légère modification des oscillations, et permet de calculer la force de gravité entre les boules, et ainsi la valeur de la constante de gravitation.

Résultat de la mesure d'une constante destinée tout de même à mesurer la masse de la Terre… Et cela avec deux billes en plomb de quelques centimètres, totalement neutres électriquement, c'est à dire induisant une impasse coupable sur les effets de forces électriques et électromagnétiques existantes **à l'extérieur et à l'intérieur de la planète** et qui influent sensiblement sur la gravitation, tel qu'il est mesuré **dans la structure d'un atome**. Juste pour rappel, il faudrait prendre en considération que toute matière vivante ou matière inerte ou tout ce qui est matériel est constitué d'atomes. Il s'agit de l'élément de base de la matière. Comment fonctionne t-il ? Et bien, **c'est l'interaction électromagnétique entre le noyau et les électrons qui est responsable des mouvements des électrons autour du noyau d'un atome. Cette force agit sur tous les éléments qui ont une charge électrique.**

Sauf que la science, afin d'appuyer la théorie de Cavendish, a décidé que la Terre était neutre d'un point de vue électrique….

La précision de cette valeur a peu changé depuis cette première expérience, tout en sachant qu'une très légère vibration due au passage d'un simple véhicule dans la rue pouvait compromettre la précision de la mesure. Une récente étude (Gillies, 1997) a montré que les valeurs publiées de la constante varient beaucoup et que des mesures plus récentes et plus précisent s'excluent mutuellement.

    Ainsi, l'existence de cette constante associée à l'expression de Newton, vieille de 300 ans, ne peut constituer qu'une mince hypothèse avec des bases de travail plutôt fragiles voire trompeuses, c'est le moins que l'on puisse dire. Et pourtant, renseignez-vous, car c'est bien et en bonne partie grâce à cela, et à partir de cela, que notre science, dite moderne, fonctionne encore de nos jours. Les scientifiques en ont donc déduit qu'il existait un noyau solide au centre de la Terre….en se conditionnant avec le temps à travers les connaissances et vieilles expériences du passé. Et tout cela malgré l'avènement de **la relativité générale initiée par Albert Einstein entre 1907 et 1915 !**

    En effet, la relativité générale est une théorie relativiste de la gravitation, c'est à dire qu'**elle décrit l'influence sur le mouvement des astres de la présence de matière. Elle englobe et supplante ainsi la théorie de la gravitation universelle d'Isaac Newton.** Cette relativité est fondée sur des concepts radicalement différents de ceux de la gravitation newtonienne. Elle stipule notamment que la gravitation n'est pas une force, mais **la manifestation de la courbure de l'espace (en fait de l'espace-temps), courbure elle-même produite par la distribution de l'énergie, sous forme de masse ou d'énergie cinétique.** Cette théorie moderne annonce des effets majeurs absents de la théorie newtonienne **mais vérifiés, comme l'extension de l'univers, les ondes gravitationnelles et les trous noirs.**

    Einstein rejoint ainsi ce que nous avancions précédemment, **c'est à dire la constatation d'une «marque ou empreinte énergétique» générée par la masse planétaire ou son volume dans l'espace-temps**, indépendamment de la présence du «poids magnétique» d'un quelconque noyau solide central, ce qui représente un changement radical. **En d'autres termes, les scientifiques croient et nous amènent à croire fermement en quelque chose qui n'existe tout simplement pas malgré les conclusions pertinentes et avant-gardistes d'Albert Einstein.**

Mais, ce n'est pas tout, car la science compte également sur les effets **des ondes sismiques** afin d'imager et de «coller» à ses fausses certitudes sur la présence d'un noyau solide au centre de la planète. C'est par la mesure des ondes liées à des séismes, se produisant à la surface de la Terre, qu'ils tendent à démontrer ce caractère solide. En effet, ce sont les sismographes répartis partout dans le monde qui relèvent effectivement la propagation de ces ondes qui traverseraient le manteau solide intérieur et se répercuteraient sur la surface opposée du globe. En résumé, ils en déduisent ainsi qu'une onde, ayant pu traverser la Terre de part en part, leur permettra de connaître la composition du centre de la Terre, sa pression, sa taille, sa structure. Et, ensuite, ces différentes analyses seront soumises à des modèles mathématiques complexes toujours basés sur des suppositions….**Car leur modèle peut tout aussi bien ne représenter que la seule résultante de la propagation des ondes voyageant uniquement à travers le seul manteau solide interne, sans pouvoir aller réellement au-delà de celui-ci.** Toute leur démonstration n'étant encore une fois basée que sur des hypothèses...

Alors, maintenant quel nouveau concept pourrait-on mettre en avant afin de matérialiser ce qui existerait au centre de la planète ? Cette nouvelle vision repose en fait sur le caractère singulier interne et central de sa naissance et du début de son évolution. Et c'est bien à partir d'ici que l'on assiste à cette résistance scientifique qui refuse obstinément de concevoir un modèle supérieur de notre réalité purement physique. La mécanique quantique, qui est une science à part entière, aurait pu initier un certain éveil de ce matérialisme outrancier et pourtant, à l'heure d'aujourd'hui, ce n'est toujours pas le cas….

C'est ici que nous nous trouvons à la croisée des chemins. Comme je l'ai indiqué précédemment, le «soleil» du centre de la Terre représente son coeur, sa connexion et son lien indéfectible avec la réalité suprême. Conceptuellement parlant, il s'agit de son âme possédant les mêmes caractéristiques et attributions que l'âme de n'importe quel être humain. La notion est importante car c'est elle qui nous fournira l'élément essentiel à la compréhension de l'accessibilité vers le centre subtil de la Terre.

Pour l'heure, tout cela est bien joli mais nous n'avons pas encore défini quel serait le type d'organisme qui pourrait représenter ce coeur ou ce «moteur» de la planète. **Et bien ce coeur, cette âme, ce soleil n'est autre que ce fameux <u>trou noir</u> en face duquel les scientifiques restent dubitatifs quant à son origine et à sa fonction précise dans l'univers.** Et ce qui vaut pour une planète ou un soleil l'est également pour une galaxie qui possède réellement en son centre un énorme trou noir.

Mais alors, quelle serait l'origine d'un trou noir et qu'en est-il de sa mécanique céleste ? A ce titre, il est nécessaire de revenir à la création de l'univers et plus précisément dans les premiers stades où le vide occupait tout l'espace avec la présence de trous noirs. Ce sont eux qui furent les véritables «entités motrices créationnistes» de tout ce qui compose l'univers que nous connaissons. C'est à partir de ces vortex dynamiques que fut généré le premier élément indispensable à la vie, soit une condensation d'eau subtile ou éthérique expulsée dans le cosmos sous forme de glace. Consécutivement, cette glace viendra se mélanger à tous types de matières, gaz et poussières cosmiques. Ainsi constituée, cette «structure» minérale passant à proximité d'un trou noir sera captée par celui-ci formant ainsi comme une obturation autour du vortex. Se produira alors une agglomération lente et progressive de cette matière qui constituera la croûte de la future planète, bloquant, de ce fait, l'action du trou noir resté «emprisonné» à l'intérieur.

Vous resterez probablement sceptiques face à cette perspective et je peux le comprendre. Pourtant, vous serez surpris d'apprendre que certains constats scientifiques, pris dans un concept d'observations d'ordre général, parviennent à confirmer en grande partie ce que nous venons d'exposer. Ainsi, en 2016, dans le n° 827 de science et avenir, nous trouvons ceci en titre d'un article :

*«**Le trou noir géant situé au coeur de notre galaxie,** à 27 000 années lumière, semble soudain s'être réveillé et **dévore toute la matière qui passe à proximité en décrivant une spirale**...Mais avant*

de disparaître à jamais, **elle forme un disque qui rayonne autour du trou noir.** *Un tel regain d'activité laisse les astrophysiciens perplexes.»*

Hormis le fait que cette observation confirme bien la présence d'un trou noir au centre de la galaxie (je rappelle que le principe reste identique pour une planète), qu'il absorbe bien la matière dans son vortex, qu'il semble réellement «emprisonné» au milieu de cette galaxie, il nous délivre également un indice très intéressant dans le sens où il décrit la consistance de la matière qui forme un disque rayonnant autour du trou noir avant de disparaître. **Cet aspect là est une caractéristique assez précise de ce que pourrait être la lumière générée par le trou noir au centre de la Terre** et cette observation, pourtant très lointaine, à 27 000 années lumière, la détecte parfaitement bien. C'est donc à partir de ce double rôle de générateur et «convertisseur» permanent de matière en lumière, que **le trou noir trouve sa fonction de soleil central sombre car sa luminosité n'est pas aussi forte que le soleil extérieur**, ce que rapportera, entre-autres, le vieux **Jansen** dans son livre.

En plus de ces potentialités exceptionnelles se génère, grâce à lui, un certain équilibre de taille et de poids de notre planète, car s'il n'y n'était pas présent depuis sa naissance, il faudrait imaginer le volume immense de la Terre avec une accumulation permanente de matière depuis 4,5 milliards d'années ! L'autre point sur lequel il est nécessaire de revenir, est l'arrivée miraculeuse de l'eau sur notre planète apportée par la chute (toujours supposée) de multiples météorites de glace qui auraient créés les océans ainsi que les énormes étendues d'eau situées sous la terre ! Comme nous l'avions décrit précédemment, la naissance de cette «eau cosmique», que le monde scientifique a le plus grand mal à définir précisément sans la construction d'équations complexes à base de «plusieurs inconnues», serait issue directement de la dynamique de rotation d'un trou noir éjectant cette condensation d'eau subtile sous forme de glace directement dans le cosmos. Et, bien entendu, cette potentialité s'accordera parfaitement avec la fonction identique d'un trou noir présent au centre de la Terre, produisant ce fluide en formant par ce biais, les eaux intérieures et océans extérieurs.

Ce processus n'est, bien évidemment, pas connu des astrophysiciens même si certains se démarquent avantageusement du lot en nous offrant quelques pistes qui vont encore bien étrangement dans le sens de ce que nous venons d'exposer. Je veux parler en particulier du très célèbre physicien **Stephen Hawking** qui fut le premier à soulever l'hypothèse que les trous noirs pouvaient émettre quelque chose et en particulier des ondes. Voici d'ailleurs ce qu'il en disait :

«Ils ont longtemps été considérés comme des prisons éternelles ne laissant rein échapper, des puits sans fond desquels rien ne sort...»

Ce physicien génial, malheureusement décédé le 14 mars 2018, a souvent déclaré sa passion pour les trous noirs qu'il désignait comme *ces astres extrêmement denses qui attirent toute lumière et matière navigant à proximité de leur horizon*. Lors d'une conférence à Harvard, le lundi 18 avril 2016, il avait présenté les trous noirs comme une sorte de passage secret. Il déclara : *«Un trou noir est une porte vers un autre univers»*.

De là à considérer que cet homme avait tout compris de la fonction du trou noir est bien entendu à relativiser. Mais, par certains aspects, il avait pris conscience d'une partie notable de leur fabuleux potentiel par des recherches assidues sur cette énigme et c'est en ce sens qu'il est un atout non négligeable, et scientifique, à joindre à la crédibilité de notre développement. Car il est tout de même important d'apprécier ses théories à leur juste valeur, ne serait-ce par le fait qu'**il souligne l'attraction forte de matières par les trous noirs, leur émission d'ondes et une porte vers un autre univers. S'il avait juste rajouté «intérieur», il n'était pas loin d'avoir cerné le principe.** S'il avait eu l'opportunité de vivre plus longtemps, je pense qu'il aurait très certainement et singulièrement fait avancé le débat sur cette question, au grand dam de l'immense majorité des scientifiques qui préfèrent le confort et l'interprétation limitée de ce qu'ils observent....et malheur à celui qui aurait l'impertinence de sortir des «sentiers battus» !

Pour en finir, je ferai une brève allusion relative à la formation de la Terre définie par la science. Sommairement, elle se serait formée grâce à des nuages de poussières ayant appartenu à des étoiles en fin de vie, consécutivement à leurs explosions. Puis, sous l'effet d'une force gravitationnelle, ces diverses particules se seraient rassemblées pendant des millions d'années pour donner naissance à d'autres étoiles et planètes. Alors, je me suis posé la question suivante : s'il est aujourd'hui possible de détecter un trou noir dans le cosmos, un autre au milieu d'une galaxie, de détecter des météorites et tout objet céleste à des distances considérables, des planètes gazeuses, des exoplanètes et enfin s'approcher du point zéro de l'origine de la création, on devrait facilement noter l'observation des phases successives de constitution d'une planète ou d'un soleil en cours de formation dans notre seule galaxie, cela afin de lever définitivement le doute sur le sujet. Et bien, au risque de vous surprendre, **il n'existe, à ce jour, aucun compte-rendu d'une quelconque observation réelle, précise et argumentée de ce phénomène ! J'ai donc appris que la formation planétaire était principalement un sujet toujours étudié par des simulations informatiques à base d'extrapolation de données mathématiques et matérielles diverses !**

Ainsi, pas plus que la formation d'une planète originaire d'un trou noir, il n'est possible de confirmer réellement le processus de formation d'une planète….et cela au XXIème siècle ! Comme nous venons de le décrire, et pour rester pragmatique, il est presque plus facile d'adapter et de comprendre le modèle de formation planétaire par un trou noir plutôt que de s'appuyer sur une éternelle théorie ancestrale dépassée et battue sévèrement en brèche sur de multiples aspects. En conséquence, et à défaut d'éléments réels relevés indispensables et dûment vérifiés, qui constitueraient des preuves irréfutables, aucun scientifique digne de ce nom ne dispose, à l'heure actuelle, du droit de certifier de la réalité d'une Terre pleine en son centre car tous leurs calculs ne sont basés que sur des suppositions, extrapolations et autres théories. Et ce sont, par ailleurs, ces mots là qui accompagnent à chaque fois les différents commentaires et définitions scientifiques détaillant les processus supposés de création dans le cosmos.

En résumé, le mal de la science, (comme pour le commun des mortels), est de se contenter du sens matériel de toutes choses en décidant, à travers ce prisme, d'y expliquer la nature de la vie dans l'univers, même si pour cela elle doit l'adapter et le transformer afin de l'ériger en vérités. Ceci dans l'unique but de le fondre dans un modèle purement matérialiste basé depuis toujours sur le conditionnement mental d'une perception unique et limitée en trois dimensions. Et ne venez surtout pas me dire que ce constat n'est que le reflet d'un individu décalé et avide d'ésotérisme car **bon nombre de scientifiques et d'astrophysiciens, considérant Stephen Hawking comme un génie, ne prennent pourtant pas la peine d'évaluer, à sa juste valeur, sa définition d'un trou noir se caractérisant comme une porte d'entrée vers un autre univers !** Si ça ce n'est pas de l'ésotérisme....Il serait grand temps que la science se dégage de ses paradigmes étriqués et de ses parasites qui la mine et la manipule pour enfin reconquérir une saine liberté de penser afin de pouvoir mettre en avant les idées éclairées de ses grands génies du passé tels que **Nikola Tesla, Einstein et Hawking**.

Et c'est à partir de ces considérations que nous allons maintenant pouvoir «avancer» sur les potentialités nécessaires à l'homme lui permettant de favoriser son accessibilité vers le centre d'une planète possédant un soleil intérieur «sombre». Que se passerait-il pour lui à un certain niveau de progression vers l'intérieur et quelle serait la nature des divers accès possibles à partir de la surface ?

En réalité, la première étape à prendre en ligne de compte pour le voyageur **désirant rentrer à l'intérieur du coeur de la Terre creuse**, qui est, je le rappelle ici, un organisme subtil vivant, sera de posséder une ouverture de conscience en adéquation avec la zone traversée. Plus concrètement, la progression physique vers le centre de la Terre sera invariablement soumise à la nécessité d'une évolution personnelle en terme de fréquence vibratoire. C'est elle qui autorisera l'entrée dans une nouvelle réalité bien supérieure à celle du plan physique, car située sur un plan éthérique. Cela pourrait s'assimiler à un voyage spirituel, un retour aux sources au plus près de l'essence de cette planète. Cette «transition» d'un monde à l'autre, car c'est bien de cela qu'il s'agit, **pourra être progressive et se faire déjà ressentir à quelques centaines de kilomètres de la surface.**

Vous aurez bien compris, je l'espère, qu'il n'est pas question ici de frapper à une quelconque porte afin de pénétrer à votre guise sur un territoire inconnu. Car à ce moment précis, soit votre fréquence sera compatible avec un plan plus évolué et vous basculerez dans une autre dimension, soit vous resterez bloqué et insister ne servirait à rien, hormis vous mettre en grande difficulté en perdant connaissance voire pire comme pour certains cas que nous avons déjà évoqués.

Il est également nécessaire de considérer que de nombreux peuples habitent dans les profondeurs de la Terre, à l'intérieur d'immenses cavités et pour certains, assez près de la surface, comme plusieurs témoins ont pu en faire une description dans les journaux que nous avons mentionnés. **Pour ces derniers, leur localisation et surtout leur évolution sont trop proches de la nôtre pour être soumises à des conditions d'accès restrictives en matière d'énergie et de vibrations.** Plus «loin», en direction du centre, comme nous l'avons dit, il y aura obligatoirement passage du plan physique à un plan supérieur de plus en plus subtil.

Nous allons tenter d'expliquer le «mécanisme» d'accès à la zone physique encore «matérielle» en prenant l'exemple des Pôles et des quelques privilégiés ayant eu l'opportunité d'y pénétrer.

L'accès par les Pôles serait donc défini comme la porte d'entrée la plus simple d'accès, sous certaines conditions tout de même. Je joins à mon explication un petit dessin à la page suivante afin que vous puissiez plus facilement vous imprégner de ces quelques variables. En effet, en prenant un cadre général et si vous désiriez pénétrer directement vers l'intérieur de la Terre en bateau, position 1,2,3 sur le dessin (idem par avion), **il suffirait d'aligner parfaitement sa trajectoire, à vitesse constante, sur les lignes de champ magnétique** (indice relevé dans le tome 3 des découverte au Bucegi) générées tout autour de la planète, formant un cône magnétique au niveau des Pôles. Ces cônes illustrent un champ magnétique devenant de plus en plus intense en se rétrécissant, ce qui favorisera grandement l'entrée vers l'intérieur de cet autre monde.

Ainsi, dans l'absolu, **si ces conditions étaient réunies**, il ne serait pas nécessaire que la ou les personnes à bord soient compatibles avec une fréquence de vibration d'un autre plan matériel similaire à la surface et dans lequel ils pénétreraient. A cet instant, ils quitteront immédiatement leur plan physique pour rentrer dans cette nouvelle «ambiance» sans même s'en rendre compte, si ce n'est un changement de l'«état matériel» de ce qui constituera ce «nouveau monde» s'étendant tout autour d'eux. Si l'on s'en réfère au témoignage du vieux **Jansen** qui réalisa cet exploit avec son petit sloop de pêche, on peut en conclure que lui et son père avaient réunis toutes les conditions nécessaires à cette réussite.

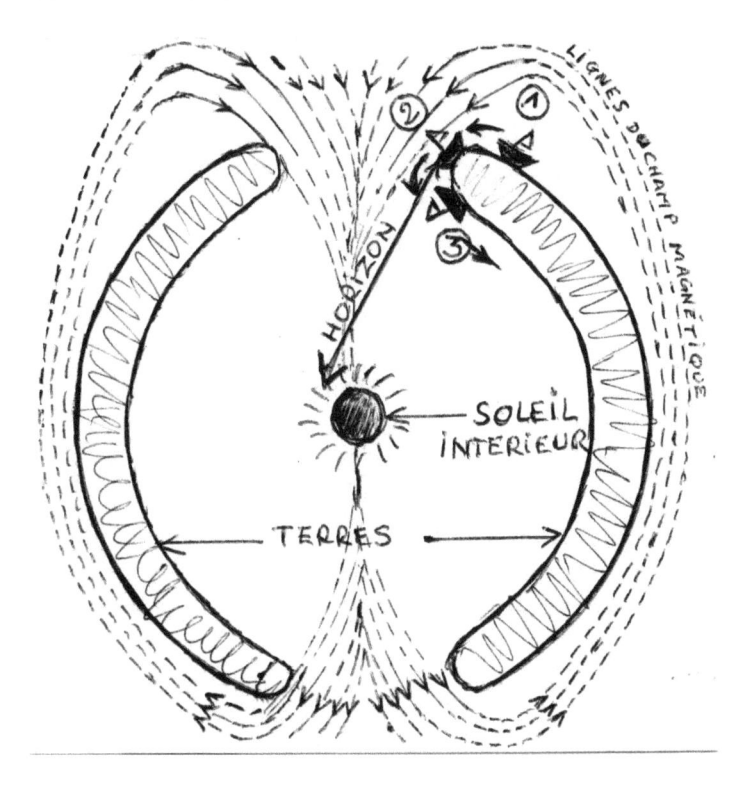

En réalité, lorsque le bateau se retrouve à la position n°2 et qu'il «bascule» doucement vers cet autre espace, l'observation de ce nouvel astre lumineux ne sera en fait que sa nouvelle manifestation à partir d'une vision directe **à l'intérieur de ce nouvel état**. Pour résumer, c'est ce passage furtif, d'une sorte de sas, à ce moment précis, qui déterminera subitement leur appréciation de ce nouveau monde. **Par conséquence, la manifestation d'un orifice physique présumé au niveau des Pôle pourrait représenter une porte d'entrée favorable et accessible à condition de s'aligner sur les lignes du champ magnétique.**

Souvenez-vous également du comportement parfaitement anormal de leur boussole, déjà relevé par d'autres témoins, et qui voyait, selon leurs dires, *la pointe Nord de l'aiguille qui pointe durement contre le verre en s'y appuyant.* Cet indice surprenant trouve ici toute sa résonance en traduisant certainement leur arrivée ultime en bout d'axe des lignes d'un champ magnétique intense avant un «retournement» vers le Sud, entrée du continent intérieur.

Après Jansen, le meilleur exemple qui puisse corroborer tous ces aspects à priori fantastiques, est indéniablement le cas de l'**Amiral Byrd** que nous avons longuement examiné. En ce qui le concerne, son expérience s'est déroulée dans les airs mais ne change rien aux conditions d'accès qui restent identiques à celles d'un navigateur. L'extrême valeur de ses divers témoignages réside, quant à lui, dans ses multiples déclarations dûment répertoriées dans tout autant de journaux. Il nous délivre ainsi la description d'une somme d'indices fabuleux relatifs à ce saut dans un «autre monde» qu'il avait forcément du mal a apprécier et a localiser d'un point de vue purement «physique». Reprenons donc plusieurs de ses commentaires authentiques livrés à la presse, et dont la «texture» reflète cette fascination teintée de mystère et d'incompréhension :

- ***1926.*** «*Il y a une terre dans le voisinage du Pôle Nord*» (voir journaux page 52/53)
«*Cette terre au-delà du Pôle....centre du grand inconnu.*»
- ***1933.*** «*Je vais tenter de voler au-delà du Pôle, cette fois, car là se situe la grande zone inexplorée* (voir journaux page 80)

A la lueur de toutes les caractéristiques et témoignages que l'on vient de mettre en avant, concernant l'étude de la possibilité d'une terre creuse alliée à ses diverses conditions d'accès, on parvient alors par décrypter l'ambiguïté des messages de l'Amiral Byrd. Car convenons sincèrement qu'ils n'auraient absolument aucun sens, hormis le fait d'admettre indubitablement le franchissement d'une sorte de ligne invisible l'ayant projeté subitement, sans qu'il prenne conscience d'une sorte de distorsion du temps et de l'espace, vers ce nouveau monde «physique» qu'il ne parvenait pas à situer. D'où son expression adaptée à sa propre perplexité : *«Cette terre au-delà du Pôle....»*

Comprenez bien qu'à cette époque, Byrd cherchait véritablement et systématiquement à retrouver, à travers ses expéditions, ce monde perdu qu'il avait perçu pour la première fois en 1926 ! Par contre, et il est utile de le souligner, il aura été l'unique témoin privilégié d'un autre monde plus subtil grâce à l'invitation ou l'autorisation dont il aura bénéficié afin de recevoir le message du Maître. Sa personnalité expliquant cet avantage, il faut en conclure que sans l'aide bienveillante de ses hôtes, il n'aurait pu atteindre cette région d'une conscience bien plus élevée.

Pour toutes ces raisons, l'Amiral Byrd restera, pour ainsi dire, l'élément clé de sérieux et de poids indiscutables nous permettant de valider ostensiblement la possibilité d'un accès vers l'intérieur d'une Terre creuse. Et ce sont ses qualités d'homme, un esprit beaucoup plus ouvert et en avance sur les autres qui lui offrirent, dans un deuxième temps, son invitation par un peuple évolué pour une leçon de connaissances au profit de l'humanité.

Je sais, on souhaiterait toujours davantage de témoignages et, de surcroît, vous ne vous expliquez toujours pas le silence ou la «cécité» d'autres explorateurs ayant parcouru les mêmes Pôles que Byrd et Jansen ! Oui mais voilà, si l'entreprise était si simple, c'est que tout le monde aurait atteint une certaine maturité spirituelle en plus d'une arrivée dans les meilleures conditions «techniques»....et ce n'est pas souvent le cas, loin s'en faut ! Pourtant certains explorateurs sont passés si près qu'ils en ont ressenti quelques effets dont **Nansen** qui est allé le plus loin au Nord et n'a fait que tangenter le cône magnétique d'accès sans être dans l'axe des lignes du champ. Ou, peut-être n'était-il tout simplement pas «prêt»....Ce que je perçois davantage à la lueur de ces restrictions d'accès, et de l'invisibilité d'une quelconque anomalie au centre des Pôles aux yeux de nombre d'explorateurs, souligne ce caractère indéniablement corrélé à une première contrainte technique ainsi qu'à une notion d'espace-temps, prouvant l'existence d'une autre dimension liée à toute cette affaire.

Nous verrons plus loin également, que l'ouverture polaire pourrait ne pas se situer précisément et physiquement au centre du Pôle géographique, soit à 90° de latitude, mais aux environs de celui-ci. Ceci pouvant expliquer le fait que nombre d'explorateurs aient pu précisément atteindre les Pôles sans pour autant y relever la présence de la moindre anomalie….

On peut, en outre, en déduire que la matérialisation d'un orifice central reste difficilement mesurable en terme de diamètre et qu'il n'est pas exclu que cette ouverture puisse évoluer, un peu comme une respiration à travers un vortex, tel que je l'avais déjà noté précédemment, ce qui induirait alors la formation des aurores boréales dues au rayonnement d'un corps central lumineux.

Mais après avoir énoncé cela, il restera invariablement une part d'inconnu et d'incertitude. A ce stade de notre analyse, nous sommes en mesure de concevoir que les théoriciens et explorateurs de l'Agartha ne possédaient pas tous les paramètres que nous avons exposés afin de se faire une idée précise des conditions d'entrée vers le monde intérieur. Pour eux, et je le conçois aisément, tout devait pouvoir être élucidé d'un seul point de vue purement physique, ce qui n'est pas toujours le cas. Ainsi, si le passage d'un plan physique à un plan subtil se réalise indépendamment d'une quelconque ouverture «matérialisée», alors, à contrario, il devient évident de devoir s'interroger sérieusement sur les nombreuses photos et documents relatifs à cette ouverture captée par les instruments des diverses agences spatiales et dont vous avez pu prendre connaissance. Les divers caches appliqués aux Pôles et sur ceux des autres planètes, depuis toujours, ne peuvent plus et en aucun cas relever du simple hasard mais reflètent invariablement **une action visant à masquer une zone géologique réelle sensible et donc parfaitement physique**. Il en existe une trop grande quantité pour y voir là autre chose qu'une mystification de grande envergure.

Je crois que le sujet est assez complexe et qu'il convient de conserver tout de même une marge d'humilité et d'erreur face à ce type d'anomalie car personne, à ce jour, ne possède tous les éléments tangibles afin de pouvoir tout expliquer. Il nous ai peut-être donné en fonction de notre aptitude à comprendre….**La seule chose qu'il m'est possible d'affirmer, à cet instant, c'est que notre Terre est parfaitement creuse et que, dès lors, l'accès aux <u>seuls</u> premiers mondes habités physiques situés sous sa surface restent effectivement possible sous certaines conditions.**

Par contre, Il reste bien évident que des accès sont également possibles à partir de multiples endroits répartis sur la surface du globe. Certains, de part leur importance et leurs situations, sont depuis longtemps catalogués comme zones d'accès reconnus dans les milieux ésotériques, tels que le Sphinx, la grande pyramide de Khéops, le Mont St Michel, Llhassa, le Machu Pichu et j'en passe car la liste est très longue….Mais, il est également admis que des portes d'accès peuvent se manifester définitivement ou temporairement à certains endroits, les plus anodins d'ailleurs, comme au beau milieu d'un champ, dans une forêt ou même dans une habitation. Le fameux triangle des Bermudes fait aussi parti de ces zones spatio-temporelles pouvant «avaler» hommes et machines passant au «bon» endroit, au «bon» moment ! Des exemples célèbres en attestent dans lesquels patrouilles de chasseurs, hydravions et bateaux se volatilisèrent sans laissés de traces….

Mais nous allons encore avancer, le plus loin possible, sur cette singularité liée au concept de Terre creuse par de récentes découvertes qui laissent les astrophysiciens plutôt perplexes.

Trous noirs et rayonnements cosmiques

Nous allons comprendre, par les éléments scientifiques qui vont suivre, qu'une corrélation assez évidente existe entre la création de l'univers, l'activité des trous noirs, le rayonnement cosmique permanent qui impacte notre planète et la possible relation de notre soleil ou trou noir central avec tout cet ensemble.

Sommairement, disons que la singularité du principe de la théorie de la relativité d'Einstein change radicalement la façon dont il faut concevoir l'espace et le temps. Plutôt que deux éléments séparés, ceux-ci sont liés dans le continuum espace-temps. L'univers est donc composé non pas de 3, mais de 4 dimensions ! Ainsi, le vide n'est pas inerte, il est mouvant et influencé par toute la matière de l'univers, ce qui paraît logique. Plus un objet est gros et plus il va déformer l'espace-temps via sa gravitation. C'est un peu comme si vous posiez une bille dans la gelée (représentant l'espace) et dont les fluctuations provoquées correspondront aux ondes gravitationnelles. C'est à dire rien à voir avec la vieille constante gravitationnelle G décrite par Cavendish en 1798.

Einstein présuma alors logiquement que si une étoile est vraiment massive, elle finira par s'effondrer sur elle-même à cause de la gravité qu'elle génère. Ne resterait alors qu'un point minuscule, mais infiniment dense, qui attire tout, même la lumière. Bref, **un trou noir**. Mais quel rapport peut-on envisager avec la création de l'univers ou Big Bang ? Et bien **Stephen Hawking** pense que l'explosion initiale de l'univers n'est rien d'autre **qu'un trou noir inversé, c'est à dire une autre singularité qui aurait fini par faire rejaillir toue la matière dans l'univers.**

Bien entendu, sa théorie n'a pas convaincu tout le monde scientifique. Alors le physicien s'est allié à un confrère, **Roger Penrose**, afin de prouver mathématiquement cette idée. En 1970, ils publient un article qui démontre que les singularités sont totalement logiques dans la théorie de la relativité générale et qu'ainsi l'univers a pu commencer par **une singularité**. On l'appelle d'ailleurs le théorème des singularités soit l'une des deux plus grandes contributions de Stephen Hawking à la physique.

A cet instant, vous aurez déjà noté que ce grand astrophysicien donne comme point d'origine de l'univers, un trou noir. Et j'oserai dire, bien opportunément, qui peut le plus peut le moins ! En effet, étant donné les caractéristiques fantastiques d'un trou noir, on pourrait alors aborder autrement que comme une ineptie, la création d'une simple planète sous cet aspect, tel que nous l'avons déjà expliqué.

Nous savons qu'en 1974 Hawking a évoqué des mini-trous noirs dans un article publié dans la revue *Nature*. Le rayonnement pouvant être émis par ces trous noirs a été baptisé «radiations Hawking» et reste la seconde grande découverte du physicien. Elle est aujourd'hui admise par une majorité de la communauté scientifique sans avoir toutefois pu être encore observée. Afin de valider cette théorie, il avait pris en compte les effets de la mécanique quantique qui avaient jusqu'alors été ignorés. A sa grande surprise, ses calculs indiquèrent que l'hypothèse thermodynamique de **J.Bekenstein** était parfaitement fondée car les trous noirs émettent une radiation thermique soit un léger brouillard de particules, selon Hawking. Ce rayonnement provient de paires de particules quantiques qui surgissent constamment partout, même dans l'espace vide. Normalement celles-ci s'annulent entre-elles. Néanmoins, au bord d'un trou noir, lorsqu'une particule tombe à l'intérieur, une autre s'échappe et provoque ce rayonnement de Hawking.

Cette théorie a été récemment confirmée par le **Professeur Jeff Steinhauer de l'Institut de Technologie d'Israël** qui a trouvé le moyen de créer un trou noir en laboratoire et l'a publié dans *Nature Physics*. Ce qu'il a observé pendant 6 jours d'affilée, grâce à son mini-trou noir, c'est que quelques ondes sonores sont émises simultanément par paires, de part et d'autre de l'horizon. *«J'étais content lorsque j'ai vu ces deux sillages, car j'ai travaillé dur, seul pendant des mois....C'est la première expérience convaincante qui permet d'observer la radiation de Hawking ! C'est une vraie percée.»*

Mais le plus exceptionnel est pour maintenant. En effet, à quelques «encâblures» de la fin de la rédaction de ce livre, j'ai pu prendre connaissance d'un cliché proprement renversant qui, à lui seul va venir confirmer toutes les théories évoquées à l'instant sur les trous noirs par **Stephen Hawking** ! C'est grâce à l'**Event Horizon Telescope**, un réseau de télescopes terrestres, qu'a été obtenue, début 2019, la première photo d'un trou noir situé au milieu de la **galaxie M87**, à environ 50 millions d'années-lumière de la Terre. Il apparaît comme **une tache ronde et sombre au milieu d'un disque véritablement flamboyant.** Ce trou noir éjecte donc des jets de particules plein d'énergie, de part et d'autre du centre de la galaxie où il se situe. Je vous invite à visionner ce cliché étonnant sur : futura-science.com/sciences/actualités/trou-noir-supermassif-galaxie-m87

En résumé, et en se basant simplement sur cette dernière découverte scientifique et sur les théories révolutionnaires de ces deux grands génies scientifiques que sont Einstein et Hawking, on pourrait alors légitimement concevoir un modèle de formation planétaire à partir d'un trou noir, sans que cela paraisse totalement infondé tant leurs formidables potentiels, dont certains encore à découvrir, semblent dépasser tout ce que nous pourrions imaginer !

Et afin d'appuyer encore davantage sur cet aspect particulier des choses, nous allons aborder une relation possible des trous noirs avec le rayonnement cosmique. De quoi s'agit-il ?

Le rayonnement cosmique est un flux de noyaux atomiques et de particules de haute énergie, principalement constitué de protons à 88 %, qui circulent dans le milieu interstellaire et dont la source provient de l'intérieur ou de l'extérieur de notre galaxie. Ces rayons galactiques ou extra-galactiques qui nous «bombardent» en permanence, peuvent nous traverser, interférer avec l'ADN, traverser la roche, les bâtiments et pénétrer profondément les sols et sous-sols planétaires mais sans jamais en ressortir. Cette dernière notion est fondamentale car des scientifiques sont parvenus à détecter **des gerbes de rayons cosmiques….sortant de l'Antarctique sans pouvoir se l'expliquer** ! Et c'est bien à partir d' ici que l'histoire devient particulièrement intéressante….

En 2006, des chercheurs affiliés à la NASA ont lancé l'**Antarctic Impulsive Antenna (ANITA)**, un ballon expérimental chargé d'observer les rayons cosmiques, ces volées de particules de haute énergie qui pleuvent sur la Terre depuis l'espace. Pendant son vol au-dessus de la calotte glacière de l'Antarctique, ANITA a détecté un phénomène que les physiciens n'ont pas pu expliquer : en plus de repérer des rayons cosmiques venus de l'espace, les instruments du ballon ont remarqué que d'autres rayons jaillissaient du sol. Les physiciens savent depuis longtemps que les particules à haute énergie peuvent pénétrer profondément dans la Terre, cependant, aucune des particules comprises dans le modèle standard (c'est à dire la théorie physique la plus précise à ce jour), n'est supposée pouvoir traverser la Terre. L'éventualité que ces particules puissent avoir été émises par le noyau solide central de la Terre n'est également pas possible.

La première mission ANITA a donc détecté deux événements semblables à des rayons cosmiques ascensionnels pendant son séjour d'un mois au-dessus de l'Antarctique. Contrairement aux rayons cosmiques venus de l'espace, qui engendrent des radiations polarisées verticalement au contact de la glace, ces deux rayons cosmiques anormaux présentaient des plans de polarisation presque horizontaux.

Les physiciens ont proposé toutes sortes d'explications pour ces rayons cosmiques mais ils n'écartent pas la possibilité que ces rayons, émergeant à chaque fois sous un même angle à travers la banquise, puissent provenir d'**une distribution de particules de matière noire dense atypique, de l'intérieur de la Terre** (faisant allusion à une mystérieuse forme de matière qui n'interagit pas avec la lumière, soit l'un des 18 plus grands mystères irrésolu de la physique).

Deux missions ANITA supplémentaires en 2009 et 2014 ont permis de détecter d'autres rayons cosmiques ascensionnels et le 23 septembre 2018, une archive de pré-publications scientifiques **arXiv** a publié un article intitulé *The ANITA **Anomalous Events as Signatures of a beyond Standard Model Particle, and Supporting***

Observation from IceCube. Ses auteurs, sont une équipe dirigée par le physicien de l'Université d'État de Pennsylvanie, **Derek Fox**.

Ainsi, Fox et ses collègues ont également étudié les données d'observations de l' **IceCube Neutrino Observatory** du **Pôle Nord** dans l'espoir d'y trouver une trace de phénomènes similaires. Après avoir ajusté les différences dans le système de détection de l'IceCube et d'ANITA, **ils ont identifié 3 événements comparables aux rayons cosmiques ascentionnels en Antarctique !**

Source : scientificamerican/article/bizarre-particules-keep-flying-out-of-antarcticas-ice

Source doc scientifique : arxiv.org/pdf/1809.09615.pdf

Nous voici donc encore en face d'un événement impossible à expliquer par notre science toute puissante. Et pour cause, des particules «non-identifiées» qui sortent par chacun des deux Pôles et apparemment d'aucun autre secteur de la planète !

Quelle pourrait bien être alors l'origine d'un tel phénomène ?

Et bien si l'on acceptait les caractéristiques d'une Terre creuse avec les potentialités d'un trou noir central, il semblerait bien que l'**effet Hawking** puisse, au moins, prêter à ce trou noir la possibilité d'émettre des particules. Je ne suis pas astrophysicien mais comme ces hommes de science sont très loin de pouvoir imaginer ce qui se trouve véritablement sous leurs pieds, il est à craindre que leurs recherches prennent encore un «temps certain»….

Mais cette histoire ne s'arrête pas là, et au risque de vous surprendre, une fois encore, vous allez voir que les trous noirs n'ont pas fini de nous étonner et que les astrophysiciens ont notamment permis d'identifier l'origine des rayonnements cosmiques de grandes énergies.

En effet, on peut détecter indirectement ces sources et remonter au spectre d'énergie de ces particules en étudiant celui des rayons gamma. Lorsque ces photons gamma atteignent l'atmosphère de la Terre, ils provoquent des gerbes de particules secondaires qui, tout en se propageant vers le sol, génèrent un rayonnement caractéristique, le rayonnement **Cherenkov**. C'est ce rayonnement que les miroirs de certains télescopes au sol peuvent capter. Les signatures de rayons cosmiques de faibles énergies, du GeV au TeV, ont ainsi été découvertes en association avec des restes de supernovae.

Mais il restait impossible d'expliquer et encore moins de localiser des rayons cosmiques de plus grandes énergies de l'ordre du PeV, soit des milliers de TeV. La situation vient toutefois de changer comme l'explique une publication de la collaboration **Hess** (High Energy Stereoscopic System) dans le journal *Nature*.

Rappelons que Hess est un ensemble de cinq télescopes imageurs à effet Cherenkov situés dans l'hémisphère Sud, sur les hauts plateaux Khomas en Namibie. De 2004 à 2013, la machine a notamment permis d'accumuler des observations de la région centrale de la voie lactée, facilement observable dans cette partie du monde. Une puissante source de rayons gamma bien localisée a ainsi été mise en évidence et les énergies des rayons cosmiques à l'origine des photons gamma ont été déterminés. Voilà un accélérateur de particules naturel capable de produire des particules dont les énergies sont au moins de l'ordre du pétaélectronvolt (PEV). C'est la première fois qu'un «Pévatron» a donc pu être détecté.

Mais quelle source astrophysique peut expliquer un tel phénomène ?

Et bien, selon les astrophysiciens, le candidat le plus probable est **le fameux trou noir supermassif Sagittarius A. Il accélérerait des protons (constituant à 88 % le rayonnement cosmique) à des énergies voisines du PeV depuis au moins mille ans. Remarquablement, si ce trou noir était plus actif dans le passé, il peut expliquer la totalité des rayons cosmiques d'énergie de l'ordre du PeV.**

Source : futura-sciences.com

Si nous résumons raisonnablement ces différentes études, d'ordre purement scientifiques, on s'aperçoit alors que le monde de l'astrophysique moderne, ainsi que nos grands génies disparus tels que Einstein et Hawking, s'appuient sensiblement sur les caractéristiques des trous noirs afin de tenter de résoudre certains mystères de l'univers. En tout état de cause, et sans pour cela être un spécialiste de l'astrophysique, **il semblerait ressortir que le modèle du trou noir pourrait parfaitement représenter le dénominateur**

commun fondamental à la constitution de la vie, se situant au centre de toutes choses :
- Trou noir inversé à l'origine de l'univers (Hawking)
- Trou noir au centre de la galaxie (Astrophysique)
- Trou noir au centre de la Terre et de toutes planètes et étoiles (Théorie Terre creuse)
Enfin, certains scientifiques tels que **Marc Mistiaen et Nassim Haramein** évoquent, calculs à l'appui, la présence **de mini-trous noirs formant le noyau infiniment petit des protons ou des atomes**, mais d'une forte densité dépassant le reste de l'atome et jouissant d'une grande stabilité. Ainsi l'intérieur d'un atome n'est pas vide et possède une propre vibration intérieure se caractérisant par une légère oscillation électro-magnétique. Leurs théories quantiques, se rapprochant sensiblement de celles d'Einstein et Hawking, sont librement accessibles sur youtube en mentionnant simplement leur nom sur un moteur de recherche.

La science moderne doit absolument sortir de son propre aveuglement afin de concevoir un nouveau modèle de représentation de l'univers et accepter de reconnaître enfin que celui-ci ne «baigne» pas dans un vide stérile mais est maintenu dans un fluide subtil, comparable à une immense matrice, dans laquelle tout serait interconnecté, de la plus petite cellule humaine en passant par l'atome, le moindre objet céleste, les planètes, les soleils, les galaxies et le reste de l'univers….jusqu'à sa source. Et c'est ici, à partir de ce constat final que la science échoue et échouera toujours, par manque de courage et d'honnêteté intellectuelle, à reconnaître l'origine subtile et sacré de toute vie qui fait que notre monde du cosmos se tient dans un parfait équilibre, en dehors de toutes considérations se référant de l'ordre de la simple théorie du hasard. **Sortir de sa propre prison de confort afin de se remettre en question et affronter sa propre réalité….voilà ce qui terrifie nos scientifiques tout autant que le simple individu !**

Il faut absolument, pour s'en convaincre, s'en tenir aux deux citations d'**Einstein** et de **Tesla** mentionnées plus haut et qui résument parfaitement tout ce que nous venons d'évoquer. C'est à dire que pour trouver les secrets de l'univers, il est nécessaire de penser en termes **d'énergie, de fréquences et de vibrations**. Et que ce que nous pouvons nommer le **sentiment religieux cosmique**, tel que l'exprimait Einstein, devrait être la base du motif le plus puissant et le plus noble de la recherche scientifique....

Et, afin d'abonder pleinement dans le sens spirituel d'Einstein, je ne pouvais conclure cette partie du chapitre sans vous donner un aperçu sommaire de ce que représente **Shambhalla**, ce lieu considéré comme mythique et pourtant bien présent au sein de notre Terre. Et quoique que vous en pensiez, cette contrée peut être considérée d'un point de vue physique car existant réellement sur un autre plan. Ces quelques précisions indispensables sont tirées du livre, *Le voyage à Shambhalla* **de Anne et Daniel Meurois-Givaudan**, publié en 1986. Ces témoins célèbres, à travers une vaste littérature qualifiée d'ésotérique, sont ce que l'on pourrait appeler «des reporters de l'invisible» grâce à leurs capacités de voyage dans l'astral, soit une projection de leur conscience vers des lieux «éthérés» à partir desquels leurs sont adressés de multiples connaissances au bénéfice de l'humanité. Et c'est au cours d'un de ces voyages astraux qu'ils purent bénéficier d'une visite de Shambhalla en parallèle de la délivrance de messages d'informations et de sagesse. En voici une petite synthèse.

Cette contrée représente réellement le coeur de la Terre et sans elle, notre planète elle-même vivrait dans une totale désorganisation en allant irrémédiablement vers un état de dessèchement. Ce centre vital vibre ainsi sur trois fréquences essentielles ou trois longueurs d'ondes qui donnent naissance à trois types de manifestation, soit à trois formes de vie. Elles sont les trois voies permettant d'atteindre l'ultime lumière, soit l'accomplissement de l'homme ou son illumination. Ce sont trois plans d'existence qui à la fois se superposent et s'interpénètrent. Ils ont pour nom *Agartha, Royaume du roi Go* et *Shambhalla.*

Le premier plan pourrait être comparé à la vallée riche et verte menant à *Shambhalla* et dont le double existe réellement à la surface de la Terre. C'est le *Royaume du roi Go* que nos légendes et autres explorateurs situaient, avec raison, aux abords du désert de Gobi. **Ce lieu physique d'une pureté absolue** n'est accessible qu'à ceux ayant pris soin de purifier leurs corps et leurs coeurs. Pour tout autre individu, il restera fermé, infranchissable et, pour ainsi dire, coupé du reste du monde. Les habitants spirituellement évolués de ce lieu singulier appelés les Boddhi, ont choisi de se répartir cycliquement sur tous les pays de la planète afin d'y intervenir positivement par des actes concrets. Ils ont délibérément choisi cette voie difficile, **appelée aussi «voie de pierre» car appartenant au corps du coeur de la Terre**, par amour pour l'humanité tout en connaissant les dangers d'une possible compromission lors d'une telle mission dans la matière dense de notre monde et donc des sacrifices qu'elle peut engendrer.

Le second coeur de la planète se nomme l'*Asgard* ou *Agartha*. C'est une énergie fondamentale située sur un plan d'existence différent du précédent. **C'est la voie de l'Agartha car liée à l'âme du coeur de la Terre.** Pour l'Occident, elle a pour nom le royaume de Jacques et est totalement souterrain. Son champ d'action se mêle harmonieusement à celui des éléments premiers de la nature et les êtres qui y vivent pénètrent la matière par l'étude de ses principes. Ils ont fui le soleil extérieur depuis des milliers d'années de crainte de ne pouvoir survivre à l'obscurantisme ambiant de la planète.

Enfin le troisième plan est **Shambhalla, c'est à dire celui de l'esprit du coeur sur la planète**. C'est une facette de l'énergie christique incarnée sur un plan parfaitement défini, **car Shambhalla se doit de maintenir sa réalité à portée de l'humain**. A cet égard, Shambhalla joue le rôle d'un point de rencontre. Ici, la matière se spiritualise et l'Esprit se matérialise, car tout est UN.

Vous pourrez apprécier, à travers cet «organigramme spirituel», la force ainsi que la raison d'un principe qui rassemble à lui seul la structure divine de toutes choses. C'est à dire la combinaison de la matière, de l'âme et de l'esprit qui ne forment qu'un tout. Et ce qui est valable pour l'être humain, l'est donc tout autant pour sa propre planète…. Planète, dont le sage qui s'adresse à eux, va nous confirmer certaines informations capitales :

« Votre terre est creuse, comme le sont toutes les planètes du système solaire, aussi creuse qu'une noix sans ses cerneaux....La Terre vous suggère en certaines contrées la grande flamme de son coeur. Elle l'a fait s'élancer vers les cieux comme le lotus flamboyant et tel un baiser d'union avec tout ce qui est en haut. **Cette flamme où plutôt ces flammes sont les aurores boréales ou australes. C'est la radiation cristalline du soleil intérieur enclos dans la grand Etre qui nous porte tous et qui jaillit par les Pôles.** *C'est aussi une source vitale éthérique dont vous ne pouvez avoir idée. »*

Après ceci, on pourra trouver un peu moins risible le fait relaté par le **Lieutenant Greely** et qui voyait certains de ses hommes plonger leur mains directement dans ce fluide irradiant se formant au niveau de la banquise et non à 90 km d'altitude comme s'obstine à vouloir nous le faire croire la science. **Où quand l'ésotérisme rejoint et confirme l'expérience réelle du terrain….**

Nous voici arrivés à la fin de cette longue et complexe démonstration, majoritairement astrophysique, pourtant vulgarisée au maximum afin de la rendre un tout petit peu plus «digeste» pour les néophytes que nous sommes tous majoritairement. Et finalement, au bout de ce cheminement explicite, il deviendra difficile à présent de nier totalement l'existence d'une Terre creuse partiellement subtile, au fondement «éthérique» et dont l'origine d'un trou noir central ferait office de soleil intérieur…

Changeons dès à présent de sujet d'étude afin de nous rapprocher de la partie archéologie de ce livre qui nous transportera, dans un premier temps, un peu plus près de la race des géants dont il a été déjà question en tant que civilisation ancienne multiple s'étant en partie développée à l'intérieur de la Terre et dans des habitats souterrains répartis dans toutes les régions de la planète ; l'archéologie officielle ayant pris bien soin de camoufler criminellement toutes les preuves de cette évidente existence, modifiant par ce biais toute notre histoire afin d'éloigner encore et toujours l'homme de ses véritables origines. Pourquoi ?

Car, offrir à cet homme le loisir de remonter le fil de l'histoire de ses origines, serait le laisser se rapprocher dangereusement de sa propre source divine, et de cela il n'en est absolument pas question pour les puissants de ce monde souhaitant nous maintenir dans le seul rôle qui leur convient, celui d'esclave décérébré, dédié à leur unique service.

CHAPITRE 6

DECOUVERTES ARCHEOLOGIQUES

Avant de nous intéresser à nos géants, je tenais à soumettre à votre appréciation les différents résultats d'une ancienne découverte archéologique de première importance, ceci afin que vous puissiez juger de la manière dont sont traitées certaines informations sensibles, pourtant connues, mais savamment maintenues hors de portée du grand public depuis plus de 150 ans.

Les «dessous» du Sphinx

C'est à **Auguste Mariette** (1821-1881), qui est avec Jean-François Champollion l'un des deux pères fondateurs de l'égyptologie, que nous devons une première découverte sensationnelle, sous le Sphinx, mais qui n'a jamais été révélée dans aucun document archéologique, mis à part un unique compte-rendu dont vous allez pouvoir prendre connaissance. Rappelez-vous que le Sphinx pourrait aussi être une porte d'accès vers le monde de l'intérieur….

Mariette était un archéologue sérieux et passionné qui connaissait les hiéroglyphes, le copte, le syriaque et l'araméen. Son histoire débute lorsqu'il se fait envoyer en Egypte par le musée du Louvres, en 1850, pour y acquérir des manuscrits coptes. Après de nombreuses découvertes, il sera nommé, en 1855, conservateur adjoint du musée égyptien au Louvres et créera le service des antiquités égyptiennes ainsi que le premier musée égyptien du Caire dont il deviendra le Directeur le 1er Juin 1858. Le Vice-Roi d'Egypte lui accordera même le titre honorifique de **Pacha** !

Ce bref résumé étant destiné à vous sensibiliser au fait que Mariette était un grand égyptologue reconnu à qui l'on doit des fouilles importantes qui mirent au jour nombre de sites, dont celui de Saqqarah. Mais, c'est vers 1853 que Mariette fut missionné par le Duc de Luynes afin d'effectuer des fouilles autour du Sphinx. On retrouve les commentaires de Mariette sur les résultats de ces fouilles dans une lettre qu'il adressa au Vicomte de Rougé, écrite à Bédréchyn le 14 mars 1860 et publiée à Paris aux bureaux de la revue archéologique. Librairie académique. Didier et Cie en 1860.

Dans ce courrier Mariette stipule, entre-autres découvertes, la mise au jour du temple où le Sphinx était adoré sous le nom de Hor-em-Khu et appelé l'**Armachis**. Il rapporte que cet édifice singulier était bâti en blocs énormes d'albâtre et de granit mais sans pouvoir être fouillé en entier à cause d'une guerre naissante dans le pays.
Source : data.bnf/de/12213258/auguste_mariette/

Cet épisode est donc parfaitement connu et référencé ainsi que la découverte du temple d'Amarchis. Par contre, il se trouve que son rapport n'est pas complet car, sur la même mission, il manque une découverte qui n'a pas été révélée. Omission volontaire ou involontaire ? Le doute est permis mais ce qui est certain, c'est que nous trouvons la trace d' un compte-rendu de ces mêmes fouilles autour du Sphinx dans le Grand Dictionnaire Universel du XIX° siècle. Tome IV. Page 268. Edité par Pierre Larousse en 1869, soit du vivant de Mariette, ce qui reste un point important à mettre au crédit du Grand et très sérieux Dictionnaire Larousse.

Voici le texte de cet encart dédié au travail de Mariette :

*«Il y a quelques années, en pratiquant des fouilles autour du Sphinx, Monsieur Mariette y a d'abord trouvé **sa représentation couchée sur un autel et la tête ornée d'un large disque solaire ou planétaire**, désignant évidemment le lieu de son origine. Plus bas, d'une soixantaine de pieds de profondeur* (soit environ 20 mètres), *sous un terrain dur et compacte mêlé de beaucoup de pierres, **on a retrouvé des constructions de grandeur cyclopéenne, et dont on n'a pu encore atteindre les limites. On y a recueilli beaucoup d'objets d'art d'un travail merveilleux, des bijoux en or qui, par la ténuité de leur poids, pouvaient faire croire à l'emploi de la galvanoplastie en ronde bosse, science industrielle qui date de 2 à 3 ans à peine chez nous.*** Puis, le commentaire se poursuit avec la découverte du temple connu d'Armachis :

«Enfin, on y a découvert un magnifique temple composé d'un vaste ensemble de chambres et de galeries en granit et en albâtre sans nulle inscription ni bas-relief, enseveli depuis des milliers d'années et dont pas un des historiens n'avait connu l'existence.»

Après recherches, je n'ai trouvé, à ce jour, aucune mention de la première et singulière découverte de Mariette dans un document ou livre quelconque. Pourtant, une description d'une telle importance, relative à l'aspect original du Sphinx, à des salles souterraines géantes (dont la majorité restant à explorer), remplies d'objets d'art merveilleux ainsi que de l'or fondu selon des techniques modernes, aurait dû apparaître en première page d'un référencement archéologique et provoquer la poursuite des études du site en question. Au final, silence suspect sur toute la ligne concernant cette partie des fouilles, à moins que l'on remette en question le sérieux du Dictionnaire Universel qui se serait, de plus, permis d'affabuler sur les travaux de Mariette, et cela de son vivant puisque ce dernier décéda en Egypte en 1881 ! Cela n'est simplement pas possible…..

On en revient encore et toujours au même problème de dissimulation «officielle» dès qu'un nouveau contexte reviendrait mettre en cause l'ordre définitivement préétabli par la science. Et pour vous en convaincre, rien de mieux que de faire un point révélateur sur les autres connaissances liées au Sphinx à ce jour.

En fait, si l'on s'acharne vers une recherche poussée, on s'aperçoit que des découvertes importantes ont déjà été faites mais ont été opportunément et systématiquement passées sous silence. Prenons pour commencer une première étude américaine.

Depuis toujours, la présence d'un héritage de connaissances cachées sous les sables du plateau de Guizeh restait hypothétique. Mais, en 1993, des sondages sismiques pratiqués dans le soubassement rocheux de l'enceinte du Sphinx signalèrent la présence, à moins de cinq mètres de profondeur, d'une grande pièce rectangulaire qui se révéla bientôt être une pièce évidée de 9 m de large et 12 m de long. Le **Dr Thomas Dobecki**, géophysicien responsable de l'opération et ex-professeur à la Colorado School of Mines, travaille aujourd'hui dans le secteur privé. Quoique réservé sur le contenu de cette découverte, il reconnaît volontiers que *«Cette forme régulière et rectangulaire est incompatible avec des cavités d'origine naturelle et suggère qu'elle pourrait être artificielle.»*
Source : *Mysteries of the Sphinx.* Documentaire TV. Edition américaine. 1994

Cet indice supplémentaire pourrait parfaitement s'intégrer à la découverte de Mariette ainsi que d'autres éléments, tels que des sondages réalisés par une équipe japonaise en 1987 et qui révélèrent également plusieurs cavités reliées entre elles par des tunnels. mais il y a encore mieux. En effet, très peu de personnes savent qu'il existe précisément trois tunnels-puits dans le Sphinx. Le plus connu se situe à l'arrière de ce dernier, le second derrière la tête et le plus méconnu se situant sur le flanc Nord du Sphinx. Et c'est en rapport avec cette dernière ouverture que nous allons faire intervenir **Maurice Baraize**. Il sera le Directeur des travaux du service des antiquités de l'Egypte en 1912 et sera impliqué durant 11 ans, entre 1925 et 1926, dans le désensablement et la réparation du Sphinx. A son initiative, il sera pratiqué des fouilles à l'intérieur même de l'édifice et de l'enceinte. Et, c'est lors de ces fouilles qu'il découvrira une porte dans le flanc du Sphinx donnant accès à un tunnel qu'il explorera avant d'en condamner définitivement l'ouverture avec des pierres et du béton.

Le plus incroyable dans cette histoire, c'est que Baraize ne fera aucun compte-rendu de son exploration malgré l'existence de deux photos prises par **Pierre Lacau** à l'intérieur du tunnel en 1926 et archivées depuis au centre Golenischeff à Paris. Les quelques chercheurs ayant tenté de voir les clichés ne purent y avoir accès !

Poursuivons cette aparté sur les mystères et l'origine du Sphinx en nous appuyant sur une autre découverte réalisée en 1817 par **Gianbattista Caviglia** (1771-1845), qui fut mandaté par **Henry Salt**, Consul Général britannique au Caire, afin d'explorer le Sphinx. Et, c'est en désensablant un orteil de sa patte gauche qu'il mettra au jour une inscription particulièrement intéressante. En effet, il s'agit d'un petit texte datant de 166 après J.C, écrit en grec sous le règne de Marc-Aurèle afin de commémorer la restauration, par les romains, des murs entourant le Sphinx. Cette inscription qui aurait dû être préservée avec le plus grand soin, s'est trouvée totalement et criminellement masquée au fil des restaurations successives. Il n'en existe donc plus aucune trace extérieure hormis les quelques copies et traductions réalisées dont celle de Henry Salt qui fit publier sa retranscription dans la *Quaterly Review. Vol 19* en 1818, traduite en anglais et en latin. En voici la traduction en français :

«***Cette structure est l'oeuvre des Dieux immortels***,
Placée de façon à dominer le sol de cette Terre de récolte.
Erigée au centre d'une cavité dont ils ont retiré le sable,
Comme une île de pierre au voisinage des pyramides,
Pour que nous puissions le voir, non pas comme le Sphinx tué par oedipe, mais ***comme un servant sacré de Leto qui garde avec vigilance le Guide Sacré de la Terre d'égypte.***
(La référence à Leto correspond à l'époque où les pharaons Ptolémés d'origine grecque régnaient sur l'Egypte et sur un district administratif appelé «*Letopolitain*»)
Source traduction : gigalresearch.com

Inutile de vous expliquer le pourquoi d'un effacement prémédité de ce témoin du passé qui révèle, ni plus ni moins, une édification du Sphinx réalisée par des Dieux immortels. Ce texte suggère également que ce monument était conçu comme une île et possiblement entouré d'eau, tel que le soupçonnent certains chercheurs à cause des traces d'érosion marquées sur les flancs du Sphinx. Et pour finir, son rôle défini de gardien vigilant du site ferait davantage penser à la représentation d'un lion ou d'un chien de garde sacré qui pourrait facilement correspondre à **Anubis**. Bref, cette inscription fabuleuse ne tient absolument pas du mythe mais décrit très précisément l'histoire de la construction de ce monument, car n'en déplaise à nos savants bornés et aveugles, l'Egypte antique possédait elle aussi une histoire fort lointaine qui se confond réellement avec une dynastie Divine, telle que la voyait les anciens égyptiens.

Et cela a été clairement reproduit en hiéroglyphes dans le papyrus de Turin exposé dans le musée de la même ville, et datant de Ramsès II. 160 fragments de ce document furent rapportés à Turin par l'italien **Drovetti** qui fut Consul de France en Egypte en 1822. Ce papyrus présente la liste des pharaons déjà connus mais surtout des «Pharaons divins venant d'ailleurs», d'avant la première dynastie et qui auraient régné durant 13 420 ans ! Malgré cela, les milieux officiels de l'archéologie considèrent cette lignée comme mythique, permettant, du même coup, à ne pas avoir à remettre leurs théories en question. En dépit du fait que, par un heureux concours de circonstance, il manque certains fragments correspondants au tout début de la liste, nous pouvons compter sur la stèle dite de Palerme qui répertorie également ces pharaons dits «mythiques», prédynastiques, remontant jusqu'à Horus et **Thot qui aurait régné environ de 8670 à 7100 avant J.C.**

Et puis, comme un «bouquet final» résumant à lui seul tous les mystères déjà évoqués, nous allons prendre connaissance d'une découverte proprement hallucinante réalisée en 1913 par un égyptologue américain du nom de **George-Andrew Reisner** (1867-1942), Professeur à Harvard. Les premiers résultats de ses excavations menées à l'intérieur du Sphinx sont parus dans de nombreux journaux américains avec, pour certains, des indices et informations supplémentaires venant s'ajouter au texte principal que je vais, dans un premier temps, vous soumettre à la page suivante.
Le *Weekly Journal-miner* du 29 janvier 1913 :

SECRET OF SPHINX FOUND BY REISNER

BOSTON, Jan. 22.—That he has discovered the secrets of sphinx was made known to the authorities of Harvard Semetic museum and the Boston Museum of Fine Arts by Professor G. A. Reisner, Harvard Egyptologist. Inside the sphinx he found a temple dedicated to the sun. It is older than any of the pyramids and its date is somewhere around 6000 B. C., the most ancient in Egyptian history.

Mena, or Menes, as his name is sometimes spelled, was the first king of Egypt of whom modern scientists have discovered historic record.

The tomb of Mena, the king who made himself a god and who fashioned the sphinx, is also within it. There are tunnels leading off into caverns which have not yet been penetrated, for the work has only been going on for six months.

The sphinx is carved out of the natural rock, but within are the caves and buildings of a city of gold which was perhaps once open to the air.

At present the excavations are confined to the chamber in the head. This chamber is connected by tunnels with the temple of the sun, which rests within the paws of the sphinx.

Such relics as the "crux anastea" (the looped cross), symbol of the sun, are found by the hundreds. Several of these are gold and have wires for tiny bells, which when sounded by the priests, summoned ghosts.

Inside the sphinx are also tiny pyramids, although the sphinx was built long before the great pyramids. A pyramid in those times was a sundial according to Prof. Reisner, and the sphinx was a sun god. The pyramid of Cheops is an absolutely accurate timekeeper.

According to Professor Reisner Egypt of today is one vast city, the edge of which has been scratched and the interior of which probably never will be disclosed.

Professor Reisner hopes to discover among the relics of the sphinx the secrets of the Egyptian princes whose magic is believed to have been marvelous.

Pictures of the inside of the head are being made and will be shown at Harvard and Lowell Institute courses next winter.

Prof. Reisner says he is having unusual difficulties in his work for the Arabs who are assisting him refuse absolutely to sleep in the chamber. They say there are devils there

Voici la traduction de cet article :
BOSTON. 22 janvier - *«Tels qu'ils ont été découverts, les secrets du Sphinx ont été portés à la connaissance des autorités du musée Semetic de Harvard et du musée des Arts de Boston, par le **Professeur G.A Reisner, égyptologue d'Harvard.***
A l'intérieur du Sphinx, il trouva un temple dédié au soleil. Il est plus vieux que n'importe laquelle des pyramides et est **daté d'environ 6000 ans avant J.C, le plus ancien de l'histoire de l'Egypte.**
Mena ou Ménès, tel que son nom est quelquefois prononcé, fut le premier roi d'Egypte duquel les scientifiques modernes ont découvert les données historiques. **La tombe de Mena, le roi qui fît de lui-même un Dieu et qui façonna le Sphinx, est aussi en lui.**
Il y a des tunnels menant à des cavernes qui n'ont pas encore été pénétrées car le travail n'est en cours que depuis six mois. Le Sphinx a été sorti d'une roche naturelle, mais ***à l'intérieur se trouvent les grottes et les bâtiments d'une ville d'or qui fût peut-être un jour à l'air libre.***
A présent les excavations sont confinées à la chambre dans la tête.
Cette chambre est connectée par des tunnels avec le Temple du Soleil qui repose dans les pattes du Sphinx. Des reliques telles que la «crux anastea» (la croix en boucle), symbole du soleil, ont été trouvées par centaines. **Certaines d'entre-elles sont en or et ont des fils pour des petites cloches**, qui, lorsqu'elles étaient sonnées par les prêtres, appelaient les esprits.
A l'intérieur du Sphinx se trouvent aussi de petites pyramides, bien que le Sphinx ait été construit longtemps avant les grandes pyramides. Une pyramide, en ces temps, était un cadran solaire selon le Professeur Reisner et le Sphinx était un Dieu du soleil. La pyramide de Khéops est un chronométreur complet précis.
Selon le Pr Reisner, l'Egypte d'aujourd'hui est une **vaste cité dont le bord a été entamé <u>et l'intérieur de laquelle ne sera probablement jamais divulgué</u>** (on peut le remercier pour son honnêteté...).
Le Pr Reisner espère découvrir parmi les reliques du Sphinx, les secrets des princes égyptiens dont la magie est censée avoir été

merveilleuse. **Des photos de l'intérieur de la tête ont été faites et seront montrées à Harvard et à Lowell Institute à l'hiver prochain.**
Voyons à présent un autre article apportant d'autres précisions. *The Hawaiian Gazette* du 14 mars 1913 :

AMERICAN ANSWERS THE SPHINX RIDDLE

DISCOVERIES WITH LION BODY
THE TOMB OF THE FIRST
PHARAOH.

(By Federal Wireless Telegraph.)

LONDON, March 13.—(Special to The Advertiser)—The mystery of the Sphinx which has puzzled the world for ages is solved.

According to an article published in the Westminster Gazette, George Reisner, a Harvard man, has removed the accumulated sand from the interior of the Sphinx's head and gained entrance to a temple, one hundred and twenty feet long, which runs the entire length of the lion body.

The temple, the explorer believes, forms the tomb of Menes, the first Pharaoh, and is supposed to contain his mummified body. Besides the great central temple, the mouths of various passages have been uncovered. These have not yet been explored but it is believed they will be found to lead to a subterranean city.

Traduction :
REPONSES AMERICAINES
L'ENIGME DU SPHINX
Découvertes avec le corps du lion/ La tombe du premier Pharaon
LONDRES. 13 mars- (spéciale pour l'annonceur)- *«Le mystère du Sphinx qui divisait le monde depuis des âges est résolu.*
*Selon un article publié dans la Gazette de Westminster, George Reisner, un homme de Harvard, a enlevé le sable accumulé à l'intérieur de la tête du Sphinx et **a gagné l'entrée d'un Temple de 40 mètres de long qui court sur toute la longueur du corps du lion**.*
Le Temple, croit l'explorateur, forme la tombe de Ménès, le premier Pharaon et est supposé contenir son corps momifié. (Le règne de Ménès se perd dans l'origine des Dieux égyptiens qui font de lui le premier à avoir régné après le Dieu Horus et les demi-dieux. Certains voient même en lui celui qui aurait inspiré le mythe d'Osiris)
*Outre le Temple central, **les bouches de plusieurs passages ont été découverts. Ceux-ci n'ont pas encore été explorés mais on croit qu'ils seraient dédiés à mener à une cité souterraine.»***

Enfin, la partie d'un troisième article particulièrement instructif et déconcertant émane du **The Washington Herald** du 16 avril 1913.
Traduction du texte du journal reproduit ci-contre :
*«Plus remarquable est le fait que le Pr Reisner a découvert un des plus grands dispositifs mécanique des anciens Prêtres. **Il trouva un énorme levier par lequel des milliers de tonnes de roches ont été une fois déplacés par la pression de la main d'un enfant.***
La connexion, cependant, a été déplacée et aucune machinerie européenne ne peut bouger ce qui, à un moment, était déplacé plutôt facilement par les anciens égyptiens.
Il est dit que si, un jour, ce rocher était déplacé, les trésors et les tombes des anciens égyptiens seraient révélés et que les yeux des découvreurs modernes regarderont le fameux Temple égyptien du Soleil, lequel pourrait probablement être très semblable au Temple de Salomon.»
Source documents: chroniclingamerica.loc.gov/search/pages/resutls

around the sun.

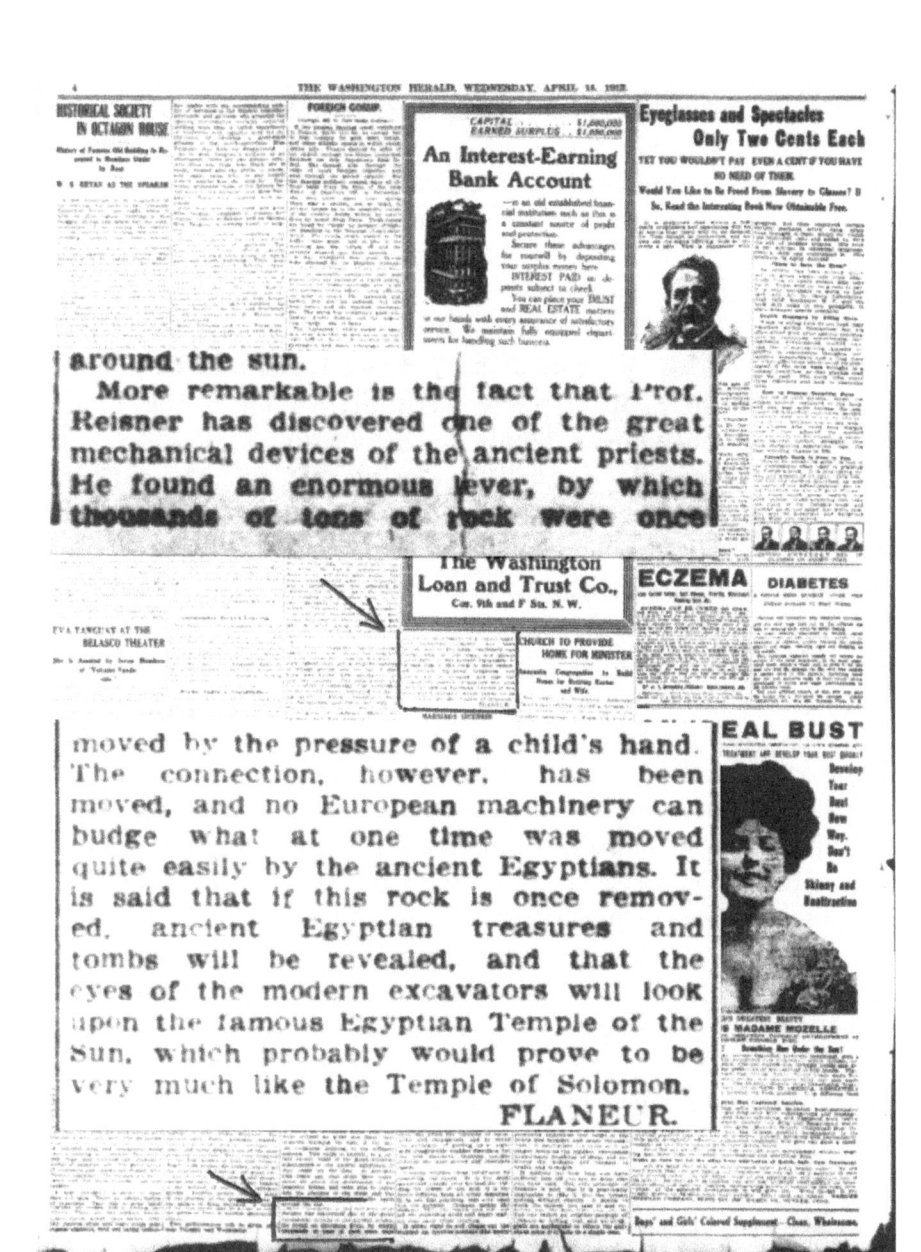

More remarkable is the fact that Prof. Reisner has discovered one of the great mechanical devices of the ancient priests. He found an enormous lever, by which thousands of tons of rock were once moved by the pressure of a child's hand. The connection, however, has been moved, and no European machinery can budge what at one time was moved quite easily by the ancient Egyptians. It is said that if this rock is once removed, ancient Egyptian treasures and tombs will be revealed, and that the eyes of the modern excavators will look upon the famous Egyptian Temple of the Sun, which probably would prove to be very much like the Temple of Solomon.

FLANEUR.

Alors au bout du compte, lorsque l'on additionne sommairement les découvertes souterraines cyclopéennes de Mariette, son Sphinx avec un disque solaire ou planétaire autour de la tête, le texte Grec qui cite les Dieux immortels en tant que créateurs du Sphinx, l'inscription de l'existence de ces mêmes Dieux Pharaons sur des documents irréfutables et enfin les découvertes matérielles incroyables de Reisner qui mettent en perspective les éléments précédents en plus de la mise au jour d'accès vers une possible cité souterraine, **on est en droit de se demander pendant combien de temps va encore durer cette véritable et misérable omerta archéologique organisée depuis des générations**…. Je ne suis pas égyptologue du tout et pourtant il m'a suffit de quelques clics bien placés afin de remettre au jour des documents journalistiques véridiques, publiés à chaud et immédiatement étouffés !

Lorsqu'il m'arrive de regarder, par exemple, les multiples émissions d'archéologie relatives à la révélation des secrets du Sphinx, je me demande si les archéologues professionnels illustrant tous ces reportages ne sont pas simplement payés pour ne pas avoir à révéler ce que certains de leurs grands prédécesseurs ont si minutieusement découvert et décrit. Si ce n'était pas le cas, ils seraient alors de parfaits naïfs, se complaisant dans une ignorance coupable et jouant, à ce titre, d'un métier à titre purement personnel au lieu de mettre leurs capacités au service de la vérité pour le bénéfice l'humanité.

Mais que tous ces mystificateurs se méfient car quand viendra le temps (très proche) des révélations, ils devront rendre des comptes….car les paroles s'envolent mais les véritables écrits restent toujours pour témoigner !

Et la suite, vous allez pouvoir le constater, ne dérogera pas à la règle !

La race des Géants
Bible. Chapitre VI. Verset 4
« Or, il y avait des géants sur la Terre en ce temps là. Car depuis que les enfants de Dieu eurent épousé les filles des hommes, il en sortit des enfants qui furent des hommes puissants et fameux dans le siècle. »

Je ne m'attacherai pas à relater ici les multiples citations de géants dans la bible et autres livres sacrés tels que la Thorah avec le très célèbre combat de David contre le géant Goliath. Elles sont inscrites depuis tous temps et se sont révélées comme une réalité attestée à travers toutes les époques ; sous l'Empire romain, au Moyen-âge, au XIX° siècle et encore de nos jours. A travers le monde entier, des scientifiques, des archéologues, des journalistes, des hommes d'église, des explorateurs, des navigateurs, des historiens, de simples témoins ont cherché, témoigné et compilé une documentation éloquente et précise offrant des preuves irréfutables de l'existence sur Terre de géants pouvant mesurer, pour certains, jusqu'à bien plus de 4 m de haut.

Nous avons partiellement abordé ce sujet lors de la découverte de grottes habitées aux Etats-unis renfermant de nombreux squelettes de géants. Nous allons poursuivre cette enquête afin de démystifier définitivement cet aspect des choses dans l'unique but de poser enfin les bases d'une autre histoire ; une histoire vieille de milliers et de milliers d'années encore inconnue des hommes d'aujourd'hui par la seule volonté d'une minorité élitiste manipulatrice.

Ces géants fabuleux étaient-ils originaires ou descendants du peuple Atlantes, du continent de Mu ou de demi-Dieux extraterrestres ? Je ne connais pas encore la réponse à cette question, mais ce qu'il est possible d'avancer, c'est d'attester de leur réalité et de leur ancienne présence sur Terre **mais aussi à l'intérieur de celle-ci**. Cet état de fait permettra, en outre, la validation de témoignages déjà recueillis faisant état de la découverte de géants à l'intérieur de structures souterraines contenant des objets ou artefacts démesurés incompatibles avec les caractéristiques de l'être humain moderne.

En premier lieu, je vais donc m'employer à détailler plusieurs articles de journaux américains qui seront parfaitement représentatifs du sérieux ainsi que de la nature de ces découvertes rendues publiques, pour un temps seulement.

Le premier article est extrait du journal **The Coconino Sun** du 11 juillet 1919. Page 11. Vous retrouverez l'original de cet article à la page suivante. Voici ce qu'il raconte :

Un squelette géant d'une taille de 18 pieds (environ 6m)
AUSTIN. Texas. 14 Juin

«Si le rapport selon lequel le squelette fossilisé d'**un géant de 6 mètres de haut** a été trouvé près de Seymour au Texas est vrai, c'est la découverte ethnologique la plus importante dans le monde.», a fait remarquer le Dr J.E Pearce, Professeur d'anthropologie à l'Université du Texas. «Il battrait tous les records précédents de géants, de près de 3 mètres, car l'homme le plus grand connu de la recherche anthropologique n'avait que 2,6 mètres de hauteur.»

Le squelette est en possession de W. J McKinney, Houston, Texas, prospecteur de pétrole, qui l'a trouvé et a été vu par un certain nombre de personnes qui se portent garants de la vérité sur la taille de la relique d'une race inconnue jusque là.

Mr McKinney, alors qu'il effectuait une excavation dans l'étroite ligne de partage des eaux entre les rivières Brazos et Wichita, est tombé sur le squelette fossilisé près de la surface. Mr Kinney écrit :

«J'estime que cet homme pesait de 900 à 1100 kg. D'après mes déductions, il a vécu il y a environ 2800 ans. **Le squelette a six fois la taille d'un homme ordinaire.**»

Mr McKinney n'explique pas comment il est arrivé aux chiffres quant à la période probable de l'existence de cet homme remarquable. **Il est probable que les os du géant seront donnés à la Smithsonian Institution** qui, sous la direction du Dr J.Walters Fewkes, mène actuellement des travaux de recherche anthropologique au Texas.

Comme d'habitude, la Smithsonian Institution prendra bien soin de la récupération de ce géant de 6 m….qui ne fera plus parler de lui ! Mais vous allez voir que ce record n'est pas unique en son genre.

FRIDAY, JULY 11, 1919.

A GIANT SKELETON EIGHTEEN FEET TALL

AUSTIN, Tex., June 14.—"If the report that the fossilized skeleton of a giant eighteen feet tall has been found near Seymour, Tex., is true, it is the most important ethnological discovery ever made in the world," remarked Dr. J. E. Pearce, professor of anthropology of the University of Texas. "It would break all previous records of giants by nearly ten feet, as the tallest man known to anthropological research was only eight feet 5 inches in height."

The skeleton is in possession of W. J. McKinney, Houston, Tex., oil prospector, who found it, and has been seen by a number of people who vouch for the truth of the size of the relic of a heretofore unknown race.

Mr. McKinney, while making an excavation on the narrow watershed between the Brazos and Wichita rivers, came upon the fossilized skeleton near the surface. Mr. Kinney writes:

"I estimate that this man weighed from two thousand to twenty-five hundred pounds. According to my deductions he lived about twenty-eight hundred years ago. The skull is six times the size of that of an ordinary man."

Mr. McKinney does not explain how he arrived at the figures as to the probable period of the existence of this remarkable man. It is probable that the bones of the giant will be donated to the Smithsonian Institution which, under the direction of Dr. J. Walter Fewkes, is now conducting anthropological research work in Texas.

439

Prenons maintenant connaissance d'un article du journal ***The Columbian***, en date du 21 janvier 1870 :
Les restes du géant de Cardiff
Découverte supposée d'un squelette de géant dans la région du pétrole.
The Oil City Times de la semaine du vendredi est à l'origine de ce qui suit :
«Le mardi matin dernier, pendant que Mr William Thompson, assisté de Robert R. Smith, était engagé à réaliser une excavation à côté de la maison de ce dernier, approximativement un demi-mile au Nord de West Hickory, se préparant à ériger un puits de pétrole, ils exhumèrent **un énorme casque en métal** *qui était corrodé par la rouille. D'autres fouilles mirent en lumière* **une épée qui mesurait 3 mètres de long**. *La curiosité les incita à élargir le trou, et peu de temps après, ils découvrirent les os de deux énormes pieds.*
Poursuivant l'avancée qu'ils avaient si inopinément déclenchée, en quelques heures de temps, ils dégagèrent un énorme squelette de géant bien préservé, appartenant à une famille d'une espèce humaine qui habitait probablement ici et dans d'autres parties du monde à la même période et dont la Bible parle quand elle dit :
«Et ici furent les géants en ce jour...»
Le casque est dit être de la forme de ceux trouvés parmi les ruines de Nineveh. *Les os du squelette sont d'un remarquable blanc.* **Les dents sont toutes à leur place et à double rangée et d'une taille extraordinaire.**
Ces reliques ont été amenées à **Tionesta** *où elles ont été vues journellement par un grand nombre de personnes. Lorsque son «véhicule géant» se trouvait en chair et en os,* **il devait mesurer 6 mètres debout, dans ses attributs.**
Ces reliques seront prochainement transmises à New-York.»

Vous trouverez, dans les pages suivantes, la reproduction de la page de garde du journal en question ainsi que du détail de l'article original situé au bas de cette première page.

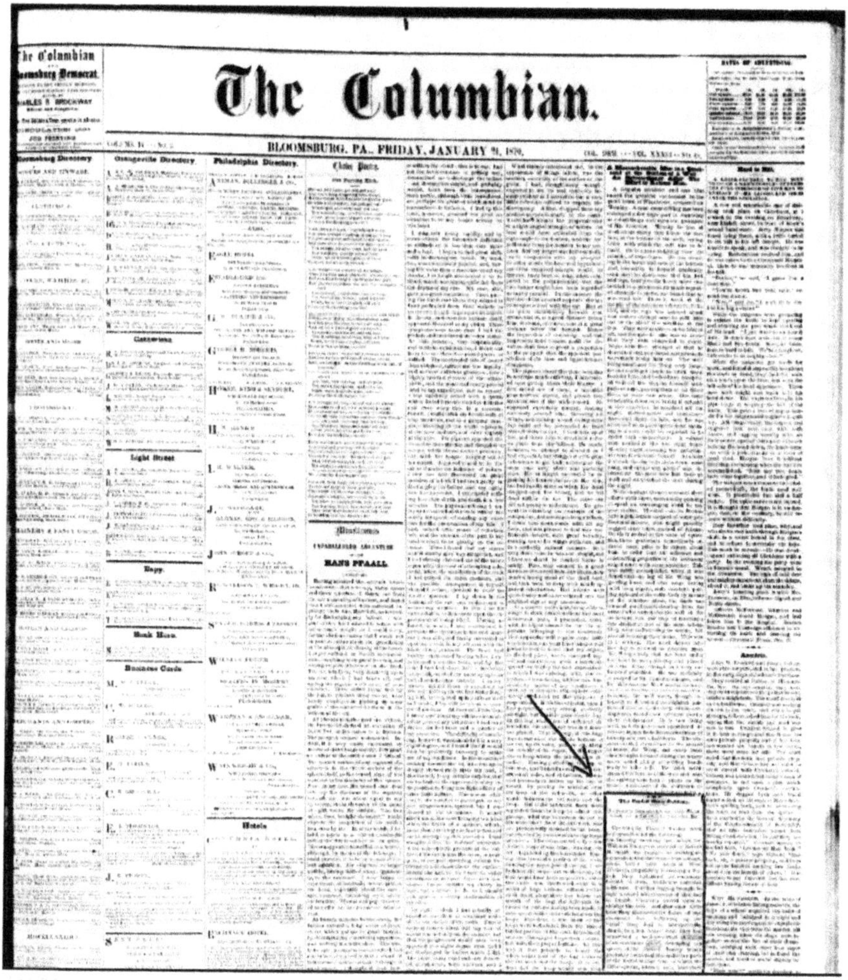
The Columbian.
BLOOMSBURG, PA., FRIDAY, JANUARY 9, 1870.
Bloomsburg Directory
Orangeville Directory
Light Street
Philadelphia Directory
Hotels
Choice Poetry
Miscellaneous
HANS PFAALL

The Cardiff Giant Outdone.

ALLEGED DISCOVERY OF THE SKELETON OF A GIANT IN THE OIL REGIONS.

The Oil City *Times* of Friday week is responsible for the following:
On Tuesday morning last, while Mr. William Thompson, assisted by Robert R. Smith, was engaged in making an excavation near the house of the former, about half a mile north of West Hickory, preparatory to erecting a derrick, they exhumed an enormous helmet of iron, which was corroded with rust. Further digging brought to light a sword which measured nine feet in length. Curiosity incited them to enlarge the hole, and after some little time they discovered the bones of two enormous feet. Following up the "lead" they had so unexpectedly struck, in a few hours' time they had unearthed a well-preserved skeleton of an enormous giant, belonging to a species of the human family which probably inhabited this and other parts of the world at that time of which the Bible speaks, when it says, "and there were giants in those days." The helmet is said to be of the shape of those found among the ruins of Nineveh. The bones of the skeleton are remarkable white. The teeth are all in their places, and all of them are double, and of extraordinary size. These relics have been taken to Tionesta, where they are visited by large numbers of people daily. When his giantship was in flesh, he must have stood eighteen feet in his stockings. These remarkable relics will be forwarded to New York early next

Nous voici de nouveau face à un géant de près de 6 mètres de haut. Ceci pourrait paraître totalement loufoque s'il s'agissait de la seule description connue. Hors, ce n'est absolument pas le cas !

Mais, le plus stupéfiant dans cette histoire concerne la mention d'un énorme casque en métal et d'une épée de 3 m de long, c'est à dire proportionnelle à la taille du géant ! Tout cela me remet en mémoire la découverte singulière de nos quatre archéologues amateurs en 1874 dans un autre Etat américain, détaillée page 374, et qui parlèrent, eux aussi, d'un casque en cuivre ou laiton posé sur la tête de leur géant accompagné d'un énorme bouclier.

De nos jours, on appellerait cela de supers «Fakes news». Car comment pourrait-on imaginer un seul instant qu'une sorte de chevalerie géante casquée et armée ait pu exister un jour en Amérique du Nord ? Et pourtant, si à l'époque de l'évocation de ces faits, ces témoins se situaient dans des régions différentes, à plusieurs années d'intervalle et relatant la même histoire, c'est que cette indépendance signe une authenticité qui, pour ma part, ne fait aucun doute. D'autant plus que dans notre dernier article, le témoin s'attache tout de même à préciser que le casque mis au jour est de la forme de ceux trouvés à **Nineveh (Ninive)**, une des plus ancienne cité de Mésopotamie dans laquelle s'est développée la civilisation Assyrienne vers 1000 avant J.C. J'ai donc eu la curiosité de retrouver les traces des fouilles réalisées à Ninive afin d'avoir une idée plus nette de cet équipement guerrier. Et effectivement, Ninive fut découverte **en 1820** et des fouilles sérieuses eurent lieu à partir de **1849**. Donc, le témoin de la découverte pouvait parfaitement avoir eu connaissance d'une forme de casque antique répertoriée.

Et justement, c'est à partir de bas-reliefs entreposés au British Muséum en Angleterre, originaires du Palais du Roi **Assurbanipal** à Ninive et représentant des scènes de guerre, que nous pouvons majoritairement constater, sur les guerriers assyriens, **du port de casques de formes coniques**. J'ai donc reproduit, à la page suivante, deux représentations de guerriers au combat qui nous donneront une idée plus précise de ce casque retrouvé à côté de notre géant de près de 6 m. Quand on peut lier l'image à la parole….

444

Dans le nouvel encart qui va suivre, vous noterez que des hommes de science, dont on ne peut douter un instant du constat «à chaud», seront les témoins privilégiés d'une de ces découvertes. Cet article est paru dans ***The Durham Daily Globe*** du 21 août 1894 :
Une momie géante
Elle fait plus de 3 m de long et pèse environ 180 kg
Memphis, Tenn, 20 août :
«Il y a quelques semaines, deux hommes apparurent au Parc de Jackson Mound avec une longue boîte qu'ils dirent contenir le corps d'un homme qu'ils avaient trouvé dans une mine à Norway. Par la suite, ils dirent au propriétaire qu'ils avaient trouvé le corps pas très loin de Memphis. Ils dirent qu'ils proposaient de l'exhiber moyennant finance de la part du propriétaire du Parc et partirent.
Ils ne revinrent pas et le gardien du Parc ouvrit la boîte. Il trouva à l'intérieur une momie géante.
Le **Dr H.L Willford, ancien Président du Conseil de la Santé du Comté de Shelby** ; le **Dr B.F Turner, Professeur au Collège Médical de Memphis**, *un ethnologiste* et le **Dr Pate** ont visité Jackson Mound et examiné la momie.
Ils trouvèrent un corps d'un poids de 180 kg et de plus de 3 m de haut. Le corps était dans un état splendide de conservation. Les dents étaient toutes intactes et les contours du visage étaient parfaits. Les cheveux étaient toujours sur la tête, longs, rigides et noirs. On pouvait voir les ongles du pouce. La peau était malléable, et sur l'abdomen, bien que ratatinée, pouvait être repoussée. Les jambes semblaient recouvertes d'une matière dure comme faite de cuir de semelle. Autour de la tête et des pieds se trouvait une peau, mais le reste du corps était nu.
Les physiciens ne virent aucun signes de quelconque pétrification ou ossification. ***Ils pensent que ce devait être le corps d'un indien d'Amérique du Nord,*** <u>***bien que de tels restes sont occasionnellement trouvés en Finlande et en Patagonie.***</u>*»*
Reproduction de l'article à la page suivante.

A GIANT MUMMY.

It Is Over Nine Feet Long and Weighs About 400 Pounds.

MEMPHIS, Tenn., August 20 —Some weeks ago two men appeared at Jackson Mound Park with a long box which they said contained the body of a man they had found in a mine in Norway. Afterwards they told the keeper that they had found the body not far from Memphis. They said that they proposed to exhibit it, borrowed money from the park keeper and left.

They failed to return and the park keeper opened the box. He found in it a giant mumy.

Dr. H. L. Willford, formerly president of the Shelby county board of health; Dr. B F. Turner, professor in the Memphis Medical college and an ethnologist of some note, and Dr. Pate have visited Jackson Mound and examined the mummy. They found the body to weigh about 400 pounds and to be 9 feet 1½ inches long.

The body was in a splendid state of preservation. The teeth were all intact and the outlines of the face were perfect. The hair was still on the head, long, stiff and black. The thumb nails could be seen. The skin was pliable, and that over the abdomen, though shrivelled, could be pushed about. The legs felt like a hard substance covered with sole leather. Around the head and feet were skins, but the rest of the body was bare.

The physicians saw no signs of either petrifiation or ossification. They thought that it might be the body of a North American Indian, though such remains are occasionally found in Finland and Patagonia.

Que peut-on conclure de cet examen de première main qui, pour une des rares fois, met en scène les avis «éclairés» de scientifiques confrontés inopinément à la présence d'une momie géante ?

Et bien, il semblerait qu'en dehors de la supervision d'une présence archéologique officielle embarrassante, la constatation de tels éléments paraît découler du simple bon sens et de la bonne foi des observateurs. Rajoutons à ce contexte le fait que ces personnes semblent naturellement valider l'origine américaine de la momie tout en révélant leur connaissance de l'existence d'autres cas répertoriés en Finlande et en Patagonie ! On se doit, au moins, de les remercier pour leur honnêteté et leur franchise qui nous apporte une solide confirmation de la réalité de l'existence de géants. D'autant plus qu'ils citent avec raison **la Patagonie**, région dans laquelle nous allons faire un long détours révélateur un peu plus loin….

Un dernier article viendra justement confirmer la thèse évidente de l'appropriation et de la dissimulation de toutes preuves par l'archéologie officielle pouvant permettre d'accréditer la réalité de la découverte de restes de géants.

Journal *The Salt Lake Tribune* du 7 juin 1908.

Le géant de San Diego

*«La momie de l'humain le plus grand ayant jamais vécu était plébiscitée par un exposant à l'Atlantic exposition **pendant qu'étaient ici nombre de ces scientifiques de la Smithsonian**. Ils demandèrent la permission de l'examiner et quand l'agrément leur fut donné, appliquèrent leurs instruments et trouvèrent qu'il mesurait 2,80 mètres du crâne au talon.*

Selon le démonstrateur, le géant avait été trouvé dans une grotte, près de San Diego, Californie, par une équipe de prospecteurs. Sur la tête étaient des restes d'écorce de bois qui paraissaient avoir été une partie du linceul. Des dents usées étaient visibles dans la bouche et les contours des côtes étaient parfaitement visibles à travers la peau. Le corps allongé et émacié se tenant droit dans un grand et étroit cercueil de 3,30 mètres de long.

Le démonstrateur accepta de le vendre pour 500 $ à la Smithsonian *qui envoya Mr Lucas sur la scène. Lui, le Professeur*

W.J Mc Gee et d'autres firent un test précis. **Un échantillon de la peau séchée du géant fut prélevée et quand elle fut testée dans le laboratoire chimique de la Smithsonian, se révéla être de la gélatine.** Le Professeur McGee est montré (sur la photo) *à la gauche du géant.»*

Article original ci-dessous et photo du géant à la page suivante.

The San Diego Giant

The mummy of the "tallest human giant who ever lived" was being barked by a side-showman at the Atlantic exposition while a number of these Smithsonian scientists were there. They asked permission to examine it and when consent was given applied their tapes and found that it measured eight feet four inches from crown to heel.

The giant had been found in a cave near San Diego, Cal., by a party of prospectors, according to the exhibitor. Over the head were the remains of a leather hood which appeared to have been part of a shroud. Worn teeth were visible in the mouth and the outlines of the ribs were plainly seen through the skin. The elongated, emaciated body stood erect in a great, narrow coffin, ten feet long. The exhibitor agreed to sell it for $500 to the Smithsonian, which dispatched Mr. Lucas to the scene. He, Prof. W. J. McGee, and others made a careful test. A piece of the giant's dried skin was removed and when tested in the chemical laboratory of the Smithsonian was found to be gelatine. Professor McGee is shown on the left of the giant.

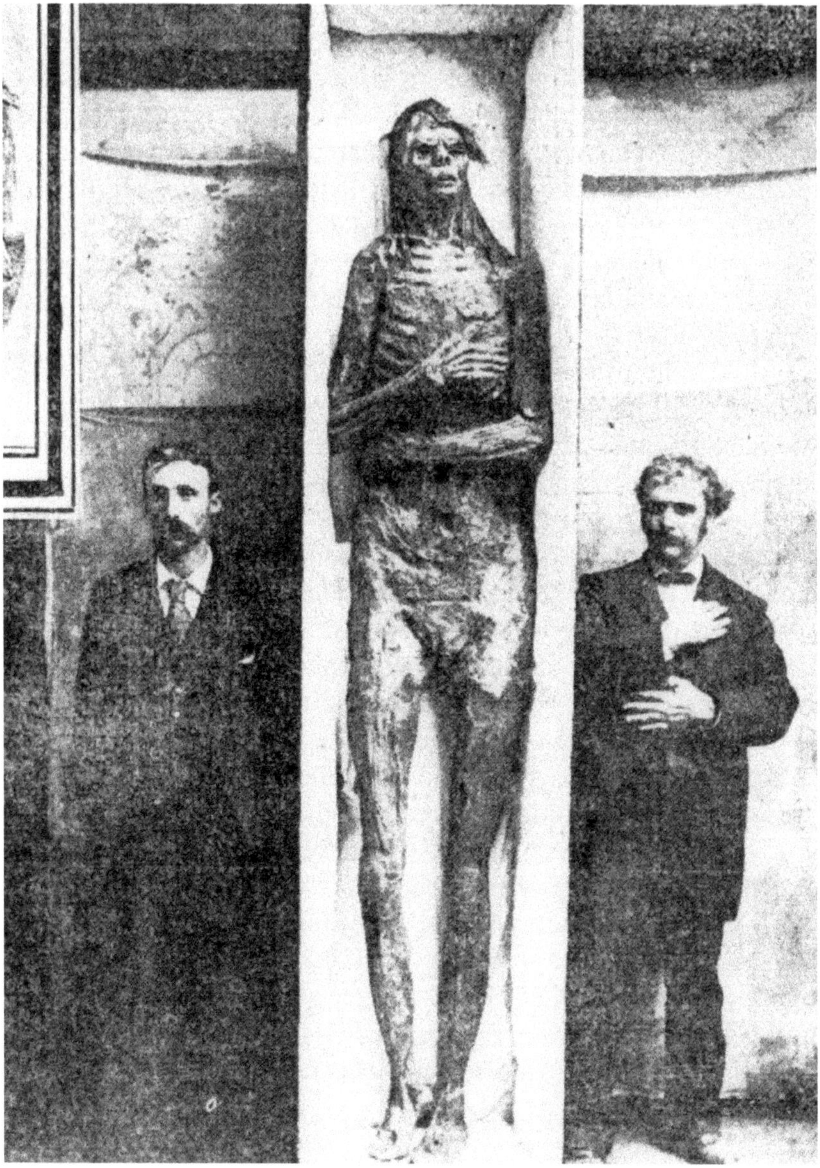

Il est utile de conclure qu'en 1908, le Département archéologie de la Smithsonian devait disposer de moyens considérables pour pouvoir acheter aussi facilement 500 $ un tel géant….et tout ça pour lui faire subir un simple test d'analyse de peau opportunément déclaré négatif ! Rendez-vous compte que, par simple extrapolation de la valeur monétaire, cela représenterait au moins dix fois plus aujourd'hui, soit dans les 5000 dollars, une vraie fortune pour l'époque ! Peut-être aurait-il été plus raisonnable et acceptable de régler uniquement le prix d'un petit prélèvement de peau pour une analyse préalable avant tout achat définitif. N'importe quel idiot en aurait fait autant !

Mais, n'imaginez pas un seul instant ces gens là aussi niais à ce point, car si cet empressement leur a coûté si cher, c'est qu'ils désiraient absolument et rapidement mettre hors de la circulation un témoin gênant parcourant allégrement les salles d'exposition d'une partie des Etat-Unis !

Au final, dans un cas comme dans l'autre, il m'est d'avis que les deux parties ont ainsi réalisé une très belle affaire….

J'aurais eu le loisir de vous soumettre encore des dizaines et des dizaines de rapports journalistiques ayant traits à la découverte de géants mais ce sujet ne représentant qu'un faible segment de mon ouvrage, je préfère vous livrer le lien sur lequel figurent nombre de ces rapports originaux: sydhav.no/giants/newspapers.htm

Mais, afin de vous fournir un ordre de grandeur à travers une image particulièrement éloquente de ce que représente une simple partie de ces signalements répertoriés depuis le XIX° siècle jusqu'à nos jours, vous trouverez à la page suivante un récapitulatif, état par état, de ces diverses découvertes. Soit une véritable population !

Source : création par Cee Hall
Source des documents presse précédents :
chroniclingamerica.loc.gov/search/pages/results

Nous allons dès à présent changer de continent afin de nous poser du côté de l'Europe et plus précisément, chez nous, en France, afin d'évoquer une découverte de restes de géants dûment enregistrée et consignée dans un document scientifique. Bref une procédure précieuse car rarissime pour un tel événement….

L'action s'est donc déroulée du côté de Montpellier et est connue sous l'expression **«géants de Castelnau»**. Elle fait référence à la découverte de trois fragments d'ossements fossiles d'humérus, de tibia et de fémur, mis au jour par l'anthropologue **Georges Vacher de Lapouge** en 1890, à Castelnau-le-lez. Ces fragments ont été trouvés dans le tertre d'un tumulus funéraire datant du début de l'âge du bronze. Ils dateraient du néolithique et pourraient être même plus ancien.

Voici donc ce que rapporte Mr Lapouge dans le journal scientifique *Nature* de 1890. Volume 18. N° 888. Je passerai sur les développements d'ordre purement techniques en sélectionnant plus particulièrement ses propres sentiments et conclusions.

«Les légendes de l'antiquité, celles même de beaucoup de peuples modernes à divers états de civilisation, mentionnent fréquemment des races de géants sur lesquelles nous n'avons aucune indication positive. En faisant la part de l'imagination dans ces récits, il reste une forte probabilité en faveur de l'existence ancienne d'hommes qui auraient été avec l'homme d'aujourd'hui dans le même rapport de taille que les grands animaux quaternaires avec leurs descendants actuels.....Il n'y aurait rien d'improbable à supposer que l'homme ait été aussi plus grand....
La nécropole de Castelnau est un vaste cimetière que j'ai fouillé l'hiver dernier, et qui comprenait plusieurs centaines de tombes de l'époque de la pierre polie et du bronze, au-dessous d'une couche probablement plus récente. Elle m'a fourni une série d'environ quarante crânes bien conservés et un grand nombre d'autres détériorés. Parmi ces derniers se trouve **un énorme crâne sans base ni frontal, qui suppose un individu très supérieur à la taille de deux mètres,** et d'un type morphologique commun dans les dolmens de la Lozère. La pièce provient d'un sujet sain, d'environ dix-huit ans.
Mais j'ai trouvé mieux encore. Dans la terre d'un tumulus très vaste, rasé dès l'antiquité et qui contenait des cistes de l'époque du bronze....**j'ai rencontré des fragments d'os longs de dimensions bien plus anormales. Je crois inutile de remarquer que ces os sont incontestablement humains malgré leur grosseur énorme, et le seul doute qu'ils puissent soulever porte sur la signification de ce volume insolite.**
Le géant probable de Castelnau a donc pu vivre pendant le quaternaire ou le commencement de l'époque actuelle. **Reste à savoir s'il suppose une population de géants.** Les os sont dans un état de conservation qui ne permet pas d'affirmer s'ils proviennent d'un individu atteint d'hypertrophie générale du système nerveux (gigantisme) **ou d'un individu encore jeune d'une race véritablement gigantesque.**
Mr Delage, Professeur de paleontologie à l'Université de Montpellier, regarde les os comme altérés post mortem et non pathologiques ; Mr Sabatier, Professeur de zoologie, tient l'état

pathologique pour certain. La question est si délicate que l'examen histo-biologique lui-même n'a pu jusqu'ici en fournir la solution.
En résumé, la découverte de Castelnau rouvre une fois de plus la question des géants de l'antiquité. Il est à remarquer que les traditions placent, à peu près à l'endroit de la vallée où les os ont pu être pris, la caverne d'un géant.»
Source : cnum.cnam.fr

Mais l'histoire n'est pas encore finie car d'autres découvertes vont venir s'additionner à la précédente….

En effet, en 1894, soit quatre ans après, des comptes-rendus de presse mentionnent la découverte d'autres ossements de géants humains dans un cimetière préhistorique à Montpellier, à 5 km au Sud-ouest de Castelnau, par des ouvriers qui creusaient près d'un réservoir d'eau. Des crânes de 71, 79 et 81 centimètres de circonférence furent mentionnés ainsi que d'autres os de proportions gigantesques indiquant qu'ils appartenaient à une race d'hommes mesurant entre 3 et 4,5 m de hauteur. Les os auraient été envoyés à l' Académie de Paris pour une étude approfondie….dont on attend encore les résultats en 2020 !

Il est fort dommage, comme d'habitude, de ne pas pouvoir disposer des coupures de presse françaises de l'époque mais, grâce à la banque de données historiques des journaux américains, nous pouvons rapporter la réalité de ces faits relatés dans plusieurs brèves de leurs quotidiens et qui en font le même rapport que ci-dessus.

J'ai donc reproduit l'article original, à la page suivante, du journal **The McCook Tribune** du 8 mars 1895. A noter qu'il est également paru, au moins, dans un autre quotidien, **The Princeton Union** du 11 octobre 1894.

Je vous livre ici la traduction de la dernière phrase du texte américain qui reste plus explicite que les informations nationales formulées au conditionnel. Un vrai paradoxe !

«Ces reliques furent envoyées à l'Académie de Paris et un «savant» érudit, qui prît connaissance de la découverte, dit **qu'ils appartenaient à une race d'hommes d'une taille entre 3,5 et 5 m de haut.»**

into the caldron barely to float the varied contents and then the fire is started. It must be allowed to simmer slowly for six hours, and an old superstition is that it must be stirred with a hickory stick in order to give it the best flavor.

Giants of Prehistoric France.

In a prehistoric cemetery recently uncovered at Montpellier, France, while workmen were excavating a waterworks reservoir, human skulls were found measuring 28, 31 and 32 inches in circumference. The bones which were found with the skulls were also of gigantic proportions. These relics were sent to the Paris academy, and a learned "savant," who lectured on the find, says that they belonged to a race of men between 10 and 15 feet in height.

En voilà une très belle histoire bien documentée ayant parfaitement débutée par les premiers développement critiques de cet anthropologue français et pourtant...Pourtant la suite constructive qu'il aurait pu souhaiter donner à ses investigations afin de valider la thèse probable d'une race de géants, s'est tout de même mystérieusement évanouie malgré les découvertes qui eurent lieu juste quatre ans après !

Il est impossible d'imaginer qu'il ne fût pas le premier informé de la découverte fortuite des ouvriers, située à seulement 5 km de son premier site de fouille lui ayant fourni les premiers éléments probants de restes de géants. Inutile d'épiloguer plus longtemps sur les raisons d'un pareil blocage. Il faudrait être aveugle et de mauvaise foi pour ne pas comprendre les motivations criminelles d'une organisation secrète mondiale dédiée à la dissimulation de toutes recherches permettant de concevoir nos origines autrement que sur les bases mensongères de dogmes imposés à l'humanité depuis toujours. Si nous considérions ce sujet simplement d'un point de vue juridique, la somme de ces preuves irréfutables sonnerait comme la mise en lumière aveuglante d'évidences caractérisées !

Et comme si cela ne suffisait pas, que diriez-vous de témoignages dûment relatés et consignés dans des ouvrages **confirmant la présence vivante de géants** découverts dans certaines parties du monde par des navigateurs célèbres entre le XIII° et le XIX° siècle ?

En effet, ces anciens voyageurs et souvent premiers découvreurs de régions inexplorées, ont toujours décrit les populations indigènes qu'ils rencontraient et avec lesquelles ils parvenaient à nouer parfois des relations amicales mais aussi, et plus souvent, conflictuelles à cause de leur soif de richesses.

Comment ne pas débuter par le plus connu de ces explorateurs aventuriers, j'ai nommé **Marco Polo** qui rapporta, vers 1250, dans le tome trois de son *Livre des merveilles,* certaines observations fantastiques que je ne pouvais passer sous silence, même si elles ne concernent pas directement les géants mais des être humains bien particuliers.

Chapitre XVIII
Du royaume de Lambri
«Il y a encore un autre royaume dans la susdite île nommée Lambri, où il croît des arbres de brésil en grande quantité ; lorsqu'ils ont poussé, on les transplante et les laisse trois ans en terre ; après quoi on les déracine de nouveau. Moi, Marco, j'ai apporté des graines de ces arbres avec moi en Italie, et je les ai fait semer ; mais ils n'ont pas poussé, faute de chaleur suffisante.
Les habitants de ces pays-là sont idolâtres. **On trouve quelques hommes qui ont une queue comme un chien, de la longueur d'une paume** ; mais ils se retirent dans les montagnes. **Il y a aussi des licornes** et plusieurs autres sortes d'animaux.»
Chapitre XXI
De l'île d'Angonia
«L'île d'Angonia est grande, **les habitants y vivent en bêtes**, ils sont sauvages et très cruels, ils adorent les idoles et vivent de chair, de riz et de lait ; ils mangent aussi de la chair humaine. **Les hommes sont mal bâtis, car ils ont la tête faite comme celle d'un chien, de même que les dents et les yeux**. Il y a dans cette île une étrange abondance de toutes sortes de parfums, de même que des arbres fruitiers de toutes les sortes.»

Petit arrêt sur image après ces descriptions inédites et plus qu'insolites. On peut aussi considérer que Marco Polo dit n'importe quoi malgré le fait qu'il prête autant d'attention à l'horticulture qu'à la découverte de la Licorne et d'hommes à têtes de chiens ! Ce côté «naturel» est assez déstabilisant mais permet également d'établir un parallèle troublant entre ces êtres «canins» et les représentations égyptiennes d'un **Dieu Anubis** fait homme avec une tête de chien….
Si des «Dieux» ont un jour donné naissance à des géants, alors pourquoi pas Anubis…au point de l'étrange où nous en sommes !
Chapitre XXXXI
De l'île de Zanzibar
«Cette île appelée Zanzibar a deux milles lieues de circonférence, elle a son propre roi, son langage particulier et les insulaires sont idolâtres. **Ils sont extrêmement grands, leur force égale celle de**

quatre hommes de notre pays et un seul mange autant que cinq autres de mes hommes. Ils vont tout nus et sont entièrement noirs, forts laids, avec de grosses et longues oreilles, d'énormes bouches, des yeux épouvantables et **quatre fois plus grands que ceux des autres hommes.** *Leurs femmes sont aussi affreuses à voir….»*
Là, on touche très probablement au gigantisme….
Source :larevuedesressources.org/le-livre-des-merveilles-de-marco-polo-livre-trois

Avançons davantage dans l'inconnu en nous référant à l'ouvrage d'un Père Jésuite du nom de **Cristobal de Acuna**, intitulé *Relation de la rivière des Amazones* écrit en 1682. Son livre décrit les découvertes liées au fleuve Amazone et plus particulièrement sa participation à l'expédition de **Pedro de Texera** en 1639.
Ce document fut traduit par Mr de Gomberville de l'Académie française d'après l'original espagnol de Cristobal de Acuna
Chapitre LXIII. Page 162
«Enfin, les derniers (habitants) *en remontant la rivière, sont les* **Curiguires,** *qui, suivant le rapport de personnes qui y ont été, que j'ai vues et qui nous offrirent de nous y conduire, sont* **des géants de seize palmes de haut et forts guerriers** ; *ils vont tous nus comme les autres, et portent aux oreilles et aux narines de grandes plaques d'or.* **Nous trouvions qu'il nous fallait 2 mois de chemin pour arriver à la province des géants, depuis l'embouchure de la rivière** (Amazone).*»*

La palme est une unité de mesure ancienne utilisée au XVII° siècle, particulièrement dans la marine et qui pouvait varier légèrement selon les pays. Pour exemple elle est de 24,8 cm en Sardaigne, 26,15 cm à Nice et de 25 cm pour l'Italie qui l'utilise encore pour le commerce du marbre. Si l'on applique à la palme une équivalence moyenne raisonnable de 25 cm, notre géant décrit par le Jésuite devait mesurer de 3,5 à 4 mètres de hauteur !

Pour ne pas rester sur notre faim et afin de pouvoir entériner les informations précédentes, nous avons encore mieux. Les compte-rendus du voyage autour du monde réalisé par **Magellan** entre 1519 et 1522 et relatés dans un livre par un témoin visuel de l'expédition,

Antoine de Pigafetta. Ce livre fut publié en 1798 (An IX de la révolution. version française) sous le titre, *Premier voyage autour du monde par le Chevalier Pigafetta.* Voir ci-dessous la couverture.

PREMIER VOYAGE

AUTOUR DU MONDE,

Par LE CHEV^r. PIGAFETTA,

SUR L'ESCADRE DE MAGELLAN,

PENDANT LES ANNÉES 1519, 20, 21 ET 22;

Suivi de l'extrait du Traité de Navigation du même auteur ;

ET

D'une Notice sur le chevalier MARTIN BEHAIM, avec la description de son Globe Terrestre.

ORNÉ DE CARTES ET DE FIGURES.

A PARIS,

CHEZ H. J. JANSEN, IMPRIMEUR-LIBRAIRE,
RUE DES MAÇONS, N°. 406, PLACE SORBONNE.

L'AN IX.

Les longues observations directes rapportées par Pigafetta sont uniques en leur genre et concernent une population rencontrée lors d'une escale effectuée dans la région la plus méridionale de l'Amérique du Sud, connue de nos jours sous le nom de **Patagonie**.
Les auteurs de ces récits de voyage affirment sans relâche, du XVI° siècle à la fin du XVIII° siècle, que cette région de l'Amérique est habitée par un peuple de géants qu'ils prétendent avoir vus et approchés. C'est une région de vastes plaines dénudées qui s'étend de l'embouchure du Rio de la Plata jusqu'au détroit de Magellan.
Le nom de *Regio gigantis*, qui la désigne sur les anciennes cartes géographiques depuis Ortellus et Mercator, est bien significatif à cet égard. Mais, il y en a d'autres : *Puerto de los Gigantes, Isla de los Gigantes* ou *de los Patagones, Bahia de la Gente Grande* et aussi *Provincia Gigante* en remontant vers le Nord.
Passons à présent à la retranscription des passages les plus marquants et passionnants de cet ouvrage :
« En nous éloignant de ces îles pour continuer notre route, nous parvînmes par le 49°30 de latitude méridionale, où nous trouvâmes un bon port et comme nous approchions de l'hiver, nous jugeâmes à propos d'y passer la mauvaise saison.
Deux mois s'écoulèrent sans que nous aperçûmes aucun des habitants de ce pays. Un jour que nous nous y attendions le moins, **un homme de figure gigantesque se présenta à nous**. *Il était sur le sable presque nu, et chantait et dansait en même temps, en se jetant de la poussière sur la tête. Le capitaine envoya à terre un de nos matelots avec ordre de faire les mêmes gestes comme une marque d'amitié et de paix ; ce qui fut très bien compris et le géant se laissa paisiblement conduire dans une petite île où le capitaine était descendu. Je m'y trouvai aussi avec plusieurs autres.*
Il témoigna beaucoup d'étonnement en nous voyant et levant le doigt, il voulait nous dire sans doute qu'il croyait que nous étions descendus du ciel. **Cet homme était si grand que notre tête touchait à peine sa ceinture.** *Il était d'une belle taille : son visage était large et teint en rouge, si ce n'est qu'il avait les yeux entourés de jaune et deux taches en forme de coeur sur les joues. Ses cheveux, qui étaient*

en petite quantité, paraissaient blanchis avec quelque poudre. Son habit, ou plutôt son manteau était fait de fourrures bien cousues ensemble, d'un animal qui abonde dans ce pays.....
On lui donna des grelots, un miroir, un peigne et quelques grains de verroterie ; ensuite on le remit à terre, en le faisant accompagner par quatre hommes bien armés. Son camarade, qui avait refusé de monter sur le vaisseau, le voyant de retour à terre, courut avertir et appeler les autres, qui, s'apercevant que nos gens armés s'approchaient d'eux, se rangèrent en file, étant sans armes et presque nus. Ils commencèrent aussitôt leur danse et chant, pendant lesquels ils levaient l'index vers le ciel pour nous faire entendre qu'ils nous regardaient comme des êtres descendus d'en haut....
Les habitants du pays, hommes et femmes au nombre de 18, ayant été invités par nos gens à se rendre près de nos vaisseaux, se partagèrent des deux côtés du port et nous amusèrent en faisant la chasse....
Six jours après, nos gens occupés à faire du bois pour la provision de l'escadre, virent un autre géant vêtu comme ceux que nous venions de quitter....**Cet homme était plus grand et mieux fait que les autres**....**Il dansait et sautait si haut et avec tant de forces, que ses pieds s'enfonçaient de plusieurs pouces dans le sable**....
Le capitaine désirait d'avoir leurs femmes pour porter en Europe cette race de géants : à cet effet, il ordonna d'arrêter les deux autres géants pour les obliger à conduire nos gens à l'endroit où demeuraient leurs femmes. **Neuf de nos hommes les plus forts suffirent à peine pour les jeter à terre et les lier**....
Un autre caché dans un buisson, tira avec une flèche empoisonnée sur un homme qui mourut à l'instant. Nos gens firent feu sur les fuyards, ils ne purent point les attraper parce qu'ils ne couraient jamais sur la même ligne, mais sautaient de côté et d'autre **et allaient aussi vite qu'un cheval au grand galop**....
Ils sont grands mangeurs : **les deux que nous avions pris mangeaient chacun une corbeille pleine de biscuits par jour et buvaient un demi-seau d'eau d'une haleine** (d'un trait). Notre capitaine donna à ce peuple le nom de **Patagons**.»

On est en droit de considérer ces écrits comme les plus aboutis et sérieux concernant la description vivante d'une rencontre improbable entre deux «civilisations» que tout sépare, en plus de la taille. Taille, qui, au vu d'un état comparatif apprécié par Pigafetta, nous donnerait une hauteur d'environ 3 mètres pour ce géant, en considérant qu'un homme de 1,70 m arrivait à peine à la ceinture de ce dernier.

Cette taille est d'autant plus confirmée par les multiples détails relevés ayant traits à leur poids et comportements :
- Enfoncement profond des pieds dans le sable pendant des sauts
- Neufs hommes des plus costauds pour jeter deux géants à terre
- Leur course aussi rapide qu'un cheval au grand galop
- La possibilité de boire un demi-seau d'eau d'un seul coup

Rajoutons que le capitaine, certainement Magellan, avait la ferme intention de ramener deux spécimens en Europe et même s'il ne parvint pas à capturer deux femmes, il embarqua tout de même à bord les deux géants qu'ils purent maîtriser et qui moururent plus tard, faute de leur nourriture habituelle.

On se doit évidemment de préciser que tous les habitants des côtes les plus méridionales de l'Amérique du Sud ne sont pas censés être tous d'une stature gigantesque, mais seulement les individus de quelques tribus isolées. Ces dernières devaient certainement représenter les ultimes descendants d'une race de géants étant donné leur nombre restreint tel que mentionné par Pigafetta. En effet, il parle seulement de 18 habitants dans ce pays lors de leur invitation à se rapprocher des vaisseaux. Donc, certains navigateurs n'ont certainement jamais croisé leur route, ce qui n'est pas une raison valable pour conclure en leur inexistence.

C'est à **Charles de Brosses** (1709-1777), Premier Président au Parlement de Dijon, que nous devons la rédaction d'un ouvrage en cinq tomes intitulé *Navigation aux terres australes*. Il y avait recueilli, dans les tomes 2 à 4, tous les témoignages de ceux qui ont vu des Patagons et en ont parlé comme des hommes d'une grandeur extraordinaire. Les navigateurs qui s'y rendirent après la parution de son ouvrage, tels que **Byron**, **Wallis**, **Carteret**, **Cook** et **Foster** ont tous confirmé son opinion après avoir examiné cette race de géants sur laquelle il y avait toujours beaucoup de doute à l'époque.

A l'inverse, **Sir Francis Drake**, célèbre navigateur, récusait l'existence de géants Patagons malgré l'avis contraire du chapelain de son bateau qui répondait au nom de **Francis Fletcher** et qui écrivit également une relation (histoire) de ce voyage, affirmant *«qu'en hauteur et en grandeur ces gens sont si extraordinaires qu'il n'y a pas de comparaisons avec aucun fils des hommes à ce jour dans le monde.»*

Source : *The world encompassed by Francis Drake...collected out of the notes of master Francis Fletcher, London, 1628.*

Afin de faire écho à la description «vivante» de Magellan ainsi qu'à l'ouvrage de Charles de Brosses, qui cite notamment un certain **Byron** comme témoin de l'observation de géants, j'ai tenu à retrouver les traces de cette possible rencontre. Et j'ai pu en effet remettre en lumière cette expérience, en partie par l'intermédiaire d'un grand navigateur anglais en la personne de **James Weddell**. C'est à l'intérieur de son ouvrage, *Voyage to the South Pole,* paru en 1825, que j'ai eu la chance de relever en page 204, le témoignage d'un des officiers du Commodore Byron. Vous trouverez en page suivante, la page de garde de cet ouvrage. Voici une traduction des épisodes qu'il rapporte, tirés du propre compte-rendu de Byron :

«J'ai reçu quelques compte-rendus particuliers des Patagons habitants dans le détroit, de personnes sincères...Les natifs sont décrits ayant une stature ordinaire, de 5 à 6 pieds (environ 1,8 m).... *Ces gens, il faut le rappeler, sont seulement les habitants du détroit ; à l'intérieur de ce pays, qui est d'une vaste superficie, il peut y avoir des hommes de la taille d'un Goliath ; mais nous pouvons à peine les imaginer de la taille décrite par un gentilhomme qui était sur la plage avec le* **Commodore Byron***, lors de son échange avec les Patagons dans le détroit de Magellan. (Vide Byron's Voyage, Vol II, page 826-7.). Cet officier dit que :*

«Quand nous fûmes à 10 ou 12 encâblures dans le détroit, nous vîmes, à travers nos longues-vues, beaucoup de gens sur la plage d'une taille prodigieuse, d'une telle extraordinaire ampleur qu'ils

A VOYAGE

TOWARDS

THE SOUTH POLE,

PERFORMED IN THE YEARS 1822–24.

CONTAINING

AN EXAMINATION OF THE ANTARCTIC SEA,

TO THE SEVENTY-FOURTH DEGREE OF LATITUDE:

AND

A VISIT TO TIERRA DEL FUEGO,

WITH A PARTICULAR ACCOUNT OF THE INHABITANTS.

TO WHICH IS ADDED,

MUCH USEFUL INFORMATION ON THE COASTING NAVIGATION OF

CAPE HORN, AND THE ADJACENT LANDS,

WITH CHARTS OF HARBOURS, &c.

By JAMES WEDDELL, Esq.

MASTER IN THE ROYAL NAVY.

LONDON:

PRINTED FOR

LONGMAN, HURST, REES, ORME, BROWN, AND GREEN,

PATERNOSTER-ROW.

1825.

pensaient être une tromperie provoquée par la fumée de l'atmosphère, passant alors pour quelque chose de brumeux ; mais en approchant de la terre, ils apparurent encore d'une plus grande masse et faisaient des gestes amicaux à nos gens pour venir sur la plage.
Ainsi, quand le bateau navigua pour trouver un endroit propice pour accoster, ils firent des lamentations comme s'ils étaient effrayés de nous voir partir.» Il dit aussi : *«Il y en avait près de 400 dont environ un tiers sur des chevaux, pas plus grands que les nôtres ; et qu'ils montaient avec leurs genoux sur le garrot des chevaux, n'ayant pas d'étriers ; qu'il y avait des femmes et beaucoup d'enfants, que certains de nos gens ont pris dans leurs bras et embrassé, ce que les indiens virent avec beaucoup de satisfaction apparente.... Et que certains d'entre-eux qu'il vit, faisaient dix pieds de haut (3,3 m), bien proportionnés et bien mis : leur peau étaient d'une couleur cuivre chaud et ils n'avaient non plus ni armes offensives ou défensives. Il dit aussi qu'ils semblaient particulièrement contents avec le* **Lieutenant Cummings**, *à cause de sa stature de 2 mètres et que quelques-uns d'entre-eux lui tapotèrent les épaules, mais que leurs mains tombaient avec une telle force que cela affecta tout son être.»*
J'ai laissé entendre en d'autres lieux, que ceux avec qui le Commodore Byron communiqua étaient probablement des chefs ; mais il est plus que probable que cette tribu de toutes les tailles, n'étaient pas des habitants de la côte mais de l'intérieur, et d'une région très loin vers le Nord et bien sûr rarement, peut-être jamais sur la côte du détroit depuis le temps que des vaisseaux abordent ici.»

Afin de faire bonne mesure, j'ai pu trouver une partie des commentaires originaux du **Commodore John Byron** issus de son livre mentionné par Weddell, dans le chapitre *Port desire to Patagonia*, lors de cette expédition de 1764/1766, à bord du vaisseau *Dolphin* :
«Je fis des signes afin que l'un d'entre-eux vienne s'approcher : comme espéré, mes signes furent compris et l'un d'entre-eux, qui

ensuite apparut comme être le chef, vint vers moi. Il était d'une stature gigantesque et semblait posséder des tailles de monstres dans un corps humain. Il portait la peau de quelque bête sauvage jeté sur ses épaules, comme un écossais porte son plaid et était peint de manière à donner l'apparence la plus hideuse que j'ai jamais vue ; un œil était entouré d'un grand cercle blanc et l'autre d'un cercle noir et le reste de sa face était striée avec des peintures de différentes couleurs.... **Mr Cummings** *vint avec le tabac et je ne pus me retenir de rire à son étonnement que j'ai vu imprimé sur son visage, en se percevant lui-même, malgré ses deux mètres de haut, devenir d'un coup un pygmée parmi des géants. Pour ces gens, pouvant en effet être plus correctement appelés géants que grands hommes, parmi les quelques-uns d'entre-eux qui sont de deux bons mètres de haut, presque aucun n'est large et musclé en proportion de sa stature mais ressemblent davantage à des hommes d'une masse normale ayant évolué accidentellement vers une taille inhabituelle ; et un homme qui devrait mesurer seulement 2,20 m et également dépasser un homme robuste bien formé d'une stature commune dans la masse et les muscles, nous frapperait plutôt comme étant d'une race gigantesque, qu'en tant qu'un individu accidentellement anormal.»*

Fin d'un autre témoignage hors normes ne pouvant être mis en doute de par la qualité des acteurs ayant, une fois de plus, relevés des anomalies morphologiques incompatibles avec un accident de la nature isolé. D'autant plus qu'il est permis de faire un parallèle très instructif avec les observations de Magellan, hormis le gigantisme, sur l'aspect de leur faciès. En effet, Byron décrit avec justesse les yeux de ces géants entourés d'un cercle de peinture blanc et noir et le visage strié de différentes couleurs. Pour le cas de Magellan, le géant avait les yeux cerclés de jaune et le visage peint en rouge ! C'est à dire que près de 250 ans plus tard, on retrouve les mêmes particularités tribales qui font obligatoirement de ce peuple une véritable race ancienne qui vivait habituellement, tel que le mentionne fort justement **Weddell**, loin dans l'intérieur du pays, rendant leurs observations sur le bord de la côte forcément très occasionnelles et aléatoires.

Nous allons voir, dès maintenant, que cette indication géographique va être confirmée par un autre navigateur.

C'est donc un autre personnage qui a retenu toute mon attention, en la personne de **Gabriel-François Coyer** (1707-1782), ancien Père jésuite de 1728 à 1736 et qui rédigea une longue lettre intitulée, *Lettre au Dr Maty, Secrétaire de la Société Royale de Londres, sur les géants Patagons. A Bruxelles. 1767.*

Pour résumer, il y expose son état d'esprit face au scepticisme des anglais sur les témoignages de navigateurs ayant rapportés leurs rencontres avec des géants Patagons. Il mentionne par ailleurs plusieurs expériences vécues par des marins ainsi que la sienne à travers un témoignage qu'il reçut, tout à fait par hasard, d'un capitaine de Marseille. Voici quelques passages :

*«On lit un fait fort semblable dans le voyage de **Sébald de Wert** qui, étant mouillé en 1599 avec cinq vaisseaux dans la baie verte à vingt et une lieues au-dedans du détroit de Magellan, **vit sept pirogues pleine de géants qui pouvaient avoir dix à onze pieds de haut** (environ 3,5m) que les hollandais combattirent et que les armes à feu épouvantèrent tellement qu'on les voyait arracher des arbres pour se mettre à couvert des balles de mousquet....*
Olivier de Noort*, (capitaine hollandais) qui entra dans le détroit quelque mois après **Sébald**, **vit des hommes de dix à onze pieds de haut** ; quoiqu'il y en eût vu d'autres d'une taille égale à la nôtre.»*

Ce dernier navigateur écrivît un livre relatant son voyage sous le titre, *Description du voyage fait autour du monde,* entre 1598 et 1600. Voici à la suite, une page originale de son ouvrage. Ce document d'époque est d'une valeur considérable puisqu'il confirme, avec 170 ans d'avance, les témoignages précédents et décrit précisément les quelques tribus d'indiens habitants la région de Patagonie dont une qui va nous intéresser particulièrement **par sa taille gigantesque et sa localisation à l'intérieur des terres, telle que soupçonnée par Weddell.** C'est dans l'encart pointé d'une flèche que nous trouvons ce petit texte fabuleux écrit en vieux français :

l'An.1600.   par *Olivier du Nort d'Vtrecht.*   Septembre.

Le 17.dict du matin ainſi qu'eſtions demie lieue de terre, vindrent ceulx de l'Iſle avecq leurs *Canoas*, apportans dere-chief *Coques* & aultres Fruictz cōme le jour precedent: mais ilz en apportoyent fort peu, & ainſi qu'eſtions raiſonnable-ment prouveuz voyant qu'il n'y avoit guerres a recouvrer icy, trouvames bon d'advancer noſtre Voyage vers les *Philip-pines*, giſantes environ 250.lieues Oueſt de ceſte Iſle, que nous penſions eſtre *Guana*, c'eſt une grande Iſle, ayant a noſtre advis bien 20.lieues en circuit, icy endroict nous n'y avons veu nulles aultres Iſles combien que les Eſpagnolz eſcrivent qu'icy en giſent beaucoup, ce raffreſchiſſement nous vint icy fort a propos, car nous eſtions fort vexéz du flux n'aurions ſceu durer plus guerres, ſans ces Fruictz que recouvrames icy qui nous aiderent a reguerrir.

Le dict jour du middi, dreſſames noſtre cours laiſſant ces Iſles vers l'Oueſt envers les *Philippines*, le vent roide de l'Eſt.   *Partans des Ladrones.*

Le 18.dict le General avecq le conſeil de guerre prindrent reſolution de mectre noſtre addreſſe vers le Cap *Spiritus Sanctus*, giſant 13.degréz au coſté Eſt du d'Eſtroict de *Manilles* es Iſles *Philippines*, pour en ceſte maniere entrer puis le d'Eſtroict vers une Iſle nommee *Capul*, environ 25.lieues au dedans du Cap, & y ancrer juſques a tant quil fut reſolu vers ou addreſſer noſtre cours, envers le ſoir il devint calme.   *Reſolution de ſurgir au Cap. Spiritus Sanctus.*

A. Eſt le pourtraict des gens au d'Eſtroict de Magellans de la race d'Enoe, inhabitans d'un pays nommé Coſſu, il y a encores quatre Races, aſcavoir Kemeneres, inhabitans de Caray, Kennebas inhabitans de Karamay. Karaykee inhabitans de Morine, ceulx cy ſont tous de ſtature comme teſt Enoe: Mais en dedans du pays il y a une Race de gens grande de 10.11.& 12.piedz de haulteur, nommez Tiremenen, fort cruelz, faiſans continuelle guerre a ceulx cy. Le pays auquel ilz demeurent ſe nomme Coin. B. Eſt un habitant de l'Iſle Capul, detranchéz en ceſte façon. C. Eſt un habitant artiſan de Nova Spagna.

Le 20.dict eumes le vent O.N.O. fort roide nous ne pouvions ſingler plus hault que S.O. à l'O. au middi la haulteur de 13.deg. ayantz force pluyes & ventz contraires, ce qu'eumes la plus part juſques aux *Philippines*, & beaucoup de ventz du S.O. bonaſſes & pluies, nous r'aſſemblames noſtre boiſſon de la pluie durant bien 6.ſepmaines.

Le 14.*Octobre* du matin environ 6.heures veimes terre, laquelle eſtoit fort haulte O.N.O. de nous, encores y diſtans 9. ou 10.lieues, laquelle penſames eſtre le Cap *Spiritus Sanctus* giſant en 13.degréz, car le jour precedet eurent les Pilotes la haulteur en 13.deg.7.min, mais de nuict ſinglames O.N.O. nous tirames vers elle y voyās une ouverture au coſté S. que penſames eſtre le d'Eſtroict de *Manilles*, auquel ſinglames & au middi ſurgimes en la Rade au coing du coſté Nort de l'ouverture, ou que nous nous arreſtames derriere un Rocher en 12.braſſees aſſez bonne Rade, il eſtoit large icy environ trois lieues, entrant ſi avant en dedans que noſtre veue pouvoit porter, pourrēt ſe tenans aſſeutéz que c'eſtoit ledict d'Eſtroict, mais depuis trouvames bien aultrement.

Le 15.dict au matin au poinct de jour, ſinglames du coing ſuſdict qu'eſtoit une Iſle vers l'endedans O. au N. 8.lieues; ou que

E 3

A. Est le portrait des gens au détroit de Magellan de la race d'Enoe, (rapport à Noé ou Enoch?), habitants d'un pays nomé **Coffi**, *il y a encore quatre Races ; à savoir* **Kemeneres**, *habitants de Caray,* **Kennebas** *habitants de Karamay,* **Karayke**, *habitants de Morine. Ceux-ci sont tous de stature comme l'est Enoe ;* ***mais en-dedans du pays, il y a une Race de gens grande de 10, 11 et 12 pieds de hauteur*** *(soit une taille équivalente de 3,60 m à près de 4 mètres!), nommés* **Tiremenen**, *forts cruels, faisant continuelle guerre à ceux-ci. Le pays auquel ils demeurent se nomme* **Coin**.

Une description digne d'une encyclopédie ! Ces navigateurs étaient, en outre, reconnus suffisamment compétents pour manier les chiffres et tracer des routes compliquées en utilisant les étoiles et divers instruments ; à ce titre, je pense que leurs indications relatives à la taille des géants sont tout simplement à prendre au pied de la lettre ! Ils confirment par ailleurs l'existence d'autres races d'une taille normale, ce qui prouve le caractère sérieux et détaché de leurs observations insolites énoncées sans faire état du moindre sensationnalisme.

Venons-en à présent à une rencontre fortuite de **Gabriel-François Coyer** avec un marin de Marseille :

«*En 1764, au retour de mon voyage d'Italie par Marseille, comme je vais toujours questionnant, toujours cherchant à m'instruire, le hasard m'offrit un témoin oculaire de l'existence des géants Patagons. C'est* **le capitaine Reainaud**, *le premier peut-être qui ait osé, sur une simple tartane, voguer de Marseille aux terres magellaniques. Notre conversation fut intéressante, je ne vous en rapporte que ce qui a trait à la découverte en question.*
Je l'interrogeais sur les sauvages, il y mêla les géants.
- «*Ouh ! Mr le capitaine, des géants ! Cela ne se peut.*
- *Cela ne se peut ? Reprit-il, Voilà comment raisonnent des gens qui n'ont rien vu.*
- *Mais aviez-vous les yeux bien ouverts ?*
- *Très ouverts et forts bons*
- *Quelle était leur taille ?*

- *Douze pans, c'est à dire neuf pieds* (**3 mètres**)*, un peu plus, un peu moins ; les femmes et les enfants en proportion.*
- *Et en quel endroit les avez-vous vu?*
- *Vers le détroit de Magellan où je relâchais pour faire de l'eau.*
- *Vous n'étiez donc pas seul à voir ces prodiges ?*
- *Non sans doute, puisqu'une partie de mon équipage les voyait et les mesurait avec moi.*
- *En quelle année ?*
- *En 1712.*
- *Mais enfin, auriez-vous un peu examiné les forces, les mœurs, les usages de ces géants ?*
- *Belle question ! Vous croyez, vous autres qui n'avez rien à faire, qu'un commerçant a du temps pour ces fadaises. Je me dépêchais de faire la route.* **La seule chose qui me frappa, ce fut leur douceur ; il faut qu'ils soient dans l'habitude de voir de petits hommes et de ne pas les craindre.**»

Je m'étais bien promis de communiquer cette anecdote à ma patrie, en publiant mon voyage d'Italie. **D'autres voyageurs, en imprimant leurs observations sur le même pays, m'ont empêché de publier les miennes : d'ailleurs, il n'est pas toujours permis de dire les choses comme on les a vues. <u>Il y a des gens accrédités, puissants, qui se fâchent quand on ne voit pas comme eux</u>....Notre Ministère a rayé l'article des géants que l'on voulait mettre dans la gazette de France.**»

Ce document ancien est aussi un véritable petit bijou, peut-être le seul «interview en direct» d'un marin «bourlingueur» et dont le franc-parler en fait transparaître toute son authenticité. Et puis la conclusion de l'auteur n'en est pas moins surprenante, sauf si l'on admet avec raison que la dissimulation organisée avait déjà cours à cette lointaine époque. Si vous en souhaitiez une confirmation, elle se trouve à présent sous vos yeux.

En parallèle, le temps et le silence passant auront bien fait leur œuvre d'effacement dans les consciences individuelles ainsi que des dernières tribus de géants très probablement décimées par l'installation des premiers colons et par les maladies et autres virus généreusement offerts à ces derniers représentants d'une race venue de la nuit des premiers temps. Faut-il que l'homme en soit toujours a être son propre prédateur !

J'ai passé un temps infini à lire d'innombrables coupures de presse ainsi que tout autant de livres anciens afin de pouvoir en tirer les meilleures informations possibles. Et il faut bien avouer que cette information singulière était encore largement évoquée jusqu'au tout début du 18° siècle pour se tarir presque complètement dès le 19° siècle. A partir de là, tous les écrits évoquant la race des géants et particulièrement ceux de Patagonie, se retrouvèrent invariablement rangés dans la catégorie «taille normale». Cela, d'une part, afin de discréditer les témoignages anciens et surtout, comme je le précisais auparavant, par une disparition «presque naturelle» des «grands individus» liée à l'arrivée des premiers «envahisseurs». Malgré cela, j'ai tout de même pu mettre la main sur un seul petit encart de presse «moderne» mentionnant les géants, et relevé dans l'*Evening Bulletin* du 08 janvier 1883 :

«Une équipe de scientifiques italiens est juste rentrée d'une expédition dans le Pacifique Sud. Ils ont établi, à leur propre satisfaction, la question de l'ancienne existence d'une race de géants en Patagonie, comme rapportée par Magellan. Dans leurs recherches sur la Terre de Feu, ils trouvèrent des os humains d'une telle taille apte à les convaincre de la véracité de Magellan.

Vous aurez constaté que malgré le succès de cette entreprise scientifique, aucune indication n'est donnée sur les noms des personnes concernées, le lieu précis de la découverte, la date et encore moins la taille des ossements….

Lorsque l'on regarde de près toute cette histoire de géants, que l'on a définitivement libérés de leur mythe - il faut le souligner – on peut légitimement imaginer que l'on devait avoir l'opportunité de trouver encore certains individus ou familles vers le début du 19° siècle. Si je vous indique cela, c'est qu'il n'est pas impossible que certaines petites populations aient pu résister, s'adapter et trouver refuge dans certains coins reculés de la planète. Cela permettrait de trouver un

peu moins farfelus les multiples témoins ayant vus ou relevés des traces d'hominidés géants appelés **Yéti** ou **Big foot**.
Comme on le dit, commencer à penser par soi-même, c'est déjà faire partie de la solution....

Nous avons donc pu démontrer, par les nombreux témoignages relevés sur des journaux américains, que des géants occupaient ce vaste continent depuis des milliers d'années. Alors pourquoi les plus récentes observations de ces derniers, jusqu'à la fin du 18° siècle, ne se résumaient plus qu'à l'extrême pointe de l'Amérique du Sud ? Et bien afin d'expliquer ce paradoxe, il est tout à fait possible de conclure que sous la pression de tribus plus évoluées, plus dynamiques, plus conquérantes et surtout toujours plus nombreuses, ces plus faibles populations archaïques de géants, derniers vestiges d'anciennes civilisations disparues, furent contraintes de fuir progressivement vers cette pointe de l'Amérique australe.

Afin d'illustrer cela, il existe, dans certaines légendes indiennes, le récit de combats entre les indiens et une race de géants. Un exemple concret a été retrouvé parmi la tribu des **indiens Piautes** qui rapportent que leurs ancêtres étaient parvenus à exterminer une tribu de ces géants. Ils racontent être parvenus à les bloquer dans une grotte qu'ils enfumèrent et les abattirent à coups de flèches et de lances lorsque les géants tentèrent d'en sortir. Des recherches concluantes furent menées pour localiser cette grotte dans laquelle furent relevés des traces d'incendie et de nombreuses pointes de flèches et de lance à l'entrée de celle-ci !

Ainsi, et bien plus tard, la fin du peuple des derniers géants Patagons s'expliquerait facilement par leur confinement dans une petite région, par leur isolement, leur effectif peu important, la mixité avec d'autres tribus, la maladie importée par les blancs et l'extermination de leurs derniers représentants par l'accroissement rapide de la colonisation. On retrouve d'ailleurs dans les commentaires du Commodore Byron, un décalage de taille déjà sensible entre certains individus de la même tribu dont certains ne dépassent pas les 2 m à 2,20 m. Consécutivement à cela, on peut considérer que certaines tribus, descendantes de ces derniers géants, aient réellement survécu jusqu'au début du 20° siècle. Je veux parler des peuples **Tehuelches et Selknams ou Onas** dont la taille moyenne se situait tout de même entre 1,80 et 2 mètres ! Des documents photographiques d'époque attestent véritablement de leur haute stature, de leur belle musculature, de leurs proportions harmonieuses, de leurs habits traditionnels en peau et de leurs peintures si caractéristiques sur le corps et le visage. Si l'on rajoute à ce riche tableau qu'ils vivaient à l'intérieur des terres, on peut raisonnablement penser qu'ils furent bien les derniers descendants ou «résidus» indigènes, voués à une mort lente, de peuples jadis plus nombreux et bien plus grands, c'est à dire les géants Patagons !

A noter que les derniers représentants de ces tribus, malgré leur résistance, furent chassés et massacrés par les colons qui revendiquaient leurs terres. Le Chili demanda même en 2003, le classement de cet épisode dramatique en génocide.

Archéologie Polaire

Après ces quelques longs détours inévitables et précieux dans le cadre compliqué mais passionnant de cette étude, nous revenons vers les Pôles et leurs multiples secrets. En débutant ce nouveau dossier, il faut bien reconnaître qu'il paraît bien délicat d'apporter des indices scientifiques et archéologiques probants pouvant être enfouis sous des mètres ou des kilomètres de glace, et propres à mettre en lumière les vestiges d'anciennes civilisations ayant pu s'y développer il y a des milliers d'années.

Malgré cela, et dans un premier temps, nous allons tout de même nous appliquer à faire émerger quelques éléments troublants et significatifs relatifs à des rencontres improbables et autres découvertes de vestiges d'une vie humaine qui se serait développée à proximité du Pôle Nord géographique. Pour aboutir à de telles conclusions, je suis en mesure de porter à votre connaissance des témoignages originaux uniques apparus plutôt furtivement dans une presse américaine de la fin du 19ème et tout début du 20ème siècle. Quatre compte-rendus majeurs extraordinaires vont donc se succéder afin d'illustrer le plus précisément possible ce qui se cacherait aux environs immédiats du Pôle Nord, c'est à dire probablement les dernières terres avant l'accès direct aux terres de l'intérieur. Nous débuterons cette démonstration par un premier témoignage insolite nous fournissant déjà un avant-goût révélateur de ce qui viendra par la suite.

J'ai relevé cette histoire dans le journal *New-York Tribune* du 30 Juin 1899. **Source** : Chroniclingamerica.loc.gov/search/pages/results
Voici la traduction la plus précise possible de cette aventure :
Un canadien raconte l'étrange histoire de son errance dans les terres du Nord. Sa découverte présumée.
Binghampton. N.Y. Juin 29 (spécial)-
__Gustav Bertrand__ de St Madeleine, Québec, Canada, qui vit à The Perrault House, Lestershire, un des faubourgs de Binghampton, déclare avoir découvert le Pôle Nord. C'est un pauvre homme et, étant plutôt ignorant du plus grand art de la navigation, ne peut donner que le contours de ses aventures dans cette histoire de découverte.
Il est âgé d'environ 35 ans et vit pratiquement de la charité de la part des résidents du village. Un physicien local dit qu'il est sain. Il se refuse de parler pour une publication disant qu'il ne serait pas cru. Le résident de Lestershire ne tire aucun bilan de ses histoires.
L'histoire de Bertrand prend effet, tandis que pêchant sur l'Ile Belle poussant plus loin jusqu'à la baie de Baffin, il se retrouva séparé de ses compagnons, dans un petit bateau fait par lui-même. Un orage survint et le dévia de sa route, et après être resté sans nourriture pendant quelque temps, il rencontra un esquimau qui lui donna de la nourriture et lui parla d'un groupe d'hommes blancs plus haut sur la côte. Il sillonna les alentours, ne trouvant pas les hommes blancs et, après le naufrage de son bateau, fut obligé de vivre avec les natifs se dirigeant toujours plus près du Pôle.

*Environ un an après cela, **il arriva dans une zone plus chaude** et, allant encore plus au Nord, trouva le Pôle Nord.* **Cette région est décrite comme étant une île entourée de glace. Elle avait une ou deux petites montagnes.** *Une petite tribu **d'individus de grande stature, pas des esquimaux**, vivaient ici et il y resta quelques temps. Leur manière de vivre est la même que celle des esquimaux et il connut de nombreuses difficultés. Ils ont deux saisons, dit-il, tempérée et froide. Dans les temps plus tempérés, des lichens poussent ici. Il parla seulement d'une vie difficile parmi un peuple sauvage et dit s'émerveiller du fait d'être toujours vivant pour raconter l'histoire. Il s'en retourna en forçant son chemin en descendant sur la terre d'Ellesmere et ainsi, avec l'aide d'un aimable Officier anglais, se rendit au Nord de l'Alaska. Il fit de la prospection d'or, fut pris par les autorités canadiennes pour des affaires douteuses, comme il dit, et fut envoyé en prison à Toronto, Canada. Il est revenu de là il y a quelques mois. Il est évidemment un homme très abîmé en santé par les difficultés et si son histoire semble porter le timbre de la vérité par une ou deux traces de vie parmi les natifs du Pôle Nord, l'opinion parmi les villageois est quelque peu divisée quant à la véracité de ses déclarations.*

Une impression de sobriété se dégage de cette histoire peu banale qui mena cet homme simple vers un court récit de constatations singulières dont certaines d'un «style» récurrent que l'on retrouve chez nos explorateurs «professionnels» précédents, c'est à dire un climat tempéré loin au Nord et la rencontre d'individus, non esquimaux, de grande stature. Ce sont ces deux caractéristiques majeures noyées au milieu d'éléments troublants annexes qui me motiveraient à valider cette expérience unique. Mais, poussant toujours plus loin le curseur de l'aventure vécue, nous allons passer encore un cap par le récit étonnant et bien plus argumenté qui va suivre.

C'est dans un premier journal, ***The Topeka State*** du 21 mars 1900, que prends place une des trois narrations de cet extraordinaire récit. Ci-contre, une partie de l'article en question.
Source : chroniclingamerica.loc.gov/search/pages/results

FAR TO THE NORTH

Strange Story of a French-Canadian Trapper.

Joseph Z. La Joie, Excites Interests of Scientists.

A NEW RACE OF PEOPLE

Also Declares That He Discovered the North Pole.

Spent Many Years In the Arctic Regions.

New York, March 21.—Joseph Zotique La Joie says that he discovered the north pole and a new race of people. He is a French-Canadian hunter and trapper who has spent many years in the Arctic regions. His story is a marvelous one. By the request of the New York Herald, and accompanied by one of the New York Herald's reporters, he went on Wednesday last to Washington. He courted scientific investigation of his stories and they are now being scientifically investigated.

At the Hotel Raleigh in Washington on Wednesday last M. La Joie met General A. W. Greely, chief of the signal service and an arctic explorer of great fame; Admiral George W. Melville of the United States navy (retired), of whom Melville Island is named and who is recognized as one of the greatest living authorities on arctic matters; Professor J. W. McGee of the Smithsonian Institution, of world wide celebrity as ists. Not one of these scientists is willing to unqualifiedly indorse the statements made by M. La Joie. All have found in his explanations some apparent inconsistencies, but all have also found in them much accuracy concerning matters with which they are well acquainted.

TRUTH IN STRANGE STORIES.

On the whole, it seems that there is probably considerable truth in the a tongue entirely unlike that of the other natives whom he had met in his travels. Their complexion, he states, was of a reddish-brown hue, and their eyes and hair were either black or brown. The men were very large, averaging more than 6 feet in height. Their clothes were made of skins and shaped after a strange fashion. He remained in the camp five months. The party, having concluded the hunt in which they were engaged, took La Joie with them to their principal settlement, a five days' journey across a rocky country. They came finally to the entrance of a great cave. The subchief in charge of the party summoned to the mouth of the cave the great chief of all the tribes which inhabit that country. The leader scrutinized the stranger for a period of five minutes, and then said something to his people in their native language. The stranger, thinking that they were about to kill him, turned and ran until out of the range of arrows; then, stopping, he took from his pocket a flint and steel. With these he struck fire. La Joie gathered some twigs and built a fire. For a few minutes the natives watched him, and then approached, threw down their bows and arrows, and indicated that they wished to be friends. They had known nothing of fire previously.

VIEWS THE NORTH POLE.

La Joie states that he soon came to live with the natives on terms of the most friendly intercourse. Owing to the reverence in which he was held, they made him, he says, the chief and ruler of the tribe, a position he held for two years. Since his arrival on the island La Joie's attention had been repeatedly attracted by a strange and apparently volcanic light. This shone forth steadily at all times, casting an effulgent glowing over the surrounding country. La Joe determined to investigate. He finally set forth with a party of natives and came within full view of the great mountain from which the light seemed to come. Here he discovered what he firmly believes to be the north pole.

FAVORABLE TO SCOTT.

West Virginia Senator Declared to Be Duly Elected.

Washington, March 21.—When the senate convened today Mr. McComas (Md.) representing a majority of the committee on privileges and elections presented a report declaring Mr. Scott (W. Va.) to be entitled to his seat in the senate. The resolution was placed

LOIN VERS LE NORD
L'étrange histoire d'un trappeur franco-canadien.
Joseph Z. La Joie excite l'intérêt des scientifiques.
UNE NOUVELLE RACE D'INDIVIDUS
Il déclare aussi qu'il a découvert le Pôle Nord.
A passé beaucoup d'années dans les régions arctiques.

New-York, 21 Mars- *Joseph Zotique La Joie dit qu'il a découvert le Pôle Nord et une nouvelle race de gens. C'est un chasseur et trappeur franco-canadien qui a passé de nombreuses années dans les régions arctiques. Son histoire en est une merveilleuse. A la demande du New-York Herald et accompagné par l'un des reporters du New-York Herald, il vint ce dernier mercredi à Washington. Il sollicitait une investigation scientifique de ses histoires et elles sont à présent scientifiquement examinées.*

A l'hôtel Raleigh à Washington, mercredi dernier, Monsieur La Joie rencontra **le général A.W. Greely, chef du signal service et explorateur arctique de grande renommée ; l'Amiral George W. Melville de la marine des Etats-Unis** *(en retraite) duquel l'île Melville est nommée et qui est reconnu comme l'une des plus grandes autorités existantes sur les questions arctiques ;* **le Professeur McGee de la Smithsonian Institution** *d'une célébrité mondiale. Pas un de ces scientifiques n'est prêt à approuver inconditionnellement les déclarations faites par Mr La Joie. Tous ont trouvé dans ses explications quelques inconsistances apparentes, mais tous ont aussi trouvé en elles beaucoup de précisions concernant des questions avec lesquelles ils sont bien informés.*

VERITE DANS UNE ETRANGE HISTOIRE

Dans l'ensemble, il paraît y avoir probablement une considérable vérité dans l'étrange histoire racontée par Mr La Joie. Que l'homme ai pénétré loin dans l'arctique est certain. **Il déclare être capable de prouver toutes ses extraordinaires déclarations par la production de restes du nouveau peuple qu'il trouva dans le Nord lointain et même en montrant les corps de deux natifs de cette étrange tribu qu'il dit avoir dissimulé avec un accès relativement facile.**

En décembre 1886, selon son récit, La Joie et son père partirent de Montréal pour Battleford, territoire du Nord-Ouest. Après trois ans de chasse à travers l'Alaska et la Colombie britannique, il arriva au lac Great bear à la fin de 1899. La chasse s'appauvrissant, il décida de pousser plus loin au Nord avec un partenaire, un homme nommé George white. Durant l'hiver de 1892, ils atteignirent ensemble le cap Brainard. Chassant dans le voisinage, ils apprirent des natifs l'existence d'un panneau laissé par quelque explorateur. Sur celui-ci, ils trouvèrent l'inscription suivante : **«82 degrés de latitude Nord, 83 degrés de longitude Ouest»**.

DERIVANT AU NORD SUR UN ICEBERG

Quelques kilomètres au Nord de cela (panneau), *ils établirent leur camp en mai 1892. Ce camp était établi à la jonction de deux immenses icebergs et White proposa qu'ils se séparent et que chacun voyage pendant dix jours sur trois points divergeant de la glace pour trouver le meilleur terrain de chasse. La Joie, quand il s'en revint, ressentit le septième jour* **un choc énorme comme un tremblement de terre.** *Il semblait que la glace s'était séparée et qu'il était à la dérive. L'Amiral Melville, l'autre jour à Washington, était d'accord avec la description précise de La Joie sur la description de ce phénomène. La banquise dériva vers le Nord. Pendant trois jours, il se nourrit de poissons, espérant contre tout espoir qu'un vent qui soufflerait du Sud pourrait le ramener sur la terre principale. Durant une période de 36 jours, il fut à la dérive, dit-il, au milieu de terribles orages de neige, grêle et grésil.* **La terre fut aperçue à plusieurs occasions** *mais il était impossible d'accoster.*

Au matin du 37ème jour, ayant mangé six de ses chiens et souffert de grands tourments, La Joie trouva que le morceau de banquise sur lequel il avait dérivé avait touché terre. Il accosta avec ses chiens restants. **Il dit que plus la banquise dérivait au Nord plus tempéré devenait le climat.** *Cette nuit, La Joie fut réveillé par l'aboiement de ses chiens. Il sauta sur ses jambes et s'aperçut qu'il était encerclé par une tribu d'indigènes* **de couleur cuivre** *qui tiraient vers lui avec des arcs et des flèches. Le jour suivant ils étaient prêts à traiter de paix.*

IL DECRIT L'ETRANGE RACE

Il décrit les hommes qu'il a rejoint comme appartenant à une race étrange parlant une langue entièrement différente de celle des autres indigènes qu'il avait rencontré dans ses voyages. Leur aspect était d'un teint brun-rougeâtre et leurs yeux et cheveux étaient soit noirs soit bruns. **Les hommes étaient très grands, en moyenne plus de 2 mètres de haut.** Leurs vêtements étaient fait de peaux et taillés d'après une mode étrange. Il resta dans le camp cinq mois. La troupe, ayant conclu la chasse dans laquelle elle était engagée, prit La Joie avec elle pour leur établissement principal, après un voyage de cinq jours à travers une région rocailleuse. Ils arrivèrent finalement à l'entrée d'une grande caverne. Le sous-chef, en charge de la troupe, appela à l'ouverture de la caverne le grand chef de toutes les tribus qui habitaient la région. Le leader scruta l'étranger pendant cinq minutes et alors dit quelque chose à son peuple dans leur propre langue. L'étranger, pensant qu'ils se proposaient de le tuer, fit demi-tour et courut jusqu'à être hors de portée des flèches, puis s'arrêtant, il sortit de sa poche un silex et de l'acier. Avec cela il fit du feu. La Joie recueillit quelques brindilles et construit un foyer. Pendant quelques minutes les indigènes le regardèrent, puis approchèrent laissant tomber leurs arcs et flèches et lui montrèrent qu'ils souhaitaient être amis. Ils ne connaissaient rien du feu avant.

VUES DU PÔLE NORD

La Joie affirme qu'il arriva rapidement à vivre avec les indigènes en terme de rapports des plus amicaux. Dû à la révérence dont il était l'objet, ils firent de lui, dit-il, le chef et le souverain de la tribu, une position qu'il occupa pendant deux ans. Depuis son arrivée sur l'île, l'attention de La Joie était constamment attirée par une étrange et apparente lumière volcanique. **Cette brillance apparaissait régulièrement à tout moment, projetant un rayonnement radieux sur le pays environnant.** La Joie décida d'investiguer. Il se porta finalement en avant avec une troupe d'indigènes et arriva à la vision totale de la grande montagne de laquelle la lumière semblait venir. Ici, il découvrit ce qu'il croyait fermement être le Pôle Nord.

A l'image du témoignage d'autres explorateurs déjà entendus, il est toujours fructueux de parcourir d'autres journaux traitant du même sujet afin d'y découvrir d'autres éléments inédits. Cela constituera la suite de cette histoire d'après la même source.

Journal **SanFrancisco Call** du 18 mars 1900.

*Depuis sa première apparition aux Etats-Unis, il y a cinq mois, **il a été très précautionneusement gardé dans le but que les connaissances en sa possession ne deviennent pas la propriété du public**, jusqu'à ce qu'une enquête de recherche approfondie ait été mise sur pied quant à la probable vérité ou falsification de ses déclarations......A présent il reste à Washington sur la suggestion de, et à la demande du **Professeur McGee de la Smithsonian Institution**....*

*«J'ai vécu deux ans parmi les natifs, dit La Joie, et appris leur langue durant ce temps et **comment lire leurs hiéroglyphes**. J'ai ensuite décidé de retourner à la civilisation. J'ai demandé à ces gens de me construire un bateau. Il fut construit en peau de baleine. Il avait 10 mètres de long, 1,60 de large et 1,30 de profondeur. J'ai organisé le voyage retour avec deux des natifs....**Le grand changement de climat, comme nous allions au Sud, affecta tellement les deux fidèles camarades qui étaient avec moi, qu'ils moururent** ensemble avant que je n'atteigne la terre principale.»*

A la suite de ces quelques importantes précisions, poursuivons avec de nouvelles déclarations apparues dans le quotidien **The Topeka State Journal** du 20 juillet 1899 :

*Les natifs étaient si bien avec lui qu'ils le firent souverain **des 80 000 personnes qui habitaient les sept îles polaires**. Il poursuit son histoire ainsi : «Quelques jours après que je fus fait roi, je pris mon compas et dirigeais mes pas vers une montagne fumante d'eau de laquelle un air chaud semblait souffler. Quand je fus ici, **je trouvais une énorme fontaine d'eau bouillonnante d'environ sept kilomètres de circonférence qui éjectait jusqu'à 300 mètres dans les airs**. Je regardais mon compas et l'aiguille tournait si vite qu'elle était presque invisible. Je savais que j'avais atteint le Pole Nord....Je découvris, après avoir été quelques mois au Pôle Nord, que dans un* *rayon de 100 kilomètres de la fontaine bouillonnante, de magnifiques fleurs s'épanouissaient hors de la glace stérile avec des arbres en grand nombre terminés en petits bourgeons verts qui avaient un goût, un peu comme les choux de Bruxelles.»*

Encore d'autres révélations insolites du journal *The Seattle post-intelligencer* du 01 avril 1900 :

L'île était si grande que plusieurs jours de voyage étaient nécessaires pour la traverser. A l'intérieur émergeait une montagne perforée comme un rayon de miel (alvéolée) et avec une large ouverture au sommet. De ce cratère flottait une brume de vapeur bleue qui condensait en atteignant l'air extérieur et formait comme un brouillard au-dessus des contrées environnantes. Un liquide épais s'échappait de la montagne et, coulant sur les côtés, atteignait un couloir souterrain et donc reprenait sa place dans la terre. **Du sommet de la montagne brillait ici une lumière vive, observable à des centaines de kilomètres.** *Il y avait six îles entourant l'île principale parmi lesquelles trois étaient habitées.* **Le sol était composé d'argile de toutes les couleurs et il y avait une herbe d'une teinte vert grisâtre.** *Le climat était plus tempéré que plus loin au Sud, étant apparemment affecté par les rejets souterrains....*

Mr La Joie n'affirme pas seulement que les indigènes ont un langage différent qu'aucun autre peuple connu mais qu'il le parle pour aider à prouver son récit....Prof McGee, chef du bureau américain d'ethnologie à la Smithsonian Institution admet qu'il a été très intéressé dans l'étrange récit et dit qu'il est remarquable, même merveilleux, dans sa consistance. La Joie a réclamé, sur différents jours, ce que le mot pour un équivalent anglais donne et, à chaque occasion, il a prononcé précisément le même son. Pour réaliser un test plus précis, il a parlé dans un phonographe, **mais la machine montre qu'il est maître d'une langue étrange, quelle que soit son origine ou de l'habitat de ceux qui la parle....**

Mais encore cette courte information sur le journal *Waterbury Evening Democrat* du 7 octobre 1899 :

Il a un lot de différents cailloux, minéraux et bois (qualifié d'étrange bois polaire sur un autre journal), *qu'il va d'abord montrer* *à l'American Geographical Society à New-York après le 1er janvier. Mr La Joie retourne à son propre peuple après qu'il eût prouvé et sécurisé ses droits sur ces régions inconnues et il leur montrera le passage* (aux scientifiques) *pour les atteindre.*

Enfin, c'est par un journal de langue française du Minesota que nous clôturerons cette aventure merveilleuse.

Echo de l'Ouest du 30 mars 1900 :

Il parle d'abondance des mœurs, des coutumes, du culte de ce peuple inconnu jusqu'ici. Ce qu'il en rapporte est tout à fait étrange mais ne semble pas contredire les données scientifiques. Il a été au Pôle **qu'il dit localisé au milieu d'une petite montagne de 100 mètres de haut, qui lance une lave brumeuse et lumineuse à la fois**. *L'inconsistance de l'aiguille aimantée lui a donné la certitude qu'il y était. Bien que ce qu'il avance n'a encore été démenti, il a réponse à tout. Les savants se regardent perplexes. Que doivent-ils décider ? A quel parti s'arrêter ?*

Il me paraît à présent constructif de commenter succinctement cette découverte surprenante qui semble, à l'époque, avoir fortement déstabilisé et passionné une cohorte de grands spécialistes puisque je n'ai trouvé aucun démenti officiel dans un quelconque journal américain. D'autre part, il est d'évidence que les rapports journalistiques ne sont que partiels et que d'autres informations sensibles ont été maintenues sous le sceau de la confidentialité par une volonté politique, dont l'absence de la mention et de la description d'une faune animale. Le dernier journal en langue française mentionne par ailleurs la divulgation par La Joie de nombreuses informations sur les mœurs, cultes et coutumes de ce peuple mais qui ne sont pas «sorties» vers le grand public. Car, une nouvelle fois, nous retrouvons à la manœuvre la fabuleuse **Smithsonian Institution** qui garda étroitement auprès d'elle notre grand aventurier franco-canadien, étrange non ? Et comme le monde est petit, quelle ne sera pas notre surprise de voir réapparaître, sur un nouveau dossier brûlant, notre bon **Professeur McGee** qui, souvenez-vous, avait acheté le squelette d'un «faux» géant afin de le soustraire à la vue du grand public. A revoir à la page 448/449 !

Vous aurez certainement et également noté la présence du **Général Greely** dont la promotion à ce grade aura certainement été à la hauteur de sa discrétion quant aux résultats réels de ses explorations précédentes. Ainsi, s'il avait été choisi pour donner son avis éclairé, cela ne pouvait en aucun cas n'être que le simple fait du hasard car il était de ces très rares témoins ayant très probablement vu certaines des choses rapportées par La Joie. En effet, rappelez-vous de ses magnifiques descriptions biologiques et environnementales singulières mais surtout du fait qu'il s'était largement auto-censuré de peur de passer pour un fou au regard de ses autres découvertes ! De plus, il aura dû être terriblement surpris de rencontrer un trappeur lui décrivant précisément un panneau perdu sur la banquise indiquant 82° de Latitude Nord, posé certainement là par lui-même ou le **Lieutenant Lockwood** lors de son incursion jusqu'au record de 83°24' de Latitude Nord. C'était un peu comme trouver une aiguille dans une botte de foin **en même temps que la confirmation du voyage loin au Nord de La Joie !**

Vous l'aurez compris, l'investigation scientifique n'aura pu mettre en défaut notre robuste trappeur possédant l'expérience des régions polaires profondes et c'est comme d'habitude, ici, la loi du pourrissement de la situation et de l'étouffement qui auront eu raison de la divulgation de la vérité. Si je dis vérité, c'est que cet homme n'était pas illuminé au point de s'exposer aussi ouvertement à Washington et tous ceux qui l' interrogèrent ne purent discréditer la trame de son récit non plus que sa parfaite maîtrise d'une langue inconnue. De surcroît, il se proposait de dévoiler l'endroit où reposait les corps de ses deux accompagnateurs du peuple nordique et de mener les scientifiques vers ce nouveau continent. Il avait également pris soin de ramener, pour étude, quelques échantillons «matériels» de ce pays lointain. Sa bonne foi semble aussi aller de pair avec certaines des constatations souvent relevées, c'est à dire, et invariablement, le climat qui se réchauffe plus loin vers le Nord, la boussole qui devient folle et le gigantisme de la population.

Nous ne saurons jamais si La Joie, lors de son séjour parmi ce peuple, eu l'opportunité de rentrer vers l'intérieur de la Terre mais ses quelques descriptions de surface restent tout de même exceptionnelles et fascinantes au plus haut point car elles semblent poser comme une proximité, un avant-goût du monde du dessous.

En premier lieu, nous apprenons qu'il comptabilise sept îles entourées de glace, sous-entendant que le centre pourrait représenter l'ouverture polaire. Eh bien, si vous aviez la curiosité de revenir un instant à la page 41, vous y retrouveriez la carte «impossible» de **Oronce Fine** qui montre parfaitement plusieurs îles entourant le centre du Pôle ! Que dire également de cette lumière très particulière issue d'un faible relief et irradiant profondément la pays alentour ainsi que cette énorme fontaine d'eau chaude permettant l'éclosion d'une végétation luxuriante jusqu'à 100 km de distance ! Ceci reste absolument fabuleux et incroyable, et pourtant, je vous dirai parfaitement plausible et concordant grâce au témoignage irréfutable qui va intervenir par la suite….

Mais auparavant et pour en terminer avec notre trappeur, il faut souligner que le premier et très sobre récit de cet homme simple nommé **Gustav Bertrand,** prends alors une autre dimension par le fait qu'on y retrouve en commun quatre caractéristiques majeures : la température plus chaude au Nord, une île entourée de glace, une ou deux montagnes et un peuple rustique de grande stature ! Dommage que la peur du ridicule l'est empêché d'en dire plus….

Le troisième opus, qui va donc à présent venir prendre forme, fera figure de confirmation «scientifique» inattendue au regard de certains des faits relatés précédemment. Si j'indique le mot «scientifique» entre parenthèse, c'est que le récit sensationnel dont vous allez prendre connaissance est d'origine d'un survivant de l'expédition du Lieutenant….Greely ! Effectivement, nous n'en avons pas totalement terminé avec cette mémorable expédition sur laquelle il faut revenir brièvement en guise d'introduction pour la suite de nos aventures. En effet, il est important de préciser que l'expédition du Ltt Greely se termina en véritable catastrophe par la mort de près de 20 hommes des suites du froid, de la fatigue et du manque de nourriture. Je ne détaillerai pas ici les circonstances malheureuses de ce drame qui aurait possiblement mené certains membres de l'expédition au cannibalisme !

Je souhaiterais avant tout porter une attention toute particulière aux survivants au nombre de six. Et plus particulièrement parmi ceux-ci, le **Ltt Greely**, le Sergent **Brainard** et le Sergent **Fredericks**. Nous savons que Greely, il l'a clairement exprimé dans son livre, s'est abstenu d'une grande partie de commentaires inavouables consécutifs à certaines découvertes troublantes faites à des latitudes extrêmes. Il va sans dire que les autres survivants on dû devoir plier aux mêmes exigences sous peine d'avoir à affronter certains ennuis dans leurs carrières respectives…..Ceci étant posé, nous savons par les compte-rendus de Greely, que les Sergents Brainard et Fredericks faisaient partie de l'incursion profonde vers le Nord du **Lieutenant Lockwood** qui établira à cette occasion un nouveau record, en atteignant 83° 24' de latitude Nord en 1882. Et, c'est précisément lors de ce périple que se verront réalisées, par l'équipe, de très étranges observations. Personne, par la suite, ne prononcera un seul mot concernant ces diverses constatations qui, nous allons bientôt le souligner, **constitueront forcément une bonne partie des observations non révélées de la part du Lieutenant Greely.**

Effectivement, il se trouve que près de 20 ans plus tard, un certain **Julius.R Fredericks**, par naïveté, par courage ou par pure inconscience va subitement se projeter vers une nouvelle expédition arctique à partir du lieu même de ses premiers exploits afin d'y retrouver un monde inconnu. C'est à cette occasion, expliquant son nouveau et futur défi, qu'il racontera à la presse une bonne partie de l'histoire secrète de l'expédition.

Fredericks était un vétéran des guerres indiennes au 2ème de cavalerie sous le commandement du Général Miles pendant cinq ans. Il était également homme de courage et d'une grande résistance physique puisqu'il se porta volontaire avec son ami, le **sergent George. W. Rice, photographe de l'expédition Greely,** afin de retrouver l'emplacement d'une cache de nourriture au bénéfice de ses compagnons affamés, cache qu'ils ne trouvèrent jamais. Au retour, il ne put se résoudre à abandonner son ami Rice qui, épuisé, mourut dans ses bras.

Maintenant que le décors est bien planté, il est temps de prendre connaissance de ce premier récit qui est apparu dans le Journal ***The Butte Inter Mountain*** du 30 janvier 1902 et reproduit à la page suivante. **Source** : chroniclingamerica.loc.gov/search/pages/results

VALLEES FERTILES
un survivant de l'expédition Greely rapporte un conte surprenant
UN CLIMAT TEMPERE AU PÔLE
Il croit Andrée sauf dans une région habitable – Magnifique ville, végétation luxuriante vues sous la brillance d'une aurore.
(By associated press)

Indianapolis, Ind, 29 Janvier – *Le Sergent Frederick, attaché au service du bureau météo dans cette ville et l'un des survivants de la dernière et malheureuse expédition Greely,* **a en sa possession des photographies prises par son compagnon Rice qui n'ont jamais été rendues publiques** *et qui, selon lui, soutiennent sa ferme conviction* **que la proximité immédiate du Pôle Nord est habitable** *et que de* **larges champs s'étirent dans toutes les directions sur lesquels s'alimentent d'innombrables troupeaux d'une étrange race de bétail.**

Le Lieutenant Lockwood, avec les Sergents Frederick et Brainard, furent sélectionnés pour faire le fameux raid pour le Pôle connue comme l'expédition la plus au Nord, et après être parvenus à moins de 730 km du Pôle, furent contraints de revenir sur leurs pas. Le Sergent Frederick relate, qu'avant de procéder en direction du Nord, il avait pris un peu d'intérêt à la question de l'existence d'une terre qui aurait même été habitée entre la Baie de Lady Franklin et fort Conger au 81° parallèle mais il devint rapidement convaincu qu'il était dans une terre pleine de mystères et à un endroit où un peuple semi-civilisé avait un jour vécu dans la paix et le contentement.

Reliques de villages

A plusieurs endroits il trouva des restes de villages plus avancés au point de vue architecture que quoi que se soit de notable parmi les

FERTILE VALLEYS

GREELY EXPEDITION SURVIVOR TELLS STARTLING TALE.

CLIMATE MILD AT THE POLE

He Believes Andree Is Safe in a Habitable Country—Beautiful Cities, Luxuriant Vegetation, Seen Under Brilliancy of Aurora.

(By Associated Press.)

Indianapolis, Ind., Jan. 30.—Sergeant Frederick, attached to the weather bureau service in this city, and one of the survivors of the ill-fated Greely expedition, has in his possession photographs taken by his companion Rice, which have never been made public, and which he claims supports his firm belief that the immediate vicinity of the North Pole is inhabitable, and that broad fields stretch in every direction on which feed countless herds of a strange species of cattle.

Lieutenant Lockwood, with Sergeants Frederick and Brainard, were detailed to make the famous dash for the pole, known as the farthest north expedition, and after reaching within 394 miles of the pole were compelled to retrace their steps. Sergeant Frederick recites that before proceeding northward he had given little attention to the question whether or not the land between Lady Franklin Bay and Fort Conger at the 81st parallel had even been inhabited, but he soon became convinced that he was in a land full of mysteries and one where semi-civilized people had once dwelt in peace and contentment.

Relics of Villages.

In several places he found relics of villages farther advanced in point of architecture than anything noticeable among the Eskimo villages, and portions of which walls were still extant.

He also found pieces of household furniture, some resembling the common utensils now in use among civilized people, while others were crude and had evidently been made for hard usage.

There were spears, fishing paraphernalia, hatchets, clubs, reindeer harness, etc., all of which was petrified, and this led him to believe that long ages before the restless men of the South had disturbed the Northern tranquility with his presence a mighty race peopled the ice-bound plains.

He also found that the climate was once mild, and that vegetation covered the hillsides and valleys, and that the levels then barren in eternal winter once bloomed with vendure. The most convincing thing, however, was acres upon acres of petrified forest.

Fallen tree trunks turned to stone were strewn upon every hand, and among the strange formations were delicate tracings showing that once shrubbery and ferns grew in the forest shade.

Many things convinced him that he people in their time were superior intellectually to the sluggish Eskimo.

At no time were the evidences that war or intertribal difficulties had driven the inhabitants off, and there were no forts nor strongholds, everything pointing to the fact that the people had left their homes with due preparation, but perhaps in haste.

Through a Telescope.

Sergeant Frederick says that his party reached 83 degrees 24 minutes, the farthest point they could go, owing to failure of supplies, and their final observations were then taken. With a telescope they had a range of 75 miles, placing their vision with 319 miles of the pole, and the temperature showed that it was several degrees warmer at the eighty-third parallel than at the eighty-first, demonstrating beyond a doubt that the nearer the approach to the pole the warmer it grew.

Through the glass Frederick said that vegetation could be seen in the valleys and on the hillsides, and that pines, dwarf oaks and grasses covered the earth. Game was plentiful, for the party saw Arctic rabbits, foxes, musk ox, reindeer, ducks, geese and sea fowls. These animals were migrating northward. Fresh water trout were caught in a little stream that emptied from a miniature lake, and the night before retracing their steps the aurora appeared in the northern sky and glowed with a brightness that was dazzling.

That night Brainard suddenly called out, directing attention to the aurora, and in the background were outlined a great city, with buildings of varied sizes, and about this city under the brilliant aurora was observed verdure.

Not a Mirage.

Frederick is convinced that it was no mirage, but instead the reflection of a city alive with human beings.

Sergeant Frederick also says that during their trip northward himself nor companions never lost their mental balance, but at all times were strong and healthy, and not easily the victims of hallucination.

His companions saw the same thing that he did, and it was after their return to the rendezvous that the terrible times came which carried off several of their number and brought Schley to them barely in time to save life.

*villages esquimaux, **et des parties dont les murs étaient encore existants**. **Il trouva aussi des pièces d'ustensiles ménagers, certaines ressemblants aux ustensiles maintenant en usage parmi les peuples civilisés** pendant que d'autres étaient rustiques et avaient évidemment été réalisés pour un usage plus rude. Il y avait des lances, attirails de pêche, hachettes, massues, harnais de rennes, etc...qui étaient tous pétrifiés et cela le porta à croire que longtemps avant, les hommes impatients du Sud ont perturbé la tranquillité du Nord avec sa présence d'une race puissante peuplant les plaines glacées.*

Il trouva également que le climat était autrefois doux et que la végétation recouvrait les coteaux et vallées et que les hauteurs, alors stériles dans les hivers éternels, ont fleuri (?)..Cependant, la chose la plus convaincante était des acres et des acres de forêts pétrifiées. Des troncs d'arbres abattus transformés en pierre étaient éparpillés de tous côtés et parmi ces étranges formations se trouvaient de délicates traces démontrant qu'un jour des arbustes et des fougères poussaient à l'ombre de la forêt. Beaucoup de choses le convainquirent que ce peuple, en son temps, était intellectuellement supérieur au lent esquimau. A aucun moment n'apparurent des preuves que la guerre ou des difficultés inter-tribales auraient conduit ces habitants à partir et il n'y avait pas de forts ni de forteresses, rien n'indiquant le fait que le peuple ait quitté leurs habitations avec une bonne préparation, mais peut-être à la hâte.

A travers un télescope

*Le sergent Frederick dit que son groupe atteignit 83°24', le point le plus éloigné qu'ils purent atteindre en raison d'un manque de ravitaillement et leurs observations finales furent ainsi prises. Avec un télescope, ils avaient une portée de 140 km, plaçant leur vision à 590 km du Pôle et **la température montra qu'elle était de plusieurs degrés plus chaude au 83ème parallèle qu'au 81ème, démontrant au-delà du doute que plus grande est l'approche du Pôle, plus la chaleur augmente.***

*A travers la lunette Frederick dit que **la végétation pouvait être vue dans les vallées et sur les coteaux et que des pins, chênes nains et*** *herbes recouvraient la terre. Le gibier était abondant*, *l'équipe vit des lapins arctiques, des renards, boeufs musqués, rennes, canards, oies et des oiseaux de mer. **Ces animaux migraient vers le Nord**.*

*Une truite d'eau douce fut attrapée dans un petit ruisseau qui se déversait d'un lac miniature et la nuit précédent leur retour sur leurs pas, une aurore apparut dans le ciel du Nord et brilla avec une luminosité qui était éblouissante. Cette nuit, Brainard appela soudainement, dirigeant notre attention vers l'aurore et, à l'arrière plan, **ont été décrits une grande ville avec des bâtiments de tailles variés et à propos de cette ville, sous l'aurore brillante était observée de la verdure**.*

Pas un mirage

*Frederick est convaincu que ce n'était pas un mirage mais plutôt la réflexion d'une ville vivante avec des êtres humains. Le sergent Frederick dit aussi que durant leur raid vers le Nord, lui et pas plus que ses compagnons, n'avaient jamais perdu leur contrôle mental mais à tout moment furent forts et en bonne santé et pas facilement les victimes d'hallucinations. Ses compagnons virent les mêmes choses que lui et c'était après leur retour au camp que les temps terribles arrivèrent qui emportèrent plusieurs d'entre-eux et amenèrent **Schley** (Commandant des sauveteurs) vers eux à temps pour leur sauver la vie.*

Avant de poursuivre cette passionnante histoire par d'autres précisions relevées sur un autre journal, arrêtons-nous un instant sur l'observation de cet étonnant mirage qui ne peut se résumer en une simple vue de l'esprit car constaté par les trois membres de l'équipe. On aurait, il est vrai, tendance à croire qu'un mirage serait parfaitement immatériel car causé par une vision altérée. En réalité, rien n'est plus faux car des photographies ont été prises par des témoins oculaires qui ont elles-mêmes été publiées. J'ai pu relever plusieurs témoignages dans des journaux d'époque, dont ***The Independant*** du 17 août 1895, qui décrit précisément l'observation argumentée d'un certain **Mr John M.White** de Philadelphie. En résumé, cet homme parle d'une légende ayant trait à «une cité du silence», visible sous la forme d'un mirage au-dessus du Glacier du

Muir dans la baie du Glacier en Alaska, à 300 km au-dessous de Juneau. De nombreuses personnes furent témoins de cette apparition récurrente et lui-même étudia le phénomène durant plus de 9 heures à travers une puissante lunette. Il décrivit une cité fortifiée avec de nombreux bâtiments et un grand monument surmonté par la sculpture d'un Indien avec toute sa coiffe et ses plumes. Il vit certains des habitants habillés en veste et en culotte descendant au genou et une bête ressemblant à un âne mais avec un corps aussi large qu'un cheval. Il précise que l'architecture n'était pas comparable avec les villes habituelles.

Il croit à un mirage d'une cité existante au Pôle Nord et c'est ce que révèle une croyance des indiens **Chilcats d'Alaska**. Ces derniers déclarent effectivement qu'il y a des centaines d'années, quand l'Alaska était une région chaude et densément peuplée, **arriva du Nord, à travers la barrière de glace, un peuple sauvage bien armé qui saccagea la région et soumit ses habitants par l'épée.**

Par cette description, il me revient à l'esprit les découvertes de squelettes de géants indiens relevés sur le continent américain et dont certaines sépultures souterraines contenaient un armement non conventionnel au regard de l'histoire communément admise, c'est à dire des éléments d'armures et des épées à l'échelle des guerriers ! Où quand des mirages et des croyances ancestrales rejoignent, une fois de plus, la réalité archéologique du terrain….

Mais poursuivons à présent notre fabuleux voyage par quelques arguments supplémentaires du Sergent Fredericks rapportés par le journal *The St Louis Republic* du 04 janvier 1903 :

C'est la révélation faite pendant le raid et entre le 81 et 83ème parallèle qui sont la cause pour le Sergent Frederick de son retour à nouveau vers le Nord lointain sur lequel il a bâti des théories qu'il croit pouvoir être totalement vérifiées et dont, s'il démontrait leur véracité, pourraient représenter le plus grand héritage qu'il puisse laisser à ses enfants. Il croit aussi que le peuple qui vécut un jour au 83ème parallèle s'était déplacé plus loin au Nord pour échapper à l'accroissement du froid ; que ces gens habitaient maintenant la région immédiatement autour du Pôle, qu'il a effectivement vu la ville dans laquelle ils vivent ainsi que les collines et les vallées couvertes de verdure sur lesquelles broutent leur bétail et qu'ils cultivent. Il dit : «A différents endroits j'ai croisé les restes de villages. A chaque fois, tout le travail du bois était pétrifié exposant, au-delà du doute, les vastes restes antiques d'un peuple un jour très puissant. Les maisons, ou ce qu'il en restait, démontraient un travail manuel supérieur dans la conception et l'architecture, de loin plus avancée que celle que nous rencontrions dans les villages esquimaux que nous avions traversés. Les murs, les portions desquels je trouvais encore intacts, exposaient encore clairement une maçonnerie supérieure pourtant à une place la plus exposée où ils résistèrent aux ravages du temps et aux tempêtes arctiques.»

Toute cette histoire aurait toutes les chances d'être écartée si elle n'était pas d'origine d'un vétéran officiel de l'Arctique ! En effet, comment et de quel droit pourrions-nous, un seul instant, mettre en doute la parole de cet explorateur aguerri qui parle ouvertement de découvertes archéologiques majeures et stupéfiantes pouvant ébranler l'histoire officielle des civilisations et d'événements vécus exceptionnels alors même que tous ses autres compagnons survivants de l'aventure sont encore de ce monde, dont le Général Greely lui-même ! Pourquoi lui serait-il subitement venu l'idée étrange et stupide de l'invention d'un tel roman pour se retrouver en première page, sachant par avance que, s'il racontait n'importe quoi, il se verrait immanquablement discrédité voire menacé par ses anciens compagnons ? Et, pourtant, il n'eut à subir étrangement aucune contradictions ni le moindre dénigrement ! Alors, ne vous en déplaise, malgré son caractère presque irréel, ce témoignage n'est que le reflet de l'expression d'une pure réalité que **le Lieutenant Greely, à l'époque, n'eut pas lui-même le courage ou «l'autorisation» de décrire au grand public**. Et, nous verrons plus loin que, malheureusement, les déclarations et entreprises de Fredericks ne seront pas sans conséquences en ce qui le concerne ….

En attendant, le fond de ce qu'il affirme reste dans la droite ligne de tous les commentaires, même les plus étranges, que nous avons déjà détaillés. En revanche, il faut retenir et souligner plusieurs aspects inédits d'importance. En premier lieu, il possède des photos originales de son ami le photographe de l'expédition, le Sergent Rice.

On peut penser que s'il y avait une personne de confiance pour être le dépositaire de ces documents sensibles, Fredericks faisait figure de premier prétendant, étant son ami le plus proche et celui qui lui ferma les yeux. Il est troublant de constater qu'effectivement, il n'est fait nulle part mention de photos de l'expédition ayant été publiées par la suite, pas plus que dans le livre de Greely. Un photographe désigné pour une telle aventure et dont le résultat se résumerait au néant cache forcément quelque chose. Dès lors, il est plus que probable que des «objectifs» inattendus n'aient pas manqués de se présenter et que certains d'entre-eux se soient retrouvés en la possession de Fredericks....ce que le journaliste semble bien confirmer. Rendez-vous compte, des champs en direction du Pôle Nord dans toutes les directions où se nourrit un bétail d'une race inconnue, voilà un cliché qui aurait bien mérité de faire la première page des journaux ! Le plus étonnant reste la folle confirmation de ces documents par la vision directe et claire, au travers d'une lunette puissante, de collines, d'une végétation et d'une faune riche et variée **à moins de 140 km (portée de l'instrument) de leur position à 83°24' de latitude Nord, soit à 730 km du Pôle Nord.** Revoir l'emplacement exact du bornage du Ltt Lockwood situé à l'extrême Nord du Groënland, sur la carte du haut, à la page 197.

Cette indication n'est pas anodine puisqu'elle implique, de fait, que les prémices de ce monde inexploré, devant normalement se situer non loin de l'ouverture polaire, ne se trouveraient pas exactement autour du Pôle géographique à 90° Nord, **mais bien plus en deçà, au Sud-Ouest du Pôle, vers 85° de Latitude, étant donné que 1° vers le Nord correspond approximativement à 130 km...portée maximale du télescope utilisé !** Voir aussi la carte de la page 196.

Cette simple constatation ne fait-elle pas TILT dans votre tête !

Rafraîchissons-nous donc la mémoire en revenant un instant sur le déroulement du vol arctique de l'Amiral Byrd en 1926. **Il décolla de l'archipel du Spitzberg**, terre la plus proche à l'Est du Groënland et située à 79° de Latitude Nord. Prenant un cap vers le Pôle Nord, nous savons qu'en vérité Byrd ne l'atteignit jamais du fait d'une panne mais plus sûrement par sa découverte, **au préalable**, de ce monde inconnu. C'est ce qui l'amena à des allers-retours hors de vue du Spitzberg et peut-être, tel que relaté précédemment, au montage de ce raid extraordinaire effectué, en partie par voie «de terre», jusqu'au monde luxuriant qu'il décrira comme tel, par sa faune et sa riche végétation. En résumé, deux histoires «impossibles», distantes de 44 années, viendraient se corréler afin de nous fournir des éléments sérieux et parfaitement compatibles de **l'existence d'un éden inexploré prenant naissance à environ 500 km du Pôle.**

A ce titre, il paraît raisonnable de ne pas douter de la bonne foi de nombre d'explorateurs passés et présents qui, parvenus précisément au centre du Pôle, ne découvrirent que des étendues stériles et glacées....A partir de cette conclusion, il devient évident que la vérité semble bien être ailleurs et, par la force des choses, moins accessible par une expédition devant se plier à un tracé le plus direct possible vers le Pôle. Et pour ce qui reste des rares illuminés ayant l'audace de décrire autre chose que le néant arctique, le dénigrement, la censure voire l'élimination pure et simple, pourraient bien représenter alors leur unique récompense !

Et c'est bien à partir d'ici que prend corps la suite des aventures du Sergent Fredericks qui, rappelons le, est en train de mettre sur pied une expédition originale avec les moyens les plus modernes de l'époque. Dans sa conception avant-gardiste, vous allez le voir, elle n'aurait rien à envier à l'imagination d'un Jules Verne ou d'un Amiral Byrd. J'ai tenu à reproduire à la page suivante la publicité importante faite sur ce projet afin de bien mettre l'accent sur le sérieux de l'expédition à venir, soit une page entière sur ***The Indianapolis News*** du 12 avril 1902. Voici maintenant la description technique du projet commentée par Fredericks lui-même dans le journal ***The Saint Paul globe. Minnesota*** du 12 octobre 1902 :

«L'expédition McDonnell, dont je suis l'un des membres, malgré la mémoire de trois horribles années dans les terres glacées de désolation et les 20 années que j'ai passées depuis que j'ai rejoins la civilisation, est maintenant en cours de construction avec trois

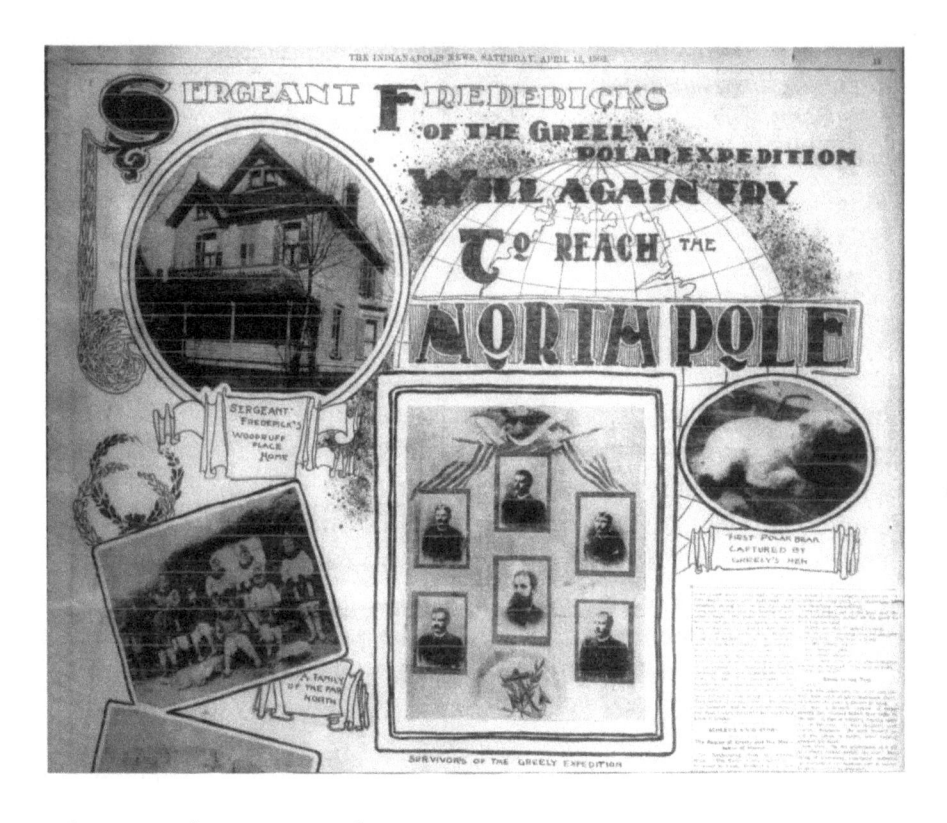

vaisseaux aériens qui voleront vraiment. Et ce point essentiel étant maintenant établi, **il n'y aura rien pour nous empêcher d'atteindre ce prix pour lequel nombre d'hommes ont perdu leur vie- le Pôle Nord.** *L'équipe McDonnell* (Patrick Emas McDonnell) *prends bonne tournure. Trois vaisseaux aériens de dimensions suffisantes, chacun pour transporter 10 tonnes, et une puissance pour couvrir au moins 110 km par heure* (ballons motorisés), *ayant les conditions pour la manipulation bien au-delà de tout ce qui a été tenté jusqu'à présent, sont les facteurs en notre faveur. Ces vaisseaux seront lancés de sorte qu'ils soient distants de 180 km dans une course directe,* **chacun équipé avec un télégraphe sans fil communicant tous entre eux et avec les stations du Spitzberg, Cap Frederick et King Oscar Land, ces stations elles-mêmes en communication avec des stations** *filaires desquelles le monde entier civilisé sera en communication directe du début à la fin.»*

Ces vaisseaux sont maintenant en cours de construction par une firme d'investisseurs de Chicago. Le printemps prochain sera le témoin du vol de ces trois vaisseaux vers le Nord. Le succès de leur aventure est assuré – au moins dans la tête de ceux qui encouragent le projet.

Cette entreprise est clairement décrite par Fredericks comme quelque chose de parfaitement inédit dans sa conception avec des partenaires sérieux prêts à engager des moyens techniques et financiers importants. On retrouve dans sa trame, une organisation et des communications télégraphiques directes qui ne sont pas sans rappeler celles qui, seront employées par Byrd lors de son survol du Pôle Sud en 1929. Peut-être s'en sera-t-il inspiré ?

Quant à la suite de son aventure, je vous propose d'en prendre connaissance dans l'article du ***The Indianapolis News*** du 27 août 1903 : **Les plans de Frederick pour voler vers le Pôle Nord**
       Son associé espère que le Sergent se remettra

Si le Sergent Julius R. Frederick se remet de sa présente maladie, nous naviguerons vers le Pôle l'année prochaine, dit Mr P. McDonnell, Président de la McDonnell Odometer Company de Chicago, qui arriva dans la ville hier après-midi et à la maison de Frederick à Woodruff. Il était très déprimé aujourd'hui par les nouvelles de la chambre du malade du fait que le Sergent Frederick ait passé une nuit difficile et était pire ce jour. Le survivant de l'expédition Greely au Pôle Nord est dans un état critique.

D'autres précisions sur ***The Indianapolis News*** du 22 août 1903 :

Le sergent Julius Frederick, messager depuis 18 ans pour le bureau météo, est allongé dans un état critique à son domicile au Centre Drive, Woodruff Place. **Une gastrite aigüe, provoquée par son exposition alors qu'il était avec l'expédition vers le Pôle Nord** *du Général Greely il y a 18 ans,* **est la cause de la maladie du Sergent Frederick......**

Vous l'aurez compris, Fredericks ne se remettra pas de son mal et décédera un peu plus de 4 mois plus tard, soit en janvier 1904 et sera ainsi le premier à mourir des six survivants !

A force de comptabiliser le décès brutal de personnes investies dans des engagements propres à tenter de faire avancer des pans entiers de la connaissance, on aurait tendance à ne plus du tout considérer ces événements comme totalement naturels. En effet, lorsque le hasard frappe systématiquement le même type de profil, on ne nomme plus cela les aléas de la vie mais un meurtre par préméditation ! Comment aurait-il pu en être autrement d'ailleurs ? Car laisser s'envoler Frederick dans une telle entreprise si bien ficelée, dont il était la pièce maîtresse, s'était un peu comme lui permettre de réécrire l'histoire du monde et de dévoiler bien d'autres secrets liés au Pôle. Ce n'était pas tant l'atteinte physique de ce dernier qui pouvait poser un réel problème à certaines élites mais plus certainement sa révélation «en direct» d'une terre habitée et particulièrement riche ! Alors, pour le grand public ignorant, une presse bien orientée l'aura condamné stupidement à une mort impossible par Gastrite aigüe, attrapée telle une grippe, il y a 18 ans, lors de son expédition au Pôle Nord !

Pour ceux qui auraient encore quelques doutes, voici les causes médicales possibles réelles d'une Gastrite aiguë : Excès alimentaires/ Stress/ Erosion due à l'alcool ou aux médicaments/ Allergie due à un aliment. Voyez-vous, ce n'est pas une maladie liée aux contraintes du grand Nord ni que «l'on attrape» mais pour l'époque, le subterfuge était bien suffisant….

D'ailleurs, voici ce que rapportait Frederick lui-même de son état de santé dans le même journal **The Indianapolis News** du 12 avril 1902 : *«Je suis maintenant un homme de 50 ans et je suis aussi parfait physiquement que le jour où je passais l'examen poussé pour être membre de l'expédition Greely.»*

En conclusion, cet assassinat par empoisonnement, car ici se situe la seule vraie «allergie» possible, démontre au moins une chose claire, c'est que le Sergent Fredericks disait la vérité et qu'il faudrait être aveugle pour ne pas voir cette réalité en face ! Par la démonstration de ce type d'expérience dramatique, il devient primordial de se garder de la naïveté coutumière dont fait trop souvent preuve l'être humain en imaginant que le mal ne pourrait pas se loger aussi loin. Si justement le monde est à l'arrêt, c'est que cette formule magique a, depuis toujours, parfaitement fonctionné et amené les hommes de pouvoir aux pires manipulations et exactions afin de sauvegarder leurs terribles projets à long terme. Nous verrons plus loin quelques autres exemples tout aussi redoutables et machiavéliques....

Des commentaires étonnants d'explorateurs reconnus, allant étrangement dans le sens des allégations de Fredericks, ont pourtant été un jour divulgués dans la presse. Commençons par son ancien chef, le **Général Greely**, qui, dans un effort louable quelques années après son retour d'expédition, va sobrement avancer une théorie en restant toutefois largement dans la réserve....
Relevé dans *The Indianapolis journal* du 10 juin 1894 :
Général A.W.Greely dans le magazine McClure
*«Il n'y a aucun doute raisonnable qu'il existe ici, dans l'océan arctique, **quelque part à proximité du Pôle Nord, une terre recouverte de glace d'une surface considérable**....»*

Mais, le commentaire le plus extraordinaire est à mettre au crédit du **Commandant Peary** dont l'expérience dans l'Arctique est sans commune mesure : 1893-1895/ 1896/ 1897/ 1898-1902/ 1905-1906/ 1908-1909. Il sera considéré comme le premier à avoir atteint le Pôle Nord mais il apparut plus tard qu'il ne serait, au mieux, parvenu qu'à plusieurs dizaines de kilomètres de celui-ci. Le premier véritable découvreur du Pôle étant un certain **Ralph Plaisted** qui l'atteindra en motoneige en 1968 ! Mais prenons connaissance des révélations de Peary qui, elles, ont le parfum de l'aventurier initié. Apparu dans le journal *The Billings gazette* du 26 février 1904 :
Peary s'attend à une nouvelle race au Pôle
*Le Commandeur Peary, l'explorateur arctique, dans un interview à Boston l'autre jour, disait qu'il croit qu'**il peut y avoir une nouvelle race de gens vivants sur ou dans la région du Pôle Nord et que s'il peut atteindre la terre la plus au Nord, il découvrira une faune et une flore entièrement distincte due à son total isolement depuis des âges**.....*

Ce court passage expose le plus bel hommage qui puisse être rendu au Sergent Fredericks par son célèbre confrère américain. Reste que cette contrée lointaine continuera de conserver, par la force des choses, son caractère insaisissable et inaccessible par la seule volonté d'un petit groupe d'hommes dominants. Mais, il n'est de meilleure façon de conclure cette partie passionnante d'archéologie arctique par d'ultimes découvertes extraordinaires qui ne feront que remettre en lumière l'existence d'une civilisation avancée, établie il y a des milliers d'années à l'intérieur du cercle arctique….telle que l'avait déjà décrite le Sergent Fredericks en 1882. Cette première découverte archéologique est à mettre au crédit d'un certain **Professeur Alfred Eldridge** en 1896. Nous retrouvons une description étonnante de vestiges dans le journal *The Princeton union du* 26 novembre 1896 :

Une découverte étrange

Une prodigieuse découverte est celle faite par le Professeur Alfred Eldridge dans l'Alaska sauvage à un point au-delà duquel aucun homme blanc n'a été avant lui.

Démarrant des bouches de la rivière Kuwalik, qui se jette dans la Kotzebue sound, le Professeur Eldridge explora cette rivière sur 740 km de sa course glacée. A ce point, il trouva un petit lac. Un flanc de montagne s'élevait franchement de celui-ci. Quelque chose dans le flanc de cette montagne apparaissait comme si elle avait été un jour modifiée par la main de l'homme. Il se rendit à cet endroit et, ici, à 740 km de tout habitat humain, ***il trouva les restes d'une ville puissante****, aussi grande qu'aucune autre ville préhistorique encore découverte sur ce continent.*

*Il y avait **des hachettes, des lances et têtes de flèches, des poteries et des murs massifs**, montrant que cette ville avait été habitée par un peuple bien avancé en civilisation. **La maçonnerie était parfaite.** Quelques uns des vases trouvés avaient un mètre de haut. Il **étaient d'une forme et d'un modèle artistique sans commune mesure avec quoi que ce soit, même à notre époque**. Cependant, la découverte la plus remarquable faite par le Professeur Aldridge était celle-ci – **la poterie et les ustensiles étaient identiques, dans la conception et le modèle, avec ceux des ruines préhistoriques du Nouveau-Mexique.***

Hors de tout doute, à certains moments et aussi loin que son cerveau puisse penser à cela, le climat de partout sur l'Amérique du Nord, peut-être même jusqu'au Pôle, était chaud et habité tout au long de cette période par une race de gens. Qui ou quelle était cette race, les recherches scientifiques futures doivent le déterminer.
Source : chroniclingamerica.loc.gov/lccn/sn83016758/1896-11-26

Une autre stupéfiante découverte va être réalisée en 1888 par un mineur/prospecteur du nom de **George H. Kershon**, en Alaska, loin au Nord du Yukon. Je vous livre le passage le plus intense de l'article du ***The Helena independant*** du 18 novembre 1890 : «*J'atteignis la périphérie de cette mystérieuse cité et trouvais que cet endroit était aménagé avec des rues, avec des blocs de bâtiments d'un étrange aspect qui apparurent être des mosquées (Dômes), des tours, des entrées, etc...et de toute évidence d'avoir été bâtis avec art. Le tout était de glace solide, ou paraissant l'être, mais des coups de hachettes sur l'un des murs révéla le fait que, derrière la barrière de glace, se trouvait une sorte de matériaux de construction. Il semblait être en bois mais plutôt en une pierre très dure et apparemment pétrifiée....Les rues étaient bloquées à certains endroits par des masses énormes de glace rendant le passage presque impossible....*»
Source : chroniclingamerica.loc.gov/lccn/sn83025308/1890-11-18

Notre tour d'horizon des mystères archéologiques du Nord profond de l'Arctique s'achève ici et soulève bien des questions perturbantes mais fascinantes quant à l'énumération des nombreux témoignages de terrain qui, quels que soient leurs narrateurs, leurs lieux, et leurs dates d'observation, décrivent tous l'existence de civilisations anciennes non répertoriées. Celles-ci se seront développées plus ou moins loin du Pôle Nord, mais toutes à l'intérieur du cercle arctique avec certaines races particulièrement mystérieuses qui s'épanouissaient, encore au tout début du 20ème siècle, à proximité d'une très probable ouverture polaire, seule anomalie pouvant favoriser la présence d'un climat tempéré en ces lieux étranges.

Un fait isolé tend à avoir peu de sens et de crédibilité s'il n'est pas comparé et associé à d'autres faits de même nature et je pense très honnêtement que cette démonstration....non exhaustive, en fait foi.

Et afin d'illustrer ce panorama le plus clairement du monde, il ne serait pas de meilleur support qu'une **carte des reliefs sous-marins du bassin arctique** pour y reporter la majorité des vecteurs d' «actions» de tous les acteurs des principales découvertes examinées jusqu'à maintenant. Cette vue d'ensemble, rapportée à la page suivante, va nous permettre de délimiter un secteur privilégié ayant les caractéristiques parfaites **pouvant abriter notre fameuse ouverture polaire.** Ce secteur sera représenté par un rectangle au milieu duquel pourrait se situer cette zone favorable nommée **le Bassin Makarov**, encadré principalement vers l'Est par les longues et hautes crêtes du **Lomonosov Ridge** et à l'Ouest par les crêtes plus basses de l'**Alpha Ridge**. L'ensemble offrant la forme d'un «haricot» à l'intérieur duquel seront pointées les seuls petits reliefs permettant de valider les sept îles observées par le trappeur **La Joie**. Effectivement, nous constaterons qu'à l'Est du Lomonosov Ridge, dans le **Fram Basin**, il n'existe aucun reliefs, en plus de profondeurs plus importantes.

Ce «haricot», que vous avez le loisir de visualiser dès à présent, rassemblerait ainsi les caractéristiques géologiques tangibles permettant de qualifier sa ceinture comme une haute barrière de glace et de roches telle que décrites par de nombreux explorateurs.

A ce titre, on serait à même de pouvoir considérer ces reliefs sous-marins comme les ultimes réminiscences supportant ces barrières glacées et quasi-infranchissables, **hormis du côté Ouest** où celles-ci paraissent moins hautes en laissant, de surcroît, deviner des passages plus faciles vers l'intérieur d'une mer ouverte.

A la lecture de cette carte, il semble bien que le **Capitaine Tuttle** avait raison en affirmant que l'approche vers le Pôle devait être réalisée avec une arrivée par l'Ouest ! D'ailleurs, en examinant les positions géographiques précises et les mouvements des différents observateurs notés sur la carte : **Gustav Bertrand, La Joie, Greely, Tuttle et Lockwood/Fredericks,** il apparaît, sans l'ombre d'un doute, que cette partie de la banquise rassemble tous les avantages permettant d'en faire le dénominateur commun de leurs découvertes respectives. On notera la situation idéale de **Fredericks** qui, grâce à sa puissante lunette braquée en direction du Nord, tombe très exactement sur les premiers reliefs et vallées, tels qu'il les mentionne. La carte en fait foi ! Quant à Byrd, par son vol en direction du Pôle et l'avantage de son altitude, le visuel de terres paraît fort logique étant donné sa proximité avec les propres observations de Fredericks.

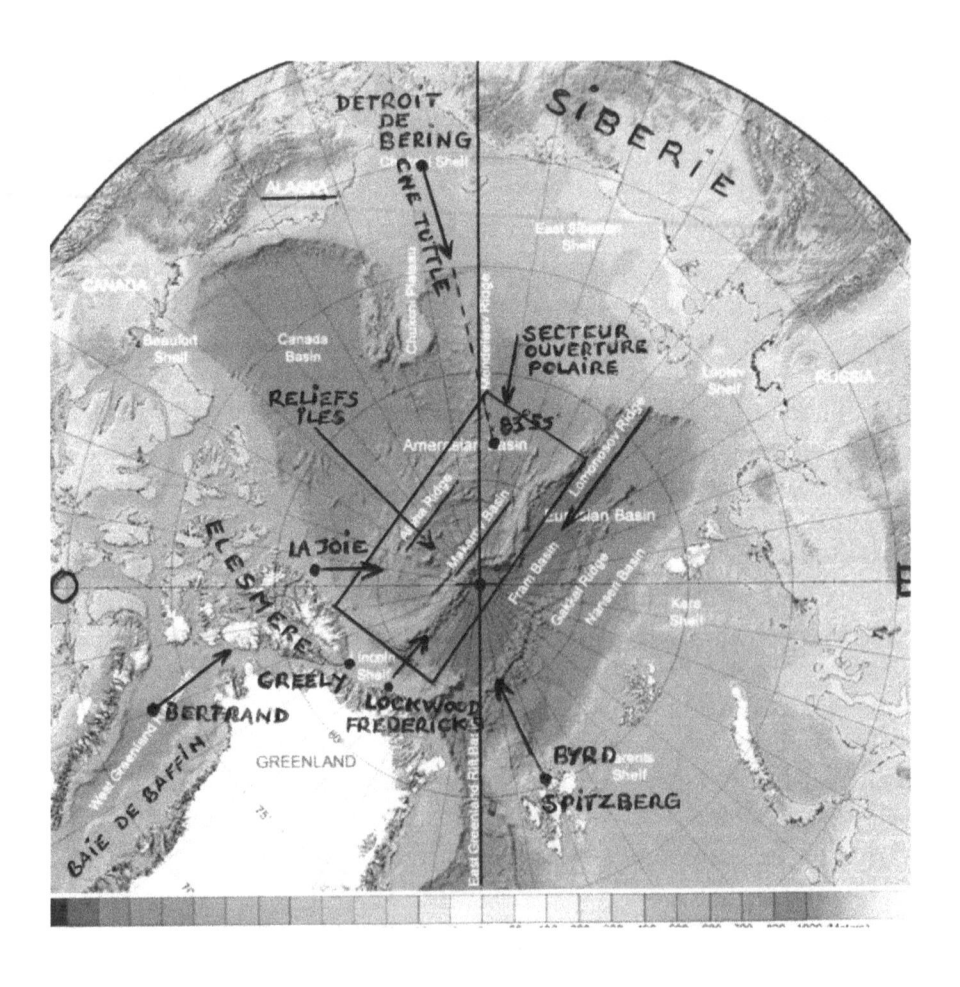

Intéressons-nous à présent au continent antarctique dont la science s'attache à avancer l' âge approximatif de 250 millions d'années afin d'évoquer une époque à laquelle un climat chaud et tempéré y régnait. Des fossiles d'arbres et de plantes récupérés par des explorateurs témoignent, après datation, de cette vie à cet âge reculé.

Mais en parallèle, nous avions déjà évoqué précédemment, lors de l'étude des cartes anciennes, qu'entre -18 000 et − 11500 ans avant J.C, la science avait mis en évidence le fait que le continent antarctique aurait pu bénéficier de larges phases de réchauffement climatique ayant entraîné la disparition de tout ou partie de ses glaces. Et, c'est bien à partir de ces dernières études qu'il reste tout à fait impossible d'écarter définitivement le développement potentiel d'une civilisation humaine ancienne sur ce continent. La science actuelle devrait en convenir car elle ne possède aucun moyen d'investigation permettant d'infirmer cette éventualité à cause, principalement, d'une barrière de glace excluant toute entreprise de fouille traditionnelle. Mais, bien entendu et comme vous avez pu le constater, cette science ne nous dit pas la vérité car ses moyens de recherches sont autrement plus performants que le simple pinceau et truelle de l'archéologue ! Les radars à pénétration de sol ont depuis bien longtemps ratissés et cartographiés une bonne partie de ce continent qui a dû livrer nombre de secrets à une élite scientifique au sommet de l'échelle de la dissimulation.

De maigres indices sont toutefois parvenus jusqu'à nous, dont un en particulier, d'origine d'un explorateur norvégien de l'Antarctique du nom de **Carl Anton Larsen** (1860-1924). Il est le premier découvreur de ces fossiles rares, exploit pour lequel il reçut *The Back Grand* de la Société Royale de Géographie. La découverte qui va suivre est, au jour d'aujourd'hui, l'unique preuve matérielle d'une existence humaine ancienne sur le continent antarctique. Elle est forcément très peu documentée, mais apparaît dans un livre du simple titre, *Antarctica,* écrit par un certain **Thomas Willing Balch** et publié à Philadelphie en 1902. Il s'agit d'un recueil d'explorations de l'Antarctique dans lequel est rapportée l'histoire de la trouvaille singulière de Larsen faite en 1893. Le court commentaire qui va suivre a été tiré de son propre journal, lorsque le samedi 18 novembre, au Cap Seymour, ils trouvèrent du bois pétrifié avec des vers. Mais il mentionne une autre découverte :

« A un autre endroit, nous trouvâmes des boules constituées de sable et de ciment qui étaient posées sur des piliers de même nature. Nous en collectâmes quinze d'entre-elles de plusieurs endroits ; elles avaient l'apparence d'avoir été faites de main d'homme. »

Cette courte observation, mais, oh combien importante, est tirée en fait du *Geographical Journal, n°4, Volume IV, octobre 1894,* sous le titre, *The voyage of the Jason by Capt. C.A Larsen. P 333.*

Un article d'un journal américain de Pennsylvanie, *The Pittsburg Post,* du 2 mai 1899, publiera des commentaires identiques, si ce n'est qu'ils rajouteront que ce dispositif étrange de fossiles était exposé sur un plateau de treize mètres au-dessus du niveau de la mer.

Cela vous paraîtra certainement insolite comme observation mais peut-être un peu «juste» quant aux conclusions précises pouvant en découler. J'en conviens aisément car, de plus et à l'image de toutes traces, tous indices et témoignages hors normes, les études relatives à ces divers éléments disparaissent mystérieusement et invariablement dans la «case oubli» de la grande administration scientifique.

Un très bel exemple méconnu va venir enrichir d'une manière substantielle la terrible conclusion précédente. Car, s'il semble impossible, depuis toujours, de mettre en lumière les avantages de l'étude de ces découvertes au profit de l'individu, il apparaît parfois plus facile d'en dénoncer la dissimulation. Et c'est à partir d'une expédition britannique antarctique qu'il va nous être possible de démontrer cet état de fait.

L'histoire remonte aux années 1901/1904, créneau de temps dans lequel sera menée l'expédition *Discovery,* officiellement appelée *British National Antarctic Expedition* (BrNAE). Elle sera menée par **Robert Falcon Scott** dont la mission sera l'exploration du littoral de **la mer de Ross,** la recherche scientifique à l'Ouest de la chaîne Transantarctique ainsi que sur le plateau antarctique. Elle sera organisée conjointement par la *Royal Society* et la *Royal Geographical Society.* Ce comité ainsi constitué avait été créé pour décider de la forme de l'expédition. C'est ici qu'intervient un personnage dont le nom figure dans le Comité de *The Art Society* de Londres qui écouta, souvenez-vous, les témoignages de **Wiggins et Seebohm** relatifs à leur aventure dans le monde intérieur. Cet homme du nom de **Clemens. R. Markham** est quelqu'un dont la vision s'inspirait davantage d'une véritable entreprise dévolue à la *Royal Navy* plutôt qu'à une commission mixte comprenant un apport important de scientifiques. Sa ténacité, et certainement ses appuis, furent si déterminants que l'expédition fut largement façonnée selon sa volonté. Son propre frère et biographe, écrivit plus tard que l'expédition fut *«la création de son cerveau, le produit de son énergie persistante».* Et vous allez voir que cette conclusion aura toute son importance….

Bien entendu, le retour du bateau *RSS Discovery* sonna le succès d'une opération riche en découvertes importantes dans tous les domaines de la science. C'est très précisément ce que déclarera **C.Marckam** lors de son discours de bienvenue au retour de l'expédition, le 16 septembre 1904 sur *The Est India Docks* à Londres : *«Jamais aucune expédition polaire n'est revenue avec une aussi grande récolte de résultats scientifiques.»*

A noter que l'expédition Scott atteindra une latitude honorable de 82°17', c'est à dire dans la zone des anomalies magnétiques !

Par contre, la parution d'un article relevé, une fois de plus, dans un quotidien américain, va jeter une belle ombre à un tableau aussi prometteur. En effet, c'est à l'intérieur du ***Peninsula Entreprise*** du 19 novembre 1904, que j'ai pu relever un commentaire inédit et des plus sensibles concernant les résultats de l'expédition. Article original et page de garde du journal reproduits aux pages suivantes :

Secrets Antarctiques
«Un bon accord de confidentialité a été observé quant à ce qui a été appris de valeur scientifique lors du récent voyage du bateau anglais **Discovery** *dans les régions antarctiques. Les résultats géographiques de l'exploration sont bien connus mais les résultats scientifiques mettront longtemps à percer.* ***Il est dit, cependant,***

qu'un secret a été ramené qui secouera les fondations de beaucoup de croyances scientifiques. Certains fossiles ont été trouvés, qui prouvent au-delà de tous doutes, qu'une fois- personne ne peut dire encore depuis combien de temps- des animaux et peut-être même l'homme, vivaient sur un pays maintenant d'une totale désolation et destruction de la vie par la glace et la neige.

Antarctic secrets.

A good deal of secrecy has been observed as to just what of scientific value was learned by the recent voyage of the British ship Discovery into the antarctic regions. The geographical results of the exploration are well known, but the scientific results will take a long time to work out. It is said, however, that a secret has been brought back which will shake the foundations of many a scientific belief. Certain fossils have been found which prove beyond doubt that once—no one yet can tell how long ago—mammals, and perhaps even men, lived upon the land where now are utter desolation and life destroying ice and snow. These treasures were packed into tin boxes and brought to London under special escort to the British museum, where they will await inquiry by specialists. In speaking of the matter Sir Clements Markham was most guarded. Still he admitted that fossils must in any case mean much. They may upset all the theories as to the polar system and the geographical origin and age of the world.

Peninsula Enterprise.

VOLUME XXIV. ACCOMAC C. H., VA., SATURDAY, NOVEMBER 19, 1904. NUMBER 18

Here You Will Find

-MAMMOTH STOCK.-

Meats ... all kinds

W. T. WINDER,

Hay, Coal, Flour, Bricks, Lime, Laths, Shingles, Terra Cotta Piping, General Merchandise

John W. Rogers & Bros.

Fertilizers, Seeds, Hay, Mill Feed,

GENERAL MERCHANDISE, &C.

J. W. Barnes, Bloxom, Va.

WELL WHERE NOW?

To Taylor's. At Hallwood, Va.

Call on us

General Merchandise, Furniture, Cook Stoves, Heaters, &c.

Rogers & Boggs. Melfa, Va.

SOHMER PIANOS.

J. P. CAULFIELD & CO.,

222 N. Howard St.,

G. L. Geiger & Co.

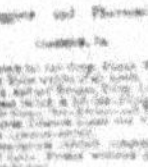

WM. P. BELL & CO.,

Accomac C. H., Va.,

DRUGGISTS

Talmage Sermon

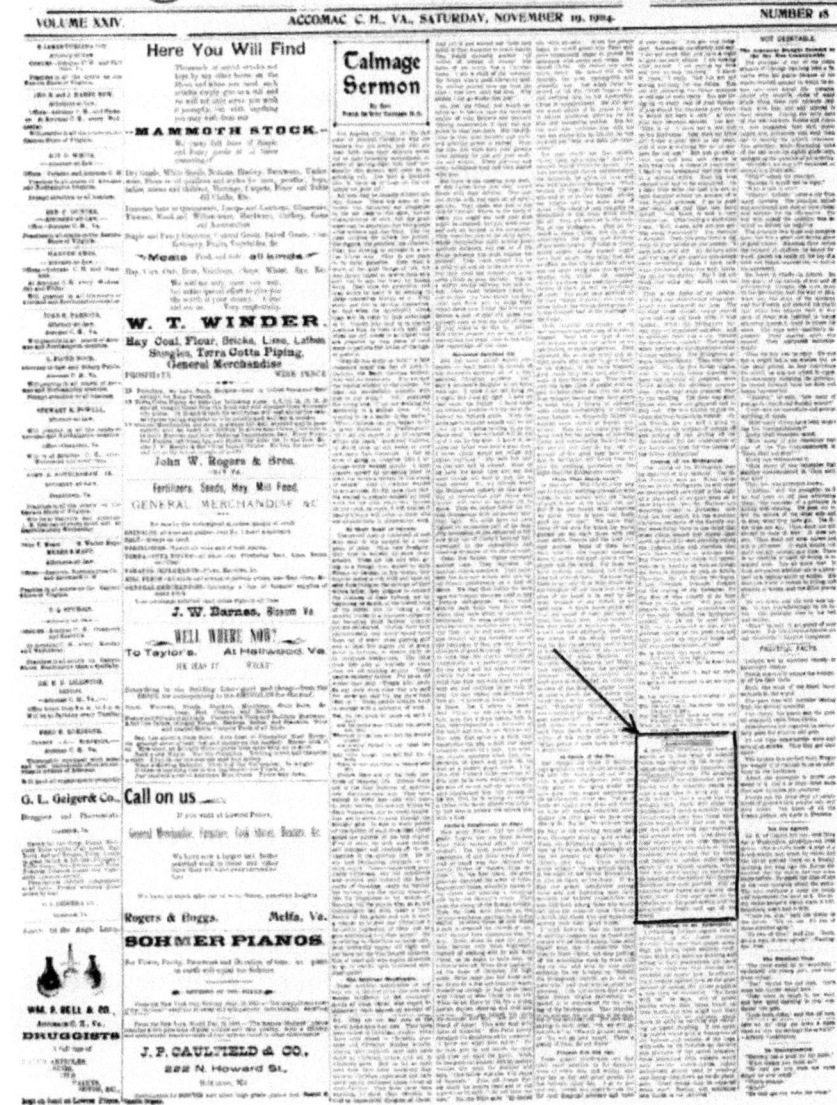

*Ces trésors furent emballés dans des boîtes en étain et portés à Londres, sous escorte spéciale, au **British Museum,** où elles attendront un examen par des spécialistes.*
*En abordant le problème, **Sir Clements Markham** fut plus réservé. Encore admit-il que les fossiles, en tous cas, doivent représenter beaucoup. **Ils peuvent bouleverser toutes les théories comme le système polaire, l'origine géographique et l'âge du monde.**»*

Alors, devrait-on prendre d'emblée le journaliste qui a écrit cet article hallucinant encore pour un irresponsable ? Je ne peux personnellement imaginer, un seul instant, qu'un professionnel puisse à ce point pervertir la réalité en mentionnant autant d'informations capitales et aussi lourdes de conséquences. Ce témoignage, car il faut bien le nommer ainsi, sent véritablement le compte-rendu «à chaud», tel qu'il était encore permis de le diffuser à une certaine époque.

La suite scientifique, par contre, reste à l'image de toutes les pistes sérieuses dévoilées jusqu'à maintenant, c'est à dire….silence total ! Clemens Marckam, par sa position d'élite au sommet d'une hiérarchie scientifique, ne fera que poursuivre, tout comme la Smithsonian Institution, une longue politique déplorable du secret, plaçant la vérité et le progrès systématiquement hors de portée de l'individu et de l'humanité dans un cadre plus large. Il est primordial pour cette élite, afin de maintenir l'homme sous sa domination, que ce dernier continue à croire stupidement qu'il descend du singe, qu'il est seul dans l'univers et progressant à travers une espèce d' histoire rectiligne bardée d'incohérences, se concluant irrémédiablement par sa mort et le néant. Ce constat désastreux n'a jamais été aussi poignant qu'à l'heure d'aujourd'hui….

On aurait tendance, de nos jours, à faire passer l'archéologie pour un passe-temps, le maillon faible de la science en général et pourtant, si la transparence avait été de mise, l'homme aurait déjà réalisé un bon prodigieux en avant et surtout salvateur vers la connaissance, une évolution positive et sa propre survie.

Nous allons à présent avancer franchement dans le temps afin de tenter de décoder les quelques autres informations rares et insolites modernes qui, malheureusement, n'apparaissent plus depuis très longtemps dans nos quotidiens sous contrôle.

Ce que nous connaissons, aujourd'hui, de la vie en Antarctique, se résume à la présence et au mutisme de quelques stations scientifiques de quelques pays réparties sur ce continent, à des endroits plus ou moins stratégiques. Bien entendu toutes ces bases, dont les implantations sont parfaitement connues, sont dévolues à la recherche scientifique, à l'étude du climat, de la géologie et la biologie dans un cadre très étendu. Mais entre la théorie et la pratique, il existe un vaste champ d'inconnues à l'intérieur duquel pourront venir s'immiscer des entreprises, des recherches et expérimentations extrêmement confidentielles réalisées sous couvert de programmes scientifiques basiques connus.

Les mieux équipés dans ce domaine restent, comme d'habitude, les Etats-Unis qui disposent à eux seuls de plusieurs bases dont celle de **Palmer** sur l'île Anvers, la station **Admundsen-Scott,** juste sur le Pôle Sud et de la grande station **McMurdo** sur la côte de la mer de Ross. Cette dernière est un véritable complexe multi-rôles où y séjournent régulièrement plus de mille personnes et doté d'une base aérienne dont l'ensemble forme une vaste plate-forme d'étude et de ravitaillement servant aussi de port logistique pour la moitié du continent. On y trouve étrangement de grandes sociétés privées ayant toujours disposées de contrats étroits avec le ministère de la Défense. Pour preuve, plusieurs d'entre-elles se sont succédées depuis ces dernières années afin de profiter du juteux contrat de soutien en Antarctique. Jusqu'en 2012, le titulaire du contrat était l'entreprise **Raytheon**, vint ensuite **Loockeed-Martin** jusqu'en 2016 et, depuis, l'entreprise **Leidos** spécialisée, entre-autres, dans la sécurité nationale, dans l'obtention de contrats attribués par le Département de la Défense et les technologies d'information.

Tous ces paramètres importants sont à prendre en considération afin de pouvoir comprendre que de telles infrastructures privées bénéficiant de liens étroits avec la Défense et pouvant travailler en toute discrétion sur certains programmes hautement classifiés, appelés «d'accès spécial non reconnus», ne sont pas tenus de communiquer au Congrès leurs activités par des rapports écrits. Ce dernier n'est donc plus en mesure d'exercer son pouvoir habituel de contrôle et de surveillance, laissant la place à toutes les dérives et dissimulations possibles.

On peut également constater que le seul pays possédant une base à proximité du Pôle Sud géographique sont encore et toujours les Etats-Unis d'Amérique avec la **station Amundsen-Scott**. Il faut dire qu'il n'y a pas meilleur position afin de garder un œil attentif et unique sur ce qui se passe à la périphérie de cet endroit singulier.

A ce stade de l'enquête, il faut bien avouer que tout étant sous contrôle strict, il ne filtre quasiment rien des activités réelles de terrain. C'est donc vers de rares témoignages de personnels civils ou militaires qu'il est nécessaire de se tourner afin d'appréhender certains événements troublants à même de consolider le panel déjà conséquent de toutes nos précédentes découvertes. A cet égard, j'ai dû réaliser un tri sélectif particulièrement sévère, parmi tout ce qui circule sur le net et ailleurs, afin de ne me concentrer que sur un seul cas des plus sérieux. J'aurais pu avoir le loisir de vous détailler le témoignage d'un ex-Navy Seal de l'armée américaine s'exprimant sous le peudo, Spartan 1, et qui aurait mené, avec son équipe, une troupe d'archéologues dans une structure octogonale enfouie sous les neiges du **Glacier Beardmore**. Cette histoire, qui pourrait parfaitement être vraie, démontrerait la localisation préalable, par les radars à pénétration de sol, de plusieurs sites de civilisations anciennes disparues sous les glaces du continent, et dont plusieurs auraient déjà livré quelques pans entiers de notre histoire ancienne. On rejoindrait avantageusement, par ce fait, les précédentes déclarations surprenantes et mystérieuses de **Clemens Marckam** dont les hommes du *Discovery* foulèrent de leurs pieds cette même zone des côtes de la mer de Ross ainsi que l'Ouest de la chaîne montagneuse Transantarctique abritant le glacier Beardmore.....

J'ai donc préféré m'en tenir au seul témoignage remarquable d'un ex-ingénieur-mécanicien naviguant d'un LC-130 de l'escadron *Antarctic Development Squadron 6,* dans lequel il servît de 1983 à 1997, à partir de la grande station **McMurdo**. A 59 ans et après 20 ans de service actif dans la Navy (4000 heures de vol) et malgré le fait qu'il travaillait encore pour une grande entreprise dans le domaine de la Défense, il a tenu à livrer son témoignage, sous le pseudo **Brian**, tout en sachant les risques encourus suite à la divulgation d'informations sensibles.

C'est lui qui prit contact en 2015 avec une grande journaliste pouvant être attentive à ce genre d'informations, **Linda Moulton Howe**. Diplômée de Standford, elle y obtint un master en communication. Elle s'orienta par la suite vers la production de documentaires pour la télévision et la radio dans les domaines scientifiques, médicaux et les questions d'environnement pour lesquels elle reçut un *Emmy Awards*. Elle est également la fondatrice de *Earthfiles.com* et en tant qu'enquêtrice et écrivain, elle s'intéresse aussi aux témoins de faits étranges. Et c'est dans ce cadre sérieux là qu'elle prit connaissance du témoignage hors normes de *Brian*.

Ce dernier lui fournit les pièces militaires administratives nécessaires prouvant la réalité de sa carrière militaire, dont son certificat de libération DD214 ainsi qu'un diplôme de médaille reçut en 1984 après son déploiement en Antarctique. Cette journaliste, dont le sérieux vient d'être évoqué, a ainsi pu attester de la validité des pièces présentées et donc de la totale crédibilité de *Brian*.

Le principal incident relaté par ce dernier s'est déroulé durant la saison 1985/86, date à laquelle son équipage reçut pour mission de rapatrier un scientifique malade de la base Australienne **Davis**, située sur la côte Est de l'Antarctique, vers la station McMurdo.

Ils décollèrent donc de McMurdo en mettant le cap vers le Pôle Sud et la station Admundsen-Scott, pour un plein de carburant et faire en sorte de pouvoir joindre directement la station Davis. Voici ce qu'il rapporte précisément de cet épisode, le 11 septembre 2017 :

«Un autre problème unique avec la station du Pôle Sud est que notre avion n'a pas été autorisé à survoler une certaine zone désignée à environ 15 kilomètres de la station. Dans cette zone, il y avait un camp dans lequel les scientifiques récupéraient et étudiaient des échantillons de l'air. Ce fut la raison invoquée pour interdire le survol de cette région. Tout le monde savait qu'il y avait cette station

car nous étions briefés à chaque fois en priorité lors de tout déploiement. Mais l'équipage décida qu'il prendrait une route directe vers la station Davis au lieu de dévier de 36 km autour de cette station, **et nous décidâmes de voler directement au-dessus.**
*Donc, nous avons décollé du Pôle qui est à une altitude de 11 000 à 12 000 pieds (environ 3800 m) et sommes montés à pleine charge de carburant hors du Pôle Sud vers 25 000 pieds (8300 m) en premier palier et après environ 15 km, quelqu'un décida de regarder par le hublot au lieu de regarder les instruments et le radar. Quelqu'un dit : «**Hey il y a un grand spot noir ici !** ». Alors nous arrêtâmes le cap direct au-dessus pour rester à l'extérieur et voir par le côté gauche de l'appareil.* **Il y avait une large ouverture dans la glace où cette station d'échantillonnage de l'air était supposée être ! Vous pouviez au moins piloter l'un de nos LC 130 à l'intérieur et si l'envergure de votre avion est approximativement de 60 m, il devait donc être d'une largeur suffisante pour supporter cette envergure, mais il était probablement plus grand que la taille d'un terrain de football….**et nous étions quelque part aux environs de 7000 m. Donc, regardant en bas vers cette zone, **la taille de l'ouverture semblait large, même à cette altitude !**
Il n'y avait rien dans cette direction….et il ne pouvait rien y avoir à l'extérieur ici pour quiconque qui y vient souvent… pour autant qu'il se passe quelque chose pour la science là-bas !

Au retour de la station Davis et avant de se poser au Pôle Sud pour ravitaillement, l'équipage voulut repasser par la zone de l'ouverture pour la regarder à nouveau mais ils eurent un contact radio avec le contrôleur de la station qui les informa :
«X-Ray/Delta 0, ne continuez pas votre route directement vers le Pôle Sud. Nous voulons que vous vous écartiez par un virage à gauche de 30° et vous redonnerons le cap principal lorsque nous voudrons que vous repreniez la route. Ce que nous fîmes. **Nous virâmes et furent si loin de cette ouverture que nous ne pûmes la voir de là où nous étions, à une altitude de 11 500 m.**

Suite à diverses questions de la journaliste, **Brian précise que cet immense trou paraissait parfaitement naturel** et ne semblait pas avoir été creusé par un équipement de forage. Il rajoute que **l'ouverture ne présentait pas un dénivelé abrupt, mais semblait descendre comme une rampe dans les profondeurs de l'Antarctique.** L'équipage a, en outre, relevé des traces de motoneiges gravées dans la glace, qui partaient de la station Admundsen-Scott, jusqu'à l'entrée du trou. Brian rapporte également que le ravitaillement de l'avion fut écourté en raison de l'état du blessé et qu'ils redécollèrent rapidement de la station Pôle Sud pour un retour rapide vers McMurdo. Il poursuit :

«A McMurdo, tout l'équipage fut prévenu d'attendre à la salle d'opération pour un débriefing en salle de conférence. 5 à 10 minutes plus tard, un homme arriva que personne ne connaissait et qui ne faisait pas partie de l'escadron....Il dit : «OK les gars, vous avez traversé la zone interdite au Nord du Pôle et violé cet espace aérien». Notre commandant dit : «Oui, nous pensions qu'il était prudent que nous ne perdions pas de temps et sauver quelques instants de notre temps de vol en faveur de l'évacuation médicale à Davis et donc avoir pris la décision de survoler cette station d'échantillonnage de l'air car nous ne pensions pas qu'à notre altitude cela pouvait poser des problèmes.»
Regardant chacun d'entre-nous, il dit : «OK messieurs, ce que vous avez vu, vous ne l'avez pas vu, vous n'étiez pas au-dessus de cette zone et vous ne devez plus jamais parler de cela à nouveau. OK !»
Et c'est tout ce qu'il dit, il nous dévisagea et sortit.

L'entretien se poursuit alors sur la possible connaissance de Brian d'une base secrète au Pôle Sud utilisée conjointement par des humains et des extraterrestres. Voici ce qu'il répondit :
*«Nous avions reçu pour instructions de ne jamais en parler officiellement entre nous. Mais, après un long vol, nous avons eu l'occasion de discuter avec d'autres équipages à la station Pôle Sud et certains dirent alors qu'ils avaient entendu la phrase, «des scientifiques ont déclaré que certains hommes travaillaient à la station Pôle Sud **avec des créatures d'apparence étrange en rapport avec la large ouverture dans la glace.**»*

Dans la même veine, Brian rapporte aussi avoir clairement distingué des engins spatiaux argentés en forme de disque lors d'une de ses missions. Ces derniers, au nombre de cinq, se déplaçaient rapidement et effectuaient des virages à 90° dans le secteur des monts Transantarctiques, vers **Beardmore Glacier.**

Enfin, Brian rapporte un dernier épisode singulier s'étant déroulé durant la saison 1994/95 et impliquant un groupe d'environ quinze scientifiques portés disparus alors qu'ils se trouvaient déployés pour trois semaines sur le **territoire de Marie Byrd**. Ces derniers, n'établissant plus de communications radio depuis plusieurs jours jours, l'équipage de Brian fut envoyé sur place afin de mener des recherches et retrouver ces scientifiques. Voici son récit des faits :

«Après avoir déposé ces scientifiques et leur équipement dans un campement éloigné, situé dans le territoire de Marie Byrd, nous avons perdu toute communication radio avec eux durant quelques jours. Notre équipage est donc reparti vers ce camp pour s'assurer que tout allait bien. Lorsque nous sommes arrivés sur place, nous avons constaté qu'il n'y avait plus personne, mais il n'y avait aucun signe d'un acte suspect. Nous avons alors appelé la base de McMurdo pour vérifier que la radio fonctionnait normalement, ce qui était d'ailleurs le cas. Nous avons ensuite quitté le camp en direction de la base de McMurdo, comme l'ordonnait notre commandant. Une semaine plus tard, les scientifiques sont revenus à leur camp et ont appelé McMurdo en demandant que quelqu'un vienne les chercher. Comme nous connaissions parfaitement le terrain et l'emplacement exact de leur camp, où nous les avions d'ailleurs déposés, nous sommes aussitôt repartis vers ce camp.

A notre arrivée, tout était prêt et sur palette et les scientifiques sont immédiatement montés s'installer dans l'avion contrairement à leur habitude. Ainsi, au lieu des trois semaines prévues, leur mission scientifique s'acheva au bout de quinze jours seulement.

Lors du vol de retour, nous avons constaté que ces scientifiques semblaient effrayés, ils n'ont accepté aucune boisson et ne souhaitaient pas parler. Ils se contentaient de regarder leurs pieds en permanence et lorsque par instant l'un d'eux jetait un regard vers

nous, on voyait la peur sur son visage. Brian demanda alors à l'un des scientifiques s'il allait bien et n'obtint qu'un regard avec des yeux vides. Pas un seul ne dit un mot malgré différentes tentatives.
Dés que nous avons atterri à McMurdo, ces scientifiques ont aussitôt embarqué à bord d'un autre avion de notre escadron en direction de Christchurch en Nouvelle-Zélande. Et nous n'avons jamais plus entendu parler d'eux.
De plus, l'équipement que nous avions ramené de leur camp, situé dans le territoire de Marie Byrd, **fut aussitôt placé en quarantaine puis envoyé vers les Etats-Unis sous l'escorte des agents de renseignements qui nous avaient débriefés** *au sujet de notre survol du camp d'échantillonnage de l'air et de l'immense trou de la calotte glaciaire.»*

Brian en conclut que ces scientifiques avaient subi un syndrome de de stress post-traumatique au point d'être paralysés par la peur. L'équipage de Brian fut une nouvelle fois débriefé de la même façon que lors du survol de la zone interdite par deux hommes en costume noir avec des chaussures noires étanches et dont l'un avait un air sévère. **Ils leur demandèrent de garder le silence sur cette équipe de scientifiques de Marie-Byrd land et sur ce qu'il s'était passé.** Ces hommes leur dirent également qu'ils savaient que les scientifiques ne leur avaient pas parlé. L'équipage demanda alors comment ils le savaient. Et ils répondirent juste qu'ils savaient !

Brian raconte encore qu'un autre équipage récupéra aussi une autre équipe de scientifiques dans l'Ouest de l'Antarctique, tellement effrayés qu'ils abandonnèrent un matériel coûteux sur place pour rentrer directement aux Etats-Unis !

En 2016, faisant suite à ces divulgations publiques et ses rencontres avec la journaliste Moulton Howe, Brian reçut un appel téléphonique anonyme sans équivoque lui interdisant d'intervenir à nouveau sur les sujets précédemment évoqués et qu'il connaissait son rendez-vous au restaurant avec la journaliste. En faisant une recherche inversée du numéro, il s'aperçut que son correspondant l'avait appelé d'une ligne attribuée à un bureau de l'**Agence nationale de la Sécurité (NSA),** de Fort Meade dans le Maryland.

En conclusion de l'interview voici ce que rapporte Brian :
«A mon avis, je pense que tout cela a commencé quand l'Amiral Byrd a été envoyé ici avec la Task Force (Highjump) *et a essayé et trouvé ce qui se passait avec les nazis après la seconde guerre mondiale. Little america fut installée ici et ce fut la première station américaine sur le continent. La supposée retraite rapide de cette Task Force à cause de supposés objets volants de hautes technologies que personne n'avaient vu avant, supposait une présence extraterrestre.»*
Source : Interview Brian. youtube.com/watch?v=ZIOPsidcBfo

En ma qualité d'ancien contrôleur aérien militaire, je puis affirmer que son langage aéronautique ainsi que sa description des détails des opérations à bord et au sol sont absolument compatibles avec ce que je connais des procédures aériennes. Il offre, de plus, suffisamment d'éléments techniques, environnementaux et humains sans jamais entrer dans du sensationnalisme stérile. Il raconte tout simplement plusieurs expériences troublantes vécues….

Dès lors, toutes ces informations d'origine d'une source unique de première main et particulièrement fiables, valent plus que tout autre discours et témoignages lorgnant souvent, frauduleusement et inutilement du côté du fantastique, de l'exagération et de l'approximation. De sa position d'observateur privilégié, il nous délivre, en seulement trois étapes, une description de faits et de situations précises et suffisamment déstabilisantes par elles-mêmes, permettant de se faire l'idée globale d'une ambiance générale nettement axée sur la dissimilation et la menace. Ce qui fait, de plus, toute la justesse et la richesse de cette divulgation, c'est que lui-même, Brian, ne comprends pas toujours ce qu'il voit ni ce qu'il entends. Et je rajouterai, qu'ayant lu les commentaires postérieurs de la journaliste et de quelques autres «spécialistes» des Ovnis concernant la description de l'ouverture au Pôle Sud faite par Brian, ils sont tout aussi maladroits quant à leurs conclusions et réduits à l'expectative face à quelque chose qui les dépasse et dont ils ne mesurent pas toute la signification !

Avant d'enquêter un peu plus en profondeur sur cette station «suspecte» d' Admundsen-Scott au Pôle Sud, en dévoilant un fonctionnement opérationnel digne d'une place forte ultra-sécurisée, il est préalablement constructif de fournir un aperçu géographique général des différents épisodes rapportés par Brian. J'ai donc reproduit, à la page suivante, une carte du continent Antarctique sur laquelle j'ai reporté les noms des divers lieux cités et situations importantes permettant une meilleure visualisation et compréhension des événements liés à la réalité du terrain. Une seconde carte viendra après, plus précise et axée sur la station Pôle Sud, offrant une meilleure observation des activités au sol et en vol.

Cette histoire n'aurait jamais existé sans cette évacuation sanitaire vers la station côtière Davis située à l'Est du continent **sur l'axe 77°58 Est** par rapport au Pôle Sud. Et c'est bien l'urgence de la situation alliée à ce vol direct sur cet axe «historique», que nous avons révélé précédemment par l'intermédiaire de l'Amiral Byrd, qu'un équipage militaire américain va être le témoin de cet observation singulière et hors du commun.

A l'échelle du continent antarctique, le nœud central du problème prends forcément, sur la carte, des proportions réduites an niveau du Pôle Sud. Néanmoins, j'ai tenu à dessiner cette fameuse zone interdite d'échantillonnage de l'air sous la forme d'un bon quart de cercle d'une profondeur de 150 km et positionnée au Nord Est du Pôle. Cette énorme zone, à laquelle il fallait bien donner une raison d'exister, fut donc créée dans le but «officiel» de mesurer la qualité d'un air non impacté par les activités humaines et dont les courants viennent majoritairement du Nord Est. Elle englobe donc avantageusement l'ouverture dans la banquise rapportée par Brian, cette dernière étant située à environ 15 km de la station. En décollant face aux vents dominants, comme la règle de base du pilotage l'ordonne, le commandant s'offrit ainsi un cap de décollage orienté Nord-Est (environ cap 020° correspondant à l'orientation de la piste) puis décida ensuite de poursuivre au plus court à travers la zone interdite afin de s'aligner sur ce fameux cap direct vers Davis.

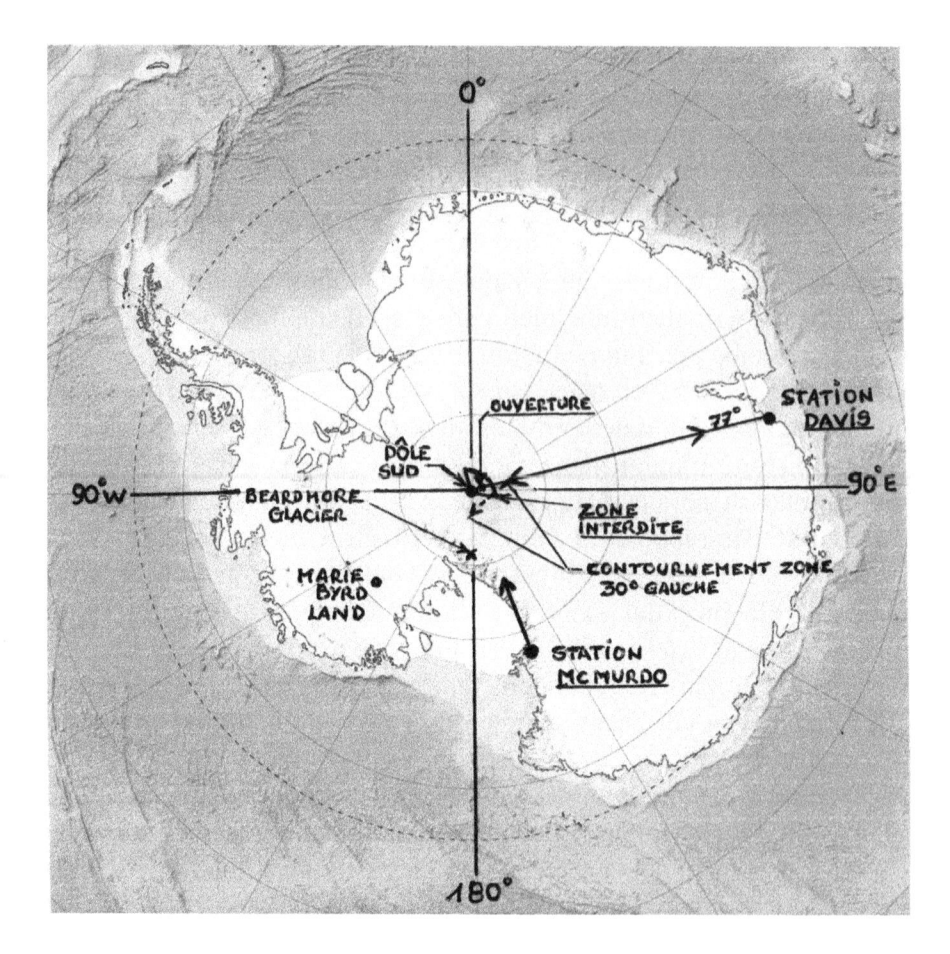

Au retour, malgré son statut de mission d'évacuation sanitaire qui aurait dû jouer en sa faveur selon les conventions internationales, le contrôle local, qui à l'aller ne put percevoir à temps sa manœuvre de cap direct certainement à cause d'un cône mort radar de non-détection de plusieurs kilomètres, ordonnera cette fois-ci l'évitement de la zone, à environ 200 km de la station, par une modification du cap de 30° par la gauche. Cela se faisant au mépris total de l'urgence sanitaire pourtant clairement stipulée comme prioritaire dans les procédures internes de la Station Pôle Sud. Nous le verrons plus loin. Il va sans dire qu'une telle décision n'avait pour unique ambition

516

que de priver l'équipage d'une autre observation et que l'absence constatée d'un camp scientifique d'échantillonnage de l'air dans la zone des 15 km fait davantage penser à une vaste fumisterie n'ayant véritablement rien à voir avec la science mais plus sûrement avec une mystification sombrement organisée.

Ce lanceur d'alerte dit la vérité pour la bonne et simple raison qu'il reproduit, à quelques degrés près et sans connaissances préalables, le même schéma géographique de la position de l'entrée vers l'intérieur de la banquise, tel que déjà reporté sur la carte de la page 144, d'après les coordonnées divulguées par un journaliste de l'expédition Highjump. Rappelez-vous enfin de l'expression utilisée par l'Amiral Byrd, *ce vaste inconnu juste au-delà du Pôle ;* et bien grâce au témoignage de Brian, il est possible d'affirmer que le mot *juste* équivaudrait parfaitement à **une distance approximative de 15 km au Nord-Est du Pôle Sud !**

Maintenant, et ce qu'il convient d'en conclure, c'est que Brian nous apporte clairement **la seule observation humaine existante, à ce jour,** de cette fameuse ouverture polaire «physique» dont nous parlons depuis le début de cet ouvrage. Il dit pouvoir y faire voler un LC 130 de son escadron ! Par conséquence, vu la masse, la vitesse et l'envergure énorme de ce quadrimoteur de transport, Brian estime, à minima, que cette ouverture devait dépasser la taille d'un terrain de football. Même si cela reste forcément particulièrement difficile à estimer et à chiffrer par un mécanicien naviguant, il indique tout de même, **qu'à près de 7000 m d'altitude, l'ouverture paraissait toujours très large !**

Il n'en reste pas moins que cette anomalie reste énorme et difficilement explicable, sauf si on la considère comme une entrée naturelle existante depuis toujours vers la Terre creuse.

L'autre remarque révélatrice de Brian porte sur la configuration du trou et l'aspect de son bord extérieur. Il rejette l'idée (absurde à cette échelle) d'un forage humain **et affirme bien le caractère naturel de cette «chose»,** tout en décrivant des bords, non pas droits, mais comme descendant progressivement vers l'intérieur de la banquise en donnant l'image d'une rampe.

Historiquement, physiquement, géographiquement et techniquement parlant, tout concorde parfaitement et me porte à affirmer avec conviction, que juste au-delà du Pôle, il existe effectivement une entrée vers un «monde» inexploré... tel que l'affirmait l'Amiral Byrd !

Comme le rapporte Brian dans son témoignage, et vues du ciel, les traces de véhicules chenillés dans la glace signent invariablement des pénétrations ou tentatives de pénétrations vers l'intérieur de la Terre. Avec quels objectifs ? Pour le compte de qui ? Mystère....Mais avec un tel culte du secret, il est à craindre que ces entreprises ne soient pas des plus louables car restant obligatoirement cantonnées à des secteurs proches de la surface et donc bénéficiant d' «énergies plus basses». Reste que, comme nous l'avions déjà exprimé précédemment, l'accès à certains mondes évolués de l'intérieur est heureusement restreint et ne s'ouvre qu'à certaines personnes dont le niveau de vibrations sera compatible avec une conscience élevée. Rappelez-vous enfin, qu'une plus large empreinte géographique de l'ouverture polaire pourrait être également considérée d'un point de vue «immatériel», comme un vortex dynamique invisible qui s'ouvrirait et se refermerait partiellement.

Maintenant, pour ce qui rentre dans le domaine de l'archéologie pure, grâce à Brian, on peut constater que les affaires continuent certainement d'aller bon train mais peut-être pas toujours dans le sens que le souhaiteraient certains scientifiques, apprenant aussi à leurs dépens que l'histoire du monde, telle qu'on leur avait façonnée et enseignée, ne semblerait plus correspondre à leur modèle à cause de certaines découvertes déroutantes voire effrayantes....un peu à l'image de certaines créatures étranges semblant travailler de concert avec des scientifiques de la station Admundsen-Scott !

A l'instar des observations «malencontreuses» de Brian et de son équipage qui leur auront coûté deux débriefings lourds de sens, orientés comme un ultime avertissement, voyons à présent ce qu'il est possible de révéler quant à la réelle utilité de la station Pôle Sud, en commençant par la reproduction d'une carte précise de ses installations.

La station Admundsen-Scott

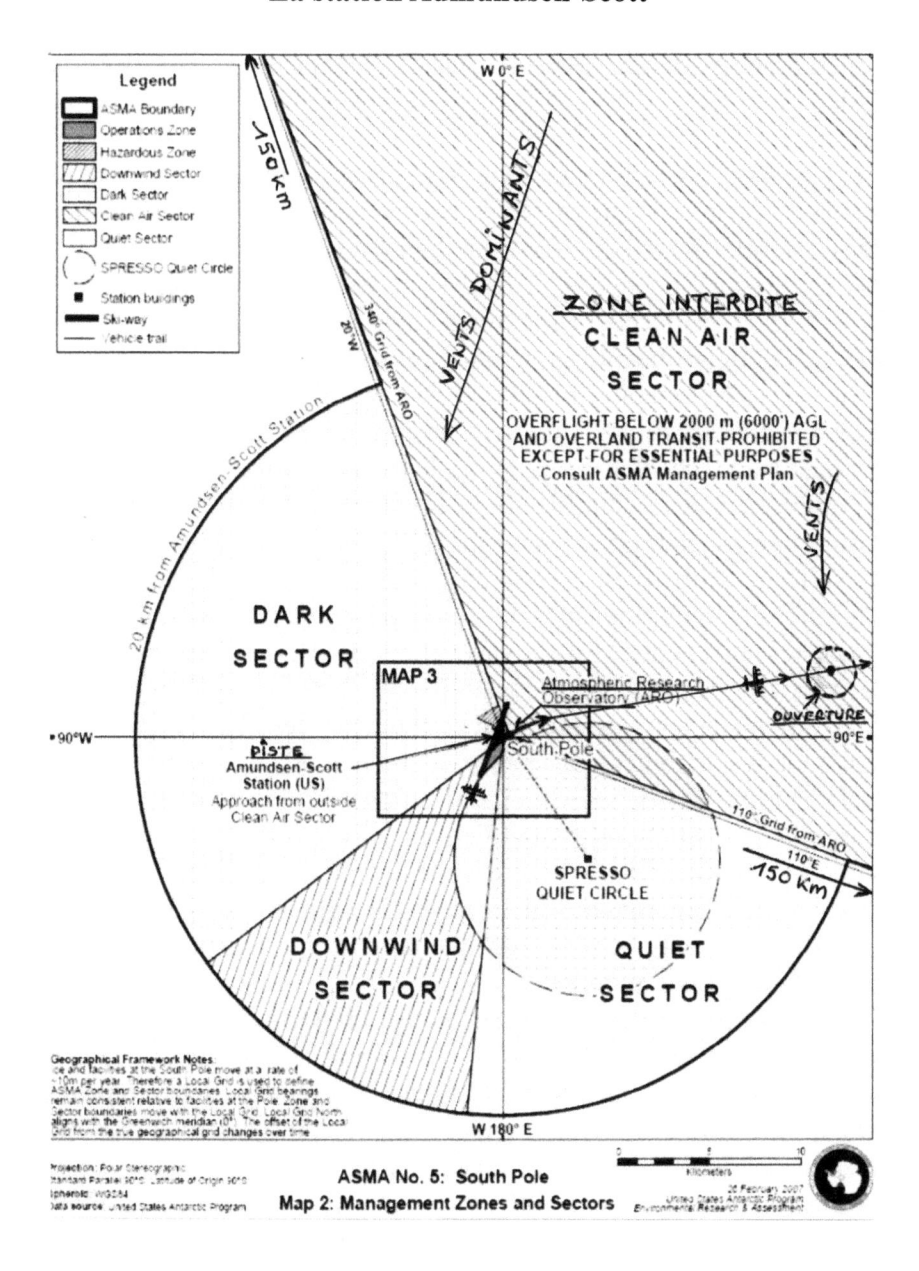

Avant de détailler ce document officiel, il est important de savoir que l'origine de l'installation de cette station Pôle Sud date de l'opération américaine ***Deep Freeze 1***, menée en 1955/1956 par la Task Force 43 dans le cadre de l'année géophysique internationale regroupant au total neuf pays se rendant en Antarctique à des fins d'exploration et d'implantation de bases scientifiques. Elle fut supervisée par…..**l'Amiral Byrd en personne !** Il réalisera même ici son dernier survol du Pôle Sud en janvier 1956.

A l'issue de l'opération, il recevra la médaille de la liberté le 21 février 1957 et décédera quelques jours plus tard, soit le 11 mars 1957. Fin «opportune» d'un témoin gênant….

Si, à l'heure actuelle, plusieurs pays supervisent des programmes «scientifiques» nationaux au sein de la Station Admundsen-Scott, il est nécessaire de bien prendre en ligne de compte que la gestion, l'organisation et le contrôle de la Station se font sous l'autorité du programme antarctique américain qui a délimité une zone scientifique globale de 20 km autour de la station, hormis la zone interdite d'échantillonnage de l'air, qui comme vous pouvez le visualiser sur la carte, est un vaste quart de cercle d'une profondeur de 150 km. Un document destiné aux ONG (Organisations Non Gouvernementales) est édité et annonce les lignes directrices régissant les activités touristiques ou visiteurs acheminés par des sociétés privées et ne relevant pas d'un programme national. Voici les nombreuses restrictions et interdictions les concernant :
Source : document.ats.aq/recatt/Att357_f.pdf
- **Le programme antarctique américain exploite la station polaire Admundsen-Scott** et n'est pas autorisée à apporter son appui aux ONG sauf en cas d'urgence.
- **Toutes les approches de la zone se font le long d'une route située à approximativement 204°** à l'Est du Nord de la grille afin d'éviter les secteurs soumis à des restrictions. **Toute approche depuis le Nord, l'Est ou l'Ouest perturberait les activités scientifiques dans la zone.** (personnellement j'aurais dis pareil!)
- **Les approches par voie terrestre** devront également tenir compte des repères de visibilité sur la piste, placés qu'ils sont à différentes

distances du Pôle Sud géographique dans les quatre directions autour de la station.

- **Les ONG ne peuvent pas effectuer une opération en parachute à partir d'un aéronef** et aucun pilote aux commandes d'un aéronef ne peut autoriser une telle opération d'un aéronef au-dessus ou à proximité de la piste d'atterrissage ou d'une autre infrastructure dans la zone.

- **Aucun accès au courrier électronique, au téléphone ou à la radio ne sera accordé, sauf autorisation du programme national autorisé.**

- **Les visiteurs non escortés sont tenus de demeurer dans l'aire de campement désignée des ONG** ou dans les environs immédiats du piquet matérialisant le Pôle, sauf autorisation.

- L'aire de campement désignée a été choisie car elle ne perturbe pas la circulation des véhicules ou l'exploitation des aéronefs du programme antarctique américain et **elle est très à l'écart de la plupart des zones dangereuses et des sites de construction.**

- Les visiteurs qui passent la nuit dans la zone doivent se munir de leurs propres provisions pour manger et camper.

- Pour éviter de perturber les activités du programme antarctique américain, **il est interdit au personnel des ONG d'entrer dans les bâtiments et les aires d'opérations et de travaux scientifiques de la station Pôle Sud** sauf lorsqu'il est guidé par une personne qu'aura désignée le programme antarctique américain.

- Le meilleur moment (et le seul!) pour visiter la station polaire est le dimanche entre 13 heures et 17 heures. **Les services et l'accès à la station à d'autres heures sont très peu probables.**

- **Le personnel du système de communication du Pôle Sud enregistrera les arrivées et les départs des personnes relevant des ONG** ; ces informations seront transmises sur demande aux Parties du Traité sur l'Antarctique.

Pour parler clair, on a pas vraiment l'impression que les touristes soient les bienvenus et mis à part l'absence de miradors, de gardiens armés et de barbelés, on ne voit pas bien ce que l'on pourrait rajouter en matière de sécurité et d'interdictions !

La visite, pour la majorité, semblant se limiter à l'admiration du piquet marquant la position du Pôle Sud…..Et inutile de vous préciser que toutes les expéditions d'explorateurs privés se dirigeant à pied vers le Pôle Sud se verront interdire l'entrée de la zone par l'Est, bien entendu. Par conséquence, toutes les arrivées se feront et se font obligatoirement par le côté Sud-Ouest de la station tel que précisé un peu plus haut. **Donc, pas de mauvaises surprises à ce qu'un vaillant explorateur ne tombe par mégarde sur la moindre ouverture polaire !** Qui pourrait encore avancer que le continent antarctique soit un espace libre et ouvert ?

Examinons à présent et sommairement l'activité de chaque secteur :

- **QUIET SECTOR** : c'est une zone où on limite le bruit et l'utilisation d'équipements afin de faciliter les recherches sismologiques et les autres travaux sensibles aux vibrations.
- **DOWNWIND SECTOR** : consiste en une zone dégagée propice au lancement de ballons de recherche, à l'exploitation des aéronefs et à toute autre activité devant être entreprise sous le vent.
- **DARK SECTOR** : c'est une zone sans pollution lumineuse ou bruit électromagnétique, propice à la recherche astronomique et astrophysique.
- **CLEAR AIR SECTOR** : il offre un milieu d'échantillonnage original de l'air et de la neige propice aux recherches sur les systèmes climatiques. L'air échantillonné est représentatif de l'atmosphère de fond de la planète et est en fait l'air le plus pur de la planète. On l'aurait deviné…..

Nous pouvons encore relever quelques autres informations et contraintes particulières relatives à ce secteur bien à part.

- **Il est recommandé que les aéronefs y volent à une altitude de plus de 2000 m** et le rayon de 150 km a été choisi comme une distance tampon raisonnable. **Toutefois, les études arctiques semblent indiquer que deux fois cette distance se justifie. (?)**
- **Les véhicules terrestres y sont interdits d'accès** sauf pour des raisons essentielles
- **L'accès au toit du bâtiment qui abrite l'observatoire de recherche atmosphérique est interdit.** Il convient de contacter le

programme antarctique américain si l'accès au toit de l'observatoire est indispensable aux fins d'un projet.
- **L'accès à la tour météorologique orange et blanche et à la surface neigeuse avoisinante est interdit.** Il convient de contacter le programme antarctique américain pour obtenir l'autorisation d'accéder à la tour.
Il semblerait plus vraisemblable que la simple opportunité de vouloir regarder, d'en haut, le paysage lointain alentour, pose problème....
- Les aéronefs des programmes nationaux sont autorisés à pénétrer dans la zone d'exclusion si cela s'avère nécessaire pour des activités officielles et des buts essentiels, y compris les missions dirigées par le programme antarctique américain mais pas uniquement ; les contrôles de la FAA, les photographies aériennes, **les circuits de vol en cas d'urgence et les approches notamment.**

Bref, encore tout un panel de restrictions arguant davantage d'une volonté de se prémunir de toutes intrusions indésirables sous couvert d'une préservation de la pureté des mesures; somme toutes relatives étant donné la position de l'aérodrome à environ 500 m des tours de contrôle de la qualité de l'air !

Mais le plus étrange, dans toute cette cohorte d'interdictions, c'est que le vol aller-retour de Brian vers la station Davis n'aurait pas dû souffrir de la moindre restriction, **d'une part à cause de leur statut de mission d'évacuation sanitaire et d'autre part du fait de leurs paramètres de vol relatifs à l'altitude.** En effet, Brian précise qu'au retour et en approche, ils étaient encore à 11500 m d'altitude. Mais, au mépris de la réglementation et à plus de 200 km de la station, ils reçurent l'ordre du contrôle de contourner la zone par la gauche en vue de leur approche finale. Cette volonté manifeste du contrôle, hors cadre des conventions, signe invariablement le choix d'une dissimulation. **Disons que, vu sous cet angle, une réglementation «élastique» s'appliquerait plus volontiers, et en «direct», en fonction des vols rentrants dans la zone «interdite».**

A ce titre, **on peut raisonnablement en conclure qu'une partie des vols venant de l'Est, dont en particulier ceux à destination et en provenance de Davis, restent indéniablement les plus sensibles** à surveiller du fait de leurs caps directs les amenant presque à coup sûr au survol de l'ouverture polaire !

J'aimerais pouvoir dire que la station Admundsen-Scott est une véritable zone scientifique dédiée à la recherche au profit de l'humanité mais, en regardant objectivement la situation, on se doit d'admettre que les Etats-Unis ont véritablement placé un verrou sur cette zone géographique stratégique à plus d'un titre et que l'implantation permanente de structures de recherches étrangères et américaines font davantage figure de paravents afin d'occulter consciencieusement la véritable fonction de cette base dédiée uniquement, et quel qu'en soit le prix, à la mise au secret et à l'étude discrète d'une ouverture jadis révélée par l'Amiral Byrd.

Tous ces investissements, ces infrastructures, ces personnels, ces précautions et ces interdictions afin de pouvoir simplement constater, depuis plus de soixante ans, que l'air du Pôle est encore le plus pur de la planète ! A bien y réfléchir, tout cela est d'un ridicule absolu et je crois, moi, que l'air y serait encore plus pur si tout ce dispositif inutile n'y était pas installé. On aurait pu faire beaucoup plus simple, moins cher et plus juste en installant des capteurs d'air et et des capteurs sismiques contrôlés à distance avec simplement une maintenance périodique à partir, par exemple de la base de McMurdo. Je crois que cela n'aurait pas été un obstacle majeur à la connaissance et à la survie de la planète, vu la manière dont certains états, tels que les Etats-Unis, la traite en parallèle….

Mais savez-vous que le record d'inutilité de cette station n'est pas le seul ? En effet, la base Admundsen-Scott détient le triste record et bagage du seul et unique lieu sur tout le continent antarctique pouvant s'enorgueillir du premier décès par meurtre par empoisonnement ! Cela méritait bien la révélation de cette bien étrange histoire parfaitement méconnue….

Ce jour du 12 mai 2000, en pleine nuit polaire, qui coure de février à octobre, **Rodney Mark**, un brillant astrophysicien australien de 32 ans qui passait sa seconde mission à la station Admundsen-scott, se plaignit subitement de violentes douleurs au ventre et de nausées en rentrant de son observatoire situé en Dark Zone. Peu de temps après, il dut se résoudre à se rendre au centre médical car il vomissait du sang et avait des difficultés à respirer.

Il fut examiné par le Docteur Robert Thompson qui nota deux marques d'aiguilles sur son bras mais ne dit rien à ce sujet. Le Docteur ne put rien lui prescrire de particulier et lui demanda de partir se reposer dans sa chambre soupçonnant une alcoolémie un peu haute. Son état s'aggravant et ne pouvant bénéficier d'aucune évacuation aérienne en raison du froid intense et de la nuit polaire, le Docteur, qui ne disposait pas d'un matériel d'analyse du sang parfaitement étalonné (c'est un comble!), ne put que constater son état empirer jusqu'à l'arrêt cardiaque de Mark Rodney et son décès survenu seulement 36 heures après les premiers symptômes.

Il fut déclaré mort de cause naturelle et son corps fut congelé en attente d'un transport six mois plus tard vers la Nouvelle-Zélande où il fut autopsié. Et quelle ne fût pas la surprise des médecins de trouver une grande quantité de méthanol dans son organisme ne pouvant être expliquée ! Ce méthanol était un produit présent à la station d'observation astronomique du Pôle Sud permettant le nettoyage des lentilles du télescope. C'est bien entendu aussi un poison mortel en cas d'ingestion.

Un officier de police Néo-Zélandais, **Grant Wormald**, fut alors désigné afin de mener des investigations sur ce décès plus que suspect que l'on pouvait déjà assimiler à un meurtre. Mais, dès le début, son enquête fut étrangement entravée par l'**US National Science Fondation (NSF)** gérant le programme antarctique américain et **RAYTHEON Polar Services** (Société privée pour la logistique, les opérations et le personnel de la NSF jusqu'en 2012). C'est le profil type des sociétés privées disposant d'accords et de contrats privilégiés avec l'Administration de la Défense US, tel que nous l'avions déjà précisé précédemment. En fait, les autorités US fournirent le minimum d'informations à la police Néo-Zélandaise allant jusqu'à superviser un questionnaire envoyé, non sans mal, aux personnels maintenant répartis à travers le monde et dont seulement 13 sur 50 en poste au moment des faits, répondirent.

Il fut suggéré, par les autorités US, que Mark Rodney se soit suicidé mais cela ne pouvait absolument pas coller avec la réalité des faits. Ce dernier était passionné par son travail, était d'un caractère jovial et bon vivant, jouait de la musique, n'avait pas d'ennemis et entretenait une relation amoureuse avec une jeune femme travaillant à la station. Le mariage était même envisagé à la fin de la mission ! Bref, aucun symptômes anormaux prouvant quelqu'un de déséquilibré ou mal dans sa peau. C'était de plus un professionnel qui n'en était pas à sa première mission antarctique dont les volontaires sont sérieusement triés sur le plan médical et mental afin de pouvoir affronter les longs mois d'hiver polaire.

Tout fut fait pour discréditer Mark Rodney en le faisant passer pour un alcoolique atteint même du syndrome *Gilles de la Tourette* et qui aurait de ce fait pu trouver le méthanol à son goût ! L'alcool étant disponible partout dans la station, personne ne serait assez stupide pour ingurgiter sciemment ce genre de poison. Pendant des années, la police Néo-Zélandaise a tenté de trouver la vérité mais tous leurs efforts furent ignorés par les autorités américaines et même les anciens collègues de Mark refusèrent de communiquer avec ses parents ! La Nouvelle-Zélande ne reconnaissant pas l'autorité des USA sur le territoire du Pôle Sud, cela n'arrangea nullement l'enquête. Il fut même impossible pour l'officier de police Wormald de prendre contact avec le Docteur Robert Thompson, médecin de la station lors de la mort de Mark Rodney.

Ce policier déclarera dans un journal en 2006, que la NSF fit pression sur les personnels afin qu'ils ne parlent pas ! De fait et à ce jour, l'enquête est toujours au point mort et les parents de Mark Rodney ne connaissent toujours pas la vérité sur ce crime et encore moins l'identité du meurtrier. **Il faut en conclure que la très honorable NSF serait plutôt favorable à ce qu'un assassin poursuive tranquillement ses activités au sein de possibles mission futures en station ou ailleurs ! C'est particulièrement irresponsable en même temps qu'inacceptable ….**

Il me semble que le simple bon sens, le besoin de transparence, de vérité et de sécurité aurait voulu que toute la clarté soit faite sur cette affaire et que si coupable il y avait, il se devait d'être le plus rapidement possible identifié et mis hors circuit. Sur un effectif de cinquante personnes, il me semble qu'une enquête sérieuse eut tôt fait de démasquer le coupable. Au lieu de cela, un Professeur d'astrophysique hautement qualifié, sélectionné et titulaire de plusieurs missions boit du méthanol et ses «employeurs» ne cherchent absolument pas à investiguer plus loin au sein d'une station scientifique se voulant sérieuse, multiculturelle et au service de l'humanité….. !!!

Je pense sincèrement que cette opacité volontairement méprisante collerait davantage à l'image d'un vaste complexe sensible ultra-sécurisé sous contrôle absolu des USA. Il n'est pas nécessaire de «tourner autour du pôle» durant de longues heures afin de se convaincre que Mark Rodney dut découvrir quelque chose qu'il aurait mieux fait d'ignorer. Certainement n'a t-il pas pris toute la mesure des conséquences de ses possibles envies de divulgations et des probables avertissements préalables. Etait-ce en lien avec l'ouverture polaire ou une découverte d' «aliens» au sein même de la station ou au travers de ses instruments ? Nous ne le saurons jamais….

Reste qu'une administration qui couvre et persiste dans le dénie systématique de preuves pouvant conclure en un homicide, signe elle-même son implication dans cette histoire ! C'est systématiquement l'application de cette loi de la terreur et du silence qui maintient de force l'homme enfermé, encore et toujours, dans l'ignorance des réalités de notre monde.

Rappelez-vous, il fut constaté deux traces de piqûres sur le bras de Rodney Scott…..**Source** : unresolved.me/rodney-marks

Se retrouver propulsé témoin d'anomalies inquiétantes dans les régions hostiles et inhospitalières des régions polaires n'est forcément pas choses courante. Le peu de témoignages réels, nous l'avons vu, étaient encore partiellement «lisibles» il y a 100 ou 200 ans. Ce n'est pas pour autant que des éléments troublants et inexplicables actuels, tel que le décès de Mark Rodney, n'existent pas et ne doivent pas être pris en considération. Car il n'est pas le seul….

En effet, il nous faut momentanément sortir de l'univers antarctique afin de nous plonger dans un contexte arctique dont l'archéologie de terrain nous a déjà révélée bien des mystères. Mais envisager de prouver l'existence d'une terre creuse par une ouverture matérialisée au Pôle Nord géographique est en soi de l'archéologie et un homme projeta, en 2006, de tenter de découvrir la vérité….

En 2005, l'américain **Steve Currey** se mit en tête d'organiser une expédition scientifique dans l'Arctique **destinée à résoudre définitivement l'énigme de la terre creuse**. Il était un grand explorateur de fleuves dans le monde et servit souvent de guide à des milliers de personnes dont des sénateurs, des membres du Congrès US, des chefs d'Etats, d'entreprises, des célébrités….Il avait préalablement estimé la localisation de l'ouverture en question par **84°40' de latitude Nord et 140° de longitude Est. Etrangement, son calcul de latitude colle parfaitement avec les observations du sergent Fredericks en même temps qu'elle se trouve décalée du Pôle Nord géographique, tel que nous en avions émis l'hypothèse précédemment !** Il devait disposer d'un brise-glace atomique russe se tenant prêt à accueillir les 100 premiers volontaires scientifiques et passionnés voulant se joindre à lui, moyennant un investissement de 20 000 dollars par participant afin de financer toute l'expédition.

Initialement, le départ de cette expédition avait été programmé pour le 26 juin 2006 et devait durer 24 jours mais elle dut être reportée à l'année suivante pour des raisons financières. Puis, en mars 2006, Steve Currey fut diagnostiqué d'une tumeur cérébrale qui se révélera incurable. Suite à cela, il tentera de rassembler les fonds nécessaires à une reconnaissance aérienne plus précoce au profit du brise-glace russe **Yamal**. Il n'y parviendra pas et décédera de son cancer le 26 juillet 2006 ! Après un examen, on lui diagnostiqua 6 tumeurs foudroyantes au cerveau. **Le médecin déclara que c'était une première dans l'histoire qu'un homme développe, sans aucun antécédents, six tumeurs en même temps !** Suite à ce décès «prématuré», la famille de Steve Currey annonça qu'il était peu probable que l'expédition puisse finalement avoir lieu et que les souscripteurs seraient remboursés….ce qui fût fait.

Au final, encore une personne motivée ayant eu la naïveté de croire qu'on lui laisserait le chemin grand ouvert vers un trop grand secret.

Bien entendu, le hasard de la maladie fera toujours les affaires d'un maximum d'individus ignorants ne soupçonnant pas, un seul instant, les implications d'une révélation qu'aurait pu représenter une pareille découverte, si tant est que l'expédition ait pu avoir la chance ou «la permission» de relever une anomalie physique. Dans le doute, certaines personnes ont très probablement préféré mettre un terme à une affaire trop bien organisée !

Si vous saviez le nombre de personnes, de par le monde, ayant déjà succombé brutalement et inexplicablement. Toutes des victimes innocentes seulement coupables d'avoir mené courageusement des expériences et des enquêtes sensibles….j'en ai relevé bien trop dans mon ouvrage précédent. Ces hommes de l'ombre détiennent réellement le pouvoir d'inoculer n'importe quelle maladie foudroyante ou n'importe quel poison à toute personne se mettant trop ostensiblement en travers de leur route.

Après toutes ces bonnes nouvelles, je tenais à vous en proposer une dernière qui nous ramènera une dernière fois vers l'Antarctique et la station Admundsen-Scott, cela afin de conclure honorablement ce chapitre. En effet, la chance et la persévérance m'ont, peut-être, permis de mettre la main sur une photo troublante, parmi plus d'un millier que j'ai pu consulter sans vraiment l'espoir d'un quelconque résultat. Vous imaginez bien que personne ne va vous servir le cliché du siècle sur un plateau ! Toutes les photos prises d'avion sont publiées en guise de bonne foi, montrant autant que nécessaire, un florilège de bâtiments et de structures en prenant bien soin de ne pas s'écarter inutilement en altitude et en distance du périmètre de la station Admundsen-Scott. Je reproduis ce cliché à la page suivante, forcément de qualité médiocre en raison du manque de netteté. Mais j'en indiquerai la source en couleur précise afin que vous puissiez, par vous-mêmes, l'agrandir et vous focaliser sur les indications que je vais rapporter directement ici sur la photo. Vous remarquerez que l'angle des méridiens de 70 à 90° correspondra sensiblement à la position sur l'horizon d'un espace (fléché) pouvant être identifié à l'empreinte d'une ouverture forcément aplatie à cette distance et pouvant absolument coller aussi avec les 15 km annoncés par Brian. Lorsque vous aurez le loisir de consulter cette photo plus «confortablement», vous noterez la lumière du soleil paraissant se réfléchir sur les bords glacés de cette possible ouverture en la délimitant partiellement mais clairement par un contour plus blanc.

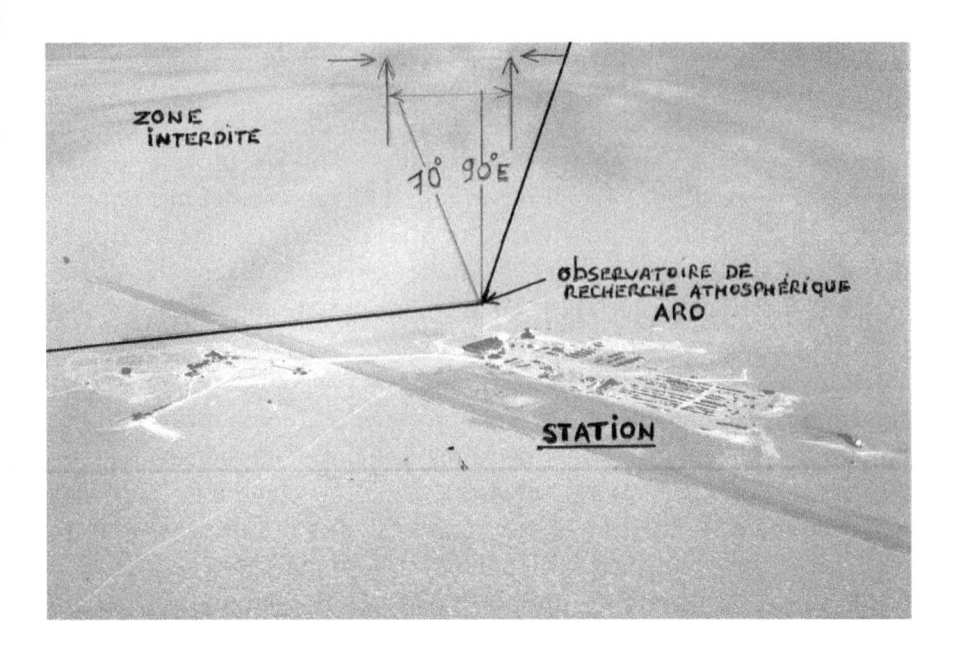

Cela pourrait évidemment passer pour le simple effet d'un faible relief du plateau antarctique autant que la révélation tangible de l'existence de notre ouverture polaire ! A chacun sa conclusion…...
Source : southpolestation.com/newpole/newpole.html
Visualisation photo :
1- Aller sur l'index à gauche/ 2- chercher saison 2004-05
3- sélectionner Aerial photos-January
4- Cliquer sur photo en haut à droite (looking east)

CHAPITRE 7

SURVOL des PÔLES

Le survol par avion

Commençons par nous poser une question toute simple :
Les avions de ligne survolent-ils les Pôles ?
Voici la réponse éclairée de **Henri De Waubert de Genlis**, Consultant/expert aéronautique militaire depuis 1987 :
«Il y a deux Pôles: les Pôles magnétiques et les Pôles géographiques. Les Pôles magnétiques sont les zones du globe où les lignes du magnétisme terrestre se retrouvent ; dans ces zones, les boussoles ne fonctionnent pas car les lignes magnétiques sont orientées vers le sol. Il n'y a aucun problème à ce que les avions survolent cette zone dès l'instant où ils n'ont plus besoin d'informations basées sur la détection du magnétisme terrestre. Ce qui est le cas de nos jours, les avions se guidant avec des centrales à inertie insensibles au magnétisme.

*Les autres Pôles sont les Pôles géographiques Nord et Sud et rien n'empêche un avion de survoler ces points s'ils se situent sur le chemin. Les vols Paris-Tokyo **passent pratiquement** par le Pôle Nord pour suivre un chemin direct.»*

Maintenant que la situation est nette pour tout le monde, vous aurez certainement noté, dans le commentaire précédent, que certaines routes aériennes dont nous allons parler, ***passent pratiquement*** par le Pôle Nord ! Et c'est bien le «pratiquement» qui va faire toute la différence. Avant d'y revenir, qu'en est-il de la situation pour le Pôle Sud ?

Ici, le problème est encore plus simple puisque, au-dessus de l'Antarctique, il n'existe pas ou peu de vols transpolaire sauf un Argentine- Nouvelle-Zelande qui reste en deçà du 60° Sud, donc très loin du Pôle et quelques accès aux bases antarctiques, majoritairement côtières, telle que la station américaine McMurdo.

Finalement, la situation globale de survol des Pôles se résume à l'existence de quatre routes transpolaires passant à proximité du Pôle Nord géographique ! Vous retrouverez sur la carte rapportée à la page suivante, le tracé précis de ces voies aériennes enregistrées sous la dénomination Polar 1,2,3 et 4. L'itinéraire le plus proche du Pôle est la route **Polar 2 DEVID**, utilisée pour la liaison Amérique du Nord et Est- Malaisie, Singapour, Thailande et Indonésie, qui passe par la latitude de **89°00 N**. En examinant cette liaison et à cette échelle, on pourrait se dire que le trajet de l'avion se confond pratiquement avec une verticale du Pôle, sauf que la distance réelle entre la position de l'avion et celle du Pôle est d'environ....**130 km** !

A cette distance, vous admettrez qu'il sera difficile pour quiconque d'apercevoir ou d'identifier précisément quelque chose de singulier au niveau du Pôle Nord, surtout en haute altitude, d'autant plus quand on ne sait pas ce que l'on y cherche. Par conséquence, quand certains détracteurs maladifs, se complaisant dans l'ignorance, déclarent que les avions de ligne passant sur le Pôle Nord ne détectent rien d'anormal, ils devraient simplement essayer de comprendre pourquoi ! Les petits génies ayant tracé ces routes

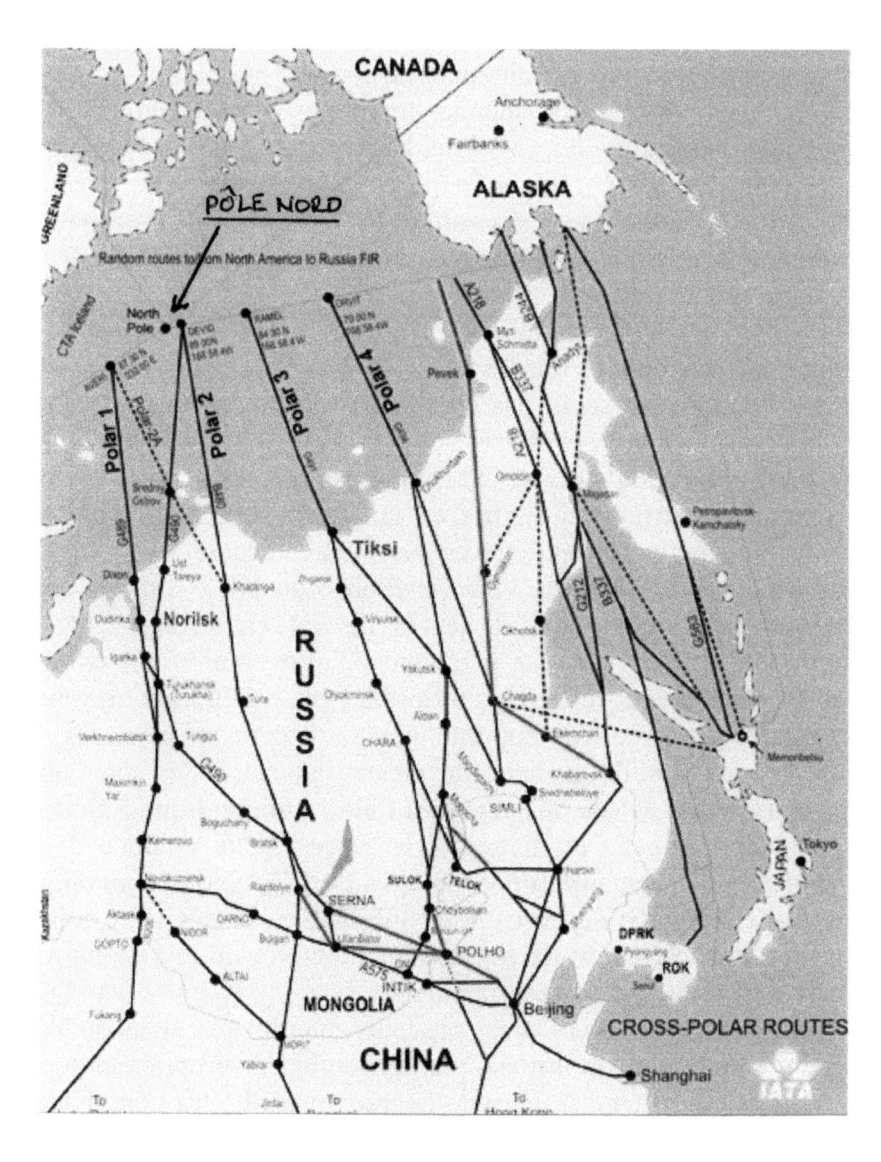

Routes Transpolaires
Carte IATA *(International Air Transport Association)*

aériennes décalées du Pôle savaient, quant à eux, que cela minimiserait forcément certains risques d'observation.

Il n'existe absolument aucune contrainte d'ordre aéronautique concernant la sécurité des vols interdisant la verticale du Pôle Nord. Alors pourquoi s'être donner la peine de tangenter cette position extrêmement symbolique représentant le toit du monde et qui aurait pu, de surcroît, offrir une plus-value commerciale intéressante sur une ligne si particulière ?

Mis à part une volonté délibérée d'éviter un secteur sensible, je n'entrevoie pas d'autres raisons !

Mais l'histoire ne serait pas complète si l'on additionnait pas les quelques sociétés privées offrant des survols de l'Antarctique. Je n'ai pu identifier que deux sociétés travaillant sur ce continent.

La première, **Antarctica flights**, est un groupe australien offrant des survols du continent antarctique pour une clientèle suffisamment riche pouvant se permettre l'acquisition d'un billet compris entre 1200 et 8000 Euros pour 4 heures de vol en Boeing 747. Le programme affiché sur leur plaquette de présentation est attractif avec 19 plans de vols différents proposant une pénétration maximale en Antarctique avec vue sur une grande variété de paysages, de hautes montagnes, de glaciers, du plateau glaciaire, des côtes ainsi que, cerise sur le gâteau, **le survol du Pôle…..magnétique** ! Soit sur une position actuelle au large de la Terre Adélie et donc à des centaines et des centaines de kilomètres du Pôle Sud géographique. Des milliers d'euros dépensés pour une fausse attractivité et dont le clou du spectacle aurait du représenter le survol du toit du monde, soit ce fameux Pôle Sud géographique !

Et pourtant, son survol n'est pas plus interdit que celui du Pôle Nord ; d'autant plus qu'il n'est, par convention, la propriété d'aucun pays du monde, même si, par un «heureux hasard», les Etats-Unis y possèdent la Station Admundsen-Scott.

Source : antarcticaflights.com.au

La seconde société qui nous interesse propose, elle, des voyages en Antarctique. Il s'agit de **Grand Nord Grand Large Voyages** dont le point de chute continental se situe sur le camp de **Union Glacier,** desservi par des vols en provenance de Punta Arenas au Chili. Le programme du circuit propose le confort d'un camp de base en milieu isolé, des activités afin de découvrir les alentours ainsi qu'un vol…..jusqu'au Pôle Sud pour la visite de la Station Admundsen-Scott ! Oui vous avez bien lu, une journée au Pôle encadrée par des guides anglophones. Mais, avant que de crier victoire, il conviendra d'apprécier scrupuleusement toutes les subtilités de navigation rapportées sur la carte ci-dessous.

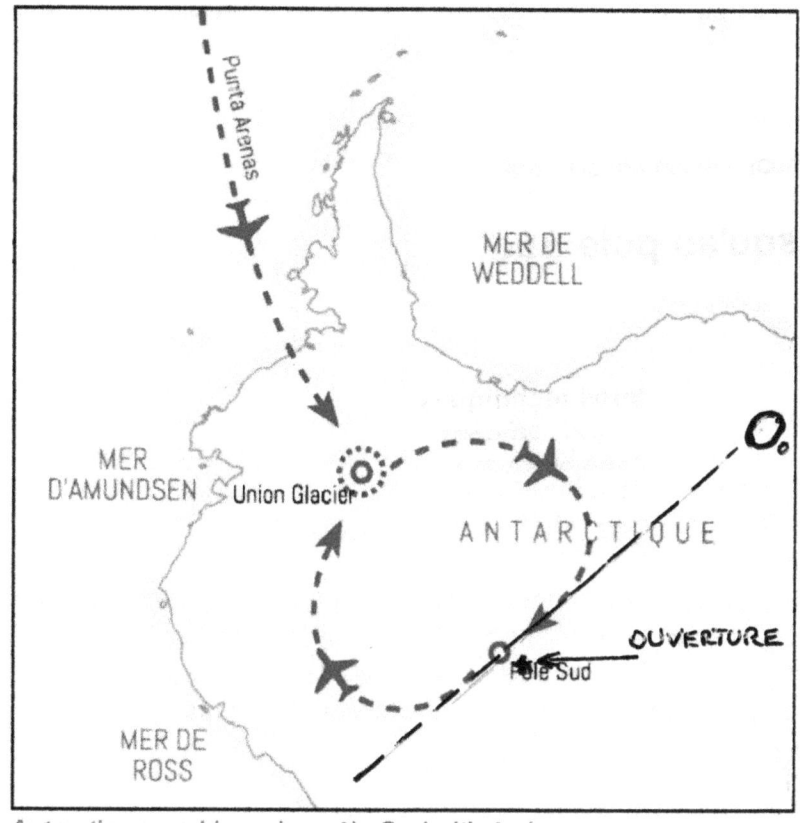

Antarctique : vol jusqu'au pôle Sud - Itinéraire

Après lecture de cette carte, plusieurs explications s'imposent. Tout d'abord, l'itinéraire emprunté par l'avion est parfaitement défini à l'avance, dès le décollage d'Union Glacier. Il va décrire une sorte de boucle l'emmenant obligatoirement rejoindre, au terme du vol et approximativement, le méridien international 0° à l'atterrissage comme au décollage ; la piste de la station Admundsen-Scott étant orientée 020/200°.

Ceci est un point particulièrement important, car comme l'avait souligné le mécanicien naviguant Brian, l'ouverture du Pôle marquée sur la carte, est éloignée de **quinze kilomètres environ** de la Station américaine, mais à l'Est du méridien 0°. Du fait de la zone interdite précédemment signalée qui couvre un grand quart Nord-Est du territoire, cela impliquera un non survol de cette anomalie par tout avion amorçant une phase de montée ou de descente vers la Station Admundsen-Scott. Dans cette configuration, l'appareil sera déjà suffisamment bas et à l'écart, perdant l'avantage d'une possible vue plongeante sur une potentielle ouverture. Et puis, comme je le disais précédemment, quand on ne sait pas ce que l'on cherche, on est forcément pas préparé et bien moins attentif à tout indice sortant de l'ordinaire. **D'ailleurs, lorsque l'on regarde la photo de la fin du chapitre précédent, vous pouvez constater, par vous-même, que le visuel aérien d'une anomalie à l'horizon est très loin d'être facilement discernable.** A noter que l'atterrissage au Pôle Sud n'est possible que depuis 1987 !! Pourquoi ? Mystère….
Source : gngl.com

En résumé et par je ne sais quelle étrangeté, il n'est véritablement jamais donné la possibilité, à aucun avion, de survoler en toute liberté le Pôle Nord ou Sud de la planète ! Et la suite va nous prouver que pour les satellites, il en est exactement de même.

Le survol par satellite

Les informations techniques qui vont suivre sont majoritairement issues du site de météo France et vont pouvoir nous offrir des réponses claires et précises. Elles vont nous permettre de mettre un point final à l'argumentation stupide généralement avancée par les irréductibles sceptiques et ignorants, considérant que les Pôles de la planète restent une zone non-couverte par les satellites défilants, justifiant en conséquence l'utilisation de masques ou de pastilles artificielles judicieusement centrées sur ces mêmes Pôles.

Ces satellites défilants ou à orbite polaire utilisés en météorologie tournent autour de la Terre sur une orbite quasi-circulaire **passant près des Pôles**. Ils font le tour du globe en près de deux heures et sont munis d'un imageur à plusieurs canaux qui observe la surface de la Terre. **L'image d'une bande terrestre** est obtenue en exploitant la progression du satellite sur son orbite et le balayage de l'imageur dans la direction perpendiculaire à sa trajectoire. Cet imageur permet ainsi de surveiller les masses nuageuses **sur l'ensemble de la Terre et notamment dans les régions polaires**. Caractéristiques :
- Ils évoluent en orbite basse **à une altitude de 850 km avec une résolution d'environ 1 km.**
- Leur période de révolution est de 102 minutes
- **Ils couvrent une bande de 2 900 km de large**
- Ils survolent une même zone 2 fois par jour
- **Ils «voient» aussi les zones polaires** (c'est écrit de cette façon!)

Depuis 50 ans, les instruments qu'ils embarquent n'ont cessé de se perfectionner et sont aujourd'hui capables de fournir, à l'échelle du globe, de très nombreuses informations **sur la surface terrestre et océanique** dont : température, flux radiatifs, indice de végétation, neige, incendies de forêts, cartographie de végétation, glaces de mer....

Par conséquence, les passages répétitifs des courses de satellites passant à proximité des Pôles créent forcément, in fine, un vide circulaire centré sur ceux-ci, tel que représenté clairement sur l'image de la page suivante.

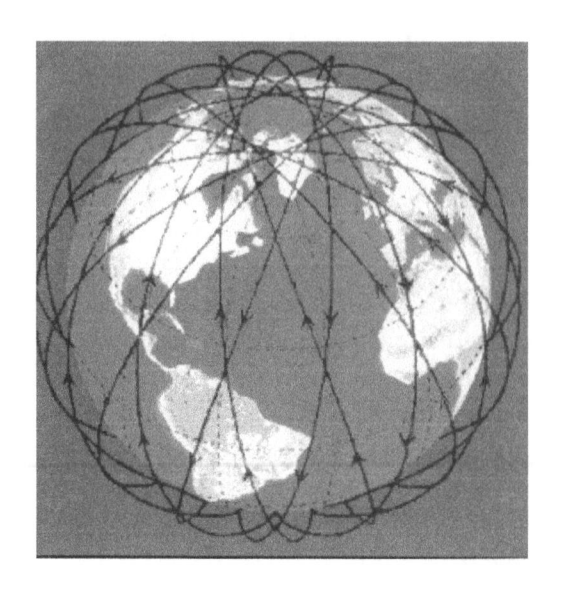

Voici faite la démonstration que ces satellites, même s'ils ne survolent pas directement les Pôles, cartographient copieusement, depuis qu'ils existent, la totalité des régions polaires et que, dès lors, il reste parfaitement anormal de masquer volontairement ces zones par des caches ou à l'aide de maquillages parfaitement et savamment exécutés.
Source : meteofrance.fr/les-satellites-meteorologiques

Cela ne répond pas à la question du pourquoi un satellite météo reste dans l'impossibilité de survoler un Pôle ?
Je rajouterai quelques informations en la matière sans pour cela résoudre totalement cette anomalie. En effet, la trajectoire d'un satellite artificiel autour d'un corps céleste comme la Terre n'est pas complètement stable. **Elle devra subir deux perturbations majeures.** La première sera consécutive au fait que la Terre n'a pas une forme parfaitement sphérique **à cause de ses Pôles légèrement aplatis** et induisant donc des modifications du plan de l'orbite que l'on appelle la précession nodale. La seconde perturbation concerne **les irrégularités du champ de gravité terrestre liées à des**

variation de densité du sous-sol terrestre qui finissent par perturber l'orbite des satellites.

Au final, on peut en conclure, «scientifiquement» parlant, que les Pôles ont naturellement le pouvoir de modifier les orbites satellitaires par des caractéristiques vraiment singulières mais que l'on omet systématiquement de signaler en se contentant d'approximations volontaires en direction du grand public. Car le fait que la surface des Pôles soit aplatie est en soi quelque chose que nous avions déjà mentionné en rajoutant que l'ensemble donnait un peu l'aspect du sommet d'une pomme. D'autre part, la perturbation du champ de gravité liée à la densité du sous-sol terrestre n'est pas le moindre des argument à prendre en ligne de compte lorsque l'on évoque le concept de terre creuse !

Tout cela dénote donc de réelles et sérieuses distorsions au niveau des Pôles qui impliquent par conséquence un non survol direct de ces derniers. Voici justement ce que pouvait en dire un certain auteur et noble britannique, **Brinsley Le Poer Trench**, que nous avions déjà évoqué lors des expéditions de Byrd. Il était un ufologue convaincu et écrivit plusieurs ouvrage sur la question en relation avec le concept de terre creuse. Tiré de son ouvrage : *Secret of the ages.* Page 130. Edité à Londres en 1976 :

«Les anomalies perverses concernant les ouvertures polaires sont si grandes que les Etats-Unis y ont perdu des satellites. Au début des années 60, alors que ce pays essayait de mettre ses premiers satellites sur une orbite polaire, ces derniers furent perdus au-dessus du Pôle arctique jusqu'à ce qu'on décide de faire passer ces satellites tangentiellement à l'ouverture polaire. Aussi longtemps que l'on a essayé d'envoyer les satellites au travers de l'ouverture polaire, plusieurs ogives de satellites ont été perdues parce que ces dernières ont suivi, vers l'intérieur, la courbure de la terre creuse, où elles ont été englouties.»

Ont-elles été réellement englouties ? Je dirais plutôt que ces satellites ont été impactés par les perturbations et se sont consumés en rentrant dans l'atmosphère terrestre. Reste que ce problème est clairement identifié mais, paradoxalement, n'est pas réellement expliqué à sa juste dimension, un peu comme s'il existait un autre facteur inavouable lié aux deux perturbations relevées précédemment. En ce cas, pourquoi ne pas interdire unilatéralement le survol des Pôles tout simplement à cause des dangers attestés pour les satellites et de la même façon pour les avions ? Et pourtant, malgré cette non-interdiction internationale, on s'attache résolument à dévier systématiquement et scrupuleusement toutes les routes aériennes et trajectoires satellitaires en maintenant toujours, dans les commentaires livrés au grand public, que tous ces engins aériens passent **sur ou juste à côté** des Pôles ? C'est un non-sens total qui ne vaut, à mon humble avis, que par la volonté calculée de certains à ne pas laisser accorder une trop grande attention et importance à ces zones bien précises. On n'interdit pas….mais en réalité et frauduleusement, c'est tout comme !

Mais alors, qu'en est-il de la **station habitée ISS** dont les occupants devraient avoir une vue imprenable sur les régions polaires ? Et bien, au risque de vous étonner, celle-ci évolue en orbite basse entre 340 et 400 km de la Terre et sous une latitude comprise entre 51,4° Sud et 51,4° Nord ! C'est à dire très très loin des Pôles situés à 90,00° de latitude Sud et Nord. Elle ne survole donc aucunement les régions polaires ! La raison évoquée pour cette déclinaison orbitale, est qu'elle offrirait un confort sur les fenêtres de lancement, les ravitaillements, les mesures d'évacuation et une exposition moindre aux radiations des régions polaires.

Encore une fois, il semblerait que les Pôles fassent figure de véritables repoussoirs ! Et ce n'est pas terminé….

Survol par la station Space X

Space X a découvert récemment certains aspects de la réglementation qu'il ne connaissait pas. **En effet, il faut une licence de l'Administration américaine pour filmer la Terre !**

Ainsi, au décollage de la **mission Irridium Next 41.50**, fin mars 2018, alors que Space X proposait une diffusion en direct permettant de regarder la mise à feu de son lanceur Falcon 9, sa progression dans l'atmosphère et la libération de 10 satellites de télécommunications, le flux de la vidéo s'est coupé sans explications. A ce moment précis, la seule info que les téléspectateurs ont pu avoir est venu du commentateur. Avant de rendre l'antenne, il a indiqué que cette coupure était due à **des restrictions relatives à l'agence américaine d'observation océanographique et atmosphérique (NOAA) qui dépend du Ministère du commerce des Etats-Unis.**

L'explication de cette affaire est tout de même surprenante. Selon les informations de Space Policy Online, qui a pu obtenir des éléments par la Directrice des affaires réglementaires en matière de télédétection commerciale (CRSRA- Commercial Remote Sensing Regulatory Affairs), **il s'avère que Space X a besoin d'une licence spéciale pour filmer la Terre !**

Voici ce que l'on peut lire sur leur site :

«Il est illégal pour toute personne assujettie à la juridiction ou au contrôle des Etats-Unis, directement ou par l'intermédiaire d'une filiale ou d'une société affiliée, d'exploiter un système privé de télédétection spatiale sans être en possession d'une licence valide (délivrée dans le cadre de l'agence NOAA)».

Par conséquence, Space X étant une société privée créée par Elon Musk, elle se devait de posséder une licence. A noter qu'il n'est pas nécessaire d'obtenir une licence lorsque la mission est menée au profit du gouvernement américain, via l'une de ses administrations, comme la NASA….on aurait presque pu le deviner tout seul !

Source: aphadolie.com/2018/04/08/pourquoi-space-x-a-coupé-son-direct-au-moment-de-filmer-la-terre

Un autre direct de Space X a été coupé en décembre 2018, lorsque le cargo **Dragon de Space X**, en mission de ravitaillement vers la station ISS, a été croisé par un objet volant non identifié….

Il n'y a vraiment que les naïfs pour penser que nous vivons dans un monde libre et transparent….Décidément, et vous l'aurez compris, ce n'est pas demain qu'il nous sera proposé une vue bien dégagée sur les Pôles de la planète **SI NOUS NE REAGISSONS PAS !**

Dans le cas contraire, ne vous faites aucune illusions car au regard de ce qui vient d'être rapporté ici, il est un fait acquis que certaines autorités US ont le pouvoir de couper n'importe quelle retransmission en provenance de l'espace dès lors qu'ils auront détecté quelque chose d'anormal ou de sensible sur une vidéo en direct. Il en va de même pour toutes les grandes agences internationales et européennes telles que l'ESA ! Comprenez bien que tous les gouvernements des plus grands pays du monde collaborent depuis longtemps afin de nous dissimuler méticuleusement tout ce qu'ils considèrent que nous n'avons pas à savoir….et vous pouvez convenir que, depuis le début du livre, la liste est relativement longue et continue malgré tout d'être alimentée tous les jours, grâce à la paresse, la passivité et la soumission des personnes à cette ignorance maladive, érigée avec notre collaboration inconsciente, en un vaste système de domination politique et religieuse inique !

EPILOGUE
et
situation mondiale actuelle

Nous voici à présent parvenus à la fin de ce long mais passionnant parcours à plus d'un titre. A plus d'un titre car il révèle, à lui seul, toutes les problématiques complexes liées à la suffisance des hommes. Suffisance des grands initiés de l'ombre, fort peu nombreux du reste et suffisance du reste de la population se complaisant dans l'inertie et la méconnaissance la plus absolue. A cause de cette simple équation, l'humanité risque de disparaître sans même connaître son origine, ni si son destin fut dirigé par des forces inconnues et par conséquence, faussé dans son parcours naturel. Certainement estimerez-vous que je dépasse un peu «les bornes»....

Alors prenez, un instant, la hauteur suffisante afin de regarder notre situation à la lueur de tout ce qui vient de vous être rapporté et posez-vous honnêtement la question suivante : pourquoi autant de dissimulations avérées et flagrantes à l'encontre des hommes ? Il me semble que le mensonge et la dissimulation ne sont pas représentatifs de ce que l'on est en droit d'attendre d'une civilisation se disant avancée et que si mensonge il y a, c'est qu'il doit bien servir les immenses intérêts d'une maigre frange de l'humanité !

Nous avons tous été, au cours de nos vies et de cette vie, les artisans irresponsables de cette situation désastreuse car le soucis n'est pas l'action négative de ces hommes de l'ombre, le problème vient de l'immense majorité de tous ceux qui regardent et laissent faire en comptant lâchement sur leur voisin pour résoudre une équation et certains mystères inquiétants dont ils ne prennent absolument pas toute la mesure des dangers qu'ils représentent !

Voici d'ailleurs ce que disait à ce sujet un des plus grands génie de tous les siècles, le physicien **Albert Einstein** :

*Le plus beau sentiment que l'on puisse éprouver, c'est le sens du mystère. C'est la source de tout art véritable, **de toute vraie science**. Celui qui n'a jamais connu cette émotion, qui ne possède pas le don d'émerveillement et de ravissement, autant vaudrait qu'il fût mort ; **ses yeux sont fermés**.*»

J'ai volontairement souligné quelques mots de son éloquente intervention, car il pointe véritablement le problème majeur de notre société....**la séparation du mystère et de la science !** Car le récif sur lequel la plupart des savants et des individu se sont échoués, s'appelle **le matérialisme**. Un matérialisme outrancier qui a éliminé définitivement les forces «invisibles» et leurs influences en avançant qu'une force n'est que le résultat d'un mouvement mécanique. Cela est exact, **sauf pour la toute première qui déclencha le mécanisme de la création** ! Et il s'agit bien ici de cette force primordiale qui conditionne notre vie et celle de l'univers, que le matérialiste n'a jamais découverte, alors il échafaude ses thèses et ses convictions sans en tenir compte. Oui, les mouvements des atomes sont bien comme les engrenages d'une mécanique ; une roue en fait tourner une autre, qui en fait tourner une autre et ainsi de suite à l'infini. Mais alors, qu'est-ce qui a fait tourner la première roue ? Non pas une autre puisqu'elle est la première. Par conséquence, il doit forcément y avoir autre chose. Mais quoi ? Une force indépendante de tous les atomes, une grande force primaire et infinie, en un mot car il n'y en a pas d'autres : CELUI QUI EST, qui a toujours été et qui sera, qui n'a pas de nom mais que couramment beaucoup appellent....Dieu ! Et Dieu n'a pas de religions ni de sexe :
IL EST LA FORCE.

Et c'est ce que le athée matérialiste n'a pas encore découvert, la grande force primaire qui fait tourner les engrenages **grâce à des forces subsidiaires**. Le matérialiste ne considérant que le côté matérialiste des choses, il en déduit alors que seuls les éléments physiques gouvernent les forces et que ces forces ne comptent pas.

Considérant qu'il devient inutile de s'y intéresser, alors comme le navire sans gouvernail, notre monde s'échoue sur les récifs....

Si seulement le matérialiste prenait soin de remonter à l'origine du mouvement, alors il comprendrait qu'il possède aussi en lui-même une force qui n'est pas physique et que cette force n'est autre que son âme vivante et immortelle. Il comprendrait également QUI IL EST vraiment, non pas la pauvre bête inconsciente qu'il continue de construire stupidement chaque jour un peu plus, mais un individu qui possède en lui une partie de l'Être Suprême, une parcelle immortelle de cette Grande Source.

Et c'est pourquoi tout ce qui vit, tout ce qui existe dans l'univers, jusqu'à la plus petite des cellules de votre corps, est pareillement constitué d'un coeur central, d'un germe lumineux intelligent que nous gardons en nous tous comme un héritage de notre naissance à la vie. Et c'est uniquement à travers ce prisme que les mystères de ce livre se devront d'être interpréter, à la lumière de cette connaissance véritable qui reste une et indivisible. C'est elle qui vous permettrait maintenant de pouvoir considérer notre Terre autrement que comme un simple caillou mais comme un Être vivant avec un coeur ou un soleil central qui palpite et dont l'intérieur subtil ne pourrait être accessible qu'à ceux qui se seront sincèrement éveillés à leur véritable nature. A ce titre, la descente vers l'intérieur de la Terre s'apparenterait elle aussi à la quête de votre Graal intérieur personnel, c'est à dire à la re-découverte de votre plus haute conscience. Si vous échouez ou manquiez délibérément à cette volonté de savoir ou de re-connaissance de votre être suprême, c'est que votre temps n'est pas encore arrivé de votre plein épanouissement à la réalité de votre parcours terrestre....

Il est l'évidence même, qu'une large majorité d'individus resteront parfaitement sourds et insensibles à cette évaluation des choses, préférant confortablement en rester à leur ancestrale théorie d'une évolution rectiligne dont les singes en seraient leurs lointains parents...ce qui n'est d'ailleurs pas pour faire honneur aux singes !

Mais, attention de ne pas expérimenter trop longtemps encore ce doux et hypnotique sommeil dans lequel certains nous ont si adroitement conduit et abandonné. Car, il apparaît pourtant clairement aux yeux de tous, que l'on semble toucher du doigt cet effroyable pressentiment de vivre la fin d'une ère et qu'il deviendrait maintenant urgent de devenir indocile, d'arracher enfin ses oeillères pour remettre en cause tout ce qui nous a été imposé et qui continue de l'être outrageusement. Il n'y aura de toute façon qu'un seul remède, que vous le vouliez ou non, même si stupidement la plupart des gens le trouveront utopique : **ou l'on aspire à la véritable spiritualité basée sur la sagesse et la connaissance ou l'on accepte de poursuivre et d'accroître les secrets, le rendement économique et financier au seul profit des élites de ce monde !**

Par malheur, notre belle planète est d'ores et déjà tombée entre leurs mains car l'homme a tristement renoncé à s'interroger sur l'essence de l'être et sur son humanité, se privant ainsi de l'exercice de sa propre liberté de penser et d'agir. En abandonnant l'ensemble de ce patrimoine moral et en déléguant intégralement la conduite de sa vie et ses propres responsabilités à de tierces personnes, l'humain s'approche irrémédiablement de sa fin ! Avant qu'il ne soit trop tard, il faudra absolument comprendre que la destiné de l'homme n'est pas fonction des buts que se fixent les sciences exactes et les politiques corrompues mais qu'il devient indispensable **qu'elle soit guidée par des intelligences et des esprits universels plus proches des vérités ultimes qui dépassent le cadre de la technologie et de la technocratie !**

Pensez-vous raisonnablement que les individus et les pouvoirs qui nous cachent, depuis des générations, notre véritable patrimoine ancestral soient des abrutis irresponsables ? Loin s'en faut, ils sont simplement inconscients de leur nature lumineuse originelle et cultivent uniquement les seules parts d'eux-mêmes qu'ils connaissent : leur ego surdimensionné et leur formidable soif de pouvoir. Etant persuadés de la justesse de leurs actions et de la force de leurs énergies de l'ombre, ils se contentent depuis toujours de freiner ou d'annihiler toute espérance de l'homme à cheminer vers une interrogation sur lui-même, car commencer à penser librement, c'est déjà débuter un retour vers la source, c'est à dire vers sa nature lumineuse première et sa puissance créatrice.

Alors la manipulation, la dissimulation, la censure, le dénigrement, la corruption, le mensonge, le meurtre, l'abrutissement par la télévision, les jeux, la téléphonie, le sexe, la drogue, la malbouffe, la pollution et la peur sont le résumé de la mise en œuvre de tous ces leviers destructeurs qui, entre leurs mains, font de nous tous un pauvre troupeau d'esclaves ahuris ayant abandonné définitivement tout sens d'un objectif commun pour la construction d'une société harmonieuse et juste. **On appelle cela le nihilisme.** Soit, une auto-destruction en règle ! C'est une recette vieille comme le monde qui a toujours su faire ses preuves et mise judicieusement à profit par les empereurs romains sous la formule gagnante : *«Donnez leur du pain et des jeux et le peuple sera content !»*

Mais enfin, êtes-vous si fier de ce monde à la dérive pour vouloir encore et encore de ce modèle là ? Autant de soi-disant libertés et de démocraties pour si peu de bonheur, de vérités et de justice sociale, est-ce que cela vous convient ? Alors je vous le répète, une fois de plus, si vous désirez véritablement commencer à faire évoluer ce monde, il ne tient qu'à vous de mettre personnellement en pratique cette simple mais sage philosophie : le problème, ce ne sont pas les politiciens corrompus, soumis, ignorants ou menteurs, tous partis confondus, **le problème ce sont tous ceux qui continuent bêtement de voter pour eux en imaginant stupidement «faire leur devoir civique» ! Choisir entre la peste et le choléra en appelant cela la démocratie, il n'y a toujours rien qui vous choque !**

Pour changer radicalement notre modèle de société moribond afin de se reconnecter à la connaissance universelle, il sera nécessaire de faire table rase du passé et avoir confiance en de nouveaux «élus», déjà préparés en coulisse à porter assistance au monde par de nouvelles visions basées sur la transparence, le partage, la vérité et l'humanité….ayez confiance, ces hommes et ces femmes là existent et se trouvent en partie sous vos pieds !

Ce parti pris, si brutal soit-il, est à prendre ou à laisser. Les conséquences d'un non-choix de l'individu seraient désastreuses pour lui et pour l'humanité tout entière. Nous sommes ainsi liés pour le meilleur ou pour le pire et il en va pour chacun de prendre rapidement ses responsabilités en la matière.

Comme me le répétait fort justement mon cher père, lorsque ma fainéantise prenait le pas sur tout le reste : *Vous récolterez ce que vous aurez semé !* Et Dieu sait qu'il avait raison….

Pour celui d'entre-vous qui croirait que je sors carrément du cadre de ce livre par ces derniers commentaires, je répondrais plutôt que, ne pas essayer de comprendre l'urgence de cet état philosophique et spirituel des choses, ce serait un peu comme se priver totalement de la compréhension de tous les chapitres de l'ouvrage.

Vous n'imaginez pas un seul instant le catastrophisme ambiant de notre situation mondiale actuelle à cause justement de l'ignorance de nos origines, de l'opacité des pouvoirs et de la dissimulation organisée transformée en art de gouverner et de manipuler les peuples. Alors, face à l'incrédulité du profane, il est toujours utile de tenter une ultime démonstration par l'exemple dans l'espoir de faire éclore un début de réaction ou tout au moins un sentiment de curiosité ou tout au moins d'incrédulité.

Le mieux serait alors de se reporter directement à notre actualité récente afin de transformer un événement brutal et choquant, «vendu» immédiatement au peuple comme accidentel, avant même le démarrage de la moindre enquête, en quelque chose de parfaitement cynique et volontairement prémédité en haut lieu. **Il s'agit de l'incendie de Notre-Dame de Paris.** Par les développements qui vont suivre, je ne compte absolument pas abuser de sensationnalisme gratuit ni convaincre quiconque de la justesse de mes conclusions mais simplement attiré votre attention sur un fort faisceau de présomptions qui, même si elles ne peuvent faire figure de preuves, sont autant de moyens et subterfuges toujours utilisés avec succès par les décideurs en comptant avec raison sur la naïveté et l'ignorance des personnes. Si votre attention a été sincère tout au long de votre lecture et si vous avez pu accepter à leur juste valeur toutes les preuves et démonstrations flagrantes illustrant les manipulations criminelles dont l'homme a toujours été l'objet, alors vous regarderez peut-être d'un tout autre œil cet événement perturbant façonné en coulisse et en toute discrétion par certaines de nos élites élues «démocratiquement» !

Chronologie des faits

Le lundi 15 avril 2019, peu avant 19 heures, un incendie aussi brutal et féroce qu'inattendu, supposé avoir démarré dans les combles, commence à ravager la toiture de la Cathédrale Notre-Dame de Paris. Peu après, **Julien Le Bras, responsable de la société Europe Echafaudages**, a assuré que sa société avait respecté les procédures et qu'absolument aucun des salariés de la société n'était présent sur le site. La descente des ouvriers avait débuté à 17H20 et à 17H50, soit 30 minutes avant la première alerte, plus personne n'était sur le site. L'électricité générale du chantier avait été coupée et, **de source policière, il n'y avait pas de soudures en cours**. Cet élément important est parfaitement confirmé par **Marc Eskénazi**, chargé par la compagnie d'assurance AXA de la communication de l'entreprise, **qui assure qu'aucun outil de soudage, aucun chalumeau, aucun point chaud n'étaient présent sur le chantier**. De la même source policière, on estime que, *«Si c'est un accident, c'est à 90 % un départ électrique, car c'est la seule source d'énergie dans le bâtiment.»* (**Midi Libre** du 17/04).

Par la suite, et toujours de source policière, il est confirmé que les auditions des différents protagonistes, ouvriers, gardes de sécurité se recoupent toutes, en affirmant que les premières flammes ont d'abord été aperçues au pied de la flèche.

Maintenant que le décors est planté, qu'en est-il vraiment du déclenchement des alarmes incendies ? Et bien, il apparaît, en premier lieu, qu'il n'y avait qu'un seul garde de permanence au PC incendie ce soir là au lieu des deux prévus dans le dispositif anti-incendie de **la Direction Générale des Affaires Culturelles**. Celui-ci prévoyait à l'origine un PC sécurité 24/24 avec deux employés rémunérés par l'État. Il s'avère ainsi que le dispositif présent était **non conforme depuis 2014** ! (Source Wikipédia). Et, de surcroît, le poste était tenu par un novice qui n'avait reçu que deux jours de formation au lieu de trois. Cela a suffit pour convaincre les enquêteurs que la fatigue et le manque d'expérience de ce jeune homme expliquaient à elles seules les 33 minutes perdues entre la première alarme et le coup de fil aux pompiers. En effet, une première alerte survient à 18H20 sans permettre, apparemment, de détecter un départ de feu ! La seconde à 18H43 verra la confirmation d'un feu au niveau de la charpente. (**source** : Canard enchaîné).

Notre-Dame était donc parfaitement équipée d'alarmes incendie qui ont bien fonctionnées. C'est ce que confirme **André Finot,** responsable de la communication de Notre-Dame :
«Nous l'avons entendue à 18H30. Une alarme que l'on a tout de suite identifiée et reconnue, car il y a encore quelques jours, nous nous étions livrés à un exercice incendie.» (**Le Parisien** du 15/04)

Nous avons déjà 10 minutes de décalage sur la première alerte par rapport à la version précédente, mais là n'est pas le centre du problème. Il est nécessaire de prendre également en considération les témoignages de quelques paroissiens présents sur les lieux à cet instant précis du démarrage de l'incendie et qui affirment avoir entendu **un grand bruit à 18H43** (Madame Bodenez et sa voisine) ainsi que **trois bruits d'explosions en moins de 21 secondes** sur une vidéo amateur vers 19H00.

Dès 18H50, il est déjà constaté de gros dégagements de fumée et de flammes qui s'échappent du toit. Les premiers pompiers arrivés 15 minutes plus tard, soit à **19H05**, ne parviennent pas à maîtriser l'incendie et à **19H50**, la flèche s'effondre. Au paroxysme du feu qui n'aura duré qu'**1 heure sur les quatre de l'incendie, la moitié de la masse combustible de la charpente a été consumée, soit 3250 m^2 de comble et 500 tonnes de chênes** de 800 ans, durs comme de la pierre avec des section de 40 à 60 cm. (Source : wikipedia)

Des conclusions étrangement hâtives

Je me rappelle m'être fait la réflexion qu'il me paraissait impossible de voir aussi rapidement partir en fumée un tel édifice, comme une simple maquette faite de petites allumettes ! Mais, apparemment, ce n'était pas l'avis des autorités puisque dans la nuit de lundi à mardi, soit quelques heures après la fin de l'incendie, le **Procureur de Paris** s'empressait déjà d'assurer que *«Rien ne va dans le sens d'un acte volontaire.»* (Journal **Le Parisien**).

En pleine ambiance terroriste, avec un islamisme radical s'en étant déjà pris à des prêtres, j'ai le plus grand mal à accepter une telle précipitation des conclusions. Cela sent prématurément, à un tel niveau décisionnaire, la signature de la dissimulation d'un acte que l'on peut déjà envisager comme criminel et prémédité !

Pourquoi donc une telle volonté affirmée au plus haut sommet de l'Administration d'écarter aussi brutalement et unilatéralement l'hypothèse fort légitime d'un acte volontaire ou terroriste pour se décharger directement vers une probable attribution du sinistre à l'entreprise chargée du montage de l'échafaudage ? Cela restera une décision incompréhensible en même temps que parfaitement irresponsable. Du reste, la suite des événements confirmera la mise hors de cause de l'entreprise puisque aucuns éléments tangibles ni soudures ne pourront les relier à l'incendie, même pas les pauvres mégots de cigarettes retrouvés et qui se seraient faufilés insidieusement à travers une trappe située sur le toit pour tomber directement sur la charpente afin de l'embraser tel un lance-flamme ! L'hypothèse, ayant de quoi faire éclater de rire plutôt que sourire, a dû, bien évidemment, être abandonnée. De fait, le seul argument disponible restant encore à leur disposition devait forcément passer par le court-circuit «tueur de cathédrale», l'étincelle fatale.

Brève analyse du feu

En faisant appel au plus simple bon sens et pour quiconque ayant déjà pratiqué l'allumage d'un feu de cheminée ou d'un simple barbecue, il est reconnu que fut rapidement abandonné l'utilisation du mégot ou le frottement de deux silex ! Tout le monde sait parfaitement que pour parvenir à un résultat rapide d'embrasement, il sera au minimum nécessaire de rassembler suffisamment de tout petit bois sec et du papier journal. Et même au bout de plusieurs tentatives avec des allumettes, le résultat final n'est pas toujours garanti à

100 % ! D'où l'invention géniale des cubes en tous genres accélérateurs de feu….nous y reviendrons.

En évoquant même la possibilité d'un court-circuit accidentel, il ne pourrait être comparé à celui se produisant dans un garage ou une quelconque habitation à l'intérieur desquels se trouvent rassemblés toutes sortes d'éléments rapidement inflammables tels que des revêtements plastiques, des isolants, des tissus, du papier, du carton et autres bouteilles et conduites de gaz….Alors, en imaginant le pire scénario d'un boîtier électrique, bêtement attaché d'une manière sauvage sur un pilier de bois, (nous verrons plus loin que le système de sécurité incendie était conçu pour l'éviter) se consumant jusqu'à commencer à enflammer progressivement son propre support, il lui faudrait encore parvenir aux premières poutres de grosses sections de 40 à 60 cm. Ces dernières âgées de 800 ans ont fait que le temps les avaient rendues particulièrement imperméables, denses et dures comme de la pierre et par conséquence très résistantes au feu. C'est donc un processus naturel qui amène le bois à se pré-fossiliser en 4 à 5 siècles !

Voyons ce que rapporte **Jérôme Quirant, chercheur à l'Université de Montpellier et spécialiste des structures complexes pour la construction :**

*«Lors d'un incendie, une couche de charbon se forme autour des poutres de grosse section. **Cette couche isole le coeur de la poutre ce qui leur permet de résister malgré les flammes**. Pour attaquer les poutres plus en profondeur et donc la fragiliser, **il faut entretenir les flammes, comme dans un feu de cheminée.**»*

Source : scienceetavenir.fr/archeo-paleo/patrimoine/notre-dame

Cette vieille charpente était une véritable forêt de chênes, or le chêne sec ne fait pas de flammes, il rougeoie d'où l'intérêt d'un tel bois pour les cheminées car c'est un feu qui dure très longtemps : une simple bûche de chêne peut facilement tenir un feu toute une nuit !

Un autre témoignage d'artisan va totalement dans ce sens. En effet, **Didier et Anthony Dupuy**, père et fils, spécialisés dans l'installation de protections contre la foudre sur le toit des bâtiments historiques, avaient fixé un paratonnerre au sommet de Notre-Dame de Paris en

2013. Ils avouaient leur incompréhension face à cet incendie lors d'un entretien avec le journal **Le Parisien**. Anthony Dupuy se disait surpris par la puissance de l'incendie car « *les sections de chêne sont énormes et **il faut vraiment une source d'énergie hors norme pour les embraser**....Le bois des charpentes était durs comme de la pierre, vieux de plusieurs siècles.....Je n'arrive pas à m'expliquer comment des morceaux de 60 cm de large ont brûlé aussi vite.* »

Filtrage informations et témoignages accablants

Dès le lendemain de l'incendie, un «resserrage» des commentaires des professionnels a commencé à se mettre en place afin de limiter l'information. Il y eu une concertation dès le mardi matin affirme **Charlotte Hubert, Présidente de l'ACMH**, entre les représentants de la compagnie des architectes en chef des monuments historiques et le ministère. L'idée était de demander aux architectes de na pas dire ce qu'ils ne savaient pas et vers midi un mail leur fut envoyé pour leur demander de suspendre les interviews avec la presse pendant un moment, **le temps de mettre en place une chaîne d'information sûre**. Un de ses destinataires nous en a fait la lecture : «*Le ministère exige que les demandes d'interview et éléments de langage envisagés dans la réponse aux questions **doivent être annoncés et autorisés préalablement par le cabinet du ministre**.*»
Source :liberation.fr/auteur/7104-cedric-mathiot

Alors, sous prétexte d'éviter une certaine cacophonie bien normale dans un pays dit «libre», laissant à chacun la possibilité et le soin d'évaluer l'information, nous avons la réaction indigne d'un Etat qui n'a rien à envier à certaines dictatures bien connues. Et tout le monde de se mettre au garde à vous, comme de bons petits soldats fonctionnaires d'État. C'est vrai qu'il vaut mieux perdre sa conscience que son travail....Vous voyez, c'est encore un petit exemple caractéristique de la procédure pernicieuse employée par nos chères élites afin de noyer toutes informations vitales alors même que, dans le cas qui nous intéresse, la piste terroriste avait été immédiatement et définitivement écartée ! Par conséquence, on est en droit de se demander le pourquoi d'autant de précautions et à quel niveau se situe donc véritablement leurs inquiétudes ….

Comme il est dommage de ne pas relayer ce type d'information au journal de 20H00, et à ce titre on se demande bien à quoi servent nos grands journalistes présentateurs et perroquets de la République !
Fort heureusement, il reste toujours quelques personnes courageuses désireuses de soulever une partie du voile du mystère mais dont les commentaires, bien qu'ils soient révélés à une certaine presse et à quelques chaînes d'information parallèles, sont conservés en marge de l'information grand public télévisée et donc quasiment inaudibles. Rajouter à cela que l'immense majorité des gens se contentent, par confort, de l'information officielle et vous obtenez un terrain parfait pour la poursuite des petites affaires de nos décideurs...toujours élus démocratiquement !

Commençons par un premier intervenant qui va nous permettre de mettre parfaitement en lumière la connaissance préalable et précise du gouvernement quant à la cible que pouvait représenter la Cathédrale pour un acte terroriste et lever définitivement le doute quant à l'origine électrique de l'incendie. Pour cela, nous pouvons nous appuyer sur un rapport officiel incroyable. Il s'agissait d'un projet de recherche financé par le **CNRS (donc l'Etat) dans le cadre d'une étude sur le thème, «attentats recherches». Paolo Vannucci rédacteur du document, Professeur d'ingénierie à l'Université de Versailles et spécialiste des structures dans les monuments historiques** précise : *«Nous avions étudié Notre-Dame parce que nous savions déjà à l'époque que Notre-Dame était une vraie cible pour les terroristes...elle est la deuxième église au niveau mondial après Saint-Pierre. Nous avions dit en effet qu'en cas d'attaque, le risque d'embrasement de la toiture existait et qu'il fallait absolument la protéger et installer un système d'extinction. En vérité, il n'y avait* **pratiquement aucun système anti-incendie, notamment dans <u>les combles où il n'y avait aucun système électrique pour éviter les risques de court-circuit et d'étincelles</u>….**
Finalement, notre rapport a été classé <u>«confidentiel défense»</u>. Le gouvernement Valls a estimé que rien ne devait filtrer des résultats

de notre recherche, considérée comme sensible compte-tenu des données que nous avions insérées dans ce rapport....En revanche, je ne comprends pas que l'on ne dise pas : d'accord, nous avons un rapport certes sensible mais que nous pouvons tout de même utiliser. **Pourquoi ne l'ont-ils pas fait ? Je n'ai pas la réponse**...Nous avions également organisé une réunion au ministère de l'Education nationale et il y avait des représentants de plusieurs ministères. **Par conséquent, le gouvernement était tout à fait au courant...»**
Source : fr.sott.net/article/33780-Notre-Dame-de-Paris-Nous-avions-alerte-le-CNRS

Par le témoignage qui va suivre, **il ne fera plus aucun doute quant au mensonge d'État** car il va venir, en plus d'autres éléments troublants, confirmer l'impossibilité d'un problème électrique dans les combles. Cet interview unique, mené par le grand journaliste de non-investigation, David Pujadas, a été réalisé sur LCI le 17 avril 2019. L'invité principal du plateau était l'ex-architecte en chef des monuments historiques. En effet, **Benjamin Mouton** a été en charge de la Cathédrale Notre-Dame de 2000 à 2013 pour laquelle il a piloté, de bout en bout, **le lourd chantier de la détection incendie**. Il passa le flambeau à **Philippe Villeneuve** qui est donc en charge de l'édifice depuis 2013. Ce dernier, et cela est particulièrement important de le préciser, n'a jamais fait la moindre déclaration à chaud (et je suis sûr qu'on lui a fortement conseillé…), **mais a tenu à donner son accord à Benjamin Mouton** (ce dernier le précisera lors de l'entretien) afin qu'il participe à l'interview sur LCI. On se doute bien que les deux hommes, qui se connaissaient, s'étaient entretenus préalablement du sinistre et que Philippe Villeneuve, par le présence et la voix de son ancien collègue, comptait bien faire passer de nombreux éléments de vérité ! Ce qu'il ne se gêna absolument pas de faire au plus grand désarroi de certains...En voici les passages les plus significatifs.

A la question : Etes-vous surpris que ce feux ce soit propagé aussi rapidement ? Réponse :
«Incompréhensible....surpris et stupéfait. C'est du très vieux chêne et on dirait qu'il a brûlé comme une allumette, comme s'il s'agissait

d'une autre essence inflammable...Du vieux chêne de 800 ans c'est très dur, il faudrait beaucoup de petit bois pour y arriver, je ne sais pas s'il y en avait assez...Bon, j'arrête de plaisanter....Non moi, ça me stupéfait beaucoup, je ne comprends pas du tout.»

Avez-vous une hypothèse sur cette propagation rapide ?

«Je n'ai pas d'hypothèses....Je me perds en conjectures....En 2010, toute la partie sécurité incendie a été mise à plat et aux normes contemporaines...c'était le top du top. Il n'y avait pas de possibilités de court-circuit et en poussant très loin toute la protection et la sécurité incendie de la Cathédrale avec tous les témoins possibles, aspirations....permettant de détecter tous départs de feu. **Les appareils de mesure et de protection dans les combles sont alimentés de telle sorte qu'il n'y a aucuns risques de court-circuit. Tous les éléments de branchement sont déportés dans les escaliers en retrait des portes coupe-feu.***»*

Sur la question concernant le nombre de départs d'incendie, Mr Mouton réponds que **Mr Villeneuve lui a personnellement confirmé** qu'il n'y avait eu qu'un seul départ de feu au niveau du transept de la Cathédrale, **à un endroit où il n'y avait pas de chantier**. Réponse qui mettra dans l'embarras David Pujadas qui lui demandera de confirmer cette information...ce qu'il fît !

S'ensuivit la réflexion :

Mr Mouton, ce que vous nous décrivez mène tout droit à l'hypothèse de quelqu'un qui aurait cherché à ce que l'incendie se développe !

Après un long silence : *« Je me garderais bien de faire la moindre hypothèse....»*

Pourquoi ne pas avoir aspergé préventivement la charpente d'un produit permettant de ralentir le feu ?

«Pour que les produits marchent, il faut qu'ils pénètrent dans le bois..alors essayez de faire introduire dans du vieux chêne le moindre produit, **que ce soit un insecticide ou un fongicide**...*c'est pas possible...Si on le savait, on l'aurait déjà fait.»*

Vous allez très vite constater que cette dernière information va se révéler étonnante !

Des éléments importants non révélés
Et pourtant, en février 2018, la charpente de Notre-Dame a été traitée avec un gel fongicide contre des champignons qui avaient, semble t-il, été détectés par un entrepreneur lors de travaux sur la toiture en plomb ! C'est la **société Aubriat** qui avait obtenue le chantier et son patron, Edouard Aubriat précise :
«Après analyse, nous avons pu écarter le risque de mérule.» **Il a toutefois été sollicité par le conservateur des monuments historiques et son architecte spécifique, pour assurer son traitement.** Un travail délicat en raison de sa composition. *«Le chêne qui compose généralement les toitures est un bois dur. Il empêche d'utiliser le traitement par infiltration»*, note l'entrepreneur. **Qui a dû opter pour un traitement par pulvérisation d'un gel qui a coûté au total 15 000 Euros.**
Source : Vosges Matin du 29/01/2018 et aubriat.fr/société

Alors, pourquoi insister sur ce traitement préventif ? En premier lieu, il faut rappeler que **Mr Mouton**, durant son mandat de treize années en charge de la Cathédrale, affirme ne pas avoir pratiqué cette opération du fait de l'impossibilité de pénétration des produits insecticides ou fongicides existants. Et voilà que seulement cinq ans plus tard, malgré l'absence de mérule (ce qui prouve la bonne tenue du bois dans le temps et l'absence d'humidité), le conservateur des monuments historiques demande que l'on applique tout de même un traitement fongicide préventif qui agit en surface ! Tout cela a de quoi laisser quelque peu perplexe, sans pour cela mettre un seul instant en doute la bonne foi et le professionnalisme de l'entreprise qui a effectué le travail demandé, au mieux de ses possibilités

Mais, il en ressortirait alors que Mr Mouton était un incompétent et pas très au fait des progrès techniques. Je reste pourtant tout à fait d'accord avec lui lorsqu'il avance avec justesse, **que pour qu'un produit marche, il faut qu'il pénètre dans le bois !** D'autant plus que le mérule est un champignon insidieux dont les fils minuscules, invisibles à l'oeil nu, **se développent vers l'intérieur des charpentes.** Une attaque n'est donc décelable de l'extérieur que très tardivement.

De ce fait, on ne peut écarter totalement la possibilité que ce produit en gel appliqué sur les poutres de la Cathédrale, n'est été détourné de son objectif premier à l'insu de l'entreprise chargée du chantier. En effet, cette dernière n'étant pas fabricante d'un produit qui lui a coûté 15 000 Euros, une organisation criminelle sophistiquée aurait pu disposer facilement de la connaissance et de la technique nécessaire dans le but de mélanger le produit d'origine à une solution hautement inflammable de type «thermite», composée d'aluminium métallique et d'oxyde de fer. Ces réactifs se présentent généralement sous la forme de poudres très fines pouvant être mélangées à un liant. En enflammant ce mélange, une réaction chimique instantanée se produit et génère une chaleur intense permettant d'atteindre rapidement une chaleur de 2200°C qui détruit n'importe quel matériaux.

Ce scénario ne reste bien entendu qu'une théorie, mais le produit, quant à lui, possède toutes les qualités nécessaires pour en faire l'incendiaire n°1 qui aurait pu aussi être rapidement installé et enflammé ! Il est en effet le seul pouvant produire de telles flammes, une propagation extrêmement rapide, des fumées jaunes caractéristiques de ce mélange et une température suffisante ayant permis de fondre le fer (besoin de 1530°C) qui a détruit la flèche de la Cathédrale. **A l'inverse et à forte chaleur, le chêne ne brûle pas mais se consume, produit une fumée blanche et ne dépasse pas les 800°C, insuffisant pour fondre le fer ! Renseignez-vous, ce sont des chiffres réels.**

Ne sachant de plus à quel feu ou produit ils avaient à faire, l'eau des pompiers s'est gravement combinée à la réaction chimique en activant malheureusement la combustion. En conclusion, aucun pompier, charpentier, expert judiciaire ou architecte en bâtiment n'a jamais été reçu sur un plateau de télévision afin de démontrer une évidence : **sans une charge calorifique, une telle rapidité de propagation et de destruction, en 1 heure, du toit de la Cathédrale Notre-Dame, était techniquement impossible.**

Mais d'autres informations déterminantes ont encore été passées sous silence. En effet, des observateurs ont relevé l'existence d'une vidéo réalisée le 15 avril par la **plateforme Surfview** qui offre par ses webcams des vues de points répertoriés de la ville de Paris au rythme d'une minute par caméra. C'est ainsi qu'à 17H05, la caméra a pu filmer **le déplacement suspect d'un individu vêtu de couleur sombre sur l'échafaudage de la Cathédrale.** A deux instants précis de la minute filmée par la caméra de surfview, deux éclairs de lumière intense, émanant d'un objet tenu par l'individu, sont nettement visibles à la dixième et vingt-huitième seconde de la vidéo. Cette vidéo fut immédiatement contestée par les autorités mais vous pourrez vous en faire une idée par vous-mêmes sur le lien : meta.tv/2-videos-montrent-individu-declenchant-de-vifs-eclairs

On est en droit de se demander ce que pouvait faire cette personne seule sur le toit, avec un tel comportement qui pourrait parfaitement correspondre à un incendiaire activant son matériel….Et bien dites-vous qu'il aurait été extrêmement facile de valider cette vidéo afin de lever le doute sur cette présence singulière ! Car, saviez-vous qu'**une caméra pointée sur la flèche avait été installée par l'entreprise pour suivre l'avancée de son chantier d'échaffaudage ?** C'est **Mr Marc Eskenazi,** chargé par AXA de la communication de l'entreprise, qui révèle cette information incroyable et rajoute :
«L'enregistrement «timelapse» (avec un effet accéléré) potentiellement précieux, a été remis aux enquêteurs. Des photos ont été prises toutes les dix minutes à partir de lundi 14H00 et l'appareil photo a été confié à la brigade criminelle par Mr Le Bras», a-t-il dit, faisant état d'un véritable reportage photo. *«Ils peuvent bien voir d'où vient la première fumée par exemple, d'où elle sort, je pense que le film a un certain intérêt pour l'enquête».*
Source : Journal Midi Libre du 17/04

Vraiment, quel dommage de ne pas publier ces images en toute transparence au journal de 20H00 …. Mais rassurez-vous, vous ne les verrez jamais !

Que dire aussi du fait que, par le plus grand des hasards, le circuit touristique des tours de Notre-Dame avait été exceptionnellement fermé à 17H30, plus tôt que d'habitude, le 15 avril, au lieu de 18H30. Cette information n'a filtrée que tardivement sans jamais être relayée par les médias le jour de l'incendie. La raison invoquée fut qu'il y avait une réunion administrative programmée ce jour là….

Et puis, pourquoi l'investigation de la police scientifique n'est intervenue que 10 jours après l'incendie ? Le temps peut-être d'effacer certains indices dérangeants…

Finalement, malgré tous ces témoignages, et autres informations techniques précises connues des autorités et qui, dans tout autre contexte, auraient orienté l'enquête vers un acte délibéré, c'est la piste accidentelle qui a été paradoxalement privilégiée dès le 15 avril et une information judiciaire ouverte le 26 juin par le parquet de Paris pour : *«**dégradations involontaires par incendie, par violation manifestement délibérée d'une obligation de prudence ou de sécurité imposée par la loi ou le règlement**»*. Pourtant et très curieusement, il s'avère que, près d'un an plus tard, ni l'entreprise du chantier de l'échafaudage, ni l'architecte en chef de la Cathédrale Notre-Dame n'ont pu, clairement et directement, être mis en cause dans cette affaire….évidemment puisque aucunes charges valables n'ont pu être retenues contre eux ! Et, l'État ne les poursuivra jamais pour la bonne et simple raison que s'ils étaient mis en cause, cela poserait le problème d'un procès et d'une défense qui porterait au grand jour toutes les preuves, tous les manquements et les incohérences de l'accusation mensongère de l'État français….mieux vaut enterrer l'histoire et laisser pourrir la situation, le temps fera par lui-même son travail d'effacement...

Mais alors, puisque **cet acte n'a, de surcroît, été revendiqué par aucun groupe terroriste**, l'unique possibilité reste que ce brasier se soit déclenché….comme «par miracle» ! Sauf que je ne prête pas à Dieu de telles intentions barbares….Il ne reste donc plus qu'une option, la plus terrible mais la seule pouvant exister : **la trahison de l'État à son plus haut niveau décisionnaire.** Ne soyez pas surpris, ce n'est malheureusement pas une première et ce ne sera certainement pas la dernière. Et vous pouvez davantage le comprendre à présent après la lecture de cet ouvrage….leurs pouvoirs sont infinis car ils tiennent les médias et tous les postes décisionnaires sensibles ! La naïveté de la population faisant le reste….

Les raisons d'un tel acte
Vous aurez noté, qu'à l'époque des faits, un certain Macron était en mauvaise posture après des mois terribles d'affrontements face à la contestation populaire. L'épilogue devait avoir lieu ce même **soir du 15 avril 2019 vers 20H00, avec une allocution très attendue sur les décisions gouvernementales, suite aux résultats de la concertation nationale.** Allocution annulée à cause d'une terrible catastrophe inopinée….quelle «baraka» ! Cette rencontre avec les français, qu'il méprise par ailleurs, n'aura donc jamais eu lieu ; mais il y a d'autres facteurs à prendre en ligne de compte :
- Le détournement de l'attention du peuple en provoquant un rassemblement autour de ce bien commun ancestral amputé.
- Générer la peur et l'émotion
- S'attaquer à la Chrétienté
- Se placer en sauveur du patrimoine par une reconstruction rapide mais surtout, en ayant définitivement éliminé les effets d' une énergie bienfaitrice, irradiant d'un monument érigé par des sociétés savantes anciennes sur un lieu sacré et dont les caractéristiques, emplacement sur des lignes précises d'énergies et secrets de construction, initiaient la présence de ce rayonnement vibratoire extrêmement positif.

Contrairement à la majorité des gens, leur connaissance des forces surnaturelles est totale et fait leur force. L'incendie de Notre-Dame de Paris n'était pas autre chose qu'une messe noire en direct, comme l'était son investiture présidentielle devant la pyramide du Louvres.

Pour faire court, ce à quoi nous avons assisté passivement ici et assistons depuis des milliers d'années, ne se résume qu'à une lutte ancestrale du mal contre le bien. Eux, ont pris leur rôle très au sérieux depuis fort longtemps et sont ainsi devenus les rois du monde et nous, leurs esclaves dévoués inconscients. Quoique la majorité des gouvernants de ce monde soient des pions ignorants, soumis ou corrompus au service de l'ombre, certains sont plus conscients de leurs pouvoirs que d'autres. Il est à craindre que la France n'ait à souffrir de cette race là !

Je sais bien que la plupart des personnes ricaneront à cette démonstration des choses, simplement car ils ne savent pas Qui Ils sont et encore moins qui sont «les autres». Nous l'avons déjà évoqué. L'avenir se chargera de nous dire très bientôt, qui avait raison….

Les dessous d'une reconstruction truquée

Après ce qu'il s'est passé, il n'est pas utile d'être devin pour comprendre que la précieuse flèche de la Cathédrale ne sera pas reconstruite à l'identique pour des raisons bassement «énergétiques» et matérialistes en lien avec le pouvoir. La bataille a déjà commencé et c'est avec stupeur que j'ai découvert que Macron avait désigné son représentant spécial sur le chantier de reconstruction. Et vous savez quoi, il s'agit d'un Général ! **Le Général Jean-Louis Georgelin, ancien Chef d'état-major !** Et là ce n'est pas une fakes-news.

Un Général d'Armée va donner des ordres à des professionnels du chantier de la Cathédrale **et sera même le futur responsable de l'établissement public devant le gérer.** C'est à tomber par terre ! Et il n'a pas mis bien longtemps à donner de la voix. En effet, le mercredi 13 novembre 2019, interrogé par la commission des affaires culturelles et de l'éducation de l'Assemblée nationale sur la flèche de Notre-Dame de Paris, il a insulté **Philippe Villeneuve** (successeur de Benjamin Mouton), l'architecte en chef des monuments historiques chargé de la reconstruction de l'édifice :

«Je lui ai déjà expliqué plusieurs fois et je le lui redirai : qu'il ferme sa gueule et nous avancerons en sagesse pour que nous puissions sereinement faire le meilleur choix pour Notre-Dame...»

Ce Général, qui devrait déjà commencer par apprendre la politesse et ce que signifie le mot sagesse, est bien évidemment sur la même ligne que Macron qui est favorable à un *«geste architectural contemporain»*, **au mépris total de la charte de Venise établie en 1964** et qui impose que l'on restaure les monuments historiques dans le dernier état connu. La position de Philippe Villeneuve a d'ailleurs été claire et courageuse à ce sujet : *«Le futur, c'est soit je restaure à l'identique, et ça sera moi, soit on fait une flèche contemporaine, et ça sera un autre !»* A mon humble avis, sa démission ne risque d'être qu'une question de temps !

Maintenant il faut être très clair : soit les gens écoutent, entendent, cherchent et réagissent aux informations réelles divulguées, soit ils acceptent honteusement l'inacceptable imposture et deviendront les collaborateurs responsables de leur propre déchéance !

Cet exemple terrifiant de l'incendie de Notre-Dame est l'exemple parfait de mystification qui entre, sous nos yeux, dans le cadre de la construction de «leur monde». Notre collaboration passive et naïve, entretenue à dessein par leurs soins, est la plus machiavélique qui soit. Elle s'appuie, en partie, sur nombre de vérités cachées révélées dans ce livre et surtout par l'effacement, dans nos mémoires, du pouvoir de notre Divinité intérieure. Que faut-il en conclure ?

Et bien qu'il deviendrait urgent de cesser de penser que le déroulement des faits historiques serait toujours conditionné par l'accumulation de prétendus hasards ou par le jeu de mécanismes purement matériels. **En réalité, non seulement notre histoire obéit depuis l'aube des temps à un déterminisme sectaire précis, mais elle ne saurait être considérée autrement que comme l'expression d'un vaste plan d'ensemble aux multiples ramifications**. Ainsi, les hauts dirigeants invisibles de l'ombre qui mènent le monde d'aujourd'hui ne sont en rien de petits «maîtres» de pacotille mais les exécutants fidèles et dévoués à un plan d'asservissement planétaire.

Certains des événements actuels chaotiques, graves et perturbants qui s'accélèrent dans tous les pays et secteurs de nos vies, dont le réchauffement climatique, s'expliquent aussi par notre arrivée dans une zone de transition, dans la zone de passage entre deux grandes étapes du cycle terrestre et universel. Le tempo de cette évolution programmée, décidée depuis toujours par le «Grand horloger» de l'univers, est une étape naturelle obligatoire que nous allons devoir franchir, à très court terme, avec notre maigre bagage actuel.

Deux options s'offriront à nous. Soit le choix de l'acceptation d'un esclavage programmé de sa personne impliquant un frein à une évolution positive vers une dimension supérieure, soit le choix du refus, par la connaissance et la connexion à sa réalité intérieure ! Ce sera, tel qu'il est cité dans certains évangiles, le temps de la récolte, qui sera précédé d'un temps de chaos planétaire plus ou moins grave, proportionnel au libre choix de l'humanité à se diriger vers l'ombre ou vers les lumières d'un monde nouveau.

Avant le passage étroit de cette «porte d'accès» vers un monde plus lumineux, il nous sera fournit une aide bienveillante et précieuse des «puissances de lumière» afin de tenter de faciliter l'éveil du plus grand nombre d'individus. Ce ne sera pas chose facile, tant restent gravées en l'homme des couches entières de conditionnements destructeurs….Le chaos, dans ce cas, pourrait avoir en dernière extrémité, la vertu d'un électro-choc salvateur !

A l'heure de la rédaction des dernières lignes de cet ouvrage plutôt singulier et pour faire suite aux arguments précédemment cités, je me dois aussi de vous mettre en garde contre l'installation «organisée» d'une espèce de folie mondiale liée au Coronavirus-Covid 19. Je ne rentrerai pas ici dans les détails de cette crise mais je m'interroge sérieusement sur les effets d'un tel déploiement de moyens inédits, mettant en péril l'économie même de la planète, ceci dans l'unique objectif de contrer un virus similaire aux symptômes d' une très mauvaise grippe. Dans ce cas, **pourquoi ne pas déployer en France tout autant de moyens, chaque année**, afin de minimiser les effets d'une grippe saisonnière, passant d'ailleurs souvent sous les radars des vaccinations, tuant de la même manière les plus fragiles d'entre-nous à hauteur de 2800 personnes en 2019 et jusqu'à 2850 en 2018 sur une période d'environ 3 mois ? Le bilan moyen annuel mondial s'établissant quant à lui à environ 470 000 décès (chiffres OMS) ! Rendez-vous compte que **le décompte <u>mondial</u> des personnes décédées du Covid 19 sur le même créneau de temps**, même si une victime reste toujours une victime de trop, ne s'établira qu' à environ 5100 décès (Décembre à mi-Mars)…...Réfléchissez, faites preuve de bon sens et de discernement et n'allez pas rajouter inutilement de la peur à celle déjà existante. Si vous désirez des réponses à vos légitimes questions et connaître les **possibles conséquences** de telles mesures disproportionnées **(vaccinations futures forcées?)**, je ne saurais trop vous conseiller de lire certains livres dont on accuse misérablement les auteurs de «théoriciens du complot». Mon ouvrage précédent traite largement de la question dans un cadre de séreux et d'objectivité qui n'a rien à envier à celui dont vous allez achever la lecture ! Essayez, vous serez absolument stupéfaits du nombre étranges d'effroyables constatations...

J'aimerai à présent imager ce que nous venons à l'instant de décrire par un enseignement du grand Maître spirituel Bulgare, **Omraam Mikhaël Aïvanhov**, relatif au royaume de l'**Agartha** et à l'aide dont nous pourrions bénéficier à cet instant fatidique de notre histoire. Il s'agit d'un extrait d'une conférence prononcée le 17 mars 1974 à Videlinata en Suisse :

*«Ce qui m'intéresse, c'est la philosophie, les principes sur lesquels ce royaume est fondé et comment les propager, et **surtout comment faire comprendre aux humains qu'ils vont bientôt se casser la tête s'ils continuent à suivre des philosophies erronées….***

*L'Agartha est un royaume très sagement organisé, où des millions d'hommes vivent dans la prospérité, la paix et le bonheur, à l'abri des maladies et même de la vieillesse….Pendant des années, j'ai beaucoup réfléchi et médité sur l'Agartha et j'ai travaillé à entrer en communication avec ce royaume invisible. Peut-être ne le croirez-vous pas, mais le moment est venu de vous le dire : **la démocratie sera bientôt remplacée par une nouvelle organisation. Cette organisation s'appelle la synarchie.** Il faut que les humains comprennent maintenant qu'ils n'ont jamais encore trouvé le gouvernement qui convient et que seule la synarchie, **le gouvernement des initiés, peut résoudre tous les problèmes politiques, sociaux, économiques.**»*

A présent, en guise de conclusion, je ferai intervenir un philosophe et mystique perse, fondateur de la philosophie «illuminative», né en 1155 à Sohraward, en Iran et mort le 29 juillet 1191 à Alep, en Syrie. La doctrine de **Shihab al-Din Sohrawardi** plongeait ses racines dans des courants forts anciens, tels que le Platonicisme, la gnose (ou connaissance) ou le Zoroastrisme. Rapidement, il réussit à réunir quelques disciples autour de lui et il est clair, que cette philosophie assez éloignée de l'Islam ultra orthodoxe ne pouvait qu'irriter les ultra conservateurs défendant une vision littéraliste des textes sacrés qui en référeront au puissant Saladin, opposant à l'armée des croisés.

Ainsi, Sohrawardi qui n'était pas un hérétique, fut pourtant exécuté comme tel, sur l'ordre express du Sultan Salâh al-Dîn (Saladin) dans la citadelle d'Alep en Syrie, à l'âge de trente-six ans car il était jugé dangereux. Vous pouvez constater, par cet exemple dramatique que, de tous temps, il n'a jamais été bon de diffuser des discours propres à se démarquer du consensus établi, à l'image de Jésus de Nazareth victime de la même persécution !

Mais, à travers cet homme épris de sagesse, ce qui est remarquable, c'est le témoignage ancien et éclatant qu'il nous offre concernant sa connaissance de la terre intérieure. Tiré de son livre *«Le livre de la sagesse orientale»* et traduit par le **Professeur Henry Corbin** dans son livre *« Terre céleste et corps de résurrection»* :
«Lorsque tu apprendras, dans les traités des anciens sages, qu'il existe un monde pourvu de dimensions et d'étendues autres que le plérome des intelligences, et que ce monde, gouverné par le monde des sphères, un monde où se trouvent des cités dont il est autant dire impossible d'évaluer le nombre, parmi lesquelles le Prophète a lui-même nommé Jabalqa et Jarbasa, ne te hâte pas de crier au mensonge ; car ce monde, il arrive aux pèlerins de le contempler, et ils y trouvent tout ce qui est l'objet de leur désir. **Quant à la tourbe des imposteurs et des faux prêtres, même si tu les convaincs de mensonge par une preuve, ils n'en démentiront pas moins ta vision. Alors, garde le silence et patiente….»**

Je vous invite expressément à méditer cette dernière allocution, tout en conservant une patiente active vers les débuts d' une profonde recherche et réflexion intérieure….celle qui vous libérera et vous ouvrira assurément la porte des mystères de l'univers….mystère qui apparaît encore une dernière fois dans le récit *Banquise* de **Paul-Emile Victor**, rapportant une légende chantée par les esquimaux lors des interminables veillées dans l'igloo :

« Ils sont grands, ils sont terribles, les hommes de l'intérieur. »